“十三五”国家重点出版物出版规划项目

中国当代法学家文库·吴汉东知识产权研究系列

知识产权基础问题研究

吴汉东 著

中国人民大学出版社
·北京·

2019年7月摄于中央电视台《法治中国说》节目现场

总　序
我与知识产权四十年

从读书到从教，我与知识产权结伴同行已有近四十年。读书、教书、写书，一直秉持学者本色，自诩中国知识产权法学的研究者和传播者；学法、讲法、立法[①]，践行法治理想，是为中国知识产权事业的见证者和推动者（《光明日报》语）。我是"文化大革命"前的"老三届"毕业生（1967级初中毕业生），亦是恢复高考后的"新三级"学人（1977级本科生），自1982年年初从教以来，教研活动从罗马法到民法均有涉猎，而后转向专治知识产权。从我的第一本教材《知识产权法概论》（1986年编著，1987年出版）、第一篇文章《试论〈民法通则〉中的知识产权制度》（1986年）乃至新中国第一篇知识产权专题硕士学位论文（1986年）[②] 开始，我的研究成果多集中于知识产权领域，时至今日已有十多本著作、百余篇论文、百余场讲座。

近四十年来，我致力于知识产权问题研究，专注于两个方面：一是知识产权法律科学的基础理论体系，二是知识产权制度建设的重大现实问题。坚持自由探索与问题导向、坚执学理探究与术用应对、坚守专业研究与学科融通，这是法学工作者应有的学者品格和学术素养。就理论联系实际而言，我认为，知

---

① 笔者曾被选任为湖北省人大常委会委员、湖北省人大法制委员会副主任委员，并作为诸多知识产权法案的咨询专家，参加了地方立法工作和国家立法活动。

② 参见杜学亮主编：《著作权研究文献目录汇编》，北京，中国政法大学出版社，1995。

识产权的学术研究，既不能坐而论道，也不能就事论事，而应是学理研究和应用研究两者的结合。著名教育家蔡元培先生将学术解析为“学理”和“术用”。他认为，“学必借术以应用，术必以学为基本”。我的理解是：知识产权学理研究必须以应用为目标，如果纯粹理论探究而失去应用目的，就没有常青的学术生命活力；知识产权术用研究又要以一定的学理为指引，倘若应用研究缺乏深厚的学理，就没有可持续发展的学术生命基础。因此，知识产权学者一定要把学理研究和应用研究紧密地结合起来，既要避免学理研究中的法学浪漫主义、唯美主义和空想主义，也要防止应用研究中的法律机械主义、教条主义和形式主义。

近四十年来践行此道，虽谓有果却未有大成。2010 年，承蒙中国人民大学出版社不弃，将我的著述列入“中国当代法学家文库”，经过两年的整理、加工，先后有六部著述陆续出版。时隔 5 年，已有出版著述即告售罄，同时新的著述有望成书。在中国人民大学出版社法律分社的精心安排下，我对新老作品进行重要修订和整理，重新结集出版，它们是《著作权合理使用制度研究》、《知识产权总论》、《无形财产权基本问题研究》、《知识产权基础问题研究》（论文集）、《知识产权前沿问题研究》（论文集）、《知识产权应用问题研究》（论文集）、《我为知识产权事业鼓与呼》（演讲、访谈集）。上述作品涉及知识产权基础理论研究和知识产权主要制度研究，同时包括民法乃至法治的相关问题；写作的时间跨度从 20 世纪 80 年代到 21 世纪当下之年，多为 20 世纪 90 年代中期以后的研究成果，反映了我从事知识产权教研工作以及相关法律实务的心路历程。

该系列的出版和再版，得益于各位同行、学生乃至许多读者的帮助和支持。感谢腾讯基金会为文集精装本的出版所给予的大力资助；感谢中国人民大学出版社各位编辑的精心专业指导和辛苦编辑工作；感谢我的学生熊琦博士、李瑞登博士、瞿昊晖博士、锁福涛博士、张颖博士、宋戈博士和博士生刘鑫、周澎、司马航、李安，研究生夏壮壮、万俊、张倩、魏宵林、高婧为文集初版、再版的打印、校对、查找资料所付出的艰辛劳动；感谢全国法学界特别是知识产权界同行、读者对本人著述给予的厚爱与关注。

近四十年来，我一直在知识产权园地教书、写作，但“教习”不为晋仕途，“学究”并非为稻粱谋。微博言：今天做了明天还想做的是事业，今天做了明天还得做的是职业。我以“学术为志业”（马克斯·韦伯语），有幸将自己所追求的事业与所喜欢的职业合为一体，因而是苦中有乐，乐之不疲。我的学术生涯还在继续，我虽已过耳顺之年，但常以“70后”自居。以书为伴，书伴人生；与法同行，法行天下；释放知识产权制度“正能量”，发出知识产权事业“好声音”，这就是我——一个中国知识产权学人的光荣与梦想。

吴汉东

2019年暑期于武昌寓所

代前言
知识产权研究谈

做研究，写文章，是学者的本分。从教三十多年来，我一直努力践行之。两百余篇文章，一百多万文字，有的忝列于权威学术刊物中（其中发表于《中国社会科学》《法学研究》《中国法学》三大刊物的共计 27 篇），也有的见诸重要新闻媒体（包括《人民日报》《光明日报》《中国知识产权报》《法制日报》等）。此次收入文库的论文集分别为《知识产权基础问题研究》《知识产权前沿问题研究》和《知识产权应用问题研究》三部，收录了我在学术刊物上发表的大部分论文，是为各个时期的代表性作品，但不包括各大报纸刊载的言论与访谈。这些文章绝大多数以知识产权为题，但也罗列了一些私法以至法治专题。写作的时间跨度从 20 世纪 80 年代到 21 世纪当下之年，多为 20 世纪 90 年代中期以后的研究成果，反映了我从事知识产权教研工作的心路历程。

近些年来，不少学生问及知识产权研究方法，讨教所谓的写作“秘籍”。由于职责所在，我只得“好为人师”，向我的研究生、博士生介绍研究知识产权的心得体会。课堂随口而言，录音整理成文，此次略作修改补充，聊作文集的前言。

研究知识产权，是一门学问。它不能偏离民法学的基本原理，但又不能拘泥于传统的民法学框架。它是一门法律学问，讲的是法言、法语，但又不能缺少必要的相关知识元素。因此，研究知识产权，首先要了解知识产权学问的基本特性。我以为，应注意以下三点。

一是以民法学理论为基础。

知识产权是一种新型的民事权利，是一种有别于财产所有权的无形财产所有权。民法所规定的基本原则和一般规范，应适用于各项私权制度，当然包括知识产权制度。离开了民事权利体系，知识产权就会成为无源之水、无本之木，无法找到其应有的法律归属。因此，知识产权学者亦应是民法学者，知识产权的研究须以民法学为理论基础。我国的一些知识产权学者对民法学表现出不应有的忽视甚至轻视。我们看到，有的知识产权著述离开了民法原理，使学者之间失去了话语沟通与交流的平台。例如，有些知识产权专家在侵权损害归责原则中，将“停止侵权”“消除危险”此类物权保护方法，解释为“无过错责任原则”的适用。而在德国学者拉伦茨、我国台湾地区学者王泽鉴看来，归责是指“负担行为之结果”，即损害赔偿，是为债权保护方法。又如，不少文章将知识产权的本质特征概括为无形性，认为独占性、时间性、地域性皆由此派生而来。其实，在罗马私法的理论语境中，客体存在有体物与无体物之分，无体物即拟制之物，即具有财产内容的权利。因此，知识产权与所有权的根本区别，不在于本体内容，而是由客体的非物质性所决定。在这一点上，台湾大学曾世雄先生与我在不同研究领域得出了相同结论。在研究中，强调知识产权质的差异性，并不能否认其归类于私权的质的规定性。知识产权的基本范畴，必须置于民法学的语境中，才能得到合理的、科学的解释。

二是以多学科知识为背景。

知识产权是近代商品经济和科学技术发展的产物，在诸多民事权利制度中，唯有知识产权制度最具科技含量，最多知识要素。知识产权制度在其并不太长的历史中，历经从工业革命到信息革命的不同时期，基于科技革命而生，由于科技革命而变，其制度史本身就是一个法律制度创新与科技创新相互作用、相互促进的过程。科学技术领域的革命带来知识产权制度的变革，研究现代化的知识产权，必须了解现代化的科学技术。诸如，与网络技术相联系的“网络版权”“网络商标”“网络不正当竞争”问题，以生物工程技术为基础的“基因专利”问题，以及基于现代种植技术所产生的植物新品种权、基于集成电路技术所产生的布图设计权等问题，这些已无法简单沿用传统的理论来诠释，也不宜套用传统的制度来解决。知识产权制度具有与时俱进的时代先进性。熟悉新的科学技术，探讨新的法律问题，是知识产权学者所应具备的科学精神。此外，还应看到，现代知识产权是一个庞大的制度体系：著作权发生在文化创作领域，与文化创新、文化产业息息相关；专利权产生于技术应用领域，与科技创新、科技产业紧密相连；商标权则运作于工商经营领域，涉及商品销售、市场贸易诸多问题。在知识经济的时代条件下，知识产权关系到一国的经济发展、科技进步、文化与教育的繁荣；而在经济全球化的国际背景中，知识产权保护又事关国际政治、国际经贸、国际文化与科技的交流和合作关系。在这种态势下，从法学理论出发研究知识产权，当是题中应有之意；而结合政治学、社会学、伦理学、经济学、管理学以及政策科学等理论，多视角、全方位来考察知识产权，也显得非常必要。

三是以基本理论问题和实践问题为对象。

知识产权是一种理论上有待系统化、成熟化的法律。由于这一制度历史不长，且变动频繁，其基本范畴、基本原理、基本问题无一不在探讨之中。有的学者讲，知识产权没有自己的理论，其意思一谓其太艰深，二谓其多歧见。笔者不以为然，正因为如此，知识产权研究才表现出有别于传统财产权研究的理论魅力，才向知识产权学者提出了理论创新与制度创新的学术要求。同时，知识产权也是一种实践性很强的法律。知识产权每一种制度、每一个条文，都有着深厚的社会生活基础，体现着创制者深刻的立法意图。歌德讲，“理论是灰色的，而生活之树常青”。我们可以说，知识产权法条是枯燥的，但知识财产世界是丰富多彩的。运用知识产权规范，解决知识的生产、传播、运用、保护等法律问题，是知识产权学者面临的学术任务和社会责任。基于上述考虑，我认为，作为研究对象的知识产权问题，包括三类：首先是理念层面，涉及知识产权法律价值、法律功能、法律原则等问题；其次是规范层面，包括知识产权法律制度、法律规则、法律技术等问题；最后是操作层面，关系到知识产权法律解释、法律适用、法律活动等问题。

三十多年来，我国的知识产权研究在与西方法学思潮的交流和碰撞中，已经从单纯的借鉴和移植走向自立和创新，初步形成具有中国特色的知识产权学说思想，为知识产权的制度建构、政策运行、战略实施提供了重要的思想基础。我国学者致力于知识产权的学理研究和应用研究，取得了长足的进步：对知识产权基础理论的建构，历经20世纪80年代的初探、20世纪90年代的反思至21世纪初的再认识，已渐趋成熟；对知识产权国际化趋势的关注，聚焦于TRIPs协议实施所引发的东西方利益失衡、知识产权与人权之冲突和传统资源保护带来的制度变革等问题，愈见主动；对知识产权现代化诉求的回应，直面网络技术和基因技术对现行知识产权制度的各种挑战，渐显及时；对知识产权战略化工程的推动，涉及战略制定与实施的各个环节，着力跟进；对中国知识产权制度完善和法律适用，有立法建议，也有学理解释，更是积极参与。

我国知识产权学者在关注外国先进法律理念，进行本土理论创新的同时，还努力探寻适合中国语境和文化背景的法律解释和政策适用方法，从而形成包括多种分析工具的方法论体系。“工欲善其事，必先利其器。”了解和掌握知识产权研究中的分析工具是非常重要的。根据本人的体会与他人的经验，在此我提出以下三对主要的分析方法。

一是历史分析的方法与逻辑分析的方法。

历史分析方法，就是运用科学的历史观，对法律制度的产生、发展与变革的一般规律进行纵向分析和动态考察。在历史分析中，我们主要探讨法律制度的历史类型、社会基础、时代背景，尽可能在这种历史分析中寻找一些规律性且趋势化的东西。知古通今，以史为鉴。在知识产权研究中，有些原理、规则的分析，往往追溯到古代罗马、涉猎近代英国和现代美国。这种历史分析是必要的，也是能够说明问题的。如前文所言，一些知识产权学者将侵权责任的“责”作广义理解，认为“禁止令”不以过错为条件，是为无过错原则。其实，损害赔偿之债才涉及过错与无过错的问题。从罗马阿奎利亚法到近代民法，奉行的都是过错责任原则。到了工业革命时期，为了填补不幸损害，才产生了无过错责任原则。如果知识产权学者的上述观点能够成立的话，那么民法史、侵权法史就得改写了。因此，历史分析的方法是一个有效的论证工具。

逻辑分析方法，是对法律规范进行概念的限制、区别、划分和排列，对法律现象进行发现、解释、论证和系统构造。逻辑分析是我们经常采用的分析工具，主要有以下几种：第一是定义。法条中、文章里的诸多概念，是我们研究的起点，是知识产权研究的起始范畴。第二是区别，包括对词语、事物、意义的区别。第三是划分，包括对词语、事物的划分，分析它们的相同点、不同点。第四是论证。也就是我们通常所说的大前提、小前提以及结论。第五是划归和归纳，例如对主要原因和次要原因的判断，进行问卷调查以及作出结论。逻辑分析是一种非常重要、经常运用的研究方法，它对于某个制度内部结构的解析，或者对某个制度体系的构造都是有帮助的。换言之，对知识产权的体系化构建，须以权利位阶性的认识为基础。以网络信息传播权的归类为例，即在位阶上可表现为：网络信息传播权—著作财产权—著作权—知识产权—财产权—民事权利。此外，历史分析方法与逻辑分析方法往往是融通的。例如，近代知识产权制度的产生，存在一条联结科技、经济、法律一体化发展的轨迹，即社会生产的科技化→科技成果的商品化→知识商品的产权化→权利制度的体系化，这些就是历史与逻辑的统一。

二是规范分析的方法和实证分析的方法。

规范分析方法，是依某些规范和理论对法律进行定性分析，研究法律活动应该是什么以及社会法律问题应该怎样解决。这是一种应然性分析。在规范分析中，首先要提出一定的价值判断作为基础，并把这种价值判断作为法律理论的前提和制定政策的依据。在这里，先要有一个价值判断，设定一个准则。例如，法律的价值目标，过去从法哲学意义上来说，首要是法律正义。然而法经济学认为，在正义目标之外，还有效益目标。如何实现法律效益，经济学家有很多标准，其中最有影响的是帕累托标准，即“在交易中，至少使一方受益，同时不使他人受损”。在交易中，当事人有三种选择：一为损人不利己，这是最笨的；二为损人利己，这是不可取的；三为最好的方法，即利己不损人，或者双方有利，这就是我们通常所说的“双赢”或者“多赢”。知识产权法奉行“保护创造者权利与促进知识传播”的立法宗旨，其实是正义与效益双重价值目标的体现。规范分析的方法不仅可以用于分析一种法律行为本身、法律活动过程，还可以用于分析法律制度的设计和构建。

实证分析方法，是运用某些技术、方法对法律进行定量分析。它的任务是描述法律现象以及社会法律问题实际上是如何解决的。这是一种实然性分析。在这种分析中，要用事实来检验理论和规则的合理性、正确性、科学性。实证分析不但要求有一个规范性的指导思想，更重要的是要求将具体问题量化，包括基本数据采集、数学模型分析等，使我们的分析精确可靠。在法律研究中，实证分析是一个非常薄弱的环节。朱苏力教授写的《送法下乡》，陈小君教授主编的《农村土地法律制度研究》，都体现了实证分析的魅力，根据调查数据所产生的研究结论有很强的说服力。在知识产权研究中，实证分析亟待加强。例如，发明专利实施的绩效分析、软件音像盗版的比率分析、侵权行为中法定成本与非法所得的比例分析等，都需要利用实证分析的工具。

三是比较分析的方法与注释分析的方法。

比较分析方法，是以不同国家、地区的法律制度为对象，对不同法律制度的类型、传统、理念、原则、原理、规范进行的比较研究，其中包括法律制度异同的分析，相关法律制度冲突以及解决途径的分析等。比较分析是学术研究中的常用方法。沈宗灵先生在《比较法总论》一书中谈到，在 19 世纪第一次民法典编纂高潮中，形成了比较研究的高潮。欧洲大陆的民法学者对不同国家的民事法律制度进行考察和比较，其研究成果推动了 1804 年《法国民法典》和 1896 年《德国民法典》的形成。当代知识产权制度出现了一体化、国际化的潮流，表明这一制度的基本原则和主要规则在全球范围内的普适性。但是一体化、国际化，并不等于知识产权在保护内容、保护标准、保护水平等方面的全球规范的统一化。而且应注意，知识产权制度在不同类型的国家有着不同的命运。其中不仅有制度选择所涉及的法律价值、法律形式、法律内容的科学性和合理性，而且有制度实施所涉及的社会发展水平、政策体系、文化环境的协调性和相适应性。对于这些问题的研究，比较分析也许是最有益的工具。

注释分析方法，是以法律文献作为研究对象，对法律精神、法律原则、法律规范的阐释、说明和分析。根据罗马法学家的分类，注释分析包括文义解释和论理解释。从历史上看，注释分析方法始于 12 世纪，当时的意大利学者最先对罗马法文献采取了注释研究的方法。早期的注释法学派，对罗马法进行逐章、逐段、逐句的解释，更多的是一种文义解释，难免陷入形式主义和机械主义。后期的注释法学派采取论理解释的方法，注重探讨法律制度、法律规范的真意。我想，这两种解释方法，在知识产权研究中都是有益的。

其实，法律研究的方法很多，在这里我仅列举了三对范畴共六种方法。从事知识产权研究，应具有严谨的治学态度，同时也要掌握高明的治学方法。对研究方法的研究，这里所涉的不过是一种探讨和体会。三十多年来，我心欲往，却未践行有果，写出来供各位同人参考。

目　录

第一编　基本范畴研究

第二编　私法理论问题

第三编　法治与法学理论研究

第一编　基本范畴研究

知识产权的多元属性及其研究范式*

在诸多民事权利制度中，唯有知识产权最具科技含量、最多知识要素。一般认为：著作权发生在文化创作领域，与文化创新、文化产业息息相关；专利权产生于技术应用领域，与科技创新、科技产业紧密相连；商标权则运作于工商经营领域，涉及商品销售、市场贸易等诸多问题。在知识经济的时代条件下，知识产权的制度实施效果，关系到一国的经济发展、科技进步、文化与教育的繁荣；而在经济全球化的国际背景中，知识产权保护又事关国际政治、国际经贸、国际文化与科技的交流和合作。在这种情势下，从民法学理论出发研究知识产权属性，当是题中应有之义；而结合人权理论、经济学、管理学以及政策科学，多视角、全方位来考察知识产权功能，也显得非常必要。这些理论分析，有助于在不同学科层面揭示知识产权的基本蕴意，保持知识产权研究中的问题导向及其方法上的开放性。

一、私人财产权：知识产权的民法理论分析

知识产权为私权，是民法学界对知识产权属性的基本认识。知识产权是一种有别于动产与不动产所有权的知识财产所有权。民法所规定的基本原则和一般规范，应适用于各项私权制度，当然包括知识产权制度。离开了民事权利体

---

* 原载《中国社会科学》，2011（5）。此次编入文选，保留了刊载时所删节的“信息产权：知识产权的经济学分析”一节。

系，知识产权就会成为无源之水、无本之木，无法找到其应有的法律归属。

公权与私权的划分，是我们识别知识产权民法属性的理论工具。关于公权与私权的划分，可以追溯到罗马法。在古罗马，市民享有一种专属性的权利即“市民权”（status civitatis），其内容包括公权和私权。其中，公权是指市民法所规定的选举权（即参与议会制定法律和选举官吏的权利）和被选举权（即被选举为官吏或议员的权利）；私权则包括婚姻权、财产权、遗嘱能力和诉讼权。① 后世学者关于公权与私权的划分导源于罗马法理论，但其分类标准不一。其主要观点有：利益说，即公权是关于社会公益的各种权利，私权则是关于私人利益的各种权利；关系说，即公权是关于国家与公民之间的权利，私权则是公民相互之间的权利；法律说，即公权通常是公法上所确定的权利，私权通常是私法上所确认的权利。② 知识产权归类于私权，在于它具备私权的一般确认标准：第一，它是私人的权利。这里的私人，特指民事法律关系的主体，即处于平等地位的人（即使国家在某种情况下参与民事法律关系，亦为平等主体）。知识产权是“关于平等主体相互之间的权利”。第二，它是私有的权利，私权是特定主体享有的私人权利，而不是一切人同享的公共权利。知识产权是“关于私人利益方面的各种权利”。第三，它是私法上的权利。根据私法的原则，允许“个人根据自己的意愿形成相互之间的经济关系和其他关系”③，追求合法的私权。知识产权是“私法上所确认的权利”。

知识财产私权化，是罗马法以来财产领域“非物质化”革命的结果。在古罗马法中，罗马人以“物”作为客体范畴，并以此为基础设计了以动产和不动产为保护对象的物权制度。罗马法的物与物权制度是一个物质化的财产结构。有体物即为客观实在之物，自不待言；即便无体物，也具有强烈的“似物性”④。罗马法的物化财产结构，缺乏包容非物质财富的权利形态和制度空间，

① 参见周枏：《罗马法原论》，99～100页，北京，商务印书馆，1994。

② 参见《中华实用法学大辞典》，326页，长春，吉林大学出版社，1988；《北京大学法学百科全书（宪法学、行政法学卷）》，149页，北京，北京大学出版社，1999。

③ ［德］米·科斯特：《私法自治及其限制》，载《中德经济法研究所年刊》，1994（5）。

④ 所谓“似物性”，即 thing likeness，意指与实体性财产和物质化财产的相似性，参见 Peter Drahos, A Philosophy of Intellectual Property, Dartmouth Publishing Company Limited, 1990。

具有不可避免的历史局限性。但是，罗马法留给后代的最大财富是罗马人的私法观念和原则，他们所创制的“无形财产”学说为近代的“财产非物质化革命”提供了关键性的概念工具和思想资料。[①] 知识财产是为知识产权的客体，不同于物权所保护的“物”（即动产和不动产）。近代德国哲学家黑格尔曾说，诸如精神技能、科学知识、艺术以及发明都可以像物那样进行交易并缔结契约，但它又是内部的精神的东西，所以理智上对于它的法律性质感到困惑。[②] 黑格尔之惑给我们以下启示：第一，知识财产是区别于有形财产的另类客体，将其归类于物的范畴似有不当，这也正是黑格尔的“踌躇之处”。但是，知识财产同有形财产一样可以成为交换的标的，这也正是黑格尔的理智之见。第二，知识财产是精神内在的东西，但可以通过一定形式的“表达”而取得外部的定在，即精神的东西可以有“直接性”或“外在”的表现。在这里，黑格尔揭示了知识财产的非物质性与其表现形式的客观性。根据民事客体理论，客观性是权利标的的一般特征，知识财产概莫能外。有形财产（物）的客观性表现为客观化的物质实体；知识财产的客观性则应理解为客观化的知识体系，在知识产权学说中，可表述为可认知性、可复制性。如珀普所言，客观知识表明关于世界的真理独立于人们的主观世界。到目前为止，知识财产被描绘成一种全球性的资源，是由人类的集体劳动在整个过去的时间内完成的。[③] 非物质性是知识财产区别于有形财产（物）的本质特征，即知识财产的存在，不具有一定的物质形态，不占有一定的空间。我们必须认识到，客体的差异性，是划分权利类型的基础。知识产权区别于其他财产权利之处，就在于其客体的非物质性。对此，我国台湾地区学者曾世雄先生有相同看法：财产权之有形或无形，并非指权利而言，而系权利控有之生活资源，即客体究竟有无外形。例如，房屋所有权的权利本身并无有形无形之说，问题在于房屋系有体物；作为著作

---

① 关于罗马法与知识产权制度之关系，可参见 Russ Versteeg，The Roman Law Roots of Copyright，Maryland Law Review，2000，USA；吴汉东：《罗马法的“无体物”理论与知识产权制度的学理基础》，载《江西社会科学》，2005（7）。

② 参见［德］黑格尔：《法哲学原理》，范扬、张企泰译，第 43 节附译，北京，商务印书馆，1982。

③ See K. R. Popper，Objective Knowledge，Oxford，1972，Chapter Ⅲ. 转引自曲三强：《传统财产权理论与知识产权观念》，载《知识产权研究》，126 页，西安，西安交通大学出版社，2001。

权，亦不产生有形无形问题，关键在于作品为非物质形态。[①]

对知识产权作出私权界定，其意义在于弘扬知识产权法所应有的民法精神。现代知识产权法的宗旨，在于保护创造者的合法权益，促进知识信息的广泛传播。从民法精神出发，知识产权法应确立两个基本法律观：一是私权神圣。这一私法理念强调，包括知识产权在内的各种私人权利受国家法律的特别尊重和充分保护。知识产权法的建构，深刻地体现了下列私法理念：（1）以私权领域为依归。知识产权是知识类财产的权利形态，其基本属性与物权无异，都应归类于民事权利范畴。（2）以权利制度为体系。知识产权法虽含有程序法、公法的规定，但仍然是以实体法为基础的私权制度。诸如权利的取得程序、变动程序、管理程序、救济程序等，无一不是以创造者权利为中心。（3）以权利中心为本位。在知识产权法中，是权利决定义务，而不是义务决定权利，即是以权利为本位，在规范方法上以授权性规范为主要内容，在立法重心上以保护创造者权利为首要。二是利益衡平。依民法精神要求，当事人之间、权利义务主体之间、个人与社会之间的利益应当符合公平的价值理念。知识产权法所强调的利益衡平，实际上是同一定形态的权利限制、权利利用制度相联系。在这里，私权神圣，强调的是权利保护；利益衡平，主张的是权利限制。两者的关系并非是绝对对立的，而是共存于知识产权的制度设计中。

关于知识产权为私权的民法分析，是一种将知识产权回归私法体系的努力。在过去一段时间，有的学者在肯定知识产权私权属性的同时，提出了“知识产权公权化”的命题，意图说明“知识产权兼具私权属性和公权属性”[②]。亦有学者针锋相对地提出批判，认为“知识产权是纯粹私权”，“国家对知识产权的干预，不可能使其从本质上变成私权和公权的混合体”[③]。笔者认为，现代私法发展变革的一个重要趋势，即传统私法的权利本位理念有所动摇，私法自治原则有所限制。但是，国家对知识产权领域的干预，具体表现为知识产权

---

① 参见曾世雄：《民法总则之现在与未来》，151页，台北，三民书局，1983。

② 代表性著述有冯晓青等：《试论知识产权的私权属性及其公权化趋向》，载《中国法学》，2004（1）；李永明等：《论知识产权之公权性质》，载《浙江大学学报（人文社科版）》，2004（4）。

③ 代表性著述有吴汉东：《关于知识产权私权属性的再认识》，载《社会科学》，2005（10）；孙海龙等：《知识产权公权化理论的解读和反思》，载《法律科学》，2007（5）。

在权能范围、效力范围等方面受到某些限制，但不可能改变知识产权的基本属性。事实上，知识产权法从其产生之初直至发展到今天，相关权利无时不在保护与限制的法律调整之中。正如有的民法学者在分析所有权限制即国家对所有权制度干预这一现象时指出："所有权被限制后的是一种具体的权利形态，具有独立性和同质性。"[①] 同理，知识产权受到限制后，依然保留着私权的独立性和同质性。

二、特别人权：知识产权的人权理论分析

知识产权的人权蕴意，是对知识产权属性的一种理论假设。在学术界，关于知识产权本身是否为一项人权存有广泛争议，但对于知识产权具有人权意义并不否认。在人权理论的语境中解释知识产权，体现了尊重知识创造活动和智力成果价值的人文主义精神。启蒙思想家以此批判封建特许权，为近代知识产权制度的建构进行辩护；当代人权学者以此审视国际知识产权制度的缺陷，为建立公正、合理的知识产权国际秩序提供理论依据。

人权定义、人权标准及国际人权公约规定，是分析知识产权人权问题的理论工具和法律依据。在国际人权社会，"定义人权是困难的，一般来说，人权指的是那些人之生存所必需的、基本的、不可剥夺的权利，但这些权利应当包含哪些内容，人们还未达成共识。对人权的解释也随着特定经济、社会和文化的变化而有所不同"[②]。何种权利属于人权，不同历史阶段的不同法律文件有着不同的选择。关于人权是天赋的、不可剥夺的这一点上，美国《权利宣言》(1776 年《弗吉尼亚权利宣言》）将生命、自由和对幸福的追求视为首要权利；而法国《人权宣言》(1789 年《人权与公民权宣言》）却钟情于自由、财产和安全。[③] 这里的财产包括通过人们劳动而产生的物质财产和知识财产。在国际

---

① 梅夏英：《财产权构造的基础分析》，72 页，北京，人民法院出版社，2002。

② 国际人权法教程项目组：《国际人权法教程》，第一卷，11 页，北京，中国政法大学出版社，2002。

③ 参见国际人权法教程项目组：《国际人权法教程》，第一卷，10 页，北京，中国政法大学出版社，2002。

人权书中，法律文件并没有明确地将知识产权视为人权，但其中的财产权条款和文化权利条款，使得知识产权具有某种人权意义。《世界人权宣言》第17条规定；“（1）人人得有单独的财产所有权以及同他人合有的所有权；（2）任何人的财产不得任意剥夺。”但是该条款在起草过程中一直存有争议，曾有建议将财产权排除在人权范围之外。尽管如此，财产权条款经常被视为对知识产权进行人权保护的国际法依据。此外，《世界人权宣言》第27条规定：“（1）人人有权自由参加社会的文化生活，享受艺术，并分享科学进步及其产生的福利；（2）人人对由于他所创作的任何科学及文化或艺术作品而产生的精神的和物质的利益，有享受保护的权利。”此后《经济、社会及文化权利国际公约》也规定了参加社会文化生活、享受科学进步及其产生的利益的权利，对自己的智力成果享有法律保护的权利。诚然，关于知识产权的人权地位在公约起草中也是受到质疑的。主张者认为，联合国需要各种以道义和权威来保护各种形式的劳动成果，与有形财产一样，知识产权也需要得到保护；反对者则认为社会公众享有文化和科学进步的利益与个人对知识的垄断权利不能混为一谈，这种权利有可能约束社会公众对智力成果的分享。知识产权条款最终为国际人权公约所接受，主要考虑其有助于实现其他人权，而创造者权利的保护是社会公众实现文化自由以及获得科学进步利益的基本前提。①

在人权的视野中研究知识产权，主要涉及以下三个问题。

第一，是否将知识产权视为人权。主张者的人权主张虽然相同，但其论点不尽一致。有人认为，启蒙思想家关于财产权与人权关系的阐述，是知识产权蕴含人权寓意的重要思想渊源。根据劳动财产权理论，作为人权的知识产权是“不可剥夺的”“普遍权利要求”，从而将资本主义式的财产权与封建特许权区别开来。这种人权观构成了近代知识产权制度正当性的基础。② 有的认为，对知识产权人权属性的分析，应该切入财产权的视角。只要《世界人权宣言》第17条没有被废除，“将知识产权作为人权保护，完全是天经地义的事”。但是

① 相关资料参见［美］奥德丽·R. 查普曼：《将知识产权视为人权：与第15条第1款第3项有关的义务》，刘跃伟译，载国家版权局主办：《版权公约》，2001（3）。

② 参见吴汉东：《知识产权的私权与人权属性》，载《法学研究》，2003（3）。

被作为人权看待的知识产权完全是与表现自由有关的著作权，而不包含具有强烈经济色彩的专利权、商标权。[①] 有的进一步认为，“与其说知识产权是私权、财产权，毋宁说知识产权是一项人权，具有‘发展权’的属性”。“知识产权制度终极目的应当是‘发展’——个人的发展、社会的发展、国家的发展以及全人类社会的共同发展。”[②] 反对者的人权悖论及其论点表现为惊人的一致，即从新人权观点出发，将人权解释为基本性和普遍性、道德性和终极性的权利，而知识产权具有国家授予性和可让与性、经济性和工具性。[③] 还有的进一步认为，创造者权利应当分为两类：一类是作为财产权的知识产权，一类是作为文化权利的对知识财产的人权。国际人权书的知识产权条款应为对后者的规定。[④]

第二，如何认识知识产权的人权意义。在人权理论中，知识产权制度功能有着更为全面而崇高的诠释。首先，按照普遍人权的社会要求，在一国范围内，任何人都可以凭借创造性劳动而取得权利，一切知识产权主体平等地受到保护；在国际社会中，注重对一切民族、种族的智力成果给予平等的保护，促进各国科学、技术与文化的发展。其次，从至高无上的道德权利出发，对创造者权利的保护本身表现了对人类尊严、人类智慧的尊重。正如美国人权学者所言：“创造性作品，文化遗产和科学知识被转化为财产，这种作为具有重要的人权含义。”[⑤] 再次，知识产权的保护模式和水准，应有助于其他人权的实现。根据人权公约的要求，创造者的权利应与“参加文化生活”的权利和“享受科学进步利益”的权利保持一致，这一人权因素应高于“操纵知识产权法的简单经济运作”[⑥]。

---

① 参见张乃根：《论 TRIPs 协议框架下知识产权与人权的关系》，载《法学家》，2004（4）。

② 吴峰：《知识产权、人权、发展》，载《上海理工大学学报（社会科学版）》，2005（3）。

③ 代表性著述参见宋慧献：《冲突与平衡：知识产权的人权视野》，载《知识产权》，2004（2）；郑万青：《知识产权与人权的关联辨析》，载《法学家》，2007（5）。

④ 参见郑万青：《知识产权与人权的关联辨析》，载《法学家》，2007（5）。

⑤ ［美］奥德丽·R. 查普曼：《将知识产权视为人权：与第 15 条第 1 款第 3 项有关的义务》，刘跃伟译，载国家版权局主办：《版权公约》，2001（3）。

⑥ ［美］奥德丽·R. 查普曼：《将知识产权视为人权：与第 15 条第 1 款第 3 项有关的义务》，刘跃伟译，载国家版权局主办：《版权公约》，2001（3）。

第三，如何解决知识产权与其他人权的冲突。自进入后 TRIPs 时代以来，国际社会十分关注知识产权与基本人权的关系问题。按照国际人权组织的说法，《与贸易有关的知识产权协定》（TRIPs，简称《知识产权协定》）中的知识产权制度作为一方与另一方的国际人权法之间存在着明显的冲突。[①] 这些冲突包括：表现自由与严格规范知识产权限制的冲突，隐私权与信息数据库权利扩张的冲突，公共健康权与药品专利实施限制性条件的冲突。[②] 如何处理知识产权与基本人权的关系，有两个问题必须加以考量：一是关于权利的冲突，应奉行"法益优先保护"的原则。国际公约承认的基本人权，或是人作为主体存在所不可欠缺的自由，或是人之生存与发展的必需条件。相对于知识产权这一财产权利而言，上述人权应当具有优越地位，即应看作是具有优先性的法价值。实行"法益优先保护"原则，意味着现代知识产权制度不仅要符合国际知识产权公约的规定，而且不应与国际人权标准相冲突。立法者在为知识产权提供法律保护时，应符合其必须遵守的国际人权义务。二是关于权利的协调，应实行"利益衡平"的原则。其实，知识产权与上述各种人权在本质上可以达到一致。就人权体系而言，包括知识产权在内的私人财产就是人权的基础性权利。这是我们实现权利协调的一个重要条件。"利益衡平"是民法精神和社会公德的要求，也是"人权思想和公共利益原则"的反映。它要求当事人之间、权利与义务主体之间、个人与社会之间的利益应当符合公平的价值理念。[③] 这就是说，出于公共利益目标，出于对基本人权的尊重，在一定情况下应对知识产权进行必要限制，以保证社会公众对知识产品的合理利用。这些都是正当合理的，也是国际人权公约所要求的。

---

① UN Commission in Human Rights: "Intellectual Property and Human Rights", 2000, E/CN1.4 \ sub.2/2000/7.

② 参见吴汉东：《知识产权 VS 人权：冲突、交叉与协调》，载台湾《法令月刊》，2003（8）；杨明等：《知识产权与人权：后 TRIPs 时代的知识产权国际保护》，载《法律科学》，2005（6）。

③ 参见［美］奥德丽·R. 查普曼：《将知识产权视为人权：与第 15 条第 1 款第 3 项有关的义务》，刘跃伟译，载国家版权局主办：《版权公约》，2001（3）。

三、信息产权：知识产权的经济学分析

在经济学理论的视角中，知识产权是对信息产品这一公共产品的产权界定。在经济学家看来，选择何种产权，必须考虑信息这一公共产品的“负外部效应”（即采用损害他人利益的方法来增加自己的利益）和“搭便车”（即不支付任何成本而从他人或社会获得利益）的问题，并以效益最优为原则。对法律制度的经济问题的探讨，可以揭示知识产权的经济品格，评价知识产权的效益功能，推动知识产权的制度创新。①

在知识、信息等无形资源上界定产权，导源于经济学家关于公共产品与私人产品的理论。这种产品的分类是依据其消费状态和使用情况进行的，即以物品是否构成个人排他性的使用为标准。信息经济学理论认为，知识信息是一种特殊商品，具有公共产品的某种属性：（1）知识产品的生产者很难控制知识创新的成果。如果创造者将其知识产品隐藏起来，那么他的创新活动就不会被承认，从而失去社会意义。如果创造者将知识产品公之于众，他对信息这一无形资源事实上又难以有效控制。（2）知识产品的个人消费并不影响他个人的消费，无数个人可以共享某一公开的信息资源。无形的知识产品以有形的载体形式公开，即构成经济学意义上的“公用性”。（3）知识产品是一种易逝性资产。信息的生产是有代价的，而信息的传递费用相对较小。一旦生产者将其信息出售给某一消费者，这个消费者就会变为原生产者的潜在竞争对手，或是其他消费者成为该信息的“搭便车者”。（4）知识产品的消费与其他公共产品不同，它的使用不仅不会产生有形损耗，反而可能扩张社会的无形类资源总量。但是，由于“外部性”原因，生产者提供的信息往往被消费者自由使用，其结果虽然是知识产品带来的社会效益大大高于创造者个人取得的效益，但同时导致知识产品生产者难以通过出售信息来收回成本。因此社会有必要建立相应的产

① 法律经济学自20世纪60年代于美国问世，以后迅速传播于各国，它不仅带来法学研究方法的变革，而且成为一些国家创制法律的考量依据。美国里根政府曾以12291号总统令要求对所有新制定的规章进行成本—收益分析。

权制度，调整信息产品生产的成本与收益关系，防止信息产品的无偿使用或消费的情形发生。一般认为，知识产权制度赖以产生的条件是：知识产品所有人将自己的作品、发明创造等公布出来，使公众能看到、了解到，得到其中的专门知识，而公众则承认作者、发明创造者在一定时期内有独占使用、制造其知识产品的专有权利。知识产品是公开的（公共产品属性），但知识产权是垄断的（私人产权属性）。西方法学家将这一现象解释为社会契约关系。① 而按照经济学家的观点，建立知识产权制度的经济动因，在于“对财产权的法律保护有其创造有效使用资源的诱因”②。正是农夫能够获得土地作物的财产权，才有诱因促使农夫支付并尽可能节约耕种土地所需要的成本；正是创造者能够取得无形财产的垄断权，才有诱因激励其在知识、信息的生产方面投资。

法律经济学理论，为人们认识、评价、运用知识产权提供了新的思维方式。20 世纪 90 年代以来，我国学者尝试对知识产权问题进行经济分析③，其理论兴趣主要集中在以下几个方面。

第一，产权模式选择问题。产权界定的实质是回答知识财产应为私有还是公有。信息产品是人们在科学、技术、文化等精神领域的创造性产品的总称，其类别具有多样性，因此不宜简单采取单一的产权形式。其中，科学发现和某些技术成果采取的是非市场机制的产权形式。关于科学成果的非市场机制的报酬系统，在经济学家那里被称为优先权（priority）报酬系统。④ 这是一种与优先权有关的各类报酬的奖励制度：首先是科学发现或技术发明的命名权，即在某项科学成果上以完成该项发现或发明的科学家来命名；其次是科学奖金的获得权，即从政府或其他社会组织那里领取奖励发现或发明的科学奖金。优先权

---

① 参见中国科学技术情报所专利馆编译：《国外专利法介绍》，第 1 册，12 页，北京，知识出版社，1981。

② ［美］罗伯特·考特·托罗斯·尤伦：《法和经济学》，185 页，上海，上海三联书店，1991。

③ 主要著述有：吴汉东：《合理使用制度的经济学分析》，载《法商研究》，1996（2）；刘茂林：《知识产权法的经济分析》，北京，法律出版社，1996；谭忠东：《知识产权保护的经济学分析》，载《知识产权》，1999（4）；吴汉东：《关于知识产权基本制度的经济学思考》，载《法学》，2000（4）；陈昌柏：《知识产权经济学》，北京，北京大学出版社，2003；蔡岳勋、胡心兰：《从法律与经济学的角度分析美国著作权法之科技保护措施及合理使用原则》，载（台湾）《中原财经法学》，2005（14）。

④ 参见袁志刚：《论知识的生产与消费》，载《经济研究》，1999（6）。

报酬系统的实质是确立发现者或发明者拿走的只是“命名”与奖金的报酬，作为这种收益的对价支出，社会获得了对该项科学成果的公有产权。正是在这个意义上，笔者以及一些学者曾认为，发现权、发明权制度不是私人专有财产的知识产权制度，而是一种科技奖励制度。经济分析表明：对信息产品以产权（即知识产权）私有为主，兼采以奖励为对价的公有产权（即发现权、发明权），符合“相对优势定律”的一般原则。[①] 因此，我国现行的发明专利与发明奖励双轨制是可行的。

第二，交易成本收益问题。依照微观经济学的供给与需求理论，精神生产与物质生产的目的都是交换。这些交易活动应是高效益的价值实现和价值增值的过程。交易的实质不是物品本身的交换而是产权的交换。交易本质上是一种经济关系，其核心是所有者的权利。[②] 科斯理论认为，制度的选择涉及交易成本的发生，这种交易成本包括获得市场信息所需的成本，讨价还价与签订合同所需的成本，监督合同履行和制裁违约行为所需的成本。[③] 在上述“实在交易成本”的情况下，有效益的结果就不可能在每个法律制度下产生，此时，合意的法律制度是交换代价的效应减至最低的规则。由此可见，权利的界定与安排在交易中十分重要。“这就要求立法机关在制定法律和法官在判决案件时，充分考虑效益原则。”[④] 产权交易成本理论说明，发展中国家在适用国际通行的高水平知识产权法律时，须尽力降低社会成本，争取利益最大化。当前，在成本收益方面有两个现实问题值得考虑：一是参加经济全球化的收益应能支付或高于进入知识产权制度一体化的成本；二是高水平知识产权保护所带来的未来发展收益将高于现阶段所支付的必要成本。因此，我们应注重对现行知识产权制度实施的效益评估。

---

① 微观经济学认为，人们应该从事某机会成本低于其他所有事情的事情。机会成本是指把一定资源用于生产某种产品时放弃的生产另一种产品的价值，或说是利用一定的资源获得某种收入时所放弃的另一种收入。

② 参见［德］马克思：《资本论》，第1卷，102～103页，北京，人民出版社，1975。

③ 参见［美］罗纳德·科斯：《社会成本问题》，载［美］罗纳德·科斯等：《财产权与制度变迁》，上海，上海三联书店，1994。

④ 钱弘道：《经济分析法学的几个基本概念阐释》，载《同济大学学报（社会科学版）》，2005(2)。

第三，制度变迁与经济增长问题。所谓制度是某一社会全体成员应该遵守的行为及其相互交换的规则，主要是指明确界定人们权利、义务归属关系的法律系统。① 从经济学的角度来看，制度创新一般是指制度主体通过新的制度构建以获得追加利益的活动，它是关于产业制度、产权制度、企业制度、经济管理制度、市场运行制度等各种规则、规范的革新。制度创新有多种形式，但每种创新都会导致某个领域的制度变迁。在新制度经济学理论中，制度变迁被理解为用一种效益更高的制度替代另一种制度的过程。它包括两种：一是“诱致性制度变迁”，即制度构建的变更或替代，或者是新制度的创造，由个人或一群人自发倡导、组织或实行。二是“强制性制度变迁”，即由政府命令、法律以及各项政策的引入所实现的。在创新体系中，制度创新居于基础和保证地位。诺思说道，“有效益的经济组织是经济增长的关键”。在此，他将有效益的经济组织定义为能够在制度上作出安排和确定所有权以便造成一种刺激，将个人的经济努力变成私人收益接近社会收益的活动。概言之，制度是“决定长期经济绩效的基本因素”②。上述理论表明了知识产权立法的时代使命，即通过制度创新推动知识创新。

四、无形资产：知识产权的管理学分析

知识产权在资本形态上表现为无形资产。③ 在管理学那里，无形资产属于固定资产的范畴，是一种不具有实物形态的独占经济资源。运用管理学的基本范畴与方法，研究知识产权中的单一资产要素的产出发展和各个资产要素的综合应用，探求知识产权作为无形资产资源在创造、流通各环节的运动规律，涉及知识产权经营、管理、评估等方面的问题分析和对策谋划，具有重要的应用研究价值。

财产与资产的关系，是研究知识产权无形资产属性的理论起点。无形资产

---

① 参见李京文：《迎接知识经济新时代》，118页，上海，上海远东出版社，1999。

② ［美］道格拉斯·诺思、罗伯特·托马斯：《西方世界的兴起》，厉以平、蔡磊译，1～2、17页，北京，华夏出版社，1988。

③ 参见刘京城：《无形资产的价格形成及评估方法》，1页，北京，中国审计出版社，1998。

是我国管理学界的热点话题，其资产项目多涉及各类知识产权。关于两者的关系，康芒斯曾有过精辟的论断："财产的经济意义就是'资产'，而资产的法律意义就是'财产'。"① 资产是经济学特别是会计学的基本概念，法学则将资产表述为财产权。② 管理学理论认为，资产应该是指企业或个人拥有或控制的，能以货币计量，能为企业或个人获得效益的经济资源，包括实物资产、无形资产、债权及其他经济资源。③ 关于无形资产的概念，学界尚无统一的定义，一般多指定无形资产的范围来表述无形资产的概念。不过，就无形资产的非实物形态的认定而言，各国大体相同。美国会计界认为，无形资产是非实物的经济资源，其价值是依据被授予的权益和其他将要得到的预期收益来确定的（《美国会计手册》第 23 章）。日本会计界认为，无形固定资产是同有形固定资产相对立的概念。其定义不太明确，但强调该类资产是虚拟资产、是没有实体的资产（日本《新版会计学大辞典》）。④ 我国经济界关于无形资产非实物形态的描述，有的表达为某种"法定权利、知识权利、优先权、垄断权，或者企业所具有的非凡盈利能力"⑤，有的则概括为"某种特殊权利和技术知识"⑥。就对象的非物质性来讲，法学上的知识产权与管理学上的无形资产有着共同的认定标准。但在构成范围方面，无形资产的划定却难以在知识产权理论上得到认同。一般认为，无形资产包括：专利权、商标权、著作权、技术秘密、特许经营权、租赁权、土地使用权、商誉等。⑦ 上述无形资产的类别主要涉及知识产权，但不限于知识产权。目前，一些学者认为，有的财产权利不宜作为无形资产：一是租赁权。举凡金融租赁、使用租赁、维修租赁，其经营对象一般是生产工具，换言之，租赁权的客体为有形物。二是土地使用权。土地资源不同于智力资源，在企业资产中类似于有形固定资产。正是基于上述理由，有些学者

---

① 关于财产权与资产的关系，古典经济学家隐蔽了财富与资产的区别，而将财富解释为物资和所有权。

② 参见陈仲主编：《无形资产评估导论》，4 页，北京，经济科学出版社，1995。

③ 参见陈仲主编：《无形资产评估导论》，4 页，北京，经济科学出版社，1995。

④ 转引自蔡吉祥：《无形资产》，1 页，深圳，海天出版社，1996。

⑤ 吕劲松编著：《无形资产会计》，1～2 页，北京，中国审计出版社，1998。

⑥ 何清政等：《国有资产评估》，102 页，北京，中国标准出版社，1993。

⑦ 参见何盛明主编：《财经大辞典》，1431 页，北京，中国财经出版社，1990。

主张将该类权利从无形资产中分离出去。[①]

在无形资产的管理学研究领域，知识形态资产要素即知识产权是主要问题对象。“无形资产是各行各业的必备资源，它在单位总资产中的比重有超过有形资产的趋势。世界上当前单项资产价值最高的是无形资产，经济技术寿命最长的是无形资产”[②]。现代化的企业经营应以无形资产经营为主。在知识经济时代，知识已经成为最重要的经济资源，是经济增长和发展的决定性因素。原美国证券交易委员会委员史蒂文·沃曼曾指出，“我们的社会已经由以工业为基础的时代，进入以知识为基础的时代。在这个社会中，知识产权、软资源和其他迅速增长的无形资产，构成了创造财富的主体资源”[③]。对于企业而言，知识经济带来的是财产结构的重大变化，企业固定资本、金融资本的重要性已经让位于企业所拥有的知识财产。在国际上，发达国家和它们的跨国公司极力将其拥有的智力成果优势转化为知识产权优势，最终形成国际市场的竞争优势。正如英国政府的一份白皮书所指出的那样，“竞争的胜负取决于我们能否充分利用自己独特的、有价值的和竞争对手难以模仿的资产，而这些资产就是我们所拥有的知识产权”[④]。一般认为，企业核心竞争力包括企业员工的知识和技能、企业的技术开发和创新能力、企业的管理和生产经营能力、企业创造品牌和运用品牌的能力、企业独特的文化和价值观。在市场经济条件下，企业的核心竞争力是围绕消费者的需求而构建的。在核心竞争力的几大构成要素中，最容易为消费者所感知的就是技术和品牌，对于消费者来说，他们最关心的不是某个公司的组织架构、经营战略，而是其生产的产品，更确切地说是产品的技术含量和品牌价值。因此，企业的核心竞争力最终落实到技术和品牌上来，而技术和品牌即是无形资产中的知识产权。

无形资产的管理学研究，应以各种知识形态资产要素的综合应用为重点。

---

① 参见蔡吉祥：《无形资产》，99页，深圳，海天出版社，1996。

② 蔡吉祥：《无形资产学》，5页，深圳，海天出版社，2002。

③ ［美］凯文·G. 里韦特、戴维·克兰：《尘封的商业宝藏：启用商战新的秘密武器——专利权》，陈彬等译，51页，北京，中信出版社，1997。

④ Our Competitive Future Building the Knowledge Driven Economy, Presented to Parliament by the Secretary of State for Trade and Industry by Command of Her Majesty December 1998.

无形资产是企业拥有的智力资源的总称，它包括但不限于知识产权。在无形资产的框架内，涉及三类财产权利[①]：一是知识类财产权利。该类财产主要由知识、技术、信息等无形资产利益所构成，可以分为创造性成果与经营性标记，其权利形态包括著作权、专利权、商业秘密权、植物新品种权、集成电路布图设计权等，是为典型的知识产权。二是资信类财产权利。该类财产主要是经营领域中商誉、信用、形象等具有经济内容的商业人格利益。就其构成而言，其内在因素是主体的经营能力，包括经济状况、生产能力、产品质量、市场占有份额等；其外在因素是社会基于主体的信誉、形象等而给予的评价和信赖。该类财产权利形态包括商誉权、信用权、形象权等，是为宽泛意义的知识产权。三是特许类财产权。该类财产由主管机关或社会组织所特别授予的资格、优惠、特权等法律利益所构成。美国分析法学派代表人物霍菲尔德认为，权利、特权、权力和豁免可统称为“法律利益”（legal interest）。一个人拥有财产，就是说实际上此人拥有一系列的权利、特权、权力及豁免。[②] 在无形资产体系中有一种由“法律利益”所构成的特许类财产，该类财产与前述知识类财产、资信类财产不同，它不是基于所有人自己的创造性行为或经营性资信而形成，而是由某一机关或组织的特别授权而产生。此类财产的权利形态即为特许经营权。在企业无形资产经营管理中，应综合考虑各种知识产权的特点，制定一体化战略，才能确保知识形态资产总体效用的最大化。一般来说，企业技术优势依赖于专利权。企业在某个技术获取专利后，以其为基本专利，将有关改进技术及外围技术均申请专利，由此构造一个由基本技术和相关技术联结的专利网，形成企业的强势技术。而企业经营优势则依赖于商标权。现代市场消费的一个重要特点，即从产品消费转向品牌消费。企业必须通过商标制度来维持自己品牌的独特性，不断提高品牌的知名度、美誉度和忠诚度，形成企业的强势品牌。在企业无形资产资源的运作过程中，根据产品属性、技术进步的速度、

---

① 参见吴汉东：《财产的非物质化革命与革命的非物质财产法》，载《中国社会科学》，2003（4）。

② 参见［美］肯尼斯·万德威尔德：《十九世纪的新财产：现代财产概念的发展》，王战强译，载《经济社会体制比较》，1995（1）。

消费者的特点以及同一企业不同品牌之间的溢出效用[①]，既要充分发挥各个知识形态资产的效应，又要以培育品牌为中心形成企业的长久优势。这些即是我们构建企业知识产权一体化战略的理论基础。

五、公共政策：知识产权的政策科学分析

从国家层面看，知识产权是一种社会政策工具。是否保护知识产权，对哪些知识赋予私人财产权，采取什么标准保护知识产权，实际上是一个国家根据现实发展状况和未来发展需要而作出的公共政策选择和安排。政策科学试图把政策过程科学化，旨在"解决与政治决策和政府决策相关的实际问题"[②]，这是基于对政策的观察、认知、描述甚至试验性的研究而产生的系统化理论。[③]对知识产权进行政策科学分析，可以揭示知识产权立法背后的政策立场，评价知识产权执法过程中的政策效果，提出知识产权法律变革的政策选择，从而从一个新的角度把握知识产权制度的合理内核。

知识产权法律是公共政策的组成部分，这是政策科学对知识产权政策属性的基本概括。所谓知识产权政策，即政府以国家的名义，通过制度配置和政策安排对私人知识资源的归属、利用以及管理进行指导和规制，"通常表现为一系列的法令、条例、规章、规划、计划、措施、项目等"[④]。关于知识产权作为私权和政策工具的关系，英国知识产权委员会作出如下说明：无论怎样称呼知识产权，我们最好将它视作公共政策的一种手段。授予个人或机构一些经济特权，以实现更大的公共利益，而这些特权只是一种目标实现手段，其本身并非目标。[⑤] 可以认为，知识产权如同物权、债权一样是私权，但知识产权同时

① Parchomcvsky Gidean，Siegelman Peter，Towards an Integrated Theory of Intellectual Property，88VA. L. Rev.，2002.

② ［美］弗兰克·费希尔：《公共政策评论》，译者前言，北京，中国人民大学出版社，2003。

③ 参见孙超等：《政策科学研究范式对企业战略管理研究的启示》，载《中南财经政法大学学报》，2007（2）。

④ 吴鸣：《公共政策的经济学分析》，4页，长沙，湖南人民出版社，2004。

⑤ 参见英国知识产权委员会：《知识产权与发展政策相结合委员会关于知识产权的报告》，6页，见 http：//www.iprcommission.org/graphic/ chinese _ intro. htm。

具有某种超越私人本位的公共政策属性。实施公共政策通常会面临一个“谁是政策的受益者，谁是政策的受损者”的问题[①]，即对知识财产利益进行分配和调整。作为“利益相关者”，涉及规制知识产品的创造者、传播者、利用者之间的权利义务关系；作为“利益分享者”，则要考虑独占权利与公共利益之间的平衡。由于政策是社会中无数团体组织“释放和吸收”（give and take）的结果，没有一定公众支持的政策，在执行上将面临许多困难和阻力。[②] 这一分析模式表明，在知识产权政策制定和实施方面，国家既强调对特定主体的利益保护，又注重对不同主体的利益平衡。这种法律价值追求，反映了私人产权制度中的国家政策立场。法律变革中关于权利保护与权利限制的规定，实质上是知识产权政策的调整功能使然。因此，单向度的私权解读，仅是解释知识产权的一个方面，而政策工具所具有的弹性和包容性更具有理论和实践的解释能力。

知识产权政策成本与效益比较，是政策科学评价知识产权制度实施状况的分析工具。按照制度经济学的理解，任何制度的产生和选择都是人们对其成本和收益进行比较的结果，换言之，对知识产权进行制度安排，应能带来知识财富增长的净收益。知识产权政策之所以必要，是因为选择其来解决知识产品供给问题，较之市场自行解决问题所产生的社会成本较低。按照科斯的说法，公共政策只是一种在市场解决问题时社会成本过高的情况下所作出的替代选择。[③] 上述分析是政策科学对知识产权政策评价的一般理论说明。现实的问题是，公共政策是有一定限度的，如果某一公共政策所产生的社会成本较高，就不能达到预期的效果，甚至产生负面影响。我们注意到，知识产权制度在发展中国家并没有完全释放应有的功能，“利大于弊”还是“弊大于利”往往成为评价这些国家知识产权运用效果的争议焦点。笔者认为，造成政策失灵的原因主要有两点：一是制度外力强加而造成的“水土不服”。英国知识产权委员会指出：知识产权体系能够成为发展本土科技能力的一个重要因素，特别是在那

---

① 参见吴鸣：《公共政策的经济学分析》，3页，长沙，湖南人民出版社，2004。

② See Carla Hesse，The Rise of Intellectual Property，700 B. C. -A. D. 2000：An Idea in the Balance，Daedalus，Vol. 131 No. 2，Spring 2002，p. 26.

③ 参见［美］罗纳德·科斯：《社会成本问题》，载［美］罗纳德·科斯等：《财产权利与制度变迁》，上海，上海三联书店，1994。

些已建立起科技基础结构的国家中。[①] 但是对于大多数发展中国家而言，由于其自主创新能力不足，保护知识产权实际上只是保护了外国（主要是发达国家）的知识产权，增加了本国创新的成本。因此，制度强加对于发展中国家并非好事。二是制度运作经验不足而导致“受制于人”。国际知识产权协会主席、美国斯坦福大学教授约翰·巴顿（John Barton）指出，发展中国家与发达国家在知识产权方面的差距不在于制度本身，而在于运用制度的经验。上述分析表明，对于发展中国家而言，政策运用比政策选择更为重要，知识产权政策的有效运用需要创设一系列的社会条件，例如完善的公共政策体系、高效而统一的执法体系、良好的技术、文化与产业基础等。总的说来，发展中国家要实现现代化的转型发展，必须通过知识产权政策的有效实施，才能为本国经济社会发展提供持久动力，在国际经济、文化、科技竞争中争取主动。

知识产权制度应具有明确的目标取向，这是政策科学对知识产权政策选择的重要认识。美国学者弗兰克·费希尔认为，无论公共政策通过何种途径形成，都要涉及实现的目标以及实现这些目标的手段。[②] 这就是说，任何公共政策的制定和实施总是与一定的政策目标相联系的。在目标取向方面，总政策处于统帅和引领地位。所谓总政策，是对一个国家的社会运行起着根本性和决定性指导作用的政策，它是一种影响全局的政策，并基于特定的历史时期，始终具有较强的总括性和稳定性。[③] 一般而言，公共政策的总体目标是保持社会稳定、维护社会公正、促进社会发展。在公共政策体系中，促进知识财富增长和经济社会发展的任务目标，并不是知识产权政策独立承担的，上述目标取向也体现在其他公共政策中。此外，知识产权政策的某些规范在其他公共政策中也有所体现，知识产权政策目标的实现有赖于其他公共政策的配合。在公共政策体系中，与知识产权政策相关联的公共政策主要有文化教育政策、产业经济政策、科学技术政策、对外贸易政策等。作为政策决策主体的政府，其任务是发挥知识产权的政策导向作用，建立促进知识创新与利用的政策体系。在中国，

---

① 引自《英国政府对英国知识产权委员会的报告〈综合知识产权与发展政策〉之回应》，见 http：//www. iprcommission. org/Translations/DFID _ Response _ Chinese _ FINAL. pdf.

② 参见［美］弗兰克·费希尔：《公共政策评估》，3 页，北京，中国人民大学出版社，2003。

③ 参见吴鸣：《公共政策的经济学分析》，5 页，长沙，湖南人民出版社，2004。

现阶段知识产权的政策目标表现为实施知识产权战略，建设创新型国家。[①] 知识产权战略是主体通过规划、执行、评估等战略举措，谋求战略目标实现而采取的全局性、整体性的谋略和行动安排。它自身既是一个包括战略目标、战略任务、战略措施的动态系统工程，同时也是一个服务于特定总政策目标、发挥知识产权正效应的公共政策体系。可以说，中国知识产权战略实施的状况是我们考查知识产权政策目标实现与法律适用成效的最终尺度。从政策总目标而言，知识产权战略实施的成功与否，将决定21世纪中国社会发展的最终走向。

六、并非结束的结语

知识产权是国内外竞相关注的热点问题。考量知识产权制度一体化、国际化趋势，回应知识产权制度的现代化诉求，促进知识产权法律的本土化进程，推动知识产权政策的战略化实施等，是当前知识产权研究的重点和难点问题。这些问题可以概括为“十大关系”：一是知识产权法律的本土化路径与国际化趋势的关系；二是知识产权立法的时代性要求与本国阶段性选择的关系；三是知识产权制度的价值属性与工具属性的关系；四是知识产权的私权神圣原则与知识传播的公共利益原则的关系；五是知识产权对网络技术、基因技术的保护与维护人类精神、文化和道德进步的关系；六是知识产权制度创新与文化创新、科技创新的关系；七是知识产权的法律制度移植与法律精神内化的关系；八是知识产权贸易的全球化与中国经济、文化安全的关系；九是知识产权国际保护的必要成本与本国知识产权事业的利益实现的关系；十是知识产权制度安排中的单行立法与体系化、法典化的关系。对于这些问题，既无法简单沿用传统的法学理论来诠释，也不宜拘泥于单一的学科知识作研究，我们应从法学理论出发，结合政治学、社会学、伦理学、经济学、技术科学、政策科学等理论，多元视角地考察知识产权制度的属性与功能。笔者期待学术界同仁共同努力，为中国知识产权制度的理性选择作出自己的思想贡献。

---

① 关于中国知识产权政策的调整、完善和提高，可参见吴汉东：《利弊之间：知识产权制度的政策科学分析》，载《法商研究》，2006 (5)。

关于知识产权本质的多维度解读*

从价值目标和制度功能的多维角度出发，我们可以对知识产权的本质进行不同的描述：在私人层面，它是知识财产私有的权利形态；在国家层面，它是政府公共政策的制度选择；在国际层面，它是世界贸易体制的基本规则。上述三个范畴并非是知识产权的全部品性，但或许是关于知识产权本质的基本认识。

在民事权利制度体系中，知识产权是与传统的财产所有权相区别而存在的。英文“Intellectual Property”、法文“PropriétéIntellectuale”、德文“Gestiges Eigentum”，其原意是“知识（财产）所有权”或“智慧（财产）所有权”。将一切来自知识活动领域的权利概括为“知识产权”，最早见于 17 世纪中叶法国学者卡普佐夫的著作。后来，比利时著名法学家皮卡第发展了这一理论，将知识产权视为一种特殊的权利范畴，以此区别于物的所有权。①

作为法律制度的知识产权，其立法目的在于保护智力创造者权利，维系社会正义；促进知识广泛传播，有效配置智力资源。这即是正义与效益的双重价值目标。知识产权的各项基本制度，围绕上述法律价值目标，发挥着保护权利、平衡利益、促进科技进步和经济增长的社会功能。基于价值目标与制度功能的多元化，我们可以从不同方面来认识知识产权的本质。

---

* 原载《中国法学》，2006（5）。

① 参见［苏］E. A. 鲍加特赫等：《资本主义和发展中国家的专利法》，载《国外专利法介绍》，2页，北京，知识出版社，1980。

一、私人语境下的知识产权：知识财产私有的权利形态

世界贸易组织的《知识产权协定》在其序言中宣示“知识产权为私权”，以私权名义强调知识财产私有的法律性质。权利本体的私权性是将知识产权归类于民事权利范畴的基本依据。私权是与公权相对应的一个概念，指的是私人（包括自然人、法人和其他社会组织）享有的各种民事权利。所谓私权，即私的权利，可以从以下几个方面来理解：第一，它是私人的权利。这里的私人，特指民事法律关系的主体，即处于平等地位的人。即使国家在某种情况下可以作为民事主体出现，但也与其他民事主体形成相互平等之关系。第二，它是私有的权利。这里的私有，意指民事权利为特定民事主体所享有。所有权是特定人直接支配所有物之权利，债权是特定人请求特定人为特定行为之权利。这说明，私权是特定人享有的私人权利，而不是一切人同享的公共权利。第三，它是私益的权利。这里的私益，也就是与公益相对应的个人利益。根据私法的原则，允许“个人根据自己的意愿形成相互之间的经济关系和其他关系”①，追求合法的私利。知识产权归类于私权，在于它符合私权的一般确认标准：它是“关于私人利益方面的各种权利”（利益说）；是“关于平等主体相互之间的权利”（关系说）；是“私法上所确定的权利”（法律说）②。可以认为，知识产权的产生、行使和保护，适用民法的基本原则和基本规则。离开了民事权利体系，知识产权就会成为无源之水、无本之木，无法找到其相应的归属。

关于公权与私权的划分，可追溯到罗马法。在古罗马，凡市民都享有一种专属性的权利即“市民权”（Status civitatis），其内容包括公权与私权。其中，公权是指市民法规定的选举权（即参与各种议会制定法律和选举官吏的权利）和被选举权（即被选举为官吏或被选举为议员的权利）；私权则包括婚姻权、

---

① ［德］米·科斯特：《私法自治及其限制》，载《中德经济法研究所年刊》，1994（5），南京，南京大学出版社，1994。

② 《中华实用法学辞典》，326页，长春，吉林大学出版社，1988；《北京大学法学百科全书（宪法学、行政法学卷）》，149页，北京，北京大学出版社，1999。

财产权、遗嘱能力和诉讼权。[①] 在古罗马的私权体系中，财产权制度是以“物”为基础的，其对象主要是有体的物质对象（有体物），也包括无体的制度产品（无体物）。[②] 在罗马法时期，尚未产生保护精神产物的财产权即近代意义的知识产权，但是罗马法所留下的私法原理和规则，尤其是“无体物”理论，为后人诠释知识财产法律化提供了重要的思想资料。“无体物”理论本意是将特殊之权利视为权利标的意义之物件，即以主观拟制之物作为权利之客体，这意味着对客体物的理解，不应拘泥于直接存在之物、有体存在之物。近代法律对知识财产的确认，标志着财产权从具体到抽象的转变。人们不再将财产的范围局限于有体物，而扩大到为数众多的不具备外在形体的财产，这即是财产的抽象化和非物质化。“就知识产权而论，所论及之物乃是抽象物。如我们所知，抽象物并不存在，或者我们可以宣称它不存在。在知识产权中的抽象物采取了一种法律虚拟的形式。”“法律假定在某些抽象物中存在着权利。盘尼西林的分子式和化学结构即是抽象物的例证，许多人需要使用并依赖于这些物”[③]。按照澳大利亚学者德霍斯（Drahos）的说法，由此产生了基于抽象物而形成的一种新的财产权形式。这就是区别于传统财产所有权的知识产权。

知识产权的私权化是罗马法以来财产非物质化革命的结果。近代知识产权的形成经历了一个由封建特许权向资本主义财产权嬗变的历史过程。与封建特许权相比，作为私权的知识产权有如下特点：第一，它是“天赋之权”。近代启蒙思想家将财产权置于天赋人权的理论框架内，并赋予其独立、核心的重要地位。因此，知识产权是“天赋”的、“与生俱来”的，它不应由国家特许而产生；作为私权的知识产权也是个人的权利、利己主义的权利，“私有财产神圣不可侵犯的权利”[④]。第二，它是“普世之权”。在近代人权理论的视野中，财产权与其他权利一样，是超越时代、超社会的普遍权利。因此，知识产权具有普世性。它是一种“普遍权利要求”，是一种资本主义式财产权，而不可能

---

① 参见周枏：《罗马法原论》，99～100页，北京，商务印书馆，1994。

② 参见陈朝璧：《罗马法原理》上册，84页，上海，商务印书馆，1936。

③ Peter Drahos，A Philosophy of Intellectual Property，Dartmouth Publishing Company Limited，1996，pp. 16. 1.

④ 郑杭生等主编：《人权史话》，96～97页，北京，北京出版社，1994。

是个别的、局部的行政庇护权。第三，它是“法定之权”。从法哲学理论而言，公民基本权利和自由概由一国宪法和法律所规定，即是以实定法的名义反映的自然权利。[①] 知识产权即是如此：从权利来源论，它是一种“自然权利”，创造性活动是知识产权产生的“源泉”（source）；从权利依据论，它是一种“法定权利”，法律规定是知识产权产生的“依据”（origin）[②]。近代知识产权制度的确立，将非物质财产的权利形态改造成私人普遍享有私益的权利、私益受到私法严格保护的权利，这即是从特许权到私权的制度变革。

对知识财产进行私权界定，采取的是一种市场机制的产权形式。产权界定的实质是回答知识财产应为私有还是公有。在知识财产中，科学发现与某些技术成果采取的是非市场机制的产权形式。科学发现是指“经过研究、探索等，看到或找到前人没有看到的事物或规律”[③]。科学史上记载的哥白尼的“地动说”、牛顿的“万有引力定律”、门捷列夫的“元素周期表”、爱因斯坦的“相对论”等，都是认识“前人未知”的自然界及其客观规律的科学发现。科学发现的内容只能是阐明科学事实或客观规律的基础科学研究成果，具有认识的“前所未有性”“唯一性”以及“真理性”的特征，因此不宜为发现人所垄断或专有。正如《科学发现国际登记的日内瓦条约》所指出的那样，它的目的是促使科学发展，鼓励人们使用已经发现的自然规则，而不是限制它们的使用。关于科学发现的生产方式与产权形式，制度经济学家提出的解决方案有两点：一是从税收中提供生产成本，让大学、科研机构得以生产此类科学成果；二是建立科学奖励制度，即科学发现奖励制度，以非市场机制的报酬系统来换取社会对科学成果的公有产权。[④] 与科学成果相类似，某些技术成果也往往适用非市场机制的产权形式，这即是发明奖励制度。发明是一种“前所未有的”“先进的”“经过实践证明可以应用的”科学技术成就。发明奖励制度通过对发明

① 参见胡锦光等：《当代人权保障制度》，1～2页，北京，中国政法大学出版社，1993。

② L. Ray Patterson，Stanley W. Lindberg，The Nature of Copyright：A Law of Users Right，The University of Georgia Press，1991，p. 45.

③ 中国社会科学院语言研究所词典编辑室：《现代汉语词典》，294页，北京，商务印书馆，1987。

④ 参见［美］罗伯特·考特、托马斯·尤伦：《法和经济学》，张军译，上海，上海三联书店，1994。

创造所产生的经济效益和社会效益进行评价，由国家给予奖励；与此相适应的是，发明成果的所有权名义上属于国家，但任何人可以无偿使用。由此可见，作为奖励制度的发现权、发明权，并非是对智力成果的专有使用权即私权，而是一种取得荣誉及获取奖励的权利，该项制度应归类于科技法。[①] 对主要智力创造成果，概以采取私人产权形式，这就是法律上的知识产权制度。

作为私权的知识产权，其合理性在思想家的著述中有着不同的解释。在经济学范畴里，从洛克、斯密到马克思，都建立了自己的"劳动价值学说"。虽然在他们的学说中，涉及的研究对象主要是物质生产与有形商品，但这一学说同样可以论证精神产品与知识财产的本源性、合理性。[②] 根据这一学说，我们可以认为：社会劳动既包括体力劳动，又包括智力劳动；生产商品不仅是物质生产中实物形式的商品，还包括非物质生产的无形商品（如服务、知识、技术、价值等）；活劳动不仅创造物化商品价值，而且创造知识产品价值。而在法哲学领域里，卢梭的"社会公意"理论与康德的"自由意志"理论则认为财产权的依据来自体现主权者（人民）意志的"公意"，或者是社会成员认可物主控制某物的"共同意志"。从上述学说中我们可以找到知识产权合理性的另一种说法，即其存在的理由在于实现了权利垄断与知识公开的契约对价关系。[③] 一般认为，知识产权赖以产生的条件是：智力成果所有人将自己的作品、发明创造等公开出来，而公众则承认他们在一定时期内独占使用其智力成果的权利。何谓知识产权？即"知识是公开的"（公共产品属性），而"权利是垄断的"（私人产权属性）。西方法学家将这一现象解释为社会契约关系，即以国家面貌出现的社会与智力成果创造者之间签订的一项特殊契约。[④] 这种社会契约的内容最终以国家立法的形式加以确认，使得知识产权具有不同于所有权的效力：首先，它是一种极具垄断性的私权。知识产权虽然是一种产权（类似

① 参见吴汉东主编：《知识产权法学》，2页，北京，北京大学出版社，2000；张玉敏主编：《知识产权法教程》，14页，重庆，西南政法大学出版社，2001。

② 参见吴汉东等：《知识产权基本问题研究》，84～91页，北京，中国人民大学出版社，2005。

③ 参见吴汉东等：《知识产权基本问题研究》，91～106页，北京，中国人民大学出版社，2005。

④ 参见《国外专利法介绍》，第1册，12页，北京，知识出版社，1981。

所有权)，但许多学者认为，这种权利区别于所有权，而是一种垄断权或独占权。[①] 对于同一项智力成果，不允许有两个或两个以上同一属性的知识产权并存。例如，两个相同的发明物，根据法律程序，只能将专利权授予其中的一个；注册在后的商标不得在同一种商品或类似商品上与他人的注册商标混同；创作的多个作品如构成雷同，负举证责任的一方需证明自己作品的独创性，否则构成侵权。可以说，知识产权是“合法垄断，赢家通吃”。其次，它也是一种蕴含限制性的私权。知识产权虽为垄断性权利，但要受到权能方面的限制，如著作权中的合理使用、专利权中的临时过境使用、商标权中的先用权人的使用等；同时，该项权利的独占效力只有在一定空间地域（地域性限制）和有效期限（时间性限制）内才能发生效力。

关于知识产权的私权属性，我国理论界对此的认识是不断深化的。20 世纪 80 年代的教科书及相关著作多将知识产权表述为一体两权，即认为知识产权具有财产权与人身权的双重属性；20 世纪 90 年代的知识产权学说一般从民事权利体系出发，将知识产权区别于财产所有权，对其作出无体财产权的定性分析；21 世纪初，一些学者根据国际人权公约和经典学说理论将知识产权这一私人财产权定位为一项特别的人权。无论是一体两权、无体财产权还是特别人权，理论界关于知识产权属性的认识并没有离开私权属性的基本范畴。近年来，有的学者鉴于现代知识产权制度的发展与变革，在肯定知识产权私权属性的同时，提出知识产权公权化的问题，即是说知识产权已经蜕变为“私权公权化的权利”，或是“兼具私权属性和公权属性”。在民法学研究中，存在“私法公法化”的说法，它描述的是现代私法发展的一种趋向，即传统私法的权利本位、个人本位的理念有所动摇。私法的公法化导源于国家对经济生活的干预，具体表现在：一是“外化”为新的法律部门、法律制度的出现。如国家对雇主与雇员关系的干预产生了劳动法，国家对企业活动的支持与调节产生了反垄断法、反不正当竞争法，国家对生产经营者与消费者关系的干预产生了产品责任法、消费者权益保护法，国家对企业与自然环境的协调产生了能源法、环境法等。二是“内化”为对私法自治原则的限制。私法自治原则的本意是：私人享

① 参见尹田：《法国物权法》，56～58 页，北京，法律出版社，1998。

有权利、设定义务，实施一切民事行为皆取决于当事人自己的意思，不受国家和他人的干预。近代民法意义上的私法自治原则贯穿于各项民事法律制度，它具体表现为财产自主（所有权制度）、合同自由（合同制度）、婚姻自由（婚姻制度）、遗嘱自由（继承制度）、团体设立自由（法人制度）等。私法的公法化导致私法自治原则的限制，但这并没有影响民法即私法的本质，同理也不会改变所有权、知识产权等私权的基本属性。可以认为，国家对知识产权制度的干预，表现为知识产权在权能范围和效力范围方面受到某些限制。从历史上看，知识产权制度从其产生之初直至发展到今天，一直处于权利保护与限制的法律调整之中。强调国家对知识产权垄断性的限制，或建立创造者个人利益与社会利益的平衡机制，这些举措并不能“内化”为知识产权从本质属性的私权演变成私权与公权的混合体。

二、国家视野中的知识产权：政府公共政策的制度选择

从国家层面而言，“知识产权制度是一个社会政策的工具”①。是否保护知识产权，对哪些知识赋予知识产权，如何保护知识产权，是一个国家根据现实发展状况和未来发展需要所作出的制度选择和安排。知识产权是西方发达国家三百多年来不断发展成长的制度文明，对促进经济发展、推动科技进步、繁荣文化和教育起到了重要作用。知识产权制度已成为一国走向现代化的必然政策选择。

公共政策是政策科学领域里经常使用的术语，它是指“以政府为主的公共机构，在一定时期为实现特定的目标，通过政策成本与政策效果的比较，对社会的公私行为所作出的有选择性的约束和指引，它通常表现为一系列的法令、条例、规定、规划、计划、措施、项目等”②。从这一定义出发，知识产权制度在公共政策体系中也是一项知识产权政策。

第一，知识产权政策的决策主体。美国学者伍得罗·威尔逊认为：“公共

① 刘华：《知识产权制度的理性与绩效分析》，46页，北京，中国社会科学出版社，2004。

② 吴鸣：《公共政策的经济学分析》，4页，长沙，湖南人民出版社，2004。

政策是由政治家，即具有立法权者制定的，而由行政人员执行的法律和法规。”[①] 知识产权政策实质上是在国家层面上制定、实施和推进的，具言之，即政府以国家的名义，通过制度配置和政策安排对于知识资源的创造、归属、利用以及管理等进行指导和规制。公共政策主体的主要活动包括：一是制定法律法规，以产权形式对相关知识财产提供保护。关于知识产权制度的设计，在作为一国独立法律时，立法者仅仅考量本国的经济、科技、文化和教育的发展水平即可；但在知识产权国际保护制度形成之后，内国法往往受制于法律一体化潮流的影响，立法者在制度选择和安排方面必须考虑一体化与本土化之间的协调。二是提供实施条件与手段，建立包括司法裁判、行政管理、社会服务等在内的配套机制。知识产权虽是市场机制的产权形式，但不能没有政府机制的调控。由于知识产品的非物质性特点，司法机关、行政机关、社会服务机构等在知识产权的取得、利用、保护、管理方面应采取“作为”的方式进行干预，如此才能保证知识产权制度的实施效益。三是以相关公共政策作为支撑，共同服务于“总政策”[②] 目标。在公共政策体系中，促进经济增长和社会发展的任务目标，并不是由知识产权政策独立承担的，上述目标取向也体现在其他公共政策中。同时，知识产权政策的某些规范，在其他公共政策中也有所体现，知识产权政策的实施也有赖于其他公共政策予以配合。与知识产权政策相关联的公共政策主要有文化教育政策、产业经济政策、科学技术政策、对外贸易政策等。作为政策决策主体的政府，其任务在于制定和健全政策，统一和协调政策。

第二，知识产权政策的调整功能。政策科学理论认为，实施公共政策都会面临一个“谁是政策的受益者，谁是政策的受损者”的问题。所以公共政策常常需要在各种利益的冲突之间达到某种均衡，以保证公共政策的顺利实施和社会的稳定发展。[③] 知识产权政策事关知识财产利益的分配和调整。作为“利益

① 转引自伍启元：《公共政策》上册，4页，台北，“商务印书馆”，1985。

② 总政策是指在公共政策体系中处于统帅地位，对于一个国家的社会运行起着根本性和决定性指导作用的政策。它是一种影响全局的政策，并贯穿于特定历史时期，始终具有较强的总括性和稳定性，参见吴鸣：《公共政策的经济学分析》，5页，长沙，湖南人民出版社，2004。

③ 参见吴鸣：《公共政策的经济学分析》，3页，长沙，湖南人民出版社，2004。

相关者”，涉及知识产品的创造者、传播者、利用者之间的权利义务关系；作为“利益分享者”，则要考虑创造者专有权利与社会公共利益之间的平衡。首先，知识产权是知识财产私有的法律形态，因此在权利义务关系上以权利为本位，在规范方法上以授权性规范为主要内容，在立法中心上以保护创造者权为首。其次，知识产权也是知识利益分享的法律工具，通过权利限制、权利利用的制度设计来调整权利主体与义务主体之间、个人与社会之间的利益关系，即是“对社会关系的各种客观利益现象进行有目的、有方向的调控，以促进利益的形成和发展”①。从上述调整功能出发，知识产权制度即形成“私权神圣”和“利益平衡”两大基本法律观。在知识产权制度中，强调“利益平衡”原则有着特别的意义。利益平衡是指当事人之间、权利主体与义务主体之间、个人与社会之间的利益，应当符合公平的价值理念。利益平衡是民法精神和社会公德的要求，也是“人权思想和公共利益原则的反映”②。知识产权制度强调利益平衡，旨在保护创造者利益的同时保证社会公众对知识产品的合理利用。这种利用或是基于表现自由的目的，或是基于公共教育的需求，或是基于公共卫生与社会生活的必要。美国学者将现代著作权法描述为协调各方利益的“平衡法”③。这一结论适用于整个知识产权制度。

第三，知识产权政策的目标取向。美国学者弗兰克·费希尔认为：“不论公共政策是通过政治辩论还是正式投票来形成，都牵扯到要实现的目标以及实现这些目标的手段两个方面。”④ 公共政策的制定和实施总是与一定的政策目标相联系。一般来说，公共政策的总体目标是保持社会稳定，维护社会公正，促进社会发展。但不同的公共政策又有自身的具体目标指向，解决某些具体的公共问题。就知识产权政策而言，正义和效益应是其追求的价值目标，“正义是社会制度的首要价值”⑤，实现正义即是知识产权制度创设的第一目标。在

---

① 孙国华等：《论法律上的利益选择》，载《法律科学》，1995（4）。

② ［美］奥德丽·R·查普曼：《将知识产权视为人权：与第15条第1款第3项有关的义务》，刘跃伟译，载国家版权局主办：《版权公报》，2001（3）。

③ L. Ray Patterson，Stanley W. Lindberg，The Nature of Copyright：A Law of Users Right，The University of Georgia Press，1991，p. 2.

④ ［美］弗兰克·费希尔：《公共政策评估》，3页，北京，中国人民大学出版社，2003。

⑤ 沈宗灵：《法·价值·正义·利益》，载《中外法学》，1993（5）。

近代立法中，知识产权被称为一种自然法上的权利，它基于创造者的智力活动而自然产生，摆脱封建特许束缚而法定存在，因而是符合正义的。反之，无视创造者权利的存在，他们的智力投入就无法得到补偿，精神生产领域将陷于无序状态，整个社会也就无正义可言。植根于经济生活之中的知识产权制度，不仅要实现正义目标，还应担负起实现智力资源有效配置、促进社会非物质财富增加的使命。这种效益价值目标在知识产权领域解读为知识、技术、信息的广泛传播，并通过智力成果的独占使用（创造者权利）、授权使用、法定许可使用（传播者权利）、合理使用（使用者权利）等各项制度而得以实现。推言之，知识产权制度的宗旨在于维护知识权利的正义秩序，实施知识传播的效益目标。

关于知识产权政策存在的合理性，经济学家往往以成本收益理论作为其分析工具。按照新制度经济学的理解，任何制度的产生和选择都是人们对其成本和收益进行比较的结果。换言之，对知识产权进行制度安排，应能带来知识财富增长的净收益。知识产权政策之所以必要，是因为选择其来解决知识产品问题，较之于市场自行解决问题，所产生的社会成本较低。按照科斯的观点，政府的公共政策只是一种在市场解决问题时社会成本过高的情况下所作出的替代选择。① 在知识产品上界定产权，导源于知识产品的公共产品属性。与私人产品不同，公共产品在消费上无对抗性，它可能在一定时空条件下为不同主体同时使用。如同一辆公共汽车，出资者和未出资者都在乘车。公共汽车公司必须为每个人提供便利，却无法辨别出乘车人是否付费，那些没有为公共产品消费而出资的人，被法经济学称为“搭便车者”②。知识的生产是有代价的，而知识的传递费用相对较小，一旦知识产品出售给某个消费者，其他消费者就可能成为该知识产品的“搭便车者”。这种现象即是“无偿地复制他人的作品的情形”③。鉴于此种情形，政府有必要对知识产品市场进行干预，即采取特殊的公共政策：一是政府自己提供知识产品；二是政府对私人提供知识产品给予补

① 参见［美］罗纳德·科斯：《社会成本问题》，载［美］罗纳德·科斯等：《财产权利与制度变迁》，上海，上海三联书店，1994。

② ［美］罗伯特·考特、托马斯·尤伦：《法与经济学》，147页，上海，上海三联书店，1994。

③ ［美］罗伯特·考特、托马斯·尤伦：《法与经济学》，152页，上海，上海三联书店，1994。

贴。后者的重要举措就是通过知识产权制度授予知识产品创造者以独占权。

上述成本与效益的分析，对一国知识产权的政策选择，在经济学层面上作出了理由说明。公共政策是有一定限度的，如果某一公共政策所产生的社会成本较高，就不能达到预期的效果，甚至会产生负面影响。接下来的现实问题是，发展中国家是否有必要选择知识产权政策，或者说，奉行高水平知识产权保护的政策能否为发展中国家带来收益？知识产权制度是近代科学技术与商品经济发展的产物。建立知识产权制度的经济动因在于“对财产权的法律保护有其创造有效使用资源的诱因”[①]。正是农夫能够获得土地作物的财产权，才促使农夫支付并尽可能地节约耕种土地所需要的成本；正是创造者能够取得知识财产的垄断权，才激励其在知识、信息的生产方面的投资。这是现代各国包括发达国家、发展中国家接受知识产权制度的一般原因。对于发展中国家而言，在适用国际通行的高水平知识产权保护政策时，须在成本收益方面作出如下考量：一是参加经济全球化的收益应高于进入知识产权一体化的成本。现有的国际公约包括《知识产权协定》《互联网公约》等所确定的最低保护标准，体现了权利的高度扩张和权利的高水平保护，更多地顾及和参照了发达国家的要求和做法。换言之，现今的最低标准即一体化标准，在很多方面超越了发展中国家的科技、经济和社会发展的阶段。但是，知识产权保护是发展中国家参加国际贸易体制的前提条件。发展中国家由此获得无差别的最惠国待遇，取得发达国家在乌拉圭回合谈判的某些优惠政策，并在未来国际贸易和知识产权论坛上拥有话语权，这些无疑是发展中国家在合作博弈中的重大收益。二是知识产权政策实施所带来的未来发展收益将高于现实支付成本。加强知识产权保护对于发展中国家不仅是来自国际社会的压力，也是出于自身发展的需要。一般来说，知识产权的强保护对于发展中国家获取知识和技术是不利的。知识产权的保护水平有阶段性，即根据国家的现实发展状况和未来发展需要来选择适当的知识产权政策。但是，有效实施知识产权政策，建立相关公共政策体系予以配合，有助于实现社会公正与社会发展的最终“目标取向”。英国知识产权委员会认为：“从长远的观点来看，在发展中国家，如果影响文化产业成功的其他

① ［美］罗伯特·考特、托马斯·尤伦：《法与经济学》，191页，上海，上海三联书店，1994。

条件得到满足，更强的私权保护将有助于激励当地的文化产业。”[①] 这一论断表明，传统的发展中国家要走上新兴的工业化发展道路，必须通过完善的知识产权制度为本国经济社会发展提供持久动力，在国际经济、科技竞争中争取主动。这是以必要的现实成本来换取的未来重大收益。

在公共政策的经济学分析中，公共政策不过是政府提供的一种制度，而制度是一种涉及社会、政治和经济行为的经济规制。[②] 与传统经济学不同，新制度经济学将制度看成是经济运行过程的一个内生变量，在经济增长和经济发展中起着根本性的作用。他们认为，关于经济的增长，过去依赖于劳动、资本和土地等天赋要素，而现在更多来自技术的贡献。但是“技术的产生、发展和变迁受到制度因素的影响和制约，如专利制度、政府资助研究与开发的制度等”[③]。这一结论可从知识产权制度的变迁史中得到证实。近代英国既是欧洲工业革命的策源地，也是新型知识产权制度的发祥地，这些并非历史的偶然。美国经济学家诺思指出，18 世纪的英国之所以获得持久的经济增长，均是起因于一种适宜所有权演进的环境，这种环境促进了从继承权、完全无限制的土地所有制、自由劳动力、保护私有财产、专利法和其他对知识财产所有制的鼓励措施，直到一系列旨在减少产品和资本市场缺陷的制度安排。诺思在对 14 世纪的中国与 17、18 世纪的英国作出比较分析后，指出了工业革命的动因：那时的英国拥有作为产权制度的一种特殊范畴，即知识产权保护制度保护了发明创造者的利益，刺激了发明创造者的热情，使得发明大量涌现并带来浪潮般的技术革新，从而启动了工业革命并创造了现代经济增长的奇迹。[④] 美国自 20 世纪 80 年代以来着力实施知识产权政策：一是建立促进经济发展、科技创新的政策体系。即将知识产权制度与产业政策、科技政策、环境政策和文化政策结合起来，推动产业结构调整，鼓励技术创新和技术转移，扶持高新技术产

---

① 英国知识产权委员会：《知识产权与发展政策的整合》，国家知识产权局条法司编译，109 页，2000。

② 关于制度和经济的关系可参见［美］舒尔茨：《制度与人的经济价值的不断提高》，载［美］罗纳德·科斯等：《财产权利与制度变迁》，上海，上海三联书店，1994。

③ 吴鸣：《公共政策的经济学分析》，10 页，长沙，湖南人民出版社，2004。

④ 参见［美］道格拉斯·诺思、罗伯特·托马斯：《西方世界的兴起》，23 页，北京，华夏出版社，1999。

业，发展文化产业。可以说正是专利大国与品牌大国的知识产权优势巩固了美国作为经济科技强国的世界领先地位。二是实施知识产权保护与对外贸易相关联的战略政策。20 世纪 90 年代中期以前，美国主要凭借其国内的《综合贸易法》把给予贸易对手的最惠国待遇与要求对方保护美国知识产权联系起来；1994 年《知识产权协定》产生以后，美国则是依赖缔约方的国家强制力和世界贸易组织的国际强制力，将缔约方所承诺的知识产权国际保护与享有的最惠国待遇紧密挂钩。不难看出，近代英国与当代美国通过知识产权的制度选择和政策安排，成功地推行了本国社会发展战略目标的实现。

从国际范围来看，在当代社会，无论是科技领先型的美国、技术赶超型的日本，还是引进创新型的韩国，无一不是以知识产权为战略武器，去占领国际竞争的制高点或提升自己的国际竞争力。例如，日本政府制定了“知识产权战略大纲”，出台了《知识产权基本法》；美国专利商标局发布了“21 世纪战略纲要”，形成了对知识经济的“快速反应机制”；澳大利亚政府推出了旨在推进本国知识产权战略的“创新行动计划”；印度政府公布了“知识大国的社会转型战略”，确立了国家未来发展的目标；韩国政府旨在通过有效的知识产权制度提升本国科技竞争力，从而在 2015 年成为亚洲地区的科研中心，2025 年进入科技领先国家的行列。

知识产权制度是中国走向现代化的当然选择。知识产权政策及战略制定与实施的成功与否，将会对 21 世纪中国社会的发展走向产生重要的影响。应该看到，中国既是一个传统的发展中国家，也是一个新兴的工业化国家。国家在不同的发展阶段应有不同的政策选择。就现阶段而言，中国的知识产权政策应把握以下几点：一是确定合理的知识产权保护水平。中国的知识产权保护应当遵循《知识产权协定》规定的最低标准，而不是追随西方发达国家的高标准。在遵守国际公约的前提下，尽可能考虑本国的经济、科技和文化的发展水平，最大限度地实现知识产权法律国际化与本土化之间的协调。二是加强知识产权法律实施。既要严厉打击盗版、假冒等侵权行为，维护市场经济的正常秩序；也要注意防范滥用知识产权的行为，维系个人私益与社会公益之间的平衡。三是对本国优势知识资源提供保护。中国在传统知识、遗传资源等方面具有比较优势，应重视与传统资源有关的知识产权保护工作。国内方面，尽快出台《民间文学艺术作品著作权保护条例》，着手建立传统资源的维护管理与利用体制；国际方面，应利用世界贸易组织将传统资源保护列入多哈回合谈判的有利时机，联合广大发展中国家积极参与有关传统资源国际规则的制定。四是启动国家知识产权战略。以建设创新型国家为目标，尽快制定和实施国家知识产权战略，建立将知识产权政策与产业政策、科技政策、文化政策、教育政策、外贸政策相配合的公共政策体系，促进国家经济发展，维护国家经济安全，为国家发展的总政策目标服务。

三、国际意义上的知识产权：世界贸易体制的基本规则

知识产权是近现代国际经济、文化、科技、贸易领域中的一种法律秩序。在国际法律制度史上，知识产权经历了19世纪下半叶和20世纪末两次重大变革：一是从内国法走向国际法，形成知识产权国际保护体系。以1883年《保护工业产权巴黎公约》、1886年《保护文学和艺术作品伯尔尼公约》（简称《伯尔尼公约》）为标志，以相关区域性或全球性的国际组织为协调机构，对各国知识产权制度进行协调，从而在知识产权保护领域形成国际性的法律规则与秩序。知识产权国际保护制度的形成，标志着知识产权立法步入一个新的历史阶段，即各国独自产生的知识产权制度，在知识产权国际保护的框架下，逐渐走上一体化、国际化的道路。① 二是从智力创造领域走向经济贸易领域，成为国际贸易体制的基本规则。在1994年《知识产权协定》诞生之前，知识产权国际保护与国际贸易是由两个不同的国际法律体系分别处理国际事务。长期以来，以世界知识产权组织（WIPO）及其所辖公约为中心的知识产权国际保护制度，致力于知识产权方面的国际交流与合作，知识产权国际保护主要以智力创造领域为活动空间，与国际贸易并无直接关联。自20世纪90年代以来，在世界贸易组织的制度框架内，《知识产权协定》（TRIPs）与《货物贸易协定》（GATT）、《服务贸易协定》（GATS）构成该组织的三大主体制度。《知识产权协定》以国际法律文件的形式，正式确定了知识产权与国际贸易的合法关

① 参见吴汉东：《知识产权国际保护制度的变革和发展》，载《法学研究》，2005（3）。

系，将知识产权保护纳入新国际贸易体制之中，这就形成了国际贸易“知识化”与知识产权的“国际化”①。

国际贸易的“知识化”是经济全球化的结果。经济全球化是指各国经济相互依赖、相互渗透并不断加深这样一种战后经济新现象，它旨在消除阻碍商品在国家间流通的贸易和非贸易壁垒，规范国际贸易的市场规则，推动世界贸易自由化的进程。在经济全球化的进程中，关贸总协定（GATT）及其后继组织——世界贸易组织扮演着重要角色，关贸总协定的基本目标是：通过无差别的最惠国待遇，削减乃至取消关税和其他贸易壁垒，促使贸易自由化，以便充分利用世界贸易资源和扩大商品的生产和交换。与其他国际公约和国际组织不同，关贸总协定将知识产权保护纳入国际贸易体系之中。按照美国、日本、欧盟在乌拉圭回合谈判的一份文件的说法，在关贸总协定框架内解决知识产权问题，不是知识产权法的协调，而应是消除由于一些国家未能将其知识产权保护制度提高到国际标准而造成的贸易扭曲现象。② 应该看到，发达国家与发展中国家在知识产权方面享有的利益是不平衡的，因而在国际磋商与对话中所持立场和既定目标也相差甚远。在关贸总协定的框架内，各国经过长达七年的谈判，终于形成了《知识产权协定》，并将该文件载入《乌拉圭回合多边贸易谈判结果最后文件》。可以说，在经济全球化的国际社会中，知识产权保护既是发展中国家得以参与国际贸易的先决条件，也是发达国家维系其贸易优势的法律工具。通过《知识产权协定》，依赖缔约方的国家强制力和世界贸易组织的国际强制力，得以将缔约方所承诺的知识产权保护与缔约方所参加的国际贸易体制紧密地联系起来。

知识产权的“国际化”，意味着各国立法进入统一标志的新阶段。所谓“国际化”，寓意着知识产权保护的基本原则与标准在全球范围内的普适性。《知识产权协定》拟定了新的知识产权保护的国际标准，并以此作为各缔约方国内立法的原则和依据。从相互关系来说，即在知识产权立法方面，表现为国际法高于国内法、国内法遵从国际法，以及国内法与国内法的一致性。这一时

① 石巍：《TRIPs效应评估与我国的因应对策》，载《山东大学学报（哲社版）》，1998（1）。

② 转引自李小伟：《知识产权体制的变化及其影响》，载（香港）《信报：财经月刊》，1996（3）。

期的“国际化”，还意味着知识产权保护的高标准化。“国际化”即各国立法的一体化，来源于国际公约“最低保护标准”的强制性的普遍适用。这种“最低标准”的实际意义在于各缔约方在保护标准上的一致性，与知识产权保护水平的高低本无绝对的关联性。但是，与知识产权国际保护制度的草创阶段不同，现代国际公约所确定的最低保护标准体现了权利的高度扩张和权利的高水平保护，更多地顾及和参照了发达国家的要求和做法。换言之，现今的最低标准绝不是低水平，它在很多方面超越了发展中国家经济、科技和社会发展的阶段。①

国际知识产权与国际贸易的关系在《知识产权协定》中得到系统的规定。第一，协定以推进经济全球化与立法一体化为主要目标。协定在其序言中确认“知识产权为私权”，“期望减少国际贸易中的扭曲与阻力，需要促进对知识产权充分有效的保护，并保证知识产权执法措施与程序不至于变成合法贸易的障碍之目的”。这就是说，协定提升知识产权保护水平和统一知识产权保护制度的主要意图在于推进国际贸易体制下知识产权的一体保护，使所有缔约方的保护水平达到以往只有发达国家才具备的标准。这样，通过世界贸易组织体系的有效运作，知识产权得以成为国际贸易制度的一部分。第二，协定将国际贸易的原则和机制延伸到知识产权领域。例如，最惠国待遇原则作为国际贸易体系中的首要原则，第一次引入知识产权公约，成为各缔约方必须履行的基本义务；透明度原则本为关贸总协定为实现贸易行为的公平性而要求缔约方承诺实施的基本原则，而在协定中援用这一原则意在公开各缔约方的司法体系及制度，避免法律的冲突。第三，对知识产权纠纷的处理直接适用世界贸易组织的争端解决机制。世界贸易组织关于国际贸易争端解决机制的基本程序，包括协商、斡旋、调解、调停、仲裁、专家小组、上诉机构、争端解决机构的决定及其实施之监督。为保证上述程序在知识产权争端处理过程中的有效施行，协定还引入了三项具有贸易规则色彩的专门制度：一是有条件的保留条款。即未经其他缔约方的同意，不得对协定的任何规定提出保留。因此这一保留条款形同

① 关于最低保护标准原则之内涵以及实施之状况，参见吴汉东：《论知识产权国际保护制度的基本原则》，载《知识产权年刊》（创刊号），北京，北京大学出版社，2005。

虚设。二是“倒协商一致”的表决制度，即除非理事会“一致意见反对”，否则争端裁决意见即付诸施行。① 三是“交叉报复”的制裁措施，即允许缔约方在知识产权受到侵害而未得到妥善解决和必要补偿时采取贸易报复。这些制度增强了争端解决机制的强制性、可执行性和约束力。

《知识产权协定》是世界贸易组织的基本法律文件，对知识产权的国际保护作了新的制度安排，是迄今为止知识产权保护范围最广、保护标准最高的国际公约，堪称“知识产权保护的法典”②。同时，《知识产权协定》作为当代国际贸易体系的主体制度，在其推行过程中也显现出了种种不足。首先，协定强调与“贸易”有关的知识产权保护，而忽视“非贸易”的、特别是不能用经济价值衡量的知识产权的存在。例如，《伯尔尼公约》对作者的经济权利和精神权利即“一体两权”给予同等保护，规定作者身份权和作品完整权的保护期应不短于经济权利的保护期。《知识产权协定》将《伯尔尼公约》等主要国际知识产权公约的实体条款吸收，并作为该协定的基础性条款，但又声称：对于《伯尔尼公约》第 6 条之 2 规定的权利或对于从该条引申的权利，不受本协定保护，各缔约方应免除其权利和义务。这即是明确排除《伯尔尼公约》保护的精神权利，将会造成缔约方之间权利义务的不平等。兼为《知识产权协定》和《伯尔尼公约》缔约方的有义务保护精神权利，但仅为《知识产权协定》缔约方的却可以以未参加《伯尔尼公约》为由免除该项义务。其结果是，当后者对精神权利造成损害时，该类案件不能适用世界贸易组织的争端解决机制。又如，《巴黎公约》斯德哥尔摩文本将专利技术、经营标记与制止不正当竞争列为工业产权的保护对象。根据公约的规定，商号作为一种经营标记，无论是否经过申请或注册，各缔约方都应予以保护。可以说，商号权应归类于知识产权范畴。《知识产权协定》对所保护权利种类采取“列举主义”的方法，而将商号权排斥在外，其理由是该项权利不属于国际贸易的范围。其次，协定的保护对象限于最新知识即智力成果本身，而不能涵盖传统知识即智力创造源泉。这主要涉及传统知识的保护问题。传统知识是传统部族在千百年来的生产、生活

① 参见古祖雪：《国际知识产权法》，40 页，北京，法律出版社，2002。

② 曹建明：《世界贸易组织》，312 页，北京，法律出版社，1999。

实践中创造出来的知识、技术、经验的总称。按照世界知识产权组织的说法，它是指基于传统所产生的文学、艺术或科学作品，表演、发明，科学发现，外观设计，标记、名称及符号，未公开的信息，以及一切来自产业、科学、文学艺术领域内的智力活动产生的基于传统的创新或创造。[①] 传统知识这个概念深刻地表明了该类知识的本源性（是基于传统而不是新的智力创造）和知识本身的文化特性（附属于特定部族或地区而不是个人的智力成果）。长期以来，传统知识一直被简单地归属于公有领域，任由他人自由而无偿地获取、利用。现行的国际知识产权制度忽视了对文化与知识的多样性进行保护的原则，导致一些国家或地区、一些民族或种族应有权利的丧失。自《知识产权协定》生效以来，国际社会普遍考虑的是如何实施该协定，如何推动知识产权一体化的进程，而对这一协定本身的缺陷重视不够。诸如国际知识产权与国际人权的冲突、智力成果保护与智力源泉保护的矛盾等问题，造成了发达国家与发展中国家的利益失衡，这些问题亟待通过知识产权国际保护制度的改革与创新来加以解决。

上述情况涉及《知识产权协定》的实施与修正，都是在世界贸易组织的框架内进行的。与此不同的是，发达国家还通过双边或多边协议的形成，推动新的、更高水平的国际知识产权制度的形成。《知识产权协定》的出现，使得各成员的知识产权保护水平都达到该协定要求的“最低标准”，极大地促进了知识产权一体化的进程。但是，该协定仍然给各成员的国内法留有一定的空间，即在《知识产权协定》所规定的最低保护标准之上的内容，各成员可以依本国的情况自行决定。在这种情况下，一些发达国家和地区开始尝试制定国家间或区域间的统一知识产权制度，使相关国家适用完全相同的知识产权规范，从而消灭国与国之间的知识产权法律冲突。其中最典型的即是拟议中的全球专利制度和已经实施的欧盟统一商标注册制度。前者即制定统一的专利法，设立统一的专利局，凡是由该专利局依照专利法授予的专利权在所有参与国内普遍有效，从而达到一项发明在办理一次专利申请手续，经过一次审查批准后在所有

① See WIPO Intergovernmental Committee on IP and GR, TK and F, Sixth Session (Genera, March 15 to 19, 2004), Revised revision of TK Policy and Legal Options, p. 6.

全球专利成员国中都得到保护的目的。[1] 这就是近年来美国、日本、欧洲等专利大国或地区积极主张建立的全球专利制度。后者即一件商标只要在欧盟“内部市场协调局”核准注册，就能成为欧盟商标，从而在整个欧盟成员国范围内有效。同时，欧盟各国的商标法律制度继续发挥效力。这样，在欧盟既有各成员国内的商标法律制度，又有跨国即共同体商标法律制度，并建立将上述两种商标法律制度协调运行的机制。[2] 在《知识产权协定》实施过程中，一些发达国家通过双边协商途径谋求得到高出《知识产权协定》保护水平的更多利益或优惠。除拟议中的全球专利制度外，美国先后与欧盟、日本、澳大利亚等组织或国家之间的谈判，即产生或可能产生超出协定的高水平保护。根据最惠国待遇原则，这一优惠或利益应惠及世界贸易组织所有成员。不过发展中国家应对此持谨慎态度，高水平保护可能是一种收益，但更多的是一种义务。经济、技术落后的发展中国家不宜在国际公约规定的最低保护标准之外寻求高水平的知识产权保护。

对知识产权本质进行多维度的解读，旨在说明知识产权制度的法律形态、价值观念与社会作用。国家以保护创造者权利、促进知识传播为宗旨，对知识资源的归属与利用进行了法律制度的选择与安排。这一范畴的分析，涉及了政策目标；基于上述指导思想，国家对知识财产采取私人权利形态，由此构建了包括有形财产所有权与无体财产所有权的私权体系。这一范畴的分析，探讨了法律制度构建；受制于国际条约，国家关于知识产权的相关立法不得不遵循国际贸易体制的基本规则。这一范畴的分析，描述了立法原则。应该说，上述三个范畴是相互联系而不是彼此隔绝的。这些并非知识产权的全部品性，但可能是对我们建立知识产权制度的基本认识。

---

① 参见 Robert M. Shetwood：《世界需要统一的知识产权制度》，载《科技与法律》，1999（1）。

② 参见朱雪忠等：《欧盟商标法律制度的协调机制及其对我国的启示》，载《中国法学》，2001（4）。

关于知识产权私权属性的再认识*

——兼评“知识产权公权化”理论

WTO《知识产权协定》在其序言中宣示“知识产权为私权”，以私权名义强调了知识财产私有的法律性质。从条文的立法背景来说，“它是发达国家与发展中国家一种平衡的结果”①。在《知识产权协定》拟定的谈判过程中，发达国家意在强化对知识产权的保护，以维护知识财产私有；而发展中国家却淡化知识产权的专有性和排他性，以便于他人实施。谈判妥协的结果是，协定承认“知识产权为私权”，同时又规定了知识产权制度的公共政策目标。从条文的本身意蕴来看，知识产权与所有权一样都是私的主体所享有的财产权。可以认为，权利的私权性是将知识产权归类于民事权利范畴的基本依据，而私权的神圣性则是对知识产权提供法律保护的基本理念。

知识产权的私权化是对封建特许权制度的一场法律革命。近代知识产权的形成，经历了一个由封建特许权向资本主义财产权嬗变的历史过程。封建特许权包括印刷专有权和产品专营权，它以君主敕令或官府令状的形式，授予印刷商以出版独占许可证或赋予经营者制造、销售某种产品的专有权利，当时的特许权是一种“钦定”的行政庇护，而不是法定的权利保护。在欧洲的许多国家，特许令状并未制度化，仅是一种个别保护、局部保护。创造者依法对自己的知识产品享有独占和专有的权利，能够随意转让和处分这一权利，并分享他

---

* 原载《社会科学》，2005（10）。

① 孔祥俊：《WTO知识产权协定及其国内适用》，72页，北京，法律出版社，2002。

人利用知识产权所带来的利益，是资产阶级革命时期形成的知识产权观念。知识产权作为一种私人享有的无体财产权，在资本主义条件下才得到法律普通认可和严格保护，并逐渐形成一种独立而系统的法律制度。与封建特许权相比，作为私权的知识产权有如下特点：第一，它是“天赋之权”。近代启蒙思想家认为，天赋人权是利己主义的权利，即是私有财产神圣不可侵犯的权利。[①] 因此，知识产权是“天赋”的、“与生俱来”的，它不应由国家特许而产生。第二，它是“普世之权”。在近代人权理论的视野中，财产权与其他人权一样，是超时代、超社会的普遍权利。因此，知识产权是“普世”的，是一种“普遍权利要求”，它不可能是个别的、局部的行政庇护。第三，它是“法定之权”。从法哲学理论而言，知识产权既是一种自然权，也是一种法定权。这即是说，由宪法和法律规定的知识产权，即是“以实定法的名义反映了自然权利”[②]。因此，知识产权在近代社会受到国家立法的保护，而不是官府特许令状的保护。

作为私权的知识产权由国家授予而产生。私人（包括自然人、法人和其他组织）享有的知识产权，即是以法律的名义赋予私有知识财产以相应的权利形态，这种私权形态并不因国家授予而具有公权的特征。就财产权法定授予而言，福利救济权利与知识产权具有相似之处。美国学者认为，20 世纪已经出现了“新财产”（new property）的概念，因此应当将就业机会、养老金、政府特许作为新财产看待。[③] 事实上，当代福利国家以养老金、伤残补贴、社会保险、失业救济等形式直接赋予个人或团体大量的财产权。“依传统大陆法系理论观点，这些国家直接赋予的福利救济权利是一种公法权利，与民法上的私权差别甚大”[④]。为此，有学者提出诘问，“如果严格以公私法来划分财产权，那么脱离了物权、债权系统而由国家直接授予的权利只能是公权，如知识产

---

① 关于天赋人权的特征描述，可参见郑杭生等主编：《人权史话》，96～97 页，北京，北京出版社，1994。

② 胡锦光、韩大元：《当代人权保障制度》，1～2 页，北京，中国政法大学出版社，1993。

③ 转引自马俊驹等：《无形财产的理论与立法问题》，见中国民商法律网—法学前沿。

④ 梅夏英：《财产权构造的基础分析》，71～72 页，北京，人民法院出版社，2002。

权”[①]。以权利产生的原因（即源于公法或私法）来界定权利本体的属性，这一传统理论确有检讨的必要。美国1970年的“戈德堡诉凯利”案认定福利救济不是一种“特权”或“恩赐”，而是一种财产权利。[②] 在美国学者施瓦茨看来，将政府的优惠或授权仅仅看作一种恩赐或特权的话，那么这种与人们生活密切相关的利益便不能像传统财产权利那样受到法律的正当程序的保护，对政府取消或不公正分配“特权”的行为也难以监督、无法控制。这样，广大民众不但无法确保其赖以为生的利益，而且在这种风险的压力下，民众也根本无法正常地行使其他自由权利。[③] 福利救济权利与知识产权虽在权利取得方式上有相似之处，但其权利取得的本源是大相径庭的。福利救济权利的对象包括福利设施、社会救济、各种生活补贴等，其主体为社会全体人民；国家既是权利的赋予者（由国家机关分配福利或决定救济），也是福利救济义务的承载者（福利救济由国家财政负担）。[④] 知识产权则不然，笔者曾在著述中提出知识产权的法律事实构成理论，即权利产生的法律事实包括创造者的创造性行为和国家机关的授权性行为。前者属于民事上的事实行为，是创造者取得知识产权的前提；后者是行政上的法律行为，是创造者的权利主体资格得以确认的程序。借用美国学者的说法，创造性活动是权利产生的“源泉”（source），而法律（国家机关的授权活动）是权利产生的“根据”（origin）[⑤]。此处分析旨在说明权利取得方式如何并不影响该项权利的基本属性，质言之，知识产权的私权性取决于知识财产私人占有的基本品性，权利的国家授予性并不能说明权利本体的公权意义。

“知识产权为私权”，在制度层面上为私人提供了获取财产的新方式。知识财产是独立于传统意义上有形财产（包括动产和不动产）的另类客体，以知识

---

① 梅夏英：《财产权构造的基础分析》，71～72页，北京，人民法院出版社，2002。

② 参见［美］伯纳德·施瓦茨：《美国法律史》，273～275页，北京，中国政法大学出版社，1997。

③ 参见［美］伯纳德·施瓦茨：《美国法律史》，273～275页，北京，中国政法大学出版社，1997。

④ 参见何盛明主编：《财经大辞典》，255页，北京，中国财政经济出版社，1990。

⑤ L. Ray Patterson Stanley，W. Lindberg，The Nature of Copyright：A Law of Users Right，The University of Georgia Press，1991，p. 45.

财产作为保护对象的知识产权是与传统财产所有权相区别的崭新财产法律制度。基于私权属性，如果我们对知识产权作出私有产权理解的话，就不能将知识产权看作公有产权。这一观点主要涉及发明权、发现权的归属问题。有学者主张将一切智力创造活动所产生的权利列入知识产权体系，包括发现权、发明权，其理由是《成立世界知识产权组织公约》已有规定，且我国《民法通则》明确对上述权利给予保护。[①] 有的学者甚至认为，不应简单地将知识产权定义为无体财产权，它应该包括无体财产权的知识产权和精神权利的知识产权。发现权、发明权即属于后者。[②] 多数学者持相反意见：有的认为，科学发现不宜作为知识产权的保护对象，世界上绝大多数国家法律以及国际公约都没有对科学发现授予私权性质的财产权利[③]；有的进而认为，诸如发现权、发明权以及其他科技成果权，并非是对智力成果的专有使用权，而是一种取得荣誉及获取奖励的权利，该项制度应归类于科技法。[④] 笔者认为，私权是财产私有的法律形态，从知识产权的本意而言，其应属于此类知识财产私有的权利。智力成果是人类在科学、技术、文化等精神领域的创造性产品的总称，对此并没有采取单一的私人产权形式。就发现、发明等科技成果而言，对它们采取的是非市场机制的产权形式。上述制度实为科技奖励制度，即通过对科技成果所产生的社会效益或经济效益进行评价，由国家给予奖励（包括颁发荣誉证书、奖章和奖金）；与此相对应的是，发现、发明成果的所有权名义上属于国家，但实际上任何人都可以无偿使用。这即是以非市场机制的奖励制度来换取社会对科学成果的公有产权。如果将发现权、发明权等公有产权纳入知识产权体系，那么，知识产权的私权属性、知识产权的独占性特点、知识产权的无体财产权意义等将不复存在，这一制度架构及其学理基础也就面目全非了。从现代各国的立法例来看，一般都是从私权属性出发来构建其知识产权体系的。例如，世界上第

① 参见刘春茂主编：《中国民法学·知识产权》，2～4页，北京，中国人民公安大学出版社，1997。

② 参见郭庆存：《知识产权的属性、范围及有关问题的哲学思考》，载《北大知识产权评论》，第1卷，北京，经济出版社，2002。

③ 参见刘春田主编：《知识产权教程》，3页，北京，中国人民大学出版社，1995。

④ 参见吴汉东主编：《知识产权法学》，2页，北京，北京大学出版社，2000；张玉敏主编：《知识产权法教程》，14页，重庆，西南政法大学出版社，2001。

一部知识产权法典即1992年法国知识产权法典，规定了文学和艺术产权（包括传统的著作权、邻接权以及最新创设的数据库作者权）与工业产权（包括传统的专利权、商标权以及最新国际公约要求保护的集成电路布图设计权、植物新品种权、技术秘密权等）；堪称新民法编纂运动杰出代表的1992年荷兰民法典，原拟定的“知识产权编”涵盖了专利权、商标权、版权、商号权等；而1995年越南民法典作为后社会主义国家民法典编纂运动的产物，其知识产权编涉及的仅是典型意义的知识产权即著作权、专利权、商标权、地理标记权等。除俄罗斯民法典在立法规划中拟将发明权规定在“知识产权编”外①，绝大多数国家的立法者并不将发现权、发明权等科技成果权作为知识产权看待。因此，笔者建议，未来民法典的知识产权制度以不包括上述权利为宜。

知识产权的私权性质说明了它与所有权等其他民事权利所具有的共同属性。但是，就法律价值目标而言，知识产权与所有权是有区别的，在传统私法理论中，所有权被描绘成私人对所有物绝对支配与排他独占的权利。尽管法律出于公共利益和社会秩序的考虑，对所有权的行使作出某种限制，但在这种“限制”的范围内，所有权的时间效力、地域效力、权能效力却是无限的。从罗马法到近代民法，都对所有权作出了绝对保护：所有人对物的所有权不仅可以终其一生，而且可以延伸到身后；所有人对其所有物得直接支配，并对抗一切人。可以说，在古典所有权理论及近代立法文件中，所有物所涉及的领域是一个绝对化的私权领域。这种无限制所有权原则与契约自由原则和过失责任原则构成了近代民法的三大原则。与罗马法以至近代民法关于私的所有权无限制保护原则不同，知识产权制度在其建立之初即是在保护创造者权利的基础上寻求个人利益与社会利益的某种平衡。1709年的《安娜法令》在规定作者权利保护的同时，设定了一个“文学艺术公共领域”（the public domain for literature），它来自三个方面的规定：（1）创作是新作品取得著作权的必备条件（以保护现存作品不被出版商收回）；（2）对著作权保护有一定期限（以对抗出

① 《俄罗斯联邦民法典》第一、二部分已于1994年、1996年通过。第三部分名为知识产权，仅包括著作权、发明权，该部分尚在起草之中。另该国已于1992年以特别法的形式颁布了专利法、商业标记法。

版商永久版权主张，保证作品在一定期限后为社会自由使用)；(3) 著作权人在印刷出版和出售方面享有有限的权利（即著作权穷竭）。[①] “公共领域”的规定无疑在著作权的行使和限制方面划分了公共利益与个人利益各自范围的分水线。1787 年美国宪法更是以根本法的形式规定了知识产权制度的三个原则：(1)“促进知识”(the promotion of learning)，即知识产权的立法目标旨在促进知识传播；(2)“公共领域保留”(the preservation of public domain)，即知识产权被限制在一定的时间和范围之内；(3)“保护创造者”(the protection of the author)，即宪法赋予创造者对其知识财产的专有权利。[②] 与以往的物质化财产不同，知识财产是一种“新财产”，即“非物质化和受到限制的财产”[③]。这也就是说，知识产权是一种私的权利，但并不是绝对化的私权，从知识产权制度产生之初，该项权利就表现出了有条件的独占性、有限制的排他性和有期限的时间性。随着商品经济和科学技术的发展，各国立法者始终围绕着保护创造者私权和促进知识传播的二元目标来规制知识产权，尽管因地、因时而有程度上的差异，但关于知识产权保护、限制与反限制的法律调整一直都是立法活动的重要方面。

关于知识产权的私权属性，我国理论界对此认识是不断深化的。20 世纪 80 年代的教科书及相关著述多将知识产权表述为一体两权，即认为知识产权具有财产权与人身权的双重属性；20 世纪 90 年代的知识产权学说一般从民事权利体系出发，将知识产权区别于财产所有权，对其作出无体财产权的定性分析；21 世纪初，一些学者根据国际人权公约和经典学说理论，将知识产权这一私人财产权定位为一项特别的人权。[④] 无论是一体两权、无体财产权还是特

---

① See L. Ray Patterson Stanley, W. Lindberg, The Nature of Copyright: A Law of Users Right, The University of Georgia Press, 1991, p. 45.

② See L. Ray Patterson Stanley, W. Lindberg, The Nature of Copyright: A Law of Users Right, The University of Georgia Press, 1991, p. 45.

③ [美] 肯尼斯·万德威尔德：《十九世纪的新财产：现代财产权概念的发展》，载《社会经济体制比较》，1995 (1)。

④ 我国不少学者对上述问题作出了探讨。笔者的相关著述有：《关于知识产权若干理论问题的思考》，载《中南政法学院学报》，1988 (1)；《无形财产权若干理论问题》，载《法学研究》，1997 (4)；《知识产权的私权与人权属性》，载《法学研究》，2003 (3)。

别人权，理论界关于知识产权属性的认识并没有离开私权品性的基本范畴。近年来，有的学者鉴于现代知识产权制度的发展与变革，在肯定知识产权私权属性的同时，提出了知识产权公权化的命题。在他们看来，“知识经济时代的知识产权正由传统意义上的私权蜕变为一种私权公权化的权利”。所谓公权化，即是表明“知识产权兼具私权属性和公权属性”；公权化的趋向，“乃是建构知识产权法利益平衡机制之所需”，是“国家不断强化对知识产权制度的公权力干预的结果”[①]。面对社会的迅速发展和法律的急剧变革，我们需要走出理论的困境，但是也不能步入认识的误区。笔者认为，所谓“知识产权公权化”的观点是值得商榷的。

问题1：什么是公权与私权？

关于公权与私权的划分，可追溯到罗马法。在古罗马，市民享有一种专属性的权利即“市民权”（status civitatis），其内容包括公权与私权。其中，公权是指市民法规定的选举权（参与各种议会制定法律和选举官吏的权利）和被选举权（被选举为官吏或被选举为议员的权利）；私权则包括婚姻权、财产权、遗嘱能力和诉讼权。[②] 后世学者关于公权与私权的划分导源于罗马法理论，但其分类标准不一。其主要观点有：(1) 利益说，即公权是关于社会公益方面的各种权利，私权则是关于私人利益方面的各种权利；(2) 关系说，即公权是关于国家和公民之间的权利，私权则是关于公民相互之间的权利；(3) 法律说，即公权通常是公法上所确认的权利，私权通常是私法上所确定的权利。此外，学者还把公权分为国家公权（如命令权、形式权、强制权等）和公民公权（如生存权、自由权、参政权、请求权等）。[③] 公权与私权的划分标准，尽管众说纷纭，但有两点必须把握：一是权利的内容，即公权一般是政治性的，私权一般是民事性的；二是权利的产生，即公权源于公法关系，私权源于私法关系。笔者认为，权利的属性取决于权利的基本内容而不是权利的产生方式，因此知

---

① 冯晓青等：《试论知识产权的私权属性及其公权化趋向》，载《中国法学》，2004 (1)；李永明等：《论知识产权之公权性质》，载《浙江大学学报（人文社科版）》，2004 (4)。

② 参见周枏：《罗马法原论》，99～100页，北京，商务印书馆，1994。

③ 参见《中华实用法学辞典》，326页，长春，吉林大学出版社，1988；《北京大学法学百科全书（宪法学、行政法学卷）》，149页，北京，北京大学出版社，1999。

识产权公权化的观点不能成立。我们说，“一体两权”即知识产权兼为人身权和财产权，其双重内容概为民事权利，它们并未脱离知识产权的私权属性。如果说知识产权兼具公权与私权的内容，这种融政治性与民事性为一体的权利在各国立法中尚无先例。笔者假定，若权利的属性取决于权利的产生方式而不是权利的内容这一主张成立的话，很多私人财产权利并非来自私法，可以认为知识产权的公权化绝非仅有现象。正如有的学者所言，“在现代社会，原本由私法确认和分配的财产权利越来越多地由公法来予以确认和分配了”①。如果上述假设成立的话，岂不是整个财产权制度皆具有公权和私权之属性，在这种情况下还有什么民事权利体系的同一性、独立性呢？

问题 2：私法的公法化是否就是私权的公权化？

私法公法化问题描述的是现代私法发展的一种趋向，即传统私法的权利本位理念有所动摇。权利本位的理念包括以下几层含义：“其一，民法以充分创设和保护私权为己任；其二，任何私权都受到法律的平等保护；其三，人格权神圣和所有权神圣是私权的核心内容。”② 私法的公法化导源于国家对经济生活的干预。具体而言，所谓私法的公法化，一是“外化”为新的法律部门、法律制度的出现。经济法是国家干预经济的直接产物，国家对雇主与雇员关系的干预产生了劳动法，国家对企业活动的支持与调节产生了反垄断法、反不正当竞争法，国家对生产经营者与消费者关系的干预产生了产品责任法、消费者权益保护法，国家对企业与自然环境的协调产生了能源法、环境法，等等。二是“内化”为对私法自治原则的限制。近代民法意义上的私法自治或意思自治，本意为私人享有权利、设定义务，实施一切民事行为取决于当事人自己的意思，不受国家和他人的干预。私法自治原则贯穿于各项民事权利制度，它具体表现为财产自主（所有权制度）、合同自由（合同制度）、婚姻自由（婚姻制度）、遗嘱自由（继承制度）、团体设立自由（法人制度）等。在现代法上，“私法自治虽仍然是民法基本原则，但已不再是从前的状况，私法自治受到多

① 王莉君：《权力与权利的思辨》，123 页，北京，中国法制出版社，2005。
② 刘凯湘：《进入 21 世纪的中国民法》，见中国民商法律网——法学前沿。

方面的限制”[①]。私法的公法化导致私法自治原则的限制，但这并没有影响民法的本质和私权的品性。主张“知识产权公权化”的学者，无非是强调国家对知识产权制度的干预，或创造者个人利益与社会利益平衡机制的建立，但这些绝不可能“内化”为知识产权从本质属性的私权演变成私权与公权的混合体。正如有的学者在分析所有权的限制即国家对所有权制度干预这一现象时所指出的那样，“所有权被限制后的是一种具体的权利形态，具有独立性和同质性”[②]。同理，国家对知识产权制度的干预表现为知识产权在权能范围与效力范围方面受到某些限制，但并不可能改变知识产权的基本属性。事实上，知识产权制度从其产生之初直至发展到今天，一直处于权利保护与限制的法律调整之中。将这种情形归结为现代法才有的“私权的公权化”，并得出知识产权也是公权的结论是没有道理的。

问题 3：如何理解知识产权制度上的“私权神圣”与“利益衡平”?

知识产权制度的宗旨在于保护创造者的合法利益，促进知识技术的广泛传播。从上述价值目标出发，现代知识产权制度应确立以下基本法律观：

一是私权神圣。私权指的是私人、个人（包括自然人与法人）所享有的各种民事权利。私权神圣，强调包括知识产权在内的各种私人权利受国家法律的特别尊重和充分保护。私权神圣是人权主义思想的必然反映。“所谓人权主义即是 21 世纪的人文主义，是指以人权保障为最高理念，体现以人为本位，以权利为本位的价值观念，将私人权利作为人权的基础权利”[③]。具言之，知识产权制度的建构是以下列思想原则为基础的：第一，以私权领域为依归。知识产权是知识类无体财产的权利形态，其基本属性与财产所有权无异，都应归类于民事权利的范畴。人权保障的任务首先在于全面维系人的各项私权，私权保护是政治权利、社会权利等其他人权实现的基础。第二，以权利制度为体系。知识产权法总会有若干程序法、公法的规定，但依然是以实体法为基础的私权制度。诸如权利取得程序、权利变动程序、权利管理程序、权利救济程序等，

---

① 梁慧星：《从近代民法到现代民法》，载《中外法学》，1997 (2)。
② 梅夏英：《财产权构造的基础分析》，72 页，北京，人民法院出版社，2002。
③ 屈茂辉：《中国民法典的基本理念》，载《求索》，2002 (5)。

概以创造者权利为中心，从而形成私权领域中独特的法律规范体系。第三，以权利中心为本位。所谓法律本位，是针对权利义务之关系而言的。就知识产权制度而言，在权利义务这个统一体内，是权利决定义务，而不是义务决定权利。质言之，知识产权制度是以权利为本位，在规范方法上以授权性规范为主要内容，在立法重心上以保护创造者权利为首。

二是利益衡平。利益衡平是指当事人之间、权利与义务主体之间、个人与社会之间的利益应当符合公平的价值理念。利益衡平是民法精神和社会公德的要求，也是“人权思想和公共利益原则的反映”[①]。权利的基本要素首先是利益，利益既是权利的基础和根本内容，又是权利的目标指向，是人们设定该项法律制度所要达到的目的（起始动机）之所在。因此，知识产权法所强调的利益衡平，实质上是同一定形态的权利限制、权利利用制度相联系。从人权主义的角度来说，知识产权制度所追求的利益衡平精神主要表现在以下两个方面：第一，本权与他权。创造者的权利即知识产权应为本权，是对知识财产依法进行全面支配的权利；传播者、使用者的权利则为他权，是根据法律规定或本权人的意思对他人知识财产进行有限支配的权利。根据利益衡平原则，本权与他权的关系表现为：主体之间公平相待，交换应该是有偿互利的，但合理使用除外；知识财产利益合理分享，在法定范围内应该兼顾各方当事人的利益，这具象为创造者权利、传播者权利、使用者权利三者之间的协调。第二，私益与公益。出于公共利益目标，对创造者的专有权利进行必要的限制，以保证社会公众对知识产品的合理利用。利用他人知识产品，或是基于表现自由的目的，或是基于公共教育的需求，或是基于社会公共卫生与生活的必要，这些都是正当的、合理的，其本身都是人权公约所要求的。按照国际知识产权组织的一位高级官员的解释：“公共利益这种良好愿望本身包含着这样一种含义，多数人的利益高于个人的利益，任何一个公民都应该为了全社会的共同利益而放弃个人私利。”[②]

---

① ［美］奥德丽·R. 查普曼：《将知识产权视为人权：与第 15 条第 1 款第 3 项有关的义务》，载国家版权局主办：《版权公报》，2001（3）。

② ［美］杰利恩·达维斯：《权利集体管理中的公共利益》，载《版权参考资料》，1990（2）。

私权神圣，强调的是权利保护；利益衡平，主张的是权利限制。这两者并非是绝对对立的，而是共存于知识产权的制度设计中。知识产权保护与限制在知识产权法上有以下几种表现方式：第一，抽象为法律的基本原则、立法目的。例如，我国专利法将其立法宗旨表述为“保护发明创造专利权，鼓励发明创造，有利于发明创造的推广应用，促进科学技术进步和创新”；著作权法在总则中宣称保护作者的著作权以及相关权益，鼓励作品的创作和传播。第二，具象为主体的权利义务。各种知识产权制度在规定相关权利的内容、期限、保护的同时，一般规定有权利人必须履行的义务。第三，内化为其他法律制度。为解决相关利益的冲突，各种知识产权制度在保护知识产权的基础之上，又设定了一些权利限制制度，如合理使用制度、权利穷竭制度、先用权制度等。① 在知识产权法的价值目标的指引下，私权神圣与利益衡平的理念可以通过知识产权保护与限制的制度设计来完成。当然，两者不能偏废。所谓权利的限制，应是在充分保护权利基础上的必要限制；所谓权利的保护，应是在实现社会利益前提下的必要保护。总之，这是知识产权制度内部的平衡与调整，它没有也不应该改变知识产权的本质属性。

① 相关表现形式的描述，可详见彭诚信：《主体性与私权制度研究》，196～197页，北京，中国人民大学出版社，2005。

知识产权基本理论范畴研究*

——以无体物、无形财产、无形财产权为主要研究对象

物、财产以至无形财产在我国法学及经济学著述中被经常使用，且多在转换意义中使用，因此学者多存歧义。同时，作为经济学命题的无形资产范畴，已经成为社会的热点问题，但却未得到法学界的足够重视。此外，无形财产权与知识产权在传统理论中曾被赋予相同含义，而现在却需要对前者进行意义扩张的新解释。笔者拟就上述基本理论问题进行分析。

一、财产与物

从过去到现在，财产这个术语经常被人们在不同意义上使用，它有时指财产所有权本身，有时也是指所有权客体（即所有物）。[①] 根据《牛津法律大辞典》的解释，"property"即"财产"主要有三种含义：（1）被拥有或可能被拥有的事物，如财富、财物、土地等；（2）所有权：唯一拥有、享有和使用某物的权利；（3）归某人合法所有之物：受法律保护而私人享有的有形资产权（如土地、货物、金钱）和无形财产权（如著作权、专利权）。就"property"（财产、财产权）的原意而言，第1项与第3项概指客体物，包括有体物与无

---

* 原载《罗马法·中国法与民法法典化》，北京，中国政法大学出版社，2001。

① 参见［英］戴维·M. 沃克主编：《牛津法律大辞典》，729页，北京，光明日报出版社，1989。

体物，第 2 项是指财产所有权本身。早期资产阶级思想家、法学家洛克在其《政府论》一书中，曾在多种含义上表达“财产”概念。在洛克那里，狭义的财产指的是个人所拥有的物质财产，一般用“possessions”、“estates”、“fortunes”和“goods”来表述；而广义的财产，则是前述“property”所包括的内容。它不仅指物质财产，或者说一般意义上的财物和地产，也包括人的身心、生命和自由，甚至包括了人的劳动及行为规范。它是个人拥有的总和，包括身心和物质两方面的内容，以及有形和无形的两种形态。① 最早的法律经济学家康芒斯从经济学和法学的角度阐述了“财产”这个名词的双重意义：一方面是经济上的稀少意义，经济学家称为“经济数量”，法学家则称为“实体”或“财产—物体”；另一方面是法律上或伦理上的财产权意义，包括权利、义务、权力、责任等。② 康芒斯在《制度经济学》一书中写道：“财产是有权控制稀少的或者预期会稀少的自然物资，归自己使用或是给别人使用，如果别人付出代价。可是，财产的权利是政府或其他机构的集体活动，给予一个人一种专享的权利，可以不让别人使用那种预期稀少、对于专用会造成冲突的东西。”③ 上述学说表明，财产的意义主要有产权（所有权）与财物（包括有体物与无体物）两个方面。为了探讨财产与物的关系，在此我们有必要将财产的始点范畴界定在权利客体的基础上。

从罗马法到法国民法，财产与物的概念在权利客体的意义上是重叠的。英国法学家梅因在分析罗马法的要式移转物即土地、奴隶及负重牲畜时，猜想出该类商品最初即称为“物件”（res）或“财产”（proprietas）④。法国法学家在述及权利客体时，往往将财产分为动产、不动产和知识财产，并将它们统一概括到“物”的概念之中。法国《拉鲁斯大百科全书》认为：凡能构成财产的部分并可占为己有的财富即为物。这种物既可以是有体物，即具有实体存在，可以被人们感知的物，包括一切动产与不动产；也可以是无体物，即没有实体存

---

① 参见梅雪芹：《关于约翰·洛克“财产”概念的一点看法》，载《世界历史》，1994（6）。

② 参见高德步：《产权与增长：论法律制度的效率》，68～69 页，北京，中国人民大学出版社，1999。

③ ［美］J. R. 康芒斯：《制度经济学》上，357 页，北京，商务印书馆，1962。

④ ［英］梅因：《古代法》，157 页，北京，商务印书馆，1984。

在，而由人们主观拟制的物，包括与物有关的各种权利（如用益权、债权）和与物无关的其他权利（如著作权、工业产权）。①

德国民法否认罗马法以来的物的分类方法，提出了“物必有体”的观念，在学理上，物权法中的物（德文 Sache）即为狭义的、具体的可见物品。② 德国民法不仅不承认以特定财产权利为指向的无体物，而且没有像法国民法那样在客体类型中采取财产与物通用的说法。所谓“不动产”与“动产”，依德文原意只能称为“不可动之物”（unbeweglicheSache）与“可动之物”（beweglicheSache）③。按照德国学者的解释，财产与物的意义是不能等同的。

在英美法中，由于法律传统的差异，极少使用客体物的概念，而普遍采用财产的说法。与立法文件不同，法学研究已论及财产与物的关系。当代英国学者编纂的《牛津法律大辞典》在表述权利客体的物（things）与财产（property）时，作出了实产（real property）或不动产与属人财产（personal property）或动产的相同分类，前者即是可请求返还特定物的财产，后者则是可请求给予损害赔偿的财产。这表明物与财产两者的概念、内涵是一样的。④

在我国的法律用语中，一般认为物是指占有一定空间，能够为人力所支配并能满足人们需要的物体。这一观点同于德国民法关于物的含义。我国民法也在不同意义上使用财产这一概念，例如，《民法通则》第五章第一节题为“财产所有权和与财产所有权有关的财产权”，此处的“财产”显然指的是有体物；《继承法》第 3 条规定“遗产是公民死亡时遗留的个人合法财产”，其“财产”则泛指有体物与财产权利（无体物）。⑤ 可以说，关于财产概念的使用，我国民法又与法国民法相同。在法学研究中，我国学者论及物与财产关系的著述不

---

① 参见法国《拉鲁斯大百科全书》，第 3 卷。转引自《国外法译丛·民法》，168 页，北京，知识出版社，1987。

② 参见孙宪忠：《德国当代物权法》，5 页，北京，法律出版社，1997。

③ 孙宪忠：《德国当代物权法》，7 页，北京，法律出版社，1997。

④ 参见［英］戴维·M. 沃克主编：《牛津法律大辞典》，880 页，北京，光明日报出版社，1989。

⑤ 《中华人民共和国继承法》第 3 条列举的遗产包括：（1）公民的收入；（2）公民的房屋、储蓄和生活用品；（3）公民的林木、牲畜和家禽；（4）公民的文物、图书资料；（5）法律允许公民所有的生产资料；（6）公民的著作权、专利权中的财产权利；（7）公民的其他合法财产。

多。20世纪80年代末曾有著作对财产作出类似物的定义，并认为“财产指的是物”①。近年出版的《民法学》教材也明确指出：“民法上的物，就是财产”②。知识产权学者郑成思先生也有类似的表述：“财产（无论动产还是不动产）一般会首先表现为某种‘物’”③。此外，还有一些学者从制度创新的角度，在倡导无形财产理论时对物与财产的关系进行分析。④

归纳上述各种立法与学说观点，笔者试就财产与物的关系提出如下看法：(1) 就其客体意义而言，财产的外延从宽到窄依次有三种含义：一是指具有经济内容的民事权利、义务的总体。其中表现权利的财产为积极财产，表现义务的财产为消极财产。二是指广义上的物（积极财产），不仅指有体物，而且包括专指特定财产权利的无体物。法国民法持此观点。三是指狭义上的物，以有体物为限。德国民法持此观点。由此可见，在概念的内涵（即权利的对象性）上，财产与物具有客体的同样定义；而在外延（即客体的指向范围）上，财产与物所包容的要素并不是等同的。(2) 由于现代社会经济和科学技术的发展，狭义概念的物已不符合实际生活的需要。即使是主张“物必有体”的德、日等国，亦在立法文件中有灵活规定。它们虽明文确认物仅为有体物，但在担保物权制度中也规定权利可以为其客体。甚至有些日本学者主张通过对民法关于物的概念的扩张解释，使无体物能够被承认为所有权的客体。⑤ 笔者认为，物为一切财产关系最基本的要素，不仅为所有权之客体，且应为其他物权之客体，因此对物的概念不宜作过于狭义的解释。但是，我们应将所有权的客体与他物权以及其他财产权的客体作出明确区分，即如一些学者所强调的那样：所有权的客体原则上应为有体物，而无体物（即权利）只能作为另类财产权利之客体。⑥ (3) 从罗马法到法国民法都是将具有一定财产内容的权利视为无体物，

---

① 王晓进：《社会主义财产制度分析》，7页，北京，北京工业大学出版社，1989。

② 彭万林主编：《民法学》，49页，北京，中国政法大学出版社，1996。

③ 郑成思：《知识产权论》，36页，北京，法律出版社，1998。

④ 参见吴汉东：《关于无形财产权若干理论问题的研究》，载《法学研究》，1997 (3)；杨紫烜：《财产所有权客体新论》，载《中外法学》，1996 (3)。

⑤ 参见邓曾甲：《日本民法概论》，46页，北京，法律出版社，1995。

⑥ 参见梁慧星：《民法总论》，80页，北京，法律出版社，1996；钱明星：《物权法原理》，26页，北京，北京大学出版社，1994。

在采取物之广义说的国家，对无体物即权利的这一认识似已约定俗成；在持物之狭义说的国家，有些学者也采用无体物的说法，但其指向与传统理论多有不符。德国学者认为，精神产品也是财产法上的物，即狭义的无体物。但依德国民法的原则，对此类客体应依知识产权法规范，而不由物权法规范。[①] 日本学者认为，现行法将物的范围限定为有体物，就意味着发明、外观设计等精神产品即无体物，不能成为物权，特别是所有权的客体。[②] 在我国，有学者主张财产所有权的客体不仅限于有体物（有形财产），而且应包括无体物（无形物）。所谓“无体物是指具有金钱价值而没有实体存在的财富”。“智力成果属于所有权客体的范围，发明创造、注册商标也属于所有权客体的范围”[③]。上述观点是值得商榷的。笔者不同意将智力创造性成果概称为无体物。这是因为作为客体的财产权利是一种制度产品，而作为客体的智力成果是一种精神产品。后者是一种非物质财富，但它具有价值和使用价值，能够为社会生产和生活提供必不可少的服务，有的还能转化为生产力，创造出物质财富。所以说，精神产品是社会财富的表现形式。而对于制度产品来说，尽管当代法律经济学家将权利作为财富的存在形式予以肯定，并将其作为一种稀缺的资源加以分配，但权利毕竟不等于社会财富或自然资源本身。笔者认为，民法上无体物的本来意蕴已为多数学者所接受，我们需要对物的观念作扩张解释，但没有必要将无体物的范围延及智力成果。关于无形财产权客体的称谓，以及该类客体与无体物的区别，笔者将在下文论述。

二、知识财产、无形财产与知识产品

关于知识产权的客体，是无法简单采用罗马法以来客体物的理论作出诠释的。近代德国法哲学家黑格尔曾对物与精神的关系作过精辟的分析。他认为，物是与精神相分离的外在东西，属于客观的自然界的概念。为此，物就成了意

---

① 参见孙宪忠：《德国当代物权法》，3 页，北京，法律出版社，1997。

② 参见邓曾甲：《日本民法概论》，46 页，北京，法律出版社，1995。

③ 杨紫煊：《财产所有权客体新论》，载《中外法学》，1996 (3)。

志的定在的外部领域，从而也就是实现作为主体权利的领域。除此之外，还有一种“通过精神的中介而变成的物”。诸如精神技能、科学知识、艺术以及发明等，都可以成为契约的对象，而与买卖中所承认的物同一视之，其理由是：这些固然是精神所特有的、精神内在的东西，但主体可以通过“表达”而给它们以外部的“定在”，这样就能把它们归在物的范畴之内了。[1] 但是，诸如技能、知识等是否都可以称为物，却使得黑格尔感到踌躇。他承认，此类占有虽然可像物那样进行交易并缔约契约，但它又是内部的精神的东西，所以理智上对于它的法律性质感到“困惑”。黑格尔的理论“困惑”给我们以下启示：第一，知识形态的精神产品不同于一般意义上的物，但同物一样可以成为交换的标的；第二，精神产品是精神内在的东西，但可以通过一定形式的“表达”而取得外部的“定在”，即精神产品可以有“直接性”和“外在”的载体；第三，依照物与精神相分离的理论，精神产品属于内部的精神的东西，不能简单地归类于“定在”的外部领域的物。

苏联民法学者曾试图将精神产品作为区别于物的另类客体。他们根据本国民事立法的精神，把这类权利的客体统称为“创作活动的成果”。这种创作活动的成果分为两类：一类是科学、文学和艺术作品；另一类是发现、发明和合理化建议，包括使工业产品得到技术和美的统一的艺术新处理的工业实用新型。[2] 苏联学者所拟制的“创作活动的成果”的概念有两大缺陷：一是未能抽象概括出知识领域中各种权利所指向的共同对象，其分类明显不包括专利、商标等工业产权客体；二是强调客体的智力创造属性，但讳言其财产价值。该种分类将不具有私权属性的发明权、发现权的客体也归入其中，即说明这一学说忽视了精神产品的本质特征。

当代西方学者根据“知识产权”（intellectual property）的财产意蕴，将该项权利的客体称为“知识财产”，是法学理论上的一大进步。他们通常将财产分为“由可移动物所构成的财产”（动产）、“不可移动的财产”（不动产）与

---

① 参见［德］黑格尔：《法哲学原理》，第43节附译，北京，商务印书馆，1982。

② 参见［苏］B.П.格里巴诺夫等主编：《苏联民法》上，177～178页，北京，法律出版社，1984。

“知识财产”。“知识财产”理论认为，智力劳动的创造物之所以被称为“知识”财产，原因在于该项财产与各种信息有关。人们将这些信息与有形载体相结合，并同时在不同地方进行大量复制。知识财产并不包含在上述复制品中，而是体现在复制品所反映的信息之中。[①] 著名法学家北川善太郎是日本推行“知识产权”概念的先行者。在传统上，学者们曾用“无形财产权”与“无形财产”的说法来表述相关权利与权利客体。但北川善太郎认为，与日本民法第85条所限定的有体物相比较而言，“无形物”在语感上似乎有些问题，因而不能被普遍接受。为此，他于1988年在《半导体集成电路的法律保护——新的知识所有权的诞生》一文中，提出了“知识财产”的术语。[②] 几乎与此同时，其他学者也竞相使用，于是这一概念在日本得以广泛推行。

与知识财产相类似的说法是无形财产。在20世纪60年代以前，知识产权尚未成为国际上广泛使用的法律概念，人们一般将基于创造性智力成果所获取的民事权利称为“无形财产权”。上述认识在日本法学界似无异议。日本知识产权法学者小岛庸和在其著述《无形财产权》一书中将知识财产与无形财产作为同等概念看待，并将它们指称为知识产权法的对象。他认为：“无形财产本是随着时代的进步而不断产生、发展起来的，即使是现在也还在不断出现各种新的知识形态产品（原文为‘知识产物’——引者注）。”[③] 小岛庸和强调无形财产为无形财产法之客体，并将其分为创作（creation）和标记（mark）两类。该类“无形财产与有形财产以及其他的无形财产（如光、电等）相比具有自身的特殊性”[④]。日本民法奉行“物必有体”的原则，所谓无形财产概指知识产物或智力成果，它们与物（有体物）相对应而存在，分别成为无形财产权（或知识产权）与一般财产所有权的客体。但是，对于无形财产在法国与英国却有着完全不同的理解。“对于无形财产这一概念本身的科学性问题，法国学

---

① 参见世界知识产权组织编：《知识产权纵横谈》，4页，北京，世界知识出版社，1992。

② 参见［日］北川善太郎：《技术革新与知识产权法制》，3页，国家科委政策法规与体制司等印，1998。

③ ［日］小岛庸和：《无形财产权》，序言，2页，东京，创成社，1998。

④ ［日］小岛庸和：《无形财产权》，序言，2页，东京，创成社，1998。

者展开过认真的讨论。"[①] 我们知道，法国民法继承了罗马法关于物的分类理论——无体物即无形财产，特指除所有权以外的财产权利。与之不同的是，古代罗马法的无体物，仅为以有体物为对象的财产权利；而现代法国法的无体物，除上述权利外，还包括不以物为指向的知识产权。法国学者认为，"无形财产是一种非物质财富"[②]。法国民法意义上的无形财产，具体包括权利人就营业资产、顾客、营业所、作品、发明专利、工业设计、商标、商业名称以及现代社会的商业信息等所享有的权利。英国法上没有物的概念，不存在有体物与无体物的分类，其无形财产的归类标准，一是须为区别于实物动产的无体物，二是须为象征财产利益的抽象物。在其无形财产所包括的范围中，既有债权、知识产权等权利（法国民法意义上的无体物），又有债券、股票等有价证券（现代民法理论将其称为特殊种类物[③]），也有兼具人身与财产内容的商誉（有学者认为商誉是归属于无形财产权的资信权之客体[④]）。上述情况表明，无形财产在不同国家有着不同的理解，或指智力创造性成果（如日本），或指特定财产权利（如法国），或泛指一切具有财产意义之抽象物（如英国）。因此，将无形财产概括为知识产权的客体，尚未在世界范围内达成共识。

20 世纪 80 年代初期，我国许多学者将关于精神财富所享有的权利称为"智力成果权"，因而相应地将这种权利客体归结为"智力成果"，并且强调其价值不能用货币衡量。[⑤] 关于这种说法，与其说是理论的缺陷，不如归之于历史的局限。在商品经济特别是技术商品化尚未建立或形成的情况下，法学理论倚重于这类客体的精神属性是不难理解的。但是，智力成果的传统说法未能突出其本来具有的商品属性和财产价值，没有反映出知识产权客体的本质特征，是应予以检讨与反思的。

笔者与其他一些学者曾极力主张建立"知识产品"的理论范畴，即把知识

---

① 尹田：《法国物权法》，54 页，北京，法律出版社，1998。

② 尹田：《法国物权法》，51～53 页，北京，法律出版社，1998。

③ 参见佟柔主编：《民法总则》，203 页，北京，中国人民公安大学出版社，1990。

④ 参见吴汉东：《关于无形财产权若干理论问题的研究》，载《法学研究》，1997（3）。

⑤ 参见佟柔主编：《民法原理》，383 页，北京，法律出版社，1983。

产权的客体概括为“知识产品”[①]。所谓知识产品，是人们在科学、技术、文化等精神领域所创造的产品，具有发明创造、文学艺术创作等各种表现形式，它是与物质产品（有体物）相区别而独立存在的客体范畴。上述建议及理论是有着现实社会基础的。1984 年中共中央《关于经济体制改革的决定》与 1985 年《关于科学技术体制改革的决定》，不仅对我国现阶段存在的商品经济做出了正确的说明，而且第一次明确承认“技术在社会商品价值中所起的作用越来越大，越来越多的技术已经成为独立存在的知识形态的商品”（注：着重号系笔者所加）。1986 年我国的《民法通则》颁布，正式使用“知识产权”这一概念，以取代“智力成果权”的传统说法。以上论断和规定为知识产品范畴的建立提供了理论基础和法律根据。其实，关于知识产品这一专门术语已有国外学者作出类似表述——“知识产权”概念的倡导者、比利时法学家皮卡第曾将知识产权称为“使用知识产品的权利”[②]（注：着重号系笔者所加）。

笔者认为，知识产品较之物和智力成果来说，更能概括知识产权客体的本质特征。物的概念突出的是人身以外的物质对象，它可能是未经加工的自然物，也可能是人类物质劳动的创造物，明显地表现出客体的物质性。而知识产品概括了知识形态产品的本质含义，强调这类客体产生于科学、技术、文化等精神领域，是人类知识的创造物，明显地表现出客体的非物质性。同时，知识产品的内涵突出了它在商品生产条件下的商品属性和财产性质，反映了著作权、商标权、专利权中的财产权利内容。而智力成果作为权利对象的含义，难以明确指向“知识产权”（intellectual property）中包含“知识所有权”的原意，无法揭示非物质财富具有价值和使用价值的商品形态。因此，我们应将知识产权的客体表述为知识产品，而不是物或智力成果。

知识产品作为知识产权的客体，与民法传统意义上的无体物也并非同类事项。两者虽同为人们主观所创制，且具有稀缺性及效用性，但其根本区别在

---

① 吴汉东、闵锋编著：《知识产权法概论》，34 页，北京，中国政法大学出版社，1987；钱明星：《物权法原理》，26 页，北京，北京大学出版社，1994；张和生：《知识经济学》，294 页，沈阳，辽宁人民出版社，1992。

② ［苏］E. A. 鲍加特赫等：《资本主义国家和发展中国家的专利法》，载《国外专利法介绍》，12 页，北京，知识出版社，1980。

于：第一，客体性质不同。无体物所涉及的权利是一种制度产品，是“能够帮助人们形成在他与他人进行交易时的合理预期的一种社会工具”。知识产品则是一种创造性思考及其表达方式以及识别性标记的精神产物，是社会财富的组成部分，包括“已经取得权利和尚未取得或不能取得权利的智慧性成果”。第二，客体对象不同。客体的对象性表明，一定类型的客体总是同一定类型的权利联系在一起，或者说是成为某类权利所指向的目标。当无体物（即权利，包括知识产权）作为客体时，主体对此所享有的是财产权，包括物权、债权、继承权等。该项权利往往通过法律行为才能取得（如设定、转让等）；而作为知识产权客体的知识产品，主体对此所享有的权利往往包括人身权与财产权的双重内容。[①] 该项权利的取得条件有二：一是凭借主体智力创造性活动的事实行为，二是依赖国家主管机关依法确认或授予的特别途径。

三、知识产权、无形财产权与无形资产

在民事权利制度体系中，知识产权或无形财产权是与传统意义上的财产所有权相区别而存在的。知识产权，即英文“intellectual property”、法文“propriete intellectuale”、德文“Geistiges Eigentum”、日文“知的所有权”，如果不失原意翻译的话，应为“知识（财产）所有权”。而无形财产权，即英文“intangible property”、法文“propriete incorporelle”、日文“无体财产权”，循上述规则，似可译为“无形（财产）所有权”。

知识产权是人们基于自己的智力活动创造的成果和经营管理活动中的标记、信誉而依法享有的权利。将一切来自知识活动领域的权利概括为“知识产权”，最早见于17世纪中叶的法国学者卡普佐夫，后为著名比利时法学家皮卡第所发展。皮卡第认为，知识产权是一种特殊的权利范畴，它根本不同于对物的所有权。“所有权原则上是永恒的，随着物的产生与毁灭而产生与终止；但

① 关于知识产权的双重内容，已有学者提出质疑，认为除著作权外，其他权利仅限于财产权。亦有学者指出，即使是商标权也含有人身权内容。笔者认为，除著作权、商号权、商誉权等少数情形外，绝大多数权利仅有财产权内容。

知识产权却有时间限制。一定对象的产权在每一瞬息时间内只能属于一个（或一定范围人——共有财产），使用知识产品的权利则不限人数，因为它可以无限地再生”①。知识产权学说之后在国际上广泛传播，得到世界上多数国家和众多国际组织的承认。在我国，法学界曾长期采用“智力成果权”的说法；1986年《民法通则》颁布后，开始正式通行“知识产权”的称谓。我国台湾地区则把知识产权称为“智慧财产权”。

知识产权有广义和狭义之分。

广义的知识产权包括著作权、邻接权、商标权、商号权、商业秘密权、产地标记权、专利权、集成电路布图设计权、植物新品种权等各种权利。广义的知识产权范围目前已经为两个主要的知识产权国际公约所认可。1967年签订的《建立世界知识产权组织公约》将知识产权的范围界定为以下类别：关于文学、艺术和科学作品的权利（即著作权）；关于人类的一切领域的发明的权利（即发现权）；关于工业品外观设计的权利（即外观设计专利权和外观设计权）；关于商标、服务标志、厂商名称标记的权利（即商标权、商号权）；关于制止不正当竞争的权利（即反不正当竞争权）；以及一切在工业、科学、文学或艺术领域由于智力活动产生的其他权利。1993年关贸总协定缔约方通过的《知识产权协定》划定的知识产权范围包括：著作权及其相关的权利（即邻接权）；商标权；地理标记权；工业品外观设计权；专利权；集成电路布图设计权；未公开信息专有权（即商业秘密权）。

1986年通过的《中华人民共和国民法通则》第五章“民事权利”，分列“所有权”“债权”“知识产权”“人身权”四节，其中第三节“知识产权”第94～97条明文规定了著作权、专利权、商标权、发现权、发明权以及其他科技成果权。

从上述的规定可以看出，《知识产权协定》关于知识产权的范围，大抵与1886年《保护文学和艺术作品伯尔尼公约》及1883年《保护工业产权巴黎公约》总括的类别相当，而《建立世界知识产权组织公约》所规定的知识产权范

① ［苏］E. A. 鲍加特赫等：《资本主义国家和发展中国家的专利法》，载《国外专利法介绍》，12页，北京，知识出版社，1980。

围较为宽泛，特别是包括了科技奖励制度中的发明权、发现权。我国《民法通则》所规定的知识产权基本类别同于《建立世界知识产权组织公约》。对此，我国学者存在异议。一种观点认为，上述发明权、发现权已为国际公约所承认，且我国立法专门对上述权利给予保护，因此将一切智力创造活动所产生的权利列入知识产权并无不当。[①] 另一种观点认为，科学发现不宜作为知识产权的保护对象，世界上绝大多数国家的法律及国际公约都没有对科学发现授予财产权利。[②] 还有一种观点认为，该类发明权、发现权以及其他科技成果权并非对其智力成果的专有使用权，而是一种取得荣誉及获取奖励的权利，该项制度应归为科技法。笔者认为，考虑到知识产权的专有财产权性质，其保护范围以不包括上述意义的发明权、发现权等科技成果权为宜。

狭义的知识产权，即传统意义上的知识产权，包括著作权（含邻接权）、专利权、商标权三个主要的部分。一般来说，狭义的知识产权可以分为两个类别：一类是文学产权（literature property），包括著作权及与著作权相关的邻接权；另一类是工业产权（industrial property），主要是专利权和商标权。文学产权是文学、艺术、科学作品的创作者和传播者所享有的权利，它将具有原创性的作品及传播这种作品的媒介纳入其保护范围，从而在创造者“思维表达形式”的领域内构造了知识产权保护的独特领域。工业产权则是指工业、商业、农业、林业和其他产业中具有实用意义的一种无形财产权，确切地说，工业产权应称为“产业产权”。以工业产权一词来概括产业领域的智力成果专有权，最初始于法国，即法文中的“propriete industrielle”。1789 年的法国《人权宣言》将思想作为精神财产，视为“自然和不可废除的人权”，并确认“自由传达思想和意见是人的最高的权利之一”。根据《人权宣言》的精神，法国国民议会于 1791 年通过该国第一部专利法。在此之前，英国和法国都称专利权为“特权”或“垄断权”。当时法国专利法的起草人德布孚拉认为，“特权”或“垄断权”的提法可能遭到资产阶级革命时期立法和反封建特权人民的反对，因而提出了“工业产权”的概念。德布孚拉的工业产权理论在 1791 年的

---

① 参见刘春茂主编：《知识产权》，3～4 页，北京，中国人民公安大学出版社，1997。

② 参见刘春田主编：《知识产权教程》，3 页，北京，中国人民公安大学出版社，1995。

法国专利法中得到充分的反映，“工业产权”一词后来为世界各国所接受，并已被作为专利、商标等各种专有权的统称。

文学产权（或说是著作权）与工业产权的区分是知识产权的传统的基本分类。自20世纪60年代起，由于工业产权与著作权（版权）的长期渗透和交叉，又出现了给予工业产品以类似著作权保护的新型知识产权，即工业版权。[①] 工业版权的立法动因，始于纠正工业品外观设计享有专利法和著作权法重叠保护的弊端。之后，一些国家为了填补某些工业产品无法受到保护的空白和弥补单一著作权保护的不足，将集成电路布图设计等纳入工业版权客体的范畴。工业版权突破了以往关于著作权与工业产权的传统分类，吸收了两者部分内容，形成了亦此亦彼的“交叉权利”。这种权利的主要特点是：专有权人主要享有著作权法中的复制和发行权，但没有著作权主体拥有的那种广泛权利。

上述文学产权、工业产权以及工业版权都可以归类于知识产权范围。

在精神领域的民事权利范畴里，无形财产权（或称无体财产权）是与知识产权相当的另一称谓。不过，两者所涵盖的范围并非完全相同。在日本学者小岛庸和的著述《无形财产权》中，作者认为“知识产权”一词来自英美法系，在日本法体系中“尚是一个不太成熟的词汇”，因此以无形财产权代替知识产权来表述精神领域的权利。[②] 尽管如此，该书所列举的无形财产权权项似乎大于传统知识产权所涉及的类别。例如，“商品的形态”，“经营上的信用”[③]，都可以适用反不正当竞争法来给予保护，统归于无形财产权范畴。法国民法关于无形财产权的界定范围则更为宽泛，在习惯上将该权利分为两类：一类是经营垄断权，包括有关智力创造成果的权利和有关区别标记的权利，即典型的知识产权范畴；另一类是顾客权利，即以顾客为标的的权利，或说是关于“营业资产”（利用商品、工具及商业名称、租赁权、招牌等吸引顾客的综合体）的权利。[④] 此外，还有许多国家在传统知识产权领域之外又创制了所谓“商品化（形象）”权。按照郑成思先生的说法，这是一种人及物的形象被付诸商业性使

---

① 参见郑成思：《版权法》，北京，中国人民大学出版社，1990。

② 参见［日］小岛庸和：《无形财产权》，序言，47页，东京，创成社，1998。

③ ［日］小岛庸和：《无形财产权》，序言，49页，东京，创成社，1998。

④ 参见尹田：《法国物权法》，59～65页，北京，法律出版社，1998。

用（或营业性使用）所产生的权利。在一般人身权与著作权之间，以及标记权、商誉权与著作权之间，存在一个边缘领域，相关权利不宜归属原有的任何一个范畴，因此有必要赋予其一种新的权利。这就是具有无形财产权属性又不能归类于知识产权领域的“商品化（形象）”。以上情况表明，无形财产权与知识产权作为精神领域的民事权利范畴具有同等内涵，但外延有明显区别，前者较后者具有更大的包容性。

知识产权现已成为国际上通行的法律用语。但是，学者对这一权利的体系范围并非没有歧见。狭义上的知识产权主要包括著作权、专利权、商标权，对此法学界意见尚属一致。而广义上的知识产权，除上述权利类别外，还涵盖了发明权、发现权、商业秘密权、商号权、产地标记权、植物新品种权、集成电路布图设计权以及反不正当竞争权等。对于这一范围的概括，学术界颇有争议。至于信用权、“顾客权”、“商品化权”等，更是不能“入流”知识产权体系。笔者认为，以知识产权名义统领下的各项权利，并非都是来自知识领域，亦非都是基于智力成果而产生，“知识”一词似乎是名不副实的。从权利本源来看，其主要发生于智力创造活动与工商经营活动中；从权利对象来看，其则由创造性知识及商业性标记、信誉所构成。因此，“知识产权”一词在众多无形财产面前已显得力不从心。由于现代商品经济的发展与社会财富形态的变化，“财产越来越多地变为无形的和非物质的”[①]，我们有理由对传统上并不被认为是财产或财产权利的权利给予越来越多的关注和保护。[②]

根据上述情况，笔者建议：参照无形资产的类别，在民法学研究中建立一个大于知识产权范围的无形财产权体系，以包容一切基于非物质形态财产（包括知识经验形态、商业信誉形态、经营资格形态）所产生的权利。该无形财产权包括以下三类：

一是创造性成果权。包括著作权（含著作邻接权、计算机软件权）、专利权（含发明专利权、实用新型专利权、外观设计专利权）、集成电路布图设计权、商业秘密权（含技术秘密权、经营秘密权）、植物新品种权。该类权利保

① 尹田：《法国物权法》，19页，北京，法律出版社，1998。

② 参见［美］罗纳德·波斯纳：《美国财产法的当前发展趋势》，载《外国法译评》，1994（3）。

护的对象都是人们智力活动创造的成果，一般产生于科学技术、文化等知识领域，客体一定程度的创造性是其取得法律保护的必要条件。

二是经营性标记权。包括商标权（含服务商标权）、商号权、产地标记权、其他与制止不正当竞争有关的识别性标记权。该类权利保护的对象概为标示产品来源和厂家特定人格的区别标记，主要作用于工商经营活动之中。可区别性是该类客体的主要特征，法律保护的目的即是防止他人对此类标记的仿冒。

三是经营性资信权。包括特许专营权、特许交易资格、商誉权等。该类权利保护的对象系工商企业所获得的优势及信誉，这种专营优势与商业信誉形成了特定主体高于同行业其他一般企业获利水平的超额赢利能力。权利客体所涉及的资格或能力包含明显的财产利益因素，但也有精神利益的内容。

知识产权与无形财产权都具有“产权”意蕴，但与西方法律经济学家所倡导的“产权”概念不尽相同。在法律经济学著作中，产权被视为一组权利，包括“占有、使用、改变、馈赠、转让或阻止他人侵犯其财产”的权利①，或是指“一个社会所强制实施的选择一种经济品的使用的权利”②。仅就上述简要的定义，尚难于把握其确切的法律含义。不过，从科斯描述的产权界定中我们不难看出，产权已不仅仅是不同主体对财产的排他性归属问题，而且包括侵权损害责任由何方承担的问题。采用法律语言表述的话，法律经济学家所称的产权涉及独立支配的所有权、分享利益的他物权以及获得赔偿的救济权。依照我国法律传统，知识产权或无形财产权所指向的“产权”是无法涵盖上述全部内容的。此外，知识产权或无形财产权也不能简单沿用传统民法的财产权理论进行解释。在大陆法系国家，财产权也是一个内容十分丰富的概念，它既包括自物权，也包括他物权，亦涉及债权以至继承权。显然，知识产权或无形财产权是主体对其创造的知识产权所依法享有的专有权利，与所有权一样，是一种具有绝对性、排他性特征的财产权利。

无形财产权也不能等同于经济学定义上的无形财产。无形资产是我国经济

① 参见［美］罗伯特·考特、托马斯·尤伦：《法和经济学》，125 页，上海，上海三联书店，1994。

② ［美］R. 科斯等：《财产权利与制度变迁》，166 页，上海，上海三联书店，1994。

界的热点问题，其资产项目多涉及各类知识产权或无形财产权。从法律学的角度特别是运用无形财产权理论研究无形资产问题，对于实现相关学科的沟通与对话是大有裨益的。关于财产与资产的关系，康芒斯曾有过精辟的论断："财产的经济的意义就是'资产'，而资产的法律的意义就是'财产'"①。关于财产权与资产的关系，古典经济学家隐藏了"财富"和"资产"的区别，他们把财富解释为物资和所有权。康芒斯认为，"所有权不是财富——而是资产"②。资产是经济学特别是会计学的基本概念，法学则将资产表述为财产权。③ 我国曾长期实行产品经济，在传统上会计学将资产作为负债的对称，即指具有一定交换价值的物和权利，包括资金的实物形态及其他形态。这种把资产视为"资金运用"的同义语定义具有明显的局限性。因此经济学家认为，资产应该是指企业或个人拥有或控制的，能以货币计量，能为企业或个人获得效益的经济资源，包括实物资产、无形资产、债权及其他经济资源。④ 上述观点表明，在经济学家那里，财产权可以视为资产。其中，无形财产权与无形资产属于同一类型，具有非实物形态和相同属性。关于无形资产的概念，经济学界尚无统一的定义，多用指定无形资产包括的内容来表述无形资产的概念。不过，就无形资产的非实物形态的认定而言，各国大体相同。美国会计界认为，无形资产是非实物的经济资源，其价值是依据被授予的权益和其他将要得到的预期收益来确定的（美国《会计手册》第 23 章）。⑤ 日本会计界认为，无形固定资产是同有形固定资产相对立的概念。其定义不太明确，但强调该类资产是虚拟资产、是没有实体的资产（日本《新版会计大辞典》）。⑥ 我国经济界学者在描述无形资产的非实物形态时，有的表述为某种"法定权利、知识产权、优先权、垄断权，或者企业所具有的非凡赢利能力"⑦，有的则概括为"某种特殊权利和技

---

① ［美］康芒斯：《制度经济学》上，93 页，北京，商务印书馆，1962。
② ［美］康芒斯：《制度经济学》上，93 页，北京，商务印书馆，1962。
③ 参见陈仲主编：《无形资产评估导论》，4 页，北京，经济科学出版社，1995。
④ 参见陈仲主编：《无形资产评估导论》，4 页，北京，经济科学出版社，1995。
⑤ 转引自蔡吉祥：《无形资产》，1 页，北京，海天出版社，1996。
⑥ 转引自蔡吉祥：《无形资产》，1 页，北京，海天出版社，1996。
⑦ 吕劲松编：《无形资产会计》，1～2 页，北京，中国审计出版社，1998。

术知识”[①]。就对象的非物质性来讲，法学上的无形财产权与经济学上的无形资产有相通之处。一般认为，无形资产包括：专利权、商标权、著作权、技术秘密、特许经营权、租赁权、土地使用权、商誉等。[②] 上述无形资产的类别主要涉及知识产权，但并未涵盖知识产权类别的全部。同时，无形资产的范围也不能等同于无形财产的权利体系。不宜作为无形财产权的主要有：一是租赁权。虽然其权益是无形的，但其对象表现形式是有形的。举凡金融租赁、使用租赁、维修租赁，其经营对象一般是生产工具，换言之，租赁权的客体为有形物。二是土地使用权。土地资源不同于智力资源，在企业资产中类似于有形固定资产，该项权利不能视为非物质形态的财产权。正是基于上述理由，有些经济学者主张将该类权利从无形资产中分离出去。[③]

---

① 何清政等编：《国有资产评估》，102 页，北京，中国标准出版社，1993。

② 参见何盛明主编：《财经大辞典》，1431 页，北京，中国财经出版社，1990。

③ 参见蔡吉祥：《无形资产》，99 页，北京，海天出版社，1996。

罗马法的“无体物”理论与知识产权制度的学理基础*

知识产权法是近代商品经济和科学技术发展的产物，是罗马法以来财产权领域法律革命与制度变迁的结果。古罗马的财产法体系的构建是以“物”为基础的，其对象主要是有体的物质对象，也包括无体的制度产物。在罗马法时期，尚未产生保护精神产物的财产权制度，即近代意义上的知识产权法，但是其所留下的私法原理和规则，尤其是“无体物”理论，为我们诠释知识财产法律化提供了重要的思想资料。

罗马法学家盖尤士认为，无体物（incorporales）系“法律上拟制之关系”（quae consistunt in jure），是指没有实体而仅由法律所拟制的物（即权利），如地役权、用益权等。① 罗马法创制的“无体物”理论有以下主要内容：第一，权利系抽象物，概为人们主观所拟制的某种利益，因此被视为区别于有体物之无体物。第二，法律上的无体物以能以金钱评价为条件。家长权、夫权、自由权等没有财产内容，所以不能视为无体物。第三，所有权虽然系主观抽象而成的制度产品，但罗马人认为该项权利与物同在，并且是最完整之物权，应区别于其他一般财产权利。

“无体物”理论本意是将特殊之权利视为权利标的意义之物件，这是一种

* 原载《江西社会科学》，2005（7）。

① 参见陈朝璧：《罗马法原理》上册，84页，上海，商务印书馆，1936；周枏：《罗马法原论》上册，28页，北京，商务印书馆，1994。

开放的财产观，它使人们对客体物的理解不再拘泥于直接控制之物、有体存在之物。罗马法学家的理论贡献，不仅在于他们建立了简单商品经济条件下的财产权体系，更在于这种理论为近代知识产权制度的构建“提供了一些关键的概念性工具”①。

一、“无体物”的非物质性与知识财产的性质

作为权利客体意义上的“无体物”，并非是事实存在之物，而是人们主观拟制或说是依法律规定作为客体看待的物。就“非物质化”（dematerialized）特征而言，知识财产（即作为客体的知识产品、精神产物）也具有主观拟制（系人们智力创造）和法律认定（系法律规定或认可）的“无体物”属性。

在知识产权领域，学者一般将知识财产作为“抽象物”（abstract object）来看待。按照澳大利亚学者德霍斯的说法，它“依赖于人类精神生活而存在，是由人类思想添附于有形世界之上而产生的物”。它不具有真实形体，而是抽象存在的物。② 从形而上学的观点来看，抽象物是一个存在的假设范畴。但社会现实需要承认抽象物的存在，当财产扩展至抽象物之时，基于该物即产生了人与人之间的利益关系。“就知识产权而论，所论及之物乃是抽象物。如我们所知，抽象物并不存在，或者我们可以宣称它不存在。知识产权中的抽象物采取了一种法律虚拟的形式。”德霍斯认为，“法律假定在某些抽象物中存在着权利。盘尼西林的分子式和化学结构即是抽象物的例证，许多人需要、使用并依赖于这些物”，由此产生了基于抽象物而形成的一种新的财产权利形式。③ 这即是与传统财产所有权有别的知识产权。根据德霍斯的考证，抽象物的说法导源于罗马法上的“无体物”（incorporeal thing），即“不可触及的物体”（intangible object）。

---

① Peter Drahos, A Philosophy of Intellectual Property, Dartmouth Publishing Company Limited, 1990, pp. 16－22.

② See Peter Drahos, A Philosophy of Intellectual Property, Dartmouth Publishing Company Limited, 1996, p. 17.

③ See Peter Drahos, A Philosophy of Intellectual Property, Dartmouth Publishing Company Limited, 1996, p. 16.

在古典哲学思想中，无体物的概念范畴可以追溯到斯多噶学派。同为人的精神的拟制物，罗马法上的无体物专指作为制度产品的财产权利（除所有权以外），而德霍斯的抽象物乃是作为知识产品的精神构思，即中介于知识产权关系的材料。尽管存在上述差别，但罗马法学家的理论贡献是具有历史启迪作用的，可以说，“无体物”理论为近代知识产权制度提供了关键的概念性工具。

二、“无体物”的准占有与知识财产的控制

占有是指人对物的实际控制和管理。一般意义上的占有，须以有体物为客体。为此，罗马人创制了“无体物”的“准占有”制度。在罗马法上，准占有的取得如同占有一样也具有心素和体素的条件：准占有人须有行使其权利的事实，才视为具备体素；准占有人须有为自己的利益而行使某种物权的意思表示，才构成心素。[①] 在现代民法理论上，准占有又称权利占有，指以财产权利为客体的占有。严格说来，准占有并非真正意义上的占有，即不涉及特定的有体之物件，不具有某种外人所认识的外观。[②] 准占有的意义在于，在不发生有形控制的情况下，对作为客体看待的权利之管领，也视为法律上的占有。

准占有在后世民事立法中不仅得以沿用，而且有所扩展。例如，法国民法典将权利占有的概念延及身份关系，将后者称为“身份占有”；德国民法典虽未就权利占有设一般规定，但承认了地役权与人役权的准占有；日本民法典则采取概括主义的立法方法，将一般意义上的财产权利作为准占有的客体。这说明，“无体物”的占有即权利的占有在立法例中是普遍存在的。

从理论上来说，罗马法上的“无体物”准占有制度可用于解释知识财产之控制的具体形态。知识财产相对于有体的动产、不动产而言，具有不同的存在、利用、处分情形：第一，不发生有形控制的占有。由于知识产品不具有物质形态，不占有一定的空间，人们对它的占有不是一种实在而具体的占据，而是表现为对某种知识、经验的认识与感受。知识产品虽具有非物质性特征，但

① 参见周枏：《罗马法原论》上册，432页，北京，商务印书馆，1994。

② 参见江平主编：《民法学》，448～449页，北京，中国政法大学出版社，2002。

它总要通过一定的客观形式表现出来，作为其表现形式的物化载体是有形财产权而不是知识产权。第二，不发生有形损耗的使用。知识产品的公开性是知识产权产生的前提条件。由于知识产品必须向社会公示、公布，人们从中得到有关知识即可使用，而且在一定时空条件下可以被若干主体共同使用。上述使用不会像有形物的使用那样发生损耗，如果无权使用人擅自利用了他人的知识产品，亦无法适用恢复原状的民事责任形式。第三，不发生消灭知识产品的事实处分与有形交付的法律处分。知识产品不可能有因实物形态消费而导致其本身消灭之情形，它的存在仅会因期间（即法定保护期）是否届满而产生专有财产与社会公共财富的区别。同时，有形交付与法律处分并无联系，换言之，非权利人有可能不通过法律途径去"处分"属于他人"所有"而自己无须实际"占有"的知识产品。基于上述特征，国家有必要赋予知识产品的创造者以知识产权，并对这种权利实行有别于传统财产权制度的法律保护。

三、"无体物"的"似物性"与知识产权的价值实现

在罗马法中，无体物本为人们主观拟制之物，但在其物质化财产体系中，这种抽象实体也采取了真实实体的解释与说明，即无体物是以实在之物为对象的财产权；无体物是与有体物相关的抽象物。德霍斯将这一现象称为"似物性"（thing likeness），即无体物与实体物及物质化财产的相似性和关联性。作为知识产品的抽象物与有形财产物具有紧密联系，德霍斯对此作了两点分析：第一，抽象物并不存在于有形世界，但通过表达而获得其有形性。这是抽象物的形而上的重要特征。德霍斯说道，在一个人主张其享有某一知识产权时，需对权利的客体作具体的说明。说明的方法可以是正式手续（如专利登记），也可以是非正式的（如商业秘密）。这种说明的结果是，通过实际表达形式产生了一个有着外在形式的实体。"一个可被表达之物乃是抽象之物"，实际表达之物乃是有形之物。[①] 第二，抽象物通过对相关有体物的控制而具有财产意义。非物质性的抽象物须有客观表现形式，这不仅是该物获得法律保护的条件，也

① See Peter Drahos，A Philosophy of Intellectual Property，Dartmouth Publishing Company Limited，1996，p. 17.

是智力劳动者实现抽象物之财产利益的途径。德霍斯认为，艺术家、作家和发明家为了生存须将这种无体财产转化为有体财产。“一旦无体物之中的财产权利被法律所承认，在有体物世界里规制物化财产关系的意义将更为重要。”[①]其意义表现在：抽象物是获取无限种类和数量的有体物之源泉，这些均可以为财产所有人所享有；抽象物控制再现其本身之有体物的途径，专有权利的授予即可实现这种控制。

四、“无体物”的买卖与知识产权的继受取得

所有权的转让在罗马法中有多种形式，如市民法所有权的转让有要式买卖、拟诉弃权；万民法所有权的转让主要是交付。交付以物件授受、意思合致为要件，是私人财产买卖的最普遍方式，但以有体物为限。无论是动产的单纯交付，还是不动产的简单交付、长手交付、在手交付、易位交付，都是有体物的交付。“无体物”的买卖不能采用标的物交付的方法，为此罗马人创制了“拟诉弃权”（cessio in jure），即采用模拟确认所有权的诉讼而取得所有权的方式，又称“法庭让与”。该方式主要适用于无体物（如继承权、地役权等）的转让。[②]“拟诉弃权”作为所有权取得方式，其显著特点在于它的公开性与程序化，即通过模拟诉讼来确认所有权转让，使得“无体物”的转让获得一种正式的公开程序，而这种程序的公开性使得财产转让更具有效力。

在知识产权领域，基于客体“虚拟占有”和权能多样化的特点，往往出现“一物多权”“一物多主”的情形，知识产权的利用较之有体财产权的利用在主体及权能方面更为丰富多彩。首先，由于知识财产具有非物质性特点，知识产权所有人对知识财产的占有只能是“虚拟占有而非实际控制”，对知识财产的利用必须通过物化载体这一媒介来实现；同一知识财产可以物化在多个相同或不同载体之上，从而出现多数主体同时使用同一知识产品形态的情况。其次，

---

① Peter Drahos，A Philosophy of Intellectual Property，Dartmouth Publishing Company Limited，1996，p. 22.

② 参见周枏：《罗马法原论》，318页，北京，商务印书馆，1994。

各类知识产权的权能具有多样性。例如著作权包含复制权、出租权、上演权、播放权、演绎权等，专利权分为独占实施权、许可权、转让权、标记权等。这样，每一权利的每一权能都可以由相同主体或不同主体利用。在这种情况下，知识产权的继受取得不能适用标的物"有形交付"、当事人自行交付的方法，而必须采取特别移转方式，即"无体物"的交付规则。美国学者 Versteeg 认为，罗马法关于"无体物"交付的理念与现代法中知识产权移转的原则是相同的，即知识产权的出让需采取书面及其他法定形式，且应由主管机关进行登记或审核。[①] 可以说，罗马法将公开性和程序化作为无体物转让的特别规制，对以后的知识产权贸易是有着借鉴意义的。

五、"无体物"侵害与知识产权的救济措施

罗马法规定四种形式的私犯，即盗窃[②]、抢劫、损害、侵辱，概为对财产的侵害与对人身的侵害。其中有关财产的侵害，最初仅指对有形财产即有体物的侵害。随着罗马法的发展，关于有形财产的侵害规则也逐渐适用于无形侵害的情形，即对无体物（权利）的侵害。据美国学者考证，罗马法学家 Thomas 对"窃取"（furtum）这种盗窃行为作了这样的解释："窃取是对物的欺诈性侵犯，包括对物本身或对其使用权或所有权。"在罗马的共和时期，"窃取"的概念扩及"针对剥夺他人财产的所有行为"[③]。无形侵害不以非法占有标的物为特征，而以非法的"权利占有"（juris possessio）为要件。权利人在遭到无形侵害时，除请求占有令状（主要是禁止令）的救济外，还可以提起罚金之诉、损害之诉和混合之诉。这种无形侵害行为的特征描述与救济措施，对知识产权救济制度的建立无疑提供了有益的学理基础。

---

① See Russ Versteeg, "The Roman Law Roots of Copyright", Maryland Law Review, 2000, USA.

② 在罗马法中，盗窃是以获利为目的，欺诈地窃取他人的可动物或者经被窃人同意而持有物品的人非法使用或非法侵吞该物。罗马人将盗窃又具体分为窃取、窃用、侵吞。参见［意］彼德罗·彭梵得：《罗马法教科书》，402 页，北京，中国政法大学出版社，1992。

③ Russ Versteeg, "The Roman Law Roots of Copyright", Maryland Law Review, 2000, USA.

就民事救济措施而言，民法对所有权的保护是通过赋予权利人以请求确认所有权、请求排除妨碍、请求返还原物、请求赔偿损失等请求权的方法来实现的。在这些请求中，除请求确认所有权必须以诉讼方式向法院提出外，其余请求既可由权利人向侵权人提出，也可由物权人以诉讼方式向法院提出。[①] 对于知识产权的民事救济，权利人当然可以提起上述确认之诉、物权之诉与债权之诉，以维护其受到侵害的权利。但与一般财产所有权不同，在物权之诉中，知识产权所有人并不能援用请求恢复原状、返还原物之传统民事救济措施。请求恢复原状以保护财产不受他人非法损坏为目的，其适用的一般条件是：权利标的须为有体物，该项财产有物质上或价值上损坏的事实存在，损害之物件有修复的可能。但知识产品系非物质状态之精神产物，对其非法使用并不导致对知识产品本身的“损耗”，该种权利被侵害后无法通过有形的“修复”而恢复原状。而请求返还原物是保护物之占有权能的方法，其适用条件是：请求返还的原物须为特定物，该特定物为不法占有人所控制。由于知识产品具有不同于有体物的特征，侵权人无须有形控制而仅凭“认知”即可构成“占有”，这种知识或经验的“占有”无法通过“返还”而恢复原有权利状态。因此，对知识产权的民事救济不适用请求恢复原状与请求返还原物。

由此可见，罗马法关于“无体物”侵害所采取的请求占有令状（即禁止令）、罚金之诉（即惩罚性赔偿）、损害之诉（即损害赔偿），与现代法中的知识产权救济措施有着相通之处。

总之，罗马法的“无体物”理论为近代知识产权制度的创建提供了有益的思想资料，但这并非是直接适用的现成理论。滥用“无体物”的简单结论和忽视“无体物”的理论价值在学术研究中都是失之偏颇的。

问题 1：知识财产或知识产品是否可以归类于“无体物”?

有学者主张，财产所有权的客体不仅限于有体物（有形财产），而且应包括无体物（无形财产）。所谓“无体物是指具有金钱价值而没有实体存在的财富”，“智力成果属于所有权客体的范围，发明创造、注册商标也属于所有权客

① 参见彭万林主编：《民法学》，210 页，北京，中国政法大学出版社，1994。

体的范围”[①]。上述观点是值得商榷的。我们不同意将智力创造性成果概称为无体物，这是因为作为客体的财产权利是一种制度产品，而作为客体的智力成果是一种精神产品。后者是一种非物质财富，但它具有价值和使用价值，能够为社会生产和生活提供必不可少的服务，有的还能转化为生产力，创造出物质财富。所以说，精神产品是社会财富的表现形式。而对于制度产品而言，尽管当代法律经济学家将权利作为财富的存在形式予以肯定，并将其作为一种稀缺的资源加以分配，但权利毕竟不等于社会财富或自然资源本身。因此，将“无体物”与知识财产混为一谈是不适宜的。德国学者拉伦茨将权利客体分为两种：一种是指支配权或利用权的标的，又称第一顺位的权利客体，它是不依法律规定而事实存在的标的物，包括有体物和无体的精神产品，前者如动产物和不动产物，后者如作品和发明；另一种是主体可以通过法律行为予以处分的标的，亦称第二顺位的权利客体，即依法律规定而作为客体看待的权利。[②] 由此可见，“无体物”（权利）与知识财产分属于不同的客体顺位，前者是法律认定的客体，后者是事实存在的客体。

问题 2：以“无体物”为客体的权利是否就是无体财产权？

有学者基于“无体物”即权利的考虑，主张将无体财产权的范围扩充到债权、票据权利等。[③] 这里涉及的问题是无体财产权所指的“体”，究竟是权利客体还是权利本体？知识产品财产化与知识财产法律化，是罗马法以来私法领域中的一场财产“非物质化革命”。知识财产是一种新的财产、新的客体，它不同于以往的物（包括有体物和无体物），而是“非物质化的和受到限制的财产”[④]。财产“非物质化革命”的结果极大地拓宽了财产法的适用范围，使得其权利客体可以涵盖一切可以作为财产看待的物质与非物质现象。与保护有体财产的所有权相对立，无体财产权是一种新型的财产权，它是德国学者科拉于

---

① 杨紫煊：《财产所有权客体新论》，载《中外法学》，1996（3）。

② 参见［德］卡尔·拉伦茨：《德国民法通论》，377、378、404 页，北京，法律出版社，2003。

③ 参见袁秀挺：《正本清源——评〈无形财产权制度研究〉之基本理论编》，载《私法》，第 2 辑第 1 卷，北京，北京大学出版社，2002。

④ ［美］肯尼斯·万德威尔德：《19 世纪的新财产：现代概念的发展》，载《社会经济体制比较研究》，1995（1）。

1875年提出的。在相当长一段时期内，一些西方国家的立法和学说曾以无体财产权来概称有关精神产物的专有权利。有鉴于此，以客体的物质性与非物质性为标准，可以在支配性财产权领域概括出有体财产权（即传统所有权）与无体财产权（主要是知识产权）。[①] 在这里，财产权的“无体”指向的是作为客体看待的权利（“无体物”），还是作为客体看待的精神产品？对此有必要作出进一步回答。通说认为，财产权的基本分类皆因具体实现利益或标的不同。这即是说，基于有体的动产、不动产产生财产所有权，基于无体的精神产品形成无体财产权。至于基于“无体物”即某些财产权例如股权、债权、票据权等，以此为客体所设定的财产权既不是所有权，也不是无体财产权，它依然以其财产权本体属性为依归。例如，以股权、票据权、专利权作为遗产（即无体物客体）的继承权，仍应称为继承权。“以某些财产权作为他物权客体的，是为权利用益物权、权利质押物权等。”[②]

问题3：无形（体）性是否是知识产权的本质特征？

有学者认为，知识产权与其他财产权利的根本区别在于其本身的无形性，而其他法律特征即独占性、时间性、地域性等皆由此派生而成。[③] 严格地讲，权利作为主体凭借法律实现某种利益所可以实施行为的界限和范围，概括为无外在实体的主观拟制，即制度产品。正是在这个意义上，从罗马法学家到现代民法学家都将具有一定财产内容的权利（除所有权以外）称为无体物。因此，我们可以说，以无体物的名义而成为“主体通过法律行为予以处分的标的”[④]，这是除所有权以外的其他财产权共同具有的品性。“无体性”并不是知识产权与其他财产权区别的实质所在。财产权类型的划分基于客体属性的差别，这是民法学研究中的通识。质言之，知识产权与相关权利的本质区别不在于该项权利本身所谓的无体性，而在于这一权利的客体即知识产品（或知识财产）的非

---

① 关于知识产权与无体财产权的关系，可参见吴汉东：《论财产权体系》，载《中国法学》，2005(2)。

② 梁慧星：《民法总论》，80页，北京，法律出版社，1986；钱明星：《物权法原理》，26页，北京，北京大学出版社，1994。

③ 参见郑成思主编：《知识产权教程》，45页，北京，法律出版社，1993。

④ ［德］卡尔·拉伦茨：《德国民法通论》，377～388页，北京，法律出版社，2003。

物质性特征。

客体的非物质性是指知识产品的存在不具有一定的形态（如固态、液态、气态等），不占有一定的空间。知识产品虽然具有非物质性特点，但总是要通过一定的客观形态表现出来，使知识产品创造者以外的人能够了解，这种客观表现形式是对其进行知识产权保护的条件之一。例如，作品表现为文字著述、舞台表演、绘画、雕塑、音像制品等；发明创造表现为文字叙述、设计图表、形状构造等；商标表现为图案、色彩、符号、文字等。这种客观形态的载体是知识产品的物化。简言之，基于知识产品所产生的权利形态是知识产权，而基于知识产品物化载体设定的权利形态是财产所有权。对此，我国台湾地区学者曾世雄先生有相同看法：财产权之有形或无形，非指权利而言，而系权利控有之生活资源，即客体究竟有无外形。例如，房屋所有权，其权利本身并无有形无形之说，问题在于房屋系有体物；作为著作权，亦不产生有形无形问题，关键在于作品系智能之物，为非物质形态。[①] 正是在这个意义上，我们说知识产权是无体权利、无体财产权，以别于有体财产所有权。

对待古罗马的法律文献，我们需要秉持科学的继承与批判精神。必须承认，罗马法留给后世的最大财富是其私法观念与原则，但是其物质化财产结构却缺乏包容精神产物的权利形态和制度空间，因此具有不可避免的历史局限性。值得称道的是，古罗马人创造的“无体物”理论提供了富有思想价值的概念工具和学理资料，为近代私法领域的“财产非物质化革命”作了有益的理论准备。

---

① 参见曾世雄：《民法总则之现在与未来》，151页，台北，三民书局，1983。

关于知识产权若干理论问题的思考*

知识产权法兴起的历史并不太长，是一个有别于传统财产权制度的法律领域。本文试以比较法的方法，从权利的主体和客体、权利的性质、权利的产生和终止、权利的保护等方面，谈谈知识产权的几个基本问题，期求对知识产权法的理论范畴作些有益的探索。

一、关于权利的主体

什么人可以参加知识产权法律关系，享有何种权利或承担何种义务，是由国家法律直接规定的。与一般财产法主体制度相比，知识产权法的主体制度有两个特点：

第一，在一般财产法中，公民的行为能力有着严格的分类，不同行为能力的人所进行的法律行为有着不同的效力；而在知识产权法中，主体没有行为能力的限制，仅凭借自己的创造者的身份，经国家主管机关确认即可取得权利。民法根据人们智力发育的不同情况，对公民的行为能力作了不同的划分。在一般情况下，未成年人不具有以自己的行为取得民事权利或设定民事义务的资格，或是只能参加与其年龄相当的民事法律关系。但是，创作行为或发明创造行为在性质上属于事实行为，而不是一般民事法律行为。这种行为有效或无

---

* 原载《中南政法学院学报》，1988（1）。本文系作者1986年提交的硕士学位论文《论知识产权制度》的部分章节修改而成。

效，不取决于主体是否具有完全的行为能力。无论是成年人还是未成年人，只要以自己的创造性行为取得知识产品创造者的身份，即可依照法律规定的程序成为知识产权的主体。

从表面上看来，知识产权基于特定的创造者身份而取得，似乎是古代法以身份决定民事法律关系效力的“复归”。其实不然，在古代法中，家长的身份是基于一定的婚姻关系和血缘关系产生的，这种身份的存在与否是民事行为有效无效的重要条件；而在现代知识产权法中，作者、发明创造者的身份是在智力创造性活动中产生的，这种身份既是智力创造这一事实行为的结果，又是行为人取得知识产权的前提条件。

第二，在一般财产法中，对于外国人的主体资格大都采取“有限制的国民待遇”原则；而在知识产权法中，对于外国人的主体资格，主要奉行“有条件的国民待遇”原则。

主体依国籍可以分为本国人和外国人。关于外国人的民事地位，古代国家采取不承认主义，即不认为他们享有本国人的权利能力。国际贸易往来发展以后，各国才逐渐采用相互主义，即根据两国间的条约或法律，彼此相互承认对方的公民享有本国公民在对方所能享有的那些权利。在古典自然法学派的影响下，1829 年的荷兰民法典转而采用平等主义，即对外国人原则上给予与本国人同等的待遇。此后各国竞相仿效，但有所限制，如不准取得土地权、开矿权、捕鱼权，不准从事只有本国公民才能从事的职业。这即是有限制的国民待遇原则。知识产权法关于外国人的主体资格则有不同的规定。著作权法的通行做法是：外国人的作品在一国境内首次发表的，应当享受与该国公民作品同等的保护；不是在该国境内首次发表的，则根据这个国家所承担的国际条约义务或在互惠基础上给予保护。专利法、商标法的通行规则是：在本国境内有经常居所或营业所的外国人，享有与本国人同等的待遇；在境外的外国人，依照其所属国与本国的双边条约或者共同参加的国际条约，或者按照互惠原则办理。这些规定说明，知识产权法主要采用有条件的国民待遇，只要符合上述规定的情形之一，外国人即可与本国人享有同等的权利，而在权利的范围和内容上不加什么限制。知识产权法奉行国民待遇原则，旨在保护本国国民在国外的利益不受侵犯，同时也是为了吸引国外的先进技术和优秀文化。

二、关于权利的客体

知识产权的客体，即知识形态的精神产品，简称为知识产品，它具有科学技术、发明创造以及文学艺术创作等多种表现形式。知识产品是与物质产品相并存的一种民事权利客体，但有着与有形财产权客体不同的特点。

第一，知识产品与物质产品不同，它不可能是现有产品的简单重复，而必须有所创新、有所突破，创造性是知识产品获得法律保护的条件，而一般财产法则不这样要求。

在这里，强调知识产品具有创造性特点，并不是说物质产品没有创造性。问题的关键在于，创造性是知识产品获得法律保护的条件，而物质产品构成有形财产权客体时并没有创造性的一般要求。例如，生产相同的物质产品，不问其数量如何或时间先后，都可以分别取得独立的财产所有权；而两个相同的发明物，根据法律程序只将专利权授予其中的一个。以后的发明与已有技术相比，如无突出的实质性特点和显著的进步，也不得取得法律保护。

各类知识产权对创造性程度的要求是不一样的。一般来说，专利发明所要求的创造性最高，它必须是该技术领域中先进的科学技术成就，它所体现的技术思想、技术解决方案使某一领域的技术发生质的飞跃；著作权作品所要求的创造性次之，它要求作品必须是作者创造性劳动的成果，但任何作品只要其表现形式是独立构思和创作的，不问其思想内容是否与已发表的作品相同，均可取得独立的著作权；商标标志所要求的创造性仅达到易于区别的程度即可，即商标的文字、图形或其组合应避免与其他商品的商标标志相同或近似。可见，受保护的对象不同，其创造性要求也有所不同。依照西方学者的说法，专利权要求发明有“技术先进性”（或称为“非显而易见性”），著作权要求作品有“独创性”，商标权则要求商标有“可识别性”。

第二，知识产品与物质产品不同，它是知识形态的精神产品，虽具有内在的价值和使用价值，但没有外在的形体，非物质性是知识产品区别于有形财产权客体的主要特征。

知识产品的非物质性特点使得创造人无法像管领有形财产那样，去实在而具体地控制自己的知识产品。但知识产品总是要通过一定的形式表现出来，使知识产品创造者以外的人能够了解，这种表现形式是对其进行法律保护的条件之一。例如，文学艺术和科学作品表现为文字著作、舞台表演、绘画、雕塑、音像制品等；发明创造表现为文字叙述、设计图表等；外观设计和商标表现为形状、图案、色彩、符号、文字等。这些物质形式或非物质形式的载体是知识产品的物化和人化。必须明确，作为知识产品表现形式的载体绝不是知识产品本身。知识产品应视为精神产品，它的效能和价值是其载体难以全部包括和体现的。

第三，知识产品与物质产品不同，它必须向社会公示、公布，使公众知道，公开性是知识产品所有人取得专有权的前提，而有形财产所有人并无将其财产公开的义务。

在各项知识产权中，知识产品的公开性都表现得十分明显。作者创作作品的目的之一就是使之传播，并在传播中因他人利用自己的作品而取得利益。公开性的特点使得该作品的著作权范围展示在人们面前；发明创造者要划定自己的权利范围，就必须公布专利发明的技术内容［专利（patent）的拉丁文“patere”本身就有“公开”或“打开”的意思，这个语源表明专利发明的内容必须是公开的］；商标所有人为了将自己的商品同他人的商品区别开来，就必须公开使用自己的商标标志。这些行为无一不同公开性相联系。

强调知识产品这一特点的意义，主要在于说明公开性是知识产品获得法律保护的条件之一。一般认为，知识产权的产生条件是：知识产品的所有人把自己的作品、发明创造等公布出来，使公众能看到、了解到，得到其中的专门知识，而公众承认作者、发明创造者在一定时间内有使用、制造（或允许他人使用、制造）其知识产品的专有权利。知识产品是公开的，但任何人都无权加以使用，否则即构成侵权行为。西方法学家把这一现象解释为契约关系，即以国家的面貌出现的社会同知识产品创造者之间签订一项特殊契约：创造者有义务将其知识产品加以公开，而代之以取得独占使用的权利。

三、关于权利的性质

从民事权利有无直接财产内容的角度，可以分为财产权和人身权。在诸项民事权利中，大多数民事权利在内容上具有单一性，或为财产权，或为人身权，即具有单一的法律属性；而知识产权在内容上具有复合性，它是财产权和人身权的结合，具有双重法律属性。

知识产权之所以具有人身权的性质，原因在于它的权利客体与权利主体的人身密切相连。这种权利的客体是人类脑力劳动的创造物，与特定人的人身相联系，这种权利一经授予，即与特定人的人身不可分离，除法律规定以外，不得以任何形式转让，包括出卖、赠予或继承等；这种权利由于是作为智力创造性活动的结果而产生，是权利主体为维持一定的身份所必需的。著作权法保护作者的发表权、署名权，作品的不可侵犯权、作品修改权和已发表作品的收回权，专利法保护发明人和设计人在专利文件中写明自己是发明人和设计人的权利。商标法虽不保护商标设计人的人身权，但他们作为实用工业美术设计人，其人身权可取得著作权法的保护。

知识产权之所以具有财产权的性质，原因就在于知识产品具有财产价值和商品属性。知识产权的客体是一种非物质财富。它能作用于人们的精神生活，满足人们精神生活的需要，产生一定的社会效益。同时，它也能投入生产领域转化为有形的物质产品，满足人们物质生活的需要，产生一定的经济效益。在商品经济的条件下，知识产品具备了商品的基本属性，或称商品化了。它们同物质产品一样，既有使用价值又有价值，不同的是，它的智力消耗大于体力消耗，并作为人类的抽象劳动凝结在知识产品之中。知识产权的主体是知识财产的受益人，充分享有对其知识产品的占有、使用和处分的权利，以及通过使用、处分知识产品获得经济利益的权利。知识产品财产权的各项权能不仅为权利主体本人行使，而且可以部分或全部转让或继承。

在知识产权范畴中，除商标权等不直接涉及人身权利的内容外，许多类型的知识产权都包括有财产权和人身权的双重内容。这一基本观点不仅为绝大多数国家的国内法所肯定，也为国际公约所承认。1883 年的《保护工业产权巴黎公约》不仅把发明、工业品外观设计和商标列为工业财产，而且对发明人的“精神权利”作了规定。1886年的《保护文学和艺术作品伯尔尼公约》规定作者对其作品享有各项财产权和人身权，并把这种权利称为作者的“专有权利”。因此，我们不能拘泥于工业或知识“产权”的原意，而应把它看作人身权和财产权的结合。

四、关于权利的产生和终止

知识产权是一种特殊的民事权利，它不是自由设定的，也不是永远存在的。知识产权法调整着创造者行使“专有权利”与促进科学文化广泛传播之间的矛盾，以协调创造者个人利益和整体利益的关系，因此在权利的产生和终止上作出了有别于一般财产法的不同规定。

第一，有形财产所有权基于一定的法律事实即可产生；而知识产权除需有当事人的创造行为外，还需由国家主管机关确认。

一般说来，有形财产所有权的发生，可能是基于生产、收益、没收的原始取得，也可能是基于合同、赠予、继承的继受取得。无论采取何种方式，仅凭一定的法律事实即可产生取得所有权的法律后果。这就是说，有形财产所有权根据一定的法律事实，即法律规定能引起民事法律后果的事件和行为，就可以设定或产生，无须国家主管机关认可或核准。而知识产权则具有国家授予的特点，例如，专利权需要通过申请，报主管机关审批，并由国家发给专利证书加以确认；商标权的产生，大多数国家都要求依照法定程序申请注册，并取得商标注册证后方为有效。至于著作权，一般不需要经过特殊批准，但许多国家要求作者必须履行某种注册手续，如注册登记、缴送样本、刊登启事、办理公证文件、偿付费用等，才能取得法律保护。

知识产权因国家主管机关依法授予而产生，是由知识产品的非物质性所决定的。因此，知识产品的所有人要想正常地按照自己的意愿来行使无形财产的占有、使用、收益和处分的权能，必须依靠国家法律的特别保护，即通过国家主管机关授予其专有权、专利权或专用权。

第二，有形财产所有权在效力上概无时间限制；而知识产权具有时间性的特点，一旦保护期满即终止效力。

知识产权时间性的特点是指这种权利仅在法律规定的期限内受到保护。一旦越过法律规定的有效期限，这一权利就自行消亡，这一特点是知识产权与有形财产所有权的主要区别之一。对于有形财产所有权来说，概无时间限制，只要该财产没有灭失，即受法律保护。在消灭时效或取得时效下，只涉及财产权利主体的变更，而财产本身作为权利客体的地位并不会发生变化。

根据各种知识产权的性质、特征和本国经济、文化发展的状况，各国法律对著作权、专利权、商标权都规定有长短不一的保护期。在知识产权时间性的特点上，商标权与著作权、专利权有所不同。商标权有效期限届满后，可以不断续展，通过不断的续展，商标权可以长时间有效。而著作权不存在续展的问题，规定专利权可以续展的国家也仅允许续展一次。法律之所以这样规定，原因就在于文学艺术作品和发明创造对于社会科学文化的发展有着更为重要的意义，因此必须规定一定的期限，使知识产品从个人的专有财产适时地变为人类共有的精神财富。

五、关于权利的保护

知识产权一经国家主管机关授予，即受国家法律保护。由于知识产权及其保护对象的特性，传统的权利保护制度已不能完全适用，因此知识产权法在保护范围和侵权行为方面也作出了一些特殊规定。

第一，在保护范围方面，对有形财产所有权的保护，没有地域范围和使用范围的限制；而对知识产权的保护，只能在一定地域和一定使用范围内实施。

一般情况下，对有形财产所有权的保护是没有地域性的限制的。无论是一个公民从一国移居另一国的财产，还是一个法人因投资、贸易从一国进入另一国的财产，都照样归权利人所有，不会发生财产所有权失去法律效力的问题。同时，法律保护所有人对其有形财产进行占有、使用、收益和处分的权能。无论客体物内容、性能、用途、价值、表现形式如何，所有人对各个客体物所拥有的基本权能是一样的。所有人在法律允许的情况下，可以自由使用或处分自己的财产，有权排斥第三人对自己财产所进行的各种行为。

对于知识产权的保护则有地域范围和使用范围的限制。首先，知识产权具有严格的领土性，其效力只限于本国国境以内。这就是说，按照一国法律获得承认和保护的知识产权，只在该国发生法律效力。除签有国际公约或双边互惠协定的以外，知识产权没有域外效力，其他国家对这种权利没有保护的义务，任何人均可在自己的国家内自由使用该知识产品，既无须取得权利人的同意，也不必向权利人支付报酬。在一国获得知识产权的权利人，如果需要在别的国家受到法律保护，就必须依照该国法律经审查批准或登记注册。其次，知识产权的效力还受到使用范围的限制。在一定的使用范围内，权利人对自己的知识产品可行使各种专有权利；超出这个使用范围，权利人的权利不受保护，并不得排斥第三人对知识产品的合法使用。例如，发明创造人的专有实施权范围以专利申请中的权利要求的内容为准，即以专利权所覆盖的发明的技术特征和技术幅度来确定。商标注册人的专有使用权范围，则以核准注册的商标和核定使用的商品为限，其效力不及于类似注册商标的文字、图形，也不及于类似的商品。这说明，知识产权的专有性只在法定的使用范围内有效。为了防止作者、发明创造者的专有权成为公众获取知识和整个社会发展科学文化事业的障碍，各国法律还允许权利人以外的其他人在一定条件下自由使用受保护的知识产品。例如，著作权法中的“合理使用原则”“使用许可原则”，专利法中的“先用权原则”“科学研究中合理利用原则”“专利权用尽原则”“临时过境权原则”等，都是在知识产品的使用中对权利人专有权的限制。

第二，在侵权行为方面，对有形财产所有权的侵犯主要表现为侵占、妨害和毁损，而对知识产权的侵犯主要表现为剽窃、篡改和仿冒。

侵犯财产所有权的行为，往往直接作用于客体物本身，如将他人的财物毁坏、对他人的财物强占，侵权行为与客体物之间的联系是直接的、紧密的，侵权行为所针对的权利内容涉及占有、使用、收益和处分各个方面。而侵犯知识产权的行为，其施加影响的对象是智力创造者的思想内容或思想表现方式，与知识产品的物化载体无关。例如，非法将他人创作的字画攫为己有，侵权行为涉及的是物体本身，即创作的物化载体，该行为应视为侵犯财产所有权的行为。如果，行为人虽未占有这一字画，但擅自将其翻印出售，侵权行为涉及的则是无形的知识产品本身，即作者的思想表现方式，该行为应视为侵犯知识产权的行为。与有形财产的侵权行为不同，对知识产品的非法“占有”，并不意味着权利人同时失去这种占有；对知识产品的非法“使用”，并不排斥权利人对自己智力创造成果的继续使用。这种行为之所以构成侵权，主要是因为对知识财产所有人专有、专用权利的侵犯，是对知识产权绝对性和排他性的违反。

关于侵犯知识产权行为的类型，著作权法、专利法、商标法一般都有明文规定，以便昭示责任，制裁违法，保护权利。侵犯知识产权的行为尽管有多种类型，但都具有以下法律特征：首先，受到不法侵害的知识产权必须是在权利有效期内。在知识产权失效或保护期届满的情况下，任何人都可以使用该知识产品，不能视为侵权。其次，在一项知识产权的有效地域内发生的行为，才可能构成对该知识产权的侵犯。侵权行为发生地的国家，即是知识产权发生效力的国家，认定侵权行为往往与知识产权的“国籍”发生联系，而与权利主体的国籍无关。再次，行为人在实施侵权行为时主观上有过错。即行为人应该取得而没有取得权利人的同意，却擅自利用其知识产品；应该知道或明确知道是他人的知识产品，而擅自实施其独占权利。

简论知识产品的特点*

作为知识产权客体的知识产品，是人们在科学、技术、文化等精神领域中所创造的产品，具有科学技术、发明创造以及文学艺术创作等多种表现形式。尽管知识产品的表现形式各有不同，但它们具有以下共同特点。

1. 创造性。知识产品与物质产品不同，它不可能是以前出现的产品的简单重复，而必须是有所创新，有所突破。例如，科学发现应当是“对至今没有认识的可以证明是正确的物质世界的现象、性质和法则的认识”（《科学发现国际登记日内瓦条约》）；文学、艺术作品一定要有独创性，“它是作者自己的创作，完全不是或基本上不是从另一作品抄袭来的”（世界知识产权组织《版权和邻接权法律术语词汇》）；授予专利权的发明，则是“利用自然法则对技术思想的高度创造”（日本《专利法》）；商标标志必须具有识别性，“不得同他人在同一种商品或者类似商品上已经注册的或者初步审定的商标相同或者近似”（《中华人民共和国商标法》）。

在这里，强调知识产品具有创造性特点，并不是说物质产品没有创造性。问题的关键在于，创造性是知识产品获得法律保护的条件，物质产品却不要求这样。例如，生产相同的物质产品，不问其数量如何，都可以分别取得独立的财产所有权，而两个相同的发明物根据法律程序只将专利权授予其中的一个，以后的发明与已有技术相比，如无突出的实质性特点和显著的进步，也不能取

* 原载《政治与法律》，1987（2）。

得法律保护。

创造性是知识产品构成知识产权客体的条件，这是同物质产品构成财产权客体的条件相比较而言。但就某个具体的知识产权来说，这种创造性程度的要求则各不相同，一般来说，专利发明所要求的创造性最高，它必须是该技术领域中先进的科学技术成就，它所体现的技术思想、技术解决方案必须使某一领域的技术发生质的飞跃；著作权作品所要求的创造性次之，它要求作品必须是作者创造性劳动的成果，但任何作品只要其表现形式是独立构思和创作，不问其思想内容是否与已发表的作品相同，均可取得独立的版权；商标标志所要求的创造性仅达到易于区别的程度即可。

2. 非物质性。商品是用于交换并能满足人们某种需要的劳动产品。从其本质属性来说，作为商品的劳动产品可以分为两类：一类是人类在物质生产过程中创造出来的物质产品，它具有外在的形体、内在的使用价值和价值，这类产品具有物质性；另一类是人类在精神生产过程中创造出来的知识产品，它没有外在的形体，但具有内在的使用价值和价值，这类产品具有非物质性。非物质性是知识产品区别于物质产品的主要特征：它的存在不具有一定的形态（如固态、液态、气态等），不占有一定的空间，人们对它的“占有”不是一种实在而具体的控制，而是表现为认识和利用。某一物质产品，在一定的时空条件下，只能由某一个人或社会组织来实际占有和使用，所有人能够有效地管理自己的有形财产，以排除他人的不法侵占。而一项知识产品则不同，它可以为若干主体同时占有，被许多人来共同使用，知识产品一旦传播，即可为第三人所占有。

知识产品虽然具有非物质性的特点，但总是要通过一定的形式表现出来，使知识产品创造者以外的人能够了解，这种表现形式是对其进行法律保护的条件之一。例如，文学艺术和科学作品表现为文学著作、舞台表演、绘画、雕塑、音像制品等，发明创造表现为专著叙述、设计图表等，外观设计和商标表现为形状、图案、色彩、符号、文字等。这些物质形式或非物质形式的载体，是知识产品的物化和人化。必须明确，作为知识产品表现形式的载体，绝不是知识产品本身。知识产品应视为精神产品，它的效能和价值是其载体所难以全部包括和体现的。

3. 公开性。受知识产权法保护的知识产品，具有公开性的特点。知识产品的所有者取得专有权的先决条件，就是要把知识产品向社会公示、公布，使公众皆知。作者创作作品的目的之一，就是使之传播，并在传播中因他人利用自己的作品而取得利益。作品公开性的特点，使得该作品的版权范围展示在人们面前。发明创造者要划定自己的权利范围，就必须公布专利发明的技术内容。专利的本意就有“公开”或“打开”的意思，这个语源表明专利发明的内容必须是公开的。商标所有人为了将自己生产、制造、加工、拣选或者经销的商品同他人的商品区别开来，就必须公开使用自己的商标标志。知识产权的产生条件是：知识产品的所有人把自己的作品、发明创造等公布出来，使公众能看到、了解到，得到其中的专门知识。而公众则承认作者、发明创造者在一定时期内有使用、制造（或允许他人使用、制造）其知识产品的专有权利。知识产品是公开的，但任何人都无权加以使用，否则即构成侵权行为。

与具有公开性特点的专利技术相区别的是秘密技术。秘密技术是依靠保密来维持其专有权的技术、工艺或技巧。不言而喻，秘密技术的特点是它的秘密性。它的技术内容一旦公开，该项技术即进入公有领域，原技术持有人的专有权从此告终。因此，在西方民法理论中，专利技术是一种法定专有权。在法定保护期内一直发生效力；而秘密技术则视权利人保密时间的长短决定其权利有效期。秘密技术权利虽不受知识产权法保护，但可以受合同法及侵权行为法的保护。负有保密义务的人，如果泄露技术内容，要承担违约责任或侵权责任。就民事权利的性质说来，秘密技术的权利只是一种对人权，而专利权等知识产权则是可以向任何人主张权利的对世权。

4. 有价性。智力劳动是一种创造价值的生产性劳动，因此知识产品可以成为社会财富或个人财产的组成部分。知识产品体现着社会与个人的某种利益，它能作用于人们的精神生活，满足人们精神生活的需要，产生一定的社会效益；同时，它也能投入生产领域转化为有形的物质产品，满足人们物质生活的需要，产生一定的经济效益。在商品经济的条件下，知识产品具备了商品的基本属性，或说是商品化了。它同物质产品一样，既有使用价值，又有价值，是人类辛勤劳动的结果。不同的是，它的智力消耗大于体力消耗，并作为人类的抽象劳动凝结在知识产品之中。

知识产权法所保护的知识产品，根据其商品属性的不同，可以概括地分为两类：一类是技术产品，它是指能够物化在物质载体上的知识和技能，即根据自然科学原理和生产实践经验发展成的各种工艺操作方法和技能。它可以表现为取得专利权的发明、实用新型、外观设计等专利技术，也可以表现为未取得专利权的生产技术、工艺配方、管理方法、经营诀窍等其他专有技术。技术产品同物质产品一样具有使用价值和价值。技术能带来一定的经济效益，这就是技术的使用价值；同时技术凝结着技术人员的一般人类劳动，这就是技术的价值。所以说，技术产品是商品。

另一类是科学成果和文学艺术产品。科学成果是关于自然、社会和思维的各种理论知识和研究成果。文学艺术产品是指文学艺术领域里以不同表现形式出现的作品，这类知识产品并不全是商品。例如，基础研究的科学成果，没有经济上的使用价值，就不属于商品的范围之内；文学艺术创作的本身，其价格是无法表现的，也不宜等同于市场上进行交换的商品。但是，在商品生产的条件下，某些科学、文学、艺术产品通过物化或人化的载体出现时，也可以商品化。例如，上述产品以书籍、报纸、电影片、雕塑、工艺美术品等载体形式出现时，就可以具有价格，用来交换。这样，就使本来不是商品的一些知识产品也具有商品化的特点。

创造性、非物质性、公开性、有价性是知识产品的主要特点，这些特点决定了知识产权必然具备自己的法律特征。知识产权法正是根据知识产品的这些特点，采取特殊的方法来调整知识领域的社会关系的。

关于知识产权本体、主体与客体的重新认识*

——以财产所有权为比较研究对象

知识产权是有别于传统财产所有权的一项新型民事权利，是近代商品经济和科学技术发展的产物。对于该项权利，是难以采用罗马法以来的物权理论加以阐释的。本文以民法学理论为基础，试对知识产权的本体、主体、客体制度等基本问题进行探讨，以期描述该类权利的本质特征，概括其与财产所有权的基本区别。

一、知识产权的性质

传统的财产所有权制度，其调整对象不涉及知识产品或智力成果。在德国民法的概念体系上，一般认为物的外延只及于物质实体和自然力。① 法国民法理论虽对物作广义理解，但其无体物专指具有财产内容的权利。② 这表明，大陆法系国家的民法都未将知识产品作为所有权制度的直接调整对象。

其实，以传统所有权制度涵盖非物质形态的精神产品，法学家与立法者都曾为此作过不懈的努力。18 世纪的欧洲大陆国家曾流行保护文学、艺术作品

---

* 原载《法学评论》，2000（5）。

① 参见刘心稳主编：《中国民法学研究述评》，295 页，北京，中国政法大学出版社，1996。

② 参见法国《拉鲁斯大百科全书》，第 3 卷。转引自《国外法译丛·民法》，168 页，北京，知识出版社，1987。

的“精神所有权”学说。早在封建时期，出版特权授之于封建君主的有限地域，且往往有一定的期限，因而酿成出版商排他的出版意识。这就是早期的“出版所有权”论。尔后，由于封建王朝的衰落与市民阶级权利观念的进化，出版商开始主张出版物的垄断性保护不应由国王授予特权才产生，而应基于作者精神所有权的转让而取得。他们试图以自然法思想为基础对自己的垄断权利赋予新的理论光环，即用“精神所有权”学说代替以往的“出版所有权”主张。[①] 在法国，所有权的绝对概念自 1789 年大革命时期得以确认后，其定义一直有扩大的趋势。其中，所有权定义的扩展首先表现在知识产权领域，用以“适应其标的和其表现的法律关系及各种各样彼此间完全不同大量的支配权类别。”在法国法理论上，精神所有权被理解为一种排他的、可对抗一切人的权利，是所有权的一种。[②] 但这种理论上的概括是有缺陷的。其弊端是：第一，将所有权的概念应用在对非物质财富的权利上，“使它远远超出在技术上对它作准确理解的内容的范围”[③]。尽管所有权与有关精神产品的权利具有某些共同特征，但后者具有不同的性质，并服从于不同于所有权的规定。第二，“从所有权的原来含义来讲，上述权利并非真正的所有权”[④]。它们未设定于物质产品（有体物）之上，而是系于智力创造性的知识产品，后者是非物质性的特殊客体。因此，为了适应社会科技、文化与经济发展的需要，填补法律调整的空白区域，我们有必要“从单个人的简单物品所有权的财产权概念的束缚中解放出来”，“产生出与有形对象十分疏远的权利形式”[⑤]。这一权利形式就是知识产权。

在我国，有学者鉴于无形财产的大量出现并广泛进入生产流通领域，提出了“财产所有权客体新论”。该学说认为，作为所有权客体的“财产”不仅包

---

① 参见 L. Ray Patterson，Stanley W. Lindberg，The Nature of Copyright：A Law of Users Right，The University of Georgia Press，1991；吴汉东：《著作权合理使用制度研究》，4 页，北京，中国政法大学出版社，1996。

② 参见尹田：《法国物权法》，122 页，北京，法律出版社，1998。

③ ［法］茹利欧·莫兰杰尔：《法国民法教程》，载《外国民法资料选编》，231 页，北京，法律出版社，1983。

④ 尹田：《法国物权法》，122 页，北京，法律出版社，1998。

⑤ ［美］格雷：《论财产权的解体》，载《经济社会体制比较》，1994（5）。

括有形财产，而且包括无形财产。按照其逻辑表述即是：无形财产属于所有权客体的范围，智力成果属于无形财产的范围，发明创造、注册商标属于智力成果的范围。因此，智力成果属于所有权客体的范围，发明创造、注册商标也属于所有权客体的范围。[①] 这种将知识产品与物质产品即无形财产与有形财产一起划归所有权客体范畴的设想，在理论上与实践上都是难以自圆其说的。依现有民事立法体系和民法基础理论，所有权客体是无法将非物质形态的知识产品囊括于其内的。这是因为，一旦价值形态的财产或无形财产成为所有权客体，传统的所有权制度及其理论就难免捉襟见肘，“最直观的事实是：所有权的权能及其行使方式无法圆满地用于价值形态的财产或无形财产”[②]。这就是说，关于占有、使用、收益、处分的“四权能”理论，完全是以实物形态的客体为基础的，显然不适用于非实物形态的精神产品。

精神领域里的智力成果不能成为传统所有权制度的调整对象，而只能归属于新型财产权利客体范畴。知识产权的客体，是一种没有形体的知识财富。客体的非物质性是知识产权的本质属性所在，也是该项权利与传统意义上的所有权的最根本的区别。有的学者认为，知识产权与其他财产权利的根本区别在于其本身的无形性，而其他法律特征即专有性、时间性、地域性等皆由此派生而成。[③] 也有学者持不同看法。曾世雄先生认为，财产权之有形或无形，并非指权利而言，而系指权利控有之生活资源，即客体究竟有无外形。例如，房屋所有权，其权利本身并无有形无形之说，问题在于房屋系有体物；作为著作权，亦不产生有形无形问题，关键在于作品系智能产物，为非物质形态。[④] 严格地讲，权利作为主体凭借法律实现某种利益所可以实施行为的界限和范围，概为无外在实体之主观拟制。正是在这个意义上，从罗马法学家到现代民法学家都将具有财产内容的权利（除所有权以外）称为无体物。因此，知识产权与传统所有权的本质区别，不是所谓该项权利的无形性，而是由其权利客体即知识产品的非物质性特征所决定的。

---

① 参见杨紫煊：《财产所有权客体新论》，载《中外法学》，1996（3）。
② 顾培东：《法学与经济学的探索》，104页，北京，中国人民公安大学出版社，1994。
③ 参见郑成思主编：《知识产权法教程》，45页，北京，法律出版社，1993。
④ 参见曾世雄：《民法总则之现在与未来》，151页，台北，三民书局，1983。

二、知识产权的基本特征

关于知识产权的基本特征，教科书通常都有阐述。这些特征的概括在各种版本的著述中数量不等，但其基本特征主要是“专有性”、“地域性”和“时间性”。同时，这些特征的描述是与其他财产权利特别是所有权相对而言的，并非都是知识产权所独有的。

1. 专有性

知识产权是一种专有性的民事权利。相对债权而言，它与所有权一样，具有排他性和绝对性的特点。关于知识产权的这一属性，法国学者曾展开过纯学术性的近乎刻板的“学究似的讨论”。有的学者认为，知识产权是一种“产权”(所有权)，意即“知识所有权”。但多数学者怀疑知识产权是否为真正的所有权。他们根据该项权利标的及内容的特点，将知识产权概称为一种垄断权或独占权。① 日本学者与多数法国学者的见解是一致的。小岛庸和认为，知识产权与所有权不同，是一种“全新的特殊权利”，它可以分为“独占权”和禁止权。前者是指排他地、独占地支配其客体的权利，该类权利主要有著作权、专利权、商标权、商号权、电路布图设计权、植物新品种权等；后者是指对违反不正当竞争义务进行制裁的禁止权，该类权利主要涉及商业秘密权、商品形象权、商誉权等。② 其实，专有性即排他性和绝对性，是知识产权与所有权的共同特征。两者的区别并不在于前者为“垄断权”，后者为“产权”，其关键性差异应是：前者是无形财产的所有权，后者是有形财产的所有权。

知识产权的专有性主要表现在两个方面：第一，无形财产为权利人所独占，权利人垄断这种专有权利并受到严格保护，没有法律规定或未经权利人许可，任何人不得使用权利人的知识产品；第二，对同一项知识产品，不允许有两个或两个以上同一属性的知识产权并存。例如，两个相同的发明物，根据法律程序只能将专利权授予其中的一个，而以后的发明与已有的技术相比，如无

---

① 参见尹田：《法国物权法》，86页，北京，法律出版社，1998。

② 参见［日］小岛庸和：《无形财产权》，5～9页，东京，创成社，1998。

突出的实质性特点和显著的进步，也不能取得相应的权利。

知识产权与所有权在专有性效力方面也是有区别的。首先，所有权的排他性表现为所有人排斥非所有人对其所有物进行不法侵占、妨害或毁损，而知识产权的排他性则主要是排斥非专有人对知识产品进行不法仿制、假冒或剽窃。其次，所有权的独占性是绝对的，即所有人行使对物的权利，既不允许他人干涉，也不需要他人积极协助，在所有物为所有人控制的情况下，且无地域和时间的限制；而知识产权的独占性则是相对的，这种垄断性权利往往要受到权能方面的限制（如著作权中的合理使用、专利权中的临时过境使用、商标权中的先用权人使用等），同时，该项权利的独占性只有在一定空间地域和有效期限内才发生效力。

2. 地域性

一般认为，地域性是知识产权独有的特性。其实，在历史上民事权利的许多领域都存在过地域性。据国际私法学者研究，在侵权之债领域，侵权诉讼曾长期由侵权行为地法院管辖，适用侵权行为地法；在合同之债领域，也曾因法律的地域性造成法律适用的僵化和判决难以在域外执行。产生这一现象的原因是：当这些权利产生之初，各国大都处于封建闭锁状态，对外经贸往来稀少，偶尔发生的涉外纠纷可以通过其国内法解决，因此没有必要诉诸权利的域外效力。[①] 在这种情况下，上述民事权利不可能不具有一定的地域性。

知识产权的产生与上述制度有着相同的历史背景。在欧洲封建国家末期，原始著作权与专利权都是君主恩赐并作为特许权出现的，因此这种权利只可能在君主管辖的地域内行使。这种原始知识产权的地域性乃是封建法的地域性。随着近代资产阶级法的发展，知识产权才最终脱离了封建特许权的形式，成为一种法定的精神产权。但是，资本主义国家依照其国家主权原则[②]，只对依本国法取得的知识产权加以保护，因此地域性作为知识产权的特点继续保留下来。在一国获得知识产权的权利人，如果要在他国受到法律保护，就必须按照

---

① 参见刘家瑞等：《知识产权地域性冲突法评述》，载《中央政法管理干部学院学报》，1998（6）。

② 知识产权保护的地域性，不仅源于各国主权的地域限制，而且在于知识产权授权的地域限制（如经过国家审查、国家注册方能授权）。参见张乃根：《国际贸易知识产权法》，52页，上海，复旦大学出版社，1999。

该国法律规定登记注册或经审查批准。

从19世纪末起，随着科学技术的发展以及国际贸易的扩大，有关知识产权交易的国际市场也开始形成和发展起来。这样，知识产品的国际性需求与知识产权的地域性限制之间出现了巨大的矛盾。为了解决这一矛盾，各国先后签订了一些保护知识产权的国际公约，成立了一些全球性或区域性的国际组织，在世界范围内建立了一套知识产权国际保护制度。国际公约关于国民待遇原则的规定，是对知识产权地域性限制的重要补充和协调。这一原则使得一国承认或授予的知识产权，根据国际公约在缔约国发生域外效力成为可能。但是，知识产权的地域性特点没有动摇，是否授予权利，如何保护权利，仍需由各缔约国按照其国内法来决定。

到20世纪下半叶，由于地区经济一体化与现代科学技术的发展，知识产权立法呈现出现代化、一体化的趋势，由此，知识产权严格的地域性也受到了挑战。这主要表现在两个方面：（1）跨国知识产权的出现。地区经济一体化，使得一组一组的国家联合起来，实现了商品、资本、人员和劳务在统一大市场内的自由流通，从而推动相关国家在知识产权保护方面走向统一。为了实现经济一体化目标，欧洲联盟采取的重要行动之一，就是在工业产权与著作权领域建立一个广泛的欧洲保护制度，即在地区经济一体化的推动下正努力实现着“欧洲共同知识产权的幻想”[①]。欧洲法院在某一案件中声称，权利穷竭原则的地域限制必须在共同市场范围内作出解释，即在一个缔约国内首次销售的商品在整个共同体构成权利穷竭。[②] 这说明，知识产权跨出了一国地域限制，已在多国同时发生效力。这在一定程度上动摇了该项权利的地域性特性。（2）涉外知识产权管辖权与法律适用的发展。长期以来，涉外知识产权纠纷一般由权利要求地法院专属管辖。由于卫星技术、网络技术、录制技术的发展，涉及现代技术的侵权行为可能在几个甚至十几个国家发生，权利要求地也会相应增加，如果权利人依此在这些地方一一提起诉讼将会带来极大不便。于是一种全新的管辖权理论应运而生，即一国法院不仅有权管辖其地域内的知识产权纠纷，而

---

① ［德］阿道夫·迪茨：《欧洲共同版权是幻想吗》，载《法学译丛》，1986（4）。

② 参见吴汉东等：《西方国家著作权制度研究》，北京，中国政法大学出版社，1998。

且有权管辖在其他地域发生的相关纠纷。与此相联系，以权利要求地法作为知识产权的准据法也相应发生变革。在一个侵犯知识产权的行为在几个或十几个国家同时发生的情况下，恪守权利要求地法，将会造成同一案件适用几个或十几个准据法的不合理现象。① 因此，适用最密切联系地法这种新准据法原则也许是最好的选择。② 涉外知识产权纠纷的非专属管辖与知识产权法律适用的多元化，都会给这一权利的地域性特点带来重大影响。总之，在当今社会，知识产权的地域性特点依然存在，但已受到巨大的挑战，这一自封建法到现代法固有的法律特征能否被完全打破，尚有待继续观察与研究。

3. 时间性

时间性特点是知识产权与所有权的主要区别之一。众所周知，所有权不受时间限制，只要其客体物没有灭失，权利即受到法律保护。依消灭时效或取得时效所产生的法律后果，也只涉及财产权利主体的变更，而财产（有体物）本身作为权利客体的地位并不会发生变化。关于所有权的这一特征，罗马法学家将其概括为“永续性”，即“所有权之命运与其标的物之命运相终始”。它既不像有设定期限的他物权（如抵押权、地役权），也不像具有消灭命运之本质的债权（如合同债权）。③“永续性”与绝对性、排他性共同构成所有权的三大特征。其实，所有权的永续性在许多情况下存在着事实不能，这是因为该项权利的永续状态是以其标的物的存在为前提的，倘若该物发生灭失、毁损，原所有权人就可能一无所有了。恰恰相反，知识产权的标的即知识产品，作为一种非物质形态的智力产物则不可能发生毁损、灭失，即具有事实意义上的“永续性”，但法律却断然限定该类权利只在一定期间内有效。④

知识产权的时间性与他物权、债权的“时间性”也有着完全不同的意义。他物权的设定发生在特定主体之间，如地役权中的供役地所有人与需役地所有

---

① 参见刘家瑞等：《知识产权地域性冲突法评述》，载《中央政法管理干部学院学报》，1998（6）。

② 20世纪初，国际私法学者华耶（Pillet）、尼波埃（Niboyet）曾主张在知识产权保护上应适用权利要求地法，而权利的产生和存续应受原始国法（即权利的最初授予国法）的支配。参见李双元等：《中国国际私法》，281页，北京，海洋出版社，1991。

③ 参见周枏：《罗马法原论》上册，北京，商务印书馆，1994；陈允、应时：《罗马法》，上海，商务印书馆，1931。

④ 参见郑成思：《知识产权论》，88页，北京，法律出版社，1998。

人之间，抵押权中的担保物权人与出质人之间；此外，他物权的设定以所有权的存在为前提，它无法脱离所有权而单独存在。至于债权则涉及债权人与债务人之相对人的利益。债以履行、清偿为目的，法律当然不承认债权的永久性。而知识产权的时间性不同，按照西方学者的解释，知识产品所有人有权在一定时期内享有垄断使用的利益，但有义务将其智力性成果向公众公开。这是一种社会契约，即以国家面貌出现的社会同知识产品所有人签订的特殊契约。[①]

知识产权在时间上的有限性，是世界各国为了促进科学文化发展、鼓励智力成果公开所普遍采用的原则。这一制度既要促进科学、技术、文化的广泛传播，又要注重保护知识产品创造者的合法利益，协调知识产权专有性与知识产品社会性之间的矛盾。从这个意义上说，平衡原则是知识产权制度自近代法到现代法的基本精神之一。以著作权法为例，早期的《安娜法令》设定了一个所谓的“文学艺术的公共领域”（the public domain for literature），它来源于三个方面的规则：（1）规定创作新作品是取得著作权的必备条件（以保护现存作品不被出版商收回）；（2）规定著作权保护期限（以对抗出版商永久著作权的主张）；（3）规定著作权所有人在印刷、出版和出售方面享有有限的权利（即作品二次使用时权利穷竭）。[②] 与英国不同，美国关于知识产权的时间限制是通过宪法条款规定的。美国宪法规定：“国会有权……对作者或发明人就其个人作品或发明的专有权利，赋予一定期限的保护，以促进科学和艺术的发展。”上述宪法条款被美国学者概括为三“P”政策，即“促进知识的政策”（the promotion of learning）、“公共领域保留的政策”（the preservation of the public domain）与“保护创作者的政策”（the protection of the author）[③]。其中，“公共领域保留”即意味着对著作权和专利权在时间与范围方面的限制。知识产权的时间限制性规定，反映了建立这一新兴民事权利制度的社会需要和公众利益。根据各类知识产权的性质、特征及本国实际情况，各国法律对著作权、

---

① 参见《国外专利法介绍》，第1册，12页，北京，知识出版社，1981。

② See L. Ray Patterson, Stanley W. Lindberg, The Nature of Copyright: A Law of Users' Right, The University of Georgia Press, pp. 49-55, 1991.

③ L. Ray Patterson, Stanley W. Lindberg, The Nature of Copyright: A Law of Users' Right, The University of Georgia Press, pp. 49-55, 1991.

专利权、商标权都规定了长短不一的保护期。

知识产权的上述特征，是与其他财产权利特别是所有权相比较而言的，是具有相对意义的概括和描述。这并不意味着各类知识产权都具备以上全部特征，或者可以说每一项基本特征都存在着若干“例外”，例如，产地标记权不具有完整意义的专有性，商号权的地域性具有自己的特殊规定，商业秘密权不受时间性限制等。从本质上说，只有客体的非物质性才是知识产权所属权项的共同法律特征。

三、知识产权的主体

知识产权的主体需具备何种资格，他们享有何种权利，这是由国家法律直接规定的。主体资格是民事主体在民法上（包括知识产权制度）的法律人格，是自然人及其组织成为民事主体的法律前提。[①] 法律地位平等与主体人格独立是确认民事主体资格的基本原则。其中，地位平等是人格独立的必要前提，而人格独立则是地位平等的具体表现。

知识产权主体制度的平等精神，既在本质上同于一般意义上的私法平等原则，但又有着自身的法律品性。这主要表现在两个方面：首先，知识产权制度中的平等，是一种主体从事创造性活动的自由选择，是一种取得创造者权利的机会均等。现代民法奉行的是一种程序意义上的平等观，即只要社会向人们提供了平等的机会，便做到了平等。知识产权的原始取得主要来源于主体的创造性行为（包括创作、发明等）。创造性行为属于事实行为，而不是一般民事法律行为，它不受民事法律行为能力的限制，主体只要以自己的创造性行为完成知识产品，即可以以创造者的身份依法取得权利。其次，知识产权制度中的平等，是一种当事人权利义务关系的协调，是对社会精神财富的合理分享。知识产权制度的历史发展，经历了从单一权利主体扩充为多元权利主体的过程。知识产品的社会性和非物质性特点，使得多数主体利用这种智力性成果成为可能。知识产权制度保障和促进社会分配的正义，并把这种分配原则上升为法律

---

① 参见李开国：《民法基本问题研究》，54页，北京，法律出版社，1997。

上的权利义务，从而对精神资源进行权威性的公正分配。正是基于上述两点原因，形成了知识产权主体制度区别于一般财产权主体制度的重要特征。

1. 知识产权的原始取得，以创造者的身份资格为基础，以国家认可或授予为条件

财产所有权的原始取得，有生产、孳息、先占等方式，其原始取得既无主体的特定身份要求，除不动产及个别动产外，亦无须国家机关的特别授权。知识产权的原始取得则不同，其权利产生的法律事实包括两个方面，即创造者的创造性行为和国家机关的授权行为。[①] 在知识产品的生产、开发活动中，创作行为或发明创造行为在本质上属于事实行为，任何人都可以通过自己的智力劳动取得知识产品创造者的身份。在私法关系中，身份曾是特权的依托，是平等的对立物。罗马法赋予家长以完全独立的人格，家长所享有的一切公权和私权都是基于特定的身份而产生。[②] 知识产权主体制度的身份原则与此不同，它具有两个特点：第一，创造者的身份一般属于从事创造性智力劳动的自然人，但在有的情况下也可能归属于组织、主持创造活动并体现其意志或承担相应责任的法人。与古代社会的家长身份以至现代社会的消费者身份、雇佣劳动者身份不同，自然生命体与社会组织体都有可能取得创造者的身份。第二，创造者的身份与一般身份所依存的血缘关系、婚姻关系或其他社会关系无涉，它既是智力创造性活动这一事实行为的结果，又是行为人取得知识产权的前提。在有关权益纠纷中，创造者身份的确认对判定权源、划分权属有着重要的意义。

此外，在知识产权的原始取得中，国家机关的授权行为是权利主体资格最终得以确认的必经程序。授权行为从性质而言是一项行政法律行为。它与创造性行为一样，对权利的原始取得具有重要意义。借用美国学者的说法：创造性活动是权利产生的“源泉”（source），而法律（国家机关授权活动）是权利产生的“根据”（origin）[③]。知识产权需要由主管机关依法授予或确认而产生，

---

① 并非所有的知识产权都具有国家授予性的特点，诸如著作权、商业秘密权、产地标记权等不需要经过国家机关的审查与批准。

② 参见［英］梅因：《古代法》，第5章，北京，商务印书馆，1959。

③ L. Ray Patterson Stanley W. Lindberg，The Nature of Copyright：A Law of Users' Right，The University of Georgia Press，pp. 49－55，1991.

是由其客体的非物质性所决定的。由于知识产品不同于传统的客体物，不可能进行有形的控制或占有，容易逸出创造者的手中而为他人利用，因而，知识产品的所有人不可能仅凭创造性活动的事实行为当然、有效、充分地取得、享有或行使其权益，而必须依靠国家法律的特别保护，即通过主管机关审查批准后授予专有权或专用权。

2. 知识产权的继受取得，往往是不完全取得或有限制取得，从而产生数个权利主体对同一知识产品分享利益的情形

在财产所有权制度中，根据一物一权主义的原则，不能在一个物件上设立两个或数个内容相同的所有权。就继受取得的情形而言，一方让渡了权利，即意味着丧失了权利主体资格；另一方继受了权利，则标志着其成为新的财产所有权主人。此外，根据这一原则，一物之上虽可以存在数个物权（如用益物权或担保物权），但各个物权之间不得相互矛盾。换言之，就一个物件或该物件的某一部分而言，不能设定数个性质相同且彼此独立的物权。①

在知识产权领域，基于继受取得的原因，同一知识产品之上拥有若干权利主体的情形却普遍存在，我们可以大致分为三类：第一，某类权利主体对其知识产品既享有财产权利又享有人身权利时，发生继受取得的权利只能是其中的财产权，即继受主体不能取得专属于创造者的人身权利。这样，就同一知识产品所产生的人身权和财产权就会为不同的主体所分享。② 第二，某类知识产权仅是不完全转让的，继受主体只能在约定的财产权项上享有利益。如同所有权与其权能分离一样，在原始主体依然存在的情况下，还会产生一个或数个拥有部分权利的不完全主体，即财产权的诸项权能为不同主体所分享。当然，这种权利与权能的分离，对知识产权与所有权来说有着完全不同的内容和意义。所有权的标的物，既为独立的特定物，在一定时空条件下就只能为某一特定主体所控制利用。所有权与其权能的分离，意味着占有人即非所有人是物件的实际支配者，而原所有人只能是不直接控制物件的“空虚权利主体”。但知识产权

① 参见王利明：《民商法研究》，第三辑，191～192页，北京，法律出版社，1999。

② 在知识产权体系中，著作权为典型的一体两权。在现实生活中，存在着作者保留其著作人身权而将著作财产权转让他人的实例。

的标的是非物质形态的精神产物，在一定时空条件下可能被多数主体利用，包括原始主体自己使用与授权继受主体共同使用。第三，某类知识产权的转让同时在不同地域范围进行时，例如著作权人分别在数国转让其版权、专利权人在不同国家出卖其专利，就会出现两个或两个以上独立的权利主体。但是，若干受让人只能在各自的有效区域内行使权利，即主体地位独立，权利互不相涉。在这种情况下，原知识产权所有人虽丧失了主体资格，但在不同的地域却可能产生若干相同的新的知识产权所有人，即各个继受主体彼此独立地对同一知识产品享有同一性质的权利。

3. 知识产权制度对外国人的主体资格主要奉行“有条件的国民待遇原则”，以区别于一般财产权法所采取的“有限制的国民待遇原则”

现代各国对外国人在原则上给予其与本国人同等的待遇，但对外国人所享有的权利范围则有所限制，例如外国人不准取得土地权、采矿权、捕鱼权，不准从事只有本国公民才能从事的某种职业等，这即是有限制的国民待遇原则。

知识产权制度关于外国人的主体资格有不同的规定。著作权法的通行规定是：外国人创作的作品在一国境内首先发表的，应当享受与该国国民作品同等的保护；不在该国境内首先发表的，则根据相关国家之间的双边条约或共同参加的国际公约，或在互惠基础上给予保护。工业产权法的通行规定是：在本国境内有经常居所或营业所的外国人享有与本国人同等的待遇；在境外的外国人，依照其所属国与本国缔结的双边条约或共同参加的国际公约，或按照互惠原则办理。这些规定说明，知识产权制度主要采用有条件的国民待遇原则，即只要符合上述规定的情形之一，外国人就可以与本国人享有同等的权利，而在权利的范围和内容上不加限制。

国民待遇原则是国际知识产权制度的基本原则。这一原则包括两个方面的含义：一是在知识产权的保护上，国际公约的成员国必须在法律上给予其他成员国的国民以本国国民所享有的同样待遇；二是对非成员国国民，只要其作品在国际公约的成员国境内首先发表（著作权法），或在该国有经常居所，或有实际从事工商业活动的营业所（工业产权法），也应当享有同该成员国国民相同的待遇。国民待遇原则打破了知识产权地域性效力的限制，使一国的权利人在其他国家也得到保护。允许外国人与本国人享有同等的民事地位，旨在保护本国人在国外的知识产权利益不受侵犯，同时也是为了吸引外国先进技术和优秀文化。因此，这一原则得到世界各国的确认。

四、知识产权的客体

知识产权的客体，是人们在科学、技术、文化等知识形态领域中所创造的精神产品。这是与物质产品（即民法意义上的有体物）相并存的一种民事权利客体。近代德国法哲学家黑格尔曾对物与精神的关系作过精辟的分析。他认为，物是与精神相分离的外在的东西，属于客观的自然界的概念。为此，物就成了意志的定在的外部领域，从而也就是实现作为主体权利的领域。除此之外，还有一种“通过精神的中介而变成的物”。诸如精神技能、科学知识、艺术以及发明等，都可以成为契约的对象，而与买卖中所承认的物同一视之。[①]但是，诸如技能、知识等是否都可以称为物，却使得黑格尔感到踌躇。他承认，此类占有虽然可像物那样进行交易并缔结契约，但它又是内部的精神的东西，所以理智上对于它的法律性质感到“困惑”[②]。黑格尔的理论“困惑”给我们以下启示：第一，知识形态的精神产品不同于一般意义上的物，但同物一样可以成为交换的标的；第二，精神产品是精神内在的东西，但可以通过一定形式的表达而取得外部的“定在”，即精神产品可以有“直接性”和“外在”的载体；第三，依照物与精神相分离的理论，精神产品属于内部的精神的东西，不能简单地归类于属于“定在”的外部领域的物。

苏联民法学者曾试图将精神产品作为区别于物的另类客体。他们根据本国民事立法的精神，把这类权利的客体统称为“创作活动的成果”。这种创作活动的成果分为两类：一类是科学、文学和艺术作品；另一类是发现、发明和合理化建议，包括使工业产品得到技术和美的统一的艺术新处理的工业实用新型。[③] 苏联学者所拟制的“创作活动的成果”的概念有两大缺陷：一是未能抽

---

① 参见［德］黑格尔：《法哲学原理》，第 43 节附译，北京，商务印书馆，1982。

② 吕世伦：《黑格尔法律思想研究》，32 页，北京，中国人民公安大学出版社，1989。

③ 参见［苏］B.Л. 格里巴诺夫等主编：《苏联民法》上，177、178 页，北京，法律出版社，1984。

象概括出知识领域中各种权利所指向的共同对象，其分类明显不包括专利、商标等工业产权客体；二是强调客体的智力创造属性，但讳言其财产价值。该种分类将不具有产权属性的发明权、发现权的客体也归入其中，即说明这一学说忽视了精神产品的本质特征。

当代西方学者根据“知识产权”（intellectual property）的财产意蕴，将该项权利的客体称为“知识财产”，是法学理论上的一大进步，他们通常将财产分为“由可移动物所构成的财产”（动产）、“不可移动的财产”（不动产）与“知识财产”。“知识财产”理论认为，智力劳动的创造物之所以称为“知识”财产，原因在于该项财产与各种信息有关。人们将这些信息与有形载体相结合，并同时在不同地方进行大量复制。知识财产并不包含在上述复制品中，而是体现在复制品所反映出的信息之中。① 著名法学家北川善太郎是日本“知识产权”概念的首倡者。在传统上，学者们曾用“无形财产权”与“无形财产”的说法来表述相关权利与权利客体。但北川善太郎认为，与日本民法第 85 条所限定的有体物相比较而言，“无形物”在语感上似乎有些问题，因而不能被普遍接受。为此，他于 1988 年在《半导体集成电路的法律保护——新的知识所有权的诞生》一文中，提出了“知识财产”的术语。② 几乎与此同时，其他学者也竞相使用，于是这一概念在日本得以广泛推行。

与知识财产相类似的说法是无形财产。在 20 世纪 60 年代以前，知识产权尚未成为国际上广泛使用的法律概念，人们一般将基于创造性智力成果所获取的民事权利称为“无形财产权”（intangible property ），因此许多学者将作品、商标、实用新型等权利客体视为“无形财产”。上述认识在日本法学界似无异议。日本知识产权法学者小岛庸和将知识财产与无形财产作为同等概念看待，并将它们指称为知识产权法的对象。他强调无形财产为无形财产法之客体，并将其分为创作（creation）和标记（mark）两类。该类无形财产与有形财产以及其他的无形财产（如光、电等）相比具有自身的特殊性。③ 日本民法奉行

---

① 参见世界知识产权组织编：《知识产权纵横谈》，4 页，北京，世界知识出版社，1992。

② 参见［日］北川善太郎：《技术革新与知识产权法制》，吴永顺等译，3 页，国家科委政策法规与体制司等印，1998。

③ 参见［日］小岛庸和：《无形财产权》，序言，2 页，东京，创成社，1998。

“物必有体”的原则，所谓无形财产概指知识产物或智力成果，它们与物（有体物）相对应而存在，分别成为无形财产权（或知识产权）与一般财产所有权的客体。但是，无形财产在法国与英国却有着完全不同的理解。法国民法继承了罗马法关于物的分类理论，无体物即无形财产，特指除所有权以外的财产权利。法国学者认为，“无形财产是一种非物质财富。例如，知识产权为无形财产，而知识产权不是直接针对物质资料，故其属于非物质财富”[①]。法国民法意义上的无形财产，具体包括权利人就营业资产、顾客、营业所、作品、发明专利、工业设计、商标、商业名称以及现代社会的商业信息等所享有的权利。英国法上没有物的概念，不存在有体物与无体物的分类，其无形财产的归类标准，一是须为区别于实物动产的无体物，二是须为象征财产利益的抽象物。在其无形财产所包括的范围中，既有债权、知识产权等权利（法国民法意义上的无体物），又有债券、股票等有价证券（现代民法理论将其称为特殊种类物[②]），也有兼具人身与财产内容的商誉（有学者认为商誉是归属于无形财产权的资信权之客体[③]）。上述情况表明，无形财产在不同国家有着不同的理解，或指智力创造性成果（如日本），或指特定财产权利（如法国），或泛指一切具有财产意义之抽象物（如英国）。因此，将无形财产概括为知识产权的客体，尚未在世界范围内达成共识。

笔者与其他一些学者曾极力主张建立“知识产品”的理论范畴，即把知识产权的客体概括为“知识产品”[④]。其实，关于知识产品这一专门术语已有国外学者作出类似表述，“知识产权”概念的倡导者、比利时法学家皮卡第曾将知识产权称为“使用知识产品的权利”[⑤]，知识产品是概括知识产权各种客体的集合概念。传统教科书曾笼统地将知识产权的保护对象说成是智力创造性成

---

① 尹田：《法国物权法》，51～53页，北京，法律出版社，1998。

② 参见佟柔主编：《民法总则》，203页，北京，中国人民公安大学出版社，1990。

③ 参见吴汉东：《关于无形财产权若干理论问题的研究》，载《法学研究》，1995（3）。

④ 吴汉东、闵锋编：《知识产权法概论》，34页，北京，中国政法大学出版社，1987；钱明星：《物权法原理》，26页，北京，北京大学出版社，1994；张和生：《知识经济学》，294页，沈阳，辽宁人民出版社，1992。

⑤ ［苏］E. A. 鲍加特赫等：《资本主义国家和发展中国家的专利法》，载《国外专利法介绍》，12页，北京，知识出版社，1980。

果。已有许多学者指出这一表述的不足，他们认为，知识产权的客体应分为两类：一类是智力成果，另一类是经营标记。[①] 考虑到现代社会无形财产的发展状况，笔者建议建立一个大于传统知识产权客体范围的无形财产体系。为此，我们将知识产品具体地分为三类：一是创造性成果，包括作品及其传播媒介、工业技术；二是经营性标记；三是经营性资信。第一类发生于科学技术及文化领域，第二、三类产生于工商经营领域。现分别述之。

作品及其传播媒介，泛指文学艺术领域中以不同表现形式出现并且具有原创性的智力成果（著作权客体），以及在传播作品过程中产生的与原创作品有关联的各种产品、物品或其他传播媒介（邻接权客体）。作为著作权客体的作品，可以概括地分为文学作品、艺术作品和科学作品；作为邻接权客体的传播媒介，主要包括艺术表演、音像录制品、广播节目。

工业技术，一般是指在工业、农业、商业等产业领域中能够物化于物质载体上的知识和技能。它是根据科学原理和生产实践经验而发展形成的工艺操作方法与技能，以及与这些方法和技能相适应的生产工具和其他物质设施。在法律上，工业技术可以表现为取得工业产权的各类专利技术，也可以表现为取得其他知识产权的技术秘密以及受到新型知识产权即工业版权保护的工业产品。

工业标志，一般是指在工业、农业、商业等产业领域中能够标示产品来源和厂家特定人格的区别标记。包括商标、商号、产地名称等在内的工业标记，是人们生活中所见最多的标志。工业标志能在多种场合使用，不但可以注明商品或者用在其包装材料上，还能使用于多种宣传媒介的制作。[②] 工业标志作为工业产权和其他知识产权的客体，是企业重要的无形财产。

经营性资信，泛指工商企业在经营活动中所具有的经营资格、经营优势以及在社会上所获得的商业信誉，包括特许专营资格、特许交易资格、信用以及商誉等。从经营性资信的构成来讲，其内在因素是主体的经营能力。经营能力是一个很广泛的概念，包括经济状况、生产能力、产品质量、市场占有份额

---

① 参见刘春田主编：《知识产权教程》，1页，北京，中国人民大学出版社，1995；吴汉东主编：《知识产权法》，1页，北京，北京大学出版社，1998。

② 参见吴汉东主编：《工业产权法的理论与实践》，6页，北京，中国政法大学出版社，1989。

等[①]，这种经营能力形成了特定主体高于同行业一般企业获利水平的超额盈利能力；其外在因素表现在两个方面，或是来自某一组织或机关授予的资格，或是来自社会公众给予的评价和信赖。该类权利客体所涉及的资格、能力与信誉，包含明显的财产利益因素，但也有精神利益的内容。与文学艺术作品、工业技术、工业标记不同，经营性资信的财产价值尚未完全为人们所认识，相关立法保护显见不足。正因为如此，有学者将此类客体称为正在开发中的无形财产。[②]

① 参见杨立新：《人身权法论》，638页，北京，中国检察出版社，1996。
② 参见曾世雄：《民法总则之现在与未来》，137页，台北，三民书局，1983。

财产权客体制度论*

——以无形财产权客体为主要研究对象

就民法学研究的始点范畴而言，财产是民事权利的重要客体，是社会经济运动的基础。本文试以无形财产为主要线索，描述财产制度的历史发展轨迹，分析两大法系的财产权制度，并对我国无形财产权的理论创新与制度构建提出若干建议。

一、古罗马财产制度的萌生

作为权利对象的财产，在古代罗马法的发展过程中有着不同的制度安排。罗马立国之初，只有动产才可以成为私人财产权的客体。在“克里维特”所有制条件下，尚保留有土地占有的外壳，其所有权的客体仅限于妻子、儿子、奴隶、牲畜以及世袭住宅。这些东西在当时的人们看来是重要的财产，因此才作为个人财产权的客体。[①] 随着奴隶制经济和私有制的发展，不动产诸如土地、森林、牧场等重要的生产资料也逐渐被确认为私权的客体。其中，由于土地在农业社会的重要性以及其具有显而易见性（visibility）、固定性（fixity）、安全

---

* 原载《法商研究》，2000（4）。

① 参见周枏等：《罗马法》，155 页，北京，群众出版社，1983。

性（security），它一直成为从古罗马到近代财产权的重要客体。①

在罗马私法体系中，罗马人以“物”作为客体范畴，在此基础上设计出以所有权形式为核心的“物权”制度，建立了以物权制度、债权制度为主要内容的“物法”体系。概言之，罗马财产法体系的构建，是以“物”（主要是有形的物质客体，也包括无形的制度产物）为基础的。罗马法的民事客体物制度有以下几个特点：

1. 将人的本身作为物件纳入客体物范畴

罗马法意义上的“物”（res）是指除自由人以外，存在于自然界的一切东西。在奴隶制的罗马国家中，奴隶不享有自由权，被视为“物”，其地位等同于牛马，可以作为一种动产由主人自由处分。“奴隶即为物件”的原则贯穿在罗马的人法、物法（以上为世俗法）和神法（即宗教法）之中。

2. 提出了有体物与无体物的划分

罗马法学家盖尤士认为，有体物（nescorporales）是具有客体存在并且可以凭借人的感官而触觉的物，如土地、房屋、牛、马等；无体物（incorporales）系“法律上拟制之关系”（quaeconsistuntinjure），是指没有实体，而仅由法律所拟制的物（即权利），如地役权、用益权等。② 罗马法所创制的无体物的理论有以下主要特征：第一，权利系抽象物，概为人们主观所拟制的某种利益，因此被视为区别于有体物之无体物；第二，法律上的无体物，以能用金钱来衡量为条件，家长权、夫权、自由权等没有财产内容，所以不能视为无体物；第三，所有权虽然较主观抽象，但罗马人认为该项权利与物同在，并且是最完整之物权，应区别于其他一般财产权利。因此，所有权被划归有体物的范围。

3. 物权客体主要是有体物

在一般意义上，罗马法上的物是以实体性作为要件的。“物，在具体的和特定的意义上（即与物权相联系），是指外部世界的某一有限部分，它在社会意识中是孤立的并被视为一个自在的经济客体。罗马法物权的标的只能是这种

---

① 参见［英］F. H. 劳森、B. 拉登：《财产法》，22页，北京，中国大百科全书出版社，1998；王利明：《民商法研究》，第四辑，169页，北京，法律出版社，1999。

② 参见陈朝璧：《罗马法原理》上册，84页，上海，商务印书馆，1936；周枏：《罗马法原论》上册，28页，北京，商务印书馆，1994。

意义上的物，即实体的物，罗马法上也称它为‘物体’（corpus）”[①]。可以说，尽管罗马人提出了有体物与无体物的概念，但物权的客体主要是体现为物质财富的有体物。

4. 有体物仅指可以感觉的有形物

实体性是物的要件，客体物的有体意味着有形。在罗马社会，物权标的物确实都是可感知的、可触觉的。诸如瓦斯、电力这类物质并不为罗马人所知，至少罗马人不知道它们可以作为经济客体并因而可成为权利的标的。[②] 基于此，罗马法在划分有体物与无体物时，此种有体物实际上仅指有形物。

综上所述，罗马法将奴隶视为物件，将权利作为制度产物，以有体物作为主要保护对象，物之有体即为有形。客体物制度的上述特点表明，古代罗马法尚未涉及作为精神产品的非物质财富，即无形财产权的客体。这是由罗马国家所处的“农业社会”或“铁器时代”即统治阶级的物质生活条件所决定的。

有学者认为，罗马法本身已经成为一种不复存在的古代法律制度，但我们可从中看到无形财产权的雏形。[③] 其理由是，盖尤士在其《法学阶梯》一书中已明确将财产分为“有形财产”与“无形财产”两类，其中前者包括“实在物”，如房屋、家具等；后者包括“抽象物”，如债权、通行权等。这种看法是难以成立的。现代意义上的无形财产权有别于传统的财产所有权，其客体应是基于人们知识、经验所创造的精神产品。上述观点所引证的“无形财产”，实际上是专指某种财产权利的“无体物”，是作为分配资源的社会工具的一种制度产品。就其不具备外在形体、概为人们主观拟制的非物质性而言，精神产品与制度产品有着共同的特征，但由于两者有着不同的性质和功用，因而只能成为不同权利的客体。

诚然，在罗马法时期，人们曾萌生有关精神产品所有权的观念。这种观念的进化是制度建立的先导，但思想不等于制度本身。据人种学者考证，智力成果所有权这一观念早在古代社会就得到不同方式的认可，在最早的历史时期，

① ［意］彼德罗·彭梵得：《罗马法教科书》，185页，北京，中国政法大学出版社，1992。

② 参见［意］彼德罗·彭梵得：《罗马法教科书》，185页，北京，中国政法大学出版社，1992。

③ 参见郑成思：《知识产权、财产权与物权》，载《知识产权》，1997（5）。

在一定程度上已存在着某种“文学产权”的思想。[①] 相传在古罗马时期，西塞罗等人都曾从自己的演讲或写作中获取报酬，而剽窃虽无法律予以制裁，但被视为一种可耻的行为受到指责。据英国《不列颠百科全书》记载，“剽窃”一词是公元1世纪罗马著名讽刺诗人马歇尔创造的。这一时期，虽然人们已经意识到创作者的权益问题，但文学盗窃行为只是受到道义上的谴责，并不产生法律上的后果。[②]

在罗马法中，有些精神产品也曾受到间接的法律保护，但并未上升为具有法律意义的财产。据英国学者研究，由于古罗马规模巨大的奴隶主庄园以及手工业作坊和宏伟的建筑工程需要大量的奴隶劳动力支撑，因而当时的“雇主”与“雇员”的关系十分复杂，诱使奴隶出卖雇主的商业秘密成为社会的普遍问题。鉴于对奴隶的诉讼毫无意义，罗马法遂发展了对抗诈骗商业秘密第三人的诉讼请求制度。虽然有人将其看作历史上最早关于商业秘密保护的规定，但这仅是从规范商业道德角度所给予的零星规定，大量的商业秘密仍处于无财产意义的自然状态，是当事人持有的一种法外利益。[③]

二、近代社会财产制度的发展

财产权客体制度在近代社会有充分的发展和明显的变化。近代商品经济与科学技术的发展，大大扩张了财产权客体的范围。在资本主义的市场中，从股票、债券以及商誉、商业标记到智力创造性成果，它们同物质产品即有体物一样都成为自由交换的标的，从而使得财产权的内容日益丰富多彩。

1. 有价证券：有形物品抽象化

随着市场经济的繁荣，人们对物的概念有了新的认识。对物的占有不仅是为了使用某物，而且更重要的是将其投入流通领域而获取增值，有价证券由此应运而生，成为一种特殊的动产。正如英国学者詹克斯所说：“由于工业的逐

---

① 参见联合国教科文组织编：《版权基本知识》，2页，北京，中国对外翻译出版公司，1984。

② 参见吴汉东：《著作权合理使用制度研究》，北京，中国政法大学出版社，1996。

③ 参见唐昭红：《商业秘密研究》，载梁慧星主编：《民商法论丛》，第6卷，723页，北京，法律出版社，1996。

渐发展和商业活动的更大发展，终于创造了另外一种和最初的形态完全不同的动产；这种动产的价值并不取决于它的自然性质，而是取决于它的法律性质，如果把一张一百生丁的票据看作是一个自然的对象，那么它可能值不了什么，如果把它看作是某个有钱人的付款保证，那么它可能值一百法郎。债券、股票、保险证券以及其他许多系争财产和作为债务请求权对象的财产，都和上述情况一样。”[①] 有价证券的出现概由商品买卖所引起，财产法引进有价证券这一特殊种类物，即是以其取代货币而进行金钱交付。在现实交易中，有价证券已经不再仅仅是一种承诺，而被当作可以买卖的物。按照英国学者劳森与拉登的描述，有价证券最初是作为货物的象征，这种文书的转让也就是其所代表的货物的转让，即是实物抽象化，然后是将这种抽象实物化，也就是将书写或印制收据的纸张等同于收据本身。因此，仓单或提单的交付被视为实物的交付。[②]

2. 知识产品：精神产物财产化

知识产权是近代商品经济与科学技术发展的产物。知识产品成为新型财产权利的标的，取决于以下几项条件：第一，社会生产的科学技术化。在从自然经济向商品经济的转化过程中，劳动产品中占主导地位的体力因素逐渐让位于智力因素。资产阶级在它最初一百年的统治中创造了巨大的生产力，“机器的采用，化学在工业和农业中的应用，轮船的行驶，铁路的通行，电报的使用”[③]，使科学技术同社会生产紧密地联系在一起。第二，科学技术成果的商品化。商品经济的发展和资本主义经济结构的建立，打破了自然经济中技术部门之间以及技术与社会联系之间的壁关锁垒。商品经济需求的强烈冲击迫使技术向社会发生大规模移转。资本把技术还原成一般等价物，并驱使其走向市场，卷入“一种没有良心的贸易自由”[④] 之中。第三，知识财产的法律制度化。“每当工业和商业的发展创造出新的交往形式……法便不得不承认它们是

① 转引自王利明：《民商法研究》，第四辑，170页，北京，法律出版社，1999。

② 参见［英］F. H. 劳森、B. 拉登：《财产法》，17～18页，北京，中国大百科全书出版社，1998。

③ 《马克思恩格斯选集》，3版，第1卷，405页，北京，人民出版社，2012。

④ 《马克思恩格斯选集》，3版，第1卷，403页，北京，人民出版社，2012。

获得财产的方式。”① 知识产权是与传统财产制度相区别的崭新法律制度。在私有制商品经济条件下，资产阶级创制了许多法律方式：在与商品生产直接有关的技术发明领域出现了专利权，在与商品销售活动相关联的商品标记范畴出现了商标权，在文学创作以商品形式进入交换市场过程中出现了版权。这些法律形式最后又被扩大为知识产权。知识产品作为知识财产权的保护对象，是独立于传统意义上的物的另类客体。

3. 自然力：无形之物客观实在化

随着社会的发展与进步，人们对物质资料的支配、利用能力进一步提高，物的范围也在不断扩大。在此情况下，人们对物的认识也在逐步地改变和深化。如上所述，罗马人将有体物仅限于有形物。在他们看来，权利虽为抽象之物，却可以通过权利的行使或支配而感觉它的存在，而光源、电力、热能等，既没有具体的物质形态，又不能为感官所感知，因此罗马法无法将其纳入物的范围。可以说，由于社会生产力和人的认识能力的局限，有体物之“体”拘泥于外在之“形”。进入近代社会后，民法理论与民事立法已经摒弃这种陈旧的观点。诚如郑玉波先生所言：“时至今日，科学发达，物之范围扩张，如自然力（水力、电力），亦应列入物之范畴，因而吾人对于‘有体’二字之解释，固不必再斤斤于‘有形’矣。”② 在立法例上，瑞士民法、韩国民法有类似规定。③ 德国民法虽未明确规定，但对物作了扩张解释，将自然力作为物权客体④，根据其“物必有体”的原则，自然力也应视为有体物。将无外在之形的自然力归类于有体物，其理由有两点：第一，有体物之“体”，表现为物的客观实在性。有体物独立于民事主体之外，是民事主体以外的客观事物，是不依赖于人的感觉而存在的客观实在。⑤ 第二，有体物之“体”既能为人所感知，又能为人所控制。诸如光线、电力、热能、频道、磁场等自然力，虽不一定为

① 《马克思恩格斯选集》，3版，第1卷，214页，北京，人民出版社，2012。

② 郑玉波：《民法总则》，186～187页，台北，三民书局，1959。

③ 参见《瑞士民法典》第713条、《韩国民法典》第98条。

④ 参见孙宪忠：《德国当代物权法》，3页，北京，法律出版社，1997。

⑤ 参见章戈：《小议客体与标的》，载《西北政法学院学报》，1985（1）；吴汉东：《关于无形财产权若干理论问题的研究》，载《法学研究》，1997（3）。

人们感官所感知，但可以采用现代技术手段对其进行度、量、衡而进行识别。此外，自然力必须符合能被人控制的条件。因此，天空中无拘束之大气、火山口散射之热能等，不能视为民法上的物。

三、现代社会财产制度的变革

进入20世纪以来，人类社会生活发生了深刻的变化。影响现代社会财产制度发展、变革的因素主要有两个方面：一是现代科学技术的发展。自20世纪中叶以来，以电子计算机为代表的微电子技术以及光导纤维、生物工程、新材料、新能源、空间技术、海洋技术等新的技术群的产生和发展，将人类社会推进到一个崭新的经济时代，即知识经济时代，必然给以有形财产为主的传统财产制度带来巨大的挑战。二是现代商品经济的发展。作为民法主要调整对象的商品经济关系已演变到现代高度发达的程度。从消费品、生产资料、房地产等有形商品市场，到技术、信息、产权等无形商品市场，市场的触角延伸到一切可以作为财产看待的物质与非物质的对象，商品化的结果是财产权利客体的扩充。

1. 生物体的客体地位发生动摇

在近代民法体系中，权利主体人、权利客体物是民法总则的两大基本制度。主体与客体、人与物之间有着严格的区别。法律关心的是人的精神、意思，赋予一切人以权利能力和主体资格。人以外的不具有精神、意思的生物归属于物，是权利的客体。主客体之间这种不可逾越的鸿沟现在正逐渐缩小。①因为现代分子生物学证明，人的遗传基因与动植物遗传基因没有任何差别，人的生命现象是物质现象的一种。由于人工授精、试管婴儿、子宫代孕等生殖技术改变了人类受孕分娩的传统方式，这不仅使得亲子关系更加复杂，而且提出了如何认定遗传物质法律地位的问题。例如，根据遗嘱将死者的冷冻受精卵发育出生，这在继承法上应如何处理，尚有待进一步研究。但毫无疑问的是，将

① 参见梁慧星：《从近代民法到现代民法》，载《中外法学》，1997（2）。

冷冻受精卵简单作为物来看待显然是不妥当的。[①] 换言之，具有遗传基因的生物已很难在传统民法的主客体框架内作出妥当的规范。

2. 人体组成部分被赋予财产意义

近代民法认为，物必须是人体之外的物，即客体物必须存在于人身之外。人身是指人的思维和肉体的统一体，是人格所依附的生命有机体。自废除奴隶制以后，人身在法律上已不作为权利客体。人身不是物，但人体的组成部分与其人体分离后能否作为财产权客体，近现代民法对此规定不一。1896 年德国民法典将物严格限定在人体之外，无论是完整的人体还是人体的某一部分（包括固定在人体之上的人造物如假肢、人的心脏等），均不是物。能够和人体分离的人体组成部分仅限于毛发和被捐献的血液，才能作为物权客体。[②] 这一原则直至现在仍然保留。随着现代科学技术的发展，活人之身体不属于物的观念受到挑战。例如移植之器官、出让之血液、代孕之子宫等，均以人体组成部分（与人体分离或与人体不相分离）为标的物。学者认为，处分人体的某一部分，与处分一般有体物有同等效力，但以不违反法律和公序良俗为限。为了维护人的价值与尊严，不能允许对被移植之活体以强制执行的权利。[③] 大陆法系多数国家的立法例与司法实践采上述主张。而在英美法系国家，人体组成部分在多大程度上可以成为财产，在各级法院中尚存有争议。在美国最近的判例中，离异的丈夫对其受精卵提出财产主张，以反对原妻将其植入自己体内，这一请求受到下级法院判决的支持，但却遭到上诉法院的驳回。而在另一判例中，病人对被切除的器官提出权利要求，以分享医生将该器官用于制造药品所取得的利益，虽然法院判决该病人败诉，但仍有部分法官对此持肯定意见。[④]

3. 人格利益从精神价值向财产价值扩充

近代民法强调保护私有财产的绝对无限所有权和契约自由，却没有确认和

---

① 参见梁慧星：《从近代民法到现代民法》，载《中外法学》，1997（2）；佘能斌等：《世纪之交看新中国民商法的发展》，载《法学评论》，1998（5）。

② 参见孙宪忠：《德国当代物权法》，4～5 页，北京，法律出版社，1997。

③ 参见梁慧星等：《物权法》，28 页，北京，法律出版社，1997；王利明等：《民法新论》下，8 页，北京，中国政法大学出版社，1988。

④ 参见［美］罗纳德·波斯顿：《美国财产法的当前发展趋势》，载《外国法译评》，1994（3）。

保护人格权的明确规定。法国法官为弥补立法之不足，对1804年《法国民法典》采取扩张解释，创立了保护人格权的判例。1896年《德国民法典》始在立法中承认人格权，除在总则中规定姓名权外，还在债编侵权行为部分强调了对人的生命、健康、自由的保护。1907年《瑞士民法典》为人格权独设一编，明确了人格的一般规定和人格的保护规范，标志着现代人格权立法已经进入完善阶段。传统理论认为，人格权之客体，概为无形之利益，即没有外在的实体形态，不是以物、行为等方式表现，而是体现为与人格有密切联系的利益。如身体、健康、生命的安全，精神活动的自由与完整，个人尊严的享有与社会评价的公正获得等，都属于一种无形的利益。[①] 其中，自然人的姓名、肖像、身体等，主要是非物质利益，但通过权利的行使在经济活动中能够转化为财产利益；法人的名称、名誉与荣誉，在工业产权中即构成商号、商誉的权利对象，成为企业的无形资产。

4. *作为公共利益的环境要素成为私权客体*

在近代法律中，私法权利体系和公法权利体系有着严格的划分。权利属性不同，其权利的行使主体和权利的保护对象也不相同。在现代社会，权利体系的安排有着明显的进步与变化，“民主、自由、平等一类的原则已居于核心的位置，社会权利体系在传统的私法权利体系和公法权利体系中间崛起”[②]。这一情形在很大程度上要归因于人权概念的扩张和能够接纳人权观念的立法机制。关于权利的进化，西方学者把人权的发展分为三代：第一代为个人自由和公民权、参政权；第二代为社会、经济、文化权利，兼具个人权利和集体权利的性质；第三代为和平、发展、洁净的环境和分享人类共同遗产的权利。环境权利是所谓的第三代权利。该项权利的私权化趋势，使得被视为公共利益的环境要素在一定的条件下也成为私权客体。

环境权的核心是法律所保护的公民对于环境资源的利用所取得的物质上和精神上的利益。[③] 环境权经历了从社会权利到个人私权的演变和发展。由于环

---

① 参见王利明主编：《人格权法新论》，24页，长春，吉林人民出版社，1994。

② 夏勇主编：《走向权利的时代》，7页，北京，中国政法大学出版社，1995。

③ 参见吕忠梅：《论环境权》，载《法学研究》，1995（6）。

境的公共资源性质，对环境资源保护的利益及于当代人和后代人，是典型的公共利益。但是，从“公共利益是私人利益的集合”的立场出发，保护个人利益就是对公共利益的保护，反之亦然。有学者认为，在资源公有的情况下，“每个人都是万物之主，那么，实际上人们将陷入一无所有的境地”[①]。因此，有必要通过法律解决权利主体真空问题，在社会公共利益的整体需要的范围内以权利法定的形式确立个人权利，使对社会利益的保护落到实处。申言之，在将环境权确立为一项宪法权利的同时，肯定它的私权性质，即保护以个体利益形式出现的对环境的物质性权利（环境使用权）和精神性权利（环境人格权），并将侵犯上述权利的行为确认为一种专门的侵权行为，提供救济。[②] 从保护环境这一公共利益的目标出发，对环境权进行新的制度安排，是现代社会公法私法化和私法公法化的结果，也是对传统概念法学的突破。

四、当代无形财产制度的发展与变化

人类正在走向世纪之交，知识经济已见端倪。如前所述，现代科学技术的飞速发展使人类社会的知识生活与文化生活发生空前巨大的变化，现代商品经济的高度发达推动着新的国际经济秩序与世界市场的形成。为了回应这一情势的发展，各国立法者不得不“修纲变法”，着力于本国法律的现代化。其中知识财产制度受到的影响最大，发生的变革最烈。

1. 传统知识产权的保护范围不断扩大

著作权、专利权、商标权是传统知识产权法的三大基本制度。在保护对象方面，三大知识产权制度都发生了引人注目的变化。

早期著作权的保护领域，拘泥于书籍、地图的狭小客体范围。正是在这个意义上，有人将著作权称为“印刷出版之子”[③]。至19世纪末，各国著作权法才先后在保护对象范畴上增加了音乐作品、戏剧作品、摄影作品等，延伸了

---

① ［美］迈克尔·D. 贝勒斯：《法律的原则——一个规范的分析》，90页，北京，中国大百科全书出版社，1996。

② 参见吕忠梅：《论环境权》，载《法学研究》，1995（6）。

③ 段瑞林：《知识产权法概议》，28页，北京，光明日报出版社，1988。

“印刷作品”的含义。进入20世纪后特别是20世纪下半叶以来，“电子版权”取代“印刷版权”，各种“电子作品”进入传统著作权的保护范围。其主要表现是：一是将包括电影、电视、录像在内的“视听作品”，视同一般作品而给予著作权保护；二是将通过同步卫星传播载有节目的信号以供地面广播组织接收并转播的“卫星广播节目”，视为一般广播节目而给予邻接权保护；三是对通过同轴电缆接收和传播的“电缆电视节目”，根据其所含对象的差异而分别给予著作权或邻接权的保护；四是将计算机软件视作一般文字作品，作为著作权的特殊保护对象。①

专利权的客体范围，是随着科学技术的进步和经济发展的需要而不断扩大和逐渐明确的。早期的专利制度，从1474年威尼斯共和国专利法到1624年英国垄断法规，其保护对象都是表现为技术解决方案的发明。到19世纪，法国于1803年颁布了世界上第一部保护外观设计的地方性单行法规；英国于1843年制定《实用设计法》开始对实用新型给予保护。1883年《保护工业产权巴黎公约》规定，工业产权的客体为发明、实用新型和外观设计。到目前为止，各国法律以专利形式保护的对象主要是上述三类。除此之外，有些国家还规定保护植物品种、微生物等。在不适用于专利保护的发明创造中，一类是不具备技术方案特征的智力成果，如自然规则、科学原理、自然现象以及经济方法等。② 该类客体不能作为专利保护，概为各国立法之通例。另一类是基于国家技术、经济发展水平限制而不予以保护的智力成果。对此，各国立法差异较大，但随着形势的发展，该类非专利客体的范围大大缩小。其中，保护化学物质和药品已成为现代各国专利立法的一种趋势。

商标法所保护的对象范围，是知识产权诸客体中变动最少的。由于商标是为买主识别商品而使用，立法者首先关注的是标记的“可识别性”。就商标权客体范围而言，有两个动向值得注意：一是为了推动第三产业的发展，通过商标立法保护服务性行业的区别标记，世界各国大多对服务商标与商品商标给予同等保护；二是对在公众中享有声誉、具有较高知名度的驰名商标，不管其是

① 参见吴汉东等：《西方诸国著作权制度研究》，47～48页，北京，中国政法大学出版社，1998。
② 参见曾陈明汝：《专利商标法选论》，33页，台北，三民书局，1977。

否注册，许多国家对其给予特殊保护。1993年关贸总协定缔约方通过的《知识产权协定》，在《保护工业产权巴黎公约》建立的商标保护国际协调制度的基础上，进一步强调了对驰名商标的保护，并将对驰名商标的保护范围扩大到服务商标。① 这是现代商标法发展的一个重要方面。

2. 新型知识财产陆续出现

知识财产是当今社会一种新型的、重要的财产类型。随着新技术的应用，特别是微电子技术与生物工程技术的应用，知识产权的客体向新技术范畴扩展，出现了与传统知识产品有别的新作品、新专利与"准专利"类别。

集成电路是微电子技术的核心，是现代电子信息技术的基础。其布图设计，又称掩模作品或拓扑图，是附着于各种载体上的元件和连接这些元件的连线的有关布图设计。集成电路布图设计实质上是一种图形设计，但不是工业品外观设计，不能适用专利法的保护；同时，这种图形设计虽是一种三维配置形态的图形设计，但又不属于著作权法意义上的图形作品或造型艺术作品。② 有鉴于此，世界许多国家采取单行立法，并通过相关国际公约（如《关于集成电路的知识产权条约》）确认对集成电路布图设计予以独立知识产权或"准专利"的保护。

数字化技术是微电子技术发展的产物，是利用计算机技术和数字通信技术对信息进行储存、加工、合成以及传送的现代新技术。数字化技术的出现改变了知识财产的存在方式。传统的作品主要以书籍、报纸、杂志、录音、绘画和电影等形式出现，而现在则载入计算机软件、CD-Rom以及Internet之中，成为以二进制数字编码为表现形式的信息。加拿大著名版权学家莱斯莉（Lesley）将该类权利客体称为"数字化财产"，即存在于计算机或Internet上的内容。换言之，"能够被数字化，或以数字化形式存在的，或用数字化方式创作的（如通过计算机软件）知识财产就是数字化财产"③。由于对原创作品进行数字化表达的结果，因而基于同一思想内容而产生了原作品形式与数字化形式

① 参见张乃根：《国际贸易的知识产权法》，128页，上海，复旦大学出版社，1999。

② 参见吴汉东主编：《知识产权法》，344页，北京，北京大学出版社，1998。

③ Lesley Ellen Harris, Digital Property, The Mcgraw-Hill Companies, 1997, pp. 4 - 6.

两种不同的表达。这两种表达形式是何关系，各国著作权法尚有争议。但立法者的普遍共识是，一项作品的二进制数字编码形式应该受到著作权保护。[①]

作为新技术重要组成部分的生物工程技术，可以作为专利客体或“准专利”客体，这是现代知识产权法发展的一个趋势。生物工程涉及的对象基本上可分为动物、植物、微生物三类。对动物新品种提供专利或“准专利”的保护，目前还鲜有立法例。[②] 而对微生物包括物品本身及其新制法，在许多国家都是作为发明专利而受到保护的。此外，植物新品种作为生物工程技术在植物品种改良方面的重大成就，日益受到各国立法者的重视。目前，对植物新品种的知识产权保护，主要有两种方式：多数国家通过制定特别法来保护植物新品种，也有一些国家在专利法的范围内保护植物新品种。

3. 经营标记的财产价值日益受到重视

在整个知识产权法律制度体系中，经营标记的法律保护起始最早。[③] 其发展变革虽不及著作权法、专利法那样迅速剧烈，但在现代社会中也出现了若干重大的变化：第一，经营标记范畴形成以商标为中心的标记族群。除传统的商标外，诸如商号、行业标记、产地标记、质量等级标记（如纯羊毛标记）、质量表彰标记（如“国优”“部优”奖励标记）等都成为具有财产意义且受法律保护的客体。第二，商业名称权（即企业法人的名称权）在商号权的名义下，实现了人身权与财产权的分离。“商号权的无体财产权属性，不仅表现在一个著名的商号可以为商事主体带来商业利益，而且表现在其他商事主体愿意付出对价受让这一权利”[④]。第三，域名作为接入互联网的用户在网络上的名称，是信息市场、信息网站中出现的新标记。关于域名的属性，学者间尚有争议。有人认为，域名是一个独立的标记范畴，不同于互联网用户原有的商号或商标；也有人认为，域名只是原有标记在网络上的数字化表现，是标记载体的一种互换。摈除其争议不言，域名日益受到人们的重视并在一些国家谋求取得法律保护，却是一个不争的事实。第四，经营标记与商业信誉共同构成企业的无

---

① 参见孙铁成：《计算机与法律》，19 页，北京，法律出版社，1998。

② 参见郑成思：《知识产权法》，156 页，北京，法律出版社，1998。

③ 相传古罗马法时期就已出现保护商标的规定，准许买主向伪造商标出售货物的卖主提出控告。

④ 聂卫东：《商业名称的法律保护》，载《法律科学》，1999（3）。

形财产。经营标记往往与特定企业的商誉联系在一起。商誉是关于企业的积极社会评价，它源于多种因素，包括企业的品质、经营人员的素质，与用户的关系等。在诸项经营标记中，商号是商誉附着的载体，商标及其他标记则是商誉形成的因素。第五，对经营标记的保护涉及多个法律部门。一般以专门法（如商标法）为主，由反不正当竞争法以及行政法辅之。在无形财产权体系中，有关标记的权利主要是一种工业产权。

4. 商业秘密与反不正当竞争纳入知识产权体系

与近代法相比，现代知识产权体系是一个十分庞大的法律体系。在传统上，商业秘密与反不正当竞争是作为知识产权保护的例外或补充，而现在却成为知识产权体系中的新成员。商业秘密是一种无形的信息财产。它与专利技术不同，其权利不具有严格意义上的独立性，也不受地域和时间的限制；权利的效力完全取决于商业秘密的保密程度。正是由于这一特性，商业秘密不包括在传统知识产权体系之中。大陆法系国家曾长期根据合同法或侵权法保护商业秘密，不承认其产权性质；而英美法系国家一般将商业秘密视为无形财产，专门立法予以保护。20 世纪 60 年代，国际商会（ICC）率先赋予商业秘密以知识产权属性，世界知识产权组织在其成立公约中亦暗示商业秘密可以包括在知识产权之中；至 20 世纪 90 年代，《知识产权协定》专门规定“未公开信息”的保护问题，确认商业秘密属于知识产权范畴。

反不正当竞争与知识产权保护有密切关系。在国际公约中，《保护工业产权巴黎公约》1967 年斯德哥尔摩文本将专利技术、经营标记与制止不正当竞争列为工业产权的保护对象。1967 年《建立世界知识产权组织公约》将反不正当竞争的权利纳入知识产权的范围。1993 年《知识产权协定》强调缔约方应遵守《保护工业产权巴黎公约》有关条款，即确认该公约关于反不正当竞争作为知识产权组成部分的规定。反不正当竞争之所以归属于现代知识产权法律体系，有以下原因：第一，反不正当竞争法以其他知识产权法的调整对象作为自己的保护对象，即对侵犯著作权、专利权、商标权的行为予以制裁，因此，在某些情况下会出现法条竞合及优先适用何种法律的问题。第二，反不正当竞争法对与各类知识产权有关而相关法律不能管辖的客体给予保护，以此弥补单一法律制度产生的“真空地带”。第三，反不正当竞争法对各类知识产权客体的交叉部分给予“兜底保护”，使知识产权的保护对象连结成一个整体。可以说，该法是知识产权领域所涉内容最为广泛的一种法律制度。

五、财产权客体理论范畴与制度体系重构

财产权客体制度历史告诉我们：财产法应是一个开放的制度体系。[①] 它不应仅满足于将现实中的具体财产逻辑地归入固有的传统财产体系之中，同时还应为新型财产寻求法律保护的空间。因此，反思罗马法以来的权利客体理论，重构现代社会的财产体系是非常必要的。

1. 科学界定物与财产的关系

从罗马法到法国民法，财产与物的概念在权利客体的意义上是重叠的。英国法学家梅因在分析罗马法的要式移转物即土地、奴隶及负重牲畜时，猜想出该类商品最初即称为“物件”（res）或“财产”（proprietas）[②]。法国学者在述及权利客体时，往往将财产分为动产、不动产和知识财产，并将其统一概括到“物”的概念之中。法国《拉鲁斯大百科全书》认为，凡能构成财产的一部分并可占为己有的财富即为物。这种物既可以是有体物，即具有实体存在，可以被人们感知的物，包括一切动产与不动产；也可以是无体物，即没有实体存在，而由人们主观拟制的物，包括与物有关的各种权利（如用益权、债权）和与物无关的其他权利（如著作权、工业产权）。[③]

德国民法否认罗马法以来的物的分类方法，提出了“物必有体”的观念，在学理上，物权法中的物（德文 sache），即为狭义的具体的可见物品。[④] 德国民法不仅不承认以特定财产权利为指向的无体物，而且没有像法国民法那样在客体类别中采取财产与物通用的说法。所谓“不动产”与“动产”，依德文原意只能称为“不可动之物”（unbeweglichesache）与“可动之物”（be wegli-

① 参见马俊驹等：《财产权制度的历史评析和现实思考》，载《中国社会科学》，1999（1）。

② ［英］梅因：《古代法》，157 页，北京，商务印书馆，1984。

③ 参见法国《拉鲁斯大百科全书》，第 3 卷。转引自《国外法译丛·民法》，168 页，北京，知识出版社，1987。

④ 参见孙宪忠：《德国当代物权法》，4～5 页，北京，法律出版社，1997。

chesache)[①]。按照德国学者的解释，财产与物的意义是不能等同的。

在英美法中，由于法律传统的差异，极少使用客体物的概念，而普遍采用财产的说法。与立法文件不同，法学研究已论及财产与物的关系。当代英国学者编纂的《牛津法律大辞典》在表述权利客体的物（things）与财产（property）时，作出了实产（real property）或不动产与属人财产（personal property）或动产的相同分类，前者即是可请求返还特定物的财产，后者则是可请求给予损害赔偿的财产。这表明物与财产两者的概念、内涵是一样的。[②]

在我国的法律用语中，一般认为物是指占有一定空间，能够为人力所支配并能满足人们需要的物体。这一观点同于德国民法关于物的含义。我国民法也在不同意义上使用财产这一概念，例如，《中华人民共和国民法通则》第五章第一节题为“财产所有权和与财产所有权有关的财产权”，此处的“财产”显然指的是有体物；《中华人民共和国继承法》第 3 条规定“遗产是公民死亡时遗留的个人合法财产”，其“财产”则泛指有体物和财产权利（无体物）。可以说，关于财产概念的使用，我国民法又同于法国民法。

归纳上述各种立法与学说观点，笔者试就财产与物的关系提出如下看法：(1) 就其客体意义而言，财产的外延从宽到窄依次有三种含义：一是指具有经济内容的民事权利、义务的总体，其中表现权利的财产为积极财产，表现义务的财产为消极财产；二是指广义上的物（积极财产），不仅指有体物，而且包括专指特定财产权利的无体物，法国民法持此观点；三是指狭义上的物，以有体物为限，德国民法持此观点。由此可见，在概念的内涵（即权利的对象性）上，财产与物具有客体的同样定义；而在外延（即客体的指向范围）上，财产与物所包容的要素并不是等同的。(2) 由于现代社会经济和科学技术的发展，狭义概念的物已不符合实际生活的需要。即使是主张“物必有体”的德、日等国，亦在立法文件中有灵活规定。它们虽明文规定物仅为有体物，但在担保物权制度中则规定权利可以为其客体。日本有些学者甚至主张，通过对民法关于

① 孙宪忠：《德国当代物权法》，5 页，北京，法律出版社，1997。

② 参见［英］戴维·M. 沃克主编：《牛津法律大辞典》，880 页，北京，光明日报出版社，1989。

物的概念的扩张解释，使无体物能够被承认为所有权的客体。[①] 笔者以为，物为一切财产关系最基本的要素，不仅为所有权之客体，且应为其他物权之客体，因此对物的概念不宜作过于狭义的解释。但是，我们应将所有权的客体与他物权以及其他财产权的客体作明确区分，即如一些学者所强调的那样：所有权的客体原则上应为有体物，而无体物（即权利）只能作为另类财产权利之客体。[②] (3) 从罗马法到法国民法都是将具有一定财产内容的权利视为无体物，在采取物之广义说的国家，对无体物即权利的这一认识似已约定俗成。在持物之狭义说的国家，有些学者也采用无体物的说法，但其指向与传统理论多有不符。德国学者认为，精神产品也是财产法上的物，即狭义的无体物。但依德国民法的原则，对此类客体应依知识产权法规范，而不由物权法规范。[③] 日本学者也认为，现行法将物的范围限定为有体物，就意味着发明、外观设计等精神产品即无体物不能成为物权，特别是所有权的客体。[④] 在我国，有学者主张财产所有权的客体，不仅限于有体物（有形财产），而且应包括无体物（无形财产）。所谓"无体物是指具有金钱价值而没有实体存在的财富"。"智力成果属于所有权客体的范围，发明创造、注册商标也属于所有权客体的范围"[⑤]。上述观点是值得商榷的。笔者不同意将智力创造性成果概称为无体物。这是因为作为客体的财产权利是一种制度产品，而作为客体的智力成果是一种精神产品。后者是一种非物质财富，但它具有价值和使用价值，能够为社会生产和生活提供必不可少的服务，有的还能转化为生产力，创造出物质财富。所以说，精神产品是社会财富的表现形式。而对于制度产品而言，尽管当代法律经济学家将权利作为财富的存在形式予以肯定，并将其作为一种稀缺的资源加以分配，但权利毕竟不等于社会财富或自然资源本身。

2. 建立知识产品理论范畴

关于知识产权的客体，是无法简单采用罗马法以来客体物的理论作出诠释

① 参见邓曾甲：《日本民法概论》，46 页，北京，法律出版社，1995。

② 参见梁慧星：《民法总论》，80 页，北京，法律出版社，1996；钱明星：《物权法原理》，26 页，北京，北京大学出版社，1994。

③ 参见孙宪忠：《德国当代物权法》，3 页，北京，法律出版社，1997。

④ 参见邓曾甲：《日本民法概论》，46 页，北京，法律出版社，1995。

⑤ 杨紫烜：《财产所有权客体新论》，载《中外法学》，1996 (3)。

的。近代德国法哲学家黑格尔曾对物与精神的关系作过精辟的分析。他认为，物是与精神相分离的外在的东西，属于客观的自然界的概念。除此之外，还有一种“通过精神的中介而变成的物”。诸如精神技能、科学知识、艺术以及发明等，都可以成为契约的对象，而与买卖中所承认的物同一视之。其理由是，这些固然是精神所特有的、精神内在的东西，但主体可以通过“表达”而给它们以外部的“定在”，这样就能把它们归在物的范畴之内了。[①] 但是，诸如技能、知识等是否都可以称为物，却使黑格尔踌躇。他承认，此类占有虽然可像物那样进行交易并缔结契约，但它又是内部的精神的东西，所以理智上对于它的法律性质感到“困惑”[②]。黑格尔的理论“困惑”给我们以下启示：第一，知识形态的精神产品不同于一般意义上的物，但同物一样可以成为交换的标的；第二，精神产品是精神内在的东西，但可以通过一定形式的“表达”而取得外部的“定在”，即精神产品可以有“直接性”和“外在”的载体；第三，依照物与精神相分离的理论，精神产品属于内部的精神的东西，不能简单地归类于属于“定在”的外部领域的物。

当代西方学者根据“知识产权”（Intellectual Property）的财产属性，将该项权利的客体称为“知识财产”，是法学理论上的一大进步。他们通常将财产分为“由可移动物所构成的财产”（动产）、“不可移动的财产”（不动产）与“知识财产”。“知识财产”理论认为，智力劳动的创造物之所以被称为“知识”财产，原因在于该项财产与各种信息有关。人们将这些信息与有形载体相结合，并同时在不同地方进行大量复制。知识财产并不包含在上述复制品中，而是体现在复制品所反映出的信息之中。[③] 北川善太郎是日本推行“知识产权”概念的首创者。在传统上，学者们曾用“无形财产权”与“无形财产”的说法来表述相关权利与权利客体。但北川善太郎认为，与日本民法第 85 条所限定的有体物相比较而言，“无形物”在语感上似乎有些问题，因而不能被普遍接受。为此，他于 1988 年在《半导体集成电路的法律保护——新的知识所有权

---

① 参见［德］黑格尔：《法哲学原理》，第 43 节附译，北京，商务印书馆，1982。

② 吕世伦：《黑格尔法律思想研究》，32 页，北京，中国人民公安大学出版社，1989。

③ 参见世界知识产权组织编：《知识产权纵横谈》，4 页，北京，世界知识出版社，1992。

的诞生》一文中，提出了“知识财产”这一概念。[①] 其他学者也竞相使用，于是这一概念在日本得以广泛推行。

与知识财产相类似的说法是无形财产。在 20 世纪 60 年代以前，知识产权尚未成为国际上广泛使用的法律概念，人们一般将基于创造性智力成果所获取的民事权利称为“无形财产权”（Intangible Property），因此许多学者将作品、商标、实用新型等权利客体视为“无形财产”。上述认识在日本法学界似无异议。日本学者小岛庸和将知识财产与无形财产作为同等概念看待，并将它们指称为知识产权法的对象。他强调无形财产为无形财产法之客体，并将其分为创作（creation）和标记（mark）两类。该类“无形财产与有形财产以及其他的无形财产（如光、电等）相比具有自身的特殊性”[②]。日本民法奉行“物必有体”的原则，所谓无形财产概指知识产物，它们与物（有体物）相对应而存在，分别成为无形财产权（或知识产权）与一般财产所有权的客体。但是，无形财产在法国与英国却有着完全不同的理解。法国民法继承了罗马法关于物的分类理论，无体物即无形财产，特指除所有权以外的财产权利。所不同的是，古代罗马法的无体物，特指以有体物为对象的财产权利；而现代法国法的无体物，除上述权利外，还包括不以物为指向的知识产权。法国学者认为，无形财产是一种非物质财富。其民法意义上的无形财产，具体包括权利人就营业资产、顾客、营业所、作品、发明专利、工业设计、商标、商业名称以及现代社会的商业信息等所享有的权利。英国法上没有物的概念，不存在有体物与无体物的分类，其无形财产的归类标准，一是须为区别于实物动产的无体物，二是须为象征财产利益的抽象物。在其无形财产所包括的范围中，既有债权、知识产权等权利（法国民法意义上的无体物），又有债券、股票等有价证券（现代民法理论将其称为特殊种类物）[③]，也有兼具人身与财产内容的商誉（笔者认为商誉是归属于无形财产权的资信权之客体）。[④] 上述情况表明，无形财产在

① 参见［日］北川善太郎：《技术革新与知识产权法制》，3 页，北京，国家科委政策法规与体制司等印，1998。

② ［日］小岛庸和：《无形财产权》，序言，2 页，东京，创成社，1998。

③ 参见佟柔主编：《民法总则》，203 页，北京，中国人民公安大学出版社，1990。

④ 参见吴汉东：《关于无形财产权若干理论问题的研究》，载《法学研究》，1995（3）。

不同国家有着不同的理解，或指智力创造性成果（如日本），或指特定财产权利（如法国），或泛指一切具有财产意义之抽象物（如英国）。因此，将无形财产概括为知识产权的客体，尚未在世界范围内达成共识。

我国20世纪80年代初期，许多学者将关于精神财富所享有的权利称为“智力成果权”，因而相应将这种权利客体归结为“智力成果”，并且强调其价值不能用货币衡量。① 在商品经济特别是技术商品化尚未建立或形成的情况下，法学理论倚重于这类客体的精神属性是不难理解的。但是，智力成果的传统说法，未能突出其本来具有的商品属性和财产价值，没有反映出知识产权客体的本质特征，是应予以检讨与反思的。

笔者与其他一些学者曾极力主张建立“知识产品”的理论范畴，即把知识产权的客体概括为“知识产品”②。所谓知识产品，是人们在科学、技术、文化等精神领域所创造的产品，具有发明创造、文学艺术创作等各种表现形式，它是与物质产品（有体物）相区别而独立存在的客体范畴。中共中央1985年《关于科学技术管理体制改革的决定》与1984年《关于经济体制改革的决定》不仅对我国现阶段存在的商品经济作出了正确的说明，而且第一次明确承认“技术在社会商品价值中所起的作用越来越大，越来越多的技术已经成为独立存在的知识形态的商品”。我国1986年颁布的《民法通则》，正式使用“知识产权”这一概念，以取代“智力成果权”的传统说法。以上论断和规定为知识产品范畴的建立提供了理论基础和法律根据。其实，关于知识产品这一专门术语国外已有学者作出类似表述，“知识产权”概念的倡导者、比利时法学家皮卡第曾将知识产权称为“使用知识产品的权利”③。

笔者认为，知识产品相较于物和智力成果来说，更能概括知识产权客体的本质特征。物的概念突出的是人身以外的物质对象，它可能是未经加工的自然

---

① 参见《民法原理》，383页，北京，法律出版社，1983。

② 吴汉东、闵锋：《知识产权法概论》，34页，北京，中国政法大学出版社，1987；钱明星：《物权法原理》，26页，北京，北京大学出版社，1994；张和生：《知识经济学》，294页，沈阳，辽宁人民出版社，1992。

③ ［苏］E.A.鲍加特赫等：《资本主义国家和发展中国家的专利法》，转引自《国外专利法介绍》，12页，北京，知识出版社，1980。

物，也可能是人类物质劳动的创造物，明显地表现出客体的物质性；而知识产品概括了知识形态产品的本质含义，强调这类客体产生于科学、技术、文化等精神领域，是人类知识的创造物，明显地表现出客体的非物质性。同时，知识产品的内涵突出了它在商品生产条件下的商品属性和财产性质，反映了著作权、商标权、专利权中的财产权利内容。而智力成果作为权利对象的含义，难以明确指向"知识产权"（Intellectual Property）中包含的"知识所有权"的原意，无法揭示非物质财富具有价值和使用价值的商品形态。因此，我们应将知识产权的客体表述为知识产品，而不是物或智力成果。

3. 构建无形财产权制度体系

知识产权是人们基于自己的智力活动创造的成果和经营管理活动中的标记、信誉而依法享有的权利。将一切来自知识活动领域的权利概括为"知识产权"，最早见于 17 世纪中叶的法国学者卡普佐夫，后为比利时著名法学家皮卡第所发展。

知识产权有广义和狭义之分。广义的知识产权包括著作权、邻接权、商标权、商号权、商业秘密权、产地标记权、专利权、集成电路布图设计权、植物新品种权等各种权利。广义的知识产权范围，目前已为两个主要的知识产权国际公约所认可。1967 年签订的《建立世界知识产权组织公约》将知识产权的范围界定为以下类别：关于文学、艺术和科学作品的权利（即著作权）；关于人类的一切领域的发明的权利（即发明专利权及科技奖励意义上的发明权），关于科学发现的权利（即发现权）；关于工业品外观设计的权利（即外观设计专利权或外观设计权）；关于商标、服务标志、厂商名称和标记的权利（即商标权、商号权）；关于制止不正当竞争的权利（即反不正当竞争权）；以及一切在工业、科学、文学或艺术领域由于智力活动产生的其他权利。1993 年关贸总协定缔约方通过的《知识产权协定》，划定的知识产权范围包括：著作权及其相关权利（即邻接权）；商标权；地理标记权；工业品外观设计权；专利权；集成电路布图设计权；未公开信息专有权（即商业秘密权）。狭义的知识产权，即传统意义上的知识产权，包括著作权（含邻接权）、专利权、商标权三个主要组成部分。一般来说，狭义的知识产权可以分为两个类别：一类是文学产权（Literature Property），包括著作权及与著作权有关的邻接权；另一类是工业产权（Industrial Property），主要是专利权和商标权。文学产权（或说是著作权）与工业产权的区分是知识产权的传统的基本分类。自 20 世纪 60 年代起，作为工业产权与著作权（版权）长期渗透和交叉的结果，又出现了给予工业产品以类似著作权保护的新型知识产权，即工业版权。[①] 工业版权的立法动因，始于纠正工业品外观设计享有专利法和著作权法重叠保护的弊端。以后，一些国家为了填补某些工业产品无法保护的空白和弥补单一著作权保护的不足，遂将集成电路布图设计等纳入工业版权客体的范畴。工业版权突破了以往关于著作权与工业产权的传统分类，吸收了两者部分内容，形成了亦此亦彼的"交叉权利"。上述文学产权、工业产权以及工业版权都可以归类于知识产权范围。

在精神领域的民事权利范畴里，无形财产权（或称无体财产权）是与知识产权相当的另一称谓。不过，两者所涵盖的范围并非完全相同。日本学者小岛庸和在其著述中所列举的无形财产权权项似乎大于传统知识产权所涉及的类别。例如，"商品的形态""经营上的信用"[②]，都可以适用反不正当竞争法来给予保护，统归于无形财产权范畴。法国民法关于无形财产权的界定范围则更为宽泛，在习惯上该权利分为两类：一类是经营垄断权，包括有关智力创造成果的权利和有关区别标记的权利，即典型的知识产权范畴；另一类是顾客权利，即以顾客为标的的权利，或说是关于"营业资产"（利用商品、工具及商业名称、租赁权、招牌等吸引顾客的综合体）的权利。[③] 此外，还有许多国家在传统知识产权领域之外又创制了所谓"商品化（形象）权"。按照郑成思先生的说法，这是一种关于人及动物形象被付诸商业性使用（或称营业性使用）所产生的权利。在一般人身权与著作权之间以及标记权、商誉权与著作权之间，存在着一个边缘领域，相关权利不宜归属于原有的任何一个范畴，因此有必要赋予其一种新的权利。[④] 这即是具有无形财产权属性又不能归类于知识产权领域的"商品化（形象）权"。以上情况表明，无形财产权与知识产权作为精神领域的民事权利范畴，

---

① 参见郑成思：《版权法》，北京，中国人民大学出版社，1990。

② ［日］小岛庸和：《无形财产权》，序言，49 页，东京，创成社，1998。

③ 参见尹田：《法国物权法》，19、59～65 页，北京，法律出版社，1998。

④ 参见郑成思：《世界贸易组织与贸易有关的知识产权》，44～45 页，北京，中国人民大学出版社，1996。

具有同等内涵，但外延却有明显区别，前者较之后者具有更大的包容性。

知识产权现已成为国际上通行的法律用语。但是，学者对这一权利的体系范围并非没有歧见。狭义上的知识产权，主要包括著作权、专利权、商标权，对此法学界意见尚属一致。而广义上的知识产权，除上述权利类别外，还涵盖有发明权、发现权、商业秘密权、商号权、产地标记权、植物新品种权、集成电路布图设计权以及反不正当竞争权等。对于这一范围的概括，学术界颇有争议。至于信用权、“顾客权”、“商品化权”等，更是不能“入流”知识产权体系。笔者认为，以知识产权名义统领下的各项权利，并非都是来自知识领域，亦非都是基于智力成果而产生，“知识”一词似乎是名不符实。从权利本源来看，其主要发生于智力创造活动与工商经营活动；从权利对象来看，其由创造性知识及商业性标记、信誉所构成。因此，“知识产权”一词在众多无形财产面前已显得力不从心。由于现代商品经济的发展与社会财富形态的变化，“财产越来越多地变为无形的和非物质的”，我们有理由对传统上并不被认为是财产或财产权利的权利给予越来越多的关注和保护。有鉴于此，笔者主张，在民法学研究中，建立一个大于知识产权范围的无形财产权体系，以包容一切基于非物质形态（包括知识经验形态、经营标记形态、商业资信形态）财产所产生的权利。该无形财产权包括以下三类：一是创造性成果权。包括著作权（含著作邻接权、计算机软件权）、专利权（含发明专利权、实用新型专利权、外观设计专利权）、集成电路布图设计权、商业秘密权（含技术秘密权、经营秘密权）、植物新品种权。该类权利保护的对象都是人们智力活动创造的成果，一般产生于科学技术、文化等知识领域。客体一定程度的创造性是其取得法律保护的必要条件。二是经营性标记权。包括商标权（含服务商标权）、商号权、产地标记权、其他与制止不正当竞争有关的识别性标记权。该类权利保护的对象概为标示产品来源和厂家特定人格的区别标记，主要作用于工商经营活动之中。可区别性是该类客体的主要特征，法律保护的目的即是防止他人对此类标记的仿冒。三是经营性资信权。包括特许专营权、特许交易资格、商誉权等。该类权利保护的对象系工商企业所获得的优势及信誉，这种专营优势与商业信誉形成了特定主体高于同行业其他一般企业获利水平的超额赢利能力。权利客体所涉及的资格或能力，包含明显的财产利益因素，但也有精神利益的内容。

试论知识产权限制的法理基础*

知识产权法律的基本功能之一，在于调整权利人行使“专有权利”与促进知识、技术广泛传播的矛盾，协调知识财产所有人、传播人与使用人各方利益的关系。就制度规范而言，这些直接关系着知识产权的保护与限制。所谓知识产权的限制，通常是指对知识财产所有人行使其“专有权利”的限制。一般而言，知识产权的地域性、时间性，可以理解为对有关权利的存在空间效力、存续期间效力的一种限制。本文述及的限制，专指权能效力的限制，即是对知识产权的行使进行限制，对“专有权利”内容的限制。知识产权制度对“专有权利”进行保护并对其设定必要的限制，体现了法律对涉及知识财产的各种利益予以认识并加以协调，即是对社会关系的各种客观利益现象进行有目的、有方向的调控，以促进利益的形成和发展。①

利益平衡是我们构建知识产权限制制度的基本法律观。法理学家博登海默认为，“法律的目的是在个人原则与社会原则之间形成一种平衡”②。正是在同样的意义上，帕特森（Patterson）教授将一部著作权法称为协调创造者、传播者、使用者之间利益关系的“平衡法”③。利益平衡是民法精神和社会公德

---

* 原载《法学杂志》，2012（6）。

① 参见孙国华：《论法律上的利益选择》，载《法律科学》，1995（4）。

② ［美］E. 博登海默：《法理学——法律哲学与法律方法》，邓正来译，115页，北京，中国政法大学出版社，2004。

③ L. Ray Patterson，Stanley W. Lindberg，The Nature of Copyright：A Law of Users Right，The University of Georgia Press，1991，p. 12.

的要求，也是“人权思想和公共利益原则的反应”[①]。知识产权法所强调的利益平衡精神，主要是通过权利配置与权利限制的规则来体现的。

一、知识产权法律关系中的利益构成

按照罗马法学家的理论，法律事实在人们之间创立的关系称为法律关系。[②] 德国法学家萨维尼将法律关系作为构建整个民法学体系的基础概念，在他看来，法律关系是人与人之间的关系，其本质就是权利。[③] 这一观点随着近代民法向现代民法转变而逐步得到发展，在所有权负有义务、契约相对自由的社会背景下，对权利的限制以及对义务的强调被添加入法律关系理论。就这种关系的构成来看，现代学者大多认为法律关系由以下三部分组成：主体、客体以及由权利和义务构成的内容。还有德国学者认为法律关系是指被法律所调整的人与人之间以及人与标的之间的关系。法律关系除了最重要的权利义务关系之外，还可以包括风险的分配、取得的指望、主管权、职责以及约束力等。[④] 也有学者对法律关系作出以主体和客体为静的要素、以权利和义务为动的要素的区分。[⑤]

从以上分析不难看出，大陆法系民法的法律关系理论基本认同以下观点：法律关系是受法律规范所调整的人与人之间的社会关系；法律关系的重要内容是权利和义务；在民法权利本位的思想支配下，权利是法律关系的本质。

在知识产权领域，现代国家注重知识产权法律的激励功能，运用知识产权法律的授权机制，将知识产权与国家发展政策相结合，一些国家甚至将知识产权上升到国家战略的高度来看待。基于大陆法系传统和现代国家的政策考量，法学家们习惯上将权利因素视为知识产权法律关系的本质。但是这并不意味着

---

① ［美］奥德丽·R. 查普曼：《将知识产权视为人权：与第 15 条第 1 款第 3 项有关的义务》，载国家版权局主办：《版权公报》，2001（3）。

② 参见［意］彼德罗·彭梵得：《罗马法教科书》，23 页，北京，中国政法大学出版社，1992。

③ 参见龙卫球：《民法总论》，121 页，北京，中国法制出版社，2001。

④ 转引自陈卫佐：《德国民法总论》，46 页，北京，法律出版社，2007。

⑤ 参见梁慧星：《民法总论》，49 页，北京，法律出版社，1996。

法律政策一边倒地倾向权利人的利益，应该说，智力成果的社会价值、信息产品的社会共享也是法律所着力实现的目标之一。在这种“权利专有/信息共享”的法律思想支配下，围绕知识产品及其权利形成的主体之间的权利义务关系，自然成为知识产权法律关系的重要内容。

知识产权限制，即是调整不同主体利益关系的专门制度。其实质归根到底就是如何认识基于知识产品所产生的各种利益并加以合理分配的问题。因此，研究知识产权限制，当以权利的利益评价为起点。利益是权利的基本要求，它既是权利的基础和根本内容，又是权利的目标指向，是人们设定该项法律制度所要达到的目的（起始动机）之所在。所谓利益，是一个客观范畴，它是人们受社会物质生活条件所制约的需要和满足需要的手段和措施。“利益决定着法律的产生、发展和运作；法律影响着（促进或阻碍）利益的实现程度和发展方向。”①

在知识产权法律关系中，通常会涉及多种主体的利益。学者们对主体利益曾作过不同的区分。以著作权法律关系为例，有的学者将其分为作者的利益和社会的利益②；有的学者将其分为作品创作者、作品传播者与作品使用者的利益③；也有的学者将其称为作者的利益，出版者、销售者和作品的其他使用者的利益，最终消费者（即一般公众）的利益及社会的利益。④ 一般说来，知识产权法在调整社会关系时，必须考量多个方面的利益，即知识资源提供者的利益、知识产品创造者的利益、知识产品使用者的利益以及社会一般公众的利益，知识产权法律的效益目标即是实现利益平衡并达到最大化。知识产权法律这种平衡目标及协调功能，表现在其制度规范之中。例如，著作权法规定，在特定的条件下，可以不经著作权人许可，不向其支付报酬，但应当指明作者姓名、作品名称，并且不得侵犯著作权人依法享有的其他权利；专利法规定，利

---

① 孙国华：《论法与利益之关系》，载《中国法学》，1994（4）。

② 参见郑成思：《知识产权教程》，106页，北京，法律出版社，1990。

③ 参见 L. Ray Patterson，Stanley W. Lindberg，The Nature of Copyright：A Law of Users Right，The University of Georgia Press，p. 12，1991；吴汉东、王毅：《中国传统文化与著作权制度略论》，载《法学研究》，1994（1）。

④ 参见［美］E. W. 鲍曼、L. 克拉克·汉密尔顿：《现代版权概念和版权制度的比较分析》，载《外国法学研究》，1998（3）。

用遗传资源完成的发明创造，在申请专利时负有标示来源的义务。由此可见，知识产权法律调整知识资源的提供者、知识产品的创造者、知识信息的传播者以及包括消费者在内的社会公众之间的利益关系。这种利益关系在法律层面就表现为权利义务关系。各主体利益关系的调整，涉及对知识资源的社会分配，这在法律上表现为权利配置，即通过设定知识产权所有人与其他主体的权利义务来实现。概括起来，各类主体的相互利益关系，在权利配置上概括地分为以下两个方面：第一，本权与他权。知识财产所有人的权利即知识产权应为本权，是对知识财产依法进行全面支配的权利；其他主体如传播者、使用者的权利则为他权，是根据法律规定或本权人的意思对他人知识财产进行有限支配的权利。根据利益衡平原则，本权与他权的关系表现为：主体之间公平相待，交换应该是有偿互利的，但合理使用除外；知识财产利益合理分享，在法定范围内应该兼顾各方当事人的利益，这具象为知识财产所有人权利、传播人权利、使用人权利等多方主体利益之间的协调。第二，私权与公益。出于公共利益目标，对知识财产所有人的专有权利进行必要的限制，以保证社会公众对知识产品的合理利用。利用他人知识产品，或是基于表现自由的目的，或是基于公共教育的需求，或是基于社会公共卫生与生活的必要，这些都是正当的、合理的，其本身都是人权公约所要求的。按照国际知识产权组织的一位高级官员的解释是："公共利益这种良好愿望本身包含着这样一种含义，多数人的利益高于个人的利益，任何一个公民都应该为了全社会的共同利益而放弃个人私利。"①

二、知识产权基本属性的"法律悖论"

知识财产是与有形动产、不动产相互区别的"新的动产"，是一种"非物质化的和受到限制的财产"②。与传统财产所有权绝对性、排他性、永久性三

① ［美］杰利恩·达维斯：《权利集体管理中的公共利益》，载《版权参考资料》，1990（2）。

② ［美］肯尼斯·万德威尔德：《19世纪的新财产：现代财产权概念的发展》，载《社会经济体制比较研究》，1995（1）。

大基本特征不同，知识产权表现了有条件的独占性、有限制的排他性和有限定的时间性。就权能效力来论，知识产权具有独占性与有限性的“二律背反”[①]特点，即权利主体对其知识财产是“独占的”，但是这种独占又是受到限制的。这与信息产权设定的“经济学悖论”有着惊人的一致。经济学家认为：“没有合理的垄断就不会有足够的信息生成出来，但是有了合法的垄断又不会有太多的信息被使用”[②]。解决这一经济困境的法律途径，就是在保护知识产权的基础上对该项权利实行必要的限制，由此产生了知识产权独占性与有限性的“法律悖论”。

知识产权的独占性，在英文中通常表示为exclusive或monopoly，我国知识产权著作通常将其译为“专有性”或“垄断性”，其含义是指知识产权所有人对其创造的知识产品或在经营管理活动中取得的知识经验或标记根据法律的规定享有排他的使用权，任何人未经权利人允许，都不得使用权利人的知识产品（法律另有规定的除外）；对同一项知识产品，不允许有两个以上的不相容的权利并存。详而言之，知识产权的专有性体现在以下两方面：一是权利主体的唯一性，同一项知识产品上不允许同时存在两个以上不相容的权利；二是权利行使的排他性，非经权利人允许，他人不得非法使用知识产品。

知识产权的独占性来源于法律的直接规定或国家的授予，这是知识产权人利用知识产品的法律前提，独占性的重心在于权利人对知识产品利用的控制上。而在有形财产所有权制度中，权利人往往可以凭借自身对物品的实际占有而进行利用，无须通过法律的授予。因此，对于有形财产的利用方式，法律往往不作事前引导而听凭权利人根据意思自治原则进行约定；而对于知识产品的利用，法律常常划分一定的界限，要求权利人在特定的范围内行使权利、承担义务。总之，这种独占权的授予极大地补偿了知识产品创造人的劳动消耗，激发了其创造热情，从而促进了整个社会精神文明和物质文明的发展。因此，在

① “二律背反”(antinomies)，是18世纪德国古典哲学家康德提出来的哲学基本概念，意指双方各自依据普遍承认的原则建立起来的，公认为正确的两个命题之间的矛盾冲突。

② ［美］罗伯特·考特、托马斯·尤伦：《法和经济学》，张军译，185页，上海，上海三联书店，1994。

知识产权制度中，知识产品创造者的利益是知识产品传播者、使用者利益存在的前提，如果不保护创造者的利益，则其他人的利益将成为无源之水、无本之木。

知识产权的独占性，在很多著述中表示为一种垄断，但这种垄断不受反垄断法的制约，这是由知识产权本身所具有的独占性、排他性所决定的，除非行使权利的行为超出了权利效力的范围，构成了权利的滥用。[①] 知识产权是一种受保护的合法垄断，并不同于反垄断法所规制的垄断。反垄断法所指的"垄断"意为"企业利用自己的优势地位以排挤竞争者，限制竞争者生产同种产品或提供同种服务"[②]，而知识产权的独占性是指权利人不允许他人非法使用其知识产品，这种独占性显然不同于反垄断法意义上的垄断性。当然，如果知识产权所有人在行使自己权利时采取搭售、强制性一揽子许可、价格竞争等方式不合理地损害竞争对手的利益，则另当别论，这种独占可能构成反垄断法所制裁的垄断。

知识产权的有限性，或者说对知识产权效力的限制表现在以下三个方面：

（1）公共领域保留。知识产权制度设立了知识形态资源的专有领域和公共领域，前者是权利人控制他人使用而行使独占权利所及的范围，后者是非权利人因限制前者所述独占权利而得以自由使用的空间。英国《安娜法令》作为世界上第一部著作权法，即设定了"文学艺术领域的公共领域"（the public domain for literature）。其要义是：规定著作权保护期限（以对抗出版商永久著作权的主张，保证作品在一定期限后得自由使用）；规定著作权人在印刷、出版和出售方面享有有限的权利（即著作权人对作品的再次出售时权利的穷竭）。[③] 美国宪法的知识产权条款，通过赋予作者和发明者对他们的创造物的有限的专有权来促进科学和有用艺术的进步。[④] 其规定的"公共领域保留"

---

① 参见曹士兵：《反垄断法研究》，80 页，北京，法律出版社，1996。

② 梁慧星：《电视节目预告表的法律保护与利益衡量》，载梁慧星主编：《民商法论丛》，第 3 卷，北京，法律出版社，1995。

③ See L. Ray Patterson, Stanley W. Lindberg, The Nature of Copyright: A Law of Users' Right, The University of Georgia Press, 1991, pp. 49 - 55.

④ 参见冯晓青：《知识产权利益衡平理论》，85 页，北京，中国政法大学出版社，2006。

(the preservation of the public domain)，将创造者的专有权利限制在一定时间和范围之内；此外隐含的“进入权”（the right of access）政策，还赋予非权利人在一定条件下使用他人知识产品的权利。[①] 在精神生产领域，任何知识产品的创造，无一不是来自对已有知识形态资源的借鉴和利用，因此对这种创造成果不能给予其无限期的独占权利，以阻碍他人进行新的创造。这种对公共领域资源的利用和对专有权利的“进入”是符合民法对价原则的。

（2）权利行使限制。知识产权的行使，涉及权利人控制和利用其知识产品的行为自由，包括行为方式、程度、范围、界限和标准。权利的行使，或者说使用知识产品的行为自由是一种有限度的自由，“自由是做法律许可的一切事情的权利，如果一个公民能够做法律所禁止的事情，他就不再自由了，因为其他人也同样有这个权利”[②]。同时，行为自由附有相应的责任，“自由是制度的某种结构，是规定对权利和义务的某种公开的规范体系”[③]。这即是说，权利人行使权利的自由，包括使用知识产品的自由和控制知识产品而不使用的自由，并不是绝对的、任意的、无约束的。行为自由与自由行为边界的问题，在知识产权制度内部，即是权利的保护与限制；在社会权利体系中，即涉及本权与他权的冲突和协调。例如，在保护数据库著作权的同时，必须充分考量数据主体即隐私权主体的合法权益；因维护公共健康权的需要，有必要对药品专利实施强制许可使用；授予基因技术以专利但须以正当使用为前提，不得损害人们的环境权利。根据“法益优先保护”的原则，诸如隐私权、健康权、环境权等应当居于优越地位而予以特别保护；而对于其他一般权利，也应予以尊重，不能因知识产权的行使致人损害。

（3）禁止权利滥用。权利人行使权利本应受法律保护，罗马法上就有“行使自己的权利，无论对于任何人，皆非不法”的观念。法国大革命后强调“权利绝对”。社会实践的发展证明，在上述思想指导下，权利人不正当地行使权

---

① See L. Ray Patterson, Stanley W. Lindberg, The Nature of Copyright: A Law of Users' Right, The University of Georgia Press, 1991, pp. 49 - 55.

② ［法］孟德斯鸠：《论法的精神》上册，张雁译，192 页，北京，商务印书馆，1982。

③ ［美］罗尔斯：《正义论》，何怀宏、何包钢、廖申白译，192 页，北京，中国社会科学出版社，1998。

利，会给他人造成损害，这将对社会不利，于是产生了“禁止权利滥用”的原则。[①] 私法原则当然应适用于知识产权领域，尽管知识产权是一种合法的垄断，但权利人行使权利可能产生一些市场垄断的行为，即构成知识产权滥用。知识产权滥用，是相对于知识产权的正当行使而言的，意指权利人在行使其知识产权时超出了法律所允许的范围或正当的界限，损害他人利益和社会公共利益的情形。滥用知识产权的行为并不导致知识产权本身的无效。这是因为，权利滥用中的权利本身，即是得到法律肯定和保障实现的利益，不应包括不合法的“权利”或是不正当获得的“权利”。虽然权利本身并不因滥用而导致无效，但因其滥用可能导致两种法律后果：一种是违反知识产权制度规范，产生私法规制的结果。在私法领域，知识产权滥用行为本身并非是可以起诉的侵权行为，但权利人由此丧失了请求救济的可能，包括获得权利使用费或金钱赔偿等。另一种是违反反垄断法规范，产生公法规制的结果。该类权利滥用属于滥用其市场支配力，限制市场竞争的行为，涉及市场竞争的公共政策，因此有必要以反垄断法加以规制。上述情况表明，知识产权滥用行为可能在私法与公法领域发生，权利滥用行为并不必然违反反垄断法而受其规制，而违反反垄断法行使权利的行为肯定是滥用知识产权的行为。[②] 在这里，判断标准是以反垄断法中的市场结构性要素作为基础的，包括市场支配力、市场份额、市场进入难易度等。无论是美国法还是欧盟法，大抵是结合市场结构来规范知识产权滥用的问题，即滥用知识产权应具备以下要件：与知识产权相关的相关市场的界定；在相关市场中具有市场支配地位；采取了反竞争的方法维持或强化这一地位（滥用行为），具有消除竞争的效果或危险；不能根据其他正当理由获得正当性。[③]

---

① 参见魏振瀛主编：《民法》，29页，北京，北京大学出版社，2004。

② 参见许春明：《阻止专利大棒——浅谈专利权滥用的法律规制》，载《中国发明与专利》，2007（8）。

③ 参见韩立余：《反垄断法规范知识产权滥用的特点和局限——以欧美微软案为视角》，载《暨南学报（哲学社会科学版）》，2007（2）。

三、知识产权立法的“利益平衡”目标

利益平衡是知识产权的立法目标，其意指当事人之间、权利与义务主体之间、个人与社会之间的利益应当符合公平的价值理念。知识产权法律的宗旨，在于保护创造者的合法权益，促进知识产品的广泛传播。这种二元价值目标，是以权利保障的激励机制为基础，以利益平衡的调节机制为手段来实现的。知识产权与思想、信息、知识的表述和传播有着密切的关系。在保障创造者权益的同时，必须考虑促进知识广泛传播和推动社会文明进步的公益目标。正如美国学者在评价著作权法时所说的那样，著作权法涉及社会的、政治的、经济的、教育的和艺术的各个方面。它不能专注于作者的权利的保护，而应顾及广大使用者的利益。[①] 可以认为，知识产权法律不仅应将目光投向创造者利益，还应同时关注到其他主体利益和社会公共利益。

利益平衡是知识产权法律的内在价值。它是立法者价值取向和政策立场的具体体现。作为价值主体的立法者，既要遵循法价值一般规则的约束，又要受到当时客观社会情势的影响。在当代社会，知识产权法律的价值，已经从西方文化价值向世界文明价值转变，传统知识产权法律的西方模式由于价值移植和价值实现而正在修正和调整。例如，传统知识的知识产权保护、生命健康权与药品专利保护问题，都在制度层面直观地反映了现代知识产权价值的重要震荡，这样的震荡并不是颠覆业已存在并发挥重要作用的知识产权法律，而是希望重新考察知识产权法律产生的价值内容、知识产权法律蕴含的价值目标以及正确实现知识产权价值移植和价值实现的方式。将传统的知识产权法律价值体系进行符合现代社会、经济和文化环境要求的改造和变革，与时俱进地保障知识产权法律的存在和价值实现。

从价值主体的角度来看，发展中国家的知识产权价值观与处于优势地位的发达国家的知识产权价值观，构成了现代知识产权法律价值的主要冲突。价值

---

① See Edward W. Ploma, L. Clark Hamilton, Copyright: Intellectual Property in the Information Age, Routledge and Kegan Paul Ltd, 1980.

目标的冲突，主要表现在发展伦理、分配伦理的不同观念上：发展中国家希望通过知识产权法律融入国际社会的经济秩序之中，并充分享受由于世界文明和科技发展带来的收益，并认为知识产权法律不应通过私权的手段和垄断的方式设置新的技术壁垒和权利鸿沟，知识产权法律应当更好地促进全人类的科学技术和文化、经济的发展，更为合理地分配知识产权资源；发达国家基于对现有优势地位的维护，更多时候是利用知识产权现有的规则体系，限制和排除对于知识产权资源再次分配的企图，并从本国利益的角度强调知识产权创造伦理和财产伦理的正当性和优先性。于是，知识产权所体现的私权和人权属性上发生了明显的价值冲突，发展中国家对于知识产权的人权属性的强调与发达国家对于知识产权私权属性的重视，形成了相对鲜明的价值观差异。

从利益平衡的价值目标出发，知识产权限制制度的协调功能应着力于以下几个方面：

一是独占权利与后续创造自由。知识产权所有人对知识产品的独占权不应成为再创造的障碍。知识产品的创造活动是一个绵延不绝的历史过程，现实的知识产品往往是对前人成果兼收并蓄的结果。因此，知识产品的创造人以自己的独占权排斥他人对其知识产品的再创造并不恰当。为此，各国法律中设定了多项制度来保护后人的再创造权。例如，著作权法认为后人对前一作品进行适当引用属于“合理使用”，专利法认为“为科学研究或实验目的而使用”他人的专利技术不为侵权，植物新品种保护法允许“为了科研或实验而繁衍”受保护的植物新品种等。

二是个人权利与公共教育政策。发展教育事业，为公民提供充分的完善的教育机会，是各国普遍推行的公共政策，受教育权也是宪法规定的公民的一项基本权利。因此，在保护知识产权所有人的个人权利的同时，不应使这种专有权利成为妨碍公民受教育的屏障。如果对著作权不加以限制，则可能在作者及其子孙受益的同时社会公众的权利就受到限制，“这实际上是一种权利冲突——作者或所有者及其子孙后代的权利与社会公众获取人类文明的权利之间的冲突”①。所以，各国在著作权立法中一般允许为教学目的而自由使用有著

① 曹新民：《试论“均衡原理”对著作权法律制度的作用》，载《著作权》，1996 (2)。

作权的作品，但不得用于商业目的。

三是私人权利与经济发展。利用科学技术的最新成果促进一国的经济发展，不仅是该国人民的共同愿望，而且是发展权这一基本人权的集中体现。为了发展本国的经济，社会总是希望能应用当代最为先进的技术，而这些技术通常都取得了专利权，如果专利权人不愿授权，则社会公众往往难以应用。为了解决这一冲突，各国法律及国际公约规定了对知识产权行使的限制。例如，各国在专利法一般规定了强制许可、国家在紧急状态下的使用等制度来促进专利技术的应用，在植物新品种保护法中允许农民自繁自用繁殖材料，以发展农业生产。通过上述限制，确保了一国对最新科技成果的吸收和应用，促进了国家的经济发展。

四是专有权利与贸易自由。知识产权是一项排他性专有权利，权利人可以控制知识产品的应用，但这种控制的范围大小、控制的力度如何，直接影响着知识产品流通的环节与区域。在专利制度创立之初，在西欧曾爆发了一场有关专利制度的大论战，推迟了专利制度的传播。在1850年前后，自由贸易的拥护者以反垄断的名义攻击专利制度，认为专利权在国内影响了经济活动，在国与国之间起了类似关税壁垒的作用，阻碍了国际贸易的发展并掀起了取消专利制度的运动。[①] 由此可见，如果无限制地允许知识产权所有人自由行使其权利，则权利人有可能滥用其权利，在知识产品流通的各个环节及各个地域设立重重障碍，阻滞知识产品的流通与传播。为此各国立法者采取了包括权利穷竭（the exhaustion of exclusive rights）制度在内的各种限制措施。由于“权利穷竭”制度仅允许权利人在商品首次销售时有权控制，因而该理论又被称为“首次销售”理论。有关权利穷竭的规定散见于各国著作权法、商标法和专利法等法律之中。该制度的确立，大大削弱了知识产权人对知识产品再次流通的控制，有利于贸易的自由往来。

---

① 参见汤宗舜：《专利法教程》，10页，北京，法律出版社，1996。

知识产权保护论*

在民事权利制度体系中，知识产权或无形财产权是与传统的财产所有权相区别而存在的。知识产权的客体是一种没有形体的精神财富。[①] 客体的非物质性是知识产权的本质属性所在，也是该项权利与财产所有权的最根本的区别。对于这一新型权利，在理论上难以采用罗马法以来的物权学说加以阐释，在立法上也不能简单搬用有形财产的权利保护方法。

一、知识产权的保护范围

保护知识产权，首先要明确各类权利的效力范围。知识产品是非物质形态的特殊财产，同时又具有公开性、社会性的特点，其所有人无法凭借传统民法上的占有方法来控制。第三人对知识产品的利用，是合法还是非法，是否构成侵权，全由法律加以规定。因此知识产权的有效范围，是确认侵权行为的法律责任和国家机关采取保护措施的依据，对此法律作出了有别于传统所有权制度的规定。

对于财产所有权来说，其客体为有形的动产或不动产。该类客体本身即可

---

* 原载《法学研究》，2000（1）。

① 就非物质性而言，知识产权的客体即知识产品与物权的特殊客体即无体物有着相同的特点。但是，知识产品是一种创造性的精神产物，是社会财富的组成部分；而无体物特指具有财产内容的权利，是一种人们主观拟制的制度产品。

设定权利的保护范围，法律对此无特殊规定。一般而言，有形财产之大小、形状，有形不动产之位置、外观，即可标明此物与彼物的区别，展示本权与他权的界限。法律保护所有权人对其有形财产进行占有、使用、收益和处分的权能，不问客体物的内容、性能、用途、价值如何，所有权人对各个客体物所享有的基本权能是一样的，所有权制度没有所谓界定保护范围的特别条款。

作为知识产权客体的精神产品是一种无形财产，它的保护范围无法依其本身来确定，而要求相关法律给予特别的规定。在限定的保护范围内，权利人对自己的知识产品可以行使各种专有权利；超出这个范围，权利人的权利失去效力，即不得排斥第三人对知识产品的合法使用。

著作权的保护范围与创作者的思想表现形式相联系而存在。“思想表现形式”也称为“表现形式”，是著作权理论中最基本的逻辑概念，它在文学艺术和科学创作领域具象为作品。根据现有的学说理论，作者的创作活动被明确地分为两个部分，一部分是存在作者大脑中的思想，而另一部分是作者的思想表现形式。[①] 这种思想表现形式是作品完成的最终形态，其基本构成要素是以文字、语言、色彩、线条、韵律、舞谱等为表现形式的符号，但它成为法律保护的作品尚须具备两个条件：一是独创性（或称原创性），二是可复制性。这些即是作品的“版权性”要求。在这里，一定的表现形式就是著作权法特定的保护对象。关于著作权的保护范围，我们可以从以下几个方面来理解：第一，表现形式与思想内容无涉。各国著作权法均遵循一条基本原则，即保护思想表现形式，而不保护思想内容本身。尽管目前理论界对思想内容与表现形式的构成尚有争议，但是可以肯定的是，对作品保护不扩大到任何思想、程序、方法、体系、操作方法、概念、原理或发现，而不论上述内容在作品中以什么形式描述和说明。[②] 美国学者帕特森（Patterson）教授在论及著作权保护的排除领域时，强调作品中有三类资料属于公共领域的资料，它们是政府公务性资料、社

---

① 参见金渝林：《论“同一作品的两种不同表现形式”》，载《中国版权研究会学术年会论文选编》，22页，西安，西北大学出版社，1993。

② 参见美国《版权法》第102条（b）款。

会信息性资料以及历史上的创作作品，上述资料或作品均不受著作权法保护。[①] 日本学者古泽博有类似观点，他认为，作品中含有的“素材”，即自然界或社会、历史所赋予的创作资料，是人类文化的共同财富，也是自由使用的对象。[②] 第二，表现形式的类型与保护范围相关。著作权法为作者设定了丰富多彩的财产权项，计有复制权、表演权、播放权、展览权、影视摄制权、演绎权等。但作品的类型不同，或说是表现形式的差异，其作者享有的财产权项则未必相同。根据多数国家的法律规定，作品的类别有文字的、口头的、音乐的、美术的、图形的，甚至是电子的。作者对上述作品的使用方式以至享有的权益受制于作品的类型，例如，口头作品不涉及展览权，图形作品与表演权无关，对美术作品则无法行使演绎权。第三，表现形式不涵盖法律限制的作品。一般意义上的作品在外延上极为宽广，它涵盖了各种各样的作品，甚至包括侵权作品、进入公有领域的作品和不受著作权法保护的作品，其中，后者包括两类，一类是依法禁止出版、传播的作品，如反动、淫秽、违反公序良俗的作品；另一类是不适用著作权法的作品，如法律法规及其官方正式译文、时事新闻、通用表格及公式等。

专利权的保护范围以专利申请中权利要求的内容为准。专利权客体，乃是发明创造思想具体化之物或方法。其保护范围，应以专利主管机关对于发明创造思想的范围所赋予的意思解释而定。申言之，以权利要求书为具体解释标准。[③] 权利要求书是专利申请的重要文件。在授权前，它是申请人意欲获取专利保护的权项请求；在授权后，它是专利局确定专利权范围的保护依据。可以说，专利权人的专有实施权范围，就是根据专利权所覆盖的发明创造的技术特征和技术幅度来确定的。各国立法在确定专利权的保护范围时，有三种原则：第一，周边限定原则。根据这一原则，权利要求书即是专利保护的范围，应当根据权利要求书的文字严格、忠实地进行解释。美国采此立法例。第二，中心限定原则。根据这一原则，解释权利要求时不必拘束于权利要求书的文字记

---

① See L. Ray Patterson, Stanley W. Lindberg, The Nature of Copyright: A Law of Users'Right, p. 202, The University of Georgia Press, 1991.

② 参见［日］古泽博:《关于利用他人作品的著作权问题》，载（日本）《独协法学》，1997-10-22。

③ 参见何孝元:《工业所有权之研究》，224页，台北，三民书局，1977。

载，而应以权利要求书为中心，全面考虑发明的目的、性质以及说明书和图纸，将中心四周一定范围内的技术也包括在专利保护范围之内。德国曾采此立法例。第三，折中原则，即上述两种原则的折中。根据这一原则，专利权的保护范围根据权利要求书的内容确定，说明书和附图可用作解释权利要求。这一原则考虑到专利权人的利益，也照顾了第三人的利益，克服了上述两种原则的不足。我国采此立法例。

商标权的保护范围与核准注册的商标和核定使用的商品有关，其效力在法律中有着明确的规定。一般认为，商标权包括使用权与禁止权两个方面。[①] 前者是指商标权人对其注册商标享有充分支配和完全使用的权利，后者是指商标权人禁止他人未经许可擅自使用其注册商标的权利。在法律上区别使用权与禁止权，意义在于两者有着不同的效力范围：使用权涉及的是注册人使用注册商标的问题，禁止权涉及的是对抗他人非法使用注册商标的问题。按照立法通例，注册人的专有使用权以核准的注册商标和核定使用的商品为限。这就是说，注册人行使专有使用权受到两方面的限制：第一，只限于商标主管机关核定使用的商品，而不能扩大使用于其他类似的商品；第二，只限于商标主管机关核准使用的文字、图形，而不能超出核准范围使用于近似的文字、图形。但是，禁止权的效力范围则不同，注册人对他人未经许可在同一种商品或类似商品上使用与其注册商标相同或近似的商标，均享有禁止权。这就是说，禁止权的效力涉及以下四种情形：第一，在同一种商品上使用相同商标；第二，在同一种商品上使用近似商标；第三，在类似商品上使用相同商标；第四，在类似商品上使用近似商标。应该指出的是，注册商标专用权以核准的文字、图形和核定使用的商品为限，此种限定应是商标权人行使专用权的范围，而不是商标权的保护范围。[②]

---

① 我国有些学者对此分类存有异议。有的认为，未注册商标与注册商标一样，也具有使用权；还有的认为，商标权就其本质而言是一专有使用权，排他权是其当然内容。笔者认为，未注册商标的“使用权”是不完全、不充分的，它的使用只是一种自然的事实，而非法定的权利。当未注册商标与注册商标发生冲突时，前者的继续使用即告非法；同时，注册商标的使用权与禁止权的区别，有助于判明其效力的差异。商标法对此有明确的规定。

② 参见何孝元：《工业所有权之研究》，224页，台北，三民书局，1997。

关于知识产权保护范围的规定，其特点不仅表现为一种权项范围的“界定”，而且表现为效力范围的“限制”。为了防止作者、创造者的专有权利成为公众获取知识和整个社会发展、科学文化事业的障碍，知识产权制度还允许权利人以外的其他人在一定的条件下自由使用受保护的知识产品。例如，著作权法中的“合理使用原则”“法定许可使用原则”，专利法中的“专利权用尽原则”“临时过境使用原则”，商标法中的“先用权人使用原则”等，都是在知识产品的使用中对专有权利行使的限制，即法律对知识产权保护范围的限定。

二、侵犯知识产权行为的概念与特征

关于侵犯知识产权的行为，目前的著作很少从总体方面进行研究，而对各类具体侵权行为的描述散见于诸法论述之中。对于侵权行为的指向，或者说侵害对象，学者们有不同观点。有的学者强调，侵权行为表现为擅自使用他人的知识产品。根据这一主张，侵犯著作权的行为，是指“未经作者或其他著作权人许可，又不符合法律规定的条件，擅自利用受著作权法保护的作品的行为”①；侵犯注册商标专用权，即是未经权利人许可擅自使用其注册商标或将该商标的主要部分用作自己的商标，从而造成商标混同，欺骗消费者的行为。② 有的学者则强调，侵权行为本质上是擅自利用他人的专用权利。他们认为，侵犯著作权，是指“未经著作权人许可，在法律允许的范围之外，擅自使用其著作权的行为”③；侵犯专利权，即“未经专利权人许可，实施其专利的行为”④；侵犯商标权，是指“不法侵害他人注册商标权”的行为。⑤ 笔者认为，凡违反法律规定而损害知识产品所有人专有权利的行为，均为侵犯知识产权行为。在这里需要说明的是，侵权行为主要表现为对享有专有权利的知识产品的擅自使用，但对该知识产品的擅自使用并不包容所有的侵权行为。例如，

---

① 黄勤南主编：《新编知识产权法教程》，448 页，北京，中国政法大学出版社，1995。

② 参见夏淑华：《商标法要论》，246 页，北京，中国政法大学出版社，1989。

③ 郑成思主编：《知识产权法教程》，112 页，北京，法律出版社，1993。

④ 刘春田主编：《知识产权法教程》，250 页，北京，中国人民大学出版社，1995。

⑤ 参见刘剑文主编：《现代中国知识产权法》，289 页，北京，中国政法大学出版社，1993。

在著作权领域，制作、出售假冒他人署名的美术作品的行为，依法构成对著作权的侵犯。由此可见，侵权行为并非都是直接作用于他人的著作权作品，即是说，它是擅自行使他人的"权利"，而不是使用他人的"作品"。又如，专利权领域中，专利权共有人未经其他共有人同意而许可他人实施该专利技术的行为；商标权领域中，经销明知或者应知是侵犯他人注册商标专用权的商品的行为等。该类行为属于间接侵权行为，虽不因使用知识产品而直接侵权，但因积极诱导或促使他人实施直接侵权，而损害了他人专有权利。因此，就侵害对象而言，将侵权行为表述为"擅自行使或利用知识产品所有人专有权利"，较之于"擅自使用受法律保护的知识产品"这一说法更为确切。

侵犯知识产权行为属于非法事实行为。在现代民法学说中，学者们主张依事实行为理解侵权行为的性质，认为禁止性规范应"着重违反行为之事实行为价值，以禁止其行为为目的"①；甚至主张一切违法行为"恒为特定事实行为"②。依笔者之见，侵犯知识产权行为与知识产品创造行为同为事实行为，但其性质不同，前者为非法事实行为，后者为合法事实行为。③ 在此，笔者拟就侵权行为具有的事实行为的一般特征作如下概括：第一，侵权行为不以意思表示为构成要件，是一种客观行为，即业已实施并在客观上对外界造成影响与后果的行为。第二，侵权行为的法律后果依法律的直接规定而发生，不反映行为人追求之直接目的，不存在行为人所预期之意思效力。第三，侵权行为因符合法定事实要件而成立。所谓"未经授权，又无法律许可，擅自行使或利用他人专有权利"，即是侵权法规定的构成要件。因此，该行为在本质上是一种法律构成行为。由于其行为内容非法，该行为在法律事实类别中又属于一种非法事实行为。

侵犯知识产权行为，与一般侵权行为有着相同的法律性质，又有着相似的法律后果。但由于其侵害对象不同，侵犯知识产权行为表现出自己独有的基本

---

① 史尚宽：《民法总论》，296页，台北，正大印书馆，1980。

② 董安生：《民事法律行为》，117页，北京，中国人民大学出版社，1994。

③ 有学者曾撰文说明反动、淫秽的作品不为法律肯定和保护，其理由在于创作内容违法的作品，民事上属于无效法律行为。这一观点有失精当。创作行为与侵权行为一样，不以意思表示为要素，皆为一种事实构成行为。

特征：

1. 侵害形式的特殊性。在侵权行为中，对于财产所有权的侵犯主要表现为侵占（即非法占有他人所有物的行为）、妨害（致使所有人无法充分行使权利的行为）和毁损（侵犯他人所有物使其遭受灭失或损坏的行为）。这些行为往往直接作用于客体物的本身（如将他人的财物毁坏、对他人财物强占），与客体物之间的联系是直接的、紧密的；侵权行为的具体表现内容涉及占有、使用、收益和处分各个方面。对于知识产权的侵犯则主要表现为剽窃、篡改和仿制。这种侵权行为作用于作者、创造者的思想内容或思想表现形式，与知识产品的物化载体无关。例如，非法将他人创作的字画攫为己有，它涉及的是物体本身，即创作的物化载体，该行为应视为侵犯财产所有权的行为；如果行为人虽未占有这一字画，但擅自将其翻印出售，则该行为涉及的是无形财产，即作者的思想表现形式，应以侵犯知识产权认定。与有形财产的侵权行为不同，对知识产品的侵权行为在形式上似乎并不影响作者的权利行使。例如，他人对作品的非法“占有”，并不意味着权利人同时失去这种“占有”；对作品的非法使用，也不排斥权利人对自己的知识产品继续使用。这种行为之所以构成侵权，主要原因在于它是对知识产品所有人“专有”“专用”权利的侵犯，是对知识产权绝对性和排他性的违反。

2. 侵权行为的高度技术性。由于科学技术的不断发展，生产方式的不断革新，公众消费能力大大提高，社会生活内容呈现出科技化、现代化的趋势。在这种情况下，出现了一些新型的侵权行为。这些新型侵权行为，大多应归属于侵犯知识产权的行为。侵害知识产权的行为与具有智力创造性特征的知识产品的利用相联系，往往有相当程度的技术含量，因而在侵权行为之防范、侵权责任构成之认定、侵害后果之避免等方面带来相当的困难。首先，新信息技术、新传播媒介的发展，对著作权、专利权等带来直接的威胁。运用电子新技术，印刷品、音像制品和图表资料等可以进行无数次扫描、取样、复制。“不正当地使用这些技术，等于盗取版权所有者的版税和收入”①。随着信息高速公路热潮的兴起，互联网络与电脑黑客相伴而生，借助于电脑和高新技术工具

① 明安香主编：《信息高速公路与大众传播》，159页，北京，华夏出版社，1999。

的侵权者，将会轻而易举地将他人的专利技术和经营秘密送上“高速公路”。其次，涉及知识产品的侵权行为大都技术手段高明，较之于一般财产权侵害有着更大的隐蔽性和欺骗性。当前，因特网的迅猛发展，使人类信息一体化成为现实，其社会效益与经济效益不言而喻。但是，“网络是一个虚拟的社会，网络犯罪应是高科技给人类带来的一个新的烦恼”[①]，网络侵权、网络窃密、网络破坏等造成知识产权的流失，使人们措手不及，防不胜防。再次，侵犯知识产权行为，其因果关系十分复杂。由于知识产品的非物质性特点，权利人无法控制他人的非法使用。本来在传统环境中，无形的精神创造尚可“固化”为商标标识、专利产品、图书资料、唱片乐谱等物质载体，侵权责任的举证就有相当难度；而在网络空间中，一切知识产品都表现为数字化的电子信号，人们感知的只是计算机终端屏幕上瞬时生灭的数据和影像，从而给侵害行为认定带来更多疑难。[②] 上述情形直接危及知识产权的保护，以至于有人愤而疾呼：“当我查不出是否有人，以及在什么时间、什么地点制造复制品时，阻止他人复制我的作品的法律权利还有何用！”[③]

3. 侵害范围的广泛性。由于知识产品的非物质性和公开性特征，对同一知识产品的合法使用与侵权使用通常会在同一时空条件下发生，数个甚至数十个侵权使用可能会在不同地域同时发生。在知识产品利用极为便利的条件下，使用行为极有可能构成侵权行为，且受侵害的对象往往不是某一单项权利。由于现代信息技术、传播技术的出现，侵犯知识产权的行为出现两个重要的趋势：一是个体侵权行为“普及化”。静电复印技术的推行，使得大规模复印文字作品变得极为便利，并对社会公众购买复印作品的习惯产生巨大影响。据有关国际组织的调查，每年各国静电复印的数量约为 25 000 亿张。而电子录制技术的普及，使得私人复制音乐和电视节目成为亿万家庭的嗜好。据英国政府 20 世纪 80 年代公布的绿皮书，在英国仅因家庭录制一项就使著作权人损失了

---

① 侯晓霞等：《迎接知识经济时代，加强知识产权保护》，载《知识产权》，1999（2）。

② 参见吴永臻：《网络信息环境的知识产权保护问题》，载《河北大学学报（哲学社会科学版）》，1998（2）。

③ ［英］R. F. 沃尔等：《版权与现代技术》，载《国外法学》，1984（6）。

约五千万英镑。[1] 二是高科技侵权行为“国际化”。在国际互联网络广泛的空间中，知识产品可以以极快的速度、极方便地在全球范围传播，从而为不同国家的不同主体所接收和使用（包括合法使用与非法使用）；信息流跨空间、跨区域的大规模、高速度的运动，使得跨国侵权成为一件容易的事情。侵权人足不出户，即可能充当“网络黑客”进入他国国民的数据库，以获取所需要的经营信息和技术秘密，或是在计算机上输入、贮存、显示他人的网络作品。即使是针对本国国民的侵权，也可以利用网络从国外迂回以其他身份进入本国。在上述情况下，每一项知识产品都可能处于“国际化”侵权的威胁之中。[2]

4. 侵害类型的多样性。在立法例上，侵犯知识产权行为有直接侵权行为与间接侵权行为之分，法律对此规定了不同的过错条件及处罚标准。所谓间接侵权行为有两种含义：一是指行为人的行为本身并不构成侵权，但其行为帮助和导致了直接侵权行为的发生，因而对权利人造成了损害，亦称为“二次侵权”。例如，在著作权领域中，故意出售、出租、进口侵权品的行为；在专利权领域中，故意制造、销售只能用于专利产品的关键部件的行为；在商标权领域中，故意为他人侵犯商标权的活动提供仓储、运输、邮寄、隐匿等便利条件的行为。二是指“行为人”并没有从事任何侵权行为，但由于特定社会关系的存在，依法需对他人的侵权行为承担一定的责任。例如，法定代理人对无行为能力人实施的侵权行为、雇主对雇员因完成本职工作而实施的侵权行为、委托人对受托人因履行委托合同而实施的侵权行为等，均为间接侵权行为人。[3] 上述间接侵权行为人与直接侵权行为人应承担共同侵权责任。在我国相关立法例中，除商标法实施细则对间接侵犯商标权行为有所涉及外，专利法未在侵权行为类别中明确规定间接侵权行为，著作权法虽有“其他侵犯著作权以及与著作权有关权利的行为”的兜底条款，但其实施条例对间接侵权行为未作示例说明。这些不能不说是一种缺憾。从立法趋势看，为提高知识产权的保护水平，有必要将间接侵权行为纳入侵权法范围之中，这不仅是今后知识产权国际保护

---

① 参见吴汉东：《著作权合理使用制度研究》，206页，北京，中国政法大学出版社，1996。

② 参见孙铁成：《计算机与法律》，63页，北京，法律出版社，1998。

③ 参见郑成思：《版权法》，212页，北京，中国人民大学出版社，1997。

水准的要求，而且也是协调国内知识产权制度的需要。①

三、侵犯知识产权行为的归责原则

归责原则是确认不同种类侵权行为所应承担民事责任的标准和原则，它决定着一定侵权行为的责任构成要件、举证责任的负担、免责条件、损害赔偿的原则和方法等。关于侵犯无形财产权行为的归责原则，我国相关法律未作明确规定，因此学术界对此主张不一。有的学者认为侵犯知识产权行为乃是一般侵权行为，主张适用过错责任原则②；有的学者认为该类侵权行为具有多种属性，主张同时适用过错责任原则与无过错责任原则③；还有的学者认为侵犯知识产权行为中含有特殊侵权行为类型，主张在适用过错责任原则的基础上补充适用过错推定责任原则。④

在侵犯知识产权领域，适用过错责任原则有着其国内法与国际法依据。我国民法通则对侵权行为采取二元归责原则体系：一般侵权行为适用过错责任原则，法律有特别规定的情形适用无过错责任原则。一般认为，侵害知识产权不属于法律规定的特别情形，因此应适用过错责任原则。对各国相关立法具有普遍指导意义的《知识产权协定》第45条第1款规定："司法机构应有权命令侵权者向权利所有人支付足够的损害赔偿，来补偿由侵权者侵犯其知识产权行为所造成的损失，且侵权者知道或有充足理由知道他正在从事侵权活动。"⑤ 上述规定表明，知识产权的侵权损害赔偿，其适用条件是侵权人知道或应该知道他从事了侵权活动。换言之，过错责任原则是侵犯无形财产权的一般归责原则。

---

① 参见黄勤南主编：《新编知识产权法教程》，451页，北京，中国政法大学出版社，1995。

② 参见刘波林等：《侵害著作权的过错责任》，载《著作权》，1996（4）。

③ 参见郑成思：《知识产权论》，271页以下，北京，法律出版社，1998。

④ 有学者认为，在该原则的适用上，可以考虑采用过错推定的方法予以解决。这与美国在这一领域所适用的严格责任原则已经比较接近。参见张新宝：《中国侵权行为法》，237页，北京，中国社会科学出版社，1998。

⑤ 中国科学技术蓝皮书第7号。转引自陈昌编：《国际知识产权贸易》，485页，南京，东南大学出版社，1994。

但是，全面适用过错责任原则也有值得检讨之处，其原因就在于举证责任的分配问题。由于过错责任原则采取“谁主张，谁举证”，对原告即权利人多有不便。知识产权所有人在一定期间内享有专有权利，但须将其知识产品公开。这样，权利人既难以控制他人对知识产品的利用，也难以对他人这种使用的过错状况进行举证。一些学者对此持批评态度，认为全面适用过错责任原则，是为未经许可的使用人着想过多，而为权利人着想过少。因此，学术界主张对过错责任原则进行修正和补充，即采用二元归责原则。其中有代表性观点的主要是两种：一是以无过错责任为补充原则，二是以过错推定责任为补充原则。

学者主张在侵犯知识产权领域引进无过错责任原则，即对未经许可复制或作为直接传播的第一步如表演等利用作品的行为，以及未经许可制作、使用发明创造专利的行为，适用无过错责任原则；对于其他行为以及对一切间接侵犯知识产权行为，采取过错责任原则。[①] 其理由是，适用无过错责任原则有助于解决权利人举证之困难，与国际上相关立法趋势保持一致。

笔者对上述主张持有疑虑：第一，现代无过错责任原则是在工业革命完成之后应运而生的，它的重要使命在于处理现代社会化大生产中诸如高度危险作业、环境污染等致人损害的赔偿责任问题。我国台湾地区学者王泽鉴先生指出，“无过失责任制度的基本思想，不是在于对具有‘反社会性’行为之制裁。盖企业之经营、汽车之使用、商品之产销、原子能装置之持有，系现代社会必要经济活动，实无不法性之可言。无过失责任之基本思想乃是在于对不幸损害之合理分配，亦即埃瑟（Esser）教授特别强调之‘分配正义’”[②]。可见，无过错责任原则主要适用于社会必要经济活动所致之损害，与具有“反社会性”的侵犯他人无形财产权行为的性质不符。第二，《知识产权协定》第 45 条第 2 款规定：“司法机构也应有权命令侵权者向权利所有人支付全部费用，可以包含合理的律师费用。在适当的时候下，即使侵权者不知道或无合理理由知道其正在从事侵权活动，缔约方也可授权司法机关发布收回其利润的命令，补偿自己

---

① 参见郑成思：《侵害知识产权的无过错责任》，载《中国法学》，1998（1）。

② 王泽鉴：《民法学说与判例研究》，第 2 册，162 页，北京，中国政法大学出版社，1997。

的损失”。该项条款是否可以作为国际上确认无过错责任原则的准据法，有值得斟酌之处，这里的“适当的时候”，主要是指侵权损害特别严重的某些情形：侵权人通过侵权活动获得巨大利润，或者侵权的情节相当恶劣，损害了权利人的名誉，或者法院诉讼费时过长，以致权利人开支很大。[①] 特别应当指出的是，《知识产权协定》关于“损害赔偿”有两项条款：第 45 条第 1 款规定的是过错责任原则，以侵权人主观上“知道”或“应该知道”为条件。该条款是强制性条款，缔约方“应以”国内法加以确认。第 45 条第 2 款则不同，在某些“适当的时候”，侵权人返还所得利润或支付法定赔偿费用不以主观上知情为条件。但这一原则是一个选择性条款，“缔约方不采取这一归责原则，也不能认为违反协定”[②]。在法理上，对于第 45 条第 2 款的规定有何意义，学术界存有歧见。有的学者认为上述情形属于同样不以过错为条件的严格责任，也有学者认为其可归类于不考虑行为人过错情况的不当得利。总之，并非当然就是无过错责任。第三，关于国外立法是否确认无过错责任原则，尚需作具体分析。在大陆法系国家，法国、德国、日本等国民法典及其特别法所规定的无过错责任原则，主要适用于“工作物所有人”的责任，包括动物持有人责任、铁路持有人责任、航空器持有人责任、能源设备持有人责任等。可见，作为基本法的民法典并未涉及侵犯无形财产权的情形。外国知识产权法有否规定无过错责任呢？有学者引用德国著作权法第 97 条、商标法第 14 条规定“受侵害人可诉请对于有再次复发危险的侵权行为，现在就采取下达禁令的救济，如果侵权系出于故意或出于过失，则还可同时诉请获得损害赔偿”，认为这一条款即是对无过错责任的确认。其实不然，知识产权与所有权一样，是对世权、绝对权，可以适用多种法定方式予以保护。其中，请求排除妨碍、请求恢复原状和请求返还原物，是为物权之诉；请求损害赔偿，是为债权之诉。德国著作权法、商标法上所谓的请求排除妨害、停止侵权之诉，概为物权保护方法，其物上请求权当然不以行为人有无过错为条件。这种“无过错”并非同时适用侵权损害赔偿的债权主张。在英美法系国家，主要是通过判例的方法确认了严格责任原则。

---

① 参见汤宗舜：《知识产权的国际保护》，222 页，北京，人民法院出版社，1999。

② 汤宗舜：《知识产权的国际保护》，222 页，北京，人民法院出版社，1999。

所谓严格责任是一种较之于一般责任标准更加严格的归责原则，但这种责任标准区别于绝对责任。在后者，如果应该避免的伤害事件发生，则当事人必须负责，而不论其如何尽到注意义务；在前者，行为人对于所负责任，则仍有一些有限的抗辩事由可以援引，但不能以当事人已尽到合理注意为由进行抗辩。[①]大陆法系国家的侵权法并不直接采用严格责任的说法。我国学者有的认为严格责任与无过错责任的含义基本相同[②]；也有的认为，严格责任更接近于过错推定。这是因为，严格责任"虽然严格，但非绝对"。在严格责任下，并非表示行为人就其行为所生之损害在任何情况下均应负责，各国立法例多承认行为人可以提出特定之抗辩或免责事由。严格责任表面上不考虑行为人的过错即可以确定其责任，但实际上采取一种过错推定方法，即从损害事实中推定行为人有过错，但允许其通过举证证明损害是由于受害人的过错、第三人的过错和自然原因所造成的，即可减轻或免除责任。可见，美国等国在这一领域所采用的严格责任原则并非是无过错责任原则，而更接近于过错推定责任原则。[③]

过错推定责任原则是对过错责任原则的补充和发展，是后者的特殊表现形式。过错推定责任较一般过错责任严格，但不及无过错责任那么绝对。根据这一原则，一旦损害发生，法律推定行为人有过错并要求其提出无过错抗辩，若无反驳事由，或反驳事由不成立，即确认行为人有过错并应承担责任。根据有的学者的分类，过错推定责任分为一般过错推定和特殊过错推定。前者是指法律规定行为人侵害他人人身、财产并造成损害的，应负民事责任，但如果行为人证明其没有过错的，就可推翻对其过错的推定并免除责任；后者是指在某些侵权行为中，法律规定行为人必须证明有法定抗辩事由的存在，以表明自己的无过错，才能对损害不承担责任。[④] 依侵犯知识产权行为的性质而言，似应适用特殊过错推定。在各国相关立法文件中，有关"权利的限制""不视为侵犯

---

① 参见［英］戴维·M. 沃克主编：《牛津法律大辞典》，863页，北京，光明日报出版社，1989。

② 参见孔祥俊：《论侵权行为的归责原则》，《中国法学》，1992（5）。

③ 参见王利明：《民商法研究》，第1辑，664页，北京，法律出版社，1998；张新宝：《中国侵权行为法》，298页，北京，中国社会科学出版社，1998。

④ 参见王利明等编：《侵权行为法》，35页，北京，法律出版社，1996。

专有权的行为”“有关知识产品允许实施的行为”等，概为针对侵犯知识产权诉讼的法定抗辩事由。上述抗辩事由既是过错不存在的理由，也是免除或减轻责任的理由。

过错推定责任是介于过错责任与无过错责任之间的责任归责方式。过错推定责任原则能够纠正过错责任原则对权利人举证要求过苛而对知识财产侵权人失之过宽与无过错责任原则对权利人保护比较充分而对知识产品使用人失之过严这两者的偏差。当侵权损害结果发生时，法律责令知识产品使用人举出自己“无过错”的证明，从而免除作为原告的权利人的举证困难；同时，也使得作为被告的知识产品使用人有抗辩的机会，不至于无辜受罚，动辄受咎。由此可见，过错推定责任的基点依然是知识产品使用人有过错即有责任，而不是仅有行为后果就要承担责任。

在知识产权实务中，让行为人对他不能预见并不希望发生的损害事实承担责任，在大多数情况下是有失公允的，也是违背自然法则的。当然，法律上的过错推定，“实为保护被害人之技术运用，旨在保护被害人之利益”①。实行这一归责原则，可以使知识产权所有人免除举证责任而处于有利地位，有利于制裁那些虽无主观过错但缺乏反驳事由的侵权行为。在侵犯知识产权诉讼中，过错责任与过错推定责任应为二元归责原则，两者共同行使认定侵权责任的使命。这种归责体系的具体运行模式是：法律授予作为原告的权利人一种选择权，即假定权利人是自己利益的最佳判断者，他“有权”选择自己举证，以便有力地、具针对性地向侵权人追偿损失，在这种情况下，即适用过错责任原则；同时，权利人也可以放弃这种举证的“权利”，法院即责令侵权人举证，举证不能或举证不成立的，推定侵权人有过错，在这种情况下，即适用过错推定责任。

四、知识产权的法律保护

法律对于知识产权的保护是多层次、多角度的。《知识产权协定》要求各

---

① 王泽鉴：《民法学说与判例研究》，198页，北京，中国政法大学出版社，1997。

缔约方应保证此协议所规定的执法程序能依照缔约方国内法得到有效贯彻，以便行之有效地制止任何侵犯此协议所保护的知识产权的行为。为确保这一目标的实现，该协议详细地规定了侵权救济措施及防止侵权的措施。依各国相关立法通例，受侵害人可采取以下权利保护方法。

1. 民事救济措施

民法对知识产权的保护更为直接，具有维护权利状态或对权利人所受损害给予经济补偿之作用。对于知识产权的民事救济，权利人可以提起确认之诉、物权之诉与债权之诉，以维系其受到侵害的权利。但与一般财产所有权不同，知识产权所有人并不能援用请求恢复原状、返还原物之传统民事救济措施。请求恢复原状以保护财产不受他人非法损坏为目的。知识产品系非物质形态之精神产物，对其非法使用并不导致对知识产品本身的“损耗”，该种权利侵害无法通过有形的“修复”而恢复原状。而请求返还原物是保护物之占有权能的方法。由于知识产品具有不同于有体物的特性，侵权人无须有形控制而仅凭“认知”即构成“占有”，这种知识或经验的“占有”无法通过“返还”而回复原有权利状态。

在各国知识产权制度中，民事救济措施最重要的是请求停止侵害与请求赔偿损失。请求停止侵害是一种“物权之诉”。当知识产权受到损害时，权利人可以请求侵权人停止侵害，也可以请求法院责令侵权人停止侵害。请求停止侵害，既包括请求除去已经产生之侵害，也包括请求除去可能出现之侵害。请求停止侵害与传统民事救济措施之请求排除妨碍相当。需要说明的是，由知识产品的特性所决定，请求停止侵害是排除对权利人行使专有权利之妨碍，而不可能是制止对权利客体即知识产品之“侵害”。所谓请求赔偿损失，是一种“债权之诉”。当知识产权受到损害时，权利人可以请求侵权人支付一定数额的金钱予以赔偿。权利人的赔偿损失请求既可以单独提出，也可以在行使“物上请求权”时一并提出。知识产权与传统所有权在损害赔偿方面有着共同的理论与原则，即填补损害，但关于如何填补损害，两种财产权制度似有不同：在侵犯所有权诉讼中，除法律另有规定或合同另有规定的外，损害赔偿应以“回复原状”为依归。而在侵犯知识产权之诉中，损害赔偿不存在购置同样知识产品，以回复损害事实未曾发生原状之可能，换言之，填补损害即意味着金钱赔偿。

关于知识产权的损害赔偿额，有两种计算方法：一种是按侵权人在侵权期间因侵权行为所获得的利润计算，另一种是按权利人在侵权期间因被侵权所受到的损失计算。如果权利人的实际损失和侵权人非法所得不能确定的，一些国家的相关制度还规定了法定赔偿数额，即由法官根据侵权行为的社会影响、侵权手段和情节、侵权时间和范围以及侵权人的主观过错程度，判决给予一定数额金钱的赔偿。

2. 刑事保护措施

针对一些严重的侵犯知识产权的行为，许多国家的相关立法都规定了刑事诉讼程序及刑事制裁措施。关于侵犯知识产权罪的类型，《知识产权协定》第6条对各缔约方作了最低要求的规定，即缔约各国或地区至少应制裁假冒商标或剽窃版权作品的犯罪。但其适用条件有二：一是侵权使用达到一定的商业规模，二是非法使用人主观上出于故意。实际上，各国立法关于知识产权罪名的规定，一般都超出了《知识产权协定》的最低要求。我国新刑法在“侵犯知识产权罪”与“扰乱市场秩序罪”的章节中，规定了侵犯商标权、侵犯专利权、侵犯商业秘密权、侵犯商誉权等各项犯罪行为，其罪名涉及侵犯知识产权的主要领域。①

关于侵犯知识产权罪的种类，各国立法例有较大差异。有的国家采取概括式，仅对构成犯罪的侵权行为作原则规定，其具体类型往往借助于立法或司法解释。② 有的则采取列举式，重点排列各类犯罪行为。以著作权法为例，美国、俄罗斯等国仅原则上规定，侵犯著作权构成犯罪的行为应受到刑事处罚，而意大利、德国、英国等国则详细列举了各类应承担刑事责任的犯罪行为。概括式立法体例优点是包容性强，可适用于各种具体情形；但其不足是弹性过大，有时难以划清罪与非罪的界线。列举式立法体例则清楚明了，易于确定何为罪、何为非罪，但其缺点是难免挂一漏万，使有些未能列举的犯罪行为逃脱刑事制裁。

---

① 参见赵秉志主编：《新刑法教程》，470页，北京，中国人民大学出版社，1998。

② 德国、日本等国的刑法理论及司法实践，注重在保持法典稳定性的基础上对相关罪名作扩大解释，以制裁新型犯罪行为。例如对刑法没有规定盗窃产业秘密罪，通过对刑法的解释将这种行为认定为盗窃罪。参见张明楷：《市场经济下的经济犯罪与对策》，17页，北京，中国检察出版社，1995。

侵犯知识产权罪与侵犯财产罪在犯罪构成方面略有差别：在主观方面，两者大抵强调只有在故意的情况下才构成犯罪。但个别国家的某些法律规定，侵犯知识产权的过失犯罪人在一定的条件下也要受到刑事处罚。[①] 在主体方面，侵犯财产罪既有一般主体又有特殊主体，但都属于自然人犯罪。所谓单位犯罪，广泛存在于危害公共安全罪，破坏社会主义市场经济秩序罪，侵犯公民人身权利、民主权利罪，妨害社会管理秩序罪，危害国防利益罪和贪污贿赂罪等罪章中，与侵犯财产罪无涉。[②] 而侵犯知识产权罪不同，除实施具体犯罪行为的人要承担刑事责任外，行为人的雇主（包括法人或非法人团体）也要受到处罚。

对于严重侵犯知识产权的行为，《知识产权协定》第 61 条规定，缔约方应提供刑事诉讼程序和刑事处罚。可采用的法律补救措施应包括足以起到威慑作用的监禁和（或）罚款，其处罚程序应与对具有相应严重性的罪行法律补救措施的处罚程序相一致。在适当的案件中，可采用的措施还应包括充公、没收或销毁侵权物品以及任何其主要用途是用来进行上述犯罪行为的材料和设备。[③] 多数国家的相关立法，与该协议所规定的刑事措施基本一致。一般而言，有期徒刑与罚金是两类最基本的刑事救济手段。除此之外，有些国家还规定了扣押、没收和销毁侵权复制物及制作设备等。我国新刑法对侵犯知识产权罪规定了有期徒刑、拘役、管制、罚金等各种刑事处罚。需要指出的是，现代科学技术的发展带来知识产品广泛、便捷的使用，侵犯知识产权的行为随之日趋严重，各国刑事立法表现出加大处罚力度的趋势，如对严重的犯罪行为人增加徒刑刑期、加大罚金数额等。

3. 行政保护措施

知识产权是民事主体依法享有的一项重要民事权利。但是，某些侵犯知识产权的行为不仅损害了私人权益，而且扰乱了正常的社会秩序，侵害了国家与社会公众的利益。因此，这种行为已不仅是对私权领域的侵犯，而且也是对国

---

① 参见意大利《著作权法》第 172 条规定。

② 参见赵秉志主编：《新刑法教程》，622、121 页，北京，中国人民大学出版社，1998。

③ 转引自中国科学技术蓝皮书第 7 号。

家公权领域的侵犯，即构成违反行政法律规范的行为。在这种情况下，行为人不但要对侵权行为承担民事责任，同时也要对自己违反行政法律义务所造成的后果承担行政责任。

各国一般设有专门的行政管理机关，如版权局、专利局、商标局、工商行政管理局等，或是成立统一的管理知识产权事务的行政部门，如工业产权局、知识产权局等。上述行政管理机关通过相关知识产权审查登记、相关知识产品使用管理、相关知识产品复制品进出境管理等，采取各种行政措施保护当事人的合法权益。

关于行政保护措施，《知识产权协定》要求各缔约方加强各国司法机关的权力，以建立一种对侵权行为的有效威慑。其内容包括：在不给任何补偿的情况下，司法机关有权命令对侵权的商品进行处理，禁止其进入商业渠道，或者将上述侵权商品予以销毁；此外，司法机关还有权命令将主要用于制作侵权品的材料和工具进行处理，禁止其进入商业渠道，以尽可能地减少进一步侵权的危险。[①] 除上述规定外，《知识产权协定》还规定了海关中止放行制度：当受害人发现有侵权复制品经由海关进口或出口，则可向有关行政或司法机关提交书面申请和提供担保，以使海关扣押侵权复制品，中止该类商品的放行。如果海关查实被扣商品系侵权复制品，则予以没收；如果扣押错误，则申请人应赔偿被申请人的合理损失。[②] 各国相关立法所采取的行政救济措施大致与《知识产权协定》的要求相当，具体说来，有训诫（或警告）、责令停止制作和发行侵权复制品、没收非法所得、没收侵权复制品和制作侵权品设备、罚款等。

除上述措施外，对某些知识产权在习惯上还可通过民间知识产权组织、相关行业公会或商业行会等调处权利纠纷和争议。

综上所述，从权利保护的立法例来讲，知识产权制度有其自身的特点。一般而言，对财产所有权的保护是各个法律部门的共同任务，但不同的保护方法不是一并规定在民法典或相关特别法中。与上述情况不同，知识产权的立法保护有其特别之处：第一，知识产权制度应为保护创造者、经营者合法权利之实

---

① 参见《知识产权协定》第三节、第四节，转引自中国科学技术蓝皮书第 7 号。

② 参见《知识产权协定》第三节、第四节，转引自中国科学技术蓝皮书第 7 号。

体法，但现代法律制度（如著作权法、专利法、商标法等）一般都规定有侵权诉讼程序，含有司法救济的诸多条款，即在实体法之中规定有程序法内容；第二，知识产权制度应为规范有关知识产品权益之私法，但现代法律制度多设有行政管理及处罚与刑事制裁的罚则，即具有公法与私法相结合的特点。当然，以上概括只是说明知识产权保护与财产所有权保护之区别，上述特点并不影响知识产权制度作为保护私权之民事特别法的地位。

知识产权 VS. 人权：冲突、交叉与协调*

世界贸易组织（WTO）的《与贸易有关的知识产权协议》（以下简称TRIPs）明确界定了知识产权的本质属性，以私权的名义强调了知识财产私有的法律形式。承认知识产权为私权，意味着知识产权与其他有形财产所有权一样都处于同样的私权地位，从而在理论和制度上可以为知识产权提供可靠的法律保障。①

提高知识产权保护的标准和水平，是知识经济条件下促进技术创新和文化创新的需要和必然结果。但是，知识财产私权化的扩张可能导致知识创造者的个人利益与知识利用者的公共利益之间的冲突。从制度层面而言，在知识产权法内部，即是权利的保护与限制的问题；在社会权利体系中，即是私权与人权的冲突及协调问题。早在1968年，国际人权会议发表的《德黑兰宣言》，对科学发现与技术发展可能危及个人权利和自由表示了忧虑和关注。② 这些科学技术正是知识产权保护的对象。前任GATT/WTO法律顾问Patesmann教授曾提出“TRIPs协议没有参照人权法”的批评，他认为其根源在于“制定贸易政

---

* 原载《台湾法令期刊》，2003（8）。

① 参见孔祥俊：《WTO知识产权协定及其国内适用》，72页，北京，法律出版社，2002。

② 参见联合国：《国际人权会议的最后行动》，德黑兰，1968年4月22日～5月13日。转引自［斯里］C. G. 威拉曼特里编：《人权与科学技术发展》，张新宝等译，2～3页，北京，知识出版社，1997。

策的政治家宁愿选择避免人权对话从而使得政治化的贸易关系不具有民主色彩”[①]。时至2000年，联合国经社理事会促进和保护人权大会作出专题报告，指出知识产权与人权之间有关“现实存在的或可能的冲突”，“ TRIPs 所包含的知识产权措施与国际人权法是冲突的”[②]。

自进入后 TRIPs 时代，国际社会十分关注知识产权与基本人权的关系问题，并努力改革现有的国际知识产权保护制度，使之符合国际人权的标准。

冲突与交叉一：著作权与表现自由权

表现自由是世界各国普遍认可的宪法权利。美国宪法修正案有两个重要条款：一方面规定国会不得制定有关法律以剥夺人民言论出版自由以及其他自由权利；另一方面又授权国会制定著作权法，授予作者以一定时期享有独占垄断权利。加拿大《权利法案》规定了公民享有的两项宪法性权利：一是每个人都拥有自由参加社会文化生活的权利，以享受艺术和分享科学进步的利益，即公众的“参与权”；二是每个作者都有权维护其科学、文学及艺术作品所产生的精神利益和物质利益，即作者的著作权。[③]

应该看到，表现自由权与著作权都体现了当代立宪精神。前者是一种政治权利，是宪法赋予每个公民的基本权利，它始于公民出生，是“生来权利”；后者是一种民事权利，是公民表达思想、行使表现自由等政治权利的必然产物。著作权并不为每个公民所实际享有，只有进行了创作活动并拥有作品的人才能取得著作权。所以说著作权是“后来权利”[④]。上述两种权利有着密切的联系，但也存在着一定的冲突。这是因为，作为表现自由权所涉及的信息，包括消息、知识、资料、数据、观念、意见等，在著作权法中往往表现为享有独占权利的作品。

---

① E. U. Patesmann, “The WTO Constitution and Human Rights”, Journal of International Economic Law, Vol. 3, 2000, p. 21. 转引自孙皓琛：《WTO 与 WIPO ：TRIPs 协议框架中的冲突性因素与合作契机之探讨》，载《比较法研究》，2002 (2)。

② Sub-commission on the Promotion and Protection of Human Rights: Intellectual Property Rights and Hu-man Rights, Fifty-second session, agenda item4, E/CN. 4/sub. 2/2000/7.

③ See A. A. Reys, “Copyright and Fair Dealing in Canada”, Fair Use and Free Inquiry, Ablex Publishing Co., 1980, p. 213.

④ 王光：《言论出版自由与著作权》，载《当代法学》，1992 (2)。

当两种法益发生冲突时，如何确定其优先保护的位阶？一般认为，表现自由在基本人权体系中占有突出重要的地位。相对于经济自由等权利，表现自由应当具有“优越地位”，即应看作具有优先性的法价值。[①] 表现自由优于经济自由的原则在各国宪法理论与实践中都得到承认。这即是说，著作权的独占性质不应构成思想表现和信息交流的障碍。对此，美国学者认为：“著作权提供的保护可以对抗非法的竞争者，但不能阻碍公众对作品的合理使用”；“信息的公开传播非常重要，因此不能使自由之公益和民主社会屈从于传统著作权观念下的私人独占权”[②]。在这种人权理念的指引下，各国著作权法都对作品的独占权利设定了必要限制，以保障表现自由权利的实现：一是保证个人学习、研究中的合理使用，为个人创作及发表思想提供必要的条件；二是保证评议、新闻报道中的合理使用，使社会公众通过传播渠道和媒体交流思想，获取信息和情报，以实现其知情权；三是保证科学研究、课堂教学、公共图书馆等文化科技活动中的合理使用，这对于寻求、接受、传递信息和思想，促进社会文化和科教事业的发展也是必不可少的。

冲突与交叉二：著作权与隐私权

隐私权是公民对其私人生活安宁与私人信息享有的不被非法侵扰、知悉、搜集、利用和公开的一种权利。它既是民法所规定的人格权，也是国际人权法所承认的基本人权。《世界人权宣言》第 12 条规定：“任何人的私生活、家庭、住宅和通信不得任意干涉。”《公民权利和政治权利国际公约》第 17 条规定：“任何人的私生活、家庭、住宅或通信不得加以任意或非法干涉。”关于隐私权保护的立法理由，1973 年联合国秘书长在题为《尊重个人隐私》的报告中作出了说明：“大量的侵犯隐私的行为妨碍了人们的自由，而且经常是有意的。”这些行为“使人们产生了一种普遍的不安全感，它压抑着人们，使人们丧失责任心，迫使人们由于恐惧而趋于同一”[③]。与上述立法文件相似，学者将隐私

---

① 参见杜钢建：《论表现自由的保障原则》，载《中外法学》，1995（2）。

② Harry N. Rosenfleid，“The American Constitution，Free Inquiry，and the Law”，Fair Use and Free Inquiry，Ablex Publishing Co.，p. 302；［日］古泽博：《关于利用他人作品的著作权问题》，载（日本）《独协法学》，1977－10－22。

③ 转引自王利明等主编：《人格权与新闻侵权》，405～406 页，北京，中国方正出版社，1995。

权的内涵概括为三个方面：“（1）基于宪法秘密通信自由以及其他依据这一规定，而由法律加以保护之隐私利益；（2）基于安适生活之需要，为求不受干扰之隐私利益；（3）基于现代自动化资讯处理之发达与普遍，为控制关于自己之资料之隐私利益。”[①]

自 19 世纪美国学者沃伦和布兰代斯凭据私人信件法律保护提出隐私权这一概念以来，隐私权已从传统的“个人生活安宁不受干扰”的消极权利演变为现代的具有积极权利意义的“信息隐私权”“资讯隐私权”。但与此同时，“社会不是在向着有利保护公民个人隐私的方向发展，相反，现代科技尤其是电子信息技术的发展以及大众传播媒介对市民生活深刻而广泛的影响，使得公民隐私权的保护变得更为迫切”[②]。隐私道德基础的关键，是控制有关自己信息的权利，但是这一权利在数字技术进步的过程中正处于危险的境地。其主要原因是：在信息社会里，信息已经成为一种商品。诸如个人偏好、通信记录、疾病记录、性格倾向、信用记录、违法记录、雇佣资料等可以进行数字化处理并存储到数据库中。上述信息如不进行有效控制，个人隐私就会在信息的商品化中变得透明。

信息商品化在知识产权领域即是数据库问题。各种信息经采集、整理、编制而制作成数据库，目前是按著作权法的规定作为汇编作品来保护的。国际版权界认为对数据库提供汇编作品保护是一种“弱保护”，因为任何人可以自由地使用原汇编作品的材料，用以制作与其竞争的数据库。在这种情况下，一些发达国家正努力构建数据库的特殊权利保护，也就是一种独立于著作权的专门权利制度，其目的在于保护数据库投资者的利益。[③] 在著作权界注重数据库投资者与利用者之间利益协调的同时，我们不能忘记从人权角度考量数据库来源者（即被他人作为信息收集的数据主体）与所有者之间的权利冲突。概言之，这即是隐私权与著作权的冲突。解决这一问题的关键在于加强个人数据的法律

---

① 许文义：《个人资料保护法论》，54 页，台北，三民书局，2001。

② 张新宝：《隐私权的法律保护》，26 页，北京，群众出版社，1997。

③ 目前，数据库特别权利保护正在三个层次上推进，即美国试图建立的国内保护、欧盟已经建立的区域保护以及世界知识产权组织拟议的国际保护。参见薛虹：《网络时代的知识产权法》，94 页，北京，法律出版社，2000。

保护，即扩充隐私权的内涵，赋予公民以信息控制权或资讯自决权。按照台湾地区学者的说法，“资讯自决权是个人享有自行决定是否将其个人资料交付和供他人利用的权利”[①]。具言之，即是个人资料，收集之限制、资料之精确、查询及更正之权利、接受资料收集通知之权利及确知资料存在之权利，不仅应使其不受他人干扰，更在于对其所有之资料能加以控制与支配。[②] 总之，在创设数据库权利制度、促进信息产业发展的时候，立法者必须对于数据主体即隐私权主体的利益给予更多的关注。

冲突与交叉三：专利权与健康权

健康权是指有生命的主体依法享有健康的权利。它作为一项普遍接受的人权，得到众多国际人权公约的承认。1948 年《世界人权宣言》第 25 条规定，人人有权享受为维护本人和家属的健康和福利所需的生活水准，包括食物、衣着、住房、医疗和必要的社会服务。1966 年《经济、社会、文化权利国际公约》第 12 条承认，人人有权享有能达到的最高标准的身体和心理健康，同时规定缔约国为充分实现这一权利而应采取的目标步骤：(1) 减低死胎率和婴儿死亡率并使儿童得到健康的发育；(2) 改善环境卫生和工业卫生的各个方面；(3) 预防、治疗和控制传染病、职业病及其他疾病；(4) 创造保证人人在患病时能得到医疗照顾的条件。

按照国际人权公约的人权标准，现今知识产权制度已经给健康权的实现带来消极影响。[③] 其主要表现是：第一，由于专利权的垄断性，权利持有人可以控制药品的生产和销售。专利药品的昂贵价格通常超出贫穷患者的承受限度，从而影响不发达国家的居民获得治疗。第二，由于专利实施的限制性条件，权利持有人可以阻止他人获得药品专利技术，甚至在其政府的支持下限制贫穷国家及其人民获得强制许可。第三，由于专利权的利益推动，制药业的研发投资首先投向市场上最有利润回报的疾病，而不会当然考虑贫穷国家的需求。第四，由于专利授予适用于具有新颖性但疗效与在先专利药品相似的产品，从而

---

① 许文义：《个人资料保护法论》，49 页，台北，三民书局，2001。

② 参见刘江彬：《资讯法论》，214 页，台北，三民书局，1986。

③ 参见［美］奥德丽·R·查普曼：《将知识产权视为人权：与第 15 条第 1 款第 3 项有关的义务》，载《版权公报》，2001 (3)。

导致某类专利药品的生产和分配日益集中于少数企业之中。上述情况表明，新药品创造者的专利权与该药品消费者的健康权存在明显的冲突。联合国人权专家认为，这两种权利之任何一种在其自身的背景中都是有价值的。这是因为，创造者对自己的智力成果享有权利和社会公众分享智力创造所带来利益的权利，都是国际社会承认的基本人权。但是遵循人权优先性的尺度，在特定的情况下，某些人权可以优先于其他人权。具而言之，“那些同人生死攸关的产品一经产生，便成为全世界的财产，但创造者因而有权获得补偿”[①]。在这种例外情形中，健康权应高于包括专利权在内的知识产权。

围绕着专利权与公共健康问题上的争端，在第三世界国家的力争下，世界贸易组织部长级会议于 2001 年 11 月在多哈通过了《关于知识产权协议与公众健康问题的宣言》(简称《多哈宣言》)。在多哈会议上，以南非为代表的发展中国家关于尊重人的生命权、健康权、维护公共利益的呼吁，得到发达国家在知识产权领域的善意回应。《多哈宣言》确认困扰许多发展中国家和最不发达国家遭受痛苦的公共健康问题的严重性；强调知识产权保护对于新药品开发的重要意义，也承认这种保护对价格的影响所产生的状态；同意 TRIPs 不应成为缔约方采取行动保护公众健康的障碍。[②] 维护公众健康的“行动”，是通过阐释 TRIPs 关于公共利益的灵活性条款来实现的：(1) 缔约方有实施“强制许可”的权利，并且有权决定实施“强制许可”的理由；(2) 缔约方有权认定何种情况构成“国家处于紧急状态或其他极端紧急的情况”，诸如艾滋病、疟疾等传染病造成的公众健康危机，即构成这种“紧急状态”；(3) 缔约方有权在遵守最惠国待遇和国民待遇条款的前提下，构建自己的“权利用尽”制度；(4) 发达国家应促进和鼓励其企业向最不发达国家转让技术。最不发达国家对于药品提供专利保护的时间可推迟到 2016 年。《多哈宣言》的诞生是国际知识产权领域发生的重大事件。宣言秉承公共利益原则，以人权优先性的尺度，协调药品专利权与健康权之间的冲突，这一做法无疑是后 TRIPs 时代对知识产

---

① [斯里] C. G. 威拉曼特里编：《人权与科学技术发展》，张新宝等译，209～210 页，北京，知识出版社，1997。

② 参见高胜：《正义是社会制度的首要价值》，载《中国对外贸易》，2002 (4)。

权制度的重要调整。

冲突与交叉四：专利权与环境权

环境权是公民基于环境资源的利用而取得物质利益与精神利益的权利。公民环境权一开始就是作为基本人权提出来的。环境权是一项所谓的“第三代权利”和“集体权利”[①]。关于权利的进化，西方学者把人权的发展分为三代：第一代为个人自由和公民权、参与权；第二代为社会、经济、文化权利，兼具个人权利和集体权利的性质；第三代为和平、发展、洁净的环境和分享人类共同遗产的权利。[②] 环境权作为一项人权已为许多国家的宪法和国际法文件所确认。1972 年联合国《人类环境会议宣言》（斯德哥尔摩）第 1 条宣称：“人类有权在一种具有尊严和健康的环境中，享有自由、平等和富足的生活条件的基本权利，并且负有保护和改善这一代和将来世世代代的环境的庄严责任。”有关国际人权公约也规定了环境权的要素，如《世界人权宣言》第 3 条规定的“生命权”，第 22 条规定的“经济、社会及文化权利”，第 25 条规定的“适于健康及幸福的生活标准”等。

环境权作为一项基本人权，是由生存权发展而来的新型权利。其基本元素包括以下几个方面：（1）环境权的主体包括当代人和后代人；（2）环境权的对象是人类环境整体，它既包括天然的环境和人为环境要素，也包括各环境要素所构成的环境系统的功能和效应；（3）环境权的实施方式具有多样性，包括对环境资源的使用、主张国家对环境的保护、请求司法保护、参与环境管理等；（4）环境权是权利与义务的统一。[③]

我们看到，国际环境法规定的原则并未融入现代知识产权制度之中，或者说环境权与知识产权之间的协调尚有许多空白领域。就环境资源的知识产权保护而言，存在着两个问题：第一，对传统生态知识的权利认定。土著地区和地方社区所保存的传统生态知识与技术，使人类生存了数个世纪，它不仅维护了生物的多样性，并具有环境持续利用的价值，但是按照现今专利法的规定，传

① ［斯里］C. G. 威拉曼特里编：《人权与科学技术发展》，张新宝等译，209～210 页，北京，知识出版社，1997。

② 参见夏勇主编：《走向权利的时代》，北京，中国政法大学出版社，1995。

③ 参见吕忠梅：《环境法新视野》，122～123 页，北京，中国政法大学出版社，2000。

统生态知识与技术无法满足专利权授予的条件。传统生态知识是指在一国国土上，由其民族或种族集体创造、经世代相传、不断发展而形成的生态知识、经验和信仰的集合体[①]，因而不能融入知识产权制度体系之中。1991 年《人权与环境》报告认为，土著人民及其知识是环境保护的重要资源，他们的农业和文化习俗保护着生物多样性，而其社区又是环境掠夺的悲剧性受害者。国际社会注意到传统生态知识在知识产权制度中的缺位，1992 年《生物多样性公约》承认对传统生态知识予以权利保护，其第 8 条规定："依照国家立法，尊重、保存和维持土著和地方社区体现传统生活方式而与生物多样性的保护和持续利用相关的知识创新和实践并促进其广泛应用，由此其知识、创新和实践的拥有者认可和参与下并鼓励公平地分享因利用此等知识、创新和做法而获得的惠益。"《生物多样性公约》从国际环境与资源保护的角度，触及了现代知识产权制度的缺失。因此，一方面要避免将专利权授予已公开的传统知识，损害培育这种知识的特定地区或社区居民的共同利益；另一方面又要制定专门的知识产权制度，给传统知识以特别保护。第二，对现代生物技术的权利限制。在现代生物技术中对人类造福最大但又最具有潜在风险的是以克隆技术、胚胎移植技术、基因重组技术、DNA 重组技术、细胞杂交技术等为代表的基因工程技术。[②] 当代生物技术，特别是转基因技术的大量使用，给经济发展带来很大的好处，但同时也存在着影响生态环境的诸多隐患。首先是基因物质污染，转基因生物在自然界中释放，有可能污染自然基因库，打破原有生态平衡，从而影响环境质量；其次是基因生物损害，有的转基因生物或其产品涉及食品安全问题，可能对人体健康产生不利影响；再次是基因技术滥用，克隆人或其器官技术的出现，人与物之间基因交换、移植技术的发明等，如不加以控制并保证其正当使用，将会危及人类社会秩序以及人类自身。

必须看到，现代生物技术正以基因专利的名义在一些发达国家得到保护。根据 TRIPs 的规定，只要不违反公众利益或社会公德，或不属于专利权的排

---

① 参见英国知识产权委员会 2002 年公布的题为《知识产权与发展政策的整合》的报告，其提出了传统知识的意义和范围，包括文学、艺术或科学作品、歌曲、舞蹈和医学治疗与实践，以及农业技术和工艺。笔者认为传统生态知识与民间文学艺术应包含在传统知识的名义之下。

② 参见蔡守秋：《论生物安全法》，载《河南省政法管理干部学院学报》，2002（2）。

除领域，所有技术领域的发明都可以申请专利。但是，各国专利制度不仅要遵照 TRIPs 来拟定，而且要按照国际人权法与国际环境法的标准进行审视。这就是说，“环境权要求以环境不受损害为基本标准，这一标准不仅是其他权利所没有的，而且是对其他权利的限制”[①]。总之，控制基因专利的授予范围、保证基因专利的正当使用，在不损害环境权利的基础上保护基因专利，这是各国立法者必须考虑的问题。

从著作权与表现自由权、著作权与隐私权、专利权与健康权、专利权与环境权四类权利基本范畴的分析，我们可以得出处理知识产权与基本人权关系的一般性结论。

一是关于权利的冲突，应奉行“法益优先保护”的原则。诸如表现自由权、隐私权、健康权、环境权都是国际公约承认的基本人权，上述权利或是人作为主体存在所不可欠缺的自由，或是人之生存与发展的必需条件。相对于知识产权这一财产权利而言，上述人权权利应当具有优越地位，即应被看作具有优先性的法价值。实行“法益优先保护”原则，意味着现代知识产权制度不仅要符合国际知识产权公约的规定，而且不应与国际人权标准相冲突。立法者在为知识产权提供法律保护时，应符合其必须遵守的国际人权义务标准。

二是关于权利的协调，应实行“利益平衡”的原则。其实，知识产权与上述各种人权权利在本质上可以达到一致。就人权体系而言，知识产权本身也是一项人权，进而言之，包括知识产权在内的私人财产就是人权的基础性权利。这是我们实现权利协调的一个重要条件。“利益平衡”是民法精神和社会公德的要求，也是“人权思想和公共利益原则”的反映。[②] 它要求当事人之间、权利与义务主体之间、个人与社会之间的利益应当符合公平的价值理念。知识产权法所强调的利益平衡，实际上是同一定形式的权利限制、权利利用制度相联系的。这就是说，出于公共利益目标，出于对基本人权的尊重，在一定情况下

---

① 吕忠梅：《环境法新视野》，126 页，北京，中国政法大学出版社，2000。

② 参见［美］奥德丽·R. 查普曼：《将知识产权视为人权：与第 15 条第 1 款第 3 项有关的义务》，载《版权公报》，2001 (3)。

应对知识产权进行必要限制，以保证社会公众对于知识产品的合理利用。利用他人知识产品，或是基于表现自由的目的，或是基于公共健康的需求，或是基于人类生存或发展的必要，这些都是正当合理的，其本身也是国际人权公约所要求的。

知识产权限制制度的法律变革*

利益平衡是民法精神和社会公德的要求，也是“人权思想和公共利益原则的反映”[①]。法理学家博登海默认为，“法律的目的是在个人原则与社会原则之间形成一种平衡”[②]。正是在同样的意义上，Patterson 教授将一部著作权法称为协调创造者、传播者、使用者之间利益关系的“平衡法”[③]。知识产权制度所强调的利益平衡精神，主要是通过权力配置与权利限制的规则来体现的。或者说，知识产权的限制，是私人利益与公共利益平衡的结果。当然，利益平衡本身是一个动态的过程，总体上处于一种不确定的状态。[④] 因此，当客观条件的变化导致利益平衡的格局发生变化时，知识产权限制制度也会相应发生变革。

1. 新技术革命的影响。知识产权制度在其不太长的历史中，经历从工业革命到信息革命的不同时期，可以说是基于科技革命而生，基于科技革命而变。我们看到，当代新技术、新知识给现行知识产权限制制度带来新的挑战。在著作权领域，新的传播技术引发了著作权限制与反限制的不断变革。20 世

---

* 原载《京师知识产权法论丛》，北京，北京师范大学出版社，2012。

① ［美］奥德丽·R. 查普曼：《将知识产权视为人权：与第 15 条第 1 款第 3 项有关的义务》，载《版权公报》，2C01（3）。

② ［美］E. 博登海默：《法理学——法律哲学与法律方法》，邓正来译，115 页，北京，中国政法大学出版社，2C04。

③ L. Ray Patterson. Stanley W. Lingberg，The Nature of Copyright：A Law of Users Right，The University of Georgia Press，1991，p. 12.

④ 参见陶鑫良：《网络时代知识产权保护的利益平衡思考》，载《知识产权》，1999（6）。

纪60年代以来，人类社会进入“电子版权”时代，静电复印机和音像录制设备不仅进入了图书馆、文献资料中心、政府部门，而且进入了“寻常百姓家”，社会上也专门出现了以复印、录制为业的商店，数以万计的作品被个人、家庭或社会无偿复制。据世界知识产权组织统计，每年各国对作品复印的数量约有25 000亿张，非法复制唱片的价值每年超过10亿美元。而且，新的复印技术的诞生使复制他人作品变得“轻而易举”。多媒体技术的发展大大削弱了原件与复印件在音质上的差异，使“过去在复制方面存在的专职者和非专职者的‘分工关系’崩溃了”①。著作权人和使用者之间本因一个作品发生关系，但他们之间并无链条相连。所以，“从一条信息开始，像网眼一样出现了无数根‘绳子’，权利人无法知道‘绳子’的另一端系向何方。在权利人那里，即使想主张某种权利，但对‘绳子’的另端的情况真实却无法支配”②。从20世纪以来一直到今天，在席卷全球的信息革命中我们步入了“网络版权”时代。网络技术的出现，不仅改变了人们的生活、工作方式，而且为经济、科技、文化交往提供了技术保证。互联网的广泛应用与普及，拓展了获取信息的途径，使得信息的传播在全球范围内变得迅速而方便。正是在这个意义上，世界变成了迷你型的“地球村”。与此同时，网络版权的法律难题也开始出现：电子数据库对作品的利用产生了海量要求，使得传统的著作权许可制度不敷使用。例如，期刊全文电子数据库依托于传统纸质期刊，其收录的期刊种类成千上万，涉及的文献资料数以百万计。若要数据库的制作者去取得许可，尤其是取得期刊文章作者许可，无疑是成本高昂且难以实现。在此情况下，要求扩大非自愿许可范围的呼声日益高涨。除了电子与网络复制对知识产权人带来威胁外，有线电视转播、卫星传播、专利强制许可、集成电路反向工程、权利穷竭等制度等在新技术面前都表现得捉襟见肘，不敷使用。可以说，新技术革命的出现，一方面拓展了社会公众利用知识产品的机会，使知识传播变得便捷而成本低廉；但另一方面也削弱了知识产权人对知识产品的控制能力，造成其财产利益的流失。因此，人们在新时期不得不对原有的知识产权限制制度提出质疑。

---

① ［日］中山信弘：《数字时代著作权法的变化》，载《外国法译评》，1995（2）。

② ［日］中山信弘：《数字时代著作权法的变化》，载《外国法译评》，1995（2）。

2. 新国际贸易体制的影响。世界贸易组织的成立（1994 年）和《知识产权协议》的生效（1995 年），强化了全球性的知识产权保护机制。在世界贸易组织的制度框架下，各国立法者不得不按照《知识产权协议》的标准修改本国法，由此知识产权保护融入新的国际贸易体制之中。《知识产权协议》给发展中国家与最不发达国家提供了协议遵守的宽限期，一定程度上满足了这些国家的有关诉求，但协议对发达国家的好处是显而易见的。可以认为，该协议的形成，实现了发达国家在发起"乌拉圭回合谈判"时意图保护其制药业、影视业、通信业的战略目标，在全球范围内建立了一个具有较高标准和有力保障体系的知识产权制度，从而使得发达国家在国际贸易中继续保持技术优势——一个以知识产权为后盾的技术优势。据统计，在全球经济中，工业化国家拥有全部专利的 97%，另外 70%的版权和许可费收入则为发达国家的跨国公司所获得。① 在国际文化市场，依然是欧美文化产品一统天下。在全球文化市场份额中，美国占到 43%，欧洲国家占到 34%。② 知识产权私权化的扩张，在国际层面上引发了发展中国家与发达国家之间的利益失衡，在社会层面上引发了权利人与其他人之间的利益冲突；在制度层面而言，在知识产权领域产生了权利的保护与限制之间的协调问题。自进入后《知识产权协议》时代以来，国际社会关于知识产权利益协调的努力从未停止过，从多哈会议通过的《关于〈知识产权协议〉与公共健康问题的宣言》，到坎昆会议前达成关于该宣言第 6 段的实施决定，通过阐述该协定的"公共利益"条款，赋予缔约方为保护公共健康的需要，有权实施"强制许可"并决定"强制许可"的理由，有权认定何种情况下构成"国家处于紧急状态或其他极端紧急的情况"，有权构建自己的"权利穷竭"制度。上述情况表明，从乌拉圭回合谈判到后《知识产权协议》时代，知识产权限制制度一直处于"限制—反限制—再限制"的法律变革之中。

知识产权限制制度的变化主要表现在以下几个方面。

---

① 参见联合国开发计划署：《1999 年人类发展报告》。转引自［美］奥德丽·R. 查普曼：《将知识产权视为人权：与第 15 条第 1 款第 3 项有关的义务》，载《版权公报》，2001（3）。

② 参见董伟：《文化软实力：我国文化产业占世界文化市场不足 4%》，见新华网，http：//news.xinhuanet.com/2011-02/20/c-121101442.htm。

1. 国际公约对权利限制的适用原则作出明确限定

国际公约的修改文本以及新缔结的国际公约都规定，对知识产权的限制不应损害知识产权人的正当利益。《保护文学和艺术作品伯尔尼公约》在 1967 年修订前仅对著作权限制作出了总的限定，即该限制“必须符合公平惯例”。1967 年斯德哥尔摩修改文本则明确指出：“如果认为复制损害了作品的正常使用，绝不允许复制。如果认为复制无损于作品的正常使用，接着应当考察复制是否侵害作者的合法权益。只有在无损于作者的合法利益时，才可能在一定的特殊情况下使用强制许可证或规定无偿使用。可列举出为各种目的而用的照相复制为例。如果复印出大量的份数，那是不允许的，因为有损于作品的正常使用。如果复印相当多的份数用于工业企业，并根据国家的法律支付合理的报酬，那就可以不致无故侵害作者的合法利益。如果复印的份数很少，特别是在个人使用或科学研究使用的情况下，可以允许，并不付报酬。”修改文本强调：“本同盟成员国法律得允许在特殊情况下复制上述作品，只要这种复制不损害作品的正常使用也不致无故侵害作者的合法权益。”《知识产权协议》对知识产权限制提出了总括的适用原则，即这种限制不应与知识产品的正常利用相冲突，也不应不合理地损害权利持有人的合法权益。可见，该协议要求在尊重知识产品的政策利用、维护权利持有人的合法利益的前提下才能对知识产权给予限制，反之，当现有的限制措施损及知识产权人的合法利益时，则应予以制止。为落实该原则，《知识产权协议》规定了许多具体条款来规范知识产品的使用。

2. 合理使用制度适用受到限制

西方国家积极采取措施以遏制合理使用规则滥用，它们修改或限制了原有的合理使用规范，甚至取消了某些领域的合理使用。例如，荷兰 1972 年颁布复印法，删除了“某些为了私人使用而自由复制”的条款。德国 1985 年修订著作权法，规定“复制一本书或者一份期刊，如果基本上全部复制的话，只要不是抄写下来的，始终须先征得权利人的同意”。此外，奥地利、法国、匈牙利、葡萄牙、俄罗斯等国也先后修改了本国著作权法，对限制合理使用作了类似规定。

伴随着合理使用的立法变革，各国加强了对复制权的保护与救济。现代传播技术使得复制作品具有隐蔽性的特点，导致复制权更易受到侵害，也难以采取传统的诉讼保护办法。有鉴于此，西方国家转而求助于其他救济方法。其中主要是征收复印版税与录制版税。所谓征收复印版税，是指由一定的机构向从事复印的单位和个人征收版税。在美国、荷兰、瑞典等国，有专门机构向复印者收取使用费。所谓征收录制版税，是指由一定的机构向从事录制的单位和个人征收版税。在德国对于以私人使用或其他自用目的进行的复制，著作权人有权向上述设备和音像载体的制造商主张报酬。该规定也适用于从事商业进口或再进口上述设备和音像载体的经销商。尽管目前各国在规范合理使用制度的做法上存在一定缺陷，未能充分满足著作权人的要求，但限制合理使用、建立版税征收制度已成为西方国家著作权立法的一个趋势。

在专利权、植物新品种权及其他领域，合理使用规则也受到了同样的限制，如根据临时过境原则所使用的专利产品不得用于出售，为科学研究而使用的植物新品种不得予以扩散等。

3. 法定许可使用范围有所扩大

在新技术革命的冲击下，传统合理使用中的某些类型也转变为法定许可使用。自 20 世纪 70 年代以来，德国、英国、瑞典、荷兰、澳大利亚等国，创立了一种公共借阅权，即规定图书馆在出租有著作权的图书时，应向作者支付借阅版税。至于个人复制与家庭录制，不少西方国家都采用了版税制。关于录制版税，德国、奥地利、瑞典等国的规定不仅适用于录音、录像设备，而且延及音像空白载体；征收对象除录制设备及其空白载体的制造商外，还包括进口上述录制设备及其空白载体的经销商；版税受益人则为全体权利人，包括作者及其他著作权人、表演者、音像制作者以及广播组织。关于复制版税，日本、英国、法国、德国、意大利等国都规定，为个人使用的复制他人作品，应向著作权人支付法定的报酬。上述新版税的征收，已在部分复制、录制领域内，使合理使用变成一种法定许可使用。

4. 法定免费使用制度予以取消

所谓法定免费使用，是指法律允许特定机构非营利性使用他人作品，可以不经权利人许可，不向其支付报酬的一种制度。实行法定免费使用制度的，主要是前东欧几个公有制国家。在这些国家里，广播电台、电视台等都属于非营利性组织，因而要它们向著作权人支付使用费存在一定的困难；同时，使用作品如需事先征得作者同意，又有可能妨碍宣传教育的及时性。在这种情况下，这些国家的著作权法规定，凡是以广播、电视等途径传播已经发表的作品，均无须取得权利人许可，也不必向其支付报酬。法定免费使用实际在上述国家构成合理使用的内容，但其他多数国家未作出这种规定，两个著作权国际公约的最新文本甚至暗示这种使用是不合理的。由于 1971 年修订的《世界版权公约》已最终杜绝了法定免费使用制度，因而其成员国自此不再可能采取这种作品使用方式，或是只能对本国国民的作品实行免费使用制。①

5. 对国家计划专利许可规定了限制条件

一些国家的专利法中为促进专利技术的推广运用，规定了“国家计划许可使用”制度。我国原《专利法》第 14 条规定，国务院有关主管部门和省、自治区、直辖市人民政府根据国家计划，有权决定本系统或者所管辖的全民所有制单位持有的重要发明创造专利允许指定的单位实施，由实施单位按照国家规定向持有的专利权的单位支付使用费。由于这一规定明显带有计划经济的痕迹并违反了意思自治原则，不利于保护知识产权人的合法利益，因而我国最新通过的《专利法》第 14 条作了如下限制：“国有企业事业单位的发明专利，对国家利益或者公共利益具有重大意义的，国务院有关主管部门和省、自治区、直辖市人民政府报经国务院批准，可以决定在批准的范围内推广应用，允许指定的单位实施，由实施单位按照国家规定向专利权人支付使用费。”可见，对这种国家计划许可的适用，既规定有条件的限制，即限于是对国家利益或公共利益有重大意义的专利技术；也有程序的限制，即报经国务院批准。

6. 强制许可使用条件受到约束

《伯尔尼公约》和《世界版权公约》严格规定了发放强制许可证的基本条件：如果某成员国依照联合国大会确定的惯例被视为发展中国家，而该国又是两公约的成员国，那么该国就有权利用翻译和复制许可制度中的权利，且这些国家必须是“由于其经济情况及社会或文化需要，自认为不能再在当前作出安排以确保对此公约文本规定的全部权利进行保护”的国家，符合上述标准又希

① 参见郑成思：《版权法》，269 页，北京，中国人民大学出版社，1990。

望享受优惠待遇的成员国，必须在参加两公约之时或参加后，通知两公约各自的受托人本国将援用规定的部分或全部权利，必须交存通知书，注明自己希望援用哪种权利。根据公约有关规定，为了翻译权或复制权所有者的利益，发放许可证时，应付给上述版权所有者一笔公平合理的报酬，各成员国应制定条例，保证将报酬传递给著作权人。按照著作权国际公约，发展中国家可以以所谓优惠条款获得翻译权和复制权的强制许可证。但是，由于申请周期长，且手续复杂，加之以“国际可兑换”货币支付的要求，发展中国家实际上难以享受这种“优惠”待遇。此外，《知识产权协议》第 31 条详细列举了对专利强制许可的限制，这些限制包括：强制许可须一事一议；在合理期间内未能取得专利权人授权；强制许可适用范围、期限仅限于被授权目的；该强制许可使用是非专有的；该使用应是不可转让的；该使用应支付适当报酬；如导致此类使用的情况已不复存在且不可能再现，该类强制许可应终止等。此类限制条款多达 14 条，以至于有的学者认为，“对于强制使用，与其说是规定了权利限制，不如说是规定了对权利限制的限制”①。

7. 权利穷竭制度面临重大变革

权利穷竭制度消除了知识产权专有性对于商品自由流通所产生的负面影响，促进了贸易的发展。但是，权利穷竭制度的滥用，也可能给知识产权人的利益带来损害。为了弥补这一缺憾，有关国家在著作权法中规定了出租权，在专利法中设定了进口权，同时对知识产品平行进口也提出了新的法律思考。

一是出租权问题。在出版业刚刚兴起之时，作品的出租数量不大，对著作权人的利益尚不构成威胁，此时出租业的举办与权利穷竭原则不相冲突。随着新技术革命的发展，作品出租业大有取代作品出售之趋势，以致危及著作权人的财产利益，从而引起各国立法者对权利穷竭原则的反思与审视。为此，联合国教科文组织于 1984 年公布了两条建议性原则及补充意见，供各国在修订关于录制品的专门法律时参考。其主要内容是：著作权人不仅对其原作作品享有著作权，而且对被录制的录音制品中所含有的自己的作品亦享有著作权。这表

① 郑成思：《世界贸易组织与贸易有关的知识产权》，200 页，北京，中国人民大学出版社，1996。

明著作权人始终有权决定是否允许他人出租这种含有自己作品的录制品，如果录制品不含有著作权人的原作，那么第一录制者即对该录制品享有邻接权。这表明邻接权人有权禁止他人转录、复制以至出租其录制品。上述权利应由代表著作权人或音像制作者的特定组织代为行使。[①] 联合国教科文组织的建议，其主旨在于确认出租权，维护作品创作者与传播者的利益平衡，对社会采取传播技术而造成的著作权人的损害进行补偿。

近年来，出租权作为一项新型权利被规定在各国著作权法之中，关于出租权的立法模式主要有两种：一种是将出租视为作品发行的一种方式，将出租权包含于发行权之中。例如，美国《著作权法》第 106 条对发行权作了如下解释："通过出售或所有权转移的其他方式，或通过出租或出借，向公众发行有著作权作品的复制件或录音制品。"可见，该条所规定的发行权涵盖了出租权。另一种是将出租视为独立的作品使用方式，因而出租权与发行权各自分列。例如，德国《著作权法》第 27 条规定了"复制物的出租或出借"的权利，而第 17 条规定的传播权主要指发行权，可见，两种权利互不干涉。俄罗斯等国的著作权法也作了类似规定。

出租权的出现，从某种程度上削弱了权利穷竭原则，即对著作权限制原则进行了反限制。根据权利穷竭原则，作品首次出售后，对于该作品的再次出售、散发或其他方式的使用，著作权人无权控制。该原则可促进商品的流通。但是，作品的出租并不会引起作品复制件的转移，与商品的自由流通无关。立法者通过设定出租权，使著作权人能在作品出售后的一定范围内控制其出租，从而最大限度地保护了著作权人的利益，减少了著作权限制的负面影响。有的学者将该现象看作"著作权对于所有权限制作用的扩大"，其理由是"由于科技发达的结果，使得著作权所保护的权利和利用的形态大幅度增加，相对的对作品所附着之有体物之所有权的权能或作用加以重大的限制"[②]。也就是说，由于著作权内涵的增加，在著作权与作品原件或其复制件的所有权发生冲突

---

① 参见郑成思：《信息、新型技术与知识产权》，97～98 页，北京，中国人民大学出版社，1986。

② 杨崇森：《著作权法论丛》，207 页，台北，华欣文化事业中心，1983。

时，所有权的作用受到著作权的重重限制。出租权的设定即属于这一情形。[①]从立法者原意而言，建立出租权制度，旨在从经济上给予著作权人补偿以求社会之公正，并非当然就是著作权效力无限制的扩充。事实上，著作权法在设定这一新型权能时就已经为它规定了某种限制，这主要表现在两个方面：一方面是适用范围的限制。出租权主要限于法律特别规定的作品类型，未延及所有作品。《知识产权协议》第 11 条要求缔约方承认出租权，但将其限定在计算机软件、摄影作品及音像制品的范围内。另一方面是法定许可使用的限制。在英国，依其《著作权法》第 66 条规定，“出租人可依国务大臣的命令出租作品而不必取得著作权人授权，但应向其支付合理的报酬”。

在专利法和商标法领域，专利产品的出租和附有商标的商品的出租对知识产权人利益的影响尚不突出，因而绝大多数未规定这些方面的出租权。

二是平行进口与进口权问题。所谓商品的平行进口，是指未经知识产权人的同意，第三者进口并销售含有知识产权的商品。例如，甲在中国和美国均享有专利权，乙未经甲的允许，将在中国购买的专利复制件进口到美国销售；或者，甲授权丙在美国享有其专利权，乙未经甲或丙的同意将在中国购买的专利产品进口到美国销售。

平行进口所引起的争议焦点在于：平行进口的商品是否构成对知识产权的侵犯。目前，多数国家的专家在解决平行进口是否合法这一问题时多是从“权利穷竭”原则入手。赞同平行进口的理由是：当权利人首次销售或分发了含有知识产品的商品后，知识产权人的权利即告穷竭，即不得对于他人处分该商品的行为进行过分控制。对平行进口持反对意见的理由是：知识产权有地域性，因而知识产权的“权利穷竭”也有地域限制。[②] 因此，当含有知识产权的商品在一国销售或分发后，并不导致该权利在他国的丧失。权利人在他国仍有控制权，因此平行进口同样构成对知识产权的侵犯。

笔者认为，解决该问题的关键是确定“权利穷竭”的效力范围。如果“权

---

① 参见吴汉东等：《西方诸国著作权制度研究》，204 页，北京，中国政法大学出版社，1998。

② 参见郑成思：《世界贸易组织与贸易有关的知识产权》，85 页，北京，中国人民大学出版社，1996；吴汉东主编：《知识产权法》，206 页，北京，北京大学出版社，1998。

利穷竭”的效力延及国内外，则平行进口不会侵犯知识产权。从国内外立法实践来看，就专利权和著作权而言，多数国家认为权利在一国的穷竭，并不导致其在国际市场上的穷竭。例如，根据中美之间达成的知识产权保护谅解备忘录，中国修订了专利法，规定了专利权人的“进口权”，美国专利法中也有“进口权”的规定。近年来，许多国家在专利法和著作权法中所规定的“进口权”，实际上是以立法形式确认了权利穷竭的地域性。“进口权”制度的出现，从一定程度上削弱了“权利穷竭”原则的效力，也是对知识产权限制的反限制。如果对“权利穷竭”无地域限制，则知识产权人即使取得了在某国的专利权和著作权，也会受到来自另一国家的合法专利产品或作品复制件的冲击，损害其经济利益。反之，立法者通过设定“进口权”，明确承认了“权利穷竭”的地域性，使知识产权人得以控制一国的知识产品交易市场，从而保护了权利人的垄断利益，使其权利成为真正的“专有权”。不过，这对跨国贸易还是有一定的阻碍作用。在近年颁布的国际公约中，《知识产权协议》第 28 条明确规定专利权人的“进口权”，实际上是确认了专利穷竭的地域性；而 1996 年世界知识产权组织的《WIPO 版权条约》与《WIPO 表演及录音制品条约》都未能对争议较大的著作权地域性问题达成协议。

与上述情形不同，各国关于商标权穷竭的问题争议颇大。墨西哥 1991 年《工业产权法》第 92 条规定了“权利穷竭”原则，该国法院在判例中也认为商品的“平行进口”不会侵犯商标权。澳大利亚法院在 1986 年判例中裁决“平行进口”可能构成侵犯专利权或版权，但不可能构成侵犯商标权。与之相反，美国的判例历来认为这种“平行进口”侵犯了商标权，其商标法也不承认商标权在一次使用后会穷竭。对此，我国学者认为，商标是一企业的产品和其他企业的产品与其他产业区别开来的标志。无论将其用在哪个国家，均不应改变，否则会使消费者对同一来源的商品产生“不同来源”的误解，不利于市场稳定，也不利于商标权人自己。这与商标权的地域性并不冲突。[①] 但是，这种解释只是讲明了商标的识别作用，并不能完满地解析商标权与平行进口之间的关系问题。笔者认为，无论是专利权、著作权领域的平行进口，还是商标权领域

① 参见郑成思：《知识产权论》，343 页，北京，法律出版社，1998。

中的平行进口问题，其实质是确定“权利穷竭”的效力问题。在解决该问题时，立法者需要综合考虑知识产权人对知识财产的垄断利益、经销商对于所购商品所有权的支配利益以及国家在促进商品自由流通上的社会利益等因素。就专利权和著作权而言，知识创造劳动在专利产品和作品的价值中占据十分重要的地位，专利权人和著作权人所投入的创造成本必须通过市场销售才能得到回报。如果承认“平行进口”的合法性，则专利权人和著作权人会丧失产品进口国的市场份额，严重损害其利益。为此，许多国家陆续承认了专利权人和著作权人的进口权。而在商标权领域，虽然平行进口也会对商标权人利益造成一定程度的损害，但这种损害较之专利产品和作品的平行进口所产生的损害要小得多，如果附有合法商标的商品在进口到一国时被裁定为侵权，不免过于苛刻。许多国家从鼓励商品自由流通的立场出发，尚未认定这种平行进口为违法。不过，今后国际社会是否会采取更严格的措施保护商标权，是否会制止领域中的平行进口问题，尚有待观察。

试论反不正当竞争中的知识产权问题*

在私法领域探究知识产权法与反不正当竞争法的关系，意在说明反不正当竞争法的特殊功能作用，即对知识产权行使的保护和对知识产权滥用的规制。从法律形式来看，知识产权法与反不正当竞争法似乎是两种相互冲突的制度设计，前者旨在维护知识财产所有人的“垄断权利”，而后者则是限制或消除某种“垄断地位”①。其实，两者应有着共同的立法目标，即保护合法权利，促进社会进步。其不同之处在于，知识产权法是通过保护知识财产所有人合法权益、鼓励知识创新来实现这一目标；而反不正当竞争法则是通过制止非法竞争行为、维护市场竞争秩序来达到上述目的。所以，我们应当处理好具有独占属性的知识产权与具有限制权利滥用功能的反不正当竞争的关系。

一、知识产权法与反不正当竞争法的一般关系

关于反不正当竞争法与知识产权法两者之关系，涉及它们在私法领域中的地位及关联性问题，这是我国近年来法学理论研究的一个热点问题。相关法律

---

* 原载《现代法学》，2013（1）。

① 富田彻男认为：“从本质上说，知识产权是为了不让竞争对手销售自己的产品或商品而拥有的一种垄断顾客的权利。在实施这种权利的过程中，需要有主动购买自己产品的顾客和廉价销售同样商品的竞争对手”授予这种垄断权的根据，“限于在发明者或创作者付出相当劳动，公开其成果，用于服务社会目的等情况下承认其垄断”。参见［日］富田彻男：《市场竞争中的知识产权》，廖正衡等译，13、20页，北京，商务印书馆，2000。

的一般关系分析，有必要从权利属性以及与权利有关的行为属性出发，即以知识产权与反不正当竞争的法律品性作为问题研究的基点。

知识产权是特定主体对知识财产所享有的一种专有权。权利的“专有性”，在英文中通常表示为“exclusive”或“monopoly”，我国知识产权著述将其译为“独占性”或“垄断性”。基于专有性即法定垄断性的特性，知识产权在形式上可视为一种合法的垄断权。这种合法垄断表现在两个方面：第一，知识产权是国家为激励创新、促进知识财富增长而创设的制度产品，其“存在”本身即竞争法的除外领域，是将知识产权作为合法垄断，而不是反不正当竞争法的规制对象；第二，知识产权是基于智力创造成果所设置的私人产权，其权利主体进行智力劳动或投资是为竞争目的，或在竞争过程中产生智力成果，知识产权保护有助于增强权利主体的市场竞争力。① 但是，知识产权的“使用”如果构成滥用行为，就会受到反不正当竞争法的制裁。

反不正当竞争是经营者遭受利益损害时得以请求救济的权利。1967年《建立世界知识产权组织公约》在第2条“知识产权”项下，列举了作品、发明、标记等智力活动领域产生的权利，其中包括“制止不正当竞争”。受公约影响，在一段时期，我国一些学者采用“反不正当竞争权”或“禁止不正当竞争权”的说法，强调反不正当竞争权是知识产权的一部分，与专利权、商标权、著作权处于并列位置。② 对“反不正当竞争权”，有学者提出质疑，认为其曲解了反不正当竞争的法律性质，“既无特定的客体，又无积极的权利内容”，不宜作为著作权、专利权、商标权以外的一种新的权利。③ 笔者认为，“反不正当竞争权”在语义上容易产生误解，如果作为“权利”看待也只能在规定意义上使用。这是因为，反不正当竞争只是一种救济权，它是基于原权利（如基于有体财产而产生的所有权、基于知识财产而产生的知识产权、基于合

① 参见王源扩：《浅论与知识产权有关的反竞争行为及其法律控制》，载《政法论坛》，1996（4）。

② 参见文希凯：《制止不正当竞争与工业产权》，载《知识产权》，1991（3）；郑成思：《关贸总协定与知识产权》，载《中国法学》，1993（3）。

③ 参见韦之：《论不正当竞争法与知识产权法的关系》，载《北京大学学报（哲学社会科学版）》，1999（6）。

同而产生的债权）而派生的权利，其目的在于救济被侵害的原权利。[①] 就其实质属性而言，所谓反不正当竞争权是权利受到侵害后，权利人请求侵权人承担民事责任的主张或诉求。此外，反不正当竞争法对知识产权的保护，只是其法律调整功能的有限部分；受该法规制的不正当竞争行为，许多与知识产权无涉。因此，将反不正当竞争视为一种积极权利，甚至将其归类为知识产权本身，这种观点是值得商榷的。

尽管知识产权与反不正当竞争具有本原权利与救济权利之分，但两部法律无论是在功能目标，还是在保护对象方面都有相通之处，其一般关系在学术界有不同认识，主要有以下两种代表性观点。

一是独立说。该学说认为知识产权法与反不正当竞争法虽然有紧密联系，但两法并不能因此融为一体，即知识产权法不能涵盖反不正当竞争法的全部，反不正当竞争法也不可能囊括知识产权法的所有内容[②]；有学者进一步指出，两法在价值取向、作用机制、立法技术等方面各具特色，反不正当竞争法属于经济法，知识产权法属于民商法[③]；也有学者将反不正当竞争法归类为与专利法、商标法相平行的"第三工业产权法"[④]；还有学者从商标权益保护着手，认为知识产权法和反不正当竞争法是并列与同位关系，它们分别有独立的保护对象、规制方式、效力范围和保护重点。[⑤]

二是补充说。该学说认为知识产权法与反不正当竞争法形成了相辅相成的互动关系，在某种意义上，反不正当竞争即是知识产权法律体系的有机制度构成，换言之，知识产权也是反不正当竞争法的重要规制内容。我国诸多学者认为反不正当竞争法为知识产权提供兜底保护。[⑥] 日本学者满田重昭认为反不正

---

① 参见魏振瀛主编：《民法》，40 页，北京，北京大学出版社，2000。

② 参见马文耀：《知识产权法评述和展望》，156 页，北京，专利文献出版社，1997。

③ 参见孙颖：《论反不正当竞争法对知识产权的保护》，载《政法论坛》，2004 (6)。

④ 李顺德：《试论反不正当竞争法的客体和法律属性》，载《知识产权研究》，第 8 卷，北京，中国方正出版社，1999。

⑤ 参见郑友德、万志前：《论商标法和反不正当竞争法对商标权益的平行保护》，载《法商研究》，2009 (6)。

⑥ 参见韦之：《论不正当竞争法与知识产权法的关系》，载《北京大学学报（哲学社会科学版）》，1999 (6)；杨明：《试论反不正当竞争法对知识产权的兜底保护》，载《法商研究》，2003 (3)；蒋慧：《论竞争法对知识产权的兜底保护》，载《学术论坛》，2007 (2)。

当竞争法是商标法的补充保护法，即该法为不受商标法保护的未注册商标提供补充保护。①

笔者赞成补充说，即反不正当竞争法具有对知识产权提供保护的补充功能，这在德国法中被称为“竞争法上的智力成果保护”。在这个意义上说，反不正当竞争法可以归类于知识产权法律体系之中，其理由是：第一，反不正当竞争法以其他知识产权法的调整对象作为自己的保护对象，即对于侵犯著作权、专利权、商标权的行为予以法律制裁。因此，在某些情况下会出现法条竞合及优先适用何种法律的问题。第二，反不正当竞争法对与各类知识产权有关而相关法律不能管辖的客体给予保护，以此弥补单一法律制度产生的“真空地带”。第三，反不正当竞争法对各类知识产权客体的交叉部分给予“兜底保护”，使知识产权的保护对象联结起来形成一个整体。可以说，该法是知识产权领域所涉内容更为广泛的一种法律制度。尽管在当前的立法例中，反不正当竞争法的调整范围已越来越广，扩大到许多与知识产权毫无关系的其他领域，但是，保护知识产权仍是反不正当竞争法的重要任务。

反不正当竞争法与知识产权法的关系，不是等同关系，不能相互替代，而是相互配合、补充地发挥法律功能。正如世界知识产权组织 1988 年所宣传的那样，“反不正当竞争法实际保护着专利法、商标法等专门法所保护不到的那些应予保护的权利”②。反不正当竞争法在对知识产权提供保护时与专门的知识产权制度有所不同：专门制度是为“基本权利法”，即以专有权利为中心，形成主体、客体、内容、取得、行使、限制以及救济的规范体系；而反不正当竞争法是为“行为规制法”，即以维护市场竞争秩序为核心，将各种利用知识产权的行为作为市场行为进行规范，构建了一个“不正当竞争行为”与“反不正当竞争行为”的规范体系。现对反不正当竞争法与专门知识产权法的关系简述如下。

（1）反不正当竞争法与商标法。在知识产权法律体系中，两者关系最为密

① 参见［日］满田重昭：《知识财产法》，东京，青林书院，1997。转引自郑友德、万志前：《论商标法和反不正当竞争法对商标权益的平行保护》，载《法商研究》，2009（6）。

② 转引自王先林：《竞争法学》，49 页，北京，中国人民大学出版社，2009。

切，也最为重要，以至于有学者说，商标法与反不正当竞争法在商标权益的保护上成并列关系。反不正当竞争法主要是对未注册知名商标提供反混同保护，而商标法偏重于对驰名商标的反淡化保护。[①] 在商业标记领域，反不正当竞争法不仅对假冒商标行为进行规制，而且包括擅自使用知名商品的特有名称、包装、装潢以及与此相类似的标记。此外，在非类似商品上使用他人注册商标（包括注册商标和非注册知名商标），或在商品销售中以自己的商标取代相关商品的他人商标（即“反向假冒”行为），都可以依据反不正当竞争法进行处理。

（2）反不正当竞争法与专利法。就技术领域的法律保护而言，专利法与反不正当竞争法有着不同的功能，前者对技术成果授予专利权，后者则对技术成果采取商业秘密保护。此外，两者也有交叉之处，当一项技术发明申请专利后，获得授权前，可以援用反不正当竞争法给予“临时保护”；当一项外观设计保护期间届满，如果属于知名的产品外观，可以请求反不正当竞争法提供“继续保护”。需要注意的是，当技术成果权益纠纷遇有法律竞合时，一般应先适用专利法，在专利法未作规定时才考虑使用反不正当竞争法。

（3）反不正当竞争法与著作权法。较之于商标法、专利法与反不正当竞争法的关系而言，著作权法与反不正当竞争法的关联性较弱。在有些国家中，冒用他人的作品名称或标题，对作品中的虚构形象进行商业利用等，都可认定为与著作权有关的不正当竞争行为。

二、反不正当竞争立法中的知识产权制度安排

我国《反不正当竞争法》自1993年实施以来，对于鼓励和保护公平竞争，制止不正当竞争行为（包括与知识产权有关的不正当竞争行为），保护经营者和消费者的合法权益，保障市场经济的健康发展，无疑起到了积极的作用。但是，《反不正当竞争法》实施几近二十年，一直未及修改。由于法律文本原来存在的问题以及竞争法律新近的发展，该法不敷使用而需要完善的地方日益凸

① 参见郑友德、万志前：《论商标法和反不正当竞争法对商标权益的平行保护》，载《法商研究》，2009（6）。

显。现就反不正当竞争立法中的知识产权问题略作如下分析。

1. 竞争法分别立法模式与禁止知识产权滥用

我国《反不正当竞争法》立法之初，奉行的理论基础是“综合调整模式”。根据这种立法模式，《反不正当竞争法》并不是单一的规制不正当竞争行为的专门法，而是一部包括反不正当竞争、反限制竞争以及某些反垄断行为的综合性法律。在该法所列举的 11 种不正当竞争行为中，通常认为公用企业限制竞争、行政性限制竞争、低价倾销、搭售行为、串通投标行为归属于反限制竞争和反垄断的范畴。随着我国于 2007 年出台《反垄断法》，专门规制限制竞争和垄断行为，我国竞争法立法模式已经进入分别式立法道路。有鉴于此，知识产权滥用问题应该交由作为公法的《反垄断法》规制，而不应由《反不正当竞争法》调整。对知识产权的法律规制，包括私法规制和公法规制两种：前者首先表现为知识产权法自身规范（如地域限制、时间限制、权能限制）对知识产权行使的限制，同时也体现在民法基本原则（如诚实信用原则、权利滥用禁止原则、公序良俗原则）对知识产权滥用进行约束；后者则是在《反垄断法》的框架内来解决知识产权滥用问题。知识产权虽然被视为“合法垄断权”，其权利本身当然不能假定为反垄断法所指向的“市场支配力”，但是，知识产权与其他财产权一样，在适用法律上并不特别地免于反垄断审查，即知识产权不能构成反垄断法的“除外领域”。概言之，根据我国竞争法立法模式，知识产权滥用问题应交由《反垄断法》处理。

2. 经营者资格限定与竞争法调整的主体范围

现行《反不正当竞争法》规定不正当竞争行为的主体是“经营者”，即从事商品经营或营利性服务的法人、其他经济组织和个人。将侵权行为主体限定为经营者，这一规定的不足之处已遭到学界的批评。对此有学者认为，对何为经营者可分别从主体资格和主体行为的不同角度进行界定。前者是为经营活动的法定资格，依此观点，侵犯商业秘密的企业职工、商业贿赂的法定代表人或者经办人、无照经营者则不能包括在内；后者强调从事经营活动的行为，行为人即是“经营者”。依后者理解更具合理性和可行性。[①] 这种扩大解释，有助

---

① 参见王先林：《竞争法学》，97 页，北京，中国人民大学出版社，2009。

于对现行法的适用。但是，未来的《反不正当竞争法》的修改，应对调整的主体范围作出全面的修改。首先，将侵权责任主体即不正当竞争行为主体，从“经营者”扩大到所有从事市场经济活动的主体，即从事市场交易行为者，就是反不正当竞争法规制的对象；其次，对权利或权益主体即不正当竞争行为的受害人，不必强调其“经营者”资格，而泛指拥有知识产权的一切主体（包括作品名称或标题的创作者、非专有技术成果的发明者、未注册商标的所有者等）。对权利主体资格与侵权责任主体资格不作限定，可以使《反不正当竞争法》真正成为“不管法”，发挥其对知识产权“兜底”保护的作用。①

3. 侵权行为列举式规定与概括式条款的增列

《反不正当竞争法》关于不正当竞争行为采取列举式规定，既没有一般性适用的概括条款，也没有扩展适用空间的“兜底”条款，存在着明显的封闭性缺陷。从立法技术而言，概括式与列举式并举是现代各国相关立法的通行模式，即在开列典型侵权行为类型的清单的同时，规定一个关于侵权行为的概括条款，并授权执法机关根据该条款认定社会生活中新出现而法律未能详尽列举的侵权行为。有的学者认为，我国《反不正当竞争法》第 2 条第 2 款规定“本法所称的不正当竞争，是指经营者违反本法规定，损害其他经营者的合法权益，扰乱社会经济秩序的行为”，就是一个一般性条款。笔者认为，该项条款缺乏一般性条款的必备要素。这是因为，根据该款规定，只有“违反本法规定”的行为，即该法明确规定的 11 种行为，才是不正当竞争行为。可以认为，该款规定只是一个定义性规范，不足以在侵权行为类型清单外作扩大解释之用。因此，未来的《反不正当竞争法》在侵权行为一章中，可删除《反垄断法》已规定的限制竞争行为和垄断行为，列举规定典型的不正当竞争行为类型，同时增加关于不正当竞争行为认定的一般性条款。

4.《反不正当竞争法》与相关民事立法的衔接、协调

基于公平与正义的共同立法目标，知识产权法与反不正当竞争法在调整功能上表现了互动与协调。在这里，知识产权保护是两部法律功能互补的连接点。郑成思教授曾经说道：“单行的知识产权法与反不正当竞争法之间并不存

① 参见郑成思：《知识产权论》，262～267 页，北京，法律出版社，2003。

在一个谁挤占了谁的位置的关系问题，而是后者（或后一部分内容）对前者如何给予补充的问题”。就知识产权保护来说，单行知识产权法在水平上是“强保护”，在范围上是“窄保护”；而反不正当竞争法在水平上是某种“弱保护”，在范围上则是“宽保护”①。这说明两部法律在功能上是互补的，但在法律形式上是独立的。在我国，《反不正当竞争法》对知识产权保护的规定，有三种类型：一是知识产权本身（如商标权），已有单行立法规定，《反不正当竞争法》仅提供补充保护；二是与知识产权有关的其他权利（如商业秘密权、商誉权、形象权等），尚无单行法规定，《反不正当竞争法》提供了专门保护；三是与知识产权有关的财产权益（如作品名称、标题，知识商品的名称、包装、装潢等），相关单行法未作规定的，《反不正当竞争法》提供了兜底保护。上述分析表明，《反不正当竞争法》所涉及的知识产权及相关权益，在民事立法中可作出如下制度安排：有的需另行制定专门法律、法规，如商业秘密保护法规；有的可在民法基本法中作出原则规定，如商誉权；有的则交由《反不正当竞争法》作出列举式规定。

三、对网络知识产权中的反不正当竞争规制

网络技术与基因技术是21世纪最具代表性、最具影响力的新技术。网络技术的出现，不但改变了人类的生活方式和社会经济发展模式，而且对当代各国的法律制度提出了挑战。正是在这个意义上，人们赋予知识产权制度以鲜明的时代技术特征，将其称为“网络知识产权”。由于网络具有高科技性、虚拟性与即时性的特点，网络环境下不正当竞争行为技术特性明显、实施速度快捷、危害范围广泛且后果严重。有学者指出了其中须解决的诸多问题，如屏幕显示和网络界面的商业包装、对网上商业秘密的保密措施、网上虚假宣传等。② 这些问题不仅损害了相关经营者的合法利益，而且严重地破坏了网络经济秩序，需要各国反不正当竞争法给予回应。当下问题的研究，重点在于解决

① 郑成思：《知识产权论》，264页，北京，法律出版社，2003。

② 参见张平：《网上知识产权及相关法律问题透析》，广州，广州出版社，2000。

网络环境下反不正当竞争法面临的知识产权保护新问题，现择其要而述之。

1. *侵害网络域名的行为*

与域名有关的不正当竞争有两种表现形式，一是域名抢注行为，二是域名指引失灵行为。这两种行为都与网络上的域名使用有关，其后果即是对他人商标、商号或者商誉等商业标志权益的损害。

域名抢注行为，是指域名申请人将他人享有在先合法权益的商业标志作为其域名注册使用的行为。域名是经营者在网络空间的身份代码。在电子商务活动中，由于其具有某种标志识别功能和商业利用价值，域名已经成为企业在互联网上争夺的资源和财富。现实生活中的域名抢注者，多次针对他人知名商标、商号或其他商业标记而抢注，且是抢注数量众多，并以公开出让而谋取利益为目的。域名抢注行为构成网络环境下的不正当竞争：首先，域名抢注行为严重损害了正常的竞争秩序和交易秩序。对于行为人而言，抢注行为即是投机行为，注而不用，注而为卖，旨在谋求域名出让所带来的经济利益；对受害人而言，抢注行为即是侵权行为，商业标志的合法所有人往往会陷入商业被动，无法将其品牌效应延伸至网络空间。其次，域名抢注行为构成了对驰名商标及其他知名商业标志的淡化。所谓商业标志的淡化，是指对于他人的驰名商标、商号的商业性使用，不正当地降低或弱化了该标志指示和区别有关商品或者服务的能力。[①] 反淡化的法律措施，即是将驰名商业标志的保护扩展到非类似的商品或服务上。当前司法实践已经将抢注域名而导致商业标志淡化作为一种不正当竞争行为加以规制。总之，域名抢注行为具有明显的非正当性和违法性，是一种损害商业标志权利人合法权利、谋取非法商业利益的不正当竞争行为。域名指引失灵行为，是指通过“埋设”技术手段，如超文本链接、加框技术、Meta 标记等，以削弱他人域名指引作用，不正当地利用他人商业信誉的行为。超文本链接、加框技术、Meta 标记等是网络技术发展与应用的产物。在网络不正当竞争领域，行为人利用上述技术手段，或是通过超链接使得用户无须通过域名访问网站即可在互联网上获取信息，弱化域名指引功能；或是通过加框链接，将他人信息“拉进”自己的网页，损害他人商业利益；或是通过无标记

---

① 参见李明德：《美国反不正当竞争法研究》，267 页，北京，中国方正出版社，2003。

设置方法，埋置他人商业标志的关键词，在用户查询中“搭便车”，造成信息搜索的误导。当然，使用上述网络技术并不当然构成不正当竞争行为。在司法实践中，对网络经营者不正当竞争的认定通常要考虑两个因素：一是设链者与被链者之间是否存在竞争关系；二是是否造成用户的混淆，即对被链信息来源发生误认，或者误以为设链词与被链词之间存在关联。

2. 网络虚假宣传行为

网络虚假宣传行为是虚假宣传的特殊形式，且在当下是不正当竞争的主要形式。与传统的虚假宣传相比较而言，网络虚假宣传具有以下两个特点：一是行为责任主体。一般而言，虚假宣传行为的主体构成有两类，即商品或服务的经营者（广告主）和广告业务的经营者（广告人）。反不正当竞争法意义上的“广告业务的经营者”包括了代理、设计、制作、发布广告的经营者。在网络条件下，作为虚假宣传行为的主体之一，传统的广告业务的经营者已为网络服务商所替代。网络平台现已成为极具价值的广告发布平台，网络服务商取代传统媒体而担任了广告经营者的角色。因此，在不正当竞争的网络虚假宣传行为中，网络服务商就成为侵权主体之一。二是行为表现形式。网络广告的宣传形式不同于传统媒体形式。诸如报纸、杂志、广播、电视等媒体一般是直接将广告内容展现在消费者面前，而网络广告可采用多种形式，除弹出窗口广告、网页广告外，随着搜索引擎技术的兴起，出现了竞价排名、主题推广等搜索广告形式。这些广告形式，既是一种网络商业服务模式，也可能引发不正当竞争。总之，搜索引擎服务商应视为广告业务经营者，即具行为主体资格；搜索广告形式即是网络环境下的广告宣传形式。至于其是否承担不正当竞争行为的连带责任，应适用“通知—删除”[①] 规则以判断其主观过错，进而认定其应该承担的法律责任。

3. 网络商业诋毁行为

在网络信息时代，互联网技术平台成为重要的信息平台，诸如 BBS、博

① 我国《侵权责任法》第 36 条第 2 款规定了网络服务商的“通知—删除”义务，即网络服务提供者在接到侵权通知后，应按照通知及时删除相关侵权信息，否则应承担责任。有关论述可参见吴汉东：《论网络服务提供者的著作权侵权责任》，载《中国法学》，2011 (2)。

客、微博等都是提供信息内容的传播手段，同时也是实施商业诋毁的主要载体，信息接收者往往成为信息的发布者，使得网络商业诋毁行为难以控制。商业诋毁的不正当竞争行为在网络空间的出现和蔓延给现行法律带来了挑战，其主要问题是：第一，网络传播具有双向互动的特性，其发生的商业诋毁行为主体已不局限于有竞争关系的经营者，网络用户、网络服务商或主动或被动参与，使得侵权法律关系十分复杂。我国《反不正当竞争法》似可借鉴瑞典、比利时等国的做法，将并无竞争关系的行为主体也作为法律规制的对象。第二，商业诋毁表现形式限定过窄，无法规制网上诸多商誉侵权行为。世界知识产权组织《反不正当竞争示范条款》认为，商业诋毁行为有两种，一是采取虚假说法的行为，我国《反不正当竞争法》已作规定；二是采取不当说法的行为，即不公正、不准确、不全面地陈述客观事实。[①] 例如，在电子布告版上刻意散布竞争对手遭受处罚的记录，在比较广告中对同类产品使用贬损性言词，在未有科学定论的情况下片面宣传某些产品的毒副作用。根据示范条款和现实需要，我国《反不正当竞争法》在修改时似应作出更为广泛的规定。

4. 侵害数据库的行为

数据库特别是电子数据库是网络时代信息储存与利用的重要载体，往往须借助电脑和软件才能获知。所谓数据库，是指“经系统或有序安排，并可通过电子手段访问的独立的作品、数据或其他材料的集合，其主要功能在于向用户提供一定的信息”[②]。

数据库保护是当今各国知识产权法中一个备受关注的问题。1995 年欧盟部长理事会正式通过《关于数据库法律保护的指令》，对数据库提供两种保护：凡是具“原创性”的数据库，通过著作权法给予保护；凡是“非原创性”的数据库，通过特殊权利给予保护。后者是“对特定对象在并没有满足可版权性要件的情况下所提供的类似于版权的保护”[③]，质言之，这是一种反不正当竞争的保护。在欧盟的推动下，世界知识产权组织于 1996 年出台了《数据库公约

---

① 有关论述可参见吴汉东：《论商誉权》，载《中国法学》，2001 (3)。

② 董炳和：《数据库法律保护在中国——兼评中国法院审理的两起涉及数据库的案件》，载郑成思主编：《知识产权研究》，第 8 卷，北京，中国方正出版社，1999。

③ 卢海君：《版权客体论》，284 页，北京，知识产权出版社，2011。

草案》，采取特殊权利保护模式。这种以独立数据库及其内容为对象的著作权保护，不及于生产、运行或维持数据库的计算机程序。① 同年，美国就数据库保护也进行了相关立法。该法案赋予数据库制作者以“提取”（以任何方式将数据库内容转移到另一种介质上）、“再引用”（以发行、出租、在线传输等方式向公众提供数据库内容）等权利，并以“盗用原则”对数据库提供反不正当竞争保护。②

我国现行知识产权法律对数据库提供较为有限的保护。2001 年修订的《著作权法》第 14 条规定：“汇编若干作品、作品的片段或者不构成作品的数据或者其他材料，对其内容的选择或者编排体现独创性的作品，为汇编作品。”这说明，体现独创性的数据库可以受到著作权保护，而不具独创性的数据库则游离在权利保护之外。对此，我国《反不正当竞争法》似可参考欧盟的做法，对非原创性的数据库等“边缘性作品”提供特殊权利保护。

5. 关于软件的不正当竞争

网络环境下与软件有关的不正当竞争行为主要有两类：一是通过“反向工程”获得信息而不正当利用的行为，二是利用软件技术手段干扰和损害竞争对手同类软件的行为。上述行为处于著作权法、专利法无力调整的“真空地带”，必须求助于反不正当竞争法的规制。

在计算机领域，“反向工程”是指为了学习、研究某一软件的性能，开发与之兼容的产品，或者为了确定原作是否合理，软件及其复制品的所有人从软件的目标代码出发，通过反汇编方式寻找源代码的活动。关于软件“反向工程”的合法性，目前已成为国际上研究的热点问题。在美国，依其《著作权法》第 107 条的规定，软件的合理拥有者可以通过“反向工程”（即反汇编、拆卸等方式）获取软件的思想、运行方法、行为因素等，但由此获得的信息不得用于独立创作程序、取得互补性以外的目的，或者给予他人，或用于开发、

---

① See Basic Proposal for the Substantive Provisions of the Treaty on Intellectual Property in Respect of Databases, WIPO Doc. CRNR/DC/6 (Aug 30, 1996), Article 1.

② See Database Investment and Intellectual Property Antipiracy Act of 1996, H. R. 3531, 104th Cong, 2d Sess.

复制以及市场推广与该程序具有实质性相似之表达的程序。[①] 在我国，著作权法无法对软件的技术内容提供保护。如果有人将通过“反向工程”获取的信息作不当利用，就会淡化软件的独创性，损害权利人的利益。在这种情况下，反不正当竞争的保护不失为一种补救措施。

在网络服务业，通用和常规软件的兼容是软件产业发展的内在要求，也是保护消费者权益的基本举措。经营者在开发和推行自己的软件时，应该恪守商业道德和法律规则。在软件从产品到服务的转变过程中，一些软件经营者利用软件服务的特征，恶意不兼容同类软件、强制卸载竞争对手的合法软件，以及干扰、破坏、阻止和屏蔽他人软件正常运行。[②] 这即是因所谓“流氓软件”、“恶意软件”所引发的不正当竞争。此类纠纷具有以下特点：技术手段隐蔽，经营者以软件正常冲突为名掩盖其与竞争对手软件不兼容的主观恶意；主体身份隐蔽，经营者诱导甚至迫使第三人直接实施不当行为以掩盖自己操纵不正当竞争的主体身份；意思表达隐蔽，经营者以免费提供软件的合法形式掩盖其削弱竞争对手而谋取利益的非法目的。上述情形无法简单援用反不正当竞争法的经典类型和传统规则来处理，需要在制度改革创新与法律修订完善方面给予回应。

述及网络知识产权的反不正当竞争，列举式的讨论力求是主要的但往往是不全面的，有些是法律规定的不正当竞争行为在网络环境下出现的问题，有些则是法律未及规定但却是与网络有关的不正当竞争的新问题，无论如何，这些都应是未来《反不正当竞争法》着力考虑的问题。

---

① 参见陈传夫：《高新技术与知识产权法》，117页，武汉，武汉大学出版社，2000。

② 参见侯霞：《网络环境中新型不正当竞争行为的法律规制》，载《安徽工业大学学报（社会科学版）》，2010（1）。

无形财产权的若干理论问题*

物、财产以至无形财产的概念在我国法学及经济学著述中经常使用，且多在转换意义上使用，因此学者们多存歧义。同时，作为经济学命题的无形资产范畴，已经成为社会的热点问题，但却未得到法学界的足够重视。为此，笔者不揣浅陋，以物与财产为始点范畴，以知识财产研究为重点，以无形财产权体系探索为目标，对理论界存有争议的问题进行探讨，以就教于各位读者。

一、物与财产：始点范畴研究

物在民法上的意义，即是作为民事法律关系的客体。一般认为，客体物在本质上具有以下特征：一是物的客观实在性。客体物独立于民事主体之外，是民事主体以外的客观事物。它是天然生成的，或是劳动创造的；或是已经现实存在的，或是可能现实存在的。二是物的主体对象性。客体物是主体民事活动所指向的对象和目标，正是基于这一目标，主体之间才形成某种社会关系。可以说，它是当事人之间民事权利义务赖以产生的基础，没有某种客观事物作为客体，民事法律关系就无从发生，也无法存在。①

物是一个历史范畴。在不同的历史阶段，基于社会生产方式和法律文化传统的不同，物的范围和法律意义存在着差异。在民法发展过程中，最初只有动

---

* 原载《法学研究》，1997（4）。

① 参见章戈：《小议客体与标的》，载《西北政法学院学报》，1985（1）。

产才可以作为民事权利的客体。早期罗马的“克里维特”所有制，保留着土地公有的外壳，其所有权的客体仅限于妻子、儿子、奴隶、牲畜以及世袭住宅。这些东西在当时的人们看来是重要的财产，因此才作为个人财产权的客体。[①]随着奴隶制经济和私有制的发展，不动产诸如土地、森林、牧场等重要的生产资料也逐渐被确认为私权的客体。古罗马的民事客体制度的显著特点是，它不仅将人的本身（如家长对女子、主人对奴隶）作为物件纳入客体物的范畴，而且提出了有体物与无体物的划分。盖尤士认为，有体物是具有实体存在，并且可以凭人们感官而触觉的物，如土地、房屋、牛马等；无体物则是指没有实体存在，而仅由法律所拟制的物，如债权、用益权等。[②]罗马法上的无体物具有以下特点：第一，权利系抽象物，概为人们主观所拟制的某种利益，因此被视为区别于有体物的无体物；第二，法律上的无体物，以能用金钱评价为条件，家长权、夫权、自由权等无财产内容，所以不能看作无体物；第三，所有权虽然系主观抽象而成，但罗马人认为该项权利与物同在，而且是最完整之物权，因此所有权应划归有体物的范围。

客体物制度在资本主义社会得到充分的发展。为了加速生产的集中和资本的积累，使财产的流转更为简便，他们创造了股票、票据等有价证券，将其作为一种特殊的种类物，列入客体物的范畴；为了刺激科学技术的发展，调整知识形态的产品在生产和使用过程中的社会关系，他们把这种科学技术成果称为知识财产，也作为民事权利的保护对象。一句话，资产阶级大大拓宽了客体的范围。在大陆法系国家中，法国民法沿用罗马法关于物的概念，其所称之物既包括有体物，也包括无体物。1804 年《法国民法典》第 529 条规定：“以请求偿还到期款项或动产为目的的债权及诉讼……按法律规定均为动产。”德国民法则否认罗马法以来物的分类方法，提出了“物必有体”的观念。1896 年公布的《德国民法典》第 90 条规定：“法律上所称之物，仅指有体物而言。”1898 年施行的《日本民法典》只取狭义定义，排斥无体物观念，第 85 条规定“本法所称之物，谓有体物”。上述定义为大多数大陆法系国家所采用。

① 参见周枏等：《罗马法》，155 页，北京，群众出版社，1983。

② 参见周枏：《罗马法原论》上册，28 页，北京，商务印书馆，1994。

在英美法中，由于法律传统的差异，极少使用客体物的概念，而普遍采用财产的说法。其实，财产这个术语被人们经常在转换意义上使用，它有时指财产所有权本身，有时也是指所有权客体（即所有物）。[①] 作为权利客体意义上的财产，可以分为有形财产与无形财产、动产与不动产。在英国法，根据诉讼请求的结果，财产有着“实产”（Real Property）与“属人财产”（Personal Property）的区分，前者即是可请求返还特定物的财产，而属人财产则是可请求给予损害赔偿的财产。属人财产可以进一步划分为诉讼上的财产（即只能通过诉讼请求或予以强制执行的财产）与占有上的财产（即可以通过占有而取得的财产）。在英国法理论中，知识产权即属于诉讼上的财产。

在我国的法律用语中，一般认为物是指占有一定空间，能够为人力所支配并能够满足人们需要的物体。这一观点与德国法、日本法关于物的含义相同。我国民法也在不同的意义上使用财产这一概念，如《民法通则》第五章第一节题为“财产所有权和与财产所有权有关的财产权”，此处的“财产”显然指物。而《继承法》第 3 条规定：“遗产是公民死亡时遗留的个人合法财产”，其“财产”则泛指有体物、财产权利与财产义务。

关于物与财产的关系，学者们有不同论述。但是，如果将物与财产的始点范畴界定在权利客体的基础上，我们不难看出物与财产可以作为同等概念使用。英国法学家梅因在分析罗马法的要式移转物即土地、奴隶及负重牧畜时，猜想出该类商品最初即称为“物件”（Res）或“财产”（Proprietas）[②]。当代英国学者编纂的《牛津法律大辞典》在表述权利客体的物（Things）与财产（Property）时，作出了实产或不动产与属人财产或动产的相同分类，这表明两者概念的内涵是一样的。[③] 法国法学家在述及权利客体时，往往将财产分为动产、不动产和知识财产，并把它们统一概括到“物”的概念之中。《拉鲁斯大百科全书》认为，“凡能构成财产的一部分并可占为己有的财富即为物”[④]。这

① 参见［英］戴维·M. 沃克：《牛津法律大辞典》，729 页，北京，光明日报出版社，1989。

② ［英］梅因：《古代法》，157 页，北京，商务印书馆，1984。

③ 参见［英］戴维·M. 沃克：《牛津法律大辞典》，729 页，北京，光明日报出版社，1989。

④ 法国《拉鲁斯大百科全书》，第三卷。转引自《国外法学知识译丛·民法》，168 页，北京，知识出版社，1981。

种物既可以是有体物，即具有实体存在，可以被人们感知的物，包括一切动产和不动产；也可以是无体物，即没有实体存在，而由人们主观拟制的物，它包括与物有关的各种权利（如用益权、债权）和与物无关的其他权利（如著作权、工业产权）。我国学者论及物与财产关系的著述不多。20世纪80年代末曾有著作将财产作出类似物的定义，并认为“财产指的是物”①。近年出版的《民法学》教材也明确指出，“民法上的物，就是财产”②。

就物与财产的概念外延来说，只有广义上的物才与财产类似。由于现代社会经济和科学技术的发展，狭义概念的物已不符合实际生活的需要。即使是主张“物必有体”的德、日等国，亦在立法文件中有灵活规定。它们虽明文确认物为有体物，但在担保物权中则规定权利可以为其客体。甚至有些日本学者主张，通过对民法关于物的概念的扩张解释，使无体物能够被承认为所有权的客体。③ 笔者认为，物为一切财产关系最基本的要素，不仅为所有权之客体，且为其他财产权之客体，因此对物的概念不宜作过于狭义的解释。但是，应将所有权的客体与他物权以及其他财产权的客体作出明确区分，即是一些学者所强调的那样：所有权的客体原则上应为有体物，而无体物（权利）只能作为另类财产权利之客体。④

二、知识产品与无形财产：客体范畴研究

知识产权是一项新型的民事权利，是近代商品经济和科学技术发展的产物。对于该项权利的客体，是难以采用罗马法以来物的理论作出诠释的。近代德国法哲学家黑格尔曾明确地说，精神技能、科学知识、艺术以及发明等，都可以成为契约的对象。他认为，这些固然是精神所特有的内在的东西，但是主体可以通过“表达”而给它们以外部的“定在”，这样就能把它们归在物的范

---

① 王晓进：《社会主义财产制度分析》，7页，北京，北京工业大学出版社，1989。

② 彭万林主编：《民法学》，49页，北京，中国政法大学出版社，1996。

③ 参见邓曾甲：《日本民法概论》，46页，北京，法律出版社，1995。

④ 参见梁慧星：《民法总论》，80页，北京，法律出版社，1996；钱明星：《物权法原理》，26页，北京，北京大学出版社，1994。

畴之内了。[①] 但是，诸如技能、知识等是否都可以称为物，却使得黑格尔感到踌躇。他承认，此类占有虽可像物那样进行交易并缔结契约，但它又是内部的精神的东西，所以理智上对于它的法律性质感到困惑。[②]

当代西方法学者通常将财产分为"由可移动物所构成的财产"（动产）、"不可移动的财产"（不动产）与"知识财产"。他们认为，智力劳动的创造物之所以称为"知识"财产，原因在于该项财产与各种信息有关。人们将这些信息与有形载体相结合，并同时在不同地方进行大量复制。知识财产并不包含在上述复制品中，而是体现在复制品所反映出的信息之中。[③] 与知识财产相类似的说法是无形财产。在 20 世纪 60 年代以前，知识产权尚未成为国际上广泛使用的法律概念，人们一般将基于创造性智力成果所获取的民事权利称为无形财产权，因此诸如作品、发明等权利客体均视为无形财产。直到现在，有些西方学者仍然使用这一概念。[④]

在我国，曾有一段时期，许多学者将关于精神财富所享有的权利称为"智力成果权"，因而相应将这种权利客体归结为"智力成果"，并且强调其价值不能用货币衡量。应该指出，关于智力成果的传统说法，偏重于这类客体的精神属性，而未能突出其商品属性和财产价值，因此没有反映出知识产权客体的本质特征。还有一些学者基于上述权利是无形财产权的考虑，将其客体表述为无体物或无形物。其实，民法上的无体物已有约定俗成的说法，是为法律所拟制的权利。知识产权本身可以视为无体物，成为物权设定与债权转让的标的。但将知识产权的客体与知识产权的本体都概括为无体物，显然容易造成法律概念上的混乱。

笔者与其他一些学者曾主张建立"知识产品"的理论范畴，即把知识产权的客体概括为"知识产品"[⑤]。这一建议是有着现实基础的。1984 年中共中央

---

① 参见［德］黑格尔：《法哲学原理》，第 43 节附译，北京，商务印书馆，1982。

② 参见吕世伦：《黑格尔法律思想研究》，32 页，北京，中国人民公安大学出版社，1989。

③ 参见世界知识产权组织编：《知识产权纵横谈》，4 页，北京，世界知识出版社，1992。

④ 参见刘春茂主编：《中国民法学·知识产权》，1 页，北京，中国人民公安大学出版社，1997。

⑤ 吴汉东、闵锋编著：《知识产权法概论》，34 页，北京，中国政法大学出版社，1987；钱明星：《物权法原理》，26 页，北京，北京大学出版社，1994；张和生：《知识经济学》，294 页，沈阳，辽宁人民出版社，1992。

《关于经济体制改革的决定》与1985年《关于科学技术体制改革的决定》，不仅对我国现阶段存在的商品经济作出了正确的说明，而且第一次明确承认技术已经成为“独立存在的知识形态的商品”。1986年我国民法通则颁布，正式使用“知识产权”这一概念，以取代“智力成果权”的传统说法。以上论断和规定为知识产品范畴的建立提供了理论基础和法律根据。其实，关于知识产品的理论范畴已有国外学者作出类似表述，知识产权概念的倡导者、比利时法学家皮卡弟曾将知识产权称为“使用知识产品的权利”[①]。笔者认为，知识产品的用语，描述了知识形态产品的外延范围，强调这类客体产生于科学、技术、文化等精神领域，是人类知识的创造物，明显地表现了客体的非物质性；同时，知识产品的本质内涵，突出了它是创造性劳动的产物，且在商品经济条件下具有商品属性和财产性质，从而反映了知识产权所包含的财产权利内容。

知识产品是一种无形财产，是独立于传统意义上的物的另类客体。无形财产之无形是相对于动产、不动产之有形而言的。在人类的生产活动中，作为商品的劳动产品[②]可以分为两类：一类是人类在物质生产过程中创造出来的物质产品，不仅有外在的形体，而且具有价值与使用价值；另一类是人们在精神生产过程中创造出来的知识产品，它没有外在形体，但具有内在的价值与使用价值，这类产品具有非物质性。非物质性的特征表明了它与物质产品具有不同的存在与利用形态。第一，不发生有形控制的占有。由于知识产品不具有物质形态，不占有一定空间[③]，人们对它的占有不是一种实在而具体的占据，而是表现为认识与感受。质言之，权利主体无法像管领有形财产那样有效地控制自己的精神产物。第二，不发生有形损耗的使用。由于知识产品必须向社会公示、公布，人们从中得到有关知识即可使用，而且在一定时空条件下，可以被若干主体共同使用。上述使用不会像有体物使用那样发生有形损耗。信息是不能拒

---

① ［苏］E. A. 鲍加特赫等：《资本主义国家和发展中国家的专利法》，载《国外专利法介绍》，12页，北京，知识出版社，1980。

② 知识产品是精神产物，是智力创造性劳动的成果。为了叙述的方便，此处仅对知识形态的产品与物质形态的产品作一比较。有形财产所有权的客体除生产劳动创造的有体物外，尚应包括天然形成的有体物。

③ 知识产品虽具有非物质性特点，但它总要通过一定的客观形式表现出来，这种表现形式通常被称为“载体”。知识产品的物化载体体现的是有形财产权而不是知识产权。

绝的，无权使用人利用了他人的知识产品，亦无法承担恢复原状的责任。第三，不发生消灭知识产品的事实处分与有形交付的法律处分。知识产品不可能有实物形态消费而导致其本身消灭之情形，它的存在仅会因期间过程产生专有财产与社会公共财富的区别。同时，有形交付与法律处分并无必然联系，换言之，他人有可能不通过法律途径去“处分”自己并无实际“占有”的知识产品。

上述特征确立了有形财产所有权与知识产权的原则界限。有些学者认为，知识产权与其他财产权利的根本区别在于其无形性，而其他法律特征即独占性、时间性、地域性等皆由此派生而成。严格地讲，权利作为主体凭借法律实现某种利益所可实施行为的界限与范围，概为无外在实体之主观拟制。正是在这个意义上，从罗马法学家到近代民法学家，都将具有一定财产内容的权利视为无体物。因此，知识产权与相关权利的本质区别，不是所谓该项权利的无形性，而在于其权利客体即知识产品的非物质性特征。

知识产品的本质特征还说明：作为知识产权客体的无形财产与民法传统意义上的无体物并非同类事项。两者虽同为人们主观所创制，且具有稀缺性及效用性，但其根本区别在于：第一，客体性质不同。无形物所涉及的权利，是一种制度产品，是“能够帮助人们形成在他与他人进行交易时的合理预期的一种社会工具”①。无形财产所包含的知识产品，是一种创造性思想及其表达方式以及识别性标记的精神产物，是社会财富的组成部分，包括“已经取得权利和尚未取得或不能取得权利的智慧性成果”②。第二，客体对象不同。客体的对象性表明，一定类型的客体总是同一定类型的权利联系在一起，或者说是某类权利所指向的目标。当无体物（权利）作为客体时，主体对此所生的是财产权，包括物权、债权等，该项权利往往通过法律行为才能取得。而作为无形财产的知识产品，是知识产权的客体，主体对此所生权利包括财产权与人身权的双重内容。知识产权的取得条件有二，一是凭借智力创造性活动的事实行为，

① ［美］哈罗德·德姆塞茨：《关于产权的理论》，载［美］R. 科斯等：《财产权利与制度变迁》，97 页，上海，上海三联书店，1994。

② 刘茂林：《知识产权法的经济分析》，2 页，北京，法律出版社，1996。

二是依赖国家主管机关依法确认的特别途径。

综上所述，知识产权的客体即知识产品是一种无形财产，知识产权亦可视为无体物（权利）而作为其他财产权的客体。

三、知识产权与无形产权：制度范畴研究

在民事权利中，知识产权或无形财产权是与传统意义上的财产所有权相区别而存在的。知识产权（ Intellectual Property），如果不失原意翻译的话，应为“知识（财产）所有权”；而无形财产权（ Intangible Property）循上述规则，似可译为“无形（财产）所有权”。

知识产权与无形财产权虽有“产权”意蕴，但与西方法律经济学家所倡导的产权概念是有区别的。在法律经济学著作中，产权被视为一组权利，包括“占有、使用、改变、馈赠、转让或阻止他人侵犯其财产”的权利[①]，或是指“一个社会所强制实施的选择一种经济品的使用的权利”[②]。从上述简要的定义，尚难以把握其确切的法律含义。不过从科斯所描述的产权界定，我们不难看出，产权已不仅仅是不同主体对有形财产的排他性归属问题，而且包括侵权损害责任由何方承担的问题。采用法律语言表述的话，英美法背景下的产权，涉及独占支配的所有权、分享利益的他物权以及获得赔偿的救济权。依照我国的法律传统，知识产权或无形财产权所表述的“产权”，是无法包容上述全部内容的。此外，知识产权或无形财产权，也不能简单沿用传统民法的财产权理论进行解释。在大陆法系国家，财产权也是一个内容丰富的概念，它既包括自物权，也包括他物权，亦涉及债权以至继承权。知识产权或无形财产权仅是指主体就其智力创造的成果所依法享有的专有权利，与所有权一样是具有绝对性、排他性特征的财产权。

知识产权是一项重要的民事法律制度。将一切来自知识活动的权利概括为

---

① 参见［美］罗伯特·考特、托马斯·尤伦：《法和经济学》，125 页，上海，上海三联书店，1994。

② ［美］R. 科斯等：《财产权利与制度变迁》，166 页，上海，上海三联书店，1994。

"知识产权"，主要是著名比利时法学家皮卡弟提出的。他认为，知识产权是一种特殊的权利范畴，它根本不同于对物的所有权。"所有权原则上是永恒的，随着物的产生与毁灭而发生与终止；但知识产权却有时间限制。一定对象的产权在每一瞬息时间内只能属于一个人（或一定范围的人——共有财产），使用知识产品的权利则不限人数，因为它可以无限地再生。"① 这一学说后来广泛传播，得到许多国家和国际组织的承认。现在，知识产权已成为国际上通用的法律术语。关于知识产权的用语，有广狭义之分。狭义上的知识产权，主要包括著作权、专利权、商标权。对此，法学界意见尚属一致。而广义上的知识产权，则包括著作权、专利权、商标权、发明权、发现权、商业秘密权、商号权、产地标记权、植物新品种权、集成电路布图设计权以及禁止不正当竞争方面的权利等。对于这一范围的概括，学术界颇有歧见。笔者认为，以知识产权名义统领下的各项权利，并非都是来自知识领域，亦非都是基于智力成果而产生，"知识"一词似乎是名不符实。从权利本源来看，其主要发生于智力创造活动与工商经营活动；从权利对象来看，其则由创造性知识及商业性经验、信誉所构成。此外，广义上的知识产权难以描述出所属权项的共同特征，除客体的非物质性外，诸如独占性、时间性、地域性的特点不可能在每一项权利中表现。例如，发现权不具有独占性，商业秘密权不具有时间性等。因此，以客体的非物质性为权利分类标准，在制度体系方面，无形财产权较之于知识产权具有更大的包容性。

无形财产权不能等同于经济学意义上的无形资产。无形资产是我国经济界的热点问题，其资产项目多涉及各类知识产权。从法律的角度特别是运用无形财产权理论，研究无形资产问题，对于实现相关学科的沟通与对话是大有裨益的。关于无形资产的概念，经济学界尚无统一的定义，一般多用指定无形资产包括的内容来表述无形资产的概念。不过，就无形资产的非实物形态的认定而言，各国大体相同。美国会计界认为，无形资产是非实物的经济资源。日本会

① ［苏］E. A. 鲍加特赫等：《资本主义国家和发展中国家的专利法》，载《国外专利法介绍》，12页，北京，知识出版社，1980。

计界强调无形固定资产是同有形固定资产相对立的概念。[①] 我国经济界学者在描述非实物形态时，有的表述为"某种权利、特权或优势"[②]，有的则概括为"某种特殊权利和技术知识"[③]。就对象的非物质性来讲，法学上无形财产权与经济学上的无形资产有着共通的认定标准，但在构成范围方面，无形资产的划定却难以在无形财产权理论上得到认同。一般认为，无形资产包括：专利权、商标权、著作权、技术秘密、特许经营权、租赁权、土地使用权、商誉等。[④] 上述无形资产的类别主要涉及知识产权，但并未涵盖知识产权类别的全部。同时，无形资产的范围也不能等同于无形财产的权利体系。不宜作为无形财产权的主要有：一是租赁权。虽然其权益是无形的，但其对象的表现形式是有形的。举凡金融租赁、使用租赁、维修租赁，其经营对象一般是生产工具，换言之，租赁权的客体为有形物。二是土地使用权。土地资源不同于智力资源，在企业资产中类似于有形固定资产，该项权利不能视为非物质形态的财产权。正是基于上述理由，有些经济学者也主张将该类权利从无形资产中分离出去。[⑤]

根据上述情况，笔者建议：参照无形资产的类别，在民法学研究中建立一个大于知识产权范围的无形财产权体系，以包容一切基于非物质形态（包括知识经验形态、商业信誉形态、经营资格形态）所产生的权利。该无形财产权包括以下三类。

一是创造性成果权。包括著作权（含著作邻接权、计算机软件权）、专利权（含发明专利权、实用新型专利权、外观设计专利权）、集成电路布图设计权、商业秘密权（含技术秘密权、经营秘密权）、植物新品种权。该类权利保护的对象都是人们智力活动创造的成果，一般产生于科学技术、文化等知识领域。客体一定程度的创造性是其取得法律保护的必要条件。

二是经营性标记权。包括商标权（含服务商标权）、商号权、产地标记权、其他与制止不正当竞争有关的识别性标记权。该类权利保护的对象概为标示产

---

① 参见蔡吉祥：《无形资产》，1 、2 页，深圳，海天出版社，1996。

② 蔡吉祥：《无形资产》，1、2 页，深圳，海天出版社，1996 。

③ 何清政等编著：《国有资产评估》，102 页，北京，中国标准出版社，1993。

④ 参见何盛明主编：《财经大辞典》，1431 页，北京，中国财经出版社，1990。

⑤ 参见蔡吉祥：《无形资产》，99 页，深圳，海天出版社，1996。

品来源和厂家特定人格的区别标记，主要作用于工商经营活动之中。可区别性是该类客体的主要特征，法律保护的目的即是防止他人对此类标记的仿冒。

三是经营性资信权。包括特许专营权、特许交易资格、商誉权等。该类权利保护的对象系工商企业所获得的优势及信誉，这种专营优势与商业信誉形成了特定主体高于同行业其他一般企业获利水平的超额盈利能力。权利客体所涉及的资格或能力，包含明显的财产利益因素，但也有精神利益的内容。

中国知识产权法学研究30年*

研究知识产权，是一门学问，需要多维的研究视野与多元的分析方法。首先，它不能偏离民法学的基本原理，但又不能拘泥于传统的民法学框架。30年来，我国知识产权学者多视角、全方位地考察知识产权，有的结合政治学、社会学、伦理学、经济学、管理学以及政策科学等理论从事跨学科研究，也有的运用宪法学、刑法学、诉讼法学、经济法学等原理进行跨领域的探讨。诸多著作、论文以多学科知识为背景，或对知识产权制度进行法哲学考察、政策科学分析、伦理学探讨、经济学论证和管理学研究，或围绕知识产权与人权、知识产权刑事保护、知识产权反垄断法规制、知识产权诉讼等主题展开论述，为知识产权问题的深入研究提供了崭新的视角。从事知识产权法学研究，不仅要有开阔的研究视野，同时也须掌握高明的治学方法。纵观30年来知识产权学者的研究成果，有采历史分析方法，运用科学的历史观，对法律制度的产生、发展与变革的一般规律进行纵向分析和动态考察的；也有尝试比较分析方法，以不同国家、地区的法律制度为对象，对不同法律制度的类型、传统、理念、原则、原理、规范进行比较研究的，包括法律制度异同的分析，相关法律制度冲突以及解决途径的分析等。

中国改革开放的30年，是中国知识产权法制建设不断发展的30年，亦是中国知识产权法学研究不断进步的30年。30年来的知识产权法学研究，有学

* 本文系作者与李瑞登博士合作完成。原载《法商研究》，2010（3）。

理分析，也有应用研究。知识产权学者既探索知识产权制度的基础理论体系，也关注知识产权发展的前沿问题，更致力于推动知识产权战略的实施和知识产权法律的完善与应用。

一、学理研究：知识产权基础理论体系的建构

知识产权基础理论主要涉及基本范畴、法律价值、制度体系以及权利救济等领域。自20世纪80年代以来，我国学者在知识产权法领域进行了许多基础性、开创性的研究，对知识产权基础理论的认识有一个不断深入的过程。

1. 关于知识产权的基本范畴。1986年，郑成思先生的《知识产权法通论》作为我国第一本知识产权专著，对主要知识产权作了系统阐述。作者认为，版权、专利权与商标权都是专有权，非经权利人的许可，其他人不得加以利用。这种权利仅在产生它和保护它的法律所适用的地域内有效。专利权保护新颖的、实用的、先进的发明；版权保护作品独创的“表达形式”，不延及作品反映的实质内容；商标权保护商标，商标的作用在于区别不同生产者或销售者生产或销售的同类商品。① 1987年，笔者与闵锋教授合著的《知识产权法概论》作为我国第一本知识产权教材，提出了知识产权理论范畴，对知识产权本体、主体、客体、属性与基本特征进行了初步界定。② 作者认为，知识产权是有别于传统财产所有权的一种新型权利，本质属性在于客体的非物质性；其主体没有行为能力的限制，仅凭借自己的创造者的身份，经国家主管机关确认即可取得权利，对于外国人的主体资格，主要奉行“有条件的国民待遇原则”；其客体即知识产品，具有创造性、非物质性、公开性等主要特点；权利本体表现了专有性、地域性和时间性的基本特征。③20世纪90年代中期以前，学者多将知识产权定义为人们对其创造性的智力成果所依法享有的专有权利。④ 90年代中

---

① 参见郑成思：《知识产权法通论》，北京，法律出版社，1986。

② 参见吴汉东、闵锋：《知识产权法概论》，北京，中国政法大学出版社，1987。

③ 参见吴汉东：《关于知识产权若干理论问题的思考》，载《中南政法学院学报》，1988（1）。

④ 参见郑成思主编：《知识产权法教程》，1页，北京，法律出版社，1993；黄勤南主编：《新编知识产权法教程》，1页，北京，中国政法大学出版社，1995。

期以后，学者认为，以知识产权名义统领的各项权利，并不都是基于智力创造成果产生，因而需要对知识产权作出新的概括，代表性的观点主要有三种：(1)“知识产权是基于创造性智力成果和工商业标记依法产生的权利的统称”[①]。(2)“知识产权是人们对于自己的智力活动创造的成果和经营管理活动中的标记、信誉依法享有的权利”[②]。(3)“知识产权是民事主体依据法律的规定，支配其与智力活动有关的信息，享受其利益并排斥他人干涉的权利”[③]。关于知识产权的本质属性，有学者认为，知识产权与其他财产权利的根本区别在于其本身的无形性，而其他法律特征即独占性、时间性、地域性等皆由此派生而成。[④] 关于知识产权客体与对象的关系，学者多将其作为相同概念来使用[⑤]，但也有观点认为客体与对象属于不同范畴，前者是指基于对知识产权对象的控制、利用和支配行为而产生的利益关系或社会关系，后者则指知识产品本身，属于“人类对认识的描述”[⑥]。关于客体的范围，有学者认为，诸如发现权、发明权以及其他科技成果权并非是对智力成果的专有使用权，而是一种取得荣誉及获取奖励的权利，该项制度应归类于科技法。[⑦] 新世纪伊始，学者以民法学理论为基础，对知识产权本体、主体与客体等基本问题进行了重新认识。具言之，知识产权本质上为一种无形财产权（意为无形财产的所有权），客体的非物质性是知识产权所属权项的共同法律特征；知识产权主体制度在原始取得、继受取得及国民待遇方面有别于一般民事主体制度；知识产品是对各类知识产权保护对象的新的概括，其种类主要有创造性成果、经营性标记与经营性资信，具有客观性、有用性和稀缺性等特征，是财产化的精神产品。[⑧]

---

① 刘春田主编：《知识产权法教程》，1 页，北京，中国人民大学出版社，1995。

② 吴汉东主编：《知识产权法学》，1 页，北京，北京大学出版社，1999。

③ 张玉敏主编：《知识产权法教程》，1 页，重庆，西南政法大学出版社，2001。

④ 参见郑成思主编：《知识产权法教程》，45 页，北京，法律出版社，1993。

⑤ 参见吴汉东主编：《知识产权法学》，12 页，北京，北京大学出版社，1999。

⑥ 刘春田：知识财产权解析，载《中国社会科学》，2003 (4)；刘春田主编：《知识产权法教程》，4 页，北京，中国人民大学出版社，1995。

⑦ 参见吴汉东主编：《知识产权法学》，2 页，北京，北京大学出版社，1999；张玉敏主编：《知识产权法教程》，14 页，重庆，西南政法大学出版社，2001。

⑧ 参见吴汉东：《财产的非物质化革命与革命的非物质财产法》，载《中国社会科学》，2003 (4)；吴汉东：《关于知识产权本体、主体与客体的重新认识》，载《法学评论》，2000 (5)。

2. 关于知识产权制度的价值取向。就法律所促进的价值而言，正义与效益应是整个知识产权制度的立法目的和功能目标。关于知识产权的正义价值取向，学者在论述中多以洛克的劳动价值理论、卢梭的社会契约理论以及黑格尔的“财产人格”理论等为依据。[①] 然而，正义价值并不能完全涵盖知识产权制度的效益价值，正义目标最终实现并不等同于效益最大化的成就。植根于经济生活之中的知识产权法，不仅应具备维系社会正义的职能，还应担负起实现智力资源有效配置、促进社会非物质财富增加的使命。效益最大化目标，在知识产权领域可以解读为知识、技术、信息的广泛传播。对此，有学者以法经济分析为基础，从实证研究的角度，论证知识产权制度效益价值的显著性。[②] 概言之，知识产权制度的宗旨，在于保护创造者的合法权益，促进知识产品的广泛传播。这一制度的基本功能是：调整创造者行使“专有权利”与促进知识广泛传播的矛盾，协调创造者、传播者与使用者三者利益的关系。鉴于此，有学者在研究著作权合理使用制度时，提出了“著作权法的平衡精神”这一新的理论命题，即平衡精神所追求的，实质上是各种冲突因素处于相互协调之中的和谐状态，它包括著作权人权利义务的平衡，创作者、传播者、使用者三者之间关系的平衡，公共利益与个人利益的平衡。[③] 这一理论在随后的知识产权研究中得到进一步系统化。有学者认为，专利法是国家以技术进步为交易目的、在技术发明人和社会公众之间的对价或衡平机制[④]；有学者则通过剖析知识产权法中的内在价值构造，并以知识产权的专门法律即著作权法、专利法、商标法、商业秘密法为例进行细致分析，发掘出知识产权法背后的利益平衡机制，形成了较为系统化的利益平衡理论。[⑤]

3. 关于知识产权的权利体系。知识产权的体系化涉及权利的类型化问题，事关知识产权法未来的立法体例选择。关于知识产权的权利类型，有广义和狭

---

① 参见冯晓青：《知识产权法哲学》，北京，中国人民公安大学出版社，2003；曲三强：《传统财产理论与知识产权观念》，载中国高校知识产权研究会编：《知识产权研究》，西安，西安交通大学出版社，2002；杨才然：《知识产权法的正义价值取向》，载《电子知识产权》，2006（7）。

② 参见刘华：《知识产权制度的效益及实证分析》，载《黄冈师范学院学报》，2001（2）。

③ 参见吴汉东：《著作权合理使用制度研究》，18页，北京，中国政法大学出版社，1996。

④ 参见徐瑄：《专利权垄断性的法哲学分析》，载《中国法学》，2002（4）。

⑤ 参见冯晓青：《知识产权法利益平衡理论》，北京，中国政法大学出版社，2006。

义之分。广义的知识产权包括著作权、邻接权、商标权、商号权、商业秘密权、地理标记权、专利权、植物新品种权、集成电路布图设计权等各种权利。对于发明权与发现权是否属于知识产权，学者存有异议。一种观点认为，应将发明权、发现权列入知识产权范围。[①] 另一种观点认为，科学发现不宜作为知识产权的保护对象。[②] 还有一种观点认为，该类发明权、发现权以及其他科技成果权是一种取得荣誉及获取奖励的权利，应归类于科技法。[③] 狭义的知识产权既涉及文学产权（著作权及与著作权有关的邻接权）、工业产权（专利权和商标权），也包含工业版权[④]这种新型权利。在权利类型化的基础上，有学者开始尝试对知识产权体系进行构建。[⑤]

4. 关于未来的立法体例选择。为应对知识产权体系化的法律变革，大陆法系的一些国家尝试将知识产权制度编入本国的民法典，法国在法典化的道路上则是独树一帜，率先制定了第一部知识产权法典，而菲律宾、埃及、越南等国家更是竞相效仿。概言之，知识产权制度模式经历了从单行立法、编入民法典到专门编纂法典的过程。中国知识产权法典化问题，是由 20 世纪 90 年代末启动的民法典起草工作而引起的。对于知识产权“入典”，无论是立法者还是多数学者并无异议。对于知识产权如何“入典”，则意见纷呈。有学者认为，应在民法典分则中设知识产权编，主要规定知识产权权利的一般规定和共同规则，而民法典外知识产权单行法的基本形态保持不变。[⑥] 也有学者提出，只有《知识产权法典》才能创制出一套具有宏观指导价值的、适用于全部各类具体

---

① 参见刘春茂主编：《中国民法学·知识产权》，2～4 页，北京，中国人民公安大学出版社，1997。

② 参见刘春田主编：《知识产权法教程》，3 页，北京，中国人民大学出版社，1995。

③ 参见吴汉东主编：《知识产权法》，2 页，北京，中国政法大学出版社，1999；张玉敏主编：《知识产权法教程》，14 页，重庆，西南政法大学出版社，2001。

④ 参见郑成思：《版权法》，北京，中国人民大学出版社，1990；郑胜利：《论集成电路布图设计保护法》，载《科技与法律》，1992 (2)。

⑤ 参见李琛：《论知识产权法的体系化》，北京，北京大学出版社，2005；吴汉东等：《知识产权基础理论研究》，北京，知识产权出版社，2009。

⑥ 参见张玉敏、王智斌：《论我国民法典设置知识产权编的理由及基本构想——以概括式立法为目标模式》，载《甘肃社会科学》，2005 (5)。

知识产权的原则，这一重大法律使命非《知识产权法典》不能完成。[①] 还有学者建议，知识产权制度的法典化可以分两步走：第一步，民法典仅对知识产权作一般规定，但单行法依然保留；第二步，在民法典之下编纂知识产权法典。[②]

5. 关于知识产权的救济。我国学者对这一领域的关注主要集中于侵害对象和归责原则的确定问题。对于侵权行为的指向，学者们有不同观点。有的学者强调，侵权行为表现为擅自使用他人的知识产品[③]；有的学者则认为，侵权行为本质上是擅自利用他人的专有权利，具体而言，侵犯著作权，是指“未经著作权人许可，在法律允许的范围之外，擅自使用其著作权的行为”[④]；侵犯专利权，即是“未经专利权人许可，实施其专利的行为”[⑤]；侵犯商标权，是指“不法侵害他人注册商标权”的行为。[⑥] 还有学者认为，就侵害对象而言，将侵权行为表述为“擅自行使或利用知识产品所有人专有权利”，较之于“擅自使用受法律保护的知识产品”这一说法更为确切。[⑦] 对于侵害知识产权的归责原则，我国法学界对此主张不一。有的学者认为，侵犯知识产权乃是一般侵权行为，主张适用过错责任原则。[⑧] 此即一元归责原则。多数学者主张在采用过错责任原则的基础上补充适用其他归责原则。此即二元归责原则。其中有代表性的观点主要有两种：一是以无过错责任原则为补充原则[⑨]，二是以过错推定责任为补充原则。[⑩]

---

① 参见曹新明：《论知识产权冲突协调原则》，载《法学研究》，1999（3）。

② 参见吴汉东：《国际化、现代化与法典化：中国知识产权制度的发展道路》，载（日本北海道大学）《知识财产法政策研究》，2004（4）。

③ 参见黄勤南主编：《新编知识产权法教程》，448页，北京，中国政法大学出版社，1995。

④ 郑成思主编：《知识产权法教程》，112页，北京，法律出版社，1993；郑成思：《临摹、独创性与版权保护》，载《法学研究》，1996（2）。

⑤ 刘春田主编：《知识产权法教程》，250页，北京，中国人民大学出版社，1995。

⑥ 参见刘剑文主编：《现代中国知识产权法》，289页，北京，中国政法大学出版社，1993。

⑦ 参见吴汉东：《知识产权保护论》，载《法学研究》，2000（1）。

⑧ 参见刘波林等：《侵害著作权的过错责任》，载《著作权》，1996（4）。

⑨ 参见郑成思：《侵害知识产权的无过错责任》，载《中国法学》，1998（1）；韦之：《著作权法原理》，141页，北京，北京大学出版社，1998。

⑩ 参见吴汉东：《知识产权保护论》，载《法学研究》，2000（1）；蒋志培：《TRIPs肯定的知识产权侵权赔偿的归责原则和赔偿原则》，载《法律适用（国家法官学院学报）》，2000（10）。

二、国际视野：知识产权制度一体化趋势的解读

经济全球化的出现和新的国际贸易体制的形成，是 20 世纪下半叶世界经济发展的重要潮流。这一潮流深刻地影响到 21 世纪的格局。在推动经济全球化进程方面，关贸总协定及其后继组织——世界贸易组织扮演着重要角色。与以往的国际组织与国际公约不同，世界贸易组织及其《知识产权协定》将知识产权保护纳入国际贸易体制之中，知识产权制度一体化、国际化呈现出新的发展趋势：（1）以国际贸易体制为框架，推行高水平的知识产权保护；（2）以执行机制与争端解决机制[①]为后盾，推行高效率的知识产权保护。自从 1994 年世界贸易组织取代关贸总协定，《知识产权协定》正式生效以来，知识产权国际保护制度进入了后 TRIPs 时代。《知识产权协定》在各缔约方普遍实施而引起的利益失衡，协定在实施过程中与国际人权的对抗冲突，传统资源保护引发知识产权制度的变革发展，成为这一时期学者关注的主要问题。

对于《知识产权协定》的制度缺陷及协定实施所带来的东西方利益失衡，我国学者早有认识。《知识产权协定》是迄今为止知识产权保护范围最广、保护标准最高的国际公约，虽然堪称“知识产权保护的法典”[②]，但存在合理性和适当性问题。学者认为，一揽子协议立法模式，没有解决东西方利益失衡问题。在一揽子协议的利益交换模式下，发展中国家因知识产权保护标准提高而导致进口知识产权的利益损失，可以被他们在世界贸易组织其他协议所获取的利益所弥补。然而，在《知识产权协定》的谈判及签署中，发达国家的绝对主导地位是非常明显的，而由此形成的规则显然不是平等的。发展中国家必须以承认高水平的知识产权保护规则为代价，来换取世界贸易组织提供的最惠国待遇。[③] 同时，《知识产权协定》的实体规则明显偏袒知识产权大国（发达国

---

① 关于国际知识产权争端解决机制的论述可参见张乃根：《国际贸易的知识产权法》，上海，复旦大学出版社，2007；古祖雪：《国际知识产权法》，北京，法律出版社，2002。

② 曹建明等：《世界贸易组织》，312 页，北京，法律出版社，1999。

③ 参见吴汉东：《后 TRIPs 时代知识产权制度的变革与中国的应对方略》，载《法商研究》，2005（5）。

家），发展中国家对实施协定存在诸多困难。诚如学者所认为："发达国家一再把知识产权保护水平提高，而发展中国家则提出了保护现代文化及高技术之源的问题。"① 以《知识产权协定》为核心的当代国际公约所确定的"最低保护标准"，体现了权利的高度扩张和权利的高水平保护，更多地顾及和参照了发达国家的要求和做法。有学者提出，执行统一的保护标准给发展中国家带来的成本可能远远超过获得的利益，因为这些国家的发展严重依赖于含有其他国家知识产权的技术、知识产品。②

关于《知识产权协定》与国际人权的冲突，我国学者亦有关注。有学者认为，从多哈会议通过的《关于〈知识产权协定〉与公共健康的宣言》，到坎昆会议前夕达成的关于该宣言第 6 段的实施决定，表明《知识产权协定》的法律框架在不断发展和完善，其推动力主要是知识产权与人权的冲突及其平衡。③学者继而提出，依照国际人权标准，知识产权国际保护制度有以下明显或潜在的冲突：表现自由与严格规制知识产权限制的冲突，隐私权与信息数据库权利扩张的冲突，健康权与药品专利利用受阻的冲突及发展权与专有技术转让受限的冲突；等等。④（1）关于著作权与表现自由权的冲突。有学者认为，版权保护对言论自由产生了一定的限制。由于版权是一种法定权利，它对于作为自然权利或说宪法权利的言论自由的限制，必须能够促进更加重要的公众利益才具有正当性。⑤ 也有学者认为，对于言论自由与版权保护的冲突，在美国的制度安排中判例法和厂商格式合同对当事人的直接影响要远超过成文法。未来我们对这两种权利的协调也应该突出判例法和厂商格式合同的重要作用。⑥（2）关于隐私权与信息数据库权利的冲突。有学者认为："社会不是在向着有利保护

① 郑成思：《国际知识产权保护和我国面临的挑战》，载《中国专利与商标》，2007（1）。

② 参见刘笋：《知识产权国际造法新趋势》，载《法学研究》，2006（3）。

③ 参见吴汉东：《知识产权国际保护制度的变革与发展》，载《法学研究》，2005（3）；张乃根：《论 TRIPs 协议框架下知识产权与人权的关系》，载《法学家》，2004（4）。

④ 参见吴汉东：《知识产权 vs. 人权：冲突、交叉与协调》，载（台湾）《法令期刊》，2003（8）。

⑤ 参见赖洪川、赵瑞华：《论版权保护与言论自由的平衡与冲突》，载《暨南学报（哲学社会科学版）》，2005（4）。

⑥ 参见冯晓青、魏衍亮：《互联网上言论自由权与版权关系之述评》，载《北大法律评论》，2001 年第 4 卷第 2 辑，513～533 页，北京，法律出版社，2001。

公民个人隐私的方向发展，相反，现代科技尤其是电子信息技术的发展以及大众传播媒介对市民生活深刻而广泛的影响，使得公民隐私权的保护变得更为迫切。”[①] 针对网络中个人信息的保护，有学者提出，应将个人信息权作为个人隐私权的一项重要内容，确认并保护个人信息的支配权、知情权、维护权和安全权，并在侵权责任中规定侵害个人隐私权（个人信息权）的民事责任。[②] (3) 关于健康权与药品专利权的冲突。学者注意到，《多哈宣言》确认困扰许多发展中国家和最不发达国家遭受痛苦的公共健康问题的严重性；强调知识产权保护对于新药品开发的重要意义，也承认这种保护对价格的影响所产生的状态；同意《知识产权协定》不应成为缔约方采取行动保护公众健康的障碍。[③] 有学者继而提出，知识产权的国际保护不仅在于对知识产权制订保护标准，更在于保障不同的国家间尤其是发达国家和发展中国家间在技术发展和创新的利益分享中的平衡，保障私人财产权利的行使与公共利益之间的平衡。[④] (4) 关于发展权与专有技术转让受限的冲突。学者主张，发展权是第三代人权即集体人权的重要内容，是所有人民自由谋求经济、社会和文化发展的权利，反映了第三世界民族主义的出现以及它对权力、财富以及其他重要资源在全球范围内分配的要求。[⑤] 有学者认为，《知识产权协定》虽然对促进技术转让和知识传播作了原则规定，并强调发达国家应鼓励其企业和机构对最不发达国家进行技术转让，但这些原则规定并没有真正落实。由于发展中国家往往缺乏利用先进技术的设施和力量，无力充分地分享科学技术进步带来的利益，从而在社会发展问题上总是处于不利的地位。[⑥]

在传统资源保护与知识产权制度变革的问题上，我国学者研究较多、论述颇丰。传统知识、遗传资源等新型财产权制度的出现，对国际知识产权制度的发展产生了巨大的推动作用。这一情形使得知识产权保护范围从智力成果的本

---

① 张新宝：《隐私权的法律保护》，26 页，北京，群众出版社，1997。

② 参见鲁俊渝：《信用卡数据库营销中个人信息的法律保护探讨》，载《法制与社会》，2007（4）。

③ 参见高胜：《正义是社会制度的首要价值》，载《中国对外贸易》，2002（4）。

④ 参见冯洁菡：《公共健康危机与 WTO 知识产权制度的改革：以 TRIPs 协议为中心》，武汉，武汉大学出版社，2005。

⑤ 参见夏旭东等主编：《世界人权纵横》，116 页，北京，时事出版社，1993。

⑥ 参见吴汉东：《知识产权国际保护制度的变革与发展》，载《法学研究》，2005（3）。

身发展到智力成果的源泉，使得发展中国家在知识产权资源的国际竞争中改变劣势地位成为可能。有鉴于此，我国学者对该问题进行了较为系统的研究。其中，不仅有正式出版的相关专著，也有见诸刊物的诸多论文。前者既有关于民间文学艺术法律保护的探讨，或认为应构建民间文学艺术专有权保护制度，并提出相应的立法建议稿[①]，或建议近期应完善现有知识产权各项法律制度以保护民间文艺、长远来说应建立民间文艺特殊权利保护模式[②]；也涉及传统知识法律保护之研究，有学者提出由衍生知识产权利益、消极知识产权利益和积极知识产权利益组成的有关传统知识的利益结构，并构建了传统知识知识产权保护制度的框架[③]，也有学者认为应变革现行的知识产权制度，创设传统知识私权保护机制，根据传统知识对象的不同，提供可以利用的多种权利保护模式，并在同一种权利保护模式中配置多层次的保护措施。[④] 就后者来看，学者不仅探讨了民间文学艺术、传统知识的法律保护，也分析了非物质文化遗产的法律界定与保护模式，更述及了遗传资源保护的客体属性和权利形态。[⑤] 例如，有学者提出，民间文学艺术来源群体和以自然人为主的传承人享有民间文学艺术版权，这与现代版权制度中个人与集体相结合的二元主体结构具有契合性。运用法定代理制度可以解决因民间文学艺术来源群体民事行为能力欠缺带来的权利主体虚位的难题。[⑥] 有学者认为，现行知识产权制度无法对所有形式的传统知识提供保护，且在实施过程中在主体确认、客体保护条件、权利保护期限、利益分配等方面存在着诸多困难，因此，适用现行制度保护，只能是应急之

---

① 参见黄玉烨：《论非物质文化遗产的私权保护》，载《中国法学》，2008（5）；黄玉烨：《民间文学艺术的法律保护》，北京，知识产权出版社，2008。

② 参见管育鹰：《知识产权视野中的民间文艺保护》，北京，法律出版社，2006。

③ 参见严永和：《论传统知识的知识产权保护》，北京，法律出版社，2006。

④ 参见丁丽瑛：《传统知识保护的权利设计与制度构建：以知识产权为中心》，北京，法律出版社，2009。

⑤ 参见吴汉东：《关于遗传资源客体属性与权利形态的民法学分析》，载《月旦民商法杂志》，2006（4）；曹新明：《非物质文化遗产保护模式研究》，载《法商研究》，2009（2）；张玉敏：《民间文学艺术法律保护模式的选择》，载《法商研究》，2007（4）；朱雪忠：《传统知识的法律保护初探》，载《华中师范大学学报》，2004（3）；李顺德：《非物质文化遗产的法律界定及知识产权保护》，载《江西社会科学》，2006（5）。

⑥ 参见张耕：《论民间文学艺术版权主体制度之构建》，载《中国法学》，2008（3）。

策，恐怕难为长远之计。[①] 基于传统文化的不同客体属性，存在着两种不同的权利形态，即“集体产权”的知识产权和“集体人权”的文化权利。根据国际公约精神，借鉴他国立法经验，中国宜建立非物质文化遗产保护和传统文化表现形式保护的双重权利制度。[②] 对传统知识、遗传资源的保护，国际社会正在酝酿一种与“传统”信息及信息材料相关联并和文化与生物多样性目标相一致的，但与“现代”知识产权相区别的“传统资源权制度”。有学者认为，传统资源权是一种保护“传统知识”（即智力创造源泉）的“新制度”。这种财产权与现有的知识产权有关但又有区别，可采取专门管理（公法）与权利保护（私法）相结合的法律模式。[③]

三、时代胸怀：知识产权制度现代化诉求的回应

人类社会已经进入知识经济时代。发端于20世纪80年代直至现在席卷全球的“知识革命”是新技术革命的继续和发展，其中最具代表性、最具影响力的时代技术当数网络技术和基因技术。新技术不但改变了人类的生存方式，而且对现行知识产权法律带来了挑战。知识产权制度是科技、经济和法律相结合的产物，它从实质上解决“知识”作为资源的归属问题，是一种激励和调节的利益机制。从这个意义上说，新的世纪是知识经济的时代，也是知识产权的时代。知识革命呼唤着知识产权制度的现代化。

知识革命的出现，不仅创造了新的知识产品，而且提供了知识产品新的利用方式。这一情况极大地丰富了知识产权法的内容，同时也给知识产权法带来诸多新问题。对此，我国学者作出了回应。

1. 新的知识形式对传统知识产权客体的挑战。这主要表现为知识产品形式的变化和知识产权客体范围的扩大。首先，著作权客体经历了传统的“印刷

---

① 参见吴汉东：《文化多样性的主权、人权与私权问题分析》，载《法学研究》，2007（6）。

② 参见吴汉东：《论传统文化的法律保护——以非物质文化遗产和传统文化表现形式为对象》，载《中国法学》，2010（1）。

③ 参见龙文：《论传统知识产权的实现形式》，载《专利法研究》（2004），北京，知识产权出版社，2004。

作品”到现代的“模拟作品”“电子作品”再到当代的“数字作品”与“网络作品”的不断演进。对于数字网络版权，学者有相关文章就作品数字化问题、网络传播问题、技术保密问题、权利信息管理问题以及法律救济问题等作出论述[①]，近年来也有教材对网络环境中的著作权制度进行系统介绍[②]，还有学术专著在网络版权的局部问题上展开对策性研究。[③] 其次，专利权客体从以往的微生物、动植物品种发展到今天的基因技术。对于基因技术专利，学者从“源”与“流”两个方面给予关注，既研究遗传资源的法律保护问题，认为在遗传资源之上应构建一种新型的特别的专有权，这种专有权既是生物技术知识产权的在先权利，也是生物体所有权的类似权利[④]；也探讨了基因技术的可专利性问题，并对基因技术的保护范围、基因专利的排除领域以及生物信息技术软件和硬件的知识产权保护作了论述。[⑤] 再次，域名作为数字化经营标记，则成为商业标记领域最新保护对象。对于域名保护问题，学者关注的焦点集中在域名的保护模式、权利属性及与商标权的冲突等领域。[⑥]

2. 新的知识财产对传统知识产权范围的突破。这既表现在原有权项内容的拓展，如著作权领域出现的信息网络传播权、数据库作者权；也表现在新的财产权利的增加，如介乎著作权与工业产权之间的集成电路布图设计权、具有准专利性质的植物新品种权。(1) 信息网络传播权。关于信息网络传播权，学

---

① 参见李明德：《网络环境中的版权保护》，载《环球法律评论》，2001年春季号；李顺德：《网络环境对版权保护提出的新问题》，载《环球法律评论》，2001年春季号；彭学龙：《“复制”版权之反思与重构》，载《知识产权》，2005 (1)。

② 参见王迁：《网络版权法》，北京，中国人民大学出版社，2008。

③ 参见吴伟光：《数字技术环境下的版权法危机与对策》，北京，知识产权出版社，2008。

④ 参见吴汉东：《关于遗传资源客体属性与权利形态的民法学分析》，载《月旦民商法杂志》，2006 (4)。

⑤ 参见胡开忠：《高新技术发展中的知识产权制度现代化》，载《法商研究》，2005 (5)；黄玉烨：《基因技术的可专利性与投资保护》，载《律师世界》，2001 (11)；张玉敏、焉海生：《基因序列的可专利性分析》，载《中国专利与商标》，2003 (2)；朱雪忠、常俊丽、何光源：《生物信息技术的知识产权保护初探》，载《知识产权》，2006 (1)。

⑥ 参见薛虹：《网络时代的知识产权法》，北京，法律出版社，2000；王莲峰：《网络域名的有关问题研究》，载《郑州大学学报》，2000 (6)；陶鑫良：《商业域名、商业域号的知识产权保护》，载《中华商标》，2001 (5)；杨巧：《域名纠纷及其解决》，载《当代法学》，2003 (4)；张楚：《关于网络法基本问题的阐释》，载《法律科学》，2003 (6)。

者围绕我国《信息网络传播权保护条例》(简称《条例》)的出台所展开的理论研究，既有《条例》制定前的立法前瞻，也包括《条例》实施后的制度评价以及未来修法的建议。就前者而言，有学者认为，目前网络环境下，发展中国家更多地扮演“公众”的角色，著作权法中作者利益与公众利益的平衡演化成发达国家与发展中国家的利益平衡，合理使用制度也蕴含着发展中国家能在多大程度上合理利用发达国家的科学文化成果，这使得合理使用制度的内涵大大深化。① 有学者提出，网络出版既涉及著作权人和邻接权人的复制权，也与著作权人的信息网络传播权和邻接权人的向公众传播权直接相关，侵权的风险较大。② 有学者建议，网络传播权的保护应有利于著作权利益的实现，其权利限制则应有助于网络媒介及相关产业的发展。③ 就后者来看，有学者建议现行《条例》应增加关于数字图书馆的权利限制条款，将数字化复制纳入规制的范围，并进一步完善网络服务商特别是 P2P 服务提供者的责任条款。④ (2) 数据库保护。数据库可采取版权、技术措施、特殊权利抑或契约等保护模式。学者对此多有介绍，并从我国数据库产业发展现状出发，提出各自的立法建议。⑤ 例如，有学者认为数据库保护应采特殊权利模式，并建议确定相应的投资保护标准、规定强制许可、适当扩大合理使用的范围、规定数据库制作者的产品质量责任、规定数据库登记制度等等。⑥ (3) 集成电路布图设计权。集成电路布图设计在国外有“功能作品”之称，既不同于专利法所保护的外观设计，也不属于著作权意义上的图形作品，各国主要采取“工业版权”即布图设计专有权的保护模式。⑦ 2001 年，我国颁布并实施了《集成电路布图设计保护条例》。学者认为，该条例对集成电路布图设计的保护水平已经达到了国际标准，但这

---

① 参见吴汉东、肖尤丹：《网络传播权与网络时代的合理使用》，载《科技与法律》，2004 (4)。

② 参见李顺德：《网络出版与信息网络传播权》，载《科技与出版》，2004 (2)。

③ 参见张今：《网络传播权立法的价值取向》，载《法律适用》，2005 (1)。

④ 参见吴汉东主编：《中国知识产权制度评价与立法建议》，北京，知识产权出版社，2008。

⑤ 参见陈传夫：《信息资源公共获取与知识产权保护》，北京，北京图书馆出版社，2007；李顺德：《数字图书馆与知识产权保护》，载《图书情报工作》，2002 (12)。

⑥ 参见李扬：《数据库法律保护研究》，北京，中国政法大学出版社，2004。

⑦ 参见郭禾：《集成电路布图设计权——一种新型的知识产权》，载《知识产权》，1992 (6)；董炳和：《集成电路布图设计的法律保护及其影响》，载《烟台大学学报》，1997 (2)；刘文：《集成电路布图设计的知识产权性质和特点》，载《法商研究》，2001 (5)。

一立法模式在中国乃至世界其他国家都被集成电路布图设计权利人所冷落，其原因在于这一模式并不能满足权利人的需求。[①]（4）植物新品种权。由于以选育和杂交栽培为代表的传统生物技术，特别是以基因工程为核心的现代生物技术，在植物育种中有着重要的应用，植物新品种的培育和推广显现出重大的现实意义，其法律保护问题也为多数国家所重视。关于植物新品种权保护模式的选择、权利取得条件、保护范围、权利内容、权利限制等问题，我国学者都有系统的论述。[②]

3. 新的知识利用方式对传统知识产权规则的改变。新技术不仅带来知识产品利用的新途径，而且也要求法律制定相应的新规则。在网络版权领域，对保密技术措施的正当性、合理性考量，对网络作品传播者、消费者的责任界定，无一不是法律难题。关于技术保护措施，学者多运用比较分析方法，介绍美国、澳大利亚及欧盟等国家或地区的法律规定，考察技术措施的主体、相关性、有效性及目的正当性等构成要件，探讨其与合理使用的关系，最终提出技术措施的合理性标准。[③] 关于网络版权的侵权救济，学者较多关注于网络服务商的间接侵权责任，既有关于侵权归责原则的论述，认为损害赔偿责任应在适用过错归责原则的基础上补充适用过错推定归责原则[④]；也包括对间接侵权的特征、类型以及构成要件的具体阐述。[⑤] 而在网络商标领域，法律则面临商标权地域性与因特网国际性的冲突，商标分类保护与网上商标权排他效力的矛盾。关于网络商标的使用与保护，学者从符号学、心理学等角度，分析商标法

---

① 参见郭禾：《中国集成电路布图设计权保护述评》，载《知识产权》，2005（1）。

② 参见牟萍：《我国农业植物新品种保护现状及应对之策》，载《法学》，2008（4）；方志辉、王雨时：《植物新品种知识产权保护中的问题与对策》，载《知识产权》，1995（2）；张学安、张玉龙：《论TRIPs框架下国际植物新品种保护制度的建构——兼评我国的保护对策》，载《广西社会科学》，2009（5）；李剑：《植物新品种权的权利限制》，载《电子知识产权》，2008（6）。

③ 参见薛虹：《从美国的数字化版权立法看我国的技术措施保护》，载《中国专利与商标》，1999（2）；王迁：《对技术措施立法保护的比较研究》，载《知识产权》，2003（2）；张耕：《略论版权的技术保护措施》，载《现代法学》，2004（2）；冯晓青：《技术措施与著作权保护探讨》，载《法学杂志》，2007（4）。

④ 参见吴汉东：《试论知识产权的"物上请求权"与侵权赔偿请求权》，载《法商研究》，2001（5）。

⑤ 参见王迁、王凌红：《知识产权间接侵权研究》，北京，中国人民大学出版社，2008。

的基本范畴特别是商标的混淆与淡化理论[①]，并重点关注域名与商标使用的冲突问题[②]，继而探寻对网络环境下的商标使用进行司法保护的合理途径。[③]

4. 新的知识权利观念对传统知识产权制度的动摇。生物技术的出现，使发现与发明的界限变得模糊，“专利只能授予发明而不能授予发现”的传统理论遭到了质疑。“传统资源权”概念的出现，使得人们在关注现有智力成果权利的同时，也要考虑传统智力资源的保护。就前者而言，有学者认为，专利保护的第一道门槛是可专利性问题，即是发明还是发现，是否涉及公序良俗问题抑或关系国家安全与公众利益。第二道门槛是专利的构成要件问题，即专利的新颖性、创造性和实用性。世界各国对于是否给予基因（包括人类基因）专利保护以及提供保护的条件与范围始终存在争议。基因技术是一个新的技术制高点，各国在基因专利保护问题上的态度，更多是基于国家相关产业利益的考量。[④] 就后者而言，有学者提出，遗传资源及其有关的传统知识，如果符合保护条件，其本身即可取得知识产权，如专利权、植物新品种权；遗传资源及其有关的传统知识，对生物技术发明或新品种培育有重要价值，就其产权链接来说，遗传资源权或农民权往往是某些知识产权的在先权利。因此，我们可以在物权、知识产权以及其他专有权的相关法律框架内，对该类权利进行学理研究和制度构建。[⑤] 学者注意到，许多国家包括北美、西欧的一些发达国家认为现行知识产权制度原则上适用于传统知识保护；而一些学者和非政府组织则强烈

---

① 参见彭学龙：《商标法基本范畴的符号学分析》，载《法学研究》，2007（1）；彭学龙：《商标法基本范畴的心理学分析》，载《法学研究》，2008（2）；彭学龙：《商标法的符号学分析》，北京，法律出版社，2007。

② 参见黄晖：《商标法》，北京，法律出版社，2004；黄晖：《网上正名——解决域名与商标冲突三原则》，载《国际贸易》，2000（9）；邓文莉：《论计算机网络域名侵犯商标权纠纷及其解决》，载《南华大学学报》，2002（1）；蔺建平、高茹：《网络域名与商标冲突原因及解决策略研究》，载《河北法学》，2006（12）。

③ 参见蒋志培：《中国对网络环境下著作权和商标权的司法保护》，载《信息网络安全》，2006（3）；黄武双、李进付：《从售中“混淆”到“初始利益混淆”——利益平衡视角下的网络搜索关键词商标侵权认定》，载《中华商标》，2007（10）；邓宏光、周园：《网络商标侵权的新近发展》，载《重庆社会科学》，2008（5）。

④ 参见张平：《生物医学领域中的知识产权保护》，载《北京大学学报（哲学社会科学版）》，2007（1）。

⑤ 参见吴汉东：《知识产权国际保护制度的变革与发展》，载《法学研究》，2005（3）。

建议建立一种专门制度，即为适应传统知识的本质和特点而创设独立法律制度。①

四、政策考量：知识产权制度战略化进程的推动

对于当代世界各国而言，知识产权战略既是对知识经济时代发展趋势的回应，也是解决社会重大发展问题的举措，其目的无一不是通过知识产权制度来提升知识创新能力，形成核心竞争力，实现社会经济跨越式发展。对于中国而言，中国虽属发展中国家，但在经济、科技和社会发展的某些领域已取得明显进步，对知识产权制度有较大需求，对知识产权保护也具备一定调适能力。这是制定知识产权战略的国情基础。同时，中国资源有限，人均占有率较低，不能走资源耗费型的发展道路；对外技术依存度高，也不可能走技术依赖型发展道路。不管是考虑西方国家维护其技术优势、限制高技术转让的基本立场，还是考虑自身经济安全、文化主权和科技发展的需要，中国都只能走提高知识创新能力、建设创新型国家的发展道路。这是实施知识产权战略的政策目标取向。因此，中国制定和实施知识产权战略势在必行。

2005年1月，国家知识产权战略制定工作正式启动。国家知识产权战略制定工作领导小组在全国范围内遴选出几百名知识产权领域的顶尖专家组成国家知识产权战略专家库，使之成为我国国家知识产权战略制定工作的智囊团。战略制定工作包括20个专题的研究和《纲要》的制定，即“20＋1”战略。《纲要》是国家知识产权战略的总论部分，20个专题研究则为《纲要》的制定提供研究基础和论证准备。

1. 关于知识产权制度的公共政策属性，有学者认为，知识产权具有多重属性。从私人层面看，知识产权是知识财产私有的权利形式。世界贸易组织《知识产权协定》在其序言中宣示“知识产权为私权”，即以私权名义强调了知识财产私有的法律性质。而从国家层面看，知识产权是政府公共政策的制度选

① 参见朱雪忠：《传统知识的法律保护初探》，载《华中师范大学学报》，2004（3）；宋红松：《传统知识与知识产权》，载《电子知识产权》，2003（3）。

择。是否保护知识产权，对哪些知识赋予私人产权，采取什么水准保护知识产权，是一个国家根据现实发展状况和未来发展需要而作出的公共政策选择和安排。[①] 就知识产权制度、政策、战略三者的关系来看，知识产权制度是有关知识产权公共政策的重要组成部分，知识产权政策是国家为实现社会发展目标而制定的知识产权行动准则，而知识产权战略则是推行知识产权政策、实施知识产权制度的基本纲领。有学者提出，公共政策可以划分为元政策、基本政策、部门政策，不同效力的各项公共政策构成一个统一的政策体系。在元政策、基本政策、部门政策之间则存在着衍生与被衍生、统摄与被统摄的关系。国家知识产权战略属于我国知识产权公共政策元政策，或者叫作总政策（或称总路线、总方针），是政策体系中具有统摄性的政策，对其他各项政策起指导和规范的作用，是政策主体用以指导一定历史时期全局性行动的高度原则性指针。[②]

2. 关于知识产权战略的制定与实施。国家知识产权战略是一个系统工程。根据知识产权的类别，战略内容主要包括专利战略、版权战略、商标战略等领域。对此，我国学者逐一进行了探索。关于专利战略，《国家专利战略研究》报告认为，国家专利战略是国家发展战略的一部分，是国家通过立法、行政、司法等手段行使公权力，创造良好的市场机制和法律环境，组织、引导、保护权利主体取得和使用专利权，激励创新、获得竞争优势、创造更多财富的政策、总体策划和措施。实施国家专利战略要以解决全局性、制度性和政策性的问题为着眼点，以提升竞争优势、提高国家的综合竞争力为目标。[③] 关于版权战略，有学者建议，要力争在国际版权谈判中的主导地位，建立健全保护民间文学艺术作品的法律法规；参照本国的经济文化发展水平，对不同作品在不同阶段采取不同的保护强度；以保护作品创作者利益为中心，加快有关著作权集体管理的立法[④]；以提升版权产业国际竞争力为目标，加强文化创新，加大版

① 参见吴汉东：《知识产权本质的多维度解读》，载《中国法学》，2006（5）。

② 参见彭茂祥：《我国知识产权公共政策体系的构建》，载《知识产权》，2006（5）。

③ 参见杨林村等：《国家专利战略研究》，北京，知识产权出版社，2006。本书是科技部知识产权事务中心承担的科技部重大课题。

④ 参见胡开忠：《入世后中国版权国际化的战略调整》，载《法商研究》，2004（4）。

权保护力度。[①] 关于商标战略，学者认为，我国应该树立名牌保护意识、推进名牌创建工程[②]，实施质量战略、商标战略和名牌战略。[③]

从战略的主体角度来看，战略体系可包括国家知识产权战略、地区知识产权战略、行业知识产权战略、企业知识产权战略四个方面。从国家层面来看，学者认为，国家知识产权战略是政府以国家的名义，通过制度配置和政策安排对知识资源的创造、归属、利用以及管理等进行指导和规制。[④] 从区域层面来看，有学者提出，应当充分利用各地的自然地理资源，以地理标志的保护形式确保特色产品的竞争优势；发挥产业集群的优势科技力量，开发自主知识产权；挖掘传统知识的商业价值，对民间文学艺术表达和传统技艺予以利用和保护。[⑤] 就行业知识产权战略来看，学者多借鉴典型国家特别是发达国家的行业战略经验，突出行业协会在行业战略制定与实施中的核心作用：对内发挥自律、引导职能，在对企业执行行业战略进行监督的同时，帮助和引导企业进行技术研发，不断提高国内同类企业产品的科技含量和市场竞争能力[⑥]；对外履行代表职责，将行业协会从注重管理和控制的行政角色，转变为一种具备协调功能、谈判功能和行业约束功能的经济共同体。[⑦] 而就企业知识产权战略而言，学者多以经济全球化、知识产权一体化为背景，综合运用法学、经济学和管理学等研究方法，对企业专利战略、商标战略、版权战略、商业秘密保护战略以及知识产权的控制与管理战略进行理论探讨和实证分析。[⑧] 关于这几种战略之间的关系，学者认为，要做到国家的宏观战略与企业的微观战略相结合，

---

① 参见吉阳等：《国家竞争优势理论与我国版权贸易竞争力》，载《中国出版》，2006（5）。

② 参见闫宝忠：《谈商标战略与名牌工程》，载《中国工商管理研究》，2000（2）。

③ 参见郭克莎：《名牌战略、质量战略、商标战略》，载《经济管理》，1996（8）。

④ 参见吴汉东：《国际变革大势与中国发展大局中的知识产权制度》，载《法学研究》，2009（2）。

⑤ 参见刘华、黄光辉：《论我国的知识产权地域性战略》，载《科技与法律》，2005（1）。

⑥ 参见于文萍：《政府、行业协会、企业在知识产权保护中的作用》，载《内蒙古师范大学学报》，2002（2）。

⑦ 参见丁道勤：《论我国行业协会的缺位—兼议中国 DVD 企业反诉 3C 专利费案》，载《电子知识产权》，2005（2）。

⑧ 参见张平、马骁：《标准化与知识产权战略》，北京，知识产权出版社，2002；朱雪忠主编：《企业知识产权管理》，北京，知识产权出版社，2007；冯晓青：《企业知识产权战略》，北京，知识产权出版社，2008。

行业间的战略与地区间的战略相协调；国家战略是对地区战略、行业战略和企业战略制定和实施的指导方略，企业战略是对国家战略、地区战略、行业战略最终落实的基础，而行业战略、地区战略则是联系或指导其他战略的桥梁和纽带。①

从战略的内容角度来讲，知识产权战略应该包括创造战略、保护战略、管理战略与运用战略这四大方面。② 知识产权战略应是一种以创造、运用、保护和管理为重要内容的整体战略，这不仅仅是法律问题，而更多的是与国家的科技政策、产业政策、文化政策、教育政策等公共政策相关联。为此，学者建议，中国应建立以知识产权为导向的公共政策体系③，并从文化政策、财政政策、税收政策等方面提出促进国家知识产权战略实施的相关建议。④

3. 关于知识产权战略实施的效益评价。我国学者不仅对知识产权战略的制定给予理论支持，还于战略实施后及时提供相应的调整建议和绩效评价方法。2008 年 6 月，《国家知识产权战略纲要》正式公布实施，这是中国知识产权法制建设 30 年来最后也是最为重要的成就。以此为标志，中国知识产权事业步入一个新的重要历史时期。然而，自 2008 年 9 月国际金融危机爆发以来，中国知识产权战略的实施面临着一个更为复杂的国际背景。学者建议，在这种特殊环境下，我们要充分认识传统发展模式之“危”，更要清醒地看到科学发展方式之“机”。在化“危机”为“胜机”的过程中，要特别强调知识产权战略实施的质量和效益。中国现在是专利申请大国和商标申请大国，但远远不是专利强国，更不是品牌强国。因此，我们要特别强调知识产权战略实施的政策

---

① 参见吴汉东：《中国知识产权的国际战略选择与国内战略安排》，载《今日中国论坛》，2006 (2)。关于区域知识产权战略之间的协调，参见朱雪忠：《知识产权协调保护战略》，北京，水利水电出版社，2005。

② 具体内容参见国家保护知识产权工作组编：《领导干部知识产权读本》，北京，人民出版社，2006。

③ 参见吴汉东：《中国应建立以知识产权为导向的公共政策体系》，载《中国发展观察》，2007 (5)。

④ 参见刘华：《文化政策视阈下我国知识产权文化发展研究》，载《华中师范大学学报》，2009 (2)；王保安：《积极运用财政政策、促进国家知识产权战略》，载《中国资产评估》，2007 (12)；李军波等：《促进我国企业自主知识产权开发政策研究——一个税收激励的视角》，载《科学管理研究》，2007 (6)。

目标，更多地在自主知识产权的质量上下功夫，而不能片面地在知识产权的数量上做文章：一是提高专利技术的有效应用率和专利产品的附加值，二是提高国际知名品牌的增长率和知名品牌的国际市场影响力，三是提高文化产品的国际市场占有率和版权产业对经济发展的贡献率。① 关于国家知识产权战略实施的效果评价，学者认为不仅要考察国家科研投入，还应衡量企业研发投入，并将提高国际竞争力作为重要战略目标②；可以运用综合评价方法，设计一套“知识产权战略实施的综合评价指数”，该指数包含知识产权制度建设、知识产权规则运用、知识产权资源创造、知识产权资源运营和市场主体状况等5个一级指标及其下的4项二级指标和65项三级指标③；也可以针对我国知识产权战略实施的软环境提出一套评价指标体系，该体系将每年新增法律、法规和每年新增的知识产权政策作为评价知识产权法律和政策的主要指标。④ 截至目前，已有学者运用定性分析、定量分析、比较分析和案例分析的方法，在考察中国各区域的知识产权发展水平和差异的基础上，对中国内地31个省、市、自治区的知识产权发展状况进行了客观的测度和评价，并归纳和研究中国知识产权发展中存在的主要问题，从而提出了推进中国知识产权战略实施的相应政策建议。⑤

五、实践参与：知识产权理论在法制建设中的应用

我国知识产权研究面临着两大任务：一是构建知识产权制度的基础理论体系，二是关注知识产权制度建设的现实问题。因此，知识产权法学研究，既不能坐而论道，也不能就事论事，而应是学理研究和应用研究两者的结合。我国

---

① 参见吴汉东：《国际金融危机下的中国知识产权战略实施》，载江平等：《中国如何炼成软实力?》，北京，中国法制出版社，2009。

② 参见陈昌柏：《借鉴国际经验设置我国知识产权战略评价指标》，载《中国发展观察》，2007(5)。

③ 参见郭民生：《知识产权战略实施的综合评价指数》，载《知识产权》，2009(1)。

④ 参见孟奇勋、黎运智：《我国知识产权战略实施软环境评价指标研究》，载《电子知识产权》，2008(6)。

⑤ 参见王正志主编：《中国知识产权指数报告》，北京，知识产权出版社，2009。

知识产权学者不仅从事学理研究，也开展应用研究，借此推动中国知识产权法律制度的完善；既关注制度的立法构建，也重视法律的解释与使用，致力于解决现实生活中的知识产权问题。

在知识产权立法的过程中，学者们积极参与，发挥了专家立法的作用。知识产权学者曾参与了我国《著作权法》、《专利法》、《商标法》、《反不正当竞争法》、《计算机软件保护条例》和《信息网络传播权保护条例》等法律法规的起草和修订工作。他们提出的许多意见和建议都被国家立法机关采纳。例如，在我国现行合同法的起草过程中，有学者呼吁："版权合同的许多特点，使其不宜纳入合同法中；商标合同正相反，其特点之少使得合同法中完全没有必要专列'商标合同'分则；专利合同虽可纳入'技术合同'一章，但宜突出'专利单行法律、法规的规定与合同法不同者，依其规定'"[①]。这一意见已为最终出台的《合同法》所接受。在 20 世纪 90 年代末启动的民法典起草工作中，有学者提出，民法典应仅对知识产权作一般规定，但单行法依然保留。如此立法样式，在适用法律方面较为方便，也不破坏民法典的审美要求，此外也有利于知识产权法律体系的系统化，减少其内部矛盾。[②] 这一建议也为立法实践所采纳。

目前，我国《商标法》《著作权法》新一轮修订工作已经全面展开，学者对本轮修法密切关注，积极为立法机关建言献策。有学者提出，本轮修法要立足本土，顺应国际发展趋势，在实体规范上遵守国际公约关于最低保护标准的基本规定，在程序上借鉴国外立法先进经验，注重本土化与国际化的协调；要立足我国知识产权法律现状，应对新技术所带来的挑战；要围绕《国家知识产权战略纲要》关于"进一步完善知识产权法律法规"的政策目标，发挥知识产权法对战略实施的基础和支撑作用。[③] 就《著作权法》的修改而言，有学者提

---

① 郑成思：《〈合同法〉与知识产权法的相互作用》，载《法律适用》，2000（1）。

② 参见吴汉东：《知识产权立法体例与民法典编纂》，载《中国法学》，2003（1）。

③ 参见吴汉东：《国际变革大势与中国发展大局中的商标法修改》，载《法制日报》，2009－09－06；关于著作权法修订的意见，见 http：//www.iprcn.com/view_xz.asp? idname＝2094，访问日期：2009 年 9 月 28 日。

出要通过制度设计促使著作权内部整体化，做好著作权法与其他法律法规的衔接[①]；有学者认为要进一步明确著作权法中的作品的概念，将实用艺术作品和体育竞技表演作品纳入保护范围[②]；有学者认为要确定网络下载、私人复制、影印及复印是否属于“复制权”范围，保留计算机软件“功能性复制”的例外，进一步明确发行权用尽的原则[③]；有学者认为要谨慎规定法定许可的内容，将其中能够由市场调整，但又不会影响公民信息获取权的情形规定为法定许可[④]；有学者建议要明确对于侵权损害赔偿实行过错责任原则，增加精神损害赔偿的规定[⑤]；也有学者提出要界定保护作品完整权的内容，明确未来作品的转让和许可使用问题。[⑥] 就《商标法》的修改而言，有学者建议，应强调维护市场公平竞争，在《商标法》第 1 条中增加“维护市场公平竞争”之规定[⑦]；有学者提出，应将调整对象从“注册商标法律关系”调整为“商标法律关系”，将保护范围由“商标专用权”修改为“商标权”[⑧]；也有学者表示，商标和各种标识应统一于《商标法》体系内，并将现行《商标法》的名称改为《商标和其他标识法》。[⑨]

学术研究对立法的影响既导源于学者对立法的直接参与，也来自立法者对理论的吸收与应用。例如，郑成思教授所著的《版权法》[⑩] 一书，对我国《著作权法》的起草和修订具有重要影响；吴汉东教授等著的《知识产权基本问题

---

① 参见郭禾等：《著作权法和相关法律、法规的关系》，载《著作权法第二次修改调研报告》，2008 年 9 月。

② 参见曹新明：《关于著作权客体问题的调研报告》，载《著作权法第二次修改调研报告》，2008 年 9 月。

③ 参见单晓光等：《关于著作权人权利的完善》，载《著作权法第二次修改调研报告》，2008 年 9 月。

④ 参见张今：《著作权法修订中的法定许可制度》，载《著作权法第二次修改调研报告》，2008 年 9 月。

⑤ 参见曹新明：《著作权侵权赔偿和法律责任问题》，载《著作权法第二次修改调研报告》，2008 年 9 月。

⑥ 参见张玉敏：《著作权许可使用、转让、质押合同研究》，载《著作权法第二次修改调研报告》，2008 (9)。

⑦ 参见张玉敏：《〈商标法〉修改应强调维护市场公平竞争》，载《法制日报》，2009－09－06。

⑧ 邓宏光：《〈商标法〉调整对象之调整》，载《法制日报》，2009－09－06。

⑨ 参见王莲峰：《商业标识立法体系化研究》，北京，北京大学出版社，2009。

⑩ 2008 年该书获得中国法学会评选的首届中国法学成果奖一等奖。

研究》一书，也为我国政府部门和立法机关所认可。[①] 近年来，学者在探讨基本理论的同时，也注重对现行知识产权法律进行制度评价，并提出相应的立法建议。关于中国现行知识产权保护整体水平的定位问题，学者之间存有分歧。有人认为，中国知识产权保护水平不是太高，而是远远不够[②]；有人认为，我国在知识产权保护问题上存在着“超国际标准”问题，即现行知识产权保护的一些规定，不适当地超出国际公约的相关要求[③]；也有人认为，根据定量分析，中国知识产权保护水平早在1993年就已经超过部分发达国家得分达到3.190；至2001年，得分则为4.19，已超过绝大多数发达国家和发展中国家（略逊于美国知识产权保护水平得分的4.52）。[④] 还有人认为，确定中国知识产权保护水准，应结合国际因素和国内因素综合考量；从国际层面看，与国际公约所规定的最低保护标准相比，我国知识产权保护水平不低，与发达国家知识产权立法相比，我国知识产权保护水准尚有一定差距；从国内层面看，知识产权保护水平逐步提高，但存在行业、区域方面的不平衡。[⑤] 关于具体知识产权制度的完善，近来已有专门著作对我国专利权法、著作权法、商标法、集成电路布图设计保护条例等法律法规作出立法评价，探讨各种制度存在的问题，并提出相应的立法建议[⑥]；也有相关论文以知识产权法的个别制度为研究对象，分析现行法律规范的缺陷，论证相应的立法对策。例如，有学者建议，在信息网络时代，应该重塑广播组织权利保护制度[⑦]；有学者认为，我国专利实施的强制许可规范存在概念模糊、盲区太多、操作性不强等问题，需要进一步细化和整合[⑧]；有学者运用比较分析方法，为专利权与商标权确权机制的改革探索思路[⑨]；有学者结合司法实践剖析各种商标混淆类型，为我国商标侵权制度的

---

① 2007年该书获得首届中国出版政府奖（图书奖），是当年获得该奖项的唯一一部法学著作。
② 参见郑成思：《知识产权保护现状与定位问题》，载《今日中国论坛》，2005（1）。
③ 参见张玉敏等：《知识产权法》，北京，中国人民大学出版社，2009。
④ 参见韩玉雄等：《关于中国知识产权保护水平的定量分析》，载《科学学研究》，2005（3）。
⑤ 参见吴汉东：《中国知识产权法制建设的评价与反思》，载《中国法学》，2009（1）。
⑥ 如吴汉东主编：《中国知识产权制度评价与立法建议》，北京，知识产权出版社，2008。
⑦ 参见胡开忠：《信息技术发展与广播组织权利保护制度的重塑》，载《法学研究》，2007（5）。
⑧ 参见陶鑫良：《〈专利法〉第三次修改后的强制许可规范》，载《电子知识产权》，2009（3）。
⑨ 参见李明德：《专利权与商标权确权机制的改革思路》，载《华中科技大学学报》，2007（5）。

完善提供参考。[①]

我国知识产权学者并不止步于对现行制度的反思与建构，还积极从事学理的解释研究，参与司法解释活动，并及时回应实践中的知识产权难题。在学理解释方面，有学者对现行著作权法、专利法、商标法及其实施条例的法律条文逐一进行说明[②]，有学者则对知识产权个别法律条文进行阐释。[③] 在参与司法解释活动方面，例如，最高人民法院在《关于审理涉及驰名商标保护的民事纠纷案件应用法律若干问题的解释》（2009 年 4 月 23 日颁布）出台前，就曾委托相关研究单位就该解释涉及的问题进行研究，并草拟解释文本；2008 年 9 月 5 日，在最高人民法院知识产权庭主办的知识产权侵权调研课题的成果论证会上，知识产权学者提出，所谓归责原则中的“责”是指损害赔偿之责，也就是传统的侵权损害赔偿之债。绝对权请求权不存在过错或无过错归责原则的问题，侵权责任法可以不严格区分绝对权请求权和损害赔偿请求权，但要明确侵权人有过错的，才应当承担赔偿责任。[④] 在回应知识产权现实事件方面，2008 年 10 月 21 日，“微软黑屏”事件爆发后，国内知识产权研究机构多次召开专家座谈会，对该事件所涉及的知识产权问题进行讨论，与会专家纷纷发表自己的看法。[⑤] 针对近年来出现的“山寨文化”现象，知识产权学者们纷纷发表见

---

① 参见彭学龙：《商标混淆类型分析与我国商标侵权制度的完善》，载《法学》，2008（5）。

② 如徐玉麟主编：《中华人民共和国商标法释义》，北京，中国法制出版社，2002；徐玉麟主编：《中华人民共和国专利法释义》，北京，中国法制出版社，2000；李建国主编：《中华人民共和国著作权法条文释义》，北京，人民法院出版社，2001；董涛：《中华人民共和国著作权法实施条例释义》，北京，法律出版社，2003；史敏、张建华主编：《中华人民共和国专利法实施细则释义》，北京，法律出版社，2002。

③ 如李扬：《商标法中在先权利的知识产权法解释》，载《法律科学》，2006（5）；赵铁姝等：《从美国专利法规定的“Bolar Exception”引发的思考——兼评中国专利法第十一条的适用》，载《知识产权》，2008（2）；刘平：《解析委托作品著作权与企事业单位名称权的冲突——兼议〈著作权法〉第十七条的修改》，载《电子知识产权》，2003（8）。

④ 详细内容参见 http：//zhejiang. ipr. gov. cn/ipr/zhejiang/info/Article. jsp？a _ no＝240948&col _ no＝377&dir＝200809，访问日期：2009 年 9 月 28 日。

⑤ 中国人民大学知识产权中心、中南财经政法大学知识产权研究中心曾先后召开了“微软黑屏”事件专家讨论会。

解，国内大型的知识产权学术会议也涉及对该问题的研讨。①

六、结语

30 年来，中国知识产权学者探讨知识产权的基本理论问题和实践问题，取得了长足的进步。总体而言，学者对知识产权基础理论的研究，历经 20 世纪 80 年代的初探、90 年代的反思至 21 世纪初的再认识，已渐趋成熟；对知识产权国际化趋势的关注，聚焦于 TRIPs 协定实施所引发的东西方利益失衡、知识产权与人权冲突和传统资源保护带来的制度变革等问题，愈见主动；对知识产权现代化诉求的回应，直面网络技术和基因技术对现行知识产权制度的各种挑战，渐显及时；对知识产权战略化工程的推进，涉及战略制定与实施的各个环节，着力跟进；对中国知识产权制度的完善和法律应用，有立法建议，也有学理解释，更谓功不可没。

展望未来，中国知识产权法学研究面临新的挑战。经济全球化进程不断加快，进入后 TRIPs 时代的东西方国家，基于各自的立场，对于知识产权利益的协调与分享提出了新的要求，中国作为一个发展中大国，如何在知识产权国际谈判中争取更多的话语权？知识革命愈演愈烈，网络技术、基因技术呼唤知识产权制度的现代化，如何在以制度创新促进文化、技术创新的同时，维护本国相关产业的利益？国家知识产权战略的实施全面展开，中国知识产权事业正处于一个新的重要历史时期，如何更好地运作知识产权制度，充分实现“法”的成效，以此作为创新型国家建设的制度支撑？知识产权体系化、法典化活动已初见端倪，知识产权制度模式正在经历从单行立法、编入民法典到专门编纂法典的过程，如何提高我国知识产权制度的体系化水平，并在未来的法典化进程中作出理性选择？这些问题已成为未来中国知识产权法学研究的重点和难点。

① 2009 年 3 月 19 日，吴汉东、李顺德、陶鑫良、单晓光、郑胜利等知识产权学者在中国知识产权报和知识产权新闻宣传中心联合举办的“山寨现象与知识产权文化”研讨会上，就“山寨文化”现象提出了自己的看法。

知识产权学理研究与应用研究的并进发展*

未来的知识产权法学研究，既要进一步完善知识产权基础理论体系，更应致力于推动知识产权战略的实施和知识产权法律的完善与应用。

改革开放以来，中国知识产权学者探讨知识产权的基本理论问题和实践问题，取得了长足的进步。对知识产权基础理论的研究，历经20世纪80年代的初探、90年代的反思至21世纪初的再认识，已渐趋成熟；对知识产权国际化趋势的关注，聚焦于TRIPs协议实施所引发的东西方利益失衡、知识产权与人权冲突和传统资源保护带来的制度变革等问题，愈见主动；对知识产权现代化诉求的回应，直面网络技术和基因技术对现行知识产权制度的各种挑战，渐显及时；对知识产权战略化工程的推动，涉及战略制定与实施的各个环节，着力跟进；对中国知识产权制度的完善和法律应用，有立法建议，也有学理解释，更是积极参与。

必须看到，中国知识产权法学研究在取得成绩的同时，亦面临新的挑战。

第一，知识产权体系化研究不够。知识产权的体系化涉及权利的类型化问题，事关知识产权法未来的立法体例选择。如何在现有权利类型的基础上，进行知识产权的体系建构？知识产权法典化活动已初见端倪，其制度模式经历了从单行法、编入民法典到专门编纂法典的过程，我国知识产权立法如何在未来的法典化过程中作出理性选择？这些问题依然是当前知识产权法学研究的一个

---

* 原载《检察日报》，2010-11-18。

薄弱领域。

第二，知识产权国际立法对策研究不足。进入后TRIPs时代的东西方国家，基于各自的立场，对于知识产权利益的协调与分享提出了新的要求，中国作为一个发展中国家，如何在知识产权国际谈判中争取更多的话语权？对此，学者尝试就生物多样性、文化多样性、遗传资源及公共健康保护等问题进行探讨，但对中国如何发挥自身传统资源优势，在上述领域的国际立法中赢得主动乃至优势，以此扭转在知识产权制度国际化过程中的不利局面，现行的研究成果依然未能提供系统而科学的策略参考。

第三，理论研究与产业发展的契合度不高。知识革命愈演愈烈，网络技术、基因技术对知识产权传统观念、传统制度带来了巨大冲击。知识产权学者虽纷纷投身于数字版权、网络商标、基因专利等研究领域，但对国内网络传播行业、电子商务、基因产业的发展现状了解不够，以致在评价相关制度保护水平高低时容易产生偏差，在借鉴国际立法经验时难以寻得理想的本土化路径。如何在以制度创新促进文化、技术创新的同时，维护本国相关产业的利益，乃是我国知识研究的难点。

第四，知识产权研究中的国家政策导向不够明显。国家知识产权战略全面推进之时，正值我国经济发展方式转变、创新型国家建设的关键阶段。如何通过法律制度完善促进知识产权战略实施，推动创新型国家建设；应对版权精品不足，维护垃圾专利、泡沫商标较多的现象，如何为提升知识产权战略实施的质量和效益出谋划策，亦是当前知识产权学者面临的研究难题。

中国知识产权法学已经步入“学理分析”与“应用研究”并进的发展道路。未来的知识产权法学研究，既要进一步完善知识产权基础理论体系，也需关注知识产权制度发展的前沿问题，更应致力于推动知识产权战略的实施和知识产权法律的完善与应用。

1. 健全基础理论体系。知识产权基础理论主要涉及基本范畴、法律价值、制度体系以及权利救济等领域，对这些领域的认识应是一个不断深入的过程。今后一段时间，要重点关注知识产权制度的价值取向，探索“传统文化集体产权”“遗传资源专有权”等新型财产权与相关知识产权进行惠益分享的平衡机制；重视知识产权的体系化和法典化研究，放眼国际并立足本土，探寻合理的知识产权制度模式与立法体例；完善知识产权救济理论，兼顾侵权行为的一般性与特殊性，特别就网络知识产权侵权责任的范围、形式及认定进行学理上的论证。

2. 探索法律制度创新。以网络技术和基因技术为代表的新技术不仅创造了新的知识产品，而且提供了知识产品新的利用方式，给知识产权法带来诸多的新问题。知识产权学者要充分认识新的知识形式对传统知识产权客体的挑战，新的知识财产对传统知识产权范围的突破，新的知识利用方式对传统知识产权规则的改变以及新的知识权利观念对传统知识产权制度的动摇，并将研究的着眼点集中于数字版权、网络商标、基因专利等领域，为将来知识产权法应对技术发展而作出的制度创新提供充足的理论储备。

3. 谋求国际话语权利与能力。当今知识产权国际立法呈现出“两个中心、多种渠道、南北对弈、趋向平衡”的格局，立法范围亦不再局限于贸易领域，而是在生物多样性、文化多样性、粮食和农业植物、遗传资源、公共健康以及国际人权等多个领域齐头并进。我国知识产权学者要着重就国内对民间文学艺术、传统知识、遗传资源的立法保护进行理论研究和制度探索，同时在变革TRIPs协议的可能性上做文章，于推动传统文化、遗传资源等多样性领域国际立法的可行性上下功夫，为中国在世界贸易组织、世界知识产权组织这些主导机制中谋求话语权，在多元的立法机制和场所中掌握主动权提供理论支撑。

4. 着眼立法与司法实务。中国的知识产权制度已比较先进，但是并没有完全实现“法”的成效。究其原因，在于我国运作制度的经验不足。近年来，知识产权纠纷频频发生，学者要积极从事学理解释研究，参与司法解释活动，并及时回应实践中的知识产权难题；时逢著作权法、商标法新一轮修法加快推进，民间文学艺术立法保护工作提上议程，学者要加强对现行制度的反思与对新制度的理论建构，积极为立法机关建言献策，发挥专家立法的作用；又值知识产权战略实施进入新阶段，学者要与战略的推进同步，将有关知识产权的策略性研究集中于法律制度的运作机制之上，探索建立以知识产权为导向的公共政策体系，同时注重战略实施的绩效和质量评估，确保实现预期的战略目标。

第二编　私法理论问题

论财产权体系*

——兼论民法典中的“财产权总则”

财产权、人身权的两分法以及物权、债权的二元结构，是传统财产权制度体系构建的基本范畴。随着现代科学技术和商品经济的发展，新的财产权类型不断涌现，旧的财产权制度渐次嬗变。以财产概念的创新与整合作为财产权制度一体化的基础，现代财产权体系应包括：以所有权为核心的有体财产权；以知识产权为主体的无体财产权；以债权、继承权等为内容的其他财产权。我国未来民法典宜专编规定财产权总则，以整合财产权体系，并对各类财产权制度作出一般规定。

一、财产权利形态及其分类标准

财产权是民事权利体系中的基本类别，它是“以财产为标的，以经济利益为内容的权利”①，包括物权、知识产权、债权和继承权等。财产权与人身权是民事权利的基本分类，其分类是以民事权利的内容，即民事权利所体现利益的不同作为标准的。

财产权与人身权的区别涉及财产权体系构造的外部问题。在传统民法理论中，权利标的所指向的利益是划分两类权利的基本标准。换言之，基于财产利

---

* 原载《中国法学》，2005（2）。

① 江平主编：《民法学》，82页，北京，中国政法大学出版社，1999。

益与人身利益的差异，我们可以将民事权利概括地分为财产权与人身权。在民事权利体系中采取财产权与非财产权的两分法，是一种传统的分类方法，但这种技术方法的困难之处在于如何进行权利的“两分”。进言之，财产利益或经济利益的有无虽是上述利益“两分”的标准，但并非绝对。一般认为，以主体自身的人身利益为标的的权利，当为人身权；但不可断言，财产权一定就是以经济利益为内容的权利。谢怀栻先生认为，没有金钱价值的给付也可以成为债权的内容。《德国民法典》第241条规定，债权人可以向债务人请求给付，但其对给付的解释，已不以金钱价值为必要。《日本民法典》第399条更是明确规定“虽不能以金钱估算者，也可以作为债权的标的”[①]。胡长清先生认为，不能简单地将“经济利益”作为财产权的定义标准。诸如一些无直接经济利益的标的，如好友之书简、爱妻之遗发等，不纳入财产权显然不合逻辑。[②] 除此之外，笔者认为，主体的人格、身份，在一般情况下是为人身利益而成为人身权的标的，但在有的情况下因具有经济内容而可归类于财产权的对象。企业法人的名称、名誉、荣誉，在人身权范畴内可构成名称权、名誉权、荣誉权之权利形态；但在财产权的视野中，又可表现为商号权、商誉权等知识产权。上述情况表明了财产权与人身权两分法的困境：一是权利的分类标准尚存有疑义，二是某些权利的基本属性不易简单确认。关于财产权的定义标准，在世界范围内都未形成统一的认识。法国学者将法律意义上的财产描述为一种“利益”，它能满足人类的物质需要。[③] 德国学者认为只有具有“金钱价值”的权利才属于财产。[④] 由此可见，在多数学者的眼中，权利的两分法是以有无经济利益为评价标准的。但有的日本学者则采取不直接定义的归类法，即对人格权和身份权进行定义，然后将“其他一切权利”归类为财产权。[⑤] 笔者认为，无论采取什么方法，它们都是学理上对于民事权利的利益内容和实质意义进行的主观评

---

① 谢怀栻：《论民事权利体系》，载《法学研究》，1996（2）。

② 参见胡长清：《中国民法总论》，40页，北京，中国政法大学出版社，1999。

③ 参见尹田：《德国物权法》，12～13页，北京，法律出版社，1998。

④ 参见［德］卡尔·拉伦茨：《德国民法通论》，410页，北京，法律出版社，2003。

⑤ 参见日本《民事法学辞典》，岩井万龟：《财产权》条。转引自谢怀栻：《论民事权利体系》，载《法学研究》，1996（2）。

价。此外，这种分类技术，有助于权利制度设计和权利体系构建，在法律规范方面也具有可适用性。总之，两分法虽不是一个完美无缺的分类理论，但却是我们构建财产权体系的学理基础。

在财产权体系内部，因具体实现利益或标的的不同，该类权利又有更为具体的划分：（1）财产权的指向是某一“物件”[①]，这种权利被称为对物的权利，即物权；（2）财产权的指向是特定人的“给付”（即履行特定的行为），这种权利被称为对人的权利，即债权。在传统上，财产权包括物权与债权两大类。[②]知识产权是后世出现的新型财产权，由于其标的是无形体的精神产品，亦被称为无体财产权。上述三类财产权的划分，有着明确的界限：以财产利益的物质性与非物质性为标准，支配性财产权可以分为对物之物权与对知识产品之知识产权。以财产利益的直接支配性与请求履行性为标准，前者产生具支配权属性的物权与知识产权，后者产生具请求权特性的债权。在这里，客体的差异性依然是财产权分类的基础。德国学者拉伦茨将权利客体分为两种：一种是指支配权或利用权的标的，又称第一顺位的权利客体；另一种是指主体可以通过法律行为予以处分的标的，亦称第二顺位的权利客体。[③] 在拉伦茨看来，第一顺位的权利主体，是不依法律规定而事实存在的标的物，包括有体物与无体的精神产品，前者如动产物和不动产物，后者如作品和发明；第二顺位的权利客体，则是依法律规定而作为客体看待的权利，即是将某种财产权利作为一个整体看待的处分标的。[④] 拉伦茨的客体分类理论对于财产权类型的划分不无意义：所有权与知识产权是为支配性财产权，其客体无论是否具有物质属性，概为体现一定物质利益或精神利益之事物，有体物表现为客观实在性，知识产品表现为可认知性、可再现性。[⑤] 借用拉伦茨的说法，该类权利的客体，只能是第一顺位的事实存在之标的。至于债权、继承权以及其他物权，或为请求权之财产

① 广义的物，包括有体物与无体物，后者指某些具有财产内容的权利；狭义的物，以有体物为限。罗马法及法国法采广义说，德国法采狭义说。

② 有学者将以无形资格为标的的权利，如渔业权、矿业权；以权利总和之遗产为标的的权利，即继承权，都归类于准物权。

③ 参见［德］卡尔·拉伦茨：《德国民法通论》，377、378、404页，北京，法律出版社，2003。

④ 参见［德］卡尔·拉伦茨：《德国民法通论》，377、378、404页，北京，法律出版社，2003。

⑤ 参见吴汉东：《财产的非物质化革命与革命的非物质财产法》，载《中国社会科学》，2003（4）。

权，或为期待权之财产权，或为在他人所有物上设定之财产权，其客体除一般意义的标的物外，还涉及依法律规定而作为客体看待的权利（无体物）。拉伦茨认为，“债务人给付的标的（客体）”，即“债务人应该通过他的给付行为提供给债权人的一种‘事物’，例如，使债权人占有某物、取得某物的所有权或取得其他权利、或取得一笔款项及其他由债务人实施的某种‘成果’”①。谢怀栻认为，继承权所指向的遗产，即是取得遗产上的各种权利，包括各种物权、债权等权利的集合。② 梁慧星等人认为，所有权的客体，只能是有体之物；但他物权则可能以某些财产权作为其客体，如权利用益物权、权利质押物权等。③ 上述观点说明，与所有权、知识产权不同，此类财产权可以以其他财产权即无体物作为其客体。

从罗马法到近代法，财产权的基本分类与体系构建的一般理论有着其合理性意义，但是我们并不能将其看作是僵化的分析模式。在现代民事权利体系中，一些具有双重属性的权利，并不能简单地适用财产权与人身权的两分法。物权与债权的二元体系，说到底是一种物质化的财产权结构，尚缺乏接纳非物质性权利形态的制度空间。面对新的财产现象与新的财产形态，当代财产权体系需要作出新的安排。

二、财产权类型扩张与制度变革

自罗马法以来，财产权领域所发生的制度创新与变革，从来就没有停息过。随着现代科学技术与商品经济的发展，社会财富形态发生了很大的变化，新的财产权类型不断涌现，从而对传统的私法制度带来重大的冲击。关于财产权的新制度安排，立法者一般采取两种做法：一是对现存财产权作出扩张解释，以原有的权利类型包容新的财产现象；二是打破传统的财产权固有模式，以新的权利类型创设出新的财产制度。这种制度创新与变革表现在财产权各个

---

① ［德］卡尔·拉伦茨：《德国民法通论》，379页，北京，法律出版社，2003。

② 参见谢怀栻：《论民事权利体系》，载《法学研究》，1996（2）。

③ 参见梁慧星：《民法总论》，80页，北京，法律出版社，1996；钱明星：《物权法原理》，26页，北京，北京大学出版社，1994。

领域，例如，由于所有权各项权能的分离，形成多重主体对同一标的物的利用，产生了与所有权迥异的财产权；在客体物利用途径不断扩展的情况下，他物权制度得以重新规制，出现了诸多新型用益物权；债权的“物权化”与“证券化”的结果，使得物权与债权的界限日益模糊，某些“债权”由此具有新的法律属性；知识产权日益丰富多彩，新的权利形态陆续产生，从而导致现代知识产权体系不断扩充；一般人格利益逐渐演变成商业人格利益，在现代法的框架下，构建了与传统人格权有别的商事人格权。现对上述情形分别述之：

1. 所有权权能分离与股权。股权，又称股东权。在股份公司中，股东将其出资财产的支配权，转化为仅对出资财产价值形态享有收益权为主的股权。关于股权的性质，我国理论界有所有权说、债权说和社员权说三大流派。上述理论不无缺漏之处。“所有权说”有股东“共有权”和股东、公司“双重所有权”之分。这种理论无法解释股东对公司财产最终处分权的丧失，进言之，股东的利润分配权、剩余财产分配请求权等，都不是对物的支配权。[①]“债权说”主张出资财产的所有权发生移转，股东仅有请求返还剩余财产、分配利润之债权。这种理论无法说明股东的表决权、新股认购优先权和股份处置权的基本属性，无法区别股东对公司的投资行为与债权人购买公司债券的行为的差异。[②]“社员权说”强调股东以出资大小为代价获得相应社员资格，并基于该资格享有社员权利。这种权利兼有财产权与非财产权的双重属性。“社员权说”破坏了人们对社员权的一般认识，将人合性质的社团之社员权，简单套用于以出资为条件的公司股东，其推论容易引起争论；同时，该理论将以间接管理公司财产、保证实现股东利益为目的的表决权，归类为非财产权，其理由并不充分。[③] 上述情况表明，股权从整体上看既不是所有权也不是债权：其一，它突破了所有权静态的归属性和本体的完整性，实现了所有权及其权能的最大分离，将人们利用财产的方式由实物形态财产的绝对排他支配，转化为证券形态

---

① 参见葛云松：《股权、公司财产权性质问题研究》，载《民商法论丛》，第11卷，北京，法律出版社，1999。

② 参见漆多俊：《论股权》，载《现代法学》，1993（4）；康德瑄：《股权性质论辩》，载《政法论坛》，1994（1）。

③ 参见程晓峰：《关于股权性质的法律思考》，载《山东法学》，1998（6）。

财产的利益分享；其二，它突破了所有权的单一形式与固有结构，形成了具有"权利束"特征的财产权。这一权利的实质是所有权中的支配、处分与收益三项权能以及债权的请求权能组合而成的新权利。相对于物权与债权来说，股权是一项独立性的财产权，也是一种集合的财产权。

2. 所有权权能分离与信托权。信托作为一种转移与管理财产的制度，起源于中世纪的英国，后为大陆法系国家所接受。在信托关系中，信托人将信托财产交给受托人管理，受托人取得该项财产的处分权，受益人则享有信托利益的收益权。信托权是为何物？具言之，受托人和受益人享有的权利具有什么性质？这些显然不能沿用传统的所有权理论来解释。英美法系学者从分割财产权的立场从发，主张以"双重所有权"来阐释信托关系的本质，即受托人是普通法上所有人或名义所有人，而受益人则为衡平法上所有人或事实所有人。[①] 大陆法系学者则借用传统民法的理论与概念范畴，对信托制度作出了各种各样的说明。主要观点有：一是"物权—债权说"，即受托人对信托财产的所有权与受益人对受托人的债权；二是"物权—代理权（管理权）"说，即受益人对信托财产的所有权与受托人为受益人的代理权（管理权）。[②] 信托制度的法律构造对传统上具有绝对主义与单一形式特点的所有权是一种挑战：首先，它意味信托财产之上"权"与"利"的分离。在大陆法系的理论看来，是所有权权能的分离，即处分（管理）权归于受托人，收益（利益支配）权属于受益人；而就英美法系的学说看来，是"权利束"的组合形式，即受托人的权利与受益人的权利共同构成信托财产上权利的完整内容。其次，它突破了传统民法所构建的物权与债权的二元体系。在信托关系中，受托人享有名义上的所有权和完整的管理权，该项权利具有物权性质；而受益人的权利，既有请求受托人给付利益之债权，也有行使撤销与追及之物权。受托人的权利与受益人的权利组合构成信托关系中的财产权。这种权利的法律性质有待进一步研究，但毫无疑问的是，它与传统的所有权有别，不能简单地归类于物权抑或债权。

---

① 参见周小明：《信托制度比较研究》，30页，北京，法律出版社，1995。

② 参见何孝元：《信托法之研究》，载《中兴研究》，1987（1）；赵许明等：《信托财产权属本质探究》，载《华侨大学学报》，2002（3）。

3. 物的观念更新与新的用益物权。现代科学技术在社会生活的广泛运用，使得原来不为人们认识和控制的事物变成了权利设定的对象。物的概念扩张与物的利用途径扩展，直接影响着传统的物权法体系，诸如相邻权、地上权、地役权制度面临着扩充解释或重新规制的必要。

一是环境物权。环境作为人类生存和发展的必不可少的条件和基础，表现为一种自然资源的基本属性。工业的发展造成了自然环境的恶化，使人们的生存受到威胁。为此，一些环境法学者提出，环境资源具有经济价值和生态价值的双重内容，环境资源就其整体而言不能为人力所控制，但其局部和部分功能却能为人类所控制和利用。[①] 因此，环境资源的利用和保护，涉及在新的客体物上创设新的物权问题。蔡守秋教授认为环境资源是一种无形物，可以在理论上创设以此为客体的“无体物权或无形物权”[②]。尽管“无形（体）物权”的说法有失精当，但在传统的用益物权之外建立一个包括环境使用权、环境保护相邻权在内的环境物权体系，是“绿色民法”观所必须考虑的。

二是区分地上权。传统民法的地上权是指在他人土地上为建筑物或其他工作物而利用他人土地的权利。此处的“土地”权利不包括土地上空和地下的使用权。随着科学技术的发展与土地开发能力的提高，土地利用由平面利用转变为空中利用，即出现土地在地面、空中、地下甚至水中的分层利用。土地的这种立体利用已经不能为以往的地上权理论所包容。为此，一些国家或地区通过正式立法或司法解释、判例，创设所谓的区分地上权[③]，即在土地上的空间上下范围进行区别，并因其有工作物而分别设定地上权。

三是空间役权。民法上的地役权，本是为自己土地的便利而利用他人土地的权利。这里的土地，包括附属于土地的建筑物。在罗马法中，地役权类型分为田野地役和都市地役，前者包括通行地役、取水地役、采掘地役等，后者包括采光地役、瞭望地役、支撑地役等。[④] 在现代城市生活条件下，由于高层建筑物的增多，产生了空间利用的问题，这即是说，地役权的设定不仅产生于地

---

① 参见吕忠梅：《关于物权法的“绿色”思考》，载《中国法学》，2000（1）。
② 蔡守秋主编：《环境资源法论》，277～279页，武汉，武汉大学出版社，1996。
③ 参见谢在全：《民法物权论》上，346页，北京，中国政法大学出版社，1999。
④ 参见周枏：《罗马法原论》上册，北京，商务印书馆，1994。

表之毗邻的建筑物，而且涉及地上空间的利用。后者被称作空间役权制度，即是基于需役空间的使用利益而对他人的空间享有的权利。在现代民法的用益物权体系中，上述各种权利有着特殊的地位。它们的存在不能拘泥于已有的理论范畴，而需要进行新的制度设计，或是作为现存物权中新的形态来认识，或是作为一种新的物权类别来看待。

4. 债权的物权化与租赁权。租赁权，即对他人不动产租赁使用的权利，本身基于租赁合同设定的债权，没有对抗第三人的效力。这是自罗马法所确立的传统规则，是所有权优于债权这一原理的经典表现。在资本主义初期，所有人取得所有权的目的，主要在于对所有物的使用。换言之，不动产所有权的价值，主要是通过所有人自己占有、使用而实现。而在商品经济日益发达与所有权逐渐社会化的今天，所有权关系已经由人对物的简单支配关系外化为所有人与非所有人之间的权利义务关系。所有权的行使和实现，往往通过非所有权途径如他物权的设定和债权的发生而进行。由所有权转换为其他权利形式，是实现财产利益的基本途径，而不可能只是表现为所有人对客体物的内部享有关系。[①] 这一现象在土地、房屋资本化的条件下表现得特别明显，所有人重视的是不动产的交换价值，而不是它的使用价值，也就是说，所有人不在意谁在使用所有物，而是关心这种使用能带来收益。租赁权正是在这种情况下发生了质的变化。现代各国民法，为了保护不动产承租人的利益，承认该项租赁权具有物权的效力，即出现了“租赁权物权化”的趋势：一方面，确立“买卖不破租赁”的原则，即租赁物在租赁期间内发生所有权变动的，不影响租赁合同的效力；另一方面，确立不动产承租人的“优先购买权”，即出租人出卖其租赁不动产时，应当在出卖之前的合理期限内通知承租人，承租人享有以同等条件优先购买的权利。[②] “租赁权的物权化”使得租赁权演变成一种特殊的财产权，有的学者认为不能绝对地称其为“债权”或“物权”，而是一种混合性的新型权利。[③] 笔者认为，租赁权并没有外化成物权，也不同于一般债权，而应视为

① 参见董开军：《所有权转换现象研究》，载《法律科学》，1991（1）。

② 参见江平主编：《民法学》，680页，北京，中国政法大学出版社，1999。

③ 参见梅夏英：《财产权构造的基础分析》，81页，北京，人民法院出版社，2002。

一种特别债权，这种特别债权的效力在一定条件下优于所有权，是对所有权的限制。

5. 债权的证券化与票据权利。票据权利是民事权利的一种，属于金钱债权的范畴，即是请求他人支付一定金钱的权利。一般而言，金钱债权的主张并不以票据的存在为必要，如有相关证据证明当事人之间债的关系的，债权人即有权要求债务人清偿。与上述情形不同，票据权利是一种特殊的金钱债权，它以票据的存在为必要。换言之，离开了票据，权利人不能主张自己的权利，票据权利与票据合二为一，这就是所谓的"权利与证券相结合""债权的证券化"[①]。票据权利是证券性权利，即表现在证券上的权利，它由两种权利组成："一种是持有证券的人对构成证券的物质（即一张纸）的所有权。这是证券所有权。另一种是构成证券的内容的权利，即证券所表示的权利，也就是证券持有人凭证券上的记载而得享有或行使的权利。这是证券权利。"[②] 关于证券所有权与证券权利的关系，可以这样表述：首先，证券权利的存在以证券所有权的存在为前提，具言之，证券不存在，即丧失证券所有权，证券权利也就无法主张；其次，证券权利的实现是持券人享有证券所有权的最终目的，正如英国学者詹克斯所言，"如果把一张一百生丁的票据看作是一个自然的现象，那么它可能值不了什么，如果把它看作是某个有钱人的付款保证，那么，它可能值一百法郎"[③]。票据权利的法律构造，不仅使得权利具有形式所有权（证券所有权）与实体债权（证券权利）的双重内容，而且使得给付一定金额的请求权不同于民法上的债权。"后者通常只有一次请求权，比如合同债权或侵权债权，债权人只能向特定的债务人请求一定的行为或不为一定的行为"；"而在票据权利方面，因票据的流通性法律需要特别保护最后持票人，所以规定了两次请求权，即付款请求权和追索权"[④]。总之，依票据所创设的权利，是一种新型的财产权，或说是具有特别清偿效力的特殊债权。

6. 新型知识财产与知识产权体系化。知识产权是当今社会一种新型、重

---

① 谢怀栻：《票据法概论》，6 页，北京，法律出版社，1990。

② 赵威：《票据权利研究》，53 页，北京，法律出版社，1997。

③ 王利明：《民商法研究》，第四辑，170 页，北京，法律出版社，1999。

④ 王小能：《论票据权利义务》，载《中外法学》，1999 (6)。

要的财产类型。以知识产权名义统领的非物质性财产权利，不限于传统著作权、专利权、商标权三大领域，由于各种新型权利制度的出现，现代知识产权成为一个十分庞大的法律体系。其变化主要表现在两个方面：

第一，随着新技术的应用，知识产权客体向新技术范畴扩展，出现了一些交叉保护或独立保护的新型知识产权。集成电路是微电子技术的核心，其布图设计既不是著作权法上的图形作品，又不是专利法上的外观设计。因此，国际社会采取"工业版权"的保护方法。[①] 作为独立知识产权出现的布图设计权，吸收了著作权和工业版权的部分内容，形成了亦此亦彼的"交叉权利"。这种权利的主要特点是：受保护的对象必须具有新颖性（专利法要求）和独创性（著作权法要求）；实行注册保护制和较短保护期（专利法规则），权利人主要享有复制权和发行权（著作权法规则）。与此同时，植物新品种作为生物工程技术的新成就，也受到各国立法者的高度重视。目前，对植物新品种的知识产权保护主要有三种方式：多数国家通过制定特别法来保护植物新品种，这即是作为独立知识产权形式的品种权；有些国家则在专利法的范围内保护植物新品种，是为传统的专利权；还有些国家兼用上述专有权与专利权的两种形式提供保护。

第二，伴随着新型财产观念的产生，一些权利制度本是作为知识产权保护的例外或补充，现在却成为知识产权体系的新成员。商业秘密是一种无形的信息财产，它与专利技术不同，其权利形态不具备严格意义上的独占性、地域性和时间性特征。正是由于这一特点，大陆法系国家并不将其置于知识产权体系之中，而是根据合同法、侵权法保护商业秘密。20 世纪 60 年代，国际商会率先赋予商业秘密以知识产权属性；世界知识产权组织在其成立公约中亦暗示商业秘密包括在知识产权之中；至 90 年代，《知识产权协定》专门规定"未公开信息"的保护问题，确认商业秘密属于知识产权范畴。与此相类似，反不正当竞争本是对知识产权的交叉部分和空白地带提供"兜底保护"，但并非视为知

---

① 工业版权的立法动向，始于纠正工业品外观设计享有专利法和著作权法重叠保护的弊端。以后，一些国家为了填补某些工业设计产品无法保护的空白和弥补单一制度保护制度的不足，遂创制了工业版权制度。参见郑成思：《版权法》，北京，中国人民大学出版社，1990。

识产权本身。这一情形在20世纪下半叶发生变化。《保护工业产权巴黎公约》1967年斯德哥尔摩文本将专利技术、经营标记与反不正当竞争列为工业产权的保护对象；1967年《建立世界知识产权组织公约》将反不正当竞争的权利纳入知识产权范围；1994年生效的《知识产权协定》强调缔约方应遵守《保护工业产权巴黎公约》有关条款，即确认该公约关于将反不正当竞争作为知识产权组成部分的规定。

7. 商业人格利益与资信类权利。商业人格利益泛指经营领域中诸如商誉、信用、形象等各种资信。从商业信誉、商业形象的构成来看，其内在因素是主体的经营能力，包括经济状况、生产能力、产品质量、市场占有份额等①，这种经营能力形成了特定主体高于同行业一般企业获利水平的超额盈利能力；其外在因素表现在两个方面，或是来自某一组织或机关授予的资格，或是来自社会公众给予的评价和信赖。这种资信利益包括明显的财产内容，但也有一定的人格因素。我国台湾地区学者曾世雄将此类资信财产称为正在开发中的无形财产。② 该类权利主要有：

(1) 商誉权。商誉(good will)即商业信誉与声誉，它是特定主体商业文化的一种特殊价值形态。近代学者杨众先认为，商誉从英文"good will"的原意而言，"实为良好或亲善意志之谓"。就企业而言，乃是企业人事上所发生的良好关系；对社会而言，则是公众对企业的良好评价。③ 国外法律界的表述与此相同。《牛津法律大辞典》将商誉解释为"某行业拥有的一种优良品质"④；英国法院在判例中将其称为"企业的良好名声、信誉和往来关系带来的惠益和优势"⑤。从一般意义而言，商誉可视为广义之名誉、荣誉即人格利益的一部分；但在经营活动中，商誉因其经济内容而特定化为商业人格利益。笔者认为，商誉是一种不依附物质实体而独立存在的财产，属于经营资信财产的范畴。在财产权体系中，商誉权虽受反不正当竞争法保护，但在立法例上，其权

---

① 参见杨立新：《人身权法论》，638页，北京，中国检察出版社，1996。

② 参见曾世雄：《民法总则之现在与未来》，137页，台北，三民书局，1993。

③ 参见杨时展主编：《中华会计思想宝库》，第1辑，北京，中国财政经济出版社，1992。

④ [英]戴维·M·沃克主编：《牛津法律大辞典》，381页，北京，光明日报出版社，1988。

⑤ 转引自关今华《精神损害的认定与赔偿》，173页，北京，人民法院出版社，1996。

利类型的定位尚不明确，或者说在传统上并不属于知识产权范畴。因此，将其视为一种无体财产权较为适宜。

（2）信用权。在英国《牛津法律大辞典》和美国《布莱克法律词典》中，信用（credit，trust）与赊购、信贷等交易活动有关，是当事人特殊经济能力（即偿付债务的能力）的表现，来源于社会对特定主体的评价。[①] 我国法学界对信用的解说与上述学说不同，即是将其同于商誉，概称为主体的一般经济能力，并多将其看作人格利益。[②] 其实，法律上的信用是指主体所具有的偿付债务的能力而获得的社会评价与信赖，这与商誉不同。此外，信用虽不具有物质形态，但其以信用证、资信文件为载体，且能够通过信用交换而获得交易利益，不同于一般人格利益。在权利基本范畴中，信用权不是知识产权，也是一种资信类的无形财产权。

（3）（商品化）形象权。形象（publicity）是个人或社会组织所拥有的各种形象，包括真实人物的形象、表演形象、虚构角色形象、社会组织形象等，这些形象往往与主体自身的姓名（名称）、肖像（形象）、外表（标志）等一般人格因素有关，也与主体创造的角色、人物、作品或活动的名称、标题等特别人格因素相联系。[③] 这些人格因素的某些特征，具有“第二次开发利用”的价值。权利人利用自身或虚拟的形象，或他人以合理的对价受让或许可使用该形象，其目的并不局限于该形象的知名度与创造性本身，而在于该形象与特定商品的结合并给消费者带来的良好影响。这种影响能给形象所附载的商品带来广泛的认知度，能给形象的利用者带来一定的经营优势，所以说，这种权利不是人格意义上的一般形象权，而是具有财产价值的（商品化）形象权。该项权利是一项独立的无体财产权。

（4）特许经营权。特许经营或专营（franchise）是主管机关或社会组织所

---

① 参见［英］戴维·M. 沃克主编：《牛津法律大辞典》，381 页，北京，光明日报出版社，1988；Black's Law Dictionary（15 Edition），West Publishing Co.，1979，p. 331。

② 相关理论参见王利明主编：《民法·侵权行为法》，299 页，北京，中国人民大学出版社，1993；张俊浩主编：《民法学原理》，158 页，北京，中国政法大学出版社，1991；杨立新：《人身权法论》，638 页，北京，中国检察出版社，1996。

③ 参见杜颖：《论商品化权》，载梁慧星主编：《民商法论丛》，第 13 卷，北京，法律出版社，2000；董炳和：《论形象权》，载《法律科学》，1998（4）。

授予的从事特种行业、生产或经销特定商品的资格。政府授予民事主体的特许经营权包括特种行业经营权、垄断经营权、资源开采经营权、资源专用权等；民事主体之间通过合同授予的特许经营权包括许可证经营权、商品或服务连锁经营权等。[①] 在实践中，特许经营权与知识产权一起，列入无形资产的范围。所以说，特许经营权是有别于知识产权的一种无体财产权。

三、财产权体系：有体财产权、无体财产权、其他财产权

财产权体系表现了私的财产制度的内部结构，无论其外部形式多么凌乱、繁杂，都是分成不同部分而又相互联系的一个统一的系统或整体。这即是说，不应把财产权理解为各式各样财产权的简单总和。必须看到，财产利益基本属性的同一性决定了各种财产权的共同指向，它既是财产制度之间联系的纽带，也是财产法一体化构建的基础。同时，财产利益表现形态的差异性，则是我们划分不同财产权类型的标准，也是新的财产制度赖以建立的依据。

财产权体系是历史地形成的，诸如政治、科技、文化、社会等各种因素都会在其间发生影响，但是它最终决定于一国的经济制度。财产权制度的构建，虽然不是立法者或法学家的主观任意，而是社会物质生活条件的客观反映；但在这里，客观规律总是要通过人的活动实现的，一定的法学理论、法律观念、立法技术，对财产权体系的建立也有相当的影响。因此，我们在进行财产权的法律构造时，既要遵循历史发展的客观规律，又要注重内在逻辑的联结关系，即实现历史与逻辑的统一。

现代财产权体系的重构，有必要厘清以下几个问题。

1. 财产权制度一体化的基础。财产是构建财产权体系的始点范畴。自罗马法以来，人们基于财产的主要构成限于有体物的认识，设定了物质化的财产权制度。在客体物的分类中，有体物固然是有形之动产与不动产，无体物亦是以实在之物为对象的财产权利，可以说，传统的财产权制度即是物质化的财产结构。随着科学技术和商品经济的发展，各种抽象化、非物质化的财产不断涌

---

① 参见蔡吉祥：《无形资产》，15页，深圳，海天出版社，1996。

现，人们对财产的概念有了新的认识。美国学者写道：19 世纪时法院开始认识到，一些无形财产的价值并不一定能与商业场所或有形的商业附属物相联系。在多数案件中，保护当事人无形财产比保护有形物更为重要，换言之，在许多场合中，要保护的根本不是“物”而是“价值”[①]。20 世纪初，施瓦茨曾列举了“具有重大价值的新型财产”，“这些财产包括商业信誉、商标、商业秘密、著作权、经营利益、特许权以及公平的便利权”[②]。在这里，财产权指向的对象，已不限于有形的物件，而且也包括无形的事物。无论它们是否具有外在形体，但都是具有经济利用价值的利益。正如有的学者所言，我们可以把财产或者说财产利益区分为不同形态的事物，即物质实体、知识本体及其他价值实体。[③]“财产利益”是一切财产权的共同指向，它包含了不同的财产形态，并由此产生了不同的财产类型。概言之，财产概念的整合是财产权制度一体化人格权与财产权的关系。人格权与财产权是民事权利的最一般分类，这种分类直至今天仍有意义。在私权制度的发展过程中，人格权与财产权的区分已从绝对趋于相对，并出现交叉与融合。这一现象表现在两个方面：一是在传统的人格权之上衍生出新的财产权。在民事客体范畴中，诸如姓名、肖像、名誉、荣誉等人格利益，在传统上属于人格权的保护范围，一般认为不具有直接的财产内容。[④] 虽然上述人格利益与财产具有一定的联系，如主体行使相关权利可获得一定的经济利益，或主体因上述权利受到侵害而获得一定财产补偿，但这里的财产后果不是名誉权、肖像权等人格权利的内容本身。由于商品经济的发展，某些人格利益演变成商业人格利益，即在现代法律框架上，基于商业上的名誉、荣誉产生了商誉权、信誉权；由于对姓名、肖像、形体的商业利用产生

---

① ［美］肯尼斯·万德威尔德：《19 世纪的新财产：现代财产权概念的发展》，载《社会经济体制比较研究》，1995（1）。

② ［美］肯尼斯·万德威尔德：《19 世纪的新财产：现代财产权概念的发展》，载《社会经济体制比较研究》，1995（1）。

③ 参见徐瑄：《知识产权与财产法一体化构建》，载《暨南学报（哲学社会科学版）》，2002（6）。

④ 参见王利明等：《人格权法》，北京，法律出版社，1997。

了形象权。这些权利是与一般人格权有别的特殊财产权，是为无体财产权。[①]二是人格权与财产权的融合产生新的复合性权利。一些学者认为，知识产权、股权等不能单纯归于人格权或财产权之中，而是“这两类权利结合的产物”，是一种“混合型权利”[②]。笔者在20世纪80年代末、90年代初的一些著述中也持这一观点。此类说法现在有必要予以修正。在国际上，知识产权多作为财产权看待。从词源学上来说，英文intellectual property和intellectual property right分别指称“知识财产”与“知识产权”。在有些国家的语境中，“知识产权”还是“无体财产权”的同义语。世界知识产权组织编写的专门读物，亦是将“知识财产”与知识产权联系在一起的。[③]《知识产权协定》承认“知识产权为私权”，即是从保护私有财产的原则出发，将知识产权与所有权作为私人财产权同等看待。[④]因此可以认为，知识产权（除著作权等个别权利外）从总体上看，应为一种财产权，而不是什么混合型权利。至于股权，通常是指股份有限公司与有限责任公司的股东权，如前所述，它与具有人合性质的一般社团中的社员权是不同的。股权之中的所谓表决权，往往是一些学者将股权视为社员权，并作出混合型权利理解的主要依据。其实，表决权并不具备一般人格权的性质，它“基于转让财产而产生，其目的是行使对财产的间接管理以保护股东利益之实现、分红之可能，其基础和目的皆在于财产利益，是所有权中的支配权能、处分权能的变形”[⑤]。因此，股权从其基本属性和主要内容来看，也可以视为一项财产权。总之，基于人格权关系的嬗变，产生的是新型的财产权（或为非物质性财产权，或为独立的财产权），而不是亦此亦彼的混合型权利。

---

① 有学者将该类权利概称为“商事人格权”、“经济人格权”或“作为财产权的人格权”。这些说法依然是从人格属性的立场出发来描述此类财产权的。在国外学者的著述中，该类权利多视为独立的财产权或无体财产权。参见［英］劳森、拉登：《财产法》，北京，中国大百科全书出版社，1998；［日］小岛庸和：《无形财产权》，东京，创成社，1998；Black's Law Dictionary（15 Edition），West Publishing Co.，1979。

② 王利明等：《人格权法》，12页，北京，法律出版社，1997；龙卫球：《民法总论》，124页，北京，中国法制出版社，2002。

③ 参见世界知识产权组织编：《知识产权纵横谈》，4页，北京，世界知识出版社，1992。

④ 参见孔祥俊：《WTO知识产权协定及其国内适用》，72页，北京，法律出版社，2002。

⑤ 程晓峰：《关于股权性质的法律思考》，载《山东法学》，1998（6）。

2. 知识产权与无体财产权。知识产权是近代商品经济和科学技术发展的产物。知识产品财产化与知识财产法律化带来了财产的“非物质化革命”，这是罗马法以来私权领域中的一场深刻的制度创新与变革。知识财产是一种新的财产，它不是以往对物进行绝对支配的财产，而是“非物质化的和受到限制的财产”[①]。“非物质化”的结果，极大地拓宽了财产法适用的范围，权利的客体涵盖一切可以作为财产看待的物质与非物质对象；“非绝对性”的意义在于对新财产权利的适当限制，其目的是防止权利过于垄断，以保障知识的正当传播。时至当代，财产的“非物质化革命”并没有停止，社会财富的结构发生了很大的变化，“财产越来越多地变成无形的非物质的”[②]，“我们有理由对传统上并不被认为是财产或财产权利的权利给予越来越多的关注和保护”[③]。这些非物质性的财产权利，主要是知识产权，但又不限于知识产权。有鉴于此，笔者自20世纪90年代以来即主张建立一个大于知识产权范围的无体财产权体系，以包容一切基于非物质形态所产生的权利。[④]“无体财产权”的概念系德国学者科拉于1875年提出。在相当时期，一些西方国家的立法与学说曾以无体财产权来概括有关智力成果的专有权利。至20世纪90年代，知识产权成为国际通行用语，仍有学者继续采用无体财产权的说法。笔者认为，诸如商誉权、信用权、形象权、特许经营权等，都是一种具有非物质属性但又不能归类于知识产权范畴的财产权；随着社会生活的日益发展，还可能出现一些更新的无体财产权。因此可以考虑，以客体的物质性与非物质性为分类标准，在支配性财产权领域概括出有体财产权与无体财产权。在这里还有必要论述的是财产权的“无体”问题，即“无体”指的是作为客体看待的权利（无体物），还是作为客体看待的精神产品。青年学者袁秀挺博士曾撰文评述笔者的无体财产权理论，其中的许多评点都颇有见地，但是他将无体财产权的范围扩充到债权、

① ［美］肯尼斯·万德威尔德：《19世纪的新财产：现代财产权概念的发展》，载《社会经济体制比较研究》，1995（1）。

② 尹田：《法国物权法》，19页，北京，法律出版社，1998。

③ ［美］罗纳德·波斯顿：《美国财产法的当前发展趋势》，载《外国法译评》，1994（3）。

④ 参见笔者的相关著述：《无形财产权的若干理论问题》，载《法学研究》，1997（4）；《无形财产权制度研究》，北京，法律出版社，2001；《财产的非物质化革命与革命的非物质财产法》，载《中国社会科学》，2003（4）。

票据权利的看法[①]，笔者不能苟同。其理由是：其一，有体财产权与无体财产权的分野，是在支配性财产权利范畴内进行的。按照前文所述拉伦茨的观点，该类权利的客体是为第一顺位的权利客体，包括有体物与无体的精神产品。而债权、票据权利（特别债权）等概为请求性财产权利，另一德国学者梅迪库斯认为债权与请求权无实质区别。[②] 因此，将债权作为无体财产权看待，实际上是将支配权与请求权混为一谈。其二，债权、票据权利本身在作为权利客体时，可以视为无体物。有体物与无体物是罗马法、法国法关于客体物的分类，无体物特指除所有权以外的财产权利；德国法规定的物仅为有体物，该国学者有时将精神产品也称为无体物，但强调此类客体应由知识产权法规范，而不由物权法规范。[③]

由此可以认为，在罗马法、法国法那里，债权等可以以无体物名义作为另类权利（如继承权、股权）的客体，但这种无体物（即权利客体）不能得出是无体财产权（即权利本体）的结论；在德国法那里，债权等则不能视为无体物，因为无体物特指无体的精神产品。总之，对知识产权与无体财产权进行划分，并对无体财产权作出界定，对于构建财产权体系是非常必要的。

3. 财产权体系的中心制度与内部结构。财产权与人身权的分立以及财产权利的基本分类，是自罗马法以来的民法传统。在不同的历史时期，财产法的重心及其制度安排具有不同的特点。古代罗马法建构的是以所有权为绝对中心的财产法。罗马人以“物”作为客体范畴，在此基础上设计了以所有权形式为核心的“物权”制度，建立了以物权制度、债权制度为主要内容的“物法”即财产权体系。[④] 罗马法的财产权体系，构筑在宽泛概念的客体“物”基础之上，此处的物主要是客观实在之物，也包括主观拟制之物（即权利）。同时，整个财产权体系由宽泛意义的所有权来统领，即债权和他物权作为无体物，属

① 参见袁秀挺：《正本清源——评〈无形财产权制度研究〉之“基本理论编”》，载《私法》，第2辑第1卷，北京，北京大学出版社，2002；《知识产权在财产权体系中的定位》，载《华中科技大学学报（社会科学版）》，2003（2）。

② 参见［德］迪特尔·梅迪库斯：《德国民法总论》，68页，北京，法律出版社，2000。

③ 参见孙宪忠：《德国当代物权法》，3页，北京，法律出版社，1997。

④ 参见［意］彼德罗·彭梵得：《罗马法教科书》，黄风译，183～184页，北京，中国政法大学出版社，1992。

于所有人拥有的财产。这是一种所有权绝对中心的财产制度。法国民法继承了罗马法的传统，它保留了有体物与无体物的区分，并沿用各种财产权的基本分类。重要的是，法国民法的财产制度的中心仍是所有权。在三分法的体例中，一编称为所有权及其变形，另一编是为财产（所有权）的取得。可见，在所有权中心的框架中，债权、继承权都是作为财产的取得方法来规定的。近代德国创立了物权、债权二元结构的财产法。[①] 该国民法典关于财产权的制度安排有三个特点：一是债权的独立化。德国法将债权视为区别于物权的对人权而独立存在，并作出专章规定，这与法国法不同。法国法将继承、合同、侵权行为与担保等同置一编，债权并未体系化，也无自己的独立地位。二是债权的优位化。德国法不再恪守所有权中心的立法体例，将债权编置于物权编之前。在德国法那里，“物的利用”的理念优先于“物的归属”的理念，即将债权看作所有权成立之前提，而不是规定为所有权取得之方法。三是物权、债权二元结构的体系化。罗马法将各项财产制度安排在“物法”之中，法国法亦是围绕着所有权来设计财产制度体系，而德国法正式确立了物权和债权两大部分。依此模式，任何具体财产权利均可纳入上述权利范畴。德国法建立的二元结构的财产法对后世立法影响很大。现代民法应该构建一个什么样的财产权体系，是各国立法者与法学家为之努力探求但尚未达成共识的问题。笔者认为，我们可以遵循大陆法系的传统，继续采用物权、债权的称谓，但不必坚执所有权绝对中心的理念，也无须恪守物权、债权的二元结构。这即是说，现代的财产权体系，应是一个开放的制度体系、多元的权利范畴。

基于上述分析，笔者主张我国的财产权体系包括以下三个部分，即是以所有权为核心的有体财产权制度、以知识产权为主体的无体财产权制度、以债权、继承权等为内容的其他财产权制度。在有体财产权范畴中，除所有权外，还应包括土地使用权、农村土地承包经营权、宅基地使用权、地役权、空间利用权、典权、居住权、相邻权以及抵押权、质权、留置权等担保物权；在无体财产权范畴中，除著作权、专利权、商标权、商号权、地理标记权、植物新品

① 参见［德］卡尔·拉伦茨：《德国民法通论》，王晓晔等译，40～41页，北京，法律出版社，2003。

种权、集成电路布图设计权、商业秘密权等知识产权外，还应包括商誉权、信用权、形象权、特许经营权等非物质性权利。其他财产权包括债权、继承权以及一些具有独立意义的财产权，如股权、信托权、票据权利等。该类权利有些是请求性财产权，有些则是兼具物权、债权属性的特别财产权。

四、财产权立法与民法典编纂

自罗马法以来，经过众多立法者和法学家的培育，财产权制度已经形成成熟的概念构成，并产生了具有不同风格的制度体系。我国的财产权立法，必须采取融经验与理论于一体的建构方法，遵循严格的逻辑概念与体系要求，将各类财产权制度整合于民法典的框架中。

财产权的“法典”化，首先涉及的是财产权定义问题，对此英美法系与大陆法系有着不同理解。英美法系中的财产权，指的是有体物为客体的支配权。在《牛津法律大辞典》中，“严格地讲，这个术语用来指财产所有权”。“财产权是指存在于任何客体之中或之上的完全的权利”，这种权利既可以存在于有形财产之中，也可以存在于无形财产之中。[①] 加拿大魁北克民法典即是采取上述财产权概念的立法例。该法典第三、四、五编分别为“继承法”、“财产权”和“债法”。其财产法规定的内容主要有：“财产的种类”“所有权”“所有权的特殊形式”“所有权的权利分割”等。正如梁慧星教授所言，魁北克民法典采用的是狭义的英美法系的财产权概念，并在立法体例上采取“财产法”与“债法”分立的称谓。[②] 大陆法系中的财产权，泛指一切以经济利益为内容的权利，包括财产的支配权与请求权。关于财产支配权，即是主体对客体“物”直接享有的权利。法国《拉鲁斯大百科全书》认为凡能构成财产的一部分并可占为已有的财富即为物，它分为两种：一是有体物，包括动产和不动产；二是无

---

① 参见［英］戴维·M. 沃克主编：《牛津法律大辞典》，729页，北京，光明日报出版社，1989。

② 参见梁慧星：《是制定“物权法”还是制定“财产法”?》，载《私法》，第2辑第2卷，北京，北京大学出版社，2003。

体物，包括与物有关的权利，如用益权，以及与物无关的权利，如著作权。①这种在物之上直接设定的权利被称为“对物权”（rights in rem）。法国法意义上的“对物权”，后来被德国法理论进一步发展，“该概念已成为处理物权、知识产权和准物权关系的联结点”②。在“对物权”这一上位概念之下，以有体物为客体的支配权称为物权，以精神产品为客体的支配权称为知识产权，设于财产性权利之上的支配权称为准物权。关于请求权，即是请求他人为一定给付的权利。债权是典型的请求权，包括基础权利的请求权（如合同之债）和救济权利的请求权（如侵权之债）。大陆法系的财产权范围大抵包括上述各类财产权制度。1992 年荷兰民法典是为其典型的立法例。其一，对财产、财产权概念作了宽泛定义。即“财产，包括一切物和一切财产性权利”；“财产性权利是指：可单独转让或与其他权利一道转让的权利；能使持有者获得物质利益的权利；可用于交换现实物质利益或可期待的物质利益的权利”③。其二，设计了财产法总则（第三编）。在此之后规定了继承法（第四编）、物权法（第五编）、债权法（第六、七、八编）和智力成果法（第九编，后该编放弃）。从我国民事立法的传统出发，未来民法典所构建的财产权体系，当然采用广义的财产权概念，即包括物权（含准物权）、知识产权、债权、继承权以及其他财产权。

财产权的法典化，在大陆法系国家还有一个编纂模式问题，即法学阶梯式与潘德克吞式的立法选择。法国民法典是法学阶梯式的典范，该法典有着对《优士丁尼法学阶梯》的革命性改造。出于对概念的逻辑体系的追求，法国民法典打破了将物权与债权置于“物法”的同一性结构，分编规定了财产与财产的取得立法；但该法典同时存在着财产权分类不尽科学的问题，其第三编成为财产问题的“兜底”和“囊括”，各种一时难以在逻辑上分门别类的问题都充斥其间。澳大利亚学者瑞安对此提出批评：“任何科学的安排方法都不会在一编之中把继承和赠予、契约和侵权行为、婚姻财产、抵押和时效等这些毫不相

① 参见法国《拉鲁斯大百科全书》，第 3 卷。转引自《国外法译丛·民法》，168 页，北京，知识出版社，1981。

② 徐涤宇：《历史地、体系地认识物权法》，载《法学》，2002（4）。

③ 引自徐涤宇博士提供的中南财经政法大学民法典研究所所藏民法典资料。

干的内容都放在‘取得财产的不同方法’之下。”① 就财产权立法而言，其弊端表现在两个方面：一是债权未能取得独立地位，仅是财产所有权取得的一种方法；二是财产权制度未能形成逻辑体系，导致不同类型权利同置一处的体系混乱。法国民法典采取“财产”与“财产取得方法”的二编法，对其他国家民法典的财产权体系构建产生很大的影响。欧洲的比利时、摩纳多、罗马尼亚等国，美洲的海地、多米尼加、委内瑞拉等国，非洲的几内亚、尼日尔、刚果、乍得等国都沿用了这一编纂模式。② 与上述情形不同，德国民法典以其深邃、精确和抽象，构建了潘德克吞式的财产权体例。法典依编章按演绎式排列：其中总则含有关于财产的抽象的原则性的规定，然后分债权、物权、继承三编对具体的财产关系进行规定。德国民法典在精准界定物权与债权两个概念的基础上，依逻辑位阶关系构建了自己的财产权制度，从而避免了法国民法典在财产权立法方面的逻辑混乱，应该说是一种历史的进步。但是，德国民法典的物权、债权二元结构也有不足：一是过于僵化。依其严谨的概念逻辑，任何具体财产权利都可以纳入上述范畴，在权利分类上非此即彼。随着近世权利形态的变化，面对一些亦此亦彼的财产权，这种物权、债权的二元结构显然是无能为力；二是过于封闭。这种财产权体系未能完全摆脱罗马法以来的物化财产结构的阴影，它是一个严谨的体系，但却不是一个开放的体系。质言之，物权、债权的二元结构未能考虑知识产权以及其他财产权的制度空间。应该承认，德国民法典所采取的财产权分类方法及其制度安排模式，在大陆法系国家的影响是广泛而深刻的。现行的意大利民法、葡萄牙民法、俄罗斯民法、日本民法、巴西民法、泰国民法等基本上都沿用这一体例。

法学阶梯式与潘德克吞式关于财产权体系的构建，在19世纪的范式民法典中作了十分经典式的表现，但毋庸讳言的是，它们各有其弊端。基于此，荷兰新民法典作为20世纪的范式民法典，对财产权制度进行了新的设计。它一改法学阶梯式之遗风，别具一格地创立了一种多编制的财产权立法体例，其九

---

① ［澳］瑞安：《民法导论》，楚建译，载《民法的体系与发展（民法学原理论文选辑）》，35页，北京，中国政法大学出版社，1991。

② 参见徐国栋：《法国民法典模式的传播与变形小史》，见中国民商法律网。

编有七编涉及财产权的内容；同时，它并未拘泥于潘德克吞式的民法“总则—分则”的叙述模式，独辟蹊径地设计了“财产法总则”，而未采用适用于各分则但又有逻辑障碍的一般性“总则”，即在财产权制度中创建了一种多层次、复合式的“总则—分则”模式，确实有可取之处。

我国未来的民法典可以考虑设置一个财产法或财产权总则，马俊驹教授、徐涤宇博士等均提出过此类构想。笔者以为，在不改变物权、知识产权、债权、继承权等概念构成及制度分类的前提下，设定一个财产权总则是很有意义的。这个总则可望解决以下问题：(1) 对财产进行定义，为建构开放的财产权体系提供基本的概念构成。参照荷兰民法典，财产应包括一切物和一切财产性权利。前者是广泛意义的物，意指物质实体的“有形物”、知识本体的“精神产物”以及其他价值实体的“抽象物”。后者是确定意义的权利，即须为各种类型的财产权利，须为具有金钱价值的权利，须为不含消极债务的权利。[①] (2) 规定“物权一般规则”，以抽象、概括不动产物权和动产物权、所有权与用益物权、担保物权共同适用的总则规范。德国民法典未设定总则，但其物权法著述有此类内容；而日本及我国台湾地区的民法物权编均有总则。[②] 因此作出这一安排是适宜的。物权的一般规则，可考虑规定物权的定义、物权法的基本原则、物权的效力与变动等。(3) 规定“债权一般规则”，以统领单独设编的合同法和侵权法，并涵盖不能另行归类的不当得利和无因管理。关于是否规定债法总则，学者们见解不一。有的主张不设，建议将债法总则的内容置入合同法总则；有的主张设定，但建议重点突出合同总则的内容，并力主侵权法独立成编。[③] 笔者认为，如果有了一个各类财产权共同适用的财产权总则，债法总则可以不予规定，而以“债权一般规则”代替之，其内容包括债的定义、债的类型、债的履行、债的移转、违反债务的责任等。(4) 规定“知识产权一般规则”，既解决知识产权制度“入典”的问题，又能保留其民事特别法的单行体例。知识产权是现代财产权体系的重要组成部分，但知识产权法不宜平行移

---

① 参见［德］卡尔·拉伦茨：《德国民法通论》，410～411页，北京，法律出版社，2003。

② 参见梁慧星主编：《中国物权法草案建议编》，北京，社会科学文献出版社，2000。

③ 有关债法总则的争鸣可参见马俊驹：《对我国民法典制定中几个焦点问题的粗浅看法》，见中国民商法律网。

植到民法典。笔者认为，在立法史上，凡是范式民法典都没有知识产权编，凡是规定知识产权编的民法典都不是范式。到目前为止，民法典不专编系统规定知识产权，已为多数学者所共识。[1] 知识产权制度虽不平行移植入民法典，但在民法典中作出一般规定依然是有必要的，换言之，不能局限于民法典草案的单个条文而一言以蔽之。“知识产权一般规则”不同于民法典所规定的基本原则与一般制度，后者具有普遍适用性，此处不另作规定；同时，这里所规定的一般性条款，应是从各项知识产权制度抽象出来且共同适用的；此外，本章的一般规则着力描述的应是该类制度与其他财产权制度的不同之处。具体说来，可包括知识产权的性质、范围、效力、利用、保护、限制，以及与民事特别法的关系等。(5) 规定其他财产权，以包容物权、知识产权、债权、继承权等未能涉及的其他财产权利。财产权的类型化是私权体系的逻辑性要求，也是立法活动的经验性总结。在私权体系的框架中，财产权的分类是必要的，但这种分类所涉及的具体事物也是有限的。在传统的财产权各编之外，实际上还游离着一些难以准确归类的其他财产权：一是所谓商事人格权。在民商分立的国家，商事人格权自可在商法中予以规定，不足为虑。我国奉行民商合一的传统，诸如公司法、票据法、海商法、保险法等概以特别法的形式存在，其商事活动中产生的与商事人格有关但又具有财产属性的权利，包括商誉权、信用权、特许经营权、形象（商品化）权等，则有赖于基本法即民法典予以确认。二是所谓复合性财产权。由于所有权权能分离与债权物权化的影响，一些财产权很难简单定性并准确归类。例如股权、信托权、票据权利等，不宜在物权编与合同（债权）编规定，置于“其他财产权”一章则是可行的。

基于上述分析，笔者主张未来民法典可设“财产权总则”专编，下设各章包括：

第一章　一般规定（财产定义、分类、保护、限制等）；

第二章　物权一般规定；

第三章　债权一般规定；

第四章　知识产权一般规定；

第五章　其他财产权。

---

① 参见吴汉东：《知识产权立法体例与民法典编纂》，载《中国法学》，2003 (1)。

财产权的类型化、体系化与法典化 *

——以民法典草案为研究对象

财产、财产权、财产法是民法学研究的基本范畴，也是民法典编纂面临的重大问题。从理论创新和制度创新的基本立场出发，我国理应接受开放性的财产观，构建具有包容性和逻辑性的财产权体系，在此基础上进行以法典化为首要的财产权法律形式构造。以上即涉及财产权的类型化、体系化和法典化问题的研究。

一、财产权客体：差异性类分与同一性基础

财产是民法学研究的始点范畴，它既是民事权利的重要客体，也是社会经济运动的基础。社会活动中发生的各种经济关系，包括占有关系和流转关系，都直接或间接地与财产有关。

作为权利对象的财产，是一个动态与开放的范畴，因而财产及财产权在民法的发展过程中有着不同的制度安排。在前资本主义时期，社会经济形态是以物质资料的财产作为基础的，罗马私法所设计的财产权制度采取了“物—物权—物法”的逻辑框架结构。在“物即财产”① 的法理念之下，物与财产具有同等意义，有体物是为客观实在之物，而无体物也采用了类似实体物的解读，澳大利亚学者德霍斯（Drahos）将其称为抽象客体的“似物性”。所谓“thing

---

* 原载《现代法学》，2017（3）。

① 彭万林主编：《民法学》，49 页，北京，中国政法大学出版社，1997。

likeness”意指“无体物”（即所有权以外的财产权）与具实体性的物质化财产之相似性。[①] 近代民法以降，人类社会生活发生了深刻的变化，作为民法主要调整对象的商品经济关系日趋发达，商品形态日益丰富多彩，从消费品、生产资料、房地产等有形商品，到技术、信息、商机、产权等无形商品，市场的触角延伸到一切可以作为财产看待的物质与非物质的对象。众多法哲学家、民法学家，乃至知识产权专家为“新财产”出现作出新的理论阐述。罗马私法上的“无体物”被用以指称“知识形态的抽象物”，为财产的“非物质化”（dematerialized）提供了一些关键的概念性工具。[②] 英国法上的“诉体物”即“诉讼中的动产”（choses in action），将非物质性的“知识财产”归类其中。[③] 这些理论创新服务于制度创新之需，使得财产概念具有不确定性和灵活性，从而将各种形态的资源囊括到财产权体系之中。新财产的出现是财产非物质化革命的经典场景。美国学者康芒斯在其名著《制度经济学》一书中谈到从有形体财产到无形体财产的变化：“在封建和农业时代，财产是有形体的。在重商主义时代（在英国是17世纪），财产成为可以转让的债务那种无形体财产。在资本主义阶段最近的这40年中，财产又成为卖者或买者可以自己规定价格的自由那种无形的财产”[④]。非物质性财产具有哪些类型，学者们从不同视角作出了不同的描述。在格雷的著述中，上述财产既有公司中的股票份额、债券、各种形式的商业票据、银行账户、保险单等，也包括一些难以确定的财产，如商标、专利、版权、特许权和商誉。[⑤] 施瓦茨将“具有重大价值的新型财产”归为“商业信誉、商标、商业秘密、著作权、经营利益、特许权以及公平的便利权”[⑥]。

---

① See Peter Drahos, A Philosophy of Intellectual Property, Dartmouth Publishing Company Limited, 1990。

② See Peter Drahos, A Philosophy of Intellectual Property, Dartmouth Publishing Company Limited, 1990, pp. 16-22.

③ 在英国法中，诉体物即“诉讼中的动产”之特点是：这种动产的存在范围只有通过诉讼才能充分体现出来。诸如知识产权由于其客体的非物质性，往往需要通过诉讼请求才能划清“社会财产”与“我的财产”、“合法使用财产”与“非法使用财产”的界限；这种动产的价值不表现为记载知识产品的物化载体本身的价值，而取决于象征着请求支付有体动产的无体权利的价值。

④ ［美］康芒斯：《制度经济学》上册，95页，北京，商务印书馆，1962。

⑤ 参见［美］托马斯·C. 格雷：《论财产权的解体》，载《经济社会体制比较》，1994（2）。

⑥ ［美］肯尼斯·万德威尔德：《19世纪的新财产：现代财产权概念的发展》，载《经济社会体制比较》，1995（1）。

万德威尔德则强调了美国法院所认定的“新财产”，包括使用邮政的权利，雇主自由地增减劳工的权利，雇佣者自由就业的权利，股东选举公司董事的权利，免税的权利，禁止他人出卖自己采制的新闻的权利，成为证券交易所会员的权利等。[①] 上述财产是区别于动产、不动产等传统财产的“新财产”。这表明，“物即财产”的理念被动摇，“财产与实物的联系被消除”[②]，“支配物的权利”拓展到“有价值的权利”[③]。在此，笔者拟从财产的客体性角度出发，将现代社会的“新财产”分为以下几类。

一是信息财产。该类财产是指附载于一定物质之上的资讯、符号和数据所构成的新型财产。在财产权客体理论中，无论是物质财产还是知识财产，都是独立于主体意志而实际存在的客观财产。但是，知识财产是现实存在的精神产物，信息作为社会交往和传播的对象，具有不同的类型。美国学者巴克兰德将信息分为“作为过程的信息”（information-as-process）、“作为知识的信息”（information-as-knowledge）、“作为事物的信息”（information-as-thing）[④]。根据这种分类，知识财产是一种介入智力劳动的“创造型信息”，即知识产权的客体。作为权利对象的知识信息可进一步分为创造性成果与经营性标记两类形态，前者包括作品及其媒介和工业技术，后者包括商标、商号、地理标记等。上述知识财产是现代社会中最重要的非物质财富。与“创造型信息”相对而言的是“资源型信息”，即附载于遗传材料之上的遗传信息。这种“由遗传规律产生的，遗传基因多样性、物种多样性及群落多样性与环境共同作用决定的遗传密码信息”，“具有自然信息资产的特征”[⑤]。遗传信息存在于遗传物质之中，遗传材料（DNA 或 RNA）记载着生命体或生物体的遗传信息，并且传递给子代，从而使子代显现出与亲代相类似的遗传性状。人类利用生命体或生物体的

---

① 参见［美］肯尼斯·万德威尔德：《19 世纪的新财产：现代财产权概念的发展》，载《经济社会体制比较》，1995（1）。

② ［美］托马斯·C. 格雷：《论财产权的解体》，载《经济社会体制比较》，1994（2）；［加］尼科·斯特尔：《知识社会》，127 页，上海，上海译文出版社，1998。

③ ［美］肯尼斯·万德威尔德：《19 世纪的新财产：现代财产权概念的发展》，载《经济社会体制比较》，1995（1）。

④ 转引自周庆山等：《信息法》，2～3 页，北京，中国人民大学出版社，2003。

⑤ 徐海根等：《〈生物多样性公约〉热点研究：外来物种入侵·生物安全·遗传资源》，342～343 页，北京，科学出版社，2004。

遗传信息，是遗传资源价值实现的目的所在。这种遗传资源信息，既不是一般意义上的无体物（传统所有权客体），也不是特殊意义上的创造物（现代知识产权的客体），而是一种特殊的信息财产。有学者将其称为“基因财产”[①]。

二是金融财产。该类型财产是由法律拟制而代表金融财富所形成的主观财产，包括货币化财产和证券化财产。相对于实物财产而言，货币是一种特殊的新型财产。在金属货币本位时代，货币被视为动产，与一定单位的贵金属相联系而存在。而在当今信用货币时代，货币的属性已经发生本质的变化，其本身已不再有现实的财产客体，货币所具有的财产性实质来自法律的直接规定，具有财产一般代表和财产流通媒介的功能。货币在观念上被视为有形财产，尽管《法国民法典》和《德国民法典》对物有着不同的认识，但都将货币作为所有权客体的动产物。在民法客体理论中，货币是可以用票面金额来表现其价值的物，它属于特殊的动产物，也归类于具有高度替代性的种类物。[②] 有形证券也是一种主观财产，它表现为设定并证明某种财产权的书面凭据，在法律上视为一种特殊的动产物。财产法引进有价证券这一特殊种类物，即是以其取代货币而进行金钱交付。在现实交易中，有价证券的功能实现有两种样态：首先是作为货物的象征，这种有价证券的转让也就是其所代表的货物的转让，即“实物抽象化”；同时也是“抽象实物化”，将书写或印制收据的纸张等同于收据本身，因此，有价证券的交付被视为实物的交付。[③] 有价证券与货币虽同为法律拟制的主观财产，并在法律观念上和现实生活中作为动产物，但货币是所有权的客体，而有价证券是为特殊金钱债权的载体。后者被称为“权利与证券相结合”，证券与证券权利合而为一，这就是所谓的“债权的证券化”[④]。在交易中，有价证券作为实体财物的象征，这种文书的转让也就是其所代表财物的转让。概言之，本为有形财产，但基于法律拟制而成为代表金融财富的主观财产。

三是人格财产。该类财产是与特定主体的人格利益相联系而存在的财产，

---

① 刘红臻教授以人体基因为对象，对“人格性财产权”进行证成。参见刘红臻：《人体基因财产权研究》，载《法制与社会发展》，2010（2）。

② 参见梁慧星：《民法总论》，156页，北京，法律出版社，2011。

③ 参见［英］F.H.劳森、B.拉登：《财产法》，17～18页，北京，中国大百科全书出版社，1998。

④ 谢怀栻：《票据法概论》，6页，北京，法律出版社，1990。

或称为“具有人格利益的财产”。在大陆法系严格的概念体系下，特定利益被概括地进行了财产利益与人格利益的“两分”。其实，财产利益与人格利益之间的界限并非绝对的，正是两者不同利益的交叉或融合，产生了所谓的“人格财产”和“人格权商品化”问题。人格财产（personnal property）与可替代财产（fungible property）相类分。[①] 该类财产或是外在人物的人格内化，即特定财产具有象征人格或寄托情感之价值；或是内在自我的财产外化，即财产源于特定主体人格或智慧。[②] 人格财产与人格利益有密切联系，在其遭受侵害时无法适用可替代物补救。人格财产的民法意义有两点可以肯定：第一，人格财产本质上是一种财产，在客体上归类为特定物；第二，人格财产在侵权责任中涉及财产权损害赔偿中的人格利益受损问题。《日本民法典》第 710、711 条和《奥地利民法典》第 1331 条规定，对财产上的人格利益的侵害，适用侵权赔偿责任，即对人格财产采取了肯定的立法立场。关于人格财产客体地位的确认，是一个从传统人格权到特别财产权的演变过程。[③] 在民事客体范畴中，诸如姓名、肖像、名誉、荣誉等精神利益，在传统上属于人格权的保护范围，一般认为不具有直接的财产内容。[④] 但在现代法的框架下，一般人格利益也具有了财产价值，即嬗变为资信财产。前者本为有形财产，但又代表或象征着某种人格利益，笔者将其概称为“人格象征性财产”。易继明教授将其分为具有人格象征意义的财产（如照片、录像、纪念物）、寄托特定人情感的财产（如宠物、书简）、源于特定人身体的财产（如遗骸、人体器官或组织）等[⑤]；后者应为无形财产，本为抽象之人格利益，但在商事活动中演变为具有财产利益的资信类财产，笔者将其概称为“商事人格化财产”。该类财产形式主要有商誉、信用、形象等资信类财产。从资信构成来讲，其内在因素是主体的专属性人格，其外在因素则来自社会所给予的评价和信赖，这种资信利益是可期待但不确定的财产利益。

财产利益表现形态的差异化，表现了私的财产制度的内部结构和样态，是我们划分财产权益类型的标准。上述财产利益，包括传统财产和新型财产，之

---

① 徐国栋：《现代的新财产分类及其启示》，载《广西大学学报（哲学社会科学版）》，2005（6）。

② 参见易继明、周琼：《论具有人格利益的财产》，载《法学研究》，2008（1）。

③ 参见吴汉东：《财产的非物质化革命与革命的非物质财产法》，载《中国社会科学》，2003（4）。

④ 参见王利明等：《人格权法》，北京，法律出版社，1997。

⑤ 参见易继明、周琼：《论具有人格利益的财产》，载《法学研究》，2008（1）。

所以归类为同一权利客体，关键在于它们的相同属性。客体的同一性基础建立在两个方面：第一，法律认可。作为客体的财产，是为独立于主体之外的事物，即具对象性；同时也须是主体享有权利的客体，即具可支配性。法律意义上的财产，不仅是与主体有别的客观现实存在，更是法律认可的主体支配客体的现实存在。主观财产之所以成为财产，概因法律拟制而形成，自不待言。而客观财产，无论是有体之物还是无体之智力成果，没有法律的认可亦在现实中存在；但只有法律的认可，客体的财产关系内涵才能得到法律保障。罗马法时期，在"克里维特"所有制条件下，私人财产先为动产，后才发展到不动产①；近代法时期，由物质财产到知识财产，从而产生财产的非物质化革命；到现代法时期，诸如基因财产、资信财产的出现，使得财产客体范围日益丰富多彩。可以认为，私人财产权客体制度的发展过程，即是法律对新财产"发现"并认可的过程。正如马克思所言："每当工业和商业的发展创造出新的交往形式……法便不得不承认它们是获得财产的方式。"② 第二，须有价值存在。客体应为主体所利用的物质利益或精神利益之事物。财产的利益构成在于其经济价值，这是主体对客体支配和利用的经济动因，财产权只是表明对价值事物的分配机制和基于这种分配机制形成的分配结果的保护。有学者将财产形态分为物质实体、知识本体及其他价值实体③，无论其形态如何，都有一定的价值和使用价值。动产和不动产即是天然存在或人工制造的物质财富，知识财产则是智力劳动创造的非物质财富。在这里，经济价值是各类财产形态的共同指向，或者说构成不同类型财产的同一性基础。英国财产法有着具体物和抽象物的划分，学者通常将有价值的资产作为所有权的客体物。④ 德国民法典总则虽未规定财产的概念，但学者认为财产概念在民法中有重要意义，并提出"所有具有金钱价值的权利才属于财产"⑤。总之，财产价值形态的多样性与财产价值基础的同一性，构成了现代财产权客体的整体性认识。

---

① 参见周枏等：《罗马法》，155页，北京，群众出版社，1983。

② 《马克思恩格斯选集》，3版，第1卷，北京，人民出版社，2012。

③ 参见徐瑄：《知识产权与财产权一体化构建》，载《暨南学报（哲学社会科学版）》，2002（6）。

④ 参见F.H.劳森、B.拉登：《财产法》，施天涛等译，15页，北京，中国大百科全书出版社，1998。

⑤ ［德］卡尔·拉伦茨：《德国民法通论》，王晓晔等译，410页，北京，法律出版社，2003。

二、财产权结构：制度变革与体系构建

财产权“以财产为标的，以经济利益为内容”[①]，是民事权利体系中的重要构成。财产权与人格权的分类是以客体即法律所保护的特定利益作为标准的，民事权利的“二分”涉及财产权体系构建的外部问题。从经济价值的同一性基础出发，我们可以将不同价值形态的财产进行整合，从而形成一个开放性且具逻辑性的“财产权客体谱系”。在“财产谱系”的构图中，以财产是否具有实际的客体为标准，财产分为客观财产和主观财产，前者有物质财产、知识财产，后者有货币化财产和证券化财产；以客体本身是否具有物质形态，财产分为有形财产和无形财产，前者专指动产、不动产，后者主要指信息财产。[②]人格财产中既有有形财产，也有无形财产（见图 1）。

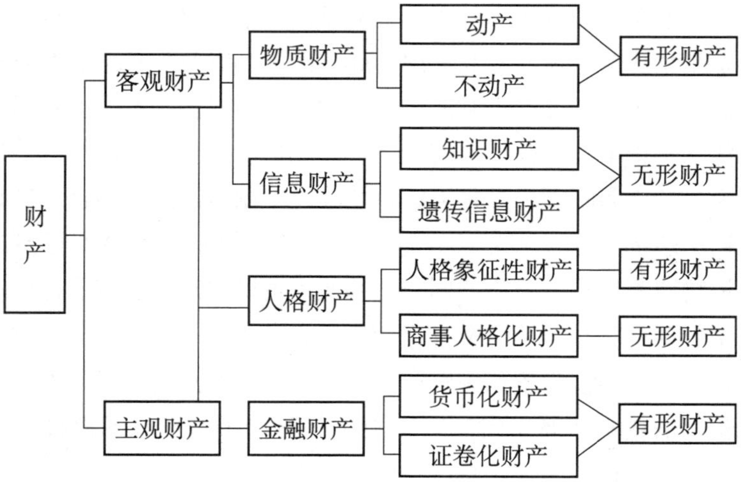

图 1　财产权客体谱系

将财产权区别于人身权是以权利所含实现利益的性质，即利益的财产性与

① 江平主编：《民法学》，82 页，北京，中国政法大学出版社，2000。

② 参见刘少军等：《货币财产（权）论》，11～14 页，北京，中国政法大学出版社，2009。

否作为区分标准的，该标准也称目的标准或标的标准。[①] 同时，财产利益表现形态的差异性，也是我们划分不同财产权类型的依据。在财产权体系内部，因具体实现利益或标的的不同，该类权利又有更为具体的划分：(1) 财产权的指向是某一受自然限制的"物件"[②]，这种权利被称为对物的权利，即物权；(2) 财产权的指向是特定人履行某一行为的"给付"，这种权利被称为对人的权利，即债权。在传统上，财产权主要是物权与债权两大类，此外，还包括矿业权、渔业权、继承权等准物权。[③] 知识产权是后世出现的新型财产权。上述财产权的类分，有着明确的实现利益之标准：以财产利益的物质性与非物质性为标准，支配性财产权可以分为物权和知识产权。以财产利益的直接支配性与请求履行性为标准，前者产生物权与知识产权，后者产生债权。

从罗马法到近代法，财产权类型划分与体系构建的一般理论有着其合理性，但这种分析模式对财产权的描述是基础的，而不是绝对和僵化的。随着科学技术与商品经济的发展，财产权领域发生了一系列的制度创新和法律变革，"物权—债权"二元财产权结构受到很大冲击，新的财产权类型不断涌现，传统的财产权分类标准不敷使用。历史变迁过程表明，财产法是一个开放的、动态的、不断发展的制度体系。

第一，从单一财产权到复合财产权。传统的财产权体系概分为"物权—债权"二元体系，任何财产权无不在于其中，非此即彼，诸如矿业权、渔业权以至继承权也被解读为"准物权"。传统财产权，概为单一财产权模式，在此有两层含义：一是权利性质之单一性，或为绝对权，或为相对权；二是权利内容之类型化，其支配或请求的基本权能是相同的。后世的一些财产权则是一种"权利束"(a bundle of rights)，它不是单一的、整块的现象概念，而是一系列独立和特殊利益的组合[④]，是一种"亦此亦彼"的新型财产权。例如，股权突

---

① 参见龙卫球：《民法总论》，123页，北京，中国法制出版社，2001。

② 广义的物，包括有体物与无体物，后者指某些具有财产内容的权利；狭义的物，以有体物为限。罗马法及法国法采广义说，德国法采狭义说。

③ 有学者将以无形资格为标的的权利如渔业权、矿业权，以权利总和之遗产为标的的权利即继承权，都归类于准物权。参见龙卫球：《民法总论》，123页，北京，中国法制出版社，2001。

④ See Sigmund Timberg, A Modernized Fair Use Code for Visual Auditory, and Audivisual Copyrights, Ablex Publishing Company, 1980.

破了传统财产权的单一形式与固有权能结构，其股东权包括所有权中的处分权和收益权以及债权中的请求权；信托权的法律构造不同于具有绝对主义与单一形式特点的所有权，实现了“权”与“利”的分离，即受托人享有名义上的所有权和完整的管理权，而委托人享有请求给付利益之债权与行使撤销、追及之物权。正如谢怀栻先生所言，在传统财产权和非财产权之外，存在着一种“混合性权利”[①]。

第二，从知识产权到无形财产权。非物质性财产权利的形成，有两次重要的制度变革：一是从特许权到知识财产权。知识财产的权利形态即知识产权，经历了从封建特许权到近代资本主义财产权的演变。知识产权作为一种私人享有的无形财产权是法定之权而不是特定之权，是罗马法以来私权领域制度创新的结果。二是从人格权到特别财产权。在现代商品经济的条件下，诸如企业的名称、名誉、荣誉等精神利益，逐渐演变为商业人格利益，即在现代法的框架上产生了资信类的特别财产权。这是财产非物质化革命在当代的继续，是“正在开发中的无形财产”[②]。在商法学理论中，经营性资信权被称为商事人格权，包括商誉权、信用权、商品化形象权、特许经营权等。[③] 该类权利客体所涉及的资格、信誉、形象等，是一种财产化的人格利益，它具有明显的财产利益内容，但也有一些精神利益因素。资信类权利与知识财产权相异成趣，共同构成无形财产权的制度基础。这即是说，非物质性的财产权利，主要是知识产权，但又不限于知识产权。时至当代，“财产越来越多地变成无形的、非物质的”[④]，诸多资信类权利都是一种具有客体非物质属性但又不能归类为知识产权的财产权。

第三，从虚拟财产权到基因信息权。网络技术和基因技术是知识经济时代最具代表性的前沿技术。在虚拟环境中生成的数字信息与在遗传材料上附载的基因信息，其财产性质界定与权利形态构成，是当下学术界和立法界共同关注

---

① 谢怀栻：《论民事权利体系》，载《法学研究》，1996（2）。

② 曾世雄：《民法总则之现在与未来》，173页，台北，三民书局，1993。

③ 有关论述，参见吴汉东：《论商誉权》，载《中国法学》，2001（3）；《论信用权》，载《法学》，2001（1）；《形象权的商品化与商品化的形象权》，载《法学》，2004（10）；《特许经营权》，载《无形财产权基本问题研究》，485～510页，北京，中国人民大学出版社，2013。

④ 尹田：《法国物权法》，19页，北京，法律出版社，1998。

的法律问题。首先，我们探讨数字信息所生之虚拟财产权问题。虚拟财产权是“对特定的数字信息享有的权利”，其客体是“在网络环境下，模拟现实事物，以数字化形式存在，既相对独立又具排他性的信息资源”①，常见形态有游戏账号、游戏道具、QQ号码、游戏币等。电子货币以现实货币为基础，不具有独立于现实货币的价值，不是此处讨论的虚拟财产。理论界关于虚拟财产权的性质，有“物权说”“债权说”“知识产权说”等观点。② 上述权利属性证成存有理论缺陷：虚拟财产作为无形之数据信息，不是物权客体意义上的物，且不具有支配、管领的权能和权利永续的效力；虚拟财产概为软件生成的信息资源，有别于受著作权保护的游戏软件本身。质言之，前者不具有智力成果的创造性特征；此外，虚拟财产虽存在并依赖于特定的网络空间，但其具有独立存在的价值，持有人享有转让、交易的权利。与上述理论不同，“新型财产权”说认为“虚拟财产是一种固化了的权利凭证”，“体现了物权与债权的结合”③。这一观点有可取之处。我们面临另一问题是遗传资源保护的基因信息权问题。关于基因信息权或者说遗传资源权利的法律属性，国际上较为流行的观点是将其排斥在知识产权体系之外，也有人主张将其改造成为一种新型的知识产权。④ 对于前者，遗传资源权利究竟是何种财产权，目前尚无确定的说法；对于后者，理论界则普遍认为难以接受。笔者认为，基因资源不适用传统所有权的保护。基因资源固然与遗传材料这一物质载体有关，但产生基因财产意义的不是遗传材料而是附着于之上的遗传信息。同时，基因资源是一种自然生存的“资源性信息”，没有人的智力劳动直接介入，因此也不能归类于知识产权客体的范畴。⑤ 可以认为，基因信息权应是一种新的制度工具，从《生物多样性公约》的原则精神出发，其权利要义是利益分享而不是独占垄断。概言之，基因

---

① 林旭霞：《虚拟财产权性质论》，载《中国法学》，2009（1）。

② 关于虚拟财产权性质的研究，除上述林文外，代表性著述还有刘惠荣、尚志龙：《虚拟财产权的法律性质探析》，载《法学论坛》，2006（1）；石杰、吴双全：《论网络虚拟财产的法律属性》，载《政法论丛》，2005（4）；黄宏生：《网络虚拟财产的性质与法律保护》，载《东南学术》，2009（6）。

③ 刘惠荣：《虚拟财产法律保护体系的构建》，84页，北京，法律出版社，2008。

④ 有关观点可参见詹映等：《国际法视野下的农民问题初探》，载《法学》，2003（8）。

⑤ 参见吴汉东：《关于遗传资源客体属性与权利形态的民法学思考》，载《月旦民商法杂志》，2006（12）。

信息权是生物技术知识产权的在先权利，也是生物体（遗传材料）所有权的类似权利。最后需要说明的是，虚拟财产权与基因信息权的客体，概为独立存在（或虚拟生成，或自然生成）但又不能持有的客观财产，也是附载于一定物质之上具有经济价值（无论是数据信息还是遗传密码）的信息财产。在此之上的权利形态应为信息财产权，或者说信息财产专有权。

第四，从一般债权到特别债权。债权与物权相对应，乃是债权人请求债务人为一定给付的权利，是调整财产流转关系的重要制度。在民法的发展过程中，某些债权的内容及效力发生变化，出现了"债权物权化""债权证券化"的现象，其主要情形有两种：一是不动产租赁权。租赁权本为基于租赁合同设定的债权，没有对抗第三人的效力。这是自罗马法以来所确立的"买卖打破租赁"的规则，是所有权优于债权这一原理的经典表现。在商品经济日益发达与所有权逐渐社会化的今天，所有权的行使和实现，往往通过非所有权途径如他物权的设定和债权的发生而进行[①]，这一现象在土地、房屋资本化的条件下表现得特别明显。具言之，土地、房屋所有人的财产利益实现，不是表现为所有人对其土地和房屋的内部享有关系，而是通过特别债权的运行，转换为不动产交换价值的实现。现代各国民法为了保护不动产承租人的利益，一方面确立"买卖不能打破租赁"的原则，另一方面规定不动产承租人的优先购买权。上述原则承认该项租赁权具有物权的效力，即出现了"租赁权物权化"的现象。租赁权的属性发生了一些变化，以至有学者将其称为"混合性权利"[②]，但租赁权并没有外化为物权，也不同于一般债权，笔者认为称为"特别债权"较为适宜。二是票据权利。一般而言，金钱债权的主张并不以书面凭证为要，如有证据证明债的关系存在的，债权人仍有权要求债务人给付。但在"债券证券化"的条件下，债权与证券相结合，使得传统金钱债权在权项内容与履行请求权方面发生变化。票据权由形式所有权（即持券人对构成证券的物质享有所有权）与实体债权（即持券人凭借证券上记载内容得以主张付款的证券权利）构

① 参见董开军：《所有权转换现象研究》，载《法律科学》，1991（1）。

② 梅夏英：《财产权构造的基础分析》，81页，北京，人民法院出版社，2002。

成，并在请求权效力上，持券人可以行使付款请求权和追索权。[①] 可以认为，依票据所创设的权利是具有特别清偿效力的特殊债权。

在财产权结构体系中，物权与债权是近代民法以来形成的两大基本范畴，无论是财产权理论还是财产权立法，依然保留了这种主流思想。诚然，现代财产权谱系应保持一定的传承性，但是，物权与债权并不能周延一切权利类型。因此，我们有必要在比较物权与债权的过程中抽取若干区分要素，"以类型学方法"重新构建财产权体系。[②] 具言之，扩大民法调整财产关系的适用范围，在解决"民商合一"（民商事财产权合一）"财产权一体化"（有形财产权与无形财产权一体）的原则基础上，吸收"混合型财产权""人格财产权""特别财产权"等，从而形成一个多元性权利范畴与开放式制度结构的现代财产权体系（见图 2）。

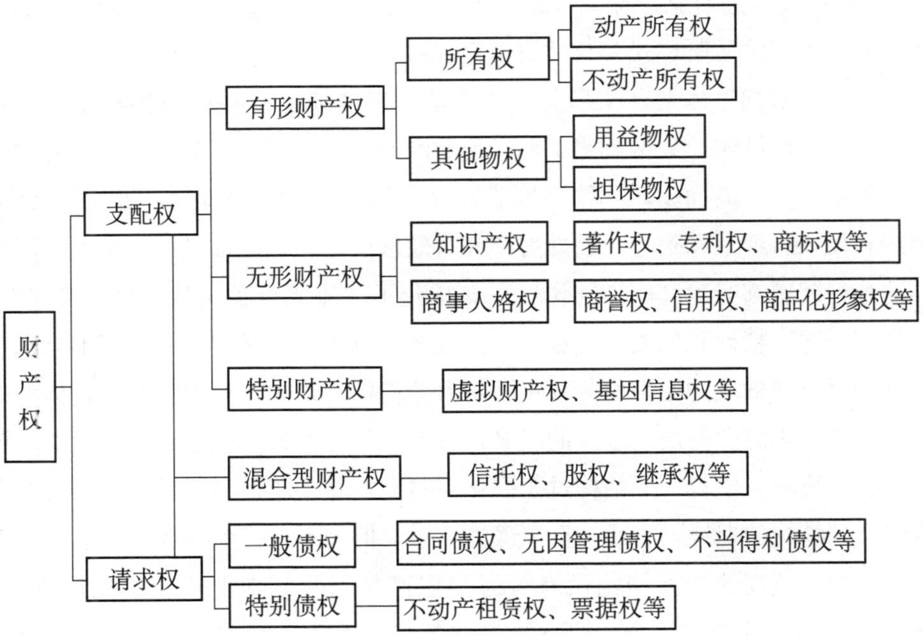

图 2　现代财产权体系

① 参见王小能：《论票据权利义务》，载《中外法学》，1999（6）。

② 参见金可可：《债权物权区分说的构成要素》，载《法学研究》，2005（1）。

三、民事立法中的财产权制度：法典法与单行法

财产权立法历经两千多年的历史浸润，在众多立法者和法学家的培育之下，现已产生一整套成熟的概念构成，构建了一些共同或相似的规范体系，并形成了不同风格和特色的制度体系。我国的民事立法应该顺应社会变迁和法律变革的时代潮流，遵循融经验与理论于一体的立法原则，采取基本法—专门法—特别条例的立法体例，以构建具逻辑性及包容性的财产法体系。

民法典是财产法的形式之最高阶段。较之其他法的形式和制度形式，法典历来是固化和记录一定的统治秩序、社会秩序和社会改革成果的更有效形式。[①] 财产权的法典化，有一个编纂模式和编章结构问题。对此，近代民法典大抵采用了“法学阶梯式”与“潘德克吞式”的立法选择。法国民法典对罗马法的“法学阶梯”体系有着革命性的改造，它打破了将物权与债权置于“物法”的同一性结构，分编规定了财产与财产的取得；但该法典同时存在着财产权分类不尽科学的问题，其第三编成为财产问题的“兜底”和“囊括”，诸如契约和侵权、继承和赠予、婚姻财产和时效取得等，一时难以在逻辑上分门别类的各种问题都充斥其间。德国民法典构建了“潘德克吞式”的财产权体例，表现了深邃、精确和抽象的立法风格。法典依编章按演绎式排列：其中总则含有关于财产的抽象的原则性的规定，然后分债权、物权、继承三编对具体的财产关系进行规定。德国民法典的编纂，有着其独特而为人称道的历史地位，但其构造的物权、债权二元结构过于僵化与封闭，并未能摆脱罗马法以来的物质化财产权结构的羁绊，它是一个严谨的体系，但却不是一个开放的体系。质言之，物权—债权的二元结构没有考虑知识产权以及其他财产权的制度空间。1992年荷兰民法典在糅合“法学阶梯式”与“潘德克吞式”的基础上，创立了一种多编式的财产权体例，被誉为新民法典编纂运动的杰出代表。该法典七编涉及财产权的内容，同时在诸财产编之上设计了“财产权总则”。荷兰民法

---

① 参见周旺生：《法典在制度文明中的位置》，载彭丽霞主编：《法典编撰论》，26页，北京，清华大学出版社，2002。

典关于“人法”与“财产法”的二分结构，以及“财产法”的“总则—分则”的编排体例，得到王卫国教授、徐国栋教授等的高度评价。[①]

当下中国，民法典编纂正在推进之中，民法典总则草案已于2017年3月通过，民法典各分则草案即物权编、合同编、侵权责任编、婚姻家庭编、继承编等将在2020年前分编审定。尽管民法典基本框架大体厘定，民法总则已获通过，但笔者认为仍有一些问题值得探讨：(1) 关于财产定义问题。财产之上所附载的经济利益或者说“财产利益”是一切财产权利共同指向的对象。一些国家的民法典在其总则中对财产进行宽泛定义，为建构开放式的财产权体系提供了基本的概念构成。俄罗斯民法典“民事客体”的条文中，列举了具有物质利益属性的客体，包括“物，其中包括金钱和有价证券；其他财产，其中包括财产权利；工作和服务；信息；智力活动成果；其中包括智力活动成果的专属权（知识产权）”[②]。荷兰民法典在“财产法总则”中对财产进行了总括性规定，即“财产包括所有的物和所有的财产权利”[③]。我国民法典总则在“民事权利”一章中分别列举了物权、债权、知识产权的所享有或支配的对象，而没有财产权利客体的总体性、概括性的规定。在民法总则中，关于财产的概念范围应包括物、智力成果，以及财产性行为或法益。所谓“物”应指物质实体的“有体物”，也包括价值实体的“抽象物”（货币和有价证券）；所谓“智力成果”专指非物质性知识财产；所谓“财产性行为或法益”是为债权标的的给付以及作为其他财产权对象的法益。我国民法总则中缺乏权利客体的总括性规定，有待将来完善，而未来各财产编的财产定义在法理上应保持一致。(2) 关于“财产权总则”问题。从我国民法典框架草案出发，在不改变物权、债权、知识产权等概念构成及制度分类的前提下，设计一个“财产权总则”是许多学

① 参见徐国栋：《民法典草案的基本结构》，载《法学研究》，2000 (1)；王卫国：《现代财产法的理论建构》，载《中国社会科学》，2012 (1)。

② 《俄罗斯联邦民法典》，黄道秀等译，北京，中国大百科全书出版社，1999。

③ 《荷兰民法典》，王卫国等译，北京，中国政法大学出版社，2006。

者的共同建议。[①] 传统的民法典总则，许多未能起到民法规范体系的融合作用，即对各分则的一般性规范进行抽象、概括并整合到总则中来，以体现总则共同适用规范的功能。我国的民法典框架草案遵循传统的总则体例，即民法总则不涉及各财产权编的一般规定。这样的编排体例，一会导致各类财产权缺乏共同适用的规则和相互必要的衔接；二会导致民法典缺乏接纳新型财产权的制度空间。总之，"单行法与民法典之间，民法典与商法典之间以及民法典内部的权利制度之间缺少一个整合的空间和过渡地带"[②]。"财产权总则"可规定财产及其分类、财产法原则、物权一般规定、债权一般规定、知识产权一般规定、其他财产权一般规定。上述规定可以体现财产权体系整合和财产权类型补漏的功能。就目前立法安排而言，民法总则已经通过，上述的"财产权总则"在其间作专章规定无从说起；同时民法典各编已安排就绪，专章规定"财产权总则"几无可能。这一问题是否构成缺憾，只能留给后人评判，或可以择时修补和完善。(3) 关于"知识产权编"问题。知识产权"入典"是 20 世纪 90 年代以来民法法典化运动的"历史坐标"。这一时期编撰而成的民法典，主要是后社会主义国家的民法典，没有传统民法典的历史束缚，从而将知识产权置入民法典中独立成编。对于当下中国而言，这是回应知识经济发展、完善民事权利体系、承继《民法通则》立法传统的制度需求。21 世纪初，王家福先生曾提出知识产权"入典"的重要主张，他认为，"无形财产需要知识产权法来保护，如果中国人将知识产权的一般规定写入民法典，将是对人类的贡献"[③]。时至今日，将知识产权作为一种重要民事权利纳入民法典的呼声日益高涨，但知识产权以何种方式"入典"，社会各界争议较多，诸如"纳入式""糅合式"

---

① 参见马俊驹、梅夏英：《我国未来民法典中设置财产权总则编的理由和基本构想》，载《中国法学》，2004 (4)；王涌：《财产权谱系、财产权法定主义与民法典"财产权总则"》，载《政法论坛》，2016 (1)；吴汉东：《论财产权体系》，载《中国法学》，2005 (2)；吴汉东：《知识产权"入典"与民法典"财产权总则"》，载《法制与社会发展》，2015 (4)。

② 马俊驹、梅夏英：《我国未来民法典中设置财产权总则编的理由和基本构想》，载《中国法学》，2004 (4)。

③ 引自王卫国：《现代财产法的理论建构》，载《中国社会科学》，2012 (1)。

“链接式”[①] 不一而足。本人历经十多年来的研究，从民法典作原则性规定的“链接”到“入典”独立成编的“点面”结合，相关建议主张也有所调整。[②]从民法典的逻辑结构角度来看，其分则各编实际上是各民事权利的独立编，某项民事权利的横向位置和纵向层次，取决于该项权利的位阶。知识产权作为知识形态的重要财产权，理应与物权、债权、继承权处于同一位阶，在民法典中独立成编可以实现知识产权作为私权的理性回归，以此构建有形财产权和无形财产权的完整权利体系。（4）关于其他财产权的问题。在民法典编纂的框架中，财产权的分类是必要的，类型化是民事权利体系的逻辑性要求，也是立法活动的经验性总结，但是，这种分类所涉及的具体事物也是有限的。在传统财产权各编之外，实际上还游离着一些难以准确归类的其他财产权。对于此类权利如何规定，民法典应该采取何种立法立场，也是需要探讨的问题。民法典谓为“市民权利宣言书”和“社会生活的百科全书”[③]，但不可能不分巨细、包罗万象，采取兜底条款对“其他财产权”作出原则性规定也许是更好的立法选择。民法典总则用了三个条文作出相应规定：第 125 条规定，“民事主体依法享有股权和其他投资权利”；第 126 条规定，“民事主体享有法律规定的其他民事权利和利益”；第 127 条规定，“法律对数据、网络虚拟财产的保护有规定的，依照其规定”。上述条文为“其他财产权”预留了制度空间，其中所指“规定的其他民事权利和利益”的法律，应为民法典以外的单行法和特别条例。

民法典的编纂是以民事立法的法典中心主义思想为指导的。“民法典所具有的便利找法、咨询集中、规则明确、规则统一、价值统一、规范裁判等功能，都要求我们制定一部系统全面、逻辑性强的民法典。”[④] 但法典中心主义并不排斥单行法和特别条例的作用，我们可以采取“民法典＋单行法和特别条例”的模式，由后者在民法典一般规定、普遍原则的指导下，对专门的、特定

---

① 曹新明：《知识产权与民法典连接模式之选择》，载《法商研究》，2005（1）。

② 参见吴汉东：《知识产权立法体例与民法典编纂》，载《中国法学》，2003（1）；《知识产权“入典”与民法典“财产权总则”》，载《法制与社会发展》，2015（4）；《民法法典化运动中的知识产权法》，载《中国法学》，2016（4）。

③ 谢鸿飞：《中国民法典的生活世界、价值体系与立法表达》，载《清华法学》，2014（6）。

④ 王利明：《民法典体系研究》，222 页，北京，中国人民大学出版社，2008。

的领域制定出补充性规范，以此形成完整的民事立法体系。

民事单行法是就某一专门财产制度加以规定的法律。民法典是为民事基本法，统一规定了民事基本原则、基本制度和基本民事权利。相对民事基本法而言，民事单行法是某一专门财产权的法律表现形式，从法律位阶上看，它是民法典项下的民事特别法；从规范内容上看，它是调整特定财产关系的专门法。关于财产权的单行法主要有三类：一是应该作为民法典基本构成的财产法。例如《物权法》《合同法》《继承法》，在传统民法典中概为独立成编的财产法。二是可能作为民法典新兴组成部分的财产法。例如规定各类知识产权的《著作权法》《专利法》《商标法》等，在其整体移植时，是为"知识产权编"；但民法典对此仅作原则性规定时，上述法律仍为专门的财产法。三是不宜在民法典中规定的财产法。例如，规范商事活动的财产法，包括《信托法》（信托权）、《公司法》（股权）、《票据法》（票据权）等，在民事立法传统上概以特别法的形式存在；规定商事人格权的财产法，涉及商誉权、信用权、形象权、特许经营权，多以《反不正当竞争法》形式出现，或散见于其他民事规范之中。

民事特别条例也是财产法的表现形式。它是国家权力机关或行政机关依照政策和法令制定并发布，针对相关领域的某些具体事项而作出的法规性公文，具有法的效力，是从属于法律的规范性文件。财产法领域的特别条例，通常存在于各个民事单行法中。例如，《物权法》项下的《城市房地产开发经营管理条例》《国有土地上房屋征收与补偿条例》；《合同法》项下的《招投标法实施条例》《对外承包工程管理条例》；《侵权责任法》项下的《机动车交通事故责任强制保险条例》等。

总之，财产权的法律形式构建以民法法典化为首要，以民事单行法为基础，以民事特别条例为补充，从而形成一个具有系统化、逻辑自洽和价值一致的制度体系（见图 3）。

财产权的体系构造与法典化编纂，是我国当下与未来民法理论研究和民事立法活动的重要任务。财产权的类型化、体系化与法典化，不仅表现为立法者对制度理性的理想追求，更是中国推行现代法律变革的社会实践。立法者、学术界以及社会各界应该看到，财产权的体系化构成是民法典编纂的制度基础；私权本位下的财产权与人身权，完整地构成了民法典中的民事权利体系。上述

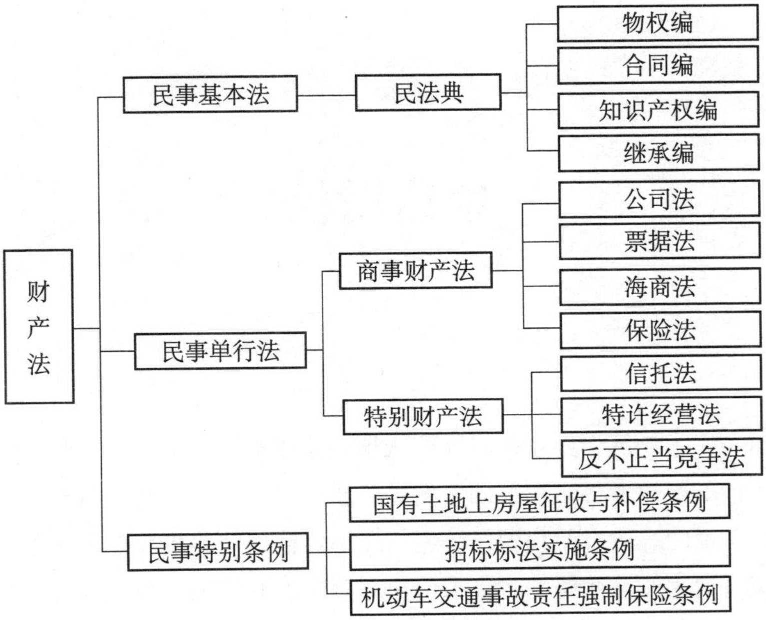

图 3　财产法制度体系

问题的探讨与解决，即是民法现代化、法典化的立法活动，也是从“学术法”到“法典法”的法律发展过程，更是一个关于私法精神和财产观念宣传和普及的社会运动。

论信用权*

信用是一个经济学界竞相研究而法学界关注不够的范畴。在我国的一些法学著作中，不少学者将信用混同于商誉，或是将信用置于商誉概念之中。根据国外法律文献的表述以及我国经济界的通说，信用与信用权都具有独立的财产意义。探讨信用的法律属性、寻求信用利益的法权形态、构建信用权制度的基本模式，在理论创新和制度创新方面都有着重要的意义。

一、信用：偿债能力的社会评价

就一般意义而言，信用有两种含义：一是以诚信任用人，信任使用。《左传·宣公十二年》记载："其君能下人，必能信用其民矣。"二是遵守诺言，实践成约，从而取得别人对他的信任。《论语·学而》写道："与朋友交而不信乎?"在古、现代汉语中，信用的第二义即诚实、不欺，与本章所述及信用权有所关联。

在法律意义上使用信用一词，最早可以追溯到罗马法。拉丁文 Fides 有信任、信义、诚实的含义。在罗马法中，Fides 表示"相信他人会给自己以保护或某种保障，它既可以涉及从属关系，也可以涉及平等关系"①。罗马人所创设的信用一词与其民事主体制度密切相关。罗马法的人格制度以自由权、市民

---

* 原载《法学》，2001（1）。

① ［意］朱塞佩·格罗素：《罗马法史》，黄风译，234 页，北京，中国政法大学出版社，1994。

权和家族权作为民事主体的完全资格。人格可能发生变更，即丧失一部分或全部权利，或丧失某种权利而取得另一种权利；也可能发生减损，即在保全权利的前提下使一个人的能力受到限制。在“名誉减损”（existimationis minutio）中，凡作伪证的，证人事后拒做证明的以及用文字侮辱他人的，要受到“无信用”（intestabilis）的制裁，即被宣告为“无信用”人，丧失做证人或请他人为自己作证人的资格。[①] 在古代德国，信用则用于交易活动的誓约中。最初，人们常常以“intreu”（诚实）的名义强制交易对方作誓。后来为了求得更加可靠，在诚实之外加“Glauben”（信用）一词为誓言，以确保契约义务的履行。[②] 从汉文本意来说，1947 年日本民法所确立的“信义则”（即信义诚实原则）中的“信义”与我国法学著作中所称的“信用”最相似。在日本法中，“信义则”本来是对债务人履行义务的单方面准则，以后逐渐成为债权人与债务人双方均须遵循的共同准则，1947 年民法将它提升为关于权利义务的普遍指导原则。诸如“翻供”（违反诺言）或禁反言的法理、权利失效原则、情事变更原则等都导源于“信义则”[③]。上述法律文件在述及信用时多是从“守信”“诚信”等一般意义上阐释的。

在英美法系国家，信用被称为 credit 或 trust、reliance。《牛津法律大辞典》将其解释为：“指在得到或提供货物或服务后并不立即而是允诺在将来付给报酬的做法。”“一方是否通过信贷与另一方做交易，取决于他对债务人的特点、偿还能力和提供的担保的估计。”[④] 美国《布莱克法律辞典》从法学、会计学、财税学等多方面阐述了 credit 的基本含义，其中主要有两种：一是指商家或个人贷款或取得货物的“能力”（ability）。这是依据美国福特总统的政令所作的解释。二是指债权人赋予债务人延期支付或承担债务且缓期偿还的“权利”（right）[⑤]。上述说法表明，信用与赊购、信贷等交易活动有关，是当事人

---

① 参见周枏：《罗马法原论》上，115 页，北京，商务印书馆，1994；江平等：《罗马法基础》，56 页，北京，中国政法大学出版社，1987。

② 参见徐国栋：《民法基本原则研究》，中国社会科学院 1991 年博士学位论文。

③ 邓曾甲：《日本民法概论》，9 页，北京，法律出版社，1995。

④ ［英］戴维·M. 沃克主编，北京社会与科技发展研究所组织编译：《牛津法律大辞典》，225 页，北京，光明日报出版社，1989。

⑤ Black's Law Dictionary（Fifth Edition），West Publishing Co，p. 331，1979.

特殊经济能力的表现；同时，信用也是一种经济上的信赖，来源于债权人对对方当事人的评价。

我国法学界对信用的诠释与英美法系国家的相关学说不同，其代表性观点有以下几种：（1）信用是在社会上与其经济能力相应的经济评价[①]；（2）信用应指一般人对于当事人自我经济评价的信赖性，亦称信誉[②]；（3）信用是指民事主体所具有的经济能力在社会上获得的相应的信赖与评价。[③] 上述理论有两个明显特征：第一，信用的主要因素泛指民事主体的一般经济能力，包括经济状况、生产能力、产品质量、偿付债务能力、履约态度、诚实守信的程度等。从其实际内容来看，这里的信用即民事主体经济方面的综合能力，实质上是指商誉。第二，信用的基本属性归类于人格利益，因此信用应是一般人格权的客体。多数学者将信用利益看作非财产利益；有的学者虽承认信用利益包含精神利益与财产利益，但后者并非直接的财产利益。信用仅在具体的经济活动中能够转化为财产利益，或在侵权损害中发生财产后果。

我国经济学界关于信用的说法与英美法系国家的法学理论有相似之处。一般认为，信用乃是以偿还和付息为条件的价值运动的一种特殊形式，主要体现在货币的借贷和商品交易的赊销或预付两个方面。[④] 具言之，信用行为发生时，授信人提供一定的价值物，经过一定的时间后，受信人予以偿还并结束信用关系。[⑤] 在经济学理论中，信用所涉及的民事主体的能力不是一般性、综合性的经济能力，而专指以偿债能力为主要内容的特殊经济能力。这种能力与民事主体的政治态度和一般道德品质不同，也与民事主体的生产经营能力、服务态度、人事或人际关系等其他经济能力无关。

基于上述分析，笔者认为，法律上的信用是指民事主体所具有的偿付债务的能力而在社会上获得的相应的信赖和评价。信用的基本特征可从以下三个方面来认识：第一，信用为一般民事主体所享有。在经济学理论中，信用主体有

---

① 参见三利明主编：《民法·侵权行为法》，299页，北京，中国人民大学出版社，1993。
② 参见张俊浩主编：《民法学原理》，158页，北京，中国政法大学出版社，1991。
③ 参见杨立新：《人身权法论》，638页，北京，中国检察出版社，1996。
④ 参见贳运武主编：《市场经济大辞典》，458页，武汉，武汉大学出版社，1993。
⑤ 参见何盛明主编：《财经大辞典》，452页，北京，中国财政经济出版社，1990。

商业信用、银行信用、国家信用、个人信用之分。[①] 而依法学理论看来，凡民事主体皆有信用，包括自然人与法人，乃至个体工商户、承包户、合伙以及国家等。第二，信用源于民事主体自身的偿债能力。在信用关系中，授信人采取信用形式贷出货币或赊销商品，受信人则遵守信用诺言按期偿还款项并支付利息。当事人的资金实力、兑付能力、结算信誉等特殊经济能力即是产生信用的主观要件。第三，信用表现为对民事主体经济信赖的社会评价。信用的客观表现是一种评价，这种评价是社会公众的评价，而不是当事人的自我经济评价；这种评价是对特定主体经济信赖的客观评价，它可能是但不一定是肯定性的社会评价。换言之，信用包括褒义的信誉（良好信用），但也包括一般意义的信用。[②] 对上述特殊经济能力的社会评价是信用产生的客观因素。

关于信用的法律属性，目前的法学著述尚未予以关注。笔者认为，信用不是一种人格利益，而应归类于无形财产的范畴，其理由是：（1）信用是特定民事主体的财产利益。财产的性质表现为一定的经济利益，对于民事主体而言，信用作为影响当事人获得一定交易利益的特殊经济能力，其价值在于通过信用交换的形式获得对等的交换价值。例如，在商品市场中使暂时没钱的可以买东西，暂时没货的可以卖东西（商业信用）；在资金市场中，则可采取票据贴现、抵押贷款、信用贷款（银行信用）等。可见，信用使得民事主体在扩大资金规模方面享有优异之利益，亦可致其收益能力提高。[③] 因此其本身即是具有经济价值的财产。（2）信用是一种没有物质形态的无形财产利益。财产的本质在于其内容的经济利益性，而不问其表现形态如何。信用是关于经济信赖的一种社会评价，反映的是特定主体的特殊经济能力。它虽然具有财产意义，但不具有最终的物质产品形态。信用或是与商誉一起作为特殊价值形态的财产列入企业会计表中的无形资产类别，或是通过专门的评估机构用科学的评估方法加以量化。（3）信用主要是以汇票、信用证、资信文件为载体的财产利益。信用是一

---

① 参见《商业信用研究》，5～6页，杭州商学院1984年编。

② 美国信用评估机构将信用分为三级（即ABC）九等（AAA、AA、A，BBB、BB、B和CCC、CC、C）。其中，AAA代表信用最好，C则表示信用最低。

③ 参见杨众先：《商誉和其他无形资产》，载杨时展主编：《中华会计思想宝库》，第1辑，23页，北京，中国财政经济出版社，1992。

种关于经济信赖的社会评价，它存在于商品交换与商业贸易之中，因此必须通过一定的形式表现出来，为当事人各方所认识、接受。在一般商业交易中，信用的代表是汇票，即一种有一定支付期限的债券，或说是一种延期支付的证书。在进出口贸易中，信用的代表是信用证，即进口商的代理银行为进口商提供自身的信用，保证承付出口商开给进口商有关票据的证书。[①] 而在其他经济活动中，有关信用则表现为权威机构或评估机构开具的资信文件。

在无形财产体系中，信用与商誉有着密切的联系，但又有着明显的区别。从广义上的商誉来说，信用是商誉的组成部分，没有良好资信的企业不会树立良好的商誉。[②] 杨众先博士早在 20 世纪初期就论述了“商誉与企业信用之关系”，认为信用可使企业之收益能力提高，因此，这种收益能力提高所生之资产价值，亦可谓之理财上之商誉。[③] 但是，在无形财产类别中对信用与商誉加以区别是有意义的。与商誉不同，信用的主体不限于商法人，它包括自然人、法人以至国家在内的一切民事主体；信用的来源不一定是积极的社会评价，而是关于主体偿付能力的客观的一般性评价；信用的表现形式与商标、商品并无直接联系，其载体主要是汇票、信用证、资信文件等。就现有的立法例而言，一些国家已对信用与商誉作了明确的区分，并采取不同的权利保护形式。在德国，信用被称为 der Kredit，而商誉则叫作 das Wohlwollen，这两个法律术语在相关法律文献中有着不同的含义。《德国民法典》第 824 条确认了信用权的保护：“违背真相主张或传播适于妨害他人的信用或对他人的生计或前途造成其他不利益的事实的人，即使其虽不明知、但应知不真实，仍应向他人赔偿由此而发生的损害。”[④] 根据该条规定，信用的权利主体与侵权主体涵盖一切民事主体。而《德国反不正当竞争法》第 15 条规定了商誉权的保护：“对他人的营利业务、企业主或领导人本人、他人的商品或工业给付恶意主张或传布构成损害商事企业的违背真实的事实者，应被科以最高为 1 年之徒刑或罚款。”[⑤]

---

① 参见郭来舜等编著：《信用贸易证实务》，7 页，香港，香港万里书店，1989。
② 参见长佳：《商标、商誉价值创立、开发之浅见》，载《扬州大学商学院学报》，1996（10）。
③ 参见杨时展主编：《中华会计思想宝库》，第 1 辑，23～24 页，北京，中国财政经济出版社，1992。
④ 参见杜景林等译：《德国民法典》，北京，中国政法大学出版社，1999。
⑤ 参见张德霖：《竞争与反不正当竞争》，221 页，北京，人民日报出版社，1994。

可见，商誉的权利主体与侵权主体构成竞争关系，即同为市场竞争活动中的生产经营者。

在人格利益范畴中，信用曾与名誉有着相同的人格属性。在古代罗马法中，信用是主体人格的重要内容。一个人的名声，包括名誉、信用是其在法律上具有完全人格的一个重要方面，污名（不名誉）、无信用都会对民事主体的权利能力带来影响；同时，信用与名誉同属于精神利益的范畴，这种精神性的人格利益与包括身体、健康、生命在内的器质性的人格利益，是一个完全独立的民事主体必然同时拥有的。但在现代法的框架下，信用已逐渐从人格利益转化为财产利益。首先，现代信用往往以财产为基础。对于民事主体而言，其信用状况与他所拥有的财产、资本密切相关联，资金实力、偿债实力如何成为衡量其信用等级的尺度。其次，现代信用总是以财产信用为主旨。在现代商业实践中，起决定作用的是财产信用而不是人格信用，诸如人的担保（即保证），固然要考虑保证人的人品，但关键要考虑其财产状况。[①] 正是由于上述原因，信用中的财产因素、财产价值、财产后果等使得原有人格利益内容退居到次要的地位。不难看出，信用与名誉虽同为有关民事主体的社会评价，信用的优劣与名誉的好坏亦须臾难分，但在市场经济的条件下，现代信用在保留某些人格品性的同时，已日益显现出其重要的财产意义。

二、信用权：资信利益的法权形态

信用权是民事主体对其所具有的偿债能力在社会上获得的相应信赖与评价而享有的利用、保有和维护的权利。该项权利的客体即信用利益属于一种无形财产。一般认为，无形财产“与那种属于物理的产物的无体财产（如电气）、与那种属于权利的无形财产（如抵押权、商标权）不同”[②]，此处的信用是人的资信活动的产物。因此，信用权是一种特殊的民事权利。

---

① 相对于物的担保而言，保证在一定意义上说，是以人身信用为基础的。但实际上，保证的建立与存续，当然不能游离于财产关系而单纯寄托在人身信用方面。质言之，人的担保也是财产性的。参见董开军：《债权担保》，71页，哈尔滨，黑龙江人民出版社，1995。

② 谢怀栻：《论民事权利体系》，载《法学研究》，1996（2）。

信用虽是基于对于交易所形成的资信评价，但信用权却是一种与相对权相区别的绝对权。我们知道，信用交易发生在债权人与债务人之间，一般与第三人无涉；资信评价作为一种社会评价，亦可能包括当事人一方对对方的评价。但是，信用权不是给付请求权，不是非排他性的相对权，质言之，我们不能将其归类于合同债权。这是因为，第一，信用权是通过对资信利益直接支配的权利。民事主体享有这一权利，有助于其扩大资金运作规模，增加交易和收益能力。就某一资信利益来说，其支配不需要他人的给付配合，他人亦不得为同样的支配行为。第二，信用权是一种可以向任何人主张资信利益的对世权。它具有类似物权的独占性、排他性的基本特征，可以对抗除权利人以外的任何人。"信用总是资金或商品的一种有条件的让渡。"[①] 在这种以偿还和付息为条件的特殊债权债务关系中，其合同的成立与履行都是以信用为基础的。倘若其他人违背事实真相，贬损当事人一方的信用，致使合同关系不能成就，则可能发生侵权损害。不过，受害人不是以自己的债权而是以其信用权来对抗第三人。

资信利益虽是权利主体直接支配的客体，但信用权却是一种与所有权、知识产权相区别的无形财产权。信用权具有独占权的特点，类似于物权中的所有权，知识产权中的著作权、商标权等。在这个意义上，我们可以将上述权利看作一种物的或知识的"所有权"。但是，信用权的客体是一种资信利益，不是客观的物质对象。因此，信用权与所有权固然都具有财产权属性，但前者是无形财产权，后者是有形财产权。此外，信用权与著作权、商标权等知识产权也有不同。知识产权基于其客体的差异，概括地分为两类：一类是创造性成果权，如著作权、专利权等，其客体是人的智力活动的产物；另一类是经营性标记权，如商标权、商号权，其客体是人的生产经营活动的产物。信用权的客体即资信利益属于人的资信交易活动的产物，与智力成果及经营标记一样都具有非物质性。虽然，在传统上信用权不能归类于知识产权，但是我们可根据其客体的基本属性，将其看作是一种无形财产权。

信用虽然与特定主体的人身相联系，但信用权却是一种与传统人格权相区别的混合性权利。信用具有专属性，它是特定主体的特殊经济能力的社会评

---

① 王汉强等编著：《商业信用与商业汇票》，3页，北京，中国财政经济出版社，1986。

价，因此其权利形态具有人格权的某些属性。信用权的非财产性表明，该项权利表明信誉是民事主体特殊人格形象的表现，既不能抛弃民事主体而独立存在，又不能离开民事主体而分割转让。但是，信用权不同于名称权、名誉权、荣誉权等传统的人格权，而是一种从一般人格权中分离出来的新型民事权利。如果基于民事权利体系的财产权与非财产权的“两分法”理论，信用权可以说是介乎上述两类权利之间的“混合型权利”①；如果在财产权的架构内将资信类权利与物权、知识产权并列，可以说信用权是新型的财产权。

信用权与上述各种权利的区别，是以权利客体为标准进行分类的。② 如果根据“两分法”的理论，民事权利可以概括地分为财产权与非财产权，财产权又可以分为两类：一类为有形财产权（以所有权为核心），另一类为无形财产权（以知识产权为核心）。信用权属于一种特殊的无形财产权，具有与知识产权类似的某些特征，但又不能归类于传统的知识产权体系。与著作权、专利权、商标权等相比较而言，信用权具有以下一些显著特征。

1. 非恒定的独占效力。信用权不是一成不变的，其保护范围无法确定，它随着民事主体生产经营活动的好坏始终处于不断的优劣变化之中。它既不能像所有权那样基于其有形标的物来设定本权与他权的界限，也不能如同知识产权通过注册登记对其效力范围加以界定。与所有权、知识产权不同，信用权独占效力的非确定性特点表明：信用虽然不是一次或多次简单地产生经济效益（所有权客体如物质产品的一次性出售，知识产权客体如技术产品的多次性使用），而是经常性、持续不断地产生效益，但这种效益具有可变性。民事权利的内容也就是受保护的利益，在经济因素、道德因素以及其他社会因素的作用下，特定主体的信用肯定会发生一些变化，在这种情况下，其独占权效力范围就不可能具有永久的确定性。

2. 相对的排他效力。信用权不具有知识产权的地域性特征，不能像专利权、商标权那样在授予该项权利的一国范围内享有排他效力。但是，受到法律

① 参见谢怀栻：《论民事权利体系》，载《法学研究》，1996（2）。

② 关于以客体作为权利分类的理论，参见彭万林主编：《民法学》，47页，北京，中国政法大学出版社，1994。

保护的利益才能成为权利，信用权概莫能外。信用权虽无一国之地域效力，但其排他性可从以下两个方面来认识：一是信用权在特定民事主体所属的行政区域或行业内受到保护；二是信用权在特定民事主体发生生产经营活动或其他经济活动的地区或行业内具有排他效力。在这个意义上，我们可以说，信用权是一种相对的绝对权。①

3. 无期限的存续效力。信用权具有一般人格权的某种属性，即无法定的保护期。从权利的产生来看，信用权与民事主体的人身具有不可分离性，自其从事经济活动时即可产生，因此，权利的取得概为原始取得；从权利的转让来看，信用权与附随的民事主体相联系，即信用权与特定企业不能分割转让。也就是说，在受让某一企业时，该企业信用权可能随之转移，在这个时候才会发生继受取得。从权利的消灭来看，信用权与特定民事主体共存亡，一旦自然人死亡或法人终止，其信用权也将不复存在。

信用权的内容是依据权利所支配的客体即资信利益所决定的。其具体权项有下列几种：（1）资信利益的利用权。这是权利主体对其资信利益进行使用与支配的权利。信用评价是一种对民事主体偿债能力的客观社会评价，当事人不能以自己的主观力量去干预以致操纵社会评价，但对基于这种社会评价形成的资信利益却能够进行利用或支配。例如，利用自己良好的信用，使对方对自己的偿债能力产生信赖，有助于赊购商品、贷入资金等，从而获得更多、更好的财产利益。（2）资信利益的保有权。这是权利主体维持其资信评价完整性的权利。信用是权利主体因其主观的经济能力与客观的社会评价相结合的产物。当事人虽然不能使用超经济的力量去强迫社会改变对自己的评价，但却可以通过自己的努力以增强其偿债能力，从而取信于交易对方与社会公众。保有权行使的结果是：一是使民事主体保持自己的信用不降低、不丧失；二是使民事主体的信用形象保持完整，社会公众的信赖感不断增强。（3）资信利益的维护权。这是权利主体保护其资信评价公正性的权利。排除他人非法侵害以维系社会的公正评价和应有信赖，是一种禁止权，这可以视为信用权中最重要的内容。如

---

① 有学者曾将商号权称为“相对的绝对权”，以区别于其他工业产权。参见张国键：《商事法论》，102页，台北，三民书局，1980。

果说，保有权涉及的是权利主体对自己的信用采取的主观态度，是权利主体“可以为”的行为范围；那么，维护权则直接体现为义务主体对权利人的信用应有的要求，是义务主体“不可以为”的行为尺度。维护权的意义在于：民事主体有权维护其资信利益，要求他人对其偿债能力进行客观而公正的评价，对其信用给予应有的尊重并负有不得侵害信用权的不作为义务；民事主体有权排除他人非法侵害信用权的行为，即要求司法机关对侵权行为人进行民事制裁，救济自己的信用损害，维护其资信评价的客观性和公正性。

信用权是受到法律保护的资信利益。如同其他民事权利一样，信用权不是绝对的，而要受到法律的某种限制。在无形财产权体系中，对创造性成果权的限制，其目的在于防止权利人滥用其著作权或专利权，协调个人利益与社会利益的关系，促进科学技术的进步和文化的繁荣；对经营性标记权的限制，其目的在于维护市场公平竞争秩序，防止权利人滥用其商标权或商号权，避免将通用标记作为私权标的利用；而对信用权的限制，其目的在于制约权利人行使资信类权利的范围，防止其“用而无信”“用滥信失”而损害他人的合法利益。关于信用权的限制，并非是对权利享有的限制，而主要表现为对权利行使的限制。防止信用权的滥用，法律一般采取以下几种措施：第一，规范信用活动。信用活动应奉行诚实信用原则，避免信用危机发生。信用交易涉及信用授受双方，债权人一方有权利在一定时期内收回其暂时转让的价值并获得报酬，债务人一方有义务在约定的时间内偿还价值并付出代价。[①] 对此，应通过合同的形式明确双方当事人的权利义务，杜绝“欠债有理、欠债有利”的不合理预期的出现。第二，推行信用工具。信用工具是授信人与受信人双方确定的债权债务关系的载体，其中最有代表性的信用工具和支付工具当属票据。信用活动的票据化有助于防范“口头协议”、“白条凭证”或“挂账承诺”等非正规信用形式的出现。[②] 信用活动的票据化既涉及企业的出票、兑现、保证等行为，也涉及银行的承兑、贴现等业务。对此类票据行为必须通过专门立法加以规范。第三，建立资信评估制度。民事主体的资信固然是社会公众对其特殊经济能力的

① 参见何盛明主编：《财经大辞典》，452页，北京，中国财政经济出版社，1990。

② 参见江春：《我国的商业信用及商业票据中的产权问题》，载《山东金融》，1998（4）。

信赖和评价，但这种评价应该具有客观性、公正性，而不能带有主观随意和偏见。由于当前经济生活存在信用关系的危机，整个社会信用意识十分淡薄[①]，因而，应建立资信评估制度，包括设立资信评估机构、制定资信评估规范、明确虚假资信的法律责任等。对重大信用活动提供相关资信证明，可以使特定主体的特殊经济能力的社会评价不仅具有客观性、公正性，而且具有相当的权威性。合法评估机构的资信评估，既是权利人维护自己正当利益的前提，也是其他人了解当事人信用状况的依据。

三、信用权的法律保护：制度选择

关于信用权的保护，目前立法例上尚无通行的做法。有的国家不承认信用为权利，仅将其作为其他法律如刑法所保护之法益，因此以违反刑法保护规定为由来规制对信用的侵权行为。[②] 有的国家虽然将信用视为权利，但在法律保护上采取了两种不同的方式。

1. 间接保护方式。多数国家采取这一立法例，即把侵害信用的行为确认为侵害商誉权，对权利主体的信用利益进行间接法律保护。这些国家在广义的商誉权名目下，涵盖了包括信用、信誉等特殊标的，并将其规定在反不正当竞争法之中。例如，匈牙利《禁止不正当竞争法》规定："禁止以制造或散布虚伪事实，或对真实事件进行歪曲，或通过其他行为破坏或者危害竞争者的名声或信誉。"[③] 我国《反不正当竞争法》规定："经营者不得捏造、散布虚伪事实，损害竞争对手的商业信誉、商品声誉。"上述规定的立法基点在于，将诋毁包括信用在内的商业信誉的行为看作侵害法人名誉权行为在市场经营领域中的特殊表现形式。其特点有二：第一，所谓商业信誉的权利，实为广义之商誉权，信用权仅为其权项内容的组成部分。与权利本体的宽泛性相反，权利主体则表现为一定的局限性，即商业信誉的权利人仅限于商事主体。换言之，一般

---

① 参见孟学峰等：《浅论经济信用关系的重新构造》，载《银行与企业》，1997（1）。

② 史尚宽先生在考察德国立法例时，对名誉之侵害曾作出类似分析。参见史尚宽：《债法总论》，146页，台北，荣泰印书馆，1978。

③ 孙琬钟主编：《反不正当竞争法实用全书》，45页，北京，中国法律年鉴出版社，1993。

民事主体如公民或其他法人不能享有此类权利。第二，权利人与义务人须有竞争关系，或者说，受害人与侵权行为人须为竞争对手。因此，诋毁他人商业信誉行为，有着其不正当竞争的目的，即损害社会公众对竞争对手的评价与信赖程度，从而破坏竞争对手的竞争实力，以谋取不正当的利益。

2. 直接保护方式。有的国家采取民事立法的体例，对侵害信用权的行为，直接确认其侵权民事责任。换言之，即规定信用权为一项独立的民事权利，并明确侵犯这一权利的法律后果。《德国民法典》在题为“侵权行为”的第 27 节中规定有各类侵权行为。其中第 823 条规定：“故意或因过失不法侵害他人的生命、身体、健康、自由、所有权或其他权利的人，对他人负有赔偿由此而发生的损害的义务。”该条说明，“侵权行为”一节所涉及的各种法益（包括信用），均被视为权利形态。第 824 条规定：“违背真相主张或传播适于妨害他人的信用或对他人的生计或前途造成其他不利益的事实的人，即使其虽不明知、但应知不真实，仍应向他人赔偿由此而发生的损害。”这一条款将信用权作为一项独立权利加以保护，显然有别于商誉权。其理由是：第一，享有信用利益的权利主体无主体资格限制，凡民事主体皆可成为信用权主体；第二，信用权的内容乃一般资信利益，无特定标的指向，即不限于商业上的信誉；第三，侵权行为人与受害人无竞争对手关系，其行为目的在于妨害对方当事人的信用，造成其生计或前途等方面的不利益，并非破坏对方竞争实力而谋取不正当利益。由此可见，上述侵权行为的构成要件不适用于侵害商誉权的情形，因此该条应属于有关信用权保护的规定。

上述两种保护形式适用不同的法律规定，有着不同的法律后果，反映了各国对资信利益的权利形态所采取的不同立法取向。笔者认为，对信用权以直接保护方式为宜，其理由如下。

1. 信用是一种重要的资信利益，在现代商品经济条件下迫切需要相应的权利保护。在当今社会，只要存在商品交换，就会有信用活动发生；而与信用活动有关的资信利益，是主体所享有的一种重要的无形的财产，随着市场经济的发展与人们权利观念的进化，有必要将这种资信利益从一般人格利益中分离出来，并最终与同此相关联的商誉利益相区别，即赋予其为独立的财产形式并给予特别的法律保护。

2. 信用主体是一个广泛的民事主体范畴，信用活动的主体必然会成为民事权利的主体。在信用活动中，根据信用主体的不同，可以分为商业信用、银行信用、国家信用、民间信用等。在信用关系中，主体是能动的活的要素，诸如赊购、预付等信用活动都必须通过主体的行为才能实现。因此，法律既要规范他们的信用行为，又要保护他们的信用利益。如果将资信利益的权利主体限定为商事主体或企业法人，则势必造成其他主体的资信利益无从保护的盲区。在各种信用活动都存有资信利益主体的情况下，法律仅承认部分利益为受到权利保护的权益，而将其他利益置于无权利状态的真空，这种做法是有悖于民法的平等精神的。

3. 信用关系基于债权债务关系而产生，其设定的权利不对第三人产生约束力，但信用关系当事人所享有的资信利益应得到其他人的尊重。具言之，授信人与受信人之间所发生的赊购、预付等债的关系，其债权是针对相对人的请求权，而授信人或受信人对于自己的资信所享有的权利，是一种可以向任何人提出主张的对世权。这就是说，资信权利的主体可以像所有权人、人格权人一样，有权排除除主体以外的其他人（包括自然人与法人）的非法侵害。如果将侵权行为人限定为有竞争关系的经营者，这无异于宣布其他侵权行为为合法行为，这必然导致对信用利益保护不周的有害后果。

综上所述，我国目前适用竞争法对信用权采取间接保护的方式，并非是完备的信用权保护制度。随着信用活动在市场经济中的地位不断提升，信用利益已成为人们所重视的一种无形财产，因此，我们有必要在民事立法中确认信用权的独立地位。采取直接保护的方式维护民事主体的信用利益。

资信利益涉及信用权主体的特殊经济利益。对信用权的侵害往往影响他人对受害人的信赖程度与有关其经济能力的评价后果，从而造成信用权主体的不利益。侵害信用权的行为是一种特殊的侵权行为，参照国外相关立法的规定，我们可将这一行为定义为：以捏造、散布虚伪事实等不正当手段，损害他人资信的行为。依照侵权民事责任构成要件的理论，认定侵犯信用权应考虑以下几个问题。

第一，违法行为。侵害信用权的违法行为是有损于他人的合法资信利益的行为。从违法行为的内容来说，是对权利主体特殊经济能力（包括其资金实力、兑付能力、结算信誉等状况）发表虚假或不当的说法。其违法行为的表现形式，或者是一种贬损行为，即凭空捏造或散布与有关他人信用的真实情况不符的虚假之词；或者是一种误导行为，即不公正、不准确地陈述某些客观事实，对他人的信用状况施加了不当影响。基于上述违法行为的内容及表现形式的分析，不难看出，侵害信用权的行为主要是一种作为，无论是主张、捏造，还是转述、传播，都是侵权人积极行为的表达方式。但是，负有特定作为义务的当事人，在有的情况下亦可在不作为时构成侵权。例如，资信评估公司对于相关单位或个人依法就某一特定主体的资信情况提出询问的，该公司即负有作出答复和提供信息的义务，反之，即可能构成不作为的侵害。笔者主张，在侵害信用权行为中，应对不作为侵害作出严格的解释。

第二，损害事实。侵害信用权的损害事实，是因侵权行为的实施而导致关于权利主体的资信评价降低，或对其生计或前途造成其他不利益的实际损害。与上述要件相联系，仅有行为而无损害，不构成侵权行为。损害事实的存在，表明违法行为侵犯了法律所保护的利益，具有应受法律制裁的社会危害性。关于损害事实的认定，其标准在于有无信用损害结果的发生。这一损害事实表现为两个方面：一是关于权利主体特殊经济能力的社会评价因侵权行为而降低，如信用等级的非正常下降，信誉程度的非自然毁损等；二是对于权利主体特殊经济能力，公众减少甚至丧失原有的经济信赖，如因侵权行为破坏客户对特定企业的信任等。在这里，需要强调的是，损害事实是关于社会评价和经济信赖降低的损害事实，它往往会造成权利主体财产利益的损失，如预期贷款不能获得，商品买卖未能正常进行等。但是，侵害信用权的行为，虽会造成信用贬损的危害结果，却并不当然发生实际的财产损失。换言之，财产损失的大小应作为追究行为人应负民事责任大小的依据，而不能视为认定侵害信用权的必要条件。此外，损害事实是关于资信利益的损失，限于财产性内容，一般不包括精神损害。倘若对公民信用的贬损，引发了受害人的精神痛苦或精神利益的损害，在这种情况下，我们不必将同一违法行为认定为既侵犯了信用权，又侵犯了一般人格权，但可以将精神损害视为侵害信用权的损害事实的一部分。

第三，因果关系。侵害信用权的因果关系，是指侵犯他人信用的违法行为与资信利益损害事实之间的必然的、内在的关联性。在侵害信用权的因果关系中，作为原因的违法行为，是一种主张或传播虚假事实或不当说法的行为。由于信用表现为对权利主体特定经济能力的评价，因而，该类行为只有将上述不实之词公开、公示于第三人时，其损害原因才能构成；同时，作为结果的损害事实，是一种导致权利主体相关社会评价与经济信赖降低的损害性后果。判断这种后果发生的标准，在于权利主体原有资信利益的缺失，只有已经发生的不利益的事实才能称其为损害结果。依照逻辑分析的方法，只要证明资信利益是违法行为所引起的，即可确认两者之间有因果关系。

第四，主观过错。侵害信用权的主观过错，是指侵权人实施在法律上应受非难的行为时所具有的主观状态，其表现形式包括故意和过失。根据国外相关立法例，所谓故意，是指侵权人明知自己的行为（捏造或传播虚假事实）会发生损害他人信用的结果（主观认识），但希望或放任这种他人信用利益缺失的损害结果的发生（主观动机）；所谓过失，是指侵权人未尽到注意的义务，对于妨害他人信用的虚假事实虽不明知，但应知其不真实，并在此主观状态下进行了主张或传播。侵害信用权的行为与侵害商誉权的行为不同，后者发生在有竞争关系的经营者之间，其行为具有损害对手商誉的明显的目的性，立法例多要求故意才构成侵权。而前者所涉及的资信关系不以经营者为限，追求或任许损害结果发生固然构成侵权，此外，对其行为结果不加顾及、对他人利益不予尊重以致造成损害后果的，也可能构成侵权。

侵害信用权的行为应承担相应的民事责任，其主要方式是赔偿损失，另外还包括除去侵害的责任形式，如停止侵害、消除影响、赔礼道歉等。但是，对资信利益的损害，并非一定都要求行为人承担民事责任。在下列情况下，行为人可以提出不构成侵权或免除侵权责任的抗辩理由。

1. 正当情况反映。凡依法执行职务行为的单位或个人，因职责需要并通过正当渠道反映特定主体负面信用情况，应为阻却违法事由，例如，商业银行向其上级机关反映某法人无力还贷的报告。此外，无法定义务的一般单位或个人，因自己的正当利益需要，通过正常途径向有关部门反映特定主体的信用情况，即使上述主张有失实之处，亦不构成侵权，例如消费者的正当投诉。

2. 新闻报道属实。新闻机构关于特定主体信用情况的报道，只要内容基本真实，则不能以侵权论。新闻侵害信用权的主要表现形式为新闻诽谤，而新闻诽谤是以所报道的事实属于捏造或被歪曲为构成条件的。如果所报道的事实既非捏造，也未被歪曲，而是符合事实或基本符合事实的，则不构成新闻诽谤。[①]

3. 权威消息来源。依法成立的信用评估机构，按照规定的信用评级制度，收集有关个人或企业特性、偿债能力、责任能力和声誉的信息，为投资和交易活动的当事人提供的信用报告、公布的信用等级或级别等，如涉及特定主体信用的消极评价，都可以作为抗辩事由来否定侵害信用权的民事责任构成。在美国，根据《投资顾问法》所设立的穆迪投资者服务公司与标准普尔公司；在中国，依照中国人民银行有关通知所建立的信誉评级委员会，都属于这样的信用评估机构，其发布的信息应视为权威消息来源，不得以侵权论。

---

① 参见郭卫华主编：《新闻侵权热点问题研究》，212页，北京，人民法院出版社，2000。

论商誉权*

商誉是一种商业人格利益，它已从传统人格利益嬗变为资信类财产。关于商誉的权利形态与法律归属，是一个有待继续探讨的问题。现行反不正当竞争法将诋毁他人商誉的行为列为一种侵权行为，在这里商誉只是法益，而并非权利。在学者的各种著述中，有的将其置于名誉权、荣誉权的保护架构之下，有的认为它是一种新型的知识产权，还有的将其归类于商业人格权。笔者认为，商誉权是一种资信类权利，属于无形财产权的范畴。

一、商誉的性质、特征以及与相关概念的区别

商誉（英文 goodwill 或 reputation of business）即商业信誉与声誉，是商品经济发展到一定阶段的产物，是特定主体商业文化的一种特殊价值形态。

关于商誉的属性，学者们有不同的界定。法学界通说认为，商誉是商品生产经营者在其生产、流通和与此有直接联系的经济行为中逐渐形成的，反映社会对其生产、产品、销售、服务等多方面的综合评价。① 由此可见，在法学著述中，商誉是一个内涵广泛、寓意中性的概念。经济学界则认为，商誉是指具

---

* 原载《中国法学》，2001（3）。

① 参见梁上上：《论商誉和商誉权》，载《法学研究》1993（5）；朱妹等：《论商誉权的法律保护》，载《现代法学》，1996（1）；王娜加：《论侵害商誉权及其法律救济》，载《内蒙古师大学报》，1999（6）。

有经济属性、能影响企业获得收益能力的一种特殊信誉，从而使得该企业的获利水平超过一般企业。[①] 从社会评价来说，它是企业在长期生产经营商品的过程中，以其优质的产品或服务而在消费者心目中所得到的广泛肯定。[②] 不难看出，在经济学理论中，商誉是一种具有价值的褒义性概念。

近代中国学者杨众先曾在美国发表其博士论文《商誉和其他无形财产》（*Goodwill and other Intangible*），这部堪称国际上早期的无形资产专著认为，商誉从其英文 goodwill 的原意而言，"实为良好或亲善意志之谓"[③]。就企业而言，goodwill 乃是某一特定企业内人事上所发生的良好关系；从社会而言，它是公众对该企业的经济能力所产生的肯定性评价。国外法学著述及司法界对商誉的表述也多为褒义性的。《牛津法律大辞典》将商誉解释为："某行业拥有的一种优良品质，源于该企业的名誉，与顾客以及使与顾客的联系得以保持的环境有关。它与它所隶属的企业不可分离，尤其取决于企业所有人或经理的人格或个人素质，也取决于它的地理位置，或取决于两者。"[④] 英国法院在相关判例中把商誉定义为"形成习惯的吸引人的力量"，或"企业的良好名声、信誉和往来关系带来的惠益和优势"[⑤]。十分明显，上述观点与我国法学界的通说是有所不同的。参照上述理论，笔者认为，法律上的商誉应指民事主体因其生产经营活动中具有的经济能力而在社会上所获得的积极评价。商誉的基本属性可以从以下两个方面来把握：第一，商誉源于民事主体自身的经济能力，这种经济能力包括企业的经济状况、生产能力、产品质量、服务水平、履约态度、诚信作风等。概言之，经济能力是企业在生产经营活动方面的综合能力，是商誉的主观要件。第二，商誉表现为社会对民事主体的积极评价。商誉的客观表现是一种评价，这种评价是社会公众的评价，而不是特定主体的自我评价；这种评价应是褒义的肯定性评价，而不是贬义的否定性评价。社会评价是商誉的

---

① 参见金德浩主编：《资产评估学》，204 页，长春，吉林大学出版社，1992。

② 参见高涤陈等：《商誉：商业文化功能的综合体现》，载《财贸经济》，1995（1）。

③ 杨时展主编：《中华会计思想宝库》，第 1 辑，北京，中国财政经济出版社，1992。

④ ［英］戴维·M. 沃克主编，北京社会与科技发展研究所组织编译：《牛津法律大辞典》，381 页，北京，光明日报出版社，1989。

⑤ 1901 年英国国内税收专员诉穆勒案。转引自关令华：《精神损害的认定与赔偿》，173 页，北京，人民法院出版社，1996。

客观要件。可以说，商誉正是民事主体良好的经济能力与积极的社会评价的结合，前者是商誉产生的基础和根据，后者是商誉存在的表现形式。

在当今法学界，学者一般认为商誉具有财产的内容，属于无形财产的范畴，这似乎在理论上已无多歧见。[①] 如何认识商誉的无形财产价值？笔者认为，有必要从分析其经济品格入手：（1）商誉是一种能为企业带来额外收益的财产。财产的本质在于能为特定主体带来一定的利益。商誉作为“影响企业获得一定利润水平能力的一种特殊的信誉，其价值通过企业收益和社会基准收益差额部分的本金化价格来实现”[②]。这说明，商誉本身具有相当的经济价值，即能够带来剩余价值的价值，因此使得该企业的获利水平能够超过一般的企业。（2）商誉是一种不依附物质实体而独立存在的财产。财产的存在并不以是否具有实体形态为条件。由于商誉本身是一种综合性的社会评价，反映的是特定主体的总体企业形象。此类评价是一种以客观事物为对象的主观评价，其内在表现形式主要指企业的经营方式、管理水平等，外在的表现形式包括企业的商业道德、商品质量、服务质量、资信状况等。这种信誉与声誉的力量与一定的企业文化相联系而存在，并作为特殊的价值形态列入企业会计报表中的无形资产类别。（3）商誉是一种可以长期利用并且能够转让的财产。财产应具有可资利用的使用价值，并可通过转让等形式来实现其价值。商誉作为一种特殊的财产，既不会像流动资产那样在生产过程中一次使用掉，也不会像固定资产一样在生产过程中逐渐使用掉，而是一种既可以在使用中不断增值，也可能在使用过程中被消耗掉的特殊财产。[③] 此外，商誉可以计价转让而具有交换价值，否则商誉的经济价值无由产生。[④] 但是，商誉与特定的企业相关联，因此不能单独存在，也不能与该企业的可辨认的各种资产分开转让。质言之，商誉的转让往往连同所依附的企业整体转让时才能够发生。

---

① 20世纪90年代前后的一些民法著述曾将商誉与名誉混同，认为前者仅具有人格内容。有学者撰文对此提出批评。参见梁上上：《论商誉与商誉权》，载《法学研究》，1993（5）。

② 金德浩主编：《资产评估学》，204页，长春，吉林大学出版社，1992。

③ 参见高涤陈等：《商誉：商业文化功能的综合体现》，载《财贸经济》，1995（1）。

④ 近代中国学者杨众先在其著述《商誉和其他无形资产》中对商誉的这一经济特性作了精辟分析，受到后人的高度赞誉。参见王志平：《无形资产的概念与定义初探》，载《生产力研究》，1997（5）。

商誉作为民事主体的一项无形财产，与特定企业的经营性标记有着广泛的联系；同时，它又表现为对特殊民事主体经济能力的一种社会评价，与作为一般社会评价的人格利益有着明显的区别。下面逐一加以分析。

（一）商誉与商号、商标

商号是生产经营者的营业标志。声誉良好的企业，其名称或徽记对消费者和用户有着巨大的吸引力，因此，商号也是企业重要的无形财产。一般而言，企业商誉形成的物质表现形态就是企业的商号，换言之，诸如厂商名称、企业徽记都是商誉的载体，在特定主体扩展经营规模、扩大市场影响、提高经济收益方面有着重要作用。社会公众对某一企业认同的信誉，往往同该企业的营业标志联系在一起，所谓“老字号”“名商号”，即表明商誉附着于商号、表彰着商品，因此商号是商誉特定化的主体与有形化的载体。

商标是区别企业产品来源的标记。在市场经济活动中，商标的功能表现为：商品来源的标示作用、商品质量的监督作用、商品选购的指导作用、商品销售的广告作用。除此之外，商标的重要作用还在于它是商誉的重要载体之一，即成为商誉这种无形财产的一种硬件。① 同时，商标信誉亦是商誉内容的组成部分，商标价值的增加与消耗影响着对商誉的评价；对商标的侵害，有可能对商誉带来不利后果。关于商誉与商号、商标的关系，杨众先博士言道，商号、商标在某一特定企业中，实为其商誉的必要媒介。由于消费者对生产经营者所生之好感，有赖于商号、商标来传递，故它们之间有不可分离之关系。对此，国外立法例多加以认同。例如，美国于1905年曾颁布条例，规定一切注册商标，须与企业商誉同时转让。就其立法理由而言，大抵有二：一是商号、商标信誉乃是商誉之一部，而商誉又不能脱离企业而独立存在，因此不允许上述利益分割转让；二是考虑公共利益之需要，如允许上述利益自由转让，则消费者会发生误认而遭受损害。②

（二）商誉与名誉、荣誉

名誉是“关于一个人品格或其他特点的共同的或一般的评价”③，或者说

---

① 参见高涤陈等：《商誉：商业化功能的综合体现》，载《财贸经济》，1995（1）。

② 参见杨时展主编：《中华会计思想宝库》，第1辑，北京，中国财政经济出版社，1992。

③ Black's Law Dictionary，pp. 1171 - 1172，West Publishing Co. 1979.

是民事主体就其自身属性和人格价值所获得的社会评价。对于法人而言，其人格价值包括但不限于其经济能力等素质。具体来说，法人的人格价值主要体现为法人的资格能力、生产能力、经营状况等经济能力，但也包含其政治态度以及与社会、自然、公众的关系等；名誉事关这种人格价值的评价，它是一种客观的、当然的社会评价，其内容可能是但不完全是积极的社会评价。我国学者将这种社会评价称为"对其社会价值的一般认识"，"对其全部活动的总的评价"，"对其各方面的综合评价"等。[①] 由此可见，商誉与名誉都是一种社会评价，但名誉是主体更为宽泛、内容更为丰富的范畴。质言之，商誉是关于商事主体的社会评价，是对其经济能力的综合评价，且是基于其良好经济能力的积极评价。广义上的名誉包含着商誉。

荣誉是民事主体因其良好表现从特定社会组织所获得的积极评价。荣誉不是一般的社会评价，这表现为两点：它是社会组织包括政府机关、社会团体、相关单位等所给予的，而不是来源于公众与社会舆论；它是正式的积极评价，而不是随意性的自由评价，其内容不包括消极评价或无褒贬色彩的中性评价。商誉与荣誉同为积极评价，但主要区别在于：商誉的主体有所限制，不涉及公民及一般法人；商誉的来源主要在于公众评价，并非一定由社会组织依规定程序所赋予。尽管如此，商誉与荣誉存在着关联性：对于企业来说，其所获得正式的积极褒奖，当然有助于商誉影响的扩大与价值的提升。这即是说，荣誉可以作为企业所获得的一种特殊评价，并构成商誉的一部分。关于商誉与名誉、荣誉的关系，法学界鲜有论及。一般认为，名誉、荣誉皆为人身利益，即不具有直接财产内容的精神利益。[②] 虽然名誉、荣誉与财产具有一定的联系，如民事主体行使相关权利可获得一定的经济利益，或民事主体因其上述权利受到侵害而可能获得相应的物质补偿，但这里的财产利益不是名誉、荣誉的内容本身。有无财产性是商誉与一般名誉、荣誉的根本区别。在立法者看来，诸如名誉、荣誉概为非卖品，受一般人身权法保护，而商誉的基本内容具有财产属

---

① 参见陈汉章：《人身权》，19、23页，北京，法律出版社，1987；唐德华：《谈谈审理损害赔偿案件中的几个问题》，载《人民司法》，1989（2）。

② 参见王利明等编著：《人格权法》，北京，法律出版社，1997。

性。[1] 因此，有必要将关于民事主体经济能力的社会评价从一般的社会评价中分离出来，将具有一定价值形态的无形财产利益从一般的人身利益中分离出来，并确认为一种新型财产权利的客体。

二、商誉权的性质、特征与内容

商誉权是民事主体对其在工商业活动中所创造的商誉享有利益而不受他人非法侵害的权利。商誉权作为一种民事权利，已为法学界所认同，但该项权利究竟归类于何种权利范畴尚存有争议。概括说来，关于商誉权之法律属性，有人格权说和复合权说两种学说。

（一）人格权说

该种理论的要点在于将商誉权归类于人格权，以区别于具有经济内容的财产权，主张这一理论的学者又有两种不同观点：一是“单一人格权说”，认为商誉属于法人名誉内容的一部分，法人的名誉与法人的商誉在本质上没有什么差异，商誉权即属于法人名誉权的重要组成部分。法人名誉权就其实质而言是一种间接的财产性质的权利或者间接具有财产内容的权利。如果说商誉权与名誉权有何区别的话，仅是因加害人及侵害方式的不同而由不同的法律加以调整。“当一个企业的名誉被一般人（即非竞争对手）侵害时，其所侵害的是名誉权；当一个企业的名誉被其竞争对手以反不正当竞争法等规范的手段侵害时，其所侵害的是商誉权。”[2] 二是“特别人格权说”，认为商誉权虽然存在无形财产权性质，但财产性只是其非本质属性，只有人格权才是它的本质属性。商誉权的客体包括精神利益与财产利益，但后者不是直接的财产利益，而是含于商誉利益之中。因此，商誉权是一种有别于相关权利的特别人格权。[3]

（二）复合权说

该种理论一般承认商誉权具有财产权与人格权的双重内容，但学者们对商

---

① 参见杨立新：《人身权法论》，北京，中国检察出版社，1996。
② 张新宝：《名誉权的法律保护》，35 页，北京，中国政法大学出版社，1997。
③ 参见王娜加：《论侵害商誉权及其法律救济》，载《内蒙古师大学报》，1999（1）。

誉权的归类仍有不同意见。有的主张"知识产权兼人格权说"，认为商誉权兼具人身性（即人格权）和财产性（即知识产权），侵害商誉权的行为不仅侵犯了权利主体的知识产权，同时也侵犯了其人格权。这种侵权行为是一种竞合侵权，其侵犯的客体有两个：一是商品，表现为侵犯商品声誉；二是商誉主体，表现为侵犯商业信誉。当侵犯的客体主要是商业信誉，而竞合侵犯商品声誉时，则商誉权表现为一种人格权。在这种情况下，商誉侵权视为名誉侵权。反之，商誉权表现为知识产权。[①] 有的主张"知识产权说"，认为商誉权应归类于知识产权，它具有人身性和财产性双重属性，与专利权、商标权、版权相似。其理由在于商誉是人的脑力、智力的创造物，与各种各样的信息有关，而且这些信息与各种有形物质相结合，因而符合知识产权的固有特征。[②] 与上述观点（"知识产权兼人格权说"）有所不同的是：前者将知识产权视为单一的财产权，而后者将知识产权看作"一体两权"。总之，"复合权说"的两种观点都认为商誉权是一种兼具人身性与财产性的复合性权利。

笔者认为，商誉是一种非物质形态的特殊财产，由此所生之权利当为财产权。

"人格权说"的理论缺陷在于忽视以致否认该种权利的财产性。"单一人格权说"否认法人名誉权与商誉权的本质差异，其理由很难成立。如前所述，商誉作为商法人经济能力的社会评价，已演化为具有价值形态的财产利益，因而从表现为一般人身利益的名誉中分离出来，并受到法律的特别保护。这种新型的民事权利显然有别于人身权范畴中的名誉权。

"特别人格权说"将商誉权归类于人格权，虽然承认却淡化了商誉权的财产内容。商誉权虽然具有人格权的某些属性，但它并非该项权利的本质属性。就商誉权客体而言，其商誉利益包含有精神利益和财产利益，但财产利益是商誉利益的主要成分。商誉权是财产权，已为经济界、法律界的相关文件所肯定。在国际会计界，无形资产作为虚拟的、无实体形态的资产，其范围即包括

① 参见关令华：《精神损害的认定与赔偿》，172～177页，北京，人民法院出版社，1996。

② 参见梁上上：《论商誉与商誉权》，载《法学研究》，1993（5）。

传统的知识产权和与知识产权相关的其他无形财产权，如特许经营权、商誉权。[①] 在国际多边投资协议中，商誉与版权、专利、商标都是可以用于投资的资产形式[②]，这说明，商誉权的财产性是不容置疑的。“复合权说”承认商誉权具有财产权与人格权的双重内容，其主张无疑是正确的，但相关学说的表述有难以令人满意之处。

“人格权兼知识产权说”的缺陷在于：一是关于人格权与知识产权的基本分类缺乏理论与法律根据。在民事权利体系中，财产权与非财产权（或人身权）是最基本的分类，而知识产权是一种混合型权利。[③] 知识产权范畴中的著作权、商号权即是“一体两权”。从知识产权公约到相关国内立法所规定的权利内容来看，其权项具有人格（如著作权中的署名权、修改权，商号权中的名称设定权、变更权）和财产（如著作权中的复制权、播放权，商号权中的名称使用权、转让权）的双重属性，商誉权即属此类。二是关于侵犯商誉权是竞合侵权的观点，在理论与实践中难以成立。作为权利客体的商誉利益，其内涵十分宽泛，包括但不限于商业信誉和商品声誉，它们都来源于有关特定主体的积极性、综合性的社会评价，因此，不能将其简单分割而规定以不同的属性。同时应该看到，在商誉利益的构成中，商业信誉不等于精神利益，财产利益也不仅是商品声誉，这样，在所谓商誉权的“竞合侵权”中就难以判断什么是侵犯人格权，什么是侵犯知识产权。即使在理论上勉强作出这种区分，也将会因侵权类型的差异而适用不同法律，从而使得部分侵犯商誉权的案件只能适用人身权法的有关规定。这对于制裁侵权行为，保护“名优”企业的合法权益是极为不利的。

“知识产权说”关于商誉权的法律属性分析与范畴归类是正确的。对这一学说需要补充说明的是，从权利本体的内容来看，商誉权具有人身性和财产性双重属性。人身性表明商誉与特定主体相联系而存在，是企业特殊人格形象的表现；财产性说明商誉区别于一般的名誉与荣誉，具有相当的财产意义。而知

---

① 参见蔡吉祥：《无形资产》，深圳，海天出版社，1996。

② 参见郑新建：《试论商誉权的法律属性》，载《河北法学》，2000（1）。

③ 参见谢怀栻：《论民事权利体系》，载《法学研究》，1996（2）。

识产权范畴的多数类型如专利权、商标权等，仅具有单一的财产权属性。因此，“一体两权”并不是各种知识产权的共同特征。从权利客体的产生来看，商誉的形成在于企业在生产经营、服务态度、技术创新、员工素质、商业文化、管理经验等方面所形成的良好能力，并由此获得社会公众的普遍认可和积极评价。这种经营管理中的资信，有些属于人的智力劳动的创造物，但多数却来自企业的生产经营活动的能力。杨众先博士曾把商誉分为专利、商业秘密中的商誉以及生产、销售中的商誉。① 可见，智力成果不是知识产权的唯一保护对象。换言之，将商誉权归类于知识产权，关键在于其无形财产权属性，或者说其客体（即商誉）的非物质性。在这个意义上，我们才能说商誉权符合知识产权的固有特征。

商誉权虽然属于知识产权的范畴，具有客体非物质性的本质特征，但与著作权、专利权、商标权等传统知识产权相比较而言，该项权利还具有自身的显著特点：

1. 非确定的地域性。商誉权虽为知识产权之一种，但其取得无须通过申请登记、授予等法定程序，其效力并不具有严格的领土性。商誉权虽不具有一国地域性的特征，但其效力范围可从两个方面来确定：一是其企业在有效登记地域范围内享有独占利益，即商誉权在特定企业所属的行政区域或行业内受到保护；二是在商誉权发生影响并受到侵犯的地域范围内具有排他效力，即商誉主体在任何地方合法进行生产经营活动并建立起商誉，遇有该商誉受到诋毁时都可以行使禁止权。

2. 非法定的时间性。商誉权具有一般人格权的某种属性，即与特定主体相联系而存在，因此，该项权利无法律限定的保护期间，即不具有一般知识产权的时间性特征。一般来说，商誉权与特定企业共存亡，只要企业存在，其商誉权就会继续存在。但在有的情况下，企业虽出现法人终止，但其商誉并不会立即随之消灭。当然，在这段时间内，商誉将因主体缺位而不能成为权利，而只能作为一种自然状态存在。

3. 非定型的专有性。商誉权是一种没有恒定保护范围的无形财产权。由

---

① 参见杨时展主编：《中华会计思想宝库》，第1辑，北京，中国财政经济出版社，1992。

于商誉与特定企业相伴而生，在主体的生产经营活动中始终处于不断的优劣变化的循环之中，它既不像物质产品那样具有最终形态性，也不像技术产品那样因申请保护加以固定化。因此，商誉权与著作权、专利权、商标权不同，其保护范围无法基于客体的表现形式（作品）、技术特征（专利）或标记构成（商标）来加以确定。诚然，商誉权“在一般的合理长的时间内仍具有一定的相对稳定性，也可以通过专门的评估机构用科学的评估方法加以量化。需注意的是，在评估前，未量化的商誉权始终存在并受法律保护”①。

商誉是一种无形财产权，从生产经营者利用商誉利益、维护名声不受侵害的角度讲，商誉权包括使用权和维护与禁止权两个方面。使用权即是商誉权主体对其商誉利益的利用与支配的权利。商誉权主体不能以自己的主观力量去左右社会评价，但对基于社会评价形成的商誉而产生的利益却能够进行利用和支配。例如，利用自己良好的商誉，开展经济活动，扩大经济交往，从而获得更多、更好的社会效益和财产利益。但是，对商誉权的支配并不是无限的、任意的，商誉权不得许可使用，即不允许不同主体利用同一商誉；也不得分割转让，即商誉须连同企业一并转移。② 维护与禁止权即商誉权主体维护其商誉利益、排除他人非法侵害的权利。该类权利实际上是一种保护权。前者是一种私力救济的权利，即企业有权维护其商誉的客观与公正性，要求他人对其进行客观而公正的评价，对其商业信誉与商品声誉给予应有的尊重，而任何其他人负有不得侵害商誉权的不作为义务；后者是一种请求司法救济的权利，即企业有权排除他人非法侵害商誉权的行为。当侵权行为发生后，企业可以寻求司法保护，要求司法机关责令侵权人停止侵害、消除影响、赔礼道歉，以及赔偿损失。

三、商誉权制度的产生与发展

商誉一词最早见之于经济学界。它作为无形资产的内容之一，与专利、商

---

① 郭卫华主编：《新闻侵权热点问题研究》，208～209页，北京，人民法院出版社，2000。

② 有的著述认为商誉不得抛弃和转让（参见郭卫华主编：《新闻侵权热点问题研究》，北京，人民法院出版社，2000）。其实，商誉可能因企业自身行为而降低或丧失，这种与商誉的保有相反的行为即商誉的抛弃。此外，商誉并非不可转让，而是一种有条件的转让，即连同企业转让。

标、技术秘密、特许专营权等一起列入企业的会计科目中。据杨众先博士考证，20世纪初，欧美各国关于商誉的著述已为多见，但均系著名会计学者所作，其论述内容侧重于商誉在法律上的属性及会计学上的估价方法。① 在西方国家，商誉与无形资产最初仅被当作一个会计用语为企业所援用，但随着社会经济的发展与法律制度的进步，自19世纪起，商誉权与无形财产作为新兴的法律概念开始进入各国的立法文件与司法判例之中。

在英美法系国家，商誉权的保护制度主要是通过判例建立起来的。在英国1901年的“国内税收专员诉穆勒”一案中，法院将商誉称为“形成习惯的吸引人的力量”，抑或“企业的良好名声、声誉和往来关系带来的惠益和优势”，明确承认商誉的无形财产属性。② 此外，英国判例还创设了包括“Action for passing off”在内的各种不同形态之诉讼以对抗商品假冒、损害竞争对手利益的行为，其中一些特别程序即是针对诽谤或损害他人商誉的行为而设定的。③ 至20世纪末，英国法院通过仿冒诉讼来保护商誉权。1990年最高法院在“瑞克特·克尔曼有限责任公司诉保尔顿股份公司及其他侵权者”一案中确立了仿冒他人商品、侵害商誉权的民事责任原则。判例认为，有关仿冒诉讼的救济不但包括侵犯商标权、名誉权，而且应包括仿冒他人商品侵犯商誉权的行为。法院还认为，提起侵犯商誉权之诉有两个条件：一是商誉权人必须在受诉法院具有管辖权的地区建立起了商誉；二是这种商誉必须与特定企业的产品相联系，而且必须通过产品的明显特征表现出来。④ 在美国，1886年“孟德维诉哈德门”案即是涉及商誉权的一个典型判例。一般而言，构成商誉之良好关系，应存在于商业界中，且有转让的可能性。美国法院认为，该案所涉的技术专家如医师、律师等享有的商誉，来自于其个人技巧与道德，并无转让之可能，且将因其个人身亡而与其俱灭。⑤ 在许多不正当竞争案件中，法院将“商誉”(goodwill of a trade or business) 看作一种“财产权”(a property right) 而应

① 参见杨时展主编：《中华会计思想宝库》，第1辑，北京，中国财政经济出版社，1992。
② 转引自梁上上：《论商誉和商誉权》，载《法学研究》，1993 (5)。
③ 参见曾陈明汝：《专利商标法选论》，178页，台北，1977。
④ 参见田军：《英国商誉权保护的发展动向》，载《经济与法》，1994 (5)。
⑤ 参见杨时展主编：《中华会计思想宝库》，第1辑，北京，中国财政经济出版社，1992。

受保护。基此信誉所可能发生之期待（probable expectancy）亦然。[①]

在大陆法系国家，主要是沿用侵权法或反不正当竞争法来保护商誉。一般而言，大陆法系国家的民法典鲜有对商誉权保护的明确规定。在一些国家的侵权法中，关于法人名誉权的规范隐含着有关商誉权的内容，即商誉权的保护适用一般人格权制度的规定。例如，1994 年《俄罗斯联邦民法典》第 8 章规定了公民与法人的商业信誉不受侵害，受害人有权通过法院要求对损害其商业信誉的信息进行辟谣，并有权要求赔偿由于这种信息的传播而受到的损失和精神损害。但是，《俄罗斯联邦民法典》强调，商业信誉与名誉、尊严等都属于非物质利益。可见，有关商业信誉的权利仍为一种人格权。多数国家采用竞争法来保护商誉权。德国《反不正当竞争法》第 15 条在题为“商业诽谤”条目中规定，“对他人的营利业务、企业主或领导人本人、他人的商品或工业给付恶意主张或传布构成损害商事企业的违背真实的事实者，应被科以最高为 1 年之徒刑或罚款”。日本《防止不正当竞争法》第 1 条第 6 款也规定了陈述虚假事实、妨害有竞争关系的他人在营业上的信用，或者散布这种虚假事实的行为。[②] 上述国家适用竞争法保护商誉权有两个特点：第一，承认商誉包含有财产利益，但并未完全接受产权理论。日本学者小岛庸和强调该类权利是一种反不正当竞争权，仅具有禁止权效力，因而与著作权、专利权、商标权等独占权不同。[③] 第二，侵权人与受害人系竞争对手，形成竞争关系。所谓竞争关系，即生产经营者在竞争活动中的关系。至于生产经营者，自然人与法人均可。[④]

在商誉权的国际保护领域，目前相关国际公约主要是从制止不正当竞争的角度对商誉权进行规定，并将其纳入知识产权法律体系之中。《保护工业产权巴黎公约》1967 年斯德哥尔摩文本第 10 条之 2 列举了三种特别应予以禁止的行为，包括“在经营商业中，具有损害竞争者的营业所、商品或工商业活动商誉性质的虚伪说法”。1967 年签订的《建立世界知识产权组织公约》明确规定

---

① 参见曾陈明汝：《专利商标法选论》，178 页，台北，1977。

② 该法所指的信用，实为我国（包括台湾地区）所指的商业信誉。

③ 参见［日］小岛庸和：《无形财产权》，43 页，东京，创成社，1998。

④ 德、日等国还以特别法形式对商誉的侵权要件法律责任等作出了具体规定。参见王娜加：《论侵害商誉权及其法律救济》，载《内蒙古师范大学报》，1999（1）。

知识产权包括制止不正当竞争的权利。何为不正当竞争行为，该公约虽未作出解释，但1993年世界知识产权组织制定的《对反不正当竞争的保护示范法草案》第5条以《巴黎公约》的相关条款为依据，规定了诋毁商誉的不正当竞争行为：凡在工商活动中损害或可能损害他人企业或其活动，尤其是对该企业提供的产品或服务的信誉的虚伪或不正当的说法，应构成不正当竞争行为。与商业混淆行为一样，这种损害商誉的做法可以出现在比较广告之中、产品促销活动之中，也可以发生在工商活动中，例如，与分包或供应商有关的活动当中。但是，与混淆行为不同的是，典型的误导混淆行为是关于某人自己产品或服务的说法，为使消费者对自己的产品或服务产生虚伪的印象，而并不直接针对竞争对手。损害商誉的行为则是直接针对竞争对手的产品或服务或其他工商业活动。从国际公约的立法精神来看，归属于知识产权范畴的反不正当竞争权主要是一种禁止权，即排除他人不正当损害竞争对手的行为（包括侵害商誉）的一种权利。作为不正当竞争行为的侵权对象即商誉权，应是具有财产权性质的民事权利，因此立法者主张给予类似物权的保护。

关于商誉的无形财产性质及其法律保护，在我国首先是通过国际间的双边条约加以确认的。1982年我国与瑞典签署的《关于互相保护投资的协定》规定，“投资”应包括缔约的一方投资者在缔约的另一方境内，依照法律和规章用于投资的各种形式的资产，尤其是版权、工业产权、工艺流程、商号和商誉。1984年我国与法国签订的《关于互相鼓励和保护投资的协定》，对“投资”范围的解释亦将商誉包括在内。以法律形式确定企业法人信誉的相关制度首推1986年的《民法通则》，该法第五章“人身权”一节中专门规定了法人的名誉权、荣誉权。该类规定将上述权利归类于非财产权，这与发生在工商业活动中的商誉权有很大的差别。因此，仅仅以法人名誉权制度来代替商誉权的专门保护是不够的。1993年通过的《反不正当竞争法》从维护市场公平竞争秩序、促进市场经济健康发展的立场出发，对侵害商誉权的行为作出明确的规制。该法第14条规定：“经营者不得捏造、散布虚伪事实，损害竞争对手的商业信誉、商品声誉。”这一规定为我国保护商誉权，制裁侵害商誉的不正当竞争行为提供了直接的法律依据。与此同时，有关法律文件还从资产或产权的角度肯定了商誉权的性质和地位。1992年财政部与国家体制改革委员会联合颁发的《股份制试点企业会计制度》第37条确定："无形资产包括专利权、商标权、专有技术、土地使用权、商誉等。"同年，财政部发布的《企业会计准则》和《企业财务通则》两个规范性文件都作出了规定："无形资产是指企业长期使用，但是没有实物形态的资产，包括专利权、商标权、著作权、土地使用权、非专利技术、商誉等。"这说明，商誉权与著作权、专利权、商标权等权利一样，是企业财产的重要组成部分，可以单独地进行资产评估并以确定的资产值进行投资。这种资产的权利形态属于无形财产权的范畴。

我国的商誉权保护制度已在相关法律文件中得以确立，但这些规范散见于多部法律之中，许多规范过于粗疏而缺乏可操作性。参考国际公约的有关规定与国外立法例，从促进我国市场经济发展、维护市场良好秩序的需要出发，我国商誉权制度的修订与完善应着重考虑以下几个问题。

1. 关于商誉权的法律地位。在国际上，知识产权曾被称为"以权利为标的的物权"，或"诉讼中的准物权"。根据物权法定主义的原则，商誉权作为一种现实中存在的具体无形财产权，必须由民法予以确认。我国《民法通则》没有确认商誉权，仅仅从法人人格权中推导出商誉权，并将这种权利归类于非财产权，这一立法缺陷应予以修正。笔者建议在我国民法中规定商誉权为一项独立的知识产权，该项民事权利应是一种复合性权利，并不仅仅是人格权；同时也具有独占权性质，而不表现为单纯的禁止权。

2. 关于商誉权保护的法律方式。我国目前对商誉权的保护大抵采取间接保护的方式，即对侵害商誉的行为，或确认为侵害法人人格权的行为，或视为不正当竞争的行为。间接保护方式不是完备的独立的权利保护制度，且特别法（如《反不正当竞争法》）没有细则性规定，因此，在司法实践中多有不便。笔者建议我国的商誉权保护应采取直接保护的方式，即直接确认商誉权及其侵权责任；同时形成商誉权保护的法律网络体系，即从民法典（基本法）——《知识产权法》《反不正当竞争法》《消费者权益保护法》《产品质量法》《广告法》等（特别法）——单行条例（专门法规）等不同层面对商誉权保护问题作出规定。

3. 关于侵害商誉权的法律责任。保护财产权是各个法律部门的共同任务，不同的保护方法即责任形式往往规定在不同的法律制度中；但无形财产权的相关立法规定不同，其侵权行为的各项法律责任一般规定在同一法律之中。我国的反不正当竞争法对侵害商誉权的行为，仅规定了民事责任，既缺乏行政处罚条款，又无刑事制裁条款，显见不足。笔者建议修订我国《反不正当竞争法》并制定单行条例，明确规定侵害商誉权的各种法律责任：参照其他不正当竞争行为的处理办法，增加对侵害商誉权行为的行政处罚措施；强化对侵权行为人民事责任的追究，对民法关于民事责任的规定加以具体化；参照现行刑法的有关规定，增设对侵害商誉犯罪追究刑事责任的条款。

四、商誉权的侵害及其民事救济

商誉利益实质上是商誉主体的特殊经济利益。商誉侵权直接损害他人对生产经营者的信赖程度与生产经营者的社会评价后果，从而导致商誉主体原有民事权利的缺失。

根据国际公约及国内外立法例的通行规定，侵害商誉权行为应为一种特殊的侵权行为，即经营者以捏造、散布虚伪事实等不正当手段，损害竞争对手的商业信誉和商品声誉的行为。从侵权民事责任构成要件来看，认定商誉侵权须考虑以下几个问题。

1. 关于侵权主体。行为人具有经营者身份是认定商誉侵权行为的重要条件之一。这即是说，只有从事商品经营或营利性服务的法人、其他经济组织和个人所实施的损害竞争对手商誉的行为才构成该类特殊侵权行为，非经营者实施的侮辱、诽谤、贬低的行为则以一般侵权行为论。《保护工业产权巴黎公约》及世界知识产权组织的“关于反不正当竞争示范法”，均将商誉侵害视为不正当竞争行为。英美法系国家为商誉权提供仿冒诉讼与其他特殊诉讼的救济方式，其主体指向概为经营者。大陆法系国家主要适用竞争法保护商誉权，因此侵权行为人与受害人存在着商业竞争关系。在我国，最高人民法院依照《民法通则》与《反不正当竞争法》的规定，于1998年作出司法解释，从主体要件方面明确侵犯商誉权行为与一般侵权行为的区别：(1) 新闻单位对生产者、经营者、销售者的产品质量或者服务质量进行批评、评论，主要内容失实，损害其名誉的；或者对经营者的某种行为或其产品、服务等所作的评论严重不当，如定性错误、乱下结论，致经营者名誉受到损害的，构成对名誉权的侵害，应按照侵害他人名誉权处理。(2) 消费者对生产者、经营者、销售者的产品质量或服务质量进行批评、评论，借机诽谤、诋毁、损害其名誉的，应当认定为侵害名誉权。由此可见，新闻单位、消费者与商誉主体没有竞争关系，不互为竞争对手，因此不能作为侵犯商誉权行为的主体。他们所实施的商业诽谤或诋毁行为以侵害一般人格权论，不能适用《反不正当竞争法》的有关规定。

2. 关于侵权违法行为。侵害商誉权的行为表现为捏造虚伪事实或对真实事件采用不正当说法，损害竞争对手商誉的行为。根据世界知识产权组织“关于反不正当竞争示范法”所作出的解释，凡是对某企业的产品、服务或商业活动提出虚假或不当的说法，都是违反公平竞争原则、损害他人商誉的行为。[①]

示范法将损害商誉权的行为概括为两种：一是采取虚假说法的行为，即凭空捏造或散布与有关他人商誉的真实情况不符的诽谤之词，以损害竞争对手的商业信誉和商品声誉。在这里，“言词的非真实性是虚假说法的重要判断标准”[②]。虚假事实的捏造可能是全部捏造，也可能是部分捏造；可能是无中生有，也可能是对真实情况的歪曲。虚假事实的散布是指以各种方式使他人知晓有关的虚假事实，包括口头、书面等形式，以及广告宣传、新闻发布，向公众传播或对相关人暗授等途径。二是采取不当说法的行为，即不公正、不准确、不全面地陈述客观事实，意在贬低、诋毁竞争对手的商誉。例如，在比较广告和产品促销活动中，对同类产品、服务的评价使用贬损性质的言词；在未有科学定论的情况下，片面宣传某些产品、服务的副作用或消极因素。在这里，言词的非公正性是不当说法的重要特征。目前，我国《反不正当竞争法》第 14 条所规制的侵害商誉的行为，仅是采取了虚假说法的行为。日本《不正当竞争

---

① 世界知识产权组织认为，关于竞争对手的活动，或其产品或服务的虚假说法，典型地反映不真实的情况。此种说法可出现于比较广告中，特别是在为某人自己的产品促销当中；竞争对手的产品被称为不“安全”，要么因其不符合某些技术规格或者因其不能与其他产品兼容而不具备此种产品所属的特性，或价格高于实际价格。虚假说法还可涉及有关他人企业的情况，诸如其资产、信用度等。参见世界知识产权组织“关于反不正当竞争示范法”注释之 5.04。

② 张今：《知识产权新视野》，161 页，北京，中国政法大学出版社，2000。

防止法》亦作了类似规定。[①] 十分明显，示范法对侵害商誉的行为作了范围更为宽泛的解释，因而对商誉权的保护也就更为有力。这是我们在修改竞争法时所要考虑的问题。

3. 关于侵权损害事实。侵害商誉权的损害事实，是因侵权行为的实施而导致关于权利主体的社会评价降低，并由此造成了商誉的实际损害。损害事实认定的前提条件在于判断特定主体在某一特定区域内是否建立了自己的商誉。对于这一问题可从两方面来考察：第一，当事人提起侵权之诉必须是其有产品在该地区受诉法院的司法管辖权地区销售（以下同），或其服务业务在该地区开展，或在该地区有与生产和流通有直接联系的经济行为，抑或有从事生产和服务的分支机构；第二，必须有一定数量的消费者意识到当事人的产品或服务的存在。如果社会公众未能意识到特定主体的产品或服务在该地区的存在，就可以证明该主体未能在这一地区建立起商誉，从而也就不可能存在侵害商誉权的事实。[②] 损害事实认定的标准在于商誉损害的危害性结果的发生。商誉损害的内容涉及对商事主体的产品质量、经营现状、销售状况、履约能力及态度等经济能力进行贬损、误导以及施加不当影响的事实，上述事实的发生即是危害结果的发生。损害事实是关于社会评价降低的损害事实，它往往会造成特定主体财产利益的损失。侵害商誉权行为肯定会有商誉贬损的危害结果，但并非当然或绝对发生实际经济损失。换言之，是否造成商誉的实际损失不是侵害商誉权的必要条件。[③]

4. 关于主观过错。在侵害商誉权行为的主观要件即过错形态上，学者有两种不同的主张：有的认为，“信用之侵害，不独故意虚构事实，或知他人主

① 该法第 1 条之 6 规定，陈述损害处于竞争关系的他人营业上的信誉的虚假事实，或者散布这种虚假事实的行为属于不正当竞争行为。

② 澳大利亚法院在“肯阿基诺股份公司诉穆克凯食品公司”一案中，确立了侵害商誉权范围与程度的相关原则。参见田军：《英国商誉权保护的发展动向》，载《经济与法》，1994（5）。

③ 有学者认为，损害事实包括商誉毁损和财产损失（参见郭卫华主编：《新闻侵权热点问题研究》，北京，人民法院出版社，2000）；也有学者认为，损害事实即是商誉毁损的危害结果（参见朱姝等：《论商誉权的法律保护》，载《现代法学》，1996（1））。

张之非事实而传播”。“加害人对于信用之损害，以有故意为限，始构成侵权行为。”[①] 有的则认为，损害信用权不能仅限于故意，不论行为人主张或散布有损他人信用的事实是出于故意，还是出于过失，均可构成信用权的侵害。[②] 笔者认为，侵害商誉权的行为发生在竞争对手之间。这一行为的目的在于通过诋毁、诽谤他人的商业信誉和商品声誉，以削弱对方当事人的竞争能力，从而使自己在竞争中取得优势地位。因此，故意行为才构成侵权行为。从过错心理方面来分析，行为人明知自己的行为会发生损害他人商誉的结果（认识因素），但希望或放任这种商誉毁损的危害结果的发生（意志因素）。行为人的这种主观故意性是明显而确定的。出于过失而损害了他人的商誉，应以侵犯名誉权论处。

关于侵害商誉权的民事责任问题，应在民法中明确加以规范，同时在反不正当竞争法中加以具体化。侵权民事责任的主要方式是赔偿损失，对于受害人来说，这是救济其损害的最佳途径。损害赔偿的范围包括：受害人因商誉损害造成的经营损失，为调查商誉损害行为所支出的合理费用，为恢复商誉而支出的必要费用以及提起侵害商誉权诉讼所支出的相关费用。关于受害人的实际经营损失，如果难以计算的，可按照行为人在侵权期间因侵权所获得的利润来确定赔偿范围。侵害商誉权的民事责任，除损害赔偿以外，还包括除去侵害的责任方式，包括停止侵害、恢复商誉、消除影响、赔礼道歉。上述责任方式与损害赔偿概为民事救济之方法，可以单独适用，也可以合并适用。

---

① 史尚宽：《债法总论》，148页，台北，荣泰印书馆，1978。史尚宽先生所述之信用，从其内容来看，实为目前学界所指之商誉。

② 参见王利明主编：《民法·侵权行为法》，301页，北京，中国人民大学出版社，1993；杨立新：《人身权法论》，649页，北京，中国检察出版社，1996。上述两部著作循史尚宽先生所言，将商誉指称为信用。

形象的商品化与商品化的形象权*

形象权的保护对象是知名形象，包括真实人物形象与虚构角色形象两类。形象权是形象商品化过程中产生的一种私权形态。形象权与人格权（如姓名权、肖像权、隐私权等）、知识产权（如著作权、商标权、商号权等）存在诸多联系，但具有无形财产权的独立品性。

知名形象具有何种权利形态，法律如何对知名形象提供保护，这是当今私权领域出现的一个新课题。形象本与人格因素或角色因素有关，但在商品经济条件下，知名形象的某些特征具有“第二次开发利用”的价值。这种利用的目的，并不局限于该形象的知名度与创造性本身，而在于该形象与特定商品的结合而给消费者带来的良好影响，这即是“形象的商品化”。知名形象在商品化过程中产生一种特殊的私权形态，它已不是人格意义上的一般形象权，而是具有财产价值的（商品化）形象权。形象权与知识产权关联性极大，但真实形象不是著作权的保护对象，虚构形象也不完全符合专利权、商标权的保护条件，质言之，形象权是一项独立的无形财产权。

一、知名形象：形象权的保护对象

在一般意义上，形象是指表现人的思想或感情活动的具体“形状相貌”，

---

* 原载《法学》，2004（10）。

或是指文学艺术作品中作为“社会生活描写对象”的虚构人物形象或其他生命形象。[①] 形象虽然是表现特定对象之个性特征的一个整体，但它包括许多具体的因素，例如真实人物的姓名、肖像、声音、体态等专属性人格因素；虚构角色的名称、图像、声音、姿态等艺术性角色因素。

各种各样的人格因素或角色因素，都可能构成形象因素，从而具有商品化的价值。作为形象权的保护对象，形象可以分为以下两类：一是真实人物形象，即自然人在公众面前表现其个性特征的人格形象。它通过诸如姓名、声音、签名、影像（包括静态的肖像照片和动态的电视、电影中的个人形象）等人格因素形成具有实质性区别特征的形象，以表示或表现相应的自然人。二是虚构角色形象，即创造性作品中塑造的具有个性特征的艺术形象。它通过名称、外形、经典动作、口头禅、关键短语等艺术要素，创造并非真实存在的虚拟性角色，包括人物、动物等。虚构角色包括文学角色（literary character）、视听角色（audio-visual character）和卡通角色（cartoon character）。在有的著述中，一些学者在上述形象类型之外，还列举了表演形象以及广为人知的标记、符号、作品片段、标题等其他形象因素。笔者认为，表演形象并不是一个独立的形象。在演员表演作品的情况下，如果强调的是演员所塑造的角色，当为虚构角色形象；如果着眼于演员自身的本色（如剧照），可归类为真实人物形象。此外，如果演员从事的是不涉及作品角色的表演，如马戏表演、魔术表演、杂技表演、体育表演等，则应属于真实人物形象的范畴。至于标记、符号、作品片段、标题等“形象因素”，它们虽具有个性化特征，在有的情况下也确实有商品化的价值；但是，它们并非指示真实或虚构的人物、动物或其他生命物，不具备形象表现的直接功能。在立法中，上述“形象因素”通常交由商标法、著作权法以及反不正当竞争法调整。

世界知识产权组织的有关文件将形象分为“虚构角色”形象和“真实人物”形象两种。[②] 在美国，学理上也有真实人物形象与虚构角色形象之分，但它们在法律上却有不同的权利形态。真实人物形象的相关权利被称为“形象

---

① 参见《辞海》，814页，上海，上海辞书出版社，1979。

② See WIPO：Character Merchandising，WC/INF/10847998/IPLD，p. 9.

权”（right of publicity），是指“个人对其形象进行商业价值利用的权利”[1]；或表述为“每一个自然人固有的、对其人格标识的商业使用进行控制的权利”[2]。虚构角色形象的相关权利则称为“角色权”（rights in character），其权利指向涉及作品中的“艺术形象”，包括“在电影、电视、动画等作品中出现的人物、动物或机器人等，也包括用语言表现的作品中的虚拟形象”[3]。在日本，学者将形象商品化的对象限定为“角色”，但又对其作了扩充性解释，即角色包括漫画或动画片中的出场人物等靠视觉表现出来的臆想角色，小说故事中的出场人物等依文字、语言表现出来的虚构角色以及真实人物。[4] 我国学者郑成思列举了形象的各种形态，包括真人的形象、虚构人的形象、创作出的人和动物形象、人体形象等。[5] 这里所讲的各种形象其实可以概括分类为真实人物形象与虚构角色形象。

上述两类形象，本来或为人格权上之相关利益，或为著作权上之保护对象，或由反不正当竞争法进行调整。但是，由于形象商品化的结果，形象利益遂演变成商品化之形象权的客体。并非所有的形象都有这种法律规制的必要，作为形象权客体意义上的形象具有以下法律特征：

1. 形象的整体性。形象权意义上的形象，是表现主体个性特征的要素整体。真实人物的形象，是指可以用来指示自然人的那些身份要素。在美国，《纽约州民权法》第 51 条将受保护的“姓名、肖像或照片”称为“法定三要素”。在侵犯形象权的诉讼中，判定某一要素是否属于形象权的保护对象，基本要件是看该要素能否指示某一自然人。法律上将这些要素称为“可指示性要素”（identifiable element）[6]。完整的虚构角色形象由个性特征、情节和反应构

---

① Ping Hin Yu：Intellectual Property：E. Publicity Rights，Berkeley Technology Law Journal&Berkeley Center for Law and Technology，1998.

② J. Thomas Mc Carthy，The Right of Publicity and Privacy，Vii（Rev，1993）. 转引自程合红：《商事人格权论》，56 页，北京，中国人民大学出版社，2003。

③ 林雅娜等：《美国保护虚拟角色的法律模式及其借鉴》，载《广西政法管理干部学院学报》，2003（5）。

④ 参见［日］藤井义夫：《专有形象标志与肖像》，载《知的所有权论文集》。转引自熊伟：《形象权法律制度研究》，武汉大学 1992 年博士学位论文。

⑤ 参见郑成思：《版权法》，300～305 页，北京，中国人民大学出版社，1993。

⑥ 李明德：《美国形象权法研究》，载《环球法律评论》，2003 年冬季号。

成。个性特征包括虚构角色的姓名、身份、外貌描述和个性等。情节是指人物在特定生存环境中的经历和故事。反应涉及对人的反应和对物的反应。基于这一法律保护的要求，纯美术作品或工艺品中的虚构角色，因不具备完整人物形象的上述要件而不能受到保护。[①] 需要说明的是，整体性的形象也是一个个性化的形象，无论是真实表现（真实人物），还是艺术塑造（虚构角色），它们都具有实质性的区别意义，这是形象知名度产生的基础，也是形象可商品化的条件。质言之，形象权意义上的形象，是一个具有个性化的形象整体。

2. 形象的知名度。形象必然具有一定的知名度，这是形象可商品化的前提。这一特征并非需要法律的设定，而往往就是市场本身的要求。"这主要是因为非知名人物、角色或机构的形象商业开发价值很低，难以为商家带来直接的经济利益。"[②] 对真实人物而言，其知名度表现为在相关领域的广泛认知度和对社会公众的相当影响力。这里的知名度实际上是可供商品化的声誉或名望。对于虚构角色来讲，其知名度的形成有赖于其载体经过广泛的传播，能够产生良好的公众效应。虚构角色的知名度是其载体在文学、美术、电影、电视等领域中取得的名誉与声望，一般是通过公开传播而形成公众效应的。真实人物或虚构角色的形象知名度，本身不属于商业领域的范畴，但由于其对市场消费者的影响力，才出现了形象商品化的问题。

3. 形象的商品化。这里讲的商品化是指相关主体对知名形象的商业性利用。权利人利用自身或虚拟的形象，或他人以合理的对价受让或许可使用该形象，其目的并不局限于该形象的知名度和创造性本身，而在于该形象在市场中的影响。具言之，这种影响能给形象所附载的商品带来广泛的认知度，能给形象的利用者带来一定的经营优势。在日本，形象的商品化被描述为形象"对顾客的吸引力"。萩原有里认为，除了名人以外，诸如漫画、动画片中的人物、动物以及其他物品，都可能成为商业形象权的对象，其条件在于它们"对顾客有吸引力"[③]。在美国，商标法赋予虚拟角色以"第二含义"（secondary mea-

① 参见吴登楼：《论虚构人物形象的知识产权保护》，载《著作权》，1999（1）。

② 熊伟：《形象权法律制度研究》，武汉大学 1992 年博士学位论文。

③ ［日］萩原有里：《日本法律对商业形象权的保护》，载《知识产权》，2003（5）。

ning)，即角色与商品或服务形成单一对应和固定联系，以至于角色所代表的商品或服务成为角色的另一含义。[①] 世界知识产权组织公布的一份报告将形象的商品化，表述为虚拟角色的创作者或真实人物或其他一个或多个经授权的第三方对于角色的主要个性特征的改编或二次利用，通过将该形象与不同的商品或服务相联系，使得预期的消费者因为对该形象的熟悉和认同而购买该商品或服务。[②] 在现实生活中，形象的商品化具有多种形式，例如将形象用于广告宣传、商品包装装潢，将形象改编成其他作品形式或制作出售立体形象，将形象注册为商标或企业名称等。总之，无论是哪种形象因素发生了哪种形式的商品化，都会使得上述形象的原有功能（或人格标记识别，或艺术个性欣赏）发生变化，此时都转化为对商品的"宣传促销功能和说明保证功能"[③]。

"知名形象"中形象是一个概括性概念。对于真实人物而言，它是自然人人格特征的集中表现；对于虚构角色而言，它是角色艺术特征的经典表示。这些形象是由诸如名称、肖像、外形、姿态、声音等各种具体的形象确认因素所构成的。有学者认为，各种具体的形象确认因素都是形象权的客体[④]，权利人享有利用的和法律保护的都是这些具体的人格要素或艺术要素。本人认为，具体的形象因素是形象得以商品化即形象权实现的载体，但不是形象权客体本身。可以说，形象权的客体是各种具体形象确认因素所形成的具有个性化特征的整体形象。换言之，形象应是通过对各种具体形象因素的视觉、听觉、触觉后在人脑中形成的综合印象。在法律视野中，仅保护知名人物本身的姓名、肖像等，或是局限于保护创作作品的文字、画面、声音等，应为人格权法、著作权法的任务，这些不是形象权制度负载的功能。

"知名形象"中的知名是一种价值特征的评价。形象权的实际功用在于通过权利形式，使得权利人得以将知名的真实人物和虚构角色的形象因素进行商业性使用，使其在人格范畴、文艺创作领域的影响力转化到市场，进而对消费

① 参见林雅娜等：《美国保护虚拟角色的法律模式及其借鉴》，载《广西政法管理干部学院学报》，2003（5）。

② See WIPO：Character Merchandising，WC/INF/10847998/IPLD，P. 6.

③ 朱川：《商品化权研究》，载《复旦民商法学评论》，2001（1）。

④ 参见孙美兰等：《"奥特曼"纠纷案引发的思考》，载《法学》，1999（7）。

者产生吸引力。有基于此，有的学者将形象权的客体概括为知名的真实人物或虚构角色所拥有的“信誉”①。从某种意义上说，特定主体形象“知名度”当然会形成对社会大众的影响力、吸引力，这即是所谓的“信誉”。但是，以“信誉”为内涵的“知名度”，是形象权客体的价值特征。可以认为，形象权的客体应是各种具体形象因素所凝结的整体形象。这种形象在原有领域拥有广泛的知名度，转向市场后与特定商品相结合能够使消费者产生好感。形象具有知名度并得以商品化，这正是其成为形象权客体的根本原因。

二、制度比较：形象商品化的权利形态

形象权是一个新的、尚未定型的法律概念。在私权领域中，人格权（包括姓名权、肖像权、隐私权等）与知识产权（包括著作权、商标权、商号权等）之间存在着一个边缘地带与交叉部分，以至于不能简单地将形象商品化问题归类于人身权或知识产权的任一范畴。形象权就是在这两大私权制度之间创设的一种新的财产权。它与传统私权制度有着千丝万缕的联系，但又有着自身的独立品性。

人格权与形象权。真实人物的形象利益，主要是一种人格利益，一般由人格权法来调整。形象商品化的权利形态，最初是从传统人格权项下的姓名权、肖像权、隐私权、名誉权等衍生而来的，因而具有明显的人格属性。在商品化的条件下，诸如姓名、肖像等人格利益被重塑成具有商业性利益的“形象”，并运用于各种商业活动之中。这就使得来源于人格权制度的形象权，在很大程度上脱离了原来的权利范畴，进入非物质性财产领域。美国法官在1983年的“卡森”案中说道：“形象权是为了保护名人身份中的商业性利益而产生的。这种权利的理论依据是，名人的身份在促销产品方面是有价值的，名人享有的权益应当得到保护，名人可以制止他人未经许可而商业性地利用其身份。”② 这段判词精辟地说明了形象权与传统人格权之间的差异，或者说表明了形象权制

① 刘春霖：《商品化权》，载《西北大学学报（哲社版）》，1999（4）。

② 李明德：《美国形象权法研究》，载《环球法律评论》，2003年冬季号。

度创设的旨趣：第一，人格权保护的对象是一般人格利益，而形象权涉及的是知名形象。人格权为主体普遍享有，每个人享有的人格权是共同的，由此表现出主体人格的平等性、人格权法的普适性。形象权则是一项财产权，因人而异，其保护对象是限于为公众所知晓、在社会中有影响的知名形象。第二，人格权意在维护个人的人身和行为的自由、安全及精神利益，而形象权在于维护知名形象的商业性价值。在传统人格权理论中，人格利益不能直接表现为商品，不能以金钱计算其价值。形象权的创设则是对这一权利模式的嬗变，它考虑的正是形象商品化的市场价值与财产利益。第三，人格权的功能表现为防止他人对自己人身和精神利益的损害，而形象权的作用表现为禁止他人对自身形象的商业性利用。因此，两者衡量损害赔偿的数额是不同的，法官在侵犯人格权的案件中关注的是人身、精神损害的程度，而在侵犯形象权的案件中则要考虑形象利益的市场损失程度。总之，形象权起源于人格权，但又有别于人格权。从人格权到特别财产权的变化，从其社会动因来说，是商品经济发展的结果；从法律层面而言，则是私权制度创新的产物。所谓标记类、资信类财产权，许多都与人格权有关，是在传统人格权之上延伸出来的新制度，是人格利益演变为商业人格利益的权利形态。我们看到，在现代法律制度的框架上，基于法人在商业上的名称产生了商号权；基于商业活动中形成的名誉、荣誉产生了商誉权和信用权；由于对自然人姓名、肖像、形体的商业利用产生了形象权。这些权利都是与传统人格权有别的财产权。

著作权与形象权。虚构角色一般出自著作权保护的作品之中。角色是作品的组成部分，角色形象的塑造是作品取得成功的关键。因此，角色及角色形象作为作者创造性劳动的成果，由著作权法给予保护应该是顺理成章的。不少国家很早直至现在仍沿用著作权法来保护虚构角色，只是其保护程度有所不同。在德国，法律界将作品角色保护问题分为角色名称与角色图像两类。关于角色的名称，该国很少给予保护，因为角色的名称不符合独创性要件。关于角色的图像，则不得擅自使用，即使模仿也在禁止之列。① 在日本，法律通过一系列判例确立了对虚构角色的著作权保护。法官认为，角色并不是作品本身，但在

① 参见吴汉东等：《西方诸国著作权制度研究》，54页，北京，中国政法大学出版社，1998。

作品表现为人物或动物等视觉画像的情况下，该画面带有的著作性不止于图画本身的固定表现，还应及于所表现的人（动）物像。日本判例对角色的著作权保护限于以图形表现的卡通角色。[①] 在加拿大，以可视形式描绘的角色可以作为艺术作品给予保护。文学作品中的虚构角色，如同文学作品本身享有著作权。[②] 在美国，虚拟角色通过法院判例而得到著作权保护，但文学角色与卡通角色的保护标准有较大差异。文学角色存在于语言描述之中，因此其虚构角色的“可版权性”很难认定。为此，法官分别在“Nichols”案和“Sam Spade”案中创制了所谓的“独特描述”（distinctively delineated）标准与“正被讲述的故事”（story being told）标准。[③] 前者较宽，凡模仿他人独特描述的角色即构成侵权；后者较严，只有角色构成作品全部内容的情况下才受到保护。无论标准如何，美国著作权保护已不限于作品文本，还有条件地扩及角色。卡通角色则有所不同，因具有特定化、固定化的外观形象，其本身就是一种“可版权性”的独特表述。因此法官认为，单纯的卡通角色相似即可能构成侵权。综上所述，西方诸国对虚构角色的著作权保护具有以下特点：第一，虚构角色构成著作权客体的独特领域，但不是一类独立作品。各国多将可视角色视为美术作品，而将文学角色作为作品的组成部分，这是角色得到著作权保护的依据。第二，可版权性是虚构角色受著作权保护的重要条件。角色只有在形成特定表述时才能脱离“思想内容”的范围，成为著作权保护的对象。在这一点上，可视角色较之文学角色更容易得到保护。第三，虚构角色拥有的诸如名称、声音、口头禅、经典动作等形象因素，往往是商品化的对象，即引起消费者联想的角色特征。但是这些特征的使用并不是作品版权性因素的使用。从上述分析我们不难看出，虚构角色的著作权保护也是有缺陷的：首先，角色的著作权保护是不完全保护。诸如角色的各种形象确定因素，有的并非是特定表达（如角色姓

---

① 参见［日］《判例时报》第 815 号、第 828 号。转引自朱槟：《关于角色的商品化权问题》，载《中外法学》，1998（1）；杜颖：《论商品化权》，载《民商法论丛》，第 13 卷，北京，法律出版社，2000。

② 参见吴汉东等：《西方诸国著作权制度研究》，298～299 页，北京，中国政法大学出版社，1998。

③ 参见林雅娜等：《美国保护虚拟角色的法律模式及其借鉴》，载《广西政法管理干部学院学报》，2003（5）。

名），有的也不具备独创性条件（如角色的口音），对此著作权法是无能为力的。其次，角色的著作权保护是不确定保护。角色能否作为著作权客体难以认定。英国法认为，与作品标题一样，文学、戏剧作品的角色不享有著作权。[①]美国判例虽确定角色应当受到著作权保护，但何种角色应受保护在认定上颇有困难。总之，现代著作权制度奉行的是“思想表达二分法”和“独创性”的保护原则。在这种法理机制下，对虚构角色提供与作品本身相同的法律保护是困难的。角色的著作权保护之弊端，正是我们创设形象权制度的理由所在。

商标权与形象权。虚构角色包含有“可版权性”的创造性表述，这是角色之著作权保护的法理基础。与上述情况不同，知名形象包括真实人物形象与虚构角色形象，则因具有识别标志的“可区别性”，还可以受到商标法的保护。商标权保护的基础在于对象的识别功能，质言之，形象特征中可受保护的因素即是其可识别的因素。诸如真实人物的姓名、肖像，虚构角色的名称、造型等，只要具备显著特征，并且不违反商标法禁用条款，即可以申请注册并取得商标权。在商标法上，形象因素受到保护，即成为商标权客体，依据的是“第二含义”理论。“第二含义”是商标法上的概念，在美国主要是指某些描述性或通用性字词通过长时间的使用，在消费者头脑中已经不再是它们的字面含义，而是代表有关商品或服务的提供者，能够揭示商品或服务的来源。[②] 我国学者一般认为，通用名称、描述性标志和其他缺乏显著性特征的标志，如果通过使用取得“第二含义”，即产生了识别功能，可以获准注册。[③] 形象因素在本来意义上，或为真实人物的人格特征，或为虚构角色的艺术特征，不具有区分商品来源的识别功能。但是，由于形象商品化的结果，这些形象因素逐渐脱离原来人格范畴或创作领域，而与某一特定的商品来源形成单一对应关系，以至于指示或表示这一商品的来源（即区别标志）成为该形象因素的另一含义。与上述理论相联系，在商标法领域构成对形象因素的侵权使用，其依据则是“混淆理论”。按照国际条约及各国商标立法通例，对一般商标侵权的判定采用

① 参见吴汉东等：《西方诸国著作权制度研究》，256页，北京，中国政法大学出版社，1998。

② 参见李明德：《美国知识产权法》，339页，北京，法律出版社，2003。

③ 参见张今：《商标权法律制度》，载吴汉东主编：《知识产权法》，北京，中国政法大学出版社，2002。

的是“混淆理论”。法国、德国、意大利等国法律规定，未经商标权人同意并可能在相关公众中造成混淆，他人不得在商业活动中于同种或类似商品或服务上使用与该商标相同或近似的商标。由此可见，混淆的实质是消费者的误认，即消费者在选购过程中将附有某商标的商品误认为是自己未来要选购的商品。[①] 认定形象因素的侵权使用，其依据是这种使用造成公众对商品来源的混淆。具体说来，包括：消费者误认形象利用者的商品是由形象权利人提供，或得到权利人的许可或其他支持；形象利用者的商业经营与形象权利人有其他商业上的联系。总之，商标法的功能在于：将各种形象因素进行商标注册，有助于保护形象权利人的权利，有利于防止形象商品化过程中的消费者误认和商品来源混淆。但是，商标权对形象的保护是有局限的：第一，主体资格的限制。各国商标法对商标注册申请的主体都有一些资格限定，例如，有的国家要求商标申请人申请注册商标只能用于其所经营的商品。然而，真实人物形象的商品化经纪人或虚构角色形象的创造人，一般不会亲自从事商品生产经营活动，即不会参加形象的“第二次开发利用”的过程。第二，客体范围的限制。各国商标法对商标注册都有一些限制性条款，且规定各有不同。这样，一些形象因素如声音、字数过长的短语等，虽具有商品化的价值，但不能用以注册商标。第三，使用对象的限制。各国商标法大抵规定，注册商标的使用对象限于业经核定的商品，而不及于类似商品。如要扩大使用，则必须依商品类别另行提出申请。在没有建立防御商标制度的国家里，要将形象特征作为标记使用于所有的商业领域是不可能的。产生上述局限的根本原因在于，商标只是区别商品来源的标志，而形象商品化的形式则不限于识别功能，它包括广告宣传、商品包装装潢、形象改编、制作出售立体形象、注册企业名称、注册商标等。因此，以保护商品标志为宗旨的商标法显然无法独力满足对形象商品化保护的需要。

反不正当竞争与形象权。反不正当竞争的一个功用，就在于给各项知识产权之间的空白地带提供“兜底”保护。这就使得一些“非此非彼”的法益，在无相应权利形态的情况下，也能通过反不正当竞争法得到间接保护。显然，形象的商品化也可以成为该法的调整对象。正如有的学者所指出的那样，反不正

---

① 参见张玉敏：《知识产权与实务》，111 页，北京，法律出版社，2003。

当竞争法的调整方式，并不是设定权利来保障权利的积极实现，而是设定“禁用”来排除对利益的妨害。[①] 对形象商品化采取“禁用”保护的途径主要是“假冒”之诉。在英国，“假冒”诉讼可以为转让人、制造商提供对抗非法使用他人姓名和肖像的武器。提起这一诉讼须具备三个条件：一是非法商品构成虚假使用并导致消费者误认和商品混淆；二是转让人已在该贸易、商品或标志上享有名声、信誉；三是转让人受到损害。[②] 尽管“假冒”诉讼承担的是形象商品化的“兜底”保护，但这种保护也有明显的缺陷：第一，反不正当竞争以当事人存在竞争关系为前提。竞争关系是指具有商品替代关系的经营者之间对市场进行争夺的状况。质言之，当事人应是从事同一行业的经营者。按照“同业竞争”的理论，倘若形象利益的拥有者不从事侵权人所从事的行业，就无法提起假冒诉讼。第二，反不正当竞争以侵权人存在虚假陈述为条件。非法使用他人形象因素的行为人，构成虚假使用即混淆了商品来源才能认定为“不正当竞争”。但是，基于“自由竞争”的理论，只要商品生产者采用一种不会混淆公众的方式，例如通过“澄清条款”[③]，声明自己与形象的权利人没有任何关系，或在商品上同时加注自己的商标，从而使消费者免于误认，就可能不以“虚假陈述”论。总之，反不正当竞争法虽然可以提供较为灵活的保护，不拘泥于著作权法的“可版权性”与商标法的“可区别性”的严格要求，从而弥补了后者的某些缺陷。但应该看到，反不正当竞争法的目标在于规制经营秩序，维护合法经营者与消费者的利益，这与保护形象利益拥有者的法律需求尚有距离。

综上所述，人格权法、著作权法、商标法以及反不正当竞争法，依照各自的法律机制，对形象利益给予了不同程度的保护。但是，上述法律制度提供的保护是不充分、不周延的，质言之，这些法律模式不是保护商品化形象权的最好选择。

---

① 参见熊伟：《形象权法律制度研究》，武汉大学 1992 年博士学位论文。

② 参见张今：《英国：姓名、形象的商品化和商品化权》，载《中华商标》，2000（8）。

③ “澄清条款”理论，可参见林雅娜等：《美国保护虚拟角色的法律模式及其借鉴》，载《广西政法管理干部学院学报》，2003（5）。

三、无形财产权：形象权的基本属性

自20世纪90年代以来，我国法学界开始关注形象商品化的问题。多数学者主张应创设一种新的保护形象利益的权利模式。但是，这种权利如何命名，其属性如何以及内涵与外延如何确定，学者仍有着不同的理解。

在各种著述中，权利的称谓与保护的对象大抵是相对应的，但对象的指向范围却有所不同。归纳起来有以下几种观点。

狭义说。将保护对象局限于真实人物形象或虚构角色形象，并给予不同的权利称谓。关于形象商品化权利，有的学者认为，“形象”的基本含义是某人在公众中的形象，该类权利即是控制该形象之商品化使用的权利。[①] 根据“right of publicity”的蕴意或字义，一些著述将其冠名为“形象权”“公开化权”“公开形象权”等。与上述观点不同，有的学者认为，形象商品化权实际上是虚构角色的商品化权，它是指“著作人使用其作品之角色印刷于销售的商品之上的专有权利”，或者“带有商业目的将虚构角色及其一部或全部的确认因素进行使用以促进商品或服务销售的权利”[②]。有鉴于此，相关表述将“rights in characters”译称为“角色商品化权”“虚构角色商品化权”等。

广义说。将保护对象扩展到一切可以商品化的对象，包括真实人物、虚构角色以及其他可商品化的标记、符号、作品片段等。该类权利被称为“商品化权”[③]，即将能够产生大众需求的角色或角色特征在商品上使用或许可他人使用的权利，主要包括真实人物形象的商品化权、虚构角色形象的商品化权以及其他商品化题材的权利。

中义说。将保护对象界定为具有实质性的人格特征因素的形象和虚构性的艺术特征因素的形象，其共同特点是它们都是与生命特征相联系的形象，可以

---

① 参见李明德：《美国形象权法研究》，载《环球法律评论》，2003年冬季号。

② 梅慎实：《试论影视作品中“虚构角色”商品化之知识产权保护》，载《版权参考资料》，1989(6)；郭玉军等：《论角色商品化权之法律性质》，载《知识产权》，2000(6)。

③ 杜颖：《论商品化权》，载《民商法论丛》，第13卷，北京，法律出版社，2000；刘春霖：《商品化权论》，载《西北大学学报（哲社版）》，1994(4)。

分为真实人物形象与虚拟角色形象。学者将该类权利称为“形象权”“商业形象权”[①]。这种表述借用了美国法上 right of publicity 的说法，但将其外延作了适当的扩张，使其保护对象概括为一切可以商品化的、与生命特征相联系的形象。

笔者认为，广义说泛指一切可以商品化的对象，其保护范围失之过宽。诸如标记、标题、作品片段等，并非规范意义上的形象，可以直接交由知识产权法调整；狭义说对形象理解拘泥于某一方面，其保护范围失之过窄。这种做法实际上效仿美国法，将真实人物的形象权与虚构角色的形象权，归类于不同的法律制度。因此，将保护对象界定为真实人物形象与虚构角色形象，并将此类权利概称为形象权是合适的。所谓形象权是指主体对其知名形象进行商品化利用并享有利益的权利。这是一种新型的私权。

关于形象权的基本属性，学者也有不同看法，大体说来有以下几种理论。

新型人格权说。形象权的保护起源于隐私权，因此这一制度与人格权法有不解之缘。在美国，1903 年纽约颁布法律，禁止实施为广告或商业的目的，未经许可而使用他人姓名和肖像的行为，该部法律直到今天仍是纽约州保护隐私权和形象权的主要依据。受其影响，有的学者将形象权归类于人格权法的范畴。日本学者将商业形象权的对象分为著名人物的形象和虚拟人物、动物的形象，并认为它们与人格权有关系。“人格权不仅保护精神利益，也保护经济利益，商业形象权是人格权的一部分。”[②] 笔者认为，权利标的所指向的利益是划分财产权与人格权的基本标准。在民事客体范畴中，诸如姓名、肖像、名誉、荣誉等人格利益，在传统上属于人格权的保护范围，一般认为不具有直接的财产内容。[③] 虽然上述人格利益与财产具有一定的联系，如主体行使相关权利可获得一定的利益，或主体因上述权利受到侵害而获得一定的财产补偿，但这些并不是人格权的当然内容。因此，将形象权归类于与财产权相对的人格

---

① 郑成思：《版权法》，300～305 页，北京，中国人民大学出版社，1993；熊伟：《形象权法律制度研究》，武汉大学 1992 年博士学位论文；［日］荻原有里：《日本法律对商业形象权的保护》，载《知识产权》，2003 (5)。

② ［日］荻原有里：《日本法律对商业形象权的保护》，载《知识产权》，2003 (5)。

③ 参见王利明等：《人格权法》，12～13 页，北京，法律出版社，1997。

权，其结论很难令人信服。首先，诸如姓名、肖像、形体、名誉等人格因素，在商品化过程中已由传统人格利益演变成商业人格利益，即非物质化的新型财产利益。这些显然不能再由人格权法调整。其次，虚构角色的形象，含有名称、图像、声音、姿态等角色因素，是作者创造性的智力成果，本为知识财产，但在“第二次开发利用”中形成了商业化财产。这些当然不属于人格权法的范畴。

新型知识产权说。形象因素大多与创造性活动有关，特别是虚构角色，其本身就是作者创造性智力成果即作品的重要组成部分。有基于此，许多学者将形象权纳入知识产权领域，但说法略有区别：有的学者将形象权称为与著作权、商标权、商号权等相互交叉的新型知识产权①，有的学者则认为形象权是与著作权、商标权、商号权等相区别的独立知识产权②，上述理论作出此种结论，其主要理由，一是形象可以满足知识产品的构成要件，二是形象权已经具备知识产权的基本特征。对此，笔者有不同看法：其一，关于知识产品的特征，笔者在多种著述中曾作过说明，将其概括为创造性、非物质性与公开性。③ 形象因素具备知识产品的一些特征，但并不是全部特征。例如，真实人物的形象因素，包括姓名、肖像、形态等，可以说是非物质性客体，也为社会公众所知悉，但它并不具备智力成果的创造性。从形象权制度的设定目的来看，在于规制形象的商业化利用。因此，这一权利的保护对象并不是有创造性的形象，而是有知名度、影响力的形象。换言之，无形的形象利益在商品化的条件下并非因其创造性特征而存在，而是由于它“对消费者的吸引力”即资信价值而存在。所以说，形象不是知识产品。其二，关于知识产权的特征，许多教科书都有阐述，其特征虽多少表述不一，但基本上可归纳为专有性、地域性、时间性。形象权是一种专有权，自不待言；赋予其一定期限的保护，也属必然。但就地域性而言，却有斟酌之处：所谓知识产权地域性，是指其严格的

---

① 相关论述可参见朱川：《商品化权研究》；刘春霖：《商品化权论》；孙美兰等：《“奥特曼”纠纷案引发的思考》；郭玉军等：《论角色商品化权之法律性质》；熊伟：《形象权法律制度研究》。

② 相关论述可参见朱川：《商品化权研究》；刘春霖：《商品化权论》；孙美兰等：《“奥特曼”纠纷案引发的思考》；郭玉军等：《论角色商品化权之法律性质》；熊伟：《形象权法律制度研究》。

③ 参见吴汉东：《知识产权法》，15～17页，北京，中国政法大学出版社，2003。

领土性，效力只及于本国境内。这即是说，按照一国法律授予的知识产权，只能在该国受到保护。除签有国际公约或双边互惠协定的以外，知识产权没有域外效力。对形象权而言，其地域性特征很难成立。以真实人物为例，其姓名、肖像等形象因素与生俱来，其权利形态无须特别授予。此类人格性形象因素在商品化利用过程中并不会因地域限制而失去保护。在此还需要说明的是，权利类型的划分是基于标的或利益指向的差异。例如在财产权内部，若财产权的对象是某一“物件”，这种权利即为物权；若其对象是特定人的给付，这种权利即为债权。相反，不同类型的权利还可能有相同的特征，例如绝对性之对于所有权与知识产权。因此，上述观点将形象权归类为知识产权，其理由很难成立。

无形财产权说。在立法文件与法学著述的语境中，非物质性财产权被称为无形财产权。一些西方国家曾以无形财产权来概括有关知识财产的专有权利。直至20世纪60年代，知识产权成为国际上通行的法律术语，仍有学者继续采用无形财产权的说法。这一法律术语颇具包容性，有其可取之处。笔者将形象权归类于无形财产权，主要是基于以下考虑：第一，非物质性财产主要是知识财产，但不限于知识财产。美国学者施瓦茨曾列举了具有重大价值的新型财产，“这些财产包括商业信誉、商标、商业秘密、著作权、经营利益、特许权以及公平的便利权”①。另一学者弗里德曼也作出了自己的判断，“本世纪已经出现了‘新财产’（new property）的概念，因此应当将就业机会、养老金、政府特许作为新财产看待”②。与此同时，美国法律还将下列权利视为非物质化财产：使用邮政的权利，雇主自由地增减劳工的权利，雇佣者自由就业的权利，股东选举公司董事的权利，免税的权利，禁止他人出卖自己采制的新闻的权利，成为证券交易所会员的权利等。③ 应该指出，将一切利益机会、资格等

① ［美］肯尼斯·万德威尔德：《19世纪的新财产：现代财产权概念的发展》，载《社会经济体制比较》，1995（1）。

② 转引自马俊驹等：《无形财产的理论与立法问题》，载中国民商法网（www.civillaw.com）——法学前沿。

③ 参见［美］肯尼斯·万德威尔德：《19世纪的新财产：现代财产权概念的发展》，载《社会经济体制比较》，1995（1）。

财产化、商品化，将政治权利、人身权利等同于私人财产权利，似有不妥。但是必须承认，继知识财产出现以后，新的非物质性财产不断产生，从而在私权领域出现了一种新的无形财产权体系。第二，知识产权从英文 intellectual property right 的基本意蕴翻译的话，应称为“知识（财产）所有权”。它是对一切来自知识领域各种权利的概括。狭义的知识产权，即传统意义上的知识产权，包括著作权、专利权、商标权三个主要组成部分。广义的知识产权包括著作权、商标权、商号权、商业秘密权、产地标记权、专利权、集成电路布图设计权、植物新品种权。可以说，知识产权制度的范围已为各国相关立法与主要国际公约所确定。因此，将知识产权等同于非物质性财产权即无形财产权是不合时宜的。这是因为，在现代商品经济的条件下，新的抽象化、非物质化的财产不断涌现，它们与创造性活动和知识领域的关联性不大，因此有将这些权利另行归类的必要。此外，现代知识产权体系已经成熟，在知识产权制度一体化、国际化的今天，一个国家或地区创设某种知识产权，不仅会增加规范意义上的知识产权的承载力，而且很难为国际社会所承认。第三，资信类财产是指诸如商誉、信用、形象等财产化的商业人格利益。由于其价值尚未完全为人们所认识，以至于有学者称此类财产是“正在开发中的无形财产”[①]。资信类财产的构成有两个要素：其内在因素涉及主体自身的能力、形象、声誉等；其外在因素或来自社会组织授予的资格，或来自社会公众的评价或信赖。在经营活动中自身的人格因素加上外在的影响力，即形成以商业信誉为基本内容的资信类财产。笔者认为，形象权与商誉权、信用权、特许经营权，都是一种具有非物质属性但又不能归类于知识产权范畴的无形财产权。可以预见，随着社会经济生活的变化，还会出现一些新的无形财产权。因此，对形象权作出这种性质认定，是具有财产非物质化革命的创新意义的。

关于形象权制度的立法模式，从国际范围来看，各国尚在探索之中，较为成熟且具国际影响的当为美国立法例。美国模式采取真实人物形象与虚构角色形象分别保护的做法。前者称为“right of publicity”，即狭义的形象权。目前美国有 24 个州在法律中明确承认形象权。它们或是单独制定法律保护形象权，

---

① 曾世雄：《民法总则之现在与未来》，137 页，台北，三民书局，1993。

或是将形象权保护纳入隐私权制度之中。[①] 后者称为“right in character”，即所谓角色权。美国法对此实行著作权法、商标法、反不正当竞争法的交叉保护。[②] 英国法没有形象权的专门制度，仅是通过著作权法、商标法、外观设计法以及反不正当竞争的“假冒诉讼”对形象利益提供一些有限的保护。[③] 日本从 20 世纪 70 年代引进了商业形象权的概念，该国法院也有处理形象权纠纷的若干判例，但现尚未构建独立的形象权制度，其判案依据仍是传统的知识产权法。德国对角色的保护主要援用著作权法，如上述保护措施无效，也可寻求反不正当竞争法的保护。以上情况表明，西方国家关于形象商品化的法律规制尚未形成一个成熟的立法例。不过，许多国内外学者主张，应建立一种独立的形象权制度，以解决人格权、著作权、商标权以及反不正当竞争法分别保护与交叉调整的不足。我国的相关立法似可考虑两步走：近期可借用已有的民事法律制度，对形象利益提供保护；如超出人格权法或知识产权法的现有规定，相关案例还可参照反不正当竞争法的一般条款进行处理。在条件成熟的时候，则应考虑以民事特别法的形式，制定专门的形象权制度。

四、形象权的基本范畴：内容、限制、期限与保护

形象利益是一种非物质性的财产利益。形象的商品化过程，涉及形象利益的权利人与形象利用的经营者之间以及他们与社会公众之间的利益分配关系。形象权作为一种制度工具，赋予权利基本内容，设定利益分配方式，制裁不法侵害行为，对基于形象商品化所产生的各种社会关系发挥着调整和规范作用。

形象权的内容。相对债权而言，无形财产权是一种专有性的民事权利；又与所有权不同，无形财产权是一种“全新的特殊权利”[④]。形象权亦是如此，它作为一种垄断权或独占权，在权能上可以分为形象利用权和形象禁用权。形

① 有关立法情况可参见李明德：《美国形象权法研究》，载《环球法律评论》，2003 年冬季号。

② 参见林雅娜等：《美国保护虚拟角色的法律模式及其借鉴》，载《广西政法管理干部学院学报》，2003 (5)。

③ 参见张今：《英国：姓名、形象的商品化和商品化权》，载《中华商标》，2000 (8)。

④ ［日］小岛庸和：《无形财产权》，5 页，东京，日本创成社，1998。

象利用权是积极权能，即权利人对各类形象进行商品化利用的权利。将标的使用于商品，在这一点上，形象权与商标权有相似之处。无论是形象还是商标，总是与特定的商品相联系。形象是商品的作用物，标记则是商品的附着物。所不同的是，商标专用权的范围以核准的商标和核定的商品为限，其范围是主管机关从商标和商品两个方面的结合来界定的。形象使用权的范围，则无须主管机关逐一审核，其使用的方式只要不违反法律明确禁止的方式即可。关于主体对形象的使用，既可以是自己将各种形象确认因素使用于商品之中，从而依靠该形象的公众吸引力而在商品经营中直接获取利益；也可以是转让或许可他人将上述形象确认因素用于相关商品之中，从而收取转让费或许可费。由于形象拥有者大都不会亲自经营商品，所以授权他人使用是形象商品化（或说是形象权实现）的主要途径。形象禁用权属于消极权能，即权利人排除他人擅自将自己的各类形象进行商业化利用的权利。如同其他无形财产一样，非物质性的形象无法为权利人实际占有和控制，换言之，权利人以外的其他人事实上可以获取其形象的外在特征，例如真实人物的照片、签名；虚构角色的图像、声音等。这即是说，未经许可而获取、利用他人的形象，不是事实不能，而是法律不能。质言之，保护形象权需要由法律创设一种禁用权以排斥非权利人对形象的非法利用。在利用权与禁用权的效力范围方面，形象权与商标权也有不同。依据商标法的规定，注册商标的禁止权的范围，不仅涵盖专用权所指向的核定商品和核准商标，还延及"类似商品"和"近似商标"，这说明商标权的禁止权范围大于其专用权范围。形象权则不然，其禁止权与使用权的效力范围是一致的。换言之，只要不是法律明文禁止的使用方式，任何形象商品化的方式既是形象使用权的范围，亦是形象禁用权的范围。

形象权的限制。形象权是一种绝对权，但并非无限制的垄断权利。形象权制度在其内部具有权利保护与限制的双重功能，它不仅维护着权利人在形象商品化过程中所享有的利益，而且规制着权利人从事形象商品化活动的自由。关于形象权限制的因素，主要有以下几点：一是公序良俗。公序良俗原则是现代民法一项重要的法律原则，是指一切民事活动不得有违于公共秩序和善良风俗，否则该行为将受到否定性的评价。[①] 一般认为，“公序”是为社会秩序，包括政治、经济、文化等公共秩序；“良俗”是为社会道德，涉及社会存在与发展所必要的一般道德、伦理和风俗等。形象的商品化，并不意味着形象使用的“无序化”“非正当化”“低俗化”“不良化”。对违反公序良俗原则的行为，法官可依社会正义的一般观念确认其为无效。二是表现自由。表现自由是各国普遍认为的宪法权利，即公民对国家和社会的各项问题有自由发表意见的权利。表现自由的方式有语言形式和文字形式，包括报纸、杂志、绘画、服饰、照相、电影、音乐、唱片、收音机、电视机、电脑等一切表现手段。作为表现自由权所涉及的信息，即消息、图像、资料、观念、意见等，可能就是形象权中的形象确定因素，因此在一定情况下两种权利会发生冲突。一般认为，相对于经济自由等权利，表现自由应当具有“优越地位”，即应看作具有优先性的法价值。[②] 这就是说，形象权的独占性质不应成为思想表现和信息交流的障碍。三是权利穷竭。权利穷竭本是对著作权的限制。在著作权法中，权利穷竭原则又被称为“首次销售理论”，它意味着“法律允许权利人控制着对著作权的使用，但这种控制并未延及对作品本身的使用”[③]。而在这里，所谓权利穷竭，是指含有知名形象的商品以合法方式销售后，无论该商品辗转何人之手，形象权人均无权再控制该商品的流转，即权利人行使一次即耗尽了有关形象权，不能再次行使。这一制度设计既维护了形象权人对其形象商品化的获益权，又维护了该特定商品购买人的合法利益，避免了贸易中的无限制垄断，为商品的自由流通消除了障碍。

形象权的期限。形象权在本质上是一种财产权，与知识产权一样应有保护期限的设定。尽管某些真实人物形象与虚构角色形象永久存在于社会公众的心目之中，但这种形象商品化的财产利益并非无限期受到保护。一般认为，形象权的保护期限及于权利人终身，自不待言；该权利在权利人死后仍将延续，亦不存争议。由于形象类型的不同，真实人物的形象权与虚构角色的形象权之延

---

① 参见赵万一：《民法的伦理分析》，145页，北京，法律出版社，2003。

② 参见杜钢建：《论表现自由的保障原则》，载《中外法学》，1995（2）。

③ L. Ray Patterson，Stanley W. Lindberg：The Nature of Copyright：A Law Of Users'Right，p. 187，The University of Georgia Press，1991.

伸保护，在法理机制上有所不同。一般认为，虚构角色及其各种形象确认因素是作者的创造物，即著作权作品的一部分。作品的著作权保护设定有保护期，因此虚构角色的形象权的保护期限可参照作品著作权保护期限制订。[①] 至于真实人物形象，概与传统意义上的人格有关。有学者认为，民事主体在其诞生前和消灭后，存在着与人身权利相区别的先期法益和延续法益。[②] 对死者即可提供不同于人身权的法益延伸保护。“延伸保护说”意在说明人身法益与人身权利的相互衔接，以统一构成民事主体完整的人身利益。该理论对阐明真实人物形象权延伸保护的法理基础有可取之处。形象权主体的生前保护与死后保护之对象都涉及人格。与人身权不同，其延伸保护的形式仍然为权利而不是法益。这是由于形象权的财产权性质所致。关于形象权的期间，可考虑为权利人有生之年加死后 50 年。这一做法借鉴了著作权保护期限的合理内核（对虚构角色形象保护），也考虑到国外相关立法例的合理规定（对真实人物形象保护）[③]，充分体现了对权利人死亡后延续财产利益的尊重。

形象权的保护。形象权的法律保护，涉及侵权与救济问题。侵犯形象权的行为，是指未经授权，又无法律许可，擅自对他人形象进行商业化利用的行为。提起形象权侵权之诉，须具备以下几个条件：第一，权利的主体即是诉讼的主体。权利主体须享有有效的形象权，有资格提起诉讼的包括形象权人、形象权受让人、形象权的独占被许可人。第二，侵权行为即是法律禁止的行为。形象权的保护对象是指真实人物或虚构角色的各种形象确定因素，如姓名、肖像、图像、声音、姿态等。凡未经授权而将上述形象确定因素进行商业化的利用，即构成侵权，但法律有限制规定的除外。第三，利益损害即是财产利益损害的事实。侵犯形象权所造成的损害，应是权利人对其形象所享有的商业价值，即形象商品化财产利益。倘若将他人形象确定因素用于特定商品而损害其人格，如将他人肖像用于厕具，即构成亵渎性使用，应以侵犯一般人格权论处。关于形象权的救济，在这里应为民事救济措施。民法对形象权的保护，其

---

① 参见朱川：《商品化权研究》，载《复旦民商法学评论》，2001 (1)，北京，法律出版社，2001。

② 参见杨立新：《人身权法》，280～281 页，北京，中国检察出版社，1996。

③ 美国加州民法典第 900 条规定，形象权人死后，其形象权可以获得 50 年的保护。参见李明德：《美国形象权法研究》，载《环球法律评论》，2003 年冬季号。

功能有二：一是维护权利状态，二是填补财产损害。由于形象因素的非物质性特征，对该项权利的保护不适用请求恢复原状之诉和请求返还原物之诉，因而法律救济的主要手段是禁令和损害赔偿。所谓禁令即请求停止侵害，它是一种“物权之诉”。对于可能出现或已经发生之侵害，都可以适用禁止令。在真实人物形象的侵权案件中，如果损害数额不大或损害赔偿很难计算，下达禁令特别是永久性禁令，是一种有效保护的办法。所谓损害赔偿，则是一种“债权之诉”。当形象权受到损害时，权利人可以请求侵权人支付一定数额的金钱予以赔偿。这一救济措施的适用涉及两个问题：一是损害赔偿归责原则。侵权损害赔偿责任的适用，应考虑被告的主观上有无过错。参照知识产权法的侵权损害赔偿的归责原则，以规定过错责任或过错推定责任为宜。[①] 二是损害赔偿计算标准。填补权利人损害，以恢复损害事故未曾发生之原状为标准。因此，在计算赔偿数额时，应考虑形象确定因素的市场价值，或是侵权人所得的非法利润。在市场价值与非法所得不易确定时，可由法官根据侵权行为的社会影响、侵权手段与情节、侵权范围与时间等作出相应的裁量。

---

① 参见吴汉东：《试论知识产权的“物上请求权”与侵权赔偿请求权》，载《法商研究》，2001(5)。

论传统文化的法律保护*

——以非物质文化遗产和传统文化表现形式为对象

关于传统文化保护，世界贸易组织、世界知识产权组织、联合国教科文组织有着不同的政策立场和立法取向。基于传统文化的不同客体属性，存在着两种不同的权利形态，即“集体产权”的知识产权和“集体人权”的文化权利。根据国际公约精神，借鉴他国立法经验，中国宜建立非物质文化遗产保护和传统文化表现形式保护的双重权利制度。

对于国际社会而言，传统文化保护是一个长期探讨的老问题，也是一个存在争议的大难题。在传统文化领域，非物质文化遗产保护虽在国际层面缔结公约，且大多数成员国已有国内立法，但这一法律制度的一体化进程和国际约束力却有待加强；而对于传统文化表现形式或说是民间文学艺术，是否给予权利保护，给予何种权利保护，在国际范围并没有完全形成一致意见。本文着力分析相关国际公约的立法意图，整理他国立法实践经验，探求权利制度的法律机理，以期为中国传统文化保护的制度安排提供些许有益的思想资料。

一、传统文化权益在 WTO《知识产权协定》中的法律命运

世界贸易组织（WTO）构筑了文化贸易自由与知识产权保护的国际经贸政策系统。有关文化贸易与文化产品权益的规范，主要表现在《服务贸易总协

---

* 原载《中国法学》，2010（1）。

定》和《知识产权协定》之中。其基本原则规定是当今世界新的国际文化关系的行动准则，也是WTO缔约方推行文化产业与文化贸易政策的文本基础。[①]

WTO规定“市场准入”规则，实行文化产品贸易自由。国际文化贸易所从事的是一种关于文化精神产品的国际交换。这种文化精神产品与物质产品一样，都是WTO规制的贸易对象。在“乌拉圭回合”的谈判中，加拿大、法国等国认为文化产品有其特殊性，不能与其他商品一样流通，主张将文化产品作为一种“文化例外”条款写入相关协定。[②]“文化例外”的主张，只是一种消极被动的文化贸易自由例外，因而被有些国家认定为贸易保护主义，以至于在《建立世界贸易组织的马拉喀什协定》通过后，“文化例外”宣告失败。随着WTO贸易原则在全球范围内的普遍实施，原有的文化贸易壁垒逐一被消解，文化贸易自由化逐渐融入经济全球化的潮流之中。参与国际贸易体制本身，不仅意味着缔约方不能全部按照自己的利益愿望制定经济、文化政策，在对外经济文化交往中受到国际规则的制约；而且还由于强势文化在国际上的出现，使得一些国家的民族文化遭到严重威胁。在当代国际贸易体制下，我们面临的是一个“文化自由的时代”（WTO提供了文化产品自由贸易的国际平台，“意识形态与社会制度已不再是国际文化贸易的障碍”[③]），也是一个“风险文化的时代”（英国学者斯科特·拉什认为从信息领域、生物技术领域、通信和软件领域产生出新的风险和危险[④]）。当今世界的“文化风险”表现为民族国家文化主权的弱化和传统文化的边缘化。目前，大约一万个不同的社会群体生活在二百多个国家之中。文化多元化的全球伦理原则并没有得到实现[⑤]，许多民族、部落的传统文化与所谓的主流文化、强势文化一直存在某种紧张状态。某些国家以政治、经济、科技优势为后盾，借用国际贸易规则，在全球范围内推行强

---

① 参见胡惠林：《文化产业学》，16页，北京，高等教育出版社，2006。

② 参见于沛：《关于全球化和国家文化安全的思考》，载社会问题研究丛书编辑委员会编：《文化安全与社会和谐》，128页，北京，知识产权出版社，2008。

③ 胡惠林：《文化产业学》，165页，北京，高等教育出版社，2006。

④ 参见［英］斯科特·拉什：《风险社会与风险文化》，载《马克思主义与现实》，2002（4）。

⑤ 世界文化与发展委员会（WCCD）认为，多元化（pluralism）是全球伦理的基本原则。民族认同是对抗全球化压力的一个正常的健康有益的反映。参见联合国教科文组织、世界文化与发展委员会：《文化多样性与人类全面发展》，3页，广州，广东人民出版社，2006。

势文化战略，实行文化产业扩张，这即是“文化霸权主义”的出现。

WTO强化知识产权保护并将其纳入国际贸易体制之中。《知识产权协定》作为WTO的基本法律文件，堪称“知识产权保护的法典”[1]，是迄今为止知识产权保护范围最大、保护标准最高的国际公约。但是，《知识产权协定》在制定及推行中有其明显不足，争议的焦点就是东西方国家利益失衡问题。按照“乌拉圭回合”多边谈判的说法，一揽子协议为发达国家和发展中国家提供了一种各取所需、交换利益的场所与机会。在这种利益交换模式下，发展中国家因知识产权保护标准提高而导致进口知识产权的利益损失，可以被它们在WTO其他协议中所获得的利益所弥补。但在实际协商中，拥有较大市场份额的国家对决策有重要影响，它们是实质上的决策制定者，而那些市场份额较小者只是决策接受者。[2] 因此，在《知识产权协定》谈判及签署过程中，发达国家的主导地位是非常明显的，由此形成的国际规则显然有失公平。正如有的学者所指出的，《知识产权协定》是一种明显向发达国家倾斜的国际知识产权体制，其结果是发展中国家的智力产品被搁在了公共领域，而发达国家的智力产品被紧紧掌握在私人公司手中。[3] 1994年《知识产权协定》的生效，实现了发达国家建立一个较高标准和有力保障的知识产权保护制度的战略目标，进一步维系了发达国家在国际贸易中的技术优势，即一个以知识产权为后盾的技术优势。高水平的知识产权保护巩固了发达国家高新技术企业的竞争优势，在重重的知识产权壁垒面前，发展中国家的企业将很难利用最有价值的技术。在过去的历史中，包括美国、日本等在内的许多国家曾经通过低水平的知识产权保护政策来增强本国的经济实力，但是，随着《知识产权协定》的出现，这种政策选择的机会已经向后来者关闭。[4] 对于发展中国家而言，经济发展所需要的技术只有通过支付高昂的成本才能从发达国家获得，这对于其已经捉襟见肘的财

---

① 曹建明等：《世界贸易组织》，312页，北京，法律出版社，1999。

② 参见［美］戴维·赫尔佳、安东尼·麦克格鲁：《治理全球化：权力、权威与全球治理》，曹荣湘等译，12页，北京，社会科学文献出版社，2004。

③ See Anupam Chander, Madhavi Sunder, “The Romance of the Public Domain”, 92, Calif. L. Rev. 1348－1353.

④ See Christopher May and Susan K. Sell, Intellectual Property Rights: A Critical History, Boulder & London: Lynne Rienner Publishers, 2006, pp. 158－189.

力无疑是雪上加霜。资料表明，在全球专利和许可费用的跨国流动中，发达国家跨国公司占总收入的98%。[①] 这即是“知识产权霸权主义”的问题。

WTO的政策系统，旨在保护各种“智力创新”，而不涉及“智力源泉”（包括传统文化）。现代知识产权制度建立在智力成果独创性或首创性要求的基础之上，即知识产权的保护对象必须是新作品、新技术、新知识。欧美文化在知识产品的现代化生产和传播中，以各种“智力创新”的形式得到国际知识产权制度的周延保护；与此相反，传统文化，包括传统工艺、民间传说、土著礼仪及地方视听表演艺术等，则因为是世代传承的（不符合原创性要求）、依附于部族的（不具有个人主体特征），无法适用著作权或其他知识产权的保护。《知识产权协定》并未直接涉及传统文化的权益问题，如果一些传统文化表现形式符合智力创新成果条件，当然也可以受到知识产权的保护。根据WIPO对一些国家的调查，许多国家包括北美、西欧等地区的发达国家认为，现行知识产权制度原则上适用传统文化的保护，即采用著作权及邻接权，保护以民间文学艺术表现形式为主的传统知识。[②] 这种“削足适履”的保护是极其有限的。传统文化的本质属性与现代知识产权的创新要求并不相融。《知识产权协定》实际上未能对“智力源泉”给予应有的法律涵养，从而导致一些国家、一些民族或一些社区应有权利的丧失。在传统文化保护的问题上，WTO确有立法缺憾，但其政策系统也留有一定的制度空间。WTO不仅规定了市场准入、透明度、非歧视和最惠国待遇等基本原则，而且也规定了“涉及保护传统文化的艺术品和文物”“允许例外和实施保障措施”“维护国家安全”等弹性条款。这就可以使任何一个缔约方（包括发展中国家）制定相关政策、建立相关制度，以维护自己国家的根本文化利益和文化安全。“这种保护性政策与制度是

---

① 源自人民网：《跨国公司滥用知识产权危及我行业安全》，2006年1月17日访问。

② 将包括传统文化在内的传统知识纳入现有知识产权的保护方式有：著作权及邻接权（以民间文学艺术表达为主的传统知识为保护对象）、专利权（以遗传资源的利用、开发有关的产品和方法为保护对象）、植物品种权（以改进原生状态物种的新植物品种为保护对象）、外观设计权（以传统的手工艺产品为保护对象）、商标权（以含有传统知识的商品或服务所采用的个体或团体标记为保护对象）、地理标记权（以各类天然、传统和工艺品所采用的社区标记为保护对象）、反不正当竞争法（以未公开的传统知识作为保护对象）。参见 Carlos Correa：《传统知识与知识产权》，国家知识产权局译，见 http：//www. biodivip. gov. cn。

应当并且必须得到所有缔约方的尊重，从而使各缔约方都可以在一个尊重文化多样性的平台上平等地开展国际文化贸易。”[①] 在欧美文化圈内部，针对美国文化产业的扩张，一些国家采取了某种文化抑制政策：“法国对好莱坞电影在全球畅通无阻感到不妥和恐惧，为抑制美国娱乐业的入侵，法国在欧共体内寻求建立欧洲及国家定额管理制度。澳大利亚的文化产业委员会也感到不安，他们建议政府在遵守世界贸易组织规则的基础上，建立和创建‘文化防火墙’制度。加拿大在世界贸易组织裁决其对美国杂志采取的限制措施有悖自由贸易原则之后，采取了‘论坛应变’（forum shifting）的措施，建立起多元文化网。”[②] 包括传统文化在内的传统知识保护，是知识产权制度国际协调面临的新问题。2001 年 11 月，WTO 部长会议通过《多哈宣言》，将《知识产权协定》与《生物多样性公约》以及传统知识和民间文学艺术保护的关系，正式列入协定理事会应当加以优先审议的范围。目前，国际社会对各国保护传统知识的可能性没有争议，但对于在《知识产权协定》框架内处理传统知识保护的问题却存在严重的分歧。在发达国家中，美国反对建立保护传统知识的国际制度，特别是反对在协定框架内处理这一问题，主张通过制定国家或地方法律、法规，为传统知识的提供者和接受者提供“合同解决”问题的基础；相反，欧盟及其成员国支持建立传统知识保护国际模式，一旦新的模式形成即考虑怎样和在何种程度上将传统知识保护纳入《知识产权协定》。[③] 在发展中国家中，非洲国家集团与巴西、印度等国对于是否在协定框架内解决传统知识保护问题，也是主张不一。正是因为如此，从 2001 年多哈会议到 2005 年香港会议，各缔约方除提交表达各自立场的意见文本外，并未就此进行专门讨论并达成一致意见。上述情况表明了传统文化在 WTO《知识产权协定》中的法律命运。

---

① 胡惠林：《文化产业学》，165 页，北京，高等教育出版社，2006。

② 薛晓源：《全球化与文化产业研究》，载林拓等主编：《世界文化产业发展前沿报告（2003—2004）》，9～10 页，北京，社会科学文献出版社，2004。

③ 参见古祖雪：《基于 TRIPs 框架下保护传统知识的正当性》，载《现代法学》，2006（4）。

二、WIPO和UNESCO对传统文化保护的立法实践

自20世纪60年代以来，有关国际组织和一些国家就积极探讨传统文化的法律保护问题，包括在知识产权框架内外的尝试和实践。其间，世界知识产权组织（WIPO）和联合国教科文组织（UNESCO）为之作出了重要的努力。前者成立了专门委员会，着手探讨传统文化保护问题，推动各国相关立法，继续发挥知识产权国际立法的主导作用。后者所辖的诸如国际组织和国际论坛，对传统文化保护的国际制度安排进行了有益的探讨，发动了超越WTO体制的“软法”造法活动：一是颁布保护传统文化的一系列国际公约；二是鼓励各国尽可能利用《知识产权协定》的弹性条款和开放性条款，在协定的“总轮廓之内形塑权利和权力的结构”，“以满足缔约方政治的、社会的、经济的和其他政策目标”①。

WIPO在知识产权国际规则制定方面扮演着重要角色，它与后来的WTO构建了相关国际立法的主导机制。1967年，由WIPO主持的《保护文学艺术作品伯尔尼公约》（简称《伯尔尼公约》）斯德哥尔摩修订会议，提出修订公约第15条第4款，即对“作者不明”的作品给予著作权保护，其目的就是将民间文学艺术视为“作者不明”的作品。这一规定后来经巴黎修订会议（1971年）形成了文本确认。《伯尔尼公约》修订文本第15条第4款规定：“对作者身份不明但有充分理由推定该作者是本同盟某一成员国国民的未出版的作品，该国法律指定主管当局代表该作者并有权维护和行使作者在本同盟成员国内之权利。”由此可见，公约相关条款并未出现“民间文学艺术”一词，而是将“作者不明”的作品作为匿名作品的一种特例，这就为成员国“特别是向民间文学艺术构成其本国文化遗产的一部分发展中国家提供了一种利用它的手段”②。1976年，WIPO与UNESCO共同为发展中国家制定了《突尼斯版权示

① Shubba Ghosh, “Reflections on the Traditional Knowledge Debate”, 11 Cardozo J. Intl and Comp. L., pp. 501 - 502.

② 《〈保护文学艺术作品伯尔尼公约〉（1971年巴黎文本）指南》，刘波林译，73～76页，北京，中国人民大学出版社，2002。

范法》。示范法认为，在发展中国家，民间文学艺术构成了文化遗产中的一个重要部分，它不仅有经济利用的利益，而且涉及特殊群体的文化特征，因此有必要对其提供适当的保护。[①] 示范法所主张的著作权保护模式产生了广泛的影响，目前已有50多个国家以此为准来保护民间文学艺术，其中多数为非洲国家。

从《伯尔尼公约》（1971年文本）到《突尼斯版权示范法》，表明传统文化保护已经得到国际社会的认可，但著作权保护模式并非就是一个正确的选择。WIPO前助理总干事米哈伊·菲乔尔（Mihaly Ficsor）先生认为，著作权法关于作者身份的规定和作品原创性要求，都不能很好地适用于世代相传而产生的民间文学艺术。民间文学艺术不是"作者不明"，"创作者应是某一社群并且创造性的贡献来源于世代相传的祖祖辈辈"。因此，将民间文学艺术作为未出版作品进行保护是不恰当的，其后果将导致自其出版后50年即权利终结，民间文学艺术并不会因为其"出版"而改变其文化遗产的内在本质。一些国家的立法对此似乎有所认识，因而采取特殊的公有领域支付制度。但是在现实中，民间文学艺术并不是只需付费而无须授权使用就处于公有领域，而且这种公有领域支付制度尽管规定在著作权法之中，却是一种专门法的保护方式。米哈伊·菲乔尔先生的最后结论是："《伯尔尼公约》采用的著作权保护模式，明显不适合于民间文学艺术的国际保护。"[②]

鉴于著作权保护模式的不足，国际社会转而寻求专有权利的保护模式。1980年，WIPO与UNESCO达成一致意见，即针对两种侵害传统文化的行为，包括非法使用和歧视与歪曲的行为，制定专门法律以保护传统文化资源，并采取行动，共同组建工作小组，为各国相关立法提供示范法条款草案。1982年，上述两组织制定了《保护民间文学表达形式、防止不正当利用及其他侵害行为国内法示范法条》（以下简称《示范法条》）。《示范法条》避开了著作权法关于权利主体特定性、客体原创性、保护期有限性等基本规则，为传统文化提

① 参见世界知识产权组织、联合国教科文组织：《突尼斯版权示范法》第6条注解。

② Mihaly Ficsor：《〈保护文学艺术作品伯尔尼公约〉（1971年巴黎文本）释义文本二》，向非凡译，载国家版权局编：《保护民间文学艺术参考资料汇编》，2009。

供了一种“特殊保护”的模式。按照 WIPO 和 UNESCO 1985 年文件的说法，专有权利保护的特殊之处表现在如下方面：（1）关于保护对象。《示范法条》采用“民间文学表现形式”（expressions of folklore）的称谓，而未沿用著作权法上的“作品”（work）的表述。民间文学表现形式的范围包括口头表达、音乐表达、动作表达和有形表达，须具备传统文化遗产的独创性要素。反之，传统信仰、科学观点、传奇题材或纯实际活动的传统，只要与表现形式分开，则不属于民间文学表现形式的范围。（2）关于授权使用。《示范法条》采取了有别于一般著作权作品授权使用的做法：凡以营利为目的且在传统方式之外的使用，须经相关社区主管机关授权同意；但属于传统方式的使用，不论是否具有营利目的，均无须取得授权。至于传统方式以外的使用，如不以营利为目的，亦不受禁止。（3）关于注明出处。《示范法条》强调民间文学表现形式与其来源之间的联系，作出了“注明出处”的规定，即有关民间文学表现形式的任何公开传播，必须以恰当方式标明其来源，提及民间文学表现形式的起源社区和（或）其地理位置。（4）与其他权利保护的关系。《示范法条》将专有权利保护作为并列于其他知识产权的特殊模式，凡民间文学表现形式构成“作品”的，可适用著作权法；作为外观设计使用的，适用于工业产权法；作为商标、产地标记使用的，适用于反不正当竞争法；属于建筑艺术表现形式的，适用保护文化遗产的法律。[①] 专有权利保护模式为一些国家提供新的立法途径，菲律宾于 1997 年制定的《土著人权利法案》、巴拿马于 2000 年颁布法律保护“原住民群体权利”以及澳大利亚土著习惯法规定的“传统文化集体所有权”等，在许多方面都是取材于《示范法条》。以专有权利保护为内容的特别立法模式，虽然得到 WIPO 和 UNESCO 的推荐和支持，但各国立法实践采纳此例并不多见。上述两组织的调查表明，《示范法条》即使是对发展中国家的立法

① 参见 WIPO、UNESCO1985 年文件，郑成思译，载国家版权局：《版权参考资料》，1988（2）；Model Provisions for National Laws on the Protection of Expressions of Folklore Against Illicit Exploration and Other Prejudicial Actions with a Commentary，UNESCO&WIPO，1985。

影响也是非常有限的。[①]

现有知识产权制度对于传统文化保护存在诸多缺憾。有鉴于此，WIPO 于 2000 年成立了专门机构，即“知识产权与遗传资源、传统知识和民间文学艺术政府间委员会”（简称 IGC），其工作主要围绕遗传资源、民间文学艺术、传统知识等三个主体展开。在 IGC 召开的会议和论坛上，与传统文化保护相关的国际争论主要涉及以下问题：（1）国际保护是采取遗传资源、传统知识和民间文学艺术的综合立法模式还是采取民间文学艺术的单独立法模式？（2）民间文学艺术保护机制是在著作权体系之中还是寻求特殊法律体制？（3）民间文学艺术国际保护制度是制定强制性的国际公约还是制定非强制性的国际文书？与 IGC 的成立同步，WIPO 经过几年的讨论，于 2000 年拟定了《保护民间文学表现形式/民间传统文化的核心目标和原则》（草案）。尽管草案仍在讨论之中，东西方国家亦存在分歧，但 WIPO 就成员国立法工作步骤所给出的建议是有价值的，其中涉及保护传统文化的国家政策目标、具体知识产权模式选择、非知识产权保护方式的可能性等。上述问题的提出以及可能解决的途径，昭示着传统文化法律保护制度形成与发展的未来方向。

UNESCO 在过去的几十年间一直致力于保护传统文化的国际立法活动。在知识产权领域，UNESCO 加强了与 WIPO 的合作，通过《示范法条》推动各国立法，举行专门论坛，寻求国际共识；在非知识产权领域，UNESCO 主要从文化遗产、文化多样性、人权等角度来考虑和解决传统文化的保护问题，通过国际公约的缔结，制定了有关传统文化保护的国际原则规范体系。从 20 世纪 50 年代起，UNESCO 即针对社会变化与传统文化的内容和继承问题进行调查，并于 70 年代着手进行国际规范制定工作。1972 年，UNESCO 召开大会通过了《保护世界文化和自然遗产公约》。该公约把“文化遗产”的范围限定为有形的历史文化遗产，其保护对象是具有考古、艺术、人类和科学价值的东西。作为这一公约的重要补充，以保护无形文化遗产为主题，UNESCO 于

---

① See Mrs. P. V. Valsala G. Kutty, National Experiences with the Protection of Expressions of Folklore / Traditional Cultural Expressions: India, Indonesia, Philippines. 转引自黄玉烨：《民间文学艺术的法律保护》，95～96 页，北京，知识产权出版社，2008。

2003年召开大会缔结了《保护非物质文化遗产公约》。该公约的宗旨在于保护非物质文化遗产，尊重有关社区、群体和个人的非物质文化遗产，在地方、国家和国际一级提高保护非物质文化遗产重要性的意识，开展国际合作和提供国际援助。会议提出非物质文化遗产的保护措施包括：确认、立档、研究、保存、保护、宣传、传承和振兴。该公约要求，各成员国应该采取必要措施保护非物质文化遗产，包括拟定国家的遗产清单，制定总的政策，指定或建立主管机构，开展有效的技术和方法研究，开展教育、宣传和能力培养等。作为文化发展政策的重大举措，以保护文化多样性为主题，UNESCO于2005年召开大会通过了《保护和促进文化表现形式多样性公约》(简称《文化多样性公约》)。UNESCO认为，《文化多样性公约》与《保护世界文化和自然遗产公约》、《保护非物质文化遗产公约》，为国际社会保护传统文化、保护文化多样性提供了一个有力的行动框架。[①]《文化多样性公约》强调文化多样性是人类的一项基本特性，是人类的共同遗产，应该为了全人类的利益对其加以珍爱和维护；并从保护文化多样性的角度，将未受到现代知识产权保护的传统文化作为一种文化活动、文化内容、文化产品和服务纳入公约的调整范围。该公约在序言中宣称："承认作为非物质和物质财富来源的传统知识的重要性，特别是原住居民知识体系的重要性""文化表现形式，包括传统知识表现形式的多样性"，在思想表达与信息分享方面具有重要价值。公约提出成员国有权制定和实施文化政策并采取措施以保护和促进包括传统文化在内的文化表现形式多样性。这些政策举措包括文化管理措施、文化设施建设措施、文化资助措施、文化鼓励措施、文化产业机构的建立和支持措施、文化人员的培养和支持措施等。

在传统文化保护方面，UNESCO采取了不同于WIPO的法律机制。这种保护机制的差异是以不同的法律机理为基础的：(1)关于传统文化的基本属

---

① 参见联合国新闻服务中心：《保护文化多样性公约》，见 http：//www. un. org/chinese/news/fullstorynews. asp newsID=6978，访问日期：2006年12月21日。

性。作为传统文化表现形式的文化产品与服务具有经济和文化的双重属性。[①] 基于不同的基本属性，赋予不同的权利形式，采取不同的保护方法，WIPO 与 UNESCO 所缔结的国际公约或制定的国际文件，在传统文化领域发挥着各自的规范功能。(2) 关于传统文化的基本权利。从文化产品与服务的经济属性出发，其权利形态是私人产权，这即是 WIPO 的知识产权保护模式；从文化产品与服务的文化属性出发，其权利形态是集体文化权利，这即是 UNESCO 的非知识产权保护模式。根据国际人权的一般理论，文化权利是国际人权公约承认的基本人权，上述权利是民族、部族和其他社会群体维护其文化身份和文化尊严所不可或缺的重要权利。相对于知识产权这一私人财产权利而言，前述权利应具有优先性的法价值。(3) 关于传统文化的保护方法。WIPO 主张的著作权或专有权，都是授权性的保护措施，即是以赋予产权的方式对传统文化表现形式提供保护。UNESCO 在其公约中所提出的“保护”，包括“保存”(preservation)、“维护”(safeguarding) 和“加强”(enhancement)，主要是行政性的保护措施，即国家从文化主权出发对传统文化资源所采取的文化政策和措施。可以说，两种保护方法分属于私法和公法的不同领域。

传统文化领域中的多元权利形态和不同保护方式服务于共同的缔约目标。质言之，它们并不是相互孤立和隔绝的，更不是彼此冲突和对立的。UNESCO 缔结的诸多公约与 WTO、WIPO 的知识产权公约是一种相互支持、相互补充和互不隶属的关系。首先，UNESCO 注意到 WTO 的知识产权制度关于保护传统文化的缺憾，从而在缔结的公约中提出了新的要求与期待。例如，《文化多样性公约》在序言中强调，“承认作为非物质和物质财富来源的传统知识的重要性，特别是原住居民知识体系的重要性”。按照公约的说法，无论“它们产生或可能产生知识产权”，都要受到公法保护。其次，UNESCO 主张相关公约与 WIPO、WTO 知识产权制度之间的协调，关注公法保护与私法制度之间的关联性。知识产权制度是以保护私人创作成果、促进信息自由传播

---

① UNESCO 于 1991 年成立世界文化和发展委员会，后者在 1998 年斯德哥尔摩会议上宣称，“文化产品和服务不应像其他商品一样处理”。UNESCO 于 2004 年召开的专家会议上提出，“文化遗产和文化服务业的文化价值优先于其商业价值”。UNESCO 于 2005 年通过的《文化多样性公约》确认文化产品和服务的“经济属性”与文化属性是并列和互补的。

为立法宗旨的，而传统文化的公法保护有助于前述目标的实现。《保护非物质文化遗产公约》宣称："承认各群体，尤其是土著群体，各团体，有时是个人在非物质文化遗产的创作、保护、保养和创新方面发挥着重要作用，从而为丰富文化多样性和人类的创造作出贡献。"《文化多样性公约》认为，"文化多样性是交流、革新和创作的源泉"，"该创作都来源于有关的文化传统，但也在同其他文化传统交流中得到充分的发展"。可以说，非物质文化遗产或是文化多样性，为新作品的创造提供了必要的智力源泉和文化土壤；同时，知识产权意义上文化产品的创作和传播，也有助于传统文化的保存、传承和交流、发展。UNESCO致力于保护非物质文化遗产和文化多样性，其所主张的文化传统保存和文化发展选择，属于国家文化主权的基本范畴。一般而言，文化主权原则是指一个国家的文化主权神圣不可侵犯，一个国家的文化传统和文化发展选择必须得到尊重，包括国家的文化立法权、文化管理权、文化制度和意识形态选择权、文化传播和文化交流的独立自主权等。[①] 文化主权在国家层面主张表现为保护传统文化所采取的政策和措施。因此，UNESCO对传统文化保护是一种公权保护，其手段主要是行政保护方法。[②]

对包括传统文化在内的传统知识保护，使得国际社会对知识财产保护的视角从智力成果本身发展到智力源泉本身。WTO、WIPO建立了两大国际组织之间的分工合作机制[③]，并在知识产权国际立法中继续发挥着主导作用。除此之外，UNESCO以及联合国环境计划署、联合国粮农组织、联合国贸易与发展会议、联合国开发计划署、世界卫生组织、世界粮食计划署等国际机构对传统知识及传统文化的保护问题也进行了广泛的讨论。基于此，与传统文化保护相关的知识产权立法机制出现了一个多元局面，即"两个中心，多种渠道，南北对弈，趋向平衡"的格局。[④]

---

① 参见胡惠林：《文化产业学》，149页，北京，高等教育出版社，2006。

② 参见王鹤云、高绍安：《中国非物质文化遗产保护法律机制研究》，128页，北京，知识产权出版社，2008。

③ 1995年，WTO与WIPO就知识产权问题的一系列合作事宜达成共识，并形成协议。

④ 参见刘笋：《知识产权国际造法新趋势》，载《法学研究》，2006（3）。

三、传统文化的客体属性及其权利形态的法理学分析

术语概念是我们建构传统文化保护制度的始点理论范畴。关于文化概念的定义，国内外学者有不同的说法。广义的文化观认为，文化是人类所创造的物质财富和精神财富的总和，即从主观与客观、精神与物质的角度将人类创造和加工的一切都视为文化；狭义的文化观如英国人类学家爱德华·泰勒认为，文化包括全部的知识、信仰、艺术、道德、法律、风俗以及作为社会成员的人所掌握和接受的任何其他的才能和习惯的复合体。① 传统文化是传统部族基于世代传承，表明其身份特征而形成的精神遗产。所谓基于世代传承，是指该类文化经世代相传并且为适应环境而不断发展；表明身份特征，则强调该类文化表现了一个部族区别于另一部族的社会特征。传统文化作为文化的重要组成部分，深刻表明了该类文化的本源性（是源于传统而不是基于创新而形成的）和文化本身的特殊性（是附属于特定部族而不是归属于个人的）。

在传统文化内涵界定的基础上，我们有必要探讨其在相关概念体系中的定位。在学术界，涉及传统文化的用语，有“民间传统文化”（traditional culture）、“民间文学艺术表达”（expression folklore）、“民间文学艺术”（folklore）、“非物质文化遗产”（intangible culture heritage）等等。关于传统文化的相关概念体系，WIPO 曾有一个概念层次与位阶的说明图②（见图 1）。

在这个图中，传统文化相当于“原住民族知识”或“民间文学艺术表达”，其上位概念有传统知识和文化遗产。首先，传统文化是传统知识的下位概念，按照 WIPO 的说法，传统知识是指基于传统所产生的文学、艺术或科学作品，表演，发明，科学发现，外观设计，标记、名称及符号，未公开的信息，以及一切来自产业、科学、文学艺术领域内的智力活动所产生的基于传统的创新和

① 转引自代中现：《论保护濒危非物质文化遗产执法机制存在的问题》，载《河北法学》，2008（1）。

② 转引自代中现：《论保护濒危非物质文化遗产执法机制存在的问题》，载《河北法学》，2008（1）。

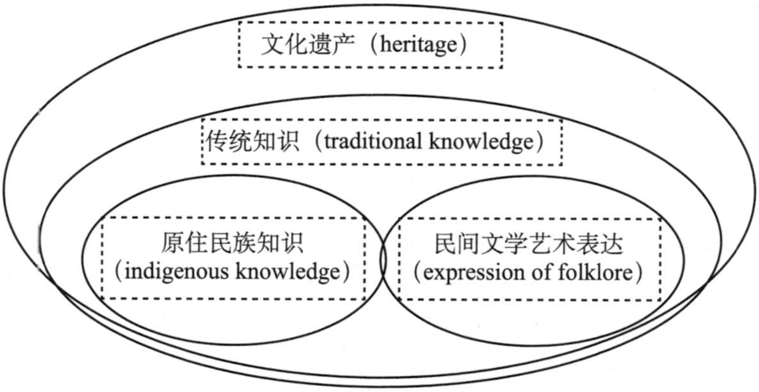

图 1 传统文化的概念体系

创造。① 传统知识的具体类型包括农业知识，科学知识，技术知识，生态知识，医学知识，有关生物多样性的知识，民间文学艺术表达，名称、标记及符号，以及其他未固定的文化财产。② 从其范围来看，几乎囊括《建立世界知识产权组织公约》所规定的一切知识财产形式，包括知识产权法所保护的作品、技术、标记等各种对象。由此可见，传统文化与传统技术、标记等构成了传统知识的完整内容；同时，传统文化也是文化遗产的下位概念。文化遗产是人们所承袭的前人创造的文化和文化的产物。UNESCO 的官方文件认为，文化遗产包括：历史遗址如早期人类居住的洞穴以及具有突出的历史、艺术和科学价值的特征物；建筑遗址群，如人工独创或人工与天工共创的建筑；具有突出历史、美学、人种学、人类学价值的考古遗址区等。③ 可以说，文化遗产包括有形的文化遗产，即世代流传的、具有独特意义的历史文化、艺术和科学价值的物质实体；也包括无形的文化遗产，即世代相传的、具有部族身份特征的智力

① See WIPO Intergovernmental Committee on IP and GR, TK and F, Sixth Session (Geneva, March 15 to 19, 2004), Revised Version of TK Policy and Legal Options, p. 6.

② See WIPO, Intellectual Property Needs Expectations of Traditional Knowledge and Holders, WIPO Report on Fact-finding Missions on Intellectual Property and Traditional Knowledge (1998—1999), Geneva, April 2001, p. 25.

③ See UNESCO, Convertion for the Protection of the World Cultural and Natural Heritage, Nov. 16, 1972, art. 11. 转引自严永和：《论传统知识的知识产权保护》，10～11 页，北京，法律出版社，2006。

活动成果。传统文化属于无形的文化遗产范畴。

客体属性是传统文化相关权利得以建构的基本理论范畴。在国际公约的术语表述中，WIPO与UNESCO对传统文化有不同的说法，这是一个有趣的现象。WIPO更多是在知识产权领域强调传统文化保护。总干事在2009年召开的WIPO成员国大会所提出的报告中，强调在准则制定方面要注重“传统知识”和“传统文化形式”问题，其目的在于“让知识产权制度所涉及的知识基础普遍化”①。在这里，总干事报告使用了traditional cultural expressions的称谓，中文将其译为“传统文化表现形式”或“民间文学艺术表达”。UNESCO则是在文化权利领域致力于传统文化保护。在UNESCO的官方文件中，作为保护对象的传统文化被称为intangible cultural heritage，多数中文译为“非物质文化遗产”。这一概念是UNESCO为完善世界文化遗产的保护体系，“作为物质性、遗址性、建筑性文化遗产”相对应的概念而提出的。对照UNESCO通过的《保护非物质文化遗产公约》(2003年）与WIPO制定的《保护民间文学艺术表达/传统文化表达的核心目标与原则》(草案）(2004年)、《保护传统知识的核心目标和原则》(草案）(2004年）的文本规定，我们不难发现，“传统文化表现形式”或“民间文学艺术表达”与“非物质文化遗产”，在基本内容方面是相同或近似的。有学者称，UNESCO所说的非物质文化遗产已经基本涵盖了传统文化表现形式，并且包含了狭义的传统知识的复合体。② 由此可以看出传统文化作为权利客体的基本属性。

WIPO强调传统文化作为“作品”(即表现形式）的财产性，它具有言语表现形式（如故事、传说、诗歌等)、音乐表现形式（如歌曲、器乐等)、行动表现形式（如舞蹈、游戏和其他表演等)、有形表现形式（如壁画、雕刻、陶器、纺织、乐器等艺术品和建筑形式）等。从思想表现形式来说，传统文化表现形式或民间文学艺术表达，与现代作品并无二致。所不同的是，前者存在于特定部族的文化之中，它们构成新作品创造的“源泉”，而不是现代知识产权

① WIPO, Report of the Director General, Assemblies of the Member States of WIPO, September 22 tc October 1, 2009, http://www.wipo.int/meetings/en/2009/a_47/a47_dg_speech.html.

② 参见王鹤云、高绍安：《中国非物质文化遗产保护法律机制研究》，25页，北京，知识产权出版社，2008。

保护的客体。在 WIPO 撰写的国际文件中，对传统文化立足于知识产权的私法保护。从客体的财产价值出发，在保护部族文化特性和身份认同的基础上，WIPO 更多是调整传统文化在其利用与传播中的利益关系，防止对传统文化的不正当利用及其他侵害行为。在民事客体理论中，传统文化表现形式或民间文学艺术表达既不是传统所有权意义上的“有体物”，也不是属于现代知识产权意义上的“新作品”，它是一种特殊性质的客体：第一，传统文化表现形式的客观性和非物质性。作为客体的传统文化表现形式当然具有客观性。在民事客体中，有体物的客观性，表现为客观化的物质实体，而传统文化的客观性则是可认知性、可再现性，它是一种可以客观化的知识体系；非物质性即是说传统文化是知识形态的精神产品，虽具有内在的价值和使用价值，但没有外在形体。大多数传统文化表现形式具有非物质性特征，与现代作品并无二致，但有的传统文化具有物质性表现形式，如艺术品、建筑物等；第二，传统文化表现形式对新的智力创造的本源性。传统文化与某些新作品是一种本源性与依赖性的对应关系。《世界文化多样性宣言》（2001 年）认为，“每项创作都来源于有关的文化传统，但也在同其他文化传统的交流中得到充分的发展”。可以说，传统文化为新作品提供了必要的智力源泉和文化涵养，但其表现形式却区别于著作权法意义上的作品。权利客体的属性决定了权利本体的形态。上述情况表明，对传统文化表现形式的私权保护，传统所有权制度与现代知识产权制度都是无能为力的。

UNESCO 注重传统文化作为“遗产”（即传统资源）的文化性。《保护非物质文化遗产公约》将非物质文化遗产指称为有关“文化遗产的各种实践、表演、表现形式、知识和技能及其有关的工具、实物、工艺品和文化场所”。它可以概括地分为传统的文化表现形式和展现传统文化表现形式的设施及空间。[①] UNESCO 在其一系列国际公约中，主张对传统文化提供公法保护。鉴于非物质文化遗产的特殊属性，UNESCO 从人权及文化权利的基本立场出发，呼吁成员国采取行政措施和国际合作方式，以防止“非物质文化遗产面临损坏、消失和破坏的严重威胁”。非物质文化遗产作为基本人权的保护对象，具

---

① 参见 UNESCO：《保护非物质文化遗产公约》（2003 年）。

有不同于一般私权客体的重要特征：一是非物质文化遗产的文化形态。非物质文化遗产是相对物质文化遗产而存在的某种文化形态。物质的和非物质的文化遗产，构成了某一部族得以文化认同、精神传承的完整内容。但是，物质文化遗产是历史文化的物质载体，以一定的固化、有形的物质形态存在；而非物质文化遗产是一种“活态文化遗产”①，以特定部族身口相传的非物质形态存在。这是两种文化遗产的区别所在。二是非物质文化遗产的文化价值。非物质文化遗产是特定部族文化的精髓，是文化多样性的存在形式，其文化价值应从人类全面发展的高度来认识。“对人类来说，保护它就像与保护生物多样性进而维持生物平衡一样必不可少。从这个意义上讲，文化多样性是人类的共同遗产，应从当代人和子孙后代的利益考虑予以承认和肯定。”② 三是非物质文化遗产的人权意义。UNESCO在其相关文件中，阐述了非物质文化遗产的人权价值和文化人类学意义。“每一种文化都具有尊严和价值，必须予以尊重和保存，每一个民族都有发展其文化的权利，所有文化都是属于全体人类的共同遗产的一部分”③；“文化权利是人权的一个重要组成部分”，“各种形式的文化遗产都应当作为人类的经历和期望的见证得到保护、开发利用和代代相传”④；“非物质文化遗产的多种表现形式从主要方面体现了各个民族和社会的文化特性，是全人类的共同财富”⑤。上述文件强调了非物质文化遗产与文化权利之间的本质联系，对非物质文化遗产的尊重、保存和维护，是“有关群体、团体和个人”得以主张的基本人权。

权利形态是传统文化保护制度构建的核心理论范畴。从传统文化的客体属性出发，我们拟可对传统文化实行双重权利保护，即传统文化表现形式的知识产权和非物质文化遗产的文化权利。传统文化表现形式的知识产权是一种“集体产权”。在知识产权领域，存在着私法二元主体结构，即个人主义主体与共

---

① 王鹤云、高绍安：《中国非物质文化遗产保护法律机制研究》，31页，北京，知识产权出版社，2008。

② UNESCO：《世界文化多样性宣言》（2001年）。

③ UNESCO：《国际文化合作原则宣言》（1966年）。

④ UNESCO：《世界文化多样性宣言》（2001年）

⑤ UNESCO：《伊斯坦布尔宣言》（2002年）。

同体主义主体。[①] 前者是一种典型的“私的主体”，包括特定的自然人、法人或其他组织，一般知识产权采取的即是以个人为中心的权利主体制度；后者则是一种以团体形式出现的主体，传统文化表现形式的知识产权一般归属于特定的民族、部族和社区，奉行的是以群体为特征的权利主体制度。作为集体产权的客体，传统文化表现形式与特定民族、部族和社区相连，当然在某些特殊情况下，传统文化表现形式的权利归属并不排除个人享有的形式，但总体来看，群体所有权是其基本原则，并处于核心地位。[②] 在国外立法例中，诸如“土著人权利”（菲律宾）、“原住民群体权利”（巴拿马）、“土著文化集体所有权”（澳大利亚）等，都是以群体主义的主体制度为基础的，是集体产权形式的知识产权。相比较而言，非物质文化遗产的文化权利是一种“集体人权”。在人权理论范畴中，基于非物质文化遗产所产生的文化权利，应是“集体的权利，即群体或人民的权利”[③]。作为不同的生活共同体，每个民族都有自由的、相对稳定的生活地域，在历史发展中形成自己独特的语言文字、宗教信仰、风俗文化。基于此，这些特定的社会群体对内形成自己的文化认同和民族认可，对外则产生了争取社会理解和认可的政治法律诉求。这即是文化权利形成的基础。非物质文化遗产的保护，实质上涉及文化传承的权利、文化身份的尊重、文化发展的自由选择等，这些即是“以种族、民族为构成内容的集体人权”[④]。

传统文化保护制度的理论范畴，涉及术语内涵、客体属性、权利形态等多个方面的问题。基于相关国际法律文本的分析，借鉴国外立法例有益经验，笔者主张在传统文化领域，可分别在私法和公法领域建立“传统文化表现形式保护制度”和“非物质文化遗产保护制度”。

---

① 参见严永和：《论传统知识的知识产权保护》，179页，北京，法律出版社，2006。

② See S. V. Lervinski, Indigenous Heritage and Intellectual Property: Genetic Resources, Traditional Knowledge and Folklore, Kluwer Law International, p. 14, 2004.

③ 英国国际法学者斯塔克语。转引自李泽锐：《国际人权法论》，载《人权论集》，138页，北京，首都师范大学出版社，1992。

④ 徐显明：《人权主体之争引出的几个理论问题》，载《中国法学》，1992（5）。

四、传统文化保护的政策考量与立法选择

传统文化是人类在历史演进过程中创造的文化成果，代表着民族智慧和精神，代表着民族的特定身份认同和文化基因传承。我国作为世界文明古国，有着丰富多彩的传统文化资源，在经济全球化的今天，中国传统文化的生存和发展面临着许多新的挑战。建立传统文化保护制度意义重大，自不待言，但如何构建其法律机制，我们必须在这一国际性难题中找出中国答案。

1. 关于立法指导思想。从国家层面而言，传统文化保护制度是公共政策的重要组成部分。是否保护传统文化，保护哪些类型的传统文化，以何种法律模式保护传统文化，是一个国家为实现文化政策目标而作出的制度安排和立法选择。如何进行相关法律制度设计，笔者认为应处理好以下几个关系：(1) 国际化与本土化。在后 TRIPs 时代，国际社会不仅聚焦于现代知识产权保护，且也在谋划传统文化资源保护。对于发展中国家而言，应该在新的多元立法机制和场所中赢得主动及优势，以扭转其在知识产权制度国际化进程中的不利局面。具言之，保护传统文化，可以导致新公约的制定、现行协议的重新解释以及非约束性宣言的产生，即以“软法”规则弥补《知识产权协定》等“硬法”规则的不足。[①] 关于传统文化保护，中国立法不仅应立足本土文化、经济与社会发展的需要，而且也要考虑国际制度发展趋势，借鉴他国立法经验。在非物质文化遗产方面，我们可根据国际公约之精神，采取公法措施，对相关文化权利予以保护；在传统文化表现形式方面，则应致力于制度创新，在私法领域采取有别于现行著作权的保护机制，避开可能倾覆现代知识产权制度根基的法律变动。鉴于传统文化表现形式的私权保护在国际社会多有争议，我们拟应先行国内立法，在条件成熟时，团结大多数国家，推动国际立法，从而最大限度地实现法律的本土化与国际化的协调。(2) 前瞻性与现实性。传统文化保护本是上个世纪延续下来的“老问题”，但在知识经济时代却变成国际社会的“新热点”。当代知识产权法的使命，即是通过制度创新推动知识创新，促进经济发

① 参见吴汉东：《国际变革大势与中国发展大局中的知识产权制度》，载《法学研究》，2009 (2)。

展。诚然，这种发展需要是现实的，也是合理的。应该指出的是，以基本人权为基础的传统文化保护，同样是致力于发展，但其目标在于保持文化传统和文化多样性，实现人类的全面发展。UNESCO和WCCD认为，“没有人文背景的发展，只是一种没有灵魂的经济增长而已”。他们所主张的发展观是“人的全面发展”思想，“与只注重经济增长的发展观不同，它是从文化条件来看待经济增长和社会进步的”。他们的结论性意见是，“文化是人类进步与创造力的源泉”①。这种发展目标是全面性的、高层次的，具有前瞻意义。因此，在文化领域，我们既要重视现代知识产权的制度功能，激励文化创新，推动文化产业发展；又要建立传统文化保护制度，以法律手段维系文化生态平衡，涵养文化资源。这是中国立法的现实需要和前瞻目标。（3）集体权益与社会公益。如前所述，传统文化表现形式的知识产权是一种“集体产权”，而非物质文化遗产的文化权利，是“以种族、民族为构成内容的集体人权”。相对于其他主体而言，传统文化权利的主体依然是特定的，所涉及的权益也是专有的。应该看到，上述集体权益，特别是以知识产权形式存在的“集体产权”，不过是实现社会公共利益的政策手段。英国知识产权委员会认为，“无论怎样称呼知识产权，最好将它视作公共政策的一种手段，通过授予个人或机构一些经济特权，实现更大的公共利益”②。笔者认为，传统文化权利保护的制度设计，其目的并不是在一个封闭的环境中维系自己的“文化原貌”和“文化传统”，固守排他性、封闭性的本土化。相关国际公约强调了传统文化保护与鼓励文化交往传播的关联性，声称非物质文化遗产是“文化多样性的熔炉，又是可持续发展的保证”③。“每项创作都来源于有关的文化传统，但也在同其他文化传统的交流中得到充分的发展。”④ 中国对传统文化保护制度的选择，当然表现了国家利益本位的政策立场，即法律必须服务于国家生存和发展的利益需要；同时，在

① 联合国教科文组织、世界文化与发展委员会：《文化多样性与人类全面发展》，1～4页，广州，广东人民出版社，2006。

② 英国知识产权委员会：《知识产权与发展政策相结合委员会关于知识产权的报告》，6页，见http：//www.iprcommission.org/graphic/chinese_intro.htm.

③ UNESCO：《保护非物质文化遗产公约》（2003年）。

④ UNESCO：《世界文化多样性宣言》（2001年）。

国际社会推行这一制度，理应反映发展中国家的利益诉求，改变现行知识产权资源分配不尽合理的现状；最后，从更高目标而言，传统文化保护制度的构建，有助于人类的全面发展，符合和谐世界的整体利益。

2. 关于法律保护模式。关于传统文化的法律保护，我国学者的以往著述并没有作出非物质文化遗产和传统文化表现形式的客体分类，并以此作出不同权利保护的制度设计。在权利模式的立法选择方面，主要有以下几种观点：一是“公权保护说”，即“规定政府国家在保护非物质文化遗产的职责或行为，而不涉及平等主体就某一财产的归属、利用、转让等产生的权利义务关系”[①]。这种主张实际上强调国家对传统文化所应采取的行政保护行为，即基于公权力对传统文化实施统一保护。“公权保护说”并没有回答特殊群体对非物质文化遗产享有何种权益，质言之，主体的文化权利在这里遭到不应有的忽视。二是“私权保护说”。即采用知识产权法律规范和调整传统文化在其利用和传播中所发生的社会关系，旨在“保障相关知识产权人精神权利和财产权利的实现”[②]。与前说不同，该主张强调了传统文化保护所采用的权利形态，但这一私权与传统知识产权有何区别，并由此采取何种特殊保护措施，学者们却见解不一。三是“综合保护说”。一些学者认为，传统文化的复杂性决定了对它的保护需要依赖综合性措施，知识产权不能成为保护传统文化的主要手段[③]；有的学者进而主张采取融公法和私法于一体，多种保护手段相配合的综合性法律制度。[④]“综合保护说”主张采取综合法律手段保护传统文化，这无疑是正确的，但这一观点并没有对传统文化权利形态作出文化权利与知识产权的划分，而是将WIPO与UNESCO各自的立法主张融为一体，其制度设计的科学性是值得斟酌的。有鉴于此，笔者主张实行双重权利保护，即分别立法，采取传统文化表

---

① 王鹤云、高绍安：《中国非物质文化遗产保护法律机制研究》，194页，北京，知识产权出版社，2008。

② 王鹤云、高绍安：《中国非物质文化遗产保护法律机制研究》，194页，北京，知识产权出版社，2008。

③ 参见韦之、凌华：《传统知识保护的若干基本思路》，载郑成思主编：《知识产权文丛》，第8卷，163～165页，北京，中国方正出版社，2002。

④ 参见张玉敏：《民间文学艺术保护模式的选择》；杨巧：《论民间文学艺术的法律保护》，载吴汉东主编：《知识产权年刊》（2007年号），114、123页，北京，北京大学出版社，2008。

现形式知识产权与非物质文化遗产文化权利的双重保护。从文化业角度来说，两者分别涉及文化产业和文化事业的政策法律问题；从法律部门而言，两者各自归属于传统的私法领域和公法领域。在国际上，WIPO和UNESCO近年来相关立法活动走向，表现了两大国际组织关于保护传统文化的不同视角。WIPO从私法领域出发，更多是考虑特殊群体的精神利益和物质利益，将其视为一种新型的知识产权或者是与知识产权有关的“传统资源权”①；而UNESCO从公法领域出发，着重关注特殊群体的文化遗产、文化多样性等文化权利，通过确认、研究、传承、振兴等行政手段来保护传统文化。基于传统文化上所产生的文化权利和知识产权不是彼此对立而是相互融通的，其共同价值目标在于承认传统文化在社会发展和人类进步过程中的作用，鼓励有益于传统文化传承和发展的作品创作及传播，防止对传统文化不正当利用等侵害行为。关于传统文化保护的法律协调，不仅表现在两类权利制度之间，而且也存在于上述专门制度与保护传统文化相关其他制度之间，诸如物权制度、文物保护制度、风景名胜区保护制度等。因此，立法时必须注意彼此间的衔接，此外还要注意与国际和地区性的相关文件相协调，不应影响这些文件所主张保护的权利。

3. 关于非物质文化遗产的权利保护。文化权利是非物质文化遗产保护的核心法律问题，是相关国际公约得以形成的法律基础。“文化权利是与经济、社会权利相并列的一项基本权利，是一个民族保持、改革和发展与其他民族具有区别性的文化的权利。”② UNESCO《保护非物质文化遗产公约》宣称，该公约即是参照现有的国际人权文书，尤其是1948年的《世界人权宣言》以及1966年的《经济、社会、文化权利国际公约》和《公民权利和政治权利国际公约》而制定的。上述国际人权公约将文化权利确认为：（1）参与社会文化生活的权利；（2）享受科学进步及其产生的利益的权利；（3）对自己的智力成果

① 有学者认为对包括传统文化在内的传统知识保护制度，“处于现行知识产权体的保护之外，它实际上归属于国际社会正在讨论的一个更为宽泛的权利系统——传统资源权”。参见龙文：《论传统知识产权权利的实现形式》，载国家知识产权局条法司编：《专利法研究》（2004），北京，知识产权出版社，2004。

② 张钧：《文化法律保护研究——少数民族地区旅游开发中的文化权保护》，载《思想战线》，2005（4）。

所产生的精神上的和物质上的利益享有被保护的权利。这是一般意义上的文化权利。在传统文化领域，相关文化权利具体表现为：(1) 文化遗产专属和支配权利。即对专属于自己的非物质文化遗产（包括民俗、民歌、民间舞蹈、口头传说等）管领和控制的权利，是为自身文化享有权。国家有义务资助“收集整理文化多样性的各种有形无形表现形式，并以适当的方式加以保存，从而满足将来可能发生的文化需求”①。(2) 文化身份认证权利和文化表达选择自由。即有权维护自己的文化身份和文化尊严，表达和信奉其语言、宗教、传统、习俗等，是为文化表达选择权。国家有义务采取法律措施，以维护各民族、部族的文化特征。② (3) 文化传统生存与发展权利。即有权对其文化传统享有利益，平等享有文化的各种表现形式和利用各种传播手段，以维护自身文化存在，促进传统文化繁荣，是为文化生存、延续的发展权。国家有义务提供和创造适当的社会条件，推动民族文化产业发展，保障权利主体实行其文化价值和获取经济利益。对上述文化权利的保护，主要采取表现为“文化政策和措施”的行政手段。在《保护非物质文化遗产公约》中，保护措施主要包括确认、建档、研究、保存、维护、宣传、弘扬、传承和振兴等。对非物质文化遗产的权利保护是国家文化主权的特殊表现形态。传统文化的存在和发展，有助于形成民族的文化认同感和民族的精神凝聚力，从而维系国家文化安全（与国家文化主权的关系）；同时，基于非物质文化遗产所产生的文化权利，也是对现代知识产权的重要制度补充。对文化资源和传统的法律涵养，不仅为现代文化创造和传播提供源泉，而且有利于改变知识产权利益失衡的现状（与私人知识产权的关系）。

4. 关于传统文化表现形式的权利保护。传统文化表现形式的权利形态，应是具有某种财产属性的特殊权利，但又不是私人独占的现代著作权。2002年3月，在WIPO召开的“知识产权、传统知识和民间文艺”的第三次会议上，绝大多数国家认为，保护民间文学艺术的目的是：(1) 控制民间文学艺术的公开与使用；(2) 激活民间文学艺术的商业价值和财产属性；(3) 激励以传

---

① 严永和：《论传统知识的知识产权保护》，80～81页，北京，法律出版社，2006。

② 参见1992年联合国大会：《关于民族或种族、宗教和语言属于少数人的权利宣言》。

统为基础的创新；（4）有效认证民间文学艺术，并确认其归属；（5）通过保护以有效防止对民间文学艺术的减损、诋毁和滥用。[①] WIPO 成员国的上述共识表明，对传统文化表现形式的保护，不宜采取著作权模式。现代著作权法是通过“权利配置”（rights allocation）来激励信息生产和传播的，其私人产权的存在意义，乃是使著作权人在其作品被传播前即可获得足以激励其投资的收益[②]，这与传统文化表现形式保护制度重在维护、传承的立法取向是不一致的。但是，立法者并不能将传统文化表现形式完全排斥在财产权领域之外，在承认其文化价值的同时亦须肯定其应有的财产意义。有鉴于此，对传统文化表现形式的权利保护，可采取一种特别的知识产权形态。此项制度设计应处理好以下几个问题：（1）传统文化表现形式的补偿性使用。即采取“补偿性规则”，将传统文化表现形式的使用与补偿相分离，以维护权利人的经济利益。关于财产权的保护模式，有“财产性规则”（即权利的移转必须事先获得权利人同意，未经允许而使用即构成侵权，该规则相当于授权许可使用）和“补偿性规则”（即虽未得到权利人事先许可，但相对人仍可以利用其财产权，但必须依法给予权利人以补偿，该规则相当于法定许可使用）之分。[③] 考虑到传统文化表现形式之权利主体难以确定，且义务主体又难以取得授权，采取类似法定许可的补偿性规则较为适宜。适用该规则可以吸引更多的人对传统文化资源进行整理、翻译、改编等并从中获利，同时又保证利用人以法定标准向传统文化表现形式的权利主体支付报酬。对于利用传统文化表现形式的定价和收费，可由著作权行政管理部门或指定的集体管理组织进行。（2）传统文化表现形式的正当性使用。即防止侮辱性、贬损性和精神上的冒犯性使用，以维护权利人的精神利益。不正当使用行为主要有以下表现形式：对特定类型的传统文化赋予不同的意义而并入另一类型文化中，损害该文化表现形式的独立性；以歪曲、篡改

---

① See Intergovernment Committee on Intellectual Property and Genetic Resources, Traditional Knowledge and Folklore; Third Session; Geneva, (June 13 to 21, 2002), Final Report on Experiences with the Legal Protection of Expressions of Folklore, p. 48.

② See Paul Goldstein, Copyright, Patent, Trademark and Related State Doctrines (5th edition), Foundation Press, 2002, p. 6.

③ See Guido Calabresi and A. Douglas Melamed, “Property Rules, Liability Rules, and Inalienability: One View of the Cathedral”, 85 Harv. L. Rev. 1089 (1972), p. 1092.

等手段失真地表现有关传统社区的文化生活，损害该文化表现形式的真实性；冒犯、贬损有关传统社区的声誉、习惯价值或文化特征，损害该文化表现形式的尊严性。（3）传统文化表现形式的标示性使用。即防止在传统文化表现形式的利用中对其来源作虚假、误导性声明或不承认来源。标示来源既是对权利主体文化身份认证之精神利益的尊重，也是权利主体对他人利用文化资源得以惠益分享的依据。凡基于传统文化资源所整理、翻译、改编的作品，应注明源自相关的群体、社区或地区，未标明或未正确标明传统文化表现形式出处的即构成侵权行为。

关于遗传资源客体属性与权利形态的民法学思考*

遗传资源是附载遗传信息的特殊物质，既不是传统所有权意义上的“有体物”，也不是现代知识产权蕴意中的“智力成果”。在遗传资源之上应构建一个新型的特别的专有权，其保护对象是附着于遗传材料上的遗传信息，而不是离开遗传信息的遗传材料本身。这种信息是一种自然生存的“资源型信息”，而不是个人智力劳动的“创造型信息”。遗传资源专有权既是生物技术知识产权的在先权利，也是生物体所有权的类似权利。

关于遗传资源的保护，国际社会作出了一些重大努力。2003 年，世界知识产权组织召开会议提出《关于遗传资源和传统知识有关的公开要求问题的技术研究报告草案》，明确指出：“生物技术日益重要，与生物技术相关的发明和专利授权数量不断增加。由此可见，遗传资源及相关传统知识作为原材料对某些生物技术发明具有潜在的价值。”① 1992 年的《生物多样性公约》和 2001 年的《粮食和农业植物遗传资源国际公约》提出“遗传资源权”和“农民权”两种保护形态，表明遗传资源法律框架的构建取得了一些进展。但是，上述权利具有何种属性，应归类于何种制度体系，国际上并未达成共识。

在民法学理论范畴中，民事权利的分类是以权利所体现的利益作为标准

---

* 原载《月旦民商法杂志》，2006（12）。

① 世界知识产权组织秘书处：《关于遗传资源和传统知识有关公开要求问题》，载国家知识产权局专利法研究所编：《专利法研究》（2004），北京，知识产权出版社，2004。

的。或者说，客体的差异性是民事权利分类的基础。德国学者拉伦茨将权利客体分为两种：一种是指支配权或利用权的标的，又称第一顺位的权利客体；另一种是指主体可以通过法律行为予以处分的标的，亦称第二顺位的权利客体。[①] 在拉伦茨看来，第一顺位的权利客体是不依法律规定而事实存在的标的物，包括有体物与无体的精神产物，前者如动产和不动产物，后者如作品和发明。

遗传资源显然属于第一顺位的权利客体，但它究竟是有体物还是无体的精神产物，抑或是其他有价值的物体？关于客体类型的分析，是判明遗传资源权利形态的基本前提。按照《生物多样性公约》的论述，遗传资源是指具有实际或潜在价值的遗传材料，包括植物、动物、微生物或其他来源于任何含有遗传功能单位的材料，例如植物遗传资源、动物遗传资源、人类遗传资源等。[②] 由此可见，遗传资源与有体物具有某种关联性，它作为一种“人类自然遗产”，是传统部族独有的、具有稀缺性的物质资源。遗传材料这一概念本身，表明它是以生命体或生物体为载体的特殊物质，具有客体物的某种属性；同时遗传资源与精神产物也具有一些相似性。它的“实际或潜在价值”，在于其具有遗传功能，含有遗传信息。这种“由遗传规律产生的，遗传基因多样性、物种多样性及群落多样性与环境共同作用决定的遗传密码信息”，“具有自然信息资产的特征”[③]。美国学者迈克尔·巴克兰德认为信息有三种说法，即“作为过程的信息”(information-as-process)、作为“知识的信息”(information-as-knowledge)、“作为事物的信息”(information-as-thing)[④]。根据这种分类，知识产权的客体即智力成果，可以归类于知识信息，而遗传信息作为“诸如数据和文献的物体”，应属于一种“事物信息”。两者类型不同，但具有相同要素，即“信息的形式——符号，信息的内容——意义，信息的载体——媒介”。

需要说明的是，遗传资源既不是传统所有权意义上的“有体物”，也不属于现代知识产权蕴意中的“智力成果”，它是一种特殊性质的客体。

---

① 参见［德］卡尔·拉伦茨：《德国民法通论》，377～378页，北京，法律出版社，2003。
② 参见《生物多样性公约》第2条。
③ 徐海根等：《外来物种入侵·生物安全·遗传资源》，342～343页，北京，科学出版社，2004。
④ 转引自周庆山等：《信息法》，2～3页，北京，中国人民大学出版社，2003。

第一，遗传资源存在形式的实物性。遗传信息存在于遗传物质之中，遗传物质又存在于生物资源载体之中。遗传资源的最初利用是作为一般种类物，即作为人类所需要的食物、燃料、建材、药物来使用；而遗传资源的当代利用，在于破译遗传密码，掌握遗传功能，发挥其“实际或潜在价值”。十分明显，“遗传资源（材料）不是一般的物质，而是含有全部生物遗传信息的特殊物质”。同时，遗传物质“不能脱离生命体或生物体而独立存在，它是依托生命体或生物体而存在并发挥功能和作用的”①。这即是说，在遗传资源这一特殊客体中，作为载体的遗传物质具有唯一性，且遗传信息与这种载体不可分离。而知识产权的客体即智力成果，其客观存在形式具有多样性。例如，作品表现为文学著述、舞台表演、绘画、雕塑、音像制品等；发明创造表现为文字叙述、设计图表、形状构造等。此外，智力成果的非物质性表明，知识形态的精神产品虽具有内在的价值和使用价值，但没有外在的形体。受法律保护的智力成果虽然具有非物质性，但总是要通过一定的客观形式表现出来，这种客观表现形式是智力成果成为知识产权客体的条件之一。但是，智力成果的客观形式是载体，绝不是智力成果本身，即客观表现形式是保护的条件，而不是存在的要件，智力成果本身与其客观表现形式可以相对分离。这一特点与遗传资源有明显的不同。

第二，遗传资源价值实现的信息性。遗传资源的价值是通过特殊信息、性状、功能和作用，以直接、间接或未来利用形式体现出来的。作为遗传资源的遗传材料（DNA 或 RNA），记录着生命体或生物体的遗传信息，并且传递给子代，从而使子代显现出与亲代相类似的遗传性状。人类利用生命体或生物体的遗传信息，是遗传资源价值实现的目的所在。换言之，遗传资源的价值，不在于提供了遗传材料本身，而在于提供了遗传材料中所蕴含的遗传信息，这种遗传信息随时有可能转化为生物技术并带来经济效益。遗传资源的价值是一种自然存在的价值，而不是人类劳动创造的价值。在生态经济学理论看来，这是自然生物的一种自组织系统的本质特性，是自组织系统在进化过程中“有目的地”维持繁殖后代而固定在稳定结构中的成果，以及它向更高水平进化的超越

① 徐海根等：《外来物种入侵·生物安全·遗传资源》，317 页，北京，科学出版社，2004。

性体现。[①] 从信息学理论的角度来看，遗传信息是一种自然存在的“资源型信息”，其本身没有介入人的智力劳动。智力劳动是一个对载于有体物上的信息进行一系列分析、综合、对比等加工活动，进而产生另一个结论性或成果性的信息，并将其固定于某一有体物载体上的过程。[②] 智力劳动的产物即是“创造性信息”，该类信息正是知识产权的保护对象，它有别于自然存在的遗传信息。经济学家汪丁丁对此有另一种说法，颇有启迪之处。他说，“知识是理解了的信息”，“所以，信息，如果你知道它包含着知识，但不能理解它，那么它就只能是信息，而不能是知识”[③]。

第三，遗传资源对生物技术的本源性。当代生物技术产生的特点之一，就是对资源的依赖性与资源的信息化。正如有的学者所言，这就决定了在生物技术时代，谁掌握了地球上有限的遗传资源，谁就能在生物经济的发展中取得主动，从而成为新的财富拥有者。[④] 就遗传资源与生物技术的关系而言，它们是一种本源性与依赖性的必然对应关系。遗传资源是某一生物种群经过亿万年的遗传变异演化而来的关于其生命体征的遗传信息的集合体，具有不可再生性（或稀缺性）。现代生物技术源于遗传信息的破译，而遗传信息破译的关键在于对遗传资源物质的研究并绘制基因序列图表。可以说，研究者发现了遗传资源物质表达的遗传信息，并且找到了利用该遗传信息的方法，这就是现代生物技术即基因技术。基因技术的成果，是根据生物体上某一遗传信息片段与某一特定生物体征之间的对应关系而提取的载体。不容否认，基因技术包含了人的智力劳动，因而其成果受到知识产权的保护。但是，这种智力成果是以遗传资源为物质基础才能产生的。脱离遗传资源提供的遗传信息，人们不可能想当然地绘制基因序列，更不可能了解与该基因序列对应的遗传性状。简而言之，遗传资源的破译和基因技术的获取，有赖于对遗传资源的占有。

---

① 参见薛达元：《生物多样性经济价值评估》，北京，中国环境科学出版社，1997。

② 参见冷福海：《市场信息资源与市场信息行为》，北京，北京图书馆出版社，2000。

③ 汪丁丁：《制度分析基础讲义Ⅱ》，178～179页，上海，上海人民出版社，2005。

④ 参见朱雪忠等：《基于遗传资源所产生的知识产权利益分享机制与中国的选择》，载《科技与法律》，2003（3）。

综上所述，在“原地条件”[①] 下的遗传资源，即是遗传信息与生物材料的结合体，它既不是一般意义上的有体物（传统所有权的客体），也不是特殊意义上的智力成果（现代知识产权的客体），因此现行财产权制度无法对遗传资源提供有效的保护。

关于遗传资源权利的法律属性，国际上较为流行的观点是将其排斥在知识产权体系之外，也有人主张将其改造成为一种新型的知识产权。[②] 对于前者，遗传资源权利究竟是何种财产权，目前尚无确定的说法；对于后者，理论界则普遍认为难以接受。

遗传资源不适用传统所有权的保护。其理由主要是：第一，关于遗传资源的客体属性。如前所述，遗传资源固然是一种遗传材料，与生物资源的物质载体有关，但遗传资源的核心意义在于其含有的遗传信息。也就是说，法律保护的对象即权利标的指向的利益，是附着于遗传材料上的遗传信息，而不是离开遗传信息的遗传材料本身。第二，关于遗传资源的占有与收益方式。通常情况下，对遗传资源的直接占有将同时占有其附着的遗传信息，这就意味着研究者必须接触遗传材料才可能获取其附着的遗传信息。但是，遗传信息一经破译，便成为具有“创造型信息”属性的生物技术，不依赖原有遗传材料就可以利用。这时，遗传材料只能作为一般种类物来看待，不再具有遗传资源的本质特征，丧失了信息财产的潜在价值。在所有权模式中，虽占有物件但失去对信息的控制，对于遗传资源的所有人来说是没有任何利益的。第三，关于遗传资源所有人的权利实现模式。生物技术虽基于遗传资源而生，但在其利用中不再以原遗传资源为要件。因此，把遗传资源看作普通的有体物，适用所有权的保护方法，将使得遗传资源权利的实现局限于遗传资源本身，而难以拓展到遗传资源衍生出的知识财产利益。需要进一步指出的是，遗传资源的利益分享有赖于生物技术知识产权价值的实现。在现实生活中，遗传资源所有权与生物技术知识产权的双方主体经常处于信息极不对称的状况，遗传资源与生物技术客观联

① “原地条件”是《生物多样性公约》规定的专门术语，是指遗传资源生存于生态系统和自然环境之内的条件。

② 有关观点可参见詹映等：《国际法视野下的农民权问题初探》，载《法学》，2003（8）。

系即必然对应关系很容易被人为地割裂，即遗传资源所有人很难举证证明本人占有的遗传资源与他人拥有的生物技术之间的必然对应关系，从而难以主张对他人的生物技术知识产权分享利益。上述情况说明，在生物工程领域，遗传资源与生物技术是一种源与流的关系；就其产权链接来说，遗传资源权利是生物技术知识产权的在先权利。无论如何，我们不宜对遗传资源权利作出归类于所有权的简单诠释。

遗传资源也不能作为现代知识产权的保护对象。其理由主要是：第一，关于客体的性质。各国学者对知识产权客体有着不同的说法。德国哲学家黑格尔将诸如精神技能、科学知识、技术以及发明等称为“内部的精神的东西”①。日本法学家北川善太郎曾提出“知识财产”的说法。② 我国学者对其称谓不一，早期著述称为“智力成果”“知识产品”“精神产品”③；近年来也有学者认为知识产权的对象是以“形式”为存在方式的知识④，或是将知识产权的客体描述为知识财产和与其相关的精神权益。⑤ 尽管上述说法不一，但是其共同点在于：知识、技术、信息等与人的智力活动有关，产生于知识或精神领域。遗传资源则不同，遗传物质不是主观世界的精神产物，它具有某种客观实在性。遗传信息是一种自然生存的“资源型信息”，没有人的智力劳动的直接介入，因此遗传资源不能归类于知识产权客体的范畴。第二，关于权利的本质。知识产权具有支配权之绝对性、排他性的基本特征。知识产权作为舶来语，从其原意应为“知识（财产）所有权”，区别于物的所有权。法国学者根据知识产权的客体及内容的特点，将该项权利称为一种“垄断权”或“独占权”⑥。在这个意义上，知识产权与所有权具有相同的属性。但是，知识产权的独占性具有自己的表现形态，即对于同一项智力成果，不允许有两个或两个以上相同

---

① ［德］黑格尔：《法哲学原理》，第43节附译，北京，商务印书馆，1961。

② 参见［日］北川善太郎：《技术革新与知识产权法制》，国家科委政策法规与体制司，1998。

③ 郑成思：《信息、新型技术与知识产权》，北京，中国人民大学出版社，1986；吴汉东等：《知识产权法概论》，北京，中国政法大学出版社，1987。

④ 参见刘春田：《知识产权法》，5页，北京，高等教育出版社，2000。

⑤ 参见蒋志培：《论知识产权的概念、历史发展及其法律保护的含义》，见 http：//www.civillaw.com.cn。

⑥ 尹田：《法国物权法》，56～58页，北京，法律出版社，1998。

的知识产权并存。形象地说，这一特点叫作“合法垄断、赢家通吃”。遗传资源保护制度的设定，本意不在于“独占”与“垄断”。《生物多样性公约》的目标是：“从事保护生物多样性、持续利用其组成部分以及公平合理分享由利用遗传资源而产生的惠益；实施手段包括遗传资源的适当获取及有关技术的适当转让，但需顾及对这些资源和技术的一些权利，以及提供适当的资金。”① 由此可见，遗传资源权利制度的要义，在于分享生物技术知识产权保护所产生的惠益。这是一种利益分享权，即由遗传资源的利用方与提供方，按照共同商量的条件，公平分享基于研究和开发此种资源的成果以及商业和其他方面利用此种资源所获得的利益。根据自然资源国家主权原则②，遗传资源归属于国家主权控制，而社会群体或个人有权使用遗传资源，并且参与遗传资源相关利益的分享。所谓相关利益分享，包括知识产权共有，知识产权利益的物质或者非物质的补偿等。这说明，遗传资源的权利与知识产权有关，但决然不是具有独占属性的知识产权本身。第三，关于制度的功能。现代知识产权制度的宗旨是保护知识产权人的私权利益，以合理垄断与利益补偿的法律机制来刺激和鼓励科技创新、知识传播。知识产权制度的功用在于，在“个人创造—他人传播—社会使用”的过程中，在个人利益与社会福利之间寻找平衡点，从而达到利用智力成果以推动社会发展的目的。十分明显，知识产权制度可以对智力创新给予激励，而无法为智力源泉提供涵养。拘泥于制度功能所限，遗传资源的所有人无法依据知识产权制度得到任何物质上的报偿和精神上的尊敬。尽管知识产权制度“可以为发明者或使发明资本化的公司提供激励，但它没有认识到在知识产权登记之前最初对该项产品进行培育的其他人的贡献”③。遗传资源保护制度对于知识产权制度有着功能补充之作用。《生物多样性公约》关于遗传资源的保护措施作了如下说明：“尊重、保存和维持土著和地方社区体现传统生活

---

① 《生物多样性公约》第1条。

② 1962年联合国《自然资源永久主权宣言》规定：“确认各国对其自然资源拥有的主权权利。”这即是自然资源国家主权原则的国际法规定。

③ Graham Dutfield，“TRIPs-Related Aspects of Traditional Knowledge”，33 Case Western Reserve Journal of International Law，2001，p. 233. 转引自 Bryan Bachner：《法律与生物多样性：重新思考全球化时代的知识产权》，武汉大学博士学位论文，2003。

方式而与生物多样性的保护和持续利用相关的知识、创新和实践并促进其广泛利用，由此等知识、创新和实践的拥有者认可与参与下并鼓励公平地分享利用此知识、创新和做法而获得惠益。”[①] 根据上述条文，遗传资源保护制度的功能，可以概括为对遗传资源的“保护”（protection）、“保存”（conservation）和“利用”（utilization）[②]。综上所述，遗传资源权利是一种新的制度工具，其保护对象有别于智力创新成果的智力源泉，该类权利的要义是利益分享而不是独占和垄断。将遗传资源权利说成是一种新型的知识产权，在理论上将会倾覆知识产权制度的原有根基，在实务上也难以在国际社会形成合作博弈。

关于遗传资源的保护，有必要建立一种新型的、特别的专有权制度。如前所述，遗传资源虽具有客观实在性，但其包含的基因信息无法受到所有权的保护；同时，遗传资源不是典型意义上的智力成果，没有智力劳动介入的资源型信息不能成为知识产权客体。笔者认为，这种专有权是一种新型的财产权，它是生物技术知识产权的在先权利，也是生物体所有权的类似权利。

遗传资源专有权应在财产权体系中有一席之地。财产权体系表现了私的财产制度的内部结构。财产利益基本属性的同一性决定了各种财产权的共同指向，它既是财产权制度之间联系的纽带，也是财产法一体化构建的基础。同时，财产利益表现形态的差异性则是我们划分不同财产权类型的标准，也是新的财产权制度建立的依据。正如有的学者所言，财产利益形态可以分为物质实体、知识本体及其他价值实体。[③] 鉴于罗马法以来私权制度的发展与变化，笔者主张建立一个开放的财产权体系，它包括三个部分：一是以所有权为核心的有体财产权制度；二是以知识产权为主体的无体财产权制度；三是以债权、继承权等为内容的其他财产权制度。[④] 遗传资源专有权应归类于无体财产权。这是因为，具有财产价值意义的对象是遗传材料所蕴含的遗传信息。在信息法理论中，作为相关法律关系的客体“由信息及物质载体组成”。由此产生一种

---

① 《生物多样性公约》第 8 条。

② 唐广良：《遗传资源、传统知识及民间文学艺术表达国际保护概述》，载《知识产权文丛》，第 8 卷，北京，中国方正出版社，2002。

③ 参见徐瑄：《知识产权与财产权一体化构建》，载《暨南学报（哲学社会科学版）》，2002（6）。

④ 参见吴汉东：《论财产权体系》，载《中国法学》，2005（2）。

“信息权利”（或者说信息产权），这是典型的“无体财产权”[①]。

从一定意义上说，知识产权也是一种信息产权。在当代信息社会里，知识产权的范围有向“信息产权”扩充的趋势。以微机革命、网络革命和通信革命为主流的新技术革命，将人类社会推进到一个信息化时代，信息本身成为促进经济、技术和社会发展的重要资源，也成为人们不可或缺的无形财产。知识产权所涉及的对象可以视为非物质形态的知识信息。专利权保护的“新技术”方案提供了某一领域最新技术的信息；商标权保护的“识别性标记”本身就是区别不同商品或服务的信息；而著作权保护的“独创性表达”，通过报刊、书籍、广播电视、计算机网络等各种媒介的传播，成为人们最主要、最广泛的信息源。在这个意义上说，知识产权法可以成为信息保护法。[②] 但是，知识产权并不能简单地等同于信息产权。一般说来，信息财产有三种类型：一是智力劳动创造的是知识信息，二是原处于非专有领域的公共信息，三是自然生存的资源信息。第一类信息可作为智力成果，受到传统知识产权的保护；第二类信息虽缺乏独创性，但由于投入了人力、资金，可以数据库名义得到专门法的保护[③]；第三类信息没有人的劳动介入，具有生物体的自组织系统的本质特征，有待创设新的权利制度予以保护，这即是遗传资源专有权。

从逻辑概念的角度说来，信息产权或无体财产权都应是知识产权的上位概念。非物质性的财产权，主要是知识产权，但不限于知识产权。在无体财产权体系中，诸如商誉权、信用权、形象权等，都是一种具有非物质属性但又不能归类于知识产权范畴的财产权；在信息产权体系中，遗传资源权利是具有无体财富特征而不属于创造成果权的特殊权利。在这里，信息产权、无体财产权、知识产权三个概念中的“信息”“无体”“知识”，指称的概为权利客体，是对权利内容的限定。正是在这个意义上，我们说是遗传资源专有权是一种信息产权或者是无体财产权。

在遗传资源之上设定何种权利，尽管在国际社会存有争议，但是一些国家

---

① 周庆山等：《信息法》，10～11 页，北京，中国人民大学出版社，2003。

② 参见［日］中山信弘：《多媒体与著作权（一）》，载《电子知识产权》，1997（5）。

③ 参见 1996 年《欧盟关于数据库保护指令》。

和国际组织并没有停止制度构建的尝试。近年来，它们力图通过所谓的“社区权”“社区所有权”“传统资源权”制度，对本地区的遗传资源及传统知识给予保护。例如，非洲联盟组织制定的“保护社区、农民和育种者权利和示范法”，菲律宾、厄瓜多尔、巴西、委内瑞拉等国的宪法和法律都有关于“社区权”的制度。[①] 这种保护制度受到国际上的关注，但实际施行进展甚微，笔者认为，上述权利更多地具有宪法上宣示作用，缺乏相应的公法管理与私权保护的相关制度加以推行。参照《生物多样性公约》的有关规定，融合公法与私法的相关规则，笔者主张建立一种多级权利体系。

1. 国家主权与知情同意权能的行使

各国对其境内的自然资源享有主权，其含义为各国基于国家主权，在其领土（包括领土、领海、领空以及沿海国家的大陆架与专属经济区）内享有对自然资源的开发、利用、管理、养护等权利，该行为在不违反国际法的情况下不受其他国家的干涉。

国家可以设置专门的中央行政机关，对外国机构获取、利用本国遗传资源的申请作出审查并决定同意与否。该获取、利用行为不需征得地方机关与社区以及个人的同意，但是要尊重地方的文化习俗以及本地社区或者居民在遗传资源保护与利用方面的贡献。此外，国家有权规定提供和转让遗传资源的应用范围和用途性质；国家有权创设转让遗传资源的具体条件；国家有权设置在遗传资源转让和使用过程中各种权益的界定以及利益的分配方案。

2. 国家或地方社区所有权和标示来源权能的行使

遗传资源的所有权归属，应该与其所在土地的所有权归属相同。依照遗传资源的自然栖息地的不同，由国家或者地方社区享有对遗传资源的所有权。当遗传资源的自然栖息地不明确或者丧失时，该遗传资源的原产地或者发源地应被认定为该遗传资源的所有权附着地。当该地域范围过大，无法明确界定所有权归属时，其原有自然栖息地所在国家为所有权获得者。移地保护国通常情况下不授予遗传资源所有权；对保护遗传资源有贡献的移地保护国，可以参与利

① 参见［阿根］Carlos M. Correa：《传统知识与知识产权》，国家知识产权局译，见 http：//www. biodivip. gov. cn。

益分配。

国家或地方社区对他人利用遗传资源时享有来源标示权，即基因专利或者植物新品种的审批，应当注明遗传资源的来源国，并证明其获取行为业已征得来源国同意。

3. 群体或个体的使用权和利益分配权能的行使

使用权和所有权的分离机制，使得社区群体或者个人有权使用遗传资源，并且参与遗传资源相关利益的分享。

遗传资源以及相关知识产权的利益分配方案主要以合同方式确定，合同的内容可由国家通过立法规定相关条款，或者参照国际公约或国际组织提供的合同样本。有关遗传资源利益分享合同的签订必须经过国家有关部门的审查，以确保公平合理的利益分享，包括知识产权共有、知识产权利益的物质或者非物质的补偿等方式。如果群体或个人对保护、利用遗传资源有特殊贡献，国家应当予以奖励。

中国传统文化与著作权制度略论*

回顾中国的历史，我们不难发现：一方面是文化在不断地积累增长，记载着古代人民智慧的文化典籍可谓汗牛充栋；而另一方面，则是无法找到有关保护创作者权利的法律制度。众所周知，与文化联系最为密切的著作权法律制度，诞生于两百年前的欧洲。导致这项制度产生的传播技术——造纸术和印刷术虽发明于中国，但它却无法在中国封建专制的土壤里催生现代权利之花。在这里，笔者拟从中国传统文化的角度，遵循传播技术发展的历史线索，探讨著作权制度的成因和著作权观念的演变，以此作为著作权法律文化研究的尝试。

一

“无传播也就无权利”，目前已成为著作权学界的通说。许多学者认为，著作权制度产生的一般公式是：印刷术的发明—图书市场的出现—法律保护要求的提出。然而宋朝以前的文化史并不能用这一公式作简单的概括。

东汉蔡伦于公元105年发明的造纸术是中国古人为知识和文化生产而发明的一项伟大的技术，是人类书写材料的一场革命。纸的发明使得当时的书籍更加便宜，曾在东汉时期，激励了私家学者的著书风气，又促成了图书市场的出现。据史载，从东汉至隋唐这一时期，古代的图书买卖市场是十分发达的。

---

* 原载《法学研究》，1994（4）。

《后汉书》卷四十九《王充传》曾载：王充少时，“家贫无书，常游洛阳市肆，阅所卖书，一见辄能诵忆，遂博通众流百家之言”。这说明东汉洛阳的书肆不但数量众多，而且规模也很庞大，“众流百家”之书，俱有出售。[①] 隋唐时书肆更为兴盛，据《大唐新语》卷十二《劝诫》篇载：开皇七年（公元587年）后梁灭亡时，徐文远由江陵至隋都长安后，其兄徐林即成为以“鬻书为业”的书贾。“文远每阅书肆，不避寒暑，遂通《五经》，尤精《左氏》。仕隋国子博士。”这一资料是对隋都长安众多书肆的一个直接注脚，也是我国古代书贾在文献资料上的首次记载。在唐代书肆中，除专卖儒家经典之作外，竟还能买到进士考试时的试卷！[②] 隋唐之际，图书交易已具有了相当的规模，以至出现了一些以抄书为业的人（称为“经生”）。在古代西方，人们对作品及其载体曾产生过“文学产权”的观念。古希腊人认为剽窃是一种可耻的行为，并力图维护作者所拥有的精神权益；而古罗马人认识到，出版和使用一部作品涉及知识和精神方面的权益。[③] 这是一种类似作者权利的朦胧法律意识，是近代著作权观念的先声。但令人深思的是，在中国，先进的造纸术和发达的图书业未能成为文学产权制度的催生婆，而专制文化政策和传统文化观念却阻碍了这一法律制度的孕育。

首先，封建统治者实行的文化政策，使得古代作者们不惜牺牲个人的权利以换取在严峻峭刻的铁墙之间的传播自由。众所周知，春秋战国时期既是我国思想史上百家争鸣的黄金时期，也是我国禁书史的开端。这种文化钳制一直贯穿于我国古代整个封建社会。据学者考证，最早提出文化钳制主张的是公孙鞅。他认为“今为国者多要……故其境内之民，皆化而好辩乐学……虽有诗书，乡一束，家一员，独无益于治也”（《商君书·农战》）。“诗、书、礼、乐、善、修、仁、廉、辩、慧，国有十者，上无使守战。国以十者治，敌至必削，不至必贫。国去此十者，敌不敢至；虽至，必却；兴兵而伐，必取；按兵不伐，必富”（《商君书·农战》）。将文化钳制与富国强兵、国家衰亡联系在一

① 参见杨希义：《汉唐书肆考》，载《江汉论坛》，1991（4）。
② 参见杨希义：《汉唐书肆考》，载《江汉论坛》，1991（4）。
③ 参见联合国教科文组织：《版权基本知识》，2页，北京，中国对外翻译出版公司，1984。

起，具有极大的诱惑性。而后韩非则进一步发展了这一观点：“禁奸之法，太上禁其心，其次禁其言，其次禁其事”（《韩非子·说疑》）。“明主之国，无书简之文，以法为教；无先王之语，以吏为师”（《韩非子·五蠹》）。这种态度更直接表明了其对文化典籍的极端仇视。值得注意的是，这种仇视文化的态度发展到后来已沉淀为古代统治者的一种潜意识的政治主张。无论是战国时的“燔《诗》，《书》”，还是西晋时的禁“星气、谶纬之学”，北魏的禁佛学到隋唐的禁修国史，都表现出统治者希望建立正统文化的强烈愿望。此外，统治者采取文化钳制的方法也是非常残酷的。如秦时李斯的方法是“臣请史官非秦记皆烧之，非博士官所职，天下敢有藏《诗》、《书》、百家语者，悉诣守、尉杂烧之。有敢偶语《诗》、《书》者弃市。以古非今者族。吏见知不举者与同罪。令下三十日不烧，黥为城旦。所不去者，医药卜巫种树之书。若有欲学，以吏为师”（《史记·李斯列传》）。稍后的北魏孝文帝也曾下令：“图谶之兴，出于三季，既非经国之典，徒为妖邪所凭，自令图谶，秘讳，一皆焚之，留者以大辟论。”[①] 至大唐盛世时则更用法典的形式来确定其所采用的文化政策，如《唐律疏议·职制》规定：“诸玄象、器物、天文、图书、谶书、兵书、七曜历、太一、雷公式，私家不得有，违者徒三年。”这种文化高压政策对于文学产权思想来说无疑是一种禁锢和窒息。

其次，对新型书写工具的推广和运用长期采取轻视的态度。在纸发明以前，作为知识载体的工具经历了甲骨、钟鼎、竹简、丝帛等转化的过程，而纸的推广运用却经历了几百年的时间，甚至在相当长的时期里，出现了纸和竹简、丝帛共存的局面。这固然有其技术上的原因，但更主要的是由于当时的知识阶层对纸的使用公然采取了一种轻视的态度。据记载，纸在东汉时就已开始用于书写，但最初并没有取得应有的地位。《后汉书》卷六十九记载：“周磐临终，命编二尺四寸简，写《尧典》一篇，并刀笔各一以置棺前，示不忘圣道。”《北堂书抄》也曾记载后汉人崔瑗（子玉）送给他的朋友葛龚（元甫）纸抄《许子》一事，崔瑗随书附有一便条：“今送《许子》十卷，贫不及素，但以纸耳。”可见当时的权贵者是不用纸的。三国时魏文帝曹丕“素书所著《典论》

① 转引自王彬：《禁书·文字狱》，19页，北京，中国工人出版社，1992。

及诗赋，孙权，又以纸写一通与张昭”①。这说明，用简、帛（素）更能反映书写者的身份。至东晋末，桓玄称帝时曾下令：“古无纸故用简，非主于教也，今诸用简者，皆以黄纸代之”（《太平御览》卷六〇五引《桓玄伪事》）。一纸诏书，才使纸在全国推广使用。

此外，一脉相承的传统思想已根植于古代知识人士的潜意识中，禁锢着人们的思维，左右着人们的行为。在传统文化中对古代知识分子影响最大的是发源于春秋时期老庄的无为哲学思想。无为思想曾是先秦流行的政治思潮之一，除道家外，法家、儒家、阴阳家以及杂家等，都从不同理论体系出发，或接受了无为思想，或采用了这一命题。特别是自汉武帝独尊儒术之后，儒家被定于正统地位，无为思想多半被包容在儒家之中，继续发挥作用。而这种传统思想滞碍着人们去提出权利要求。《老子》曾云：“见素抱朴，少私寡欲”（《老子·十九章》），可以说是无为思想在文化领域中的最根本的体现。而所谓“咎莫大于欲得”（《老子·四十六章》）则更将人们的为欲求利上升到法律的高度，使之陷入不能为，或想为而不敢为的境地。正是在这种“无为”思想的束缚下，在这一时期，古代知识分子只能做到在思想上与统治者保持一致，在创作形式上抱残守缺，更不可能产生文学产权的要求。

二

印刷术的发明是中国古代劳动人民对世界文明发展所作出的巨大贡献。东西方的学者一般认为，著作权是随着印刷术的采用而出现的。② 关于著作权与印刷术的关系，可以从下列两层意义表述：一是随着印刷术的出现，作品的载体——图书的生产成本降低且可以成为商品，从而为印刷商或作者带来收益；二是大量的复制和传播，是著作权中其他经济权利产生的基础，从而产生法律给予特别保护的需求。

印刷术在欧洲的流传，使得这一新技术变成了新阶级（市民阶级）取得新

① 谢灼华：《中国图书和图书馆史》，52页，武汉，武汉大学出版社，1985。

② 参见郑成思：《版权法》，2页，北京，中国人民大学出版社，1990。

的财产利益的工具。印刷术催生了近代欧洲著作权保护的萌芽，外来的发明在这里起到了革命性的作用。而在中国封建时代，由于多种历史原因，印刷术在其故土只能搁置在传统生产和生活的支架上，并未点燃创作者个人权利的火花。

值得探讨的是，自印刷术发明后，宋朝官府有关出版的令状，其主旨究竟是一种权利的保护，还是一种行为的管制。据史料记载，宋时除有官刻（即政府各衙门刻印）、家刻（即私家刻印）外，大量的是以营利为目的的坊家刻本。由于此时宋与西夏、辽、金以及邻国日本、朝鲜的文化交流频繁，宋朝官吏、文士的作品也常被刻印成集携带出境。正是在这时出现了一些管理刻印或印刷出版方面的法令。主要内容包括：(1) 严格审查书坊自行编纂刊印之书。《宋会要·刑法》载，当时私人的坊刻本、家刻本为招徕读者，"辄将曲学小儒撰到时文改换名色"，以至于"真伪相杂，有误传习者"（《宋会要·刑法》)；有的则"收拾诡僻之辞，托名前辈，辄自刊行"，以谋取经济上的利益。对此宋朝廷于绍兴十五年（公元1145年）诏令："自今民间书坊刊行文籍，先经所属看详，又委教官讨论，择其可者，许之镂板"（《宋会要·刑法》)。(2) 禁印供考试时剽窃用应试类书籍。宋时科举制度发达，刻书者投应试者所好，编印一些应考书籍以谋利。"鬻书之人急于锥刀之利，高空林目，镂板夸新，传之四方"，以至于一些晚进小生"争售编诵以备文场剽窃之用"。为此宋朝曾屡下诏令，对"妄用公帑刊行和书疑误后学，犯者必罚无赦"，对于"所有进卷待遇集并近时妄传语录之类，并行毁板"。据记载，庆元二年（公元1196年）国子监曾搜得《七先生奥论发展》《百谏真隐》《李元纲文字》《刘子翚十论》等书，并将"上件内书板当官毁劈"[①]。(3) 禁翻"附主之书"。由于宋时刻书事业发达，图书已成为一种重要商品。史载宋时建阳刻书行销各地，一时商贾云集，非常繁盛。《方舆胜览》也记载："麻沙、崇化两坊产书，号为图书之府。"可见当时出版业之盛况。但是伴随着刻书业的日渐发达和普及，也有一些私家刻坊见利忘义，专以"复板为业"，只要遇及风行的善本，无论是前人著作，官府禁书，还是今人刻书，"无不辗转翻雕"。虽然迄今尚未发现有明令禁止翻雕

① 刘森：《宋代刻印书籍法初探》，载《中国史研究》，1990 (1)。

他人之版的法令，但依当事人的申请，个别禁令也已出现。晚清版本学家叶德辉所著《书林清话》曾记载过这样的禁例。宋淳祐八年（公元1248年），杭州国子监受会昌县丞段维清之请，发布了保护其已故叔父段昌武撰述的《丛桂毛诗集解》的文告："维清窃惟先叔刻志穷经，平生精力毕于此书。倘或其他书籍嗜利翻板，则必窜易首尾，增损音义，非帷有辜罗贡士锓梓之意，亦重为先叔明经之玷，令状披陈。乞备牒两浙、福建路转运司备词约束，乞给据付罗贡士为照。未敢自专，伏候台旨，呈奉台判牒，仍给本监。除已备牒两浙、福建路转运司备词约束所属书肆，取责知委文状回申外，如有不遵约束违戾之人，仰执此经所属陈，乞追板劈毁，断罪施行，须至给据者。"

由此可见，宋时奉行的文化方面的法律制度具有下列两个特征：一是重管理而轻视权利，二是重国家利益而轻视个人利益。

首先，封建统治者一脉相承的文化钳制政策自宋时起进入了一个新的历史阶段。如果说唐人以前以禁妖书妖言、阴阳历法、史记国史为主要特点，至宋以后则进一步扩大其范围，从而使之成为政治斗争的工具。如崇宁二年（公元1130年）四月，徽宗曾下诏："苏洵、苏轼、黄庭坚、张末、晁补之、秦观、马涓《文集》、范相禹《唐鉴》、范镇《东斋纪事》、刘做《诗话》、僧文莹《湘山野录》等印板，悉行焚毁。"甚至包括司马光奉诏修撰的《资治通鉴》也险些被禁。[①] 宋所实行的文化钳制政策的残酷性表现为：一是禁书范围更加广泛，不仅禁阴阳，禁兵法，禁新法、旧法，禁野史，禁文集，就连后来成为封建王朝思想基础的道学著述，也受到严厉的禁毁。二是除禁书以外，几乎每一禁书均难逃"毁板"的厄运。因此，有人认为，在中国古代封建社会里，形成了一个经济越是发展，政体就越专制，文网的编织也愈如秋荼之密的局面。[②]

其次，禁止图书的传播交易在客观上阻碍了文化的交流。宋时除对危及自己统治的典籍禁止出版外，还常以各种理由限制非禁书类的流通范围。《宋会要·刑法》载：宋明令禁止"将举行程文并江程地理图籍兴贩过界货卖或博易"，禁止赴番经商归国的商贾"辄带书物送中国官"。仁宗天圣五年（公元

① 转引自王彬：《禁书·文字狱》，42～43页，北京，中国工人出版社，1992。
② 转引自王彬：《禁书·文字狱》，1页，北京，中国工人出版社，1992。

1027年）“中书门下言，北戎和好已来，岁遣人使不绝，及雄州榷场商旅往来，因兹将带皇朝臣僚著撰文集印本传布往彼，其中多有论说朝廷防遏边鄙机宜事件，深不便稳”，故“今后如合有雕印文集，许令开板方得雕印”（《宋会要·刑法》）。可见当时虽然由于印刷术的采用图书的传播大为便利，但传播的范围却被人为地限制，特别是禁止外国图书的流入，则可以作为当时宋廷采取限制文化交流措施的一个明证。

再次，在中国古代法中，个人的自由、平等、人格、权利从未进于法律本位，古代的出版者及作者们没有也未能想到过将自己的权利上升到法律的高度。即使在宋时已经使用了印刷术，图书的流传也相对广泛，统治者们强化的也只是出版方面的管理和审查，根本无视个人权利的保护。而那些所谓的禁令，由于没有法律上的依据，则更是人治的一个例证。因而在中国文化法制史上出现了“法治”与人治共存、禁止与特许同在的局面。本应提出权利主张的古代作者或出版者们，一方面在严刑峻法之下不得不进行“仅依监本”表白，声明自己所刻之书合法，以免遭毁板损失；而另一方面，又不得不打上“已申上司，不许复板”的标记，以寻求官府的行政庇护。

最后，中国社会长久以来为儒家思想所支配，作品从来都是以教化和维系人际伦理关系和社会秩序为目的，从不鼓励追求物质享受和极端的社会变革。明太祖朱元璋谓：“治国以教化为先。”“古先圣贤立言以教后世，所存者书而已。”[①] 因此，对科技（即印刷术）的应用只在守成而不加提倡，当时印刷图书也大都局限于供科举之用的课书、工具书、教书、字典类书及佛教经典，而对其他种类的著作则多有避讳。这种传统无疑也是著作权制度产生之障碍。

在中国，特许权制度的存在与著作权制度的产生缺乏历史的连接。而在西方，具有现代意义的著作权法的出现却是以特许令状为先导的。与中国古代印刷特许权相同，在印刷术传入欧洲后，西方国家的封建统治者和教会也采用特许的方式将印刷某一出版物的特权授予某一出版商。但是随着印刷业的不断发展，加之封建君主的特许仅限于其有限的地域内，且往往有一定的期限，因此酿成了出版人的排他出版意识。他们认为，对于出版人的作品，应产生一种新

① 转引自谢灼华：《中国图书和图书馆史》，175页，武汉，武汉大学出版社，1985。

的所有权，且应归出版人享有，这样出版人既可以在更大的范围内自由出版，同时也可以对抗擅自复制之人，这即是早期的出版所有权论。由此可以看出，欧洲印刷商试图将这种封建的单一的特许权上升为一种法定的权利，而非仅仅满足于这种特权。1709年的英国《安娜法令》，作为世界第一部著作权法，不过是这一权利主张的历史反映。

三

在中国，具有现代意义的著作权制度的出现是与中美两国早期版权贸易的发展相联系的。1903年3月，清朝政府与美国政府在上海签订了《中美续议通商行船条约》。该条约第11条规定：无论何国，若以所给本国人民版权之利益，一律施诸美国人民者，美国政府亦允将美国版权律例之利益给予该国之人民。中国政府今欲中国人民在美国境内得获版权之利益；是以允许凡专备为中国人民所用之书籍、地图、印件、刻件者，或译成华文之书籍，系经美国人民所著作或为美国人民之物业者，由中国政府按照所允保护商标之办法及章程极力保护10年。这是中国历史上第一部涉及著作权的双边条约。[①] 随后，为履行条约义务，清朝政府于1910年颁布了中国第一部著作权法——《大清著作权律》。这绝非历史的偶然。

鸦片战争后，西方经济、科技、文化的侵入，极大地刺激了中国资本主义因素的增长。出版、文化事业的空前繁荣，为中国著作权制度的诞生提供了必要的社会条件。其一，新式印刷业的产生与发展。我国的活字印刷术传入欧洲后，被广泛使用并很快得到改进。西方人结合他们的文字特点和机器工业，将印刷业改造成一项与文化事业密切相关的产业。自19世纪初年，西方机械印刷术开始传入我国，逐渐发展而取代了传统的雕版印刷术。至20世纪初，国内重要商埠如上海、汉口、天津等地的印刷业已演变成资本主义经营方式的工业企业。其二，新式出版业的崛起与繁荣。在资产阶级民主思想的激荡之下，报纸、杂志和书籍出版机构相继出现。据记载，到1906年为止，以刊行教科

---

① 参见吴汉东：《中美版权关系的产生与发展》，载（美国纽约）《侨报》，1992-12-08。

书为主要业务的出版机构就有22家。其中，商务印书馆和文明书局是当时出版业的巨擘。此外，还出现了一些大报馆，如申报馆、时报馆、新闻报馆等，对促进出版业的发展也有积极的影响。[①] 其三，西方著作的译介和传播。自19世纪以来，西方书籍翻译的范围、内容和数量不断扩大。最初主要限于宗教宣传品，后来自然科学著作逐渐增多，其书目涉有数学、化学、物理学、生理学等。其中著名的科学著作有《几何原本》《谈天》等。到19世纪末，西方的社会、经济、财政、政治等各类书籍相继被译介到中国，其中著名的译著有赫胥黎的《天演论》、亚当·斯密的《原富》、孟德斯鸠的《法意》、斯宾塞的《群学肄言》等。

印刷出版业的发展和中外文化交流的扩大，使得作品的商品化成为可能，随着西方法律文化的传入，最终形成了作者、出版商这一具有独立权益要求的社会群体。其中，近代中国著作权保护的鼓吹者和先行者首推严复。

严复（1854—1921）早年留学英国，归国后任北洋水师学堂总教习，再升总办，其在翻译出版事务中，旗帜鲜明地提出了自己的著作权主张。他率先引进西方“版权”观念并强调建立这一制度的重要意义：“外国最恶龙（垄）断，而独于著作之版权、成器之专利，持之甚谨，非不知其私也，不如是，则无以奖劝能者，而其国所失滋多。”（致张元济书）[②] “今夫学界之有版权，而东西各国，莫不重其法者，宁无故乎，亦至不得已耳……是故国无版权者，其出书必希，往往无绝。”（致张百熙书）[③] 他主张必须兼顾著译者与出版者之间的利益关系：“此稿（指《原富》——作者注）既经公学贰千金购印，则成书后自为公学之产，销售利益应悉公学得之；但念译者颇费苦心，不知他日出售，能否于书价之中坐抽几分，以为著书者永远之利益。”（致张元济书）[④] 严复的呐喊，无疑是近代中国著作权立法的先声。

以近代著名出版家张元济（1867—1959）为编译所所长的商务印书馆，在实施著作权保护、译介西方著作权理论方面也做了大量工作。1903年，就译

① 参见谢灼华：《中国图书和图书馆史》，207页，武汉，武汉大学出版社，1985。
② 王栻主编：《严复集·书信》，第三册，5、15、577、538页，北京，中华书局，1986。
③ 王栻主编：《严复集·书信》，第三册，5、15、577、538页，北京，中华书局，1986。
④ 王栻主编：《严复集·书信》，第三册，5、15、577、538页，北京，中华书局，1986。

著《社会通诠》的出版，以商务印书馆为一方，以严复为另一方，以张元济为“在见”人，签订了近代中国第一个具有现代意义的出版合同。合同共计10条，言明：“此书版权系稿、印两主公共产业，若此约作废，版权系稿主所有。”“此约未废之先，稿主不得将此书另许他人刷印。”“此书出版发售每个收净利墨洋五角。”[①] 同年，商务印书馆出版了周仪君翻译、英国斯克罗敦·普南和英国罗伯逊合著的《版权考》，分“版权之胚胎”“版权之发达”“版权之进步”三编，介绍了欧美各国现行著作权法要点，并在该书序言中阐述了著作权与文明进步之关系，驳斥了当时流行的“翻版有利于学界”的谬论。

在国内资产阶级改良派和西方发达国家的压力下，清朝政府无力死守“祖宗成法”，只好探循西方法例，进行了包括著作权法在内的修律活动。清政府修订法律大臣沈家本（1840—1913）提出“参考古今，博辑中外”，“彼法之善者，当取之”，以西方资产阶级法律弥补中国法律之短。[②] 奉旨出洋考察宪政归国的载泽等大臣在呈请清廷的报告中主张制定有关出版、版权之法律，理由是“与其漫无限制，益生厉阶，何如勒以章程，咸纳轨物”（《出使各国大臣奏请宣布立宪折》）。戊戌变法期间，光绪颁发的一系列诏书中，提及要奖励报刊的出版，奖励科学著作。[③] 这样，西方的法制思想开始与中国文化事业相接触。时至20世纪初叶，中国的著作权制度终于走出封建文化专制的铁幕，追随近代法制文明的潮流。

四

现代意义上的著作权，即作者对自己的作品享有独占和专有的权利，能够随意转让和处理这种知识财产，并从中分享因他人使用而带来的利益，是资产阶级革命时期所形成的现代“产权”概念。在欧洲，由于作品的日益商品化和广泛利用，新兴的资产阶级要求创作领域的权利摆脱封建特许的束缚，同时也

① 宋原放、李白坚：《中国出版史》，北京，中国书籍出版社，1991。

② 参见张国华：《中国法律思想史新编》，394页，北京，北京大学出版社，1991。

③ 参见宋原放、李白坚：《中国出版史》，241页，北京，中国书籍出版社，1991。

渴望创作者的人身权利受到尊重和保护，使最初的“出版（翻印）权”演变为具有人身和财产双重内容的著作权。正是这一要求推动了西方国家著作权制度的建立。当西方国家的著作权法律本位和西方作者、印刷商的法律观念发生变革的时候，中国的封建统治者们依然采取的是文化钳制政策，而作为子民的作者、出版者面对封建专制的桎梏，肩抗历史传统的重负，不可能作为一个独立的利益群体提出自己的权利主张。

法律的进步源于权利观念的进化。近代中国未能完成这一历史性的转变，其社会原因是多方面的。其中，传统的文化心态和思维模式就是一个重要的障碍性因素。

首先，重整体精神，强调文化的传承性，是中国传统文化和民族心理的最高价值。在传统文化看来，精神产品只是格物、致知、诚意、正心、修身、齐家、治国、平天下的一种自我修养的过程；同时，自己的思想阐发，无不源于古人，因而他们往往去刻意淡化自己的权利意识。汉代史学家司马迁曾云：“藏诸名山，传之其人。”其意为经国济世之作，有待于智者去阐扬，而不能将其据为私有。因而“传先哲之精蕴，启后学之困蒙，亦利济之先务，利善之美谈”，被认为是一种人生美德。所谓“文章不为稻粱谋”，“君子不言利”等均是这一思想的反映。

其次，礼作为调和人际关系的最佳方式，既是立法和司法的指导思想，又是人们日常生活的行为准则。所谓“夫礼，天之经也，地之义也，民之行也。天地之经，而民实则之”（《左传·昭公二十五年》）。正是这种“礼”，抹杀了中国人的个性、创造力、思索力和革新精神。社会对人的角色期待是“谦谦君子”，因而也驱使人们在自己的知识财产受到侵犯的时候，往往尚和谐，求无讼，不敢提出自己的权利主张。

再次，中国传统文化是以个体农业为基础，以宗法家庭为背景，以伦理纲常为核心的传统文化。在这种传统文化中，个人既要依附于国家，又要依附于家庭，人只有在整体性（家族、集团或是国家）中才能昭示出自己的存在和全部意义，个人的意志、情感也只有在群体关系中才体现出来。可见，传统文化中的伦理道德倾向对人的另一重要影响就是将人从主体的地位下降为客体附属物。一个没有独立人格的人，是无法主张自己的精神权利的。

最后，中国传统的权利观念无力构造著作权制度的法哲学基础。在国家权利与庶民权利的关系上，前者高于一切，重于一切。在古代，无论法定权利还是习惯权利，都和人们的社会政治地位紧密联系，从而推动权利观念向着极端化发展。中国没有西方那种与生俱来的、超自然的和绝对的权利观念，没有西方那种以个人为本位、无身份差别的私有财产观念；在权利与义务的关系上，不重“权利”而重“义务”，亦即强调行为安分，没有西方那种视权利为神圣的权利本位思想。

以上说明，人格独立意识的普遍缺乏，权利观念的极端淡化，传统法律文化的价值取向，是中国社会法律进步的巨大惰性力，也是近代著作权制度难产的重要原因。

今天，我国的社会主义市场经济和文化事业得到空前发展，对著作权文化的历史检讨，将会激励我们作出理性的反思和创造性的努力，从传统的法律文化走入法律文化的现代化。

关于中国著作权法观念的历史思考*

关于著作权的观念，有学者曾认为是西方舶来，也有学者论证是根植本土。其实，在中国四千多年的法律文化史中，文学产权—版权—著作权的思想辗转相承，循环往复，到20世纪，更与西方法学理论相衔接与融合，从而形成具有现代意义的著作权法律观。本文拟从中国传统文化的角度，遵循传播技术发展的历史线索，以探讨著作权观念的演变和进化。

一、朦胧的法意识："立言"的创作动机与精神权益的追求

"无传播也就无权利"，目前已成为著作权学界的通说。东西方的知识产权法学者，大抵认为著作权是随着印刷术的采用而出现的。① 而据人种史学者的考证，智力作品的所有权这一概念在印刷术发明以前几百年就得到不同方式的承认，在最早的历史时期已在一定程度上存在某种"文学产权"的思想。②

在中国，春秋战国、秦汉、魏晋南北朝隋唐是文化史上三个重要的发展时期。③ 先是诸子百家争鸣于朝野，后是儒学佛道风行于社会。先进的造纸术问世，带来人类书写材料的革命；图书市场的形成，推动了信息超越时空的广泛

---

* 原载《法商研究》，1995（3）。

① 参见郑成思：《版权法》，2页，北京，中国人民大学出版社，1990。

② 参见联合国教科文组织：《版权基本知识》，2页，北京，中国对外翻译出版公司，1984。

③ 参见谢灼华：《中国图书和图书馆史》，绪论，7页，武汉，武汉大学出版社，1987。

传播。它们的次第产生，既是中国文明走向繁荣的梯航，又是中国著作权观念萌发的母土。众多的思想家、政治家、文学家、艺术家、科学家和发明家，竞相将自己的思想、感情、经验、教训、见解“书之竹帛，传遗后世子孙”，而简册、缣帛、纸张的出现和采用，则为他们的精神产品转化为物质形态并广为传播提供了重要条件。

在著书（创作）—抄书（复制）—卖书（传播）的活动中，古代士人在其作品的财产权利得到承认以前已率先察觉到其所拥有的人身权利。这主要表现在两个方面：其一，作品署名权利观念的朦胧。先秦诸子著书，不及言利，意在宣传自己的思想和主张，正如《史记·孟子荀卿列传》中所说，在春秋战国百家争鸣的时代，诸子“各著书言治乱之事，以干世主”。为了表明自己的作者身份或学术派别，古代士人已注意到作品上的署名问题。他们或是在作品上署上自己的姓名或学派始祖的姓名，如《论语》是孔子的授业弟子和再传弟子所记叙的孔子言行录；或是直接以作者姓名或学派始祖的姓名作为作品的名称，如《老子》《韩非子》《孟子》等著述。这种署名方式亦为后世士人所沿袭，它不仅具有区别不同流派著作的功能，而且昭示了作者与作品之间的主客体关系。其二，作者身份权利意识的萌动。在古代士人那里，抄袭他人陈言被视为偷盗他人财产，因而受到舆论的谴责。南朝文学批评家钟嵘编撰的《诗品》中收录了诗人宝月的诗作《行路难》，曾记载：“《行路难》是东阳柴廓所造。宝月尝憩其家，会廓亡，因窃而有之。廓子赍手本出都，欲讼此事，乃厚赂止之。”① 唐代文学家柳宗元在《五百家注柳先生集》卷四《辩文子》中记载：“文子书十二篇。其传曰老子弟子。其辞时有若可取。其指意皆本老子。然考其书，盖驳书也。其浑而类者少。窃取他书以合之者多。凡孟管数家皆见剽窃。”无论是文子剽窃孟轲、管仲之言，还是宝月抄袭柴廓之作，都是一种窃取他人精神产品的行为，因而受到古代士人的鄙夷。

古代士人这种幼稚的权利意识，为何拘泥于精神领域，而未涉及经济内容？究其原因，有以下几个方面。

第一，古代士人著书立说，耻于言利，重在立言，其作品或立训垂教，济

① 曲辰：《困扰古人的著作权纠纷》，载《著作权》，1993（2）。

世救民；或胸怀抱负，托书言志；或有真知灼见，要公之于世。[①]《左传》云：“太上有立德，其次有立功，其次有立言。”孔颖达注疏说：“立德，谓创制垂法，博施济众；立功，谓拯厄除难，功济于时；立言，谓言得其要，理足可传。”魏曹丕在《典论·论文》中更申言之：“盖文章，经国之大业，不朽之盛事。年寿有时而尽，荣乐止乎其身，二者必至之常期，未若文章之无穷。”可见，立言以垂诸史册，就成了士人追求的目标和创作的动机。

第二，古代著述的传播方式限于手抄复制，因其数量有限，尚不能严重损害作者财产权益；反之，由于手抄复制易于脱简、漏字，甚至篡改、伪托，却往往侵犯作者的精神权益。西汉刘向校勘《战国策三十三篇》，称：“所校中战国策书，中书余卷，错乱相糅，莒有国别者八，篇少不足。”据《后汉书·蔡邕传》载，“邕以经籍去圣久远。文字多谬，俗儒穿凿，疑误后学”。因此，自西汉起至隋唐，历代重视典籍整理、校勘与编辑，以防“书缺简脱”“礼坏乐崩”，从而维护了先人作品的完整性。这说明，古代士人未能提出自己的财产主张，更为专注的是精神权益的追求。

第三，中国古代虽有作品原件的出让，但一般应看作“物”的买卖关系，而不是无形财产权的转让。自汉朝起，为人作文，往往收取一定的实物或钱币，谓“润笔”，这是古代文人讳言功利而臆造的雅称。西汉时期陈皇后求助司马相如作《长门赋》，以求宠于君王，因而，“相如卖赋得黄金”。《隋书·郑译列传》记载郑译所言：“出为方岳，杖策言归，不得一钱，何以润笔。”唐代诗人杜甫有诗曰：“故人南郡去，去索作碑钱。本卖文为活，翻令室倒悬。”（《闻斛斯六官未归》）这种“卖赋”作“碑钱”以至“润笔”，非著作权意义上的稿酬，而是基于物的私有观念之下的物物交换。

二、权利者的抗争：文化专制的禁锢与特许令状的保护

毕昇活字印刷术的发明，是中国人对世界文明所作出的巨大贡献。在知识产权制度史上，这一新技术成为新阶级（市民阶级）取得新的财产利益的工

① 参见宋原放等：《中国出版史》，北京，中国书籍出版社，1991。

具，从而催生了近代著作权制度的萌芽。关于著作权与印刷术的关系，可以从以下两个方面来表述：一是随着印刷术的出现，作品的载体——图书的生产成本降低且可以成为商品，因而为印刷商（或作者）带来收益；二是大量的复制和传播，是著作权中其他经济权利产生的基础，由此产生了法律给予特别保护的需求。

宋元以后，中国文化进入第四个发展时期。封建文化得到了高度发展。作品的传播方式也发生了变化。[①] 官府集收集、整理、编纂、利用为一身，私家合收书、校书、刻书、藏书为一体。各种书籍，不论是翻刻古人的，还是出版今人的，都开始大量出现，利益所在，刻家甚多；竞争之中，矛盾迭生，从而激发了作者、出版者的权利抗争和保护渴求。这种排他的知识财产观念，具有以下几个特点：其一，以不许翻印为内容，提出出版者独享专有权的要求。南宋中期著名史学家王称所著《东都事略》，其书牌记镌有“眉山程舍人宅刊行。已申上申，不许复版”的字样，内容涉及出版者姓名、版权保留声明、授权机关，是历史上最早的版权标记。自宋元以来，书籍牌记常有“不许翻刻”、“不许重刻”“敢有翻刻必究”“翻刻千里必究”的字样，以至“版权所有，翻印必究”已经成为我国维护著作权的专门术语，沿用至今。其二，以寻求特许或讼争为途径，保护其专有权利的行使。据晚清著作《书林清话》记载，自宋代起，从事图书出版的“有力之家”，有呈请地方官府颁布特许令状的风气。南宋嘉熙二年（1238 年）祝穆刊印《方舆胜览》，为防他人翻刻，申呈两浙转运司予以保护，其原刻本自序后有“两浙转运司录白”，云“照得雕书，合经使台申明，乞行约束。庶绝翻版之患”。这是历史最早记载的特许令状。明崇祯刻本曹士衔《道元一气》，在书前告白写道：“倘有无知利徒，影射翻刻，誓必闻之当道，借彼公案，了我因缘。”这说明，出版者已有相当强烈的著作权观念和司法保护意识。其三，以维护作者声誉、读者利益为目的，呼吁尊重作品的完整权。与财产利益的主张相呼应，精神权益的追求也得到进一步扩张。宋司马光在《记历年图后》说，其著作《历年图》原稿，“杂乱无法，聊以私便于讨论”，本不敢公开发表，不期他人摹刻，多有谬误，“今此浅陋之书即不可

① 参见谢灼华：《中国图书和图书馆史》，绪论，8 页，武汉，武汉大学出版社，1987。

掩，因刊正使复其旧而归之”（《司马文正公传家集》）。为了维护其声誉和利益，司马光只好自己出资刊印，以便纠正前书之误。元陈桨在《古今韵会举要》原刻本的牌记中称，该书共30卷，“今绵诸梓，三复雠校，并无伪误”。“窃恐嗜利之徒，改换名目，节略翻刻，纤毫争差，致误学者”（《书林清话》）。这里，书籍牌记不但注意维护自身的著作权利益，而且顾及创作者、传播者、使用者三者之间的关系了。

一般认为，专有出版的权利要求是近代著作权观念的先声，特许权制度的存在与著作权制度的产生具有历史的连接意义。中国早在12世纪就出现的著作权思想萌芽，缘何遭到历史岁月的湮没，无法结出作者个人权利的果实？其原因是多方面的。

首先，“不许复版”，虽是作者、出版者呈请特许保护的权利主张；而“犹禁擅镌”，也是封建文化专制的禁锢手段。历代封建王朝厉行文化钳制政策，禁书毁版，对官刻本民间不得私印，对违禁书坊间不得自流。这种以思想禁锢为目的的“犹禁擅镌”，具有强烈的反著作权思想色彩。[①] 思想自由的文化政策、活字印刷的传播技术、精神产品的商品化是近代著作权制度产生的基础。而压制言论自由，禁止新思想传播，只是一种封建图书审查制度，与作者的权利毫无关系。

其次，“不许复版”，虽是权利人为赢得专有权而进行的抗争，但取得特许仅是个别的历史现象。诚如《书林清话》所云：“当时一二私家刻书，陈乞地方有司禁约书坊翻版，并非载在令甲，人人之所必遵。特有力之家，声气广通，可以得行其志耳。”由此可见，这种专有出版权的保护并未制度化，特许令状仅是个别保护、局部保护，是一种官府的行政庇护。由于中国封建法制的滞后，“翻印必究”的权利主张在很大程度上只是装饰牌记的空文。

最后，“不许复版”特许令状的主要受益者是出版者，而作者权益仅受到间接的保护。从权利主张的内容来看，出版者考虑的多是印书之利，而创作者更为专注的似为文章之誉。《书林清话》记载，宋代国子监关于《丛桂毛诗集解》禁止翻版的“公据”，曾述及作者“刻志穷经，平生精力毕于此书”，恐他

---

① 参见宋原放等：《中国出版史》，北京，中国书籍出版社，1991。

人盗印“窜易首尾，增损音义”，从而违反作者原意，造成作者“明经之玷”。这里仅顾及作者名誉，而未涉及作者的财产利益。所谓“君子不言利”，“罪莫大于多欲”；“立言后世”“教化为先”等传统的道德思想阻碍作者主张自己的财产和人身的双重利益，因而无法奏出权利要求的最强音。1709 年的英国《安娜法令》之所以被公认为具有现代意义的著作权法，其主要原因在于该法将权利主体从印刷商扩大到包括作者、印刷商在内的一切著作权所有人。而在封建中国，作者却未能形成一个独立的利益群体、最终成为这种知识财产权利的享有者。

三、走出铁幕：西方著作权观念的传人和中国启蒙思想家的呐喊

1840 年鸦片战争以后，中国进入半封建半殖民地社会，中国文化随之进入一个新的变革时期。西方经济、科技、文化的侵入，极大地刺激了中国资本主义因素的增长。出版、文化事业的空前繁荣，为中国著作权观念的发育和制度的诞生提供了必要的条件。其一，新式印刷业的产生与发展。我国活字印刷术传入欧洲后，被广泛使用并很快得到改进。西方人结合他们的文字特点和机器工业，将印刷业改造成一项与文化事业密切相关的产业。19 世纪初，西方机械印刷业传入我国，逐渐取代传统的雕版印刷术。至 20 世纪初，国内重要商埠如上海、汉口、天津等地的印刷业已演变成资本主义经营方式的工业企业。其二，新式出版业的崛起与繁荣。在资产阶级民主思想的激荡之下，报纸、杂志和书籍出版机构相继出现。其中，商务印书馆和文明书局是当时出版业的巨擘。此外，还出现了一些大报馆，如申报馆、时报馆、新闻报馆等，对促进出版业的发展也有积极的影响。

西学东渐，涌入国内的，除了新的商品和生产关系外，还有新的思想理论。西方名著如赫胥黎的《天演论》、亚当·斯密的《原富》、孟德斯鸠的《法意》等相继被译介到中国，其内容涉及社会、经济、财政、政治等各个领域。而在法律思想方面，美国传教士林乐知（Young J. Allen，1836—1907）就是一位在中国倡导和宣传西方著作权制度的重要代表人物。林乐知 1859 年来华，先任上海广方言馆教习兼江南制造局翻译馆翻译，后参与创办广学会，主编

《万国公报》。他评介西方诸国的著作权保护概况，在其翻译的《版权通例》一书中写道，“西方各国有著一新书、创新法者，皆可得文凭以为专利，而著新书所得者名曰版权”。他批驳社会上对著作权保护的盲目批评，在其著述的《版权之关系》一文中说道：“著书者瘁其心力，印书者出其资本，而共成一书以供社会，使社会之人皆得此书之益，则必思有以报之，于是乎有版权。”他主张尊重书籍著作权，反对翻印弋利，在其主编的《万国公报》刊载的版权布告后附言：“乃闻坊间不肖书贾，竟有思复刻以弋利者。西例，凡翻人著作掠卖得资者，视同盗贼之窃夺财产，是以有犯必惩。”他允许他人合理使用、转载自己“拙著之新论、选择之新事”，但要求注明出处。在其分致各报馆书文中声称：“按照西例，不掠人美，不夺人利。”诚然，林乐知的著作权主张，是出于其维护宗教出版权益的需要，但他所阐发的著作权思想无疑对近代中国的相关立法具有相当的借鉴作用。[①]

随着西方法律文化的传入，中国作者、出版者的著作权观念迅即复苏并走向成熟。其中，中国著作权保护的鼓吹者和先行者首推严复。严复（1854—1921），近代启蒙思想家、翻译家。早年留学英国，归国后任北洋水师学堂总教习，再升总办。其在翻译出版事务中，旗帜鲜明地提出自己的著作权主张。他率先引进西方“版权”观念并强调建立这一制度的重要意义。“外国最恶龙（垄）断，而独于著作之版权、成器之专利，持之甚谨，非不知其私也，不如是，则无以奖劝能者，而其国所失滋多。”（致张元济书）[②]“今夫学界之有版权，而东西各国，莫不重其法者，宁无故乎，亦至不得已耳……是故国无版权者，其出书必希，往往无绝。”（致张百熙书）[③] 他痛斥盗版翻刻行为：“藉非区区版权为之摩砺，尚庶几怀铅握椠。争自濯磨，风气得趋以日上。乃夺其版权，徒为书贾之利，则辛苦之事，谁复为之?”（致张百熙书）[④] 并呼吁保护著作权以振兴中华文化：“使中国今日官长郑重版权，责以实力，则风潮方兴，人争自厉。以黄种之聪明才力，复决十年以往，中国学界，必有可观，期以二

① 参见李明山：《在中国积极倡导版权的外国人——林乐知》，载《著作权》，1993（1）。
② 王栻：《严复集·书信》，第3册，545页，北京，中华书局，1986。
③ 王栻：《严复集·书信》，第3册，577页，北京，中华书局，1986。
④ 王栻：《严复集·书信》，第3册，577页，北京，中华书局，1986。

十年，虽汉文佳著，与西国比肩，非意外也。乃若版权尽毁，或虽未毁，而官为行法，若存若亡，将从此输入无由，民智之开，希望都绝。”（致张百熙书）[①] 他主张必须兼顾著译者与出版者之间的利益关系：“此稿（指《原富》——作者注）既经公学贰仟金购印，则成书后自为公学之产，销售利益应悉公学得之；但念译者颇费苦心，不知他日出售，能否于书价之中坐抽几分，以为著书者永远之利益。”（致张元济书）[②] 以严复为代表的启蒙思想家们，疾声呐喊，奔走呼号，为近代中国著作权立法做了重要的理论酝酿和舆论准备。

在国内资产阶级改良派和西方发达国家的压力下，清朝政府无力死守祖宗成法，只好探循西方法例，进行了包括著作权法在内的修律活动，时至 20 世纪初叶，距《安娜法令》颁布 200 年后，作为造纸术和印刷术发祥地的中国，在其半封建半殖民地的母床上，终于艰难地孕育了近代著作权制度。

四、历史的反思：中国著作权法律观念的更新与法律本位的重塑

现代意义上的著作权，即作者对自己的作品享有独占和专有的权利，能够随意转让和处理这种知识财产，并从中分享因他人使用而带来的利益，是资产阶级革命时期所形成的现代“产权”概念。在欧洲，由于作品的日益商品化和广泛利用，新兴的资产阶级要求创作领域的权利摆脱封建特许的束缚，同时也渴望创作者的人身权利受到尊重和保护，使最初的“出版（翻印）权”演变为具有人身和财产双重内容的著作权。正是这一要求推动了西方国家著作权制度的建立，法律的进步源于权利观念的进化。近代中国未能完成这一历史性转变，其社会原因是多方面的。其中传统的文化心态和思维模式就是一个重要的障碍性因素。中国著作权法观念的更新，应当伴随着对传统法律意识的批判与清扫。权利观念的极端淡化，创作活动的传统价值取向，定分止争的人伦化风气，这些无疑对中国著作权法的实施效益带来消极的影响。

首先，作者的个人权利的法律观念没有得到应有的发展。就中国传统的权

---

① 王栻：《严复集·书信》，第 3 册，578 页，北京，中华书局，1986。

② 王栻：《严复集·书信》，第 3 册，538 页，北京，中华书局，1986。

利观念来说，在国家权利与庶民权利的关系上，前者高于一切，重于一切，中国没有西方那种与生俱来的超自然的和绝对的权利观念；在家长权利与家子权利的关系上，前者权利吸收后者权利，中国没有西方那种以个人为本位、无身份差别的私有财产观念；在权利与义务的关系上，不重权利，而重义务，中国没有西方那种视权利为神圣的权利本位思想。[①] 这种权利观念目前仍有巨大的历史惰性：整个社会著作权意识还相当淡薄，众多著作权人不知其权利内容如何。创作者作为著作权主体的第一人的角色未能真正确立。诸如创作者与具有专属性、唯一性的出版者实质地位的不平等，创作者与传播其作品的表演者利益分配的不公平，创作者与利用其作品的使用者合理使用界限的不明确，无一不是对作者权益的损害。

其次，作品的商品属性和财产意义没有得到应有的彰显。在传统文化看来，精神产品的创作只是格物、致知、诚意、正心、修身、齐家、治国、平天下的一种自我修养的过程；同时，自己的思想阐发，无不源于古人，凡经国济世之作，有待于智者去阐扬，而不能将其据为己有。因此，“传先哲之精蕴，启后学之困蒙，亦利济之先务，利善之美谈”，被认为是一种人生美德。在这种观念的影响下，不少人尚无知识商品化的意识，对精神产品的财产价值缺乏科学的评价；更有嗜利者，无“窃文如同窃财”之感，将违法的习惯做法视为理所当然。这些无疑是对著作财产权利的漠视。

最后，处理权利纠纷的救济手段和司法措施没有得到应有的重视。在中国历史上，礼作为调和人际关系的最佳方式，既是立法和司法的指导思想，又是人们日常生活的行为准则。所谓“夫礼，天之经也，地之义也，民之行也。天地之经，而民实则之”（《左传·昭公二十五年》）。在人们看来：礼，是定分止争的良方，是谋求和谐的最高境界。在现实生活中，以人伦化的君子协定代替具有法律约束力的著作权合同，以“尚和谐，求无讼”的人伦化原则来对待剽窃、仿制、假冒的“海盗”行为。这些观念极大地阻碍了著作权法的贯彻与实施。

当我们背负着传统文化的沉疴行进在现代化道路上时，就已决定了我们要付出更多的艰辛。今天，我国的社会主义市场经济和文化事业得到空前发展，

---

① 参见金勇义：《中国与西方的法律观念》，沈阳，辽宁人民出版社，1989。

思想解放和经济、政治体制改革已成为时代发展的主旋律。这一切构成了重塑中国著作权法文化的时代要求和社会条件。

1. “权利本位”与著作权保护的立法思想。著作权法以维护作者权益作为其核心的立法原则，是以权利本位为基点的权利与义务的有机统一。著作权法发展的历史，是从出版人本位最终过渡到创作人本位的发展史。① 在中国，经历了从保护版权的社会习惯过渡到官府的行政保护继而转向保护著作权人成文法的过程。在西方，无论是普通法系国家以经济价值观作为其立法理论基础，还是大陆法系国家在立法中奉行人格价值观的哲学思想，都坚持了一个最基本的共性，即著作权法以保护作者为核心。作者是作品赖以产生的源泉，不尊重创作，不维护作者利益，就会窒息作者的创作激情，就会使文化事业成为无源之水。著作权制度的法律价值在于，确立作者的权益在著作权法律关系中的首要和核心地位，以实现法律保护作者和促进文化交流的社会功能。

2. “双向本位”与著作权法的均衡思想。“双向本位”即国家、个人本位，它是对中国历史上“集团本位”和西方国家“个人本位”的改造和修正。② 这一法律观强调国家利益与公民利益的统一性与协调性，既保障公民个人的权利自由，又维护国家、社会的总体利益。现代著作权制度摒弃了中国传统的“家庭本位”“国家本位”，又不拘泥于那种绝对的、放任的“个人本位”，而是在保护作者的著作权与限制作者的著作权中寻求均衡，即合理地消除作品创作者、作品传播者、作品使用者之间的冲突，体现了在维护作者权益基础上的三者利益的均衡保护。因此，在为作者提供必要的创作条件和动力的同时，也力求保证传播者充分合理地利用传播作品的技术手段，保证公众广泛利用作品的合理渠道，从而推动整个社会的创作繁荣与文化进步。

回顾和研究传统，目的在于构造和建设现实。对著作权观念的历史检讨，将会激励我们作出理性的反思和创造性的努力，从而走出传统，走出误区，步入法律文化的现代化。

---

① 参见江平等：《中华人民共和国著作权法讲析》，98页，北京，中国国际广播出版社，1991。

② 参见武树臣：《法律文化与中国传统法律文化论纲》，载《儒学与法律文化》，上海，复旦大学出版社，1992。

“著作权”“版权”用语探疑*

“著作权”“版权”用语的问题，是法学界、出版界中颇有争议的疑点，也是著作权立法必须解决的首要课题。

著作权（版权）的出现是与印刷技术的发明相联系的。在印刷技术发明以前，作品不可能大量地复制出售，也没有产生保护著作权的迫切需要。这是因为，用手抄复制作品的数量是极其有限的，作者的经济利益并不是以大量生产和传播的抄本为基础，因此他人对作品的使用不会严重损害作者的权益。随着活字印刷术的运用，出现了印刷业，一部作品可以大量地复制出售。于是，作品逐渐具有了商品属性，可以给作者、印刷商带来收益，从而也就要求在法律上对作者、印刷商的权利实行保护。根据君主的敕令或地方政府的令状对出版者予以特别保护，可以追溯到 15 世纪的威尼斯和 16 世纪的英国。据说，威尼斯的印刷商人吉奥范尼·戴·施德拉于 1469 年得到的为期 5 年的印刷许可证，是西方第一个有关出版的独占许可证。在英国，女王玛丽一世把皇家颁发印刷许可证的办法纳入法律程序，于 1662 年颁布了第一个许可证法。这种封建特许权是以保护出版商的利益为核心的权利，因而称为“版权”（copyright）。从实质上说，早期的“版权”不过是一种“出版之权”。

作者对自己的作品享有独占和专有的权利，能够随意转让和处理作品，分享因他人使用作品所带来的利益，是 18 世纪资产阶级革命时期形成的现代

* 原载《现代法学》，1989（6）。

"版权"概念。1709年的英国《安娜法令》废除了皇家许可证制度，承认作者是版权保护主体，使得"版权"摆脱了封建特许的束缚而成为法律意义的"产权"。在这部法令中，作者的权利仍被表述为copyright。据英国学者的研究，copyright是个复合词，是从copy right（复制权）演变而来的。在《大英百科全书》（1979年版）中，copyright有双重含义，它不仅表示"仿造复制"的权利，而且表示执有和控制原作本身的权利，即作者对传播作品进行控制或从中受益的权利。应该指出，《安娜法令》中的"版权"已不同于早期的"版权"概念。这种现代意义上的"版权"强调保护作者及出版者的利益，并仅仅从利用作品、取得财产收入的角度规定了权利的内容。

法国1777年颁布的印刷出版法令也确认作者有权出版和销售自己的作品。法国大革命后，则进一步把这种权利提高到"人权"的高度。以"天赋人权"思想为指导的1793年的法律，强调该法的宗旨是保护作者个人的权利，而不包括出版者的权利；不仅仅保护作者的财产权利，而且保护作者的人身权利。与英文的"版权"相对应，作者的权利在法语中被称为adroit dauteur。如果根据原意逐字翻译的话，它应该是"作者权"。作者权这一概念指明了权利的主要受益人，包含人身权和财产权的丰富内容，因而为大陆法系国家所仿效，如德语Urheberrecht、西班牙语derecho deantor、意大利语dirittod' autore，都是"作者权"概念的沿用。

"著作权"概念的形成始于日本。日本在明治八年（1875年）和明治二十年（1887年）曾先后制定过两个版权条例，旨在保护图书出版商的权利。明治二十六年（1893年），日本又制定了保护作者权利的《版权法》。"版权"一词在日本被公认为是由福泽谕吉从英文copyright直接翻译过来的，最初意为通过官方许可证而执有的图书专卖权，但后来又用以表示作者的专有出版权。明治三十二年（1899年），日本制定了新的保护作者权利的法律，并冠名为《著作权法》。据说，"著作权"一词是水野炼太郎依照德文Urheberrecht（作者权）创制而成的。自此，"著作权"成为日本官方文件的法律用语。不过在有的场合下，"版权"被作为"著作权"的同等意思使用。

我国近代的"版权"和"著作权"观念主要受日本的影响，这是因为日本政治法律名词大都用汉文本文，而近代中国的法令公牍所用专门术语又多取材于日本书籍。"版权"一词在我国作为法律用语，最早见于清光绪二十九年(1903年)的《中美通商行船续订条约》第11款。根据当时的官方解释，"版权"意为"印书之权"。清宣统二年(1910年)，《大清著作权律》搬用了日本"著作权"的称谓。该法第一条规定，"凡称著作物而专有重制之利益者，曰著作权"。从当时的官方规定和解释来看，"版权"和"著作权"似无实质上的差别；"著作权"的概念后来又为北洋政府和国民党政府的法律所沿用，以至最后成为具有人格和财产双重权利内容，与"版权"概念有明显区别的法律用语。新中国成立以后，在一些法律文件中，有时使用的是"版权"，如1985年12月国务院批准成立的主管作者权益事务的机关称为版权局；有时使用的则是"著作权"，如1985年4月通过的《中华人民共和国继承法》在"遗产的范围"中规定了著作权；在许多情况下，"版权"与"著作权"这两个术语被相互代用，例如，我国《民法通则》在使用"著作权"这一术语时在后面用括号加注"版权"，把两者都视为作者对其作品所享有的专有权利。

由于各国法律传统的差异，在保护作者权益的专门立法中，"著作权"(版权)的用语有着不同的含义。

1. "著作权"(版权)即著作财产权。这是狭义上的"著作权"概念。英美法在传统观念里，把著作权人当作著作权所有人，坚持copyright(版权)的单一财产权性质，将作者的人格利益仅视为一般的人身权，交由其他法律调整。

2. "著作权"(版权)包含著作财产权和著作人格权。这是一般意义上的"著作权"概念，大陆法系国家基于author's right(作者权)的观念，将作者的财产权和人身权都纳入"著作权"的范围。以德国为代表的"一元论"国家，强调"著作权"的一元性，认为"著作权"是财产权和人身权的有机复合体，无法加以分割。以法国为代表的"二元论"国家，则强调"著作权"是一体两权，由相互独立的著作财产权和著作人身权所构成。尽管这些国家在立法指导思想上存在着某些差异，但对于著作权基本含义的定义却是相同的。

3. "著作权"(版权)包括著作财产权、著作人身权及著作邻接权。这是广义上的"著作权"。著作邻接权是20世纪初著作权领域中出现的一种新型专有权利，意为与"著作权"相邻的权利，主要包括表演者权、录制者权、广播组织权。虽然一些国家的新著作权法（如日本、德国）含有著作邻接权的规定，但就权利的性质来说，许多学者认为著作权与著作邻接权是两种不同的权利。

从“出版权”（copy right）、“版权”（copyright）到“作者权”（author's right），以至“著作权”，反映了近代“著作权”（版权）概念的历史演变过程。今天，多数国家的著作权法都同时承认作者的人身权利和财产权利。即使是英国这样的国家，历来把“版权”看作单纯的财产权，也准备在修订法律时增加人身权利的内容。从一定的意义上说，“版权”与“著作权”的内涵已经趋于一致。

在我国法学界，对于“著作权”和“版权”的含义及使用有不同的看法。有的学者主张沿用英语国家使用的“版权”术语，因为它的含义显而易见，并在世界范围内通用。有的学者则认为，“版权”只是指专有出版权，不能与“著作权”同义，考虑到我国历史上的一贯用法，似应使用“著作权”为宜。还有的学者另辟蹊径，将这种以作品为客体的民事权利称为“作品权”①。

上述主张并不是没有道理的。但严格来说，无论是“版权”还是“著作权”的概念，都不能完全概括出作者权利的全部内容。就“版权”而言，我们不能拘泥于早期“版权”中那种“出版之权”的含义。不过，copyright 容易引起歧义，诚如《大英百科全书》（1979 年版）所指出的那样：它未能指明本身所包含的权利的主要受益人。有鉴于此，世界知识产权组织编写的《版权和邻接权法律术语词汇》认为：copyright 一词被看作是法律授予某一作品的作者的专有权利。……根据国际惯例，copyright 这一传统名词在现代英语中有时被一个更合适的术语 author's right（即作者的权利）取而代之。就“著作权”而言，在英语书籍中被译为 right in the work，这与法语 adroit dauteur 的原意毕竟有所不同。必须承认，这个日本学者拟制的、翻译走样的法律术语也未能准确地反映出作者权利的实质。在现代社会的今天，由于科学技术的飞速发展和传播手段的不断创新，有关创作作品的权利的内容已变得十分复杂，无论是“著作权”还是“版权”都难以确切地反映其所包括的全部内容，而只是

---

① 江平、张佩霖编著：《民法教程》，309 页，北京，中国政法大学出版社，1986。

作为历史上形成的代表特定含义的专门术语而加以沿用。

笔者认为，直接沿用大陆法系国家的“作者权”的说法，可能从原意上更为合适。但是，“著作权”和“版权”的说法在我国已经约定俗成，采用“作者权”的称谓又会使大多数人感到生疏而难以接受。所以，根据我国《民法通则》的规定和长期实践的做法，在将来的著作权法中我们可以继续使用这两个术语，但没有必要将两者作为不同的概念对待。

关于著作权若干问题的探讨*

著作权是一项重要的民事权利，我国民法通则对此作了原则规定。目前，我国的著作权法正在加紧起草之中，可望不久颁布。在这里笔者试就著作权的若干问题作些探讨，以期就教于各位读者。

一、著作人身权和著作财产权

联合国大会1948年通过的《世界人权宣言》把著作权规定为一项基本人权，并宣称“人人对由于他所创作的任何科学、文学或艺术作品而产生的精神的和物质的利益，有享受保护的权利”。因此，著作权的内容包括人身权利和财产权利两个方面。

作者的人身权利，亦称为精神权利，包括：(1) 发表权。即通过出版、上演、录音、展览等方式将作品公之于众的权利。作者有权决定是否公开发表，以及发表的时间、方式和地点。(2) 作者身份权。即要求被承认是作品的作者的权利。作者就其作品有权主张自己是著作人，禁止他人实施隐瞒其作者身份、损害其作品声誉的行为。(3) 署名权。即在作品上署名或不署名，署真名、假名或笔名的权利。作品发表时，作者有权根据自己的意志对署名问题作出决定，同时也有权禁止未参加作品创作的其他人在作品上署名。(4) 作品完

---

* 原载《法学研究》，1988 (3)。

整权。即保证作品内容完整性的权利。未经作者授权，任何人不得修改作者的观点、作品的内容和形式，不得歪曲、篡改作品。(5) 作品修改权。即修改已发表作品的权利。这主要是指作品再次印刷出版时，作者有权对作品的原版进行修改。作者声明修改后，使用人不得再使用修改前的作品。(6) 已发表作品的收回权。即作者在有正当理由的前提下，有权以赔偿使用者的损失为条件收回已经公开发表的作品。

著作人身权主要是以上几种。一般来说，作者与作品之间存在着不可割裂的联系，因而产生了作者的某些特殊利益，这种特殊利益在著作人身权中表现得特别明显。按照我国一些学者的说法，这种人身权与单纯的著作财产权不同，它与作者人身不可分离，不得转让、继承，没有时间限制。但从实际情况看，著作人身权的某些权能或权项，在作者生前可能发生转移，在作者死后可能适用继承，在一定条件下可能出现终止。因此，笔者认为，对著作人身权的不可让与性、非继承性及永久性不能一概而论。第一，著作人身权本身不得让与，为各国法律所普遍规定，但对于著作人身权的个别权能可否转移，看法不尽相同。联邦德国在判例法中确认发表权可以转让，但著作人身权的核心部分仍保留于作者。法国法对此虽无明文规定，但在实际事务中对个别权能的转让并不完全否认。例如，作者享有作品修改权，但作者无正当理由拒绝修改作品时，法律允许他人不经其同意而修改。这说明，著作人身权的某些内容可以有限制地发生转移。第二，著作人身权能否适用继承，在各国立法中有明显差异。英美法系国家视著作权为著作人身权，作者的人身利益等同于一般人身权，故具有专属性，无继承可言。而大陆法系国家均明文承认著作人身权可以继承，但继承人在行使著作人身权的权能时，应受被继承人意思的限制。如被继承人没有明确意思表示的，则依权能的性质，推定那些须由作者本人行使的权能不得由继承人行使。例如，作者身份权、署名权一般不得适用继承；但发表权则可依作者遗愿而定：作者死后未发表的遗作，只要作者没有立下遗嘱不准发表，继承人则有权行使发表权，同意或拒绝发表该作品。第三，著作人身权保护期在立法上有限定保护与永久保护之分。德国法规定，著作人身权与著作财产权一样，于作者死后 70 年终止。法国法规定，著作财产权在作者死后 50 年终止，而著作人身权则永久存在，但永续性的权利仅限于消极的人身权部分。我国台湾地区有关规定亦规定：著作权年限已满的著作物，视为公共之物。但不问何人，不得将其改窜、变匿姓名或更换名目发行之。依台湾地区学者的解释，除但书所举之权利有永久性外，著作人身权的其他内容应视为已经消灭。[①] 可见，具有永久性的著作人身权，仅限于其中的禁止权（或说是否定权、消极权）。基于上述分析，我国的著作权法可以考虑规定，著作人身权由作者终身享有，非依法不得剥夺；作者死后，由作者的继承人或受遗赠人行使其中的某些权能；作者的身份资格和作品声誉应受到永久的尊重和保护，但要避免“不可让与”“不可继承”“永久存在”的笼统提法。

作者的财产权利，又称经济权利，包括：(1) 复制权。即制作作品复制品的权利。复制权依作品表现形式不同而分为三种：一是以图书、报刊等印刷品的形式复制和传播作品的权利，即出版权；二是以唱片、磁带等音像制品的形式复制和传播作品的权利，即音像录制权；三是使用临摹、照相、雕刻等方法复制和传播作品的权利，即狭义上的复制权。(2) 发行权。即公开出售创作作品或其复制品的权利。(3) 展览权。即公开展出尚未发表的创作作品或其复制品的权利。(4) 上演权。即通过朗诵、演唱、演奏、舞蹈等现场演出的形式向公众传播作品的权利。(5) 播放权。即通过电台、电视台、闭路电视等无线或有线装置传播创作作品的权利。(6) 电影摄制权。即将作品摄制成影片并放映的权利。(7) 演绎权。即改变创作作品的语言表现形式或其他表现形式的权利，具体讲有两种：一是根据已有的作品用不同的形式编写成新的作品，即改编权；二是将某一语种的作品用另外的语种译成新的作品，即翻译权。

著作财产权主要有以上七种。在我国流行的著作权理论中，著作财产权同一般财产所有权相类似，既可以由作者本人享有，也可以依法转让、继承或赠予，由他人行使。从实际情况看，我国作者创作出作品以后，一般不可能自己出版、公演、摄片等，而是向他人（多为具有使用作品职能的单位或社会组织）转让上述部分权利，或是许可他人以特定方式在一定时期内行使有关权利。受让人或被许可人行使这些权利，应根据国家规定向作者或其合法继承人支付报酬。作者行使著作财产权所取得的报酬，是一种特殊的劳动收入，它主

---

① 参见张静：《著作权法评析》，87 页，台北，水牛出版社，1983。

要不是由作者付出的劳动来决定，而是由作品的质量和社会对作品的承认和需求来决定。作品被利用的形式和次数越多，作者获得的报酬也就越多。著作权法承认和保护作者的这种财产权利，并把作者行使著作财产权所取得的报酬称为著作权使用费，而不叫劳动报酬。

二、著作权转让与使用许可

著作权转让，是指作者或其他著作权所有人将作品的部分或全部专有权利移转给他人。承认著作财产权的可转让性的，主要是英美法系国家，也包括某些大陆法系国家和社会主义国家。实行著作权转让制度的国家有着不同的立法思想。英美国家奉行的是“著作权财产说”，认为著作权是一种个人财产，著作权所有人如同动产所有人一样，有权随意转让和处理自己的作品，而不问著作权所有人是作者本人还是他人。在大陆法系国家中，则有“一元论”和“二元论”之分。以德国为代表的“一元论”，强调著作权的一元性或单一性，认为著作权既非纯粹的人身权，亦非纯粹的财产权，而是一种特殊的有机复合体，无法加以分割。由于著作人身权不能转让，著作财产权又与著作人身权融合一体，因而也不能转让。以法国为代表的“二元论”，强调著作权是一体两权，由相互独立的著作人身权和著作财产权所构成。因此，著作人身权的不可让与性并不影响著作财产权的可让与性。尽管上述国家在立法指导思想上存在着差异，但对于著作权转让形式、手续、程序的要求却是大体相同的。

著作权转让一般采用合同形式。合同应遵循以下原则：(1) 合同转让须在著作权有效期内。作者使用自己作品的权利，可以在整个著作权有效期间或其中某一个特定时间内全部或部分地转让给他人。超过著作权保护期或由于其他原因丧失著作权的，其转让无效。(2) 转让作品的著作权不涉及作品的其他财产权利。转让的范围只限于合同所规定的用途，作品所含有的著作财产权的移转，并不意味着作品原件财产权的移转。(3) 著作权的全部转让不得包括作者的未来作品。转让合同可以涉及作者尚未创作的作品，如约稿合同。但是如果合同涉及作者的将来的所有作品或转让作者未来作品的全部权利，则应视为无效。(4) 著作权转让合同须包括规定的必要条款。这些必要条款，或规定在著作权法中，或载明于著作权主管部门制定的标准合同中，包括合同双方的姓名或名称，转让著作权的作品名称，使用作品方式，支付报酬的数额、期限，合同的有效时间，违反合同的责任等。

著作权的使用许可，是指作者或其他著作权人授权他人以一定方式使用其作品。通过授权方式，使用人获得作品的许可使用权，而著作权所有人因此而获得使用报酬。

在著作权结构一元论的大陆法系国家以及苏联和一些东欧国家里，著作财产权不能单独像动产那样部分或全部转让，权利只能经过特许的方式授予他人，即授权被许可人以某种方式在一定时期内使用其作品。上述国家都是奉行单一的著作权授予制度，但其立法指导思想有所不同。以德国为代表的著作权结构一元论的国家，认为著作权的财产权与人身权不可分割，因而不能单独转让。尽管如此，"一元论"并不能否定作品经济上的利用价值，因而以设定负担来代替让与。这个在著作权中所设定的负担就是授权或使用许可。苏联和一些东欧国家认为，著作权授予制度有助于协调作者与社会之间的利益关系。这一制度为作者保留了作品的专有权，从而最大限度地保障了他的利益。与著作权转让制度相比，它向作者提供了一种较高程度的保护。因为作者作为经济上较弱的一方，在转让制度下往往会被迫放弃自己的权利。

著作权使用许可分为专有许可和非专有许可。专有许可又称独占使用许可，即作者授权他人在一定期限、一定范围内以特定的方式独占地使用作品。著作权所有人在发出专有许可证之后，即无权再向第三方发放其他许可证，任何人（包括作者本人）都不得以独占许可证所列举的方式使用作品。非专有许可又称一般使用许可，即作者授权若干人在一定期限、一定范围内以特定方式非独占地使用作品。著作权所有人在相同的地域内可以发出两个或两个以上的一般使用许可证，在使用权的范围内，被许可人之间不得相互排斥。使用许可是否具有专有的性质，可由当事人自行选择，并在书面合同中加以规定；合同未作明确规定的，使用许可应推定为非专有许可。

在我国，许多学者主张著作权转让制度和使用许可制度应该同时并存，但其对于使用许可的独占性问题看法不尽一致。长期以来，法学界通行的理论是"一稿不得两投"，在出版事务中也在事实上禁止非专有许可。近年来，一些学者从保护作者合法权益、促进科学文化事业繁荣发展的目的出发，主张“一稿可以两投”，提出了非专有授权的问题。笔者认为，专有许可和非专有许可是知识产权贸易中的通用方式，商标权、专利权的利用即是如此，著作权的利用也概莫能外。我们可参考苏联、东欧国家的做法，在一定范围内允许非专有许可制度的存在，而不要一概禁止“一稿两投”。但是，非专有许可涉及作者与使用单位双方的利益，法律应对非专有许可的适用条件、双方当事人的权利义务作出明确的规定。笔者考虑，有以下几点值得注意：第一，图书出版权在我国历来有专有出版权的性质，作品出版一般要签订书面合同，因此应采用专有授权的形式。报纸、期刊等其他出版物使用作品，事前一般都不签订合同，因此报刊社需要专有授权的，应在报刊上作出声明。没有声明的，应推定适应非专有许可形式。第二，对于适用专有授权的出版物，作者不得一稿两投，如由此造成同一作品重复出版，作者应承担赔偿责任。享有专有授权的使用单位则应在规定的期限内决定是否采用稿件，逾期不作处理的也应承担责任。第三，对于适用非专有授权的几个出版物，作者可以一稿多投。投稿人有义务向报刊社声明这一情况，并有权取得同一作品多次使用的报酬。第四，应规定专有许可与非专有许可不同的著作权使用费标准。享有专有出版权的使用单位往往因为图书再版或他人转载作品而可能多次收益，享有非专有授权的使用单位一般只一次使用作品，并可能由于几家报刊社同时使用该作品而影响其报刊发行量，因此非专有许可的著作权使用费要低于专有许可的著作权使用费。

三、侵犯著作权与法律制裁

在大多数国家，侵犯著作权属于侵权行为的范畴，其构成和处理可以适用侵权责任的一般规定。但是，侵犯著作权有着自己的表现形式和具体类型，往往需要著作权法作出具体规定，并提供有效的制裁手段。

对于著作权的侵犯，主要表现为剽窃、篡改和仿制。这种侵权行为作用于作者创作思想的表现形式，而与作品的物化载体无关。例如，非法将他人创作的字画攫为己有，侵权行为涉及的是物体本身，即创作的物化载体，该行为应视为侵犯财产所有权的行为。如果行为人虽未占有这一字画，但擅自将其翻印出售，侵权行为涉及的则是无形的著作物本身，即作者创作思想的表现形式，该行为应视为侵犯著作权的行为。与有形财产的侵权行为不同，对作品的非法“占有”并不意味着权利人同时失去这种占有，对作品的非法“使用”也不排斥权利人对自己创造物的继续使用。这种行为之所以构成侵权，主要原因在于对著作权所有人专有、专用权利的侵犯，是对著作权绝对性和排他性的违反。

考虑到侵犯著作权行为的特点，我国的著作权法应对该行为的类型作出明文规定，以便昭示责任，制裁违法，保护权利。具体说来有下列几种：(1) 抄袭。即抄袭他人创作的作品以自己的名义发表。在社会生活中，抄袭、剽窃他人作品的现象十分严重。有些人不愿意艰苦创作，采取“拿来主义”，将别人的作品掐头去尾稍加改动，冒充自己的作品发表。这种行为既侵犯了作者的财产权，又侵犯了作者的人身权，是侵犯著作权行为的主要表现之一。在著作权实务中，必须注意抄袭与引用的区别。这里讲的引用，是指为了介绍、评论某一作品或说明某一问题，在自己的作品中适当引用他人已经发表的作品，属于“合理使用”的范围。引用他人作品的关键问题在于适当，引用多少才视为适当，对此大多数国家并未作具体规定，只是在发生著作权纠纷时由法院根据惯例来裁量。当然，也有一些国家通过著作权法实施细则或采取其他方式加以规定。如苏联的俄罗斯共和国著作权基本条例实施细则和英国作家协会与出版家协会签订的协议，都有适当引用标准的规定。为便于准确划清抄袭与引用的界限，我国的著作权法应对适当引用的问题作出具体规定，并可在著作权主管机关内设立著作权仲裁委员会，对该类案件或其他著作权纠纷进行裁定。(2) 非法复制。即以营利为目的，采用翻印、翻录、翻拍、仿造等手段复制他人有著作权的作品。这种行为在主观上表现为以营利为目的，在客观上有非法复制的事实。至于复制的数量，一般不作为构成侵权的依据，而是在侵权诉讼中作为制裁侵权人和补偿受害人的参考因素。非法复制的行为，在著作权实务中称为“海盗行为”。按照《版权和邻接权法律术语词汇》的说法，海盗行为即是“未经正当授权，为了公开发行而采取任何适当的方式复制已出版的作品或唱片以及重播他人的广播节目”。非法复制在侵犯著作权行为中是比较普遍、严重的一种，这种行为一般不涉及作者的人身权利，但往往对著作权所有人造成重大的经济损失。在国际图书贸易中，所谓“海盗版”问题还常常引起国家之间的纠纷和冲突。(3) 其他侵权行为。除抄袭、非法复制外，其他侵犯著作权的行为包括：强行署名，即自己并未参加创作，却强行以其他不正当手段在他人创作的作品上署上自己的姓名；侵占，即未经本单位或合作者的同意，将本单位集体创作的作品或与他人合作创作的作品，独自以个人名义发表；擅自发表，即未经作者或其合法继承人的同意，擅自发表他人未曾发表过的作品；擅自修改，即未经作者同意，对其作品进行实质性修改或有损于作者声誉的修改；拒付报酬，即对已经使用的作品，不按法律规定或当事人协议给付报酬的行为；此外还有出售、走私非法复制的图书或唱片，为擅自演出、翻印他人有著作权的作品提供便利等侵犯著作权的行为。

对侵犯著作权的行为，各国都规定有一定的处罚条款，这些条款通常散见于著作权法、民法和刑法之中。处罚可以分为民事制裁和刑事制裁两种。我国在过去一段时期里，对侵犯著作权的行为往往适用公开批评的道德规范，少数给予行政处理。即使在著作权诉讼中，也仅是适用民事制裁，一直未采取刑事制裁措施。目前世界大多数国家把侵犯著作权看作一种违法犯罪行为。人们普遍认为，在民事制裁之外，还应辅以刑事制裁，才能为保护著作权提供有效的手段。有鉴于此，可以参考我国商标法、专利法的已有做法，在将来的著作权法中对侵犯著作权的行为同时规定民事和刑事的制裁措施。

著作权客体论*

智力成果的商品化使当代中国文化呈现出勃勃生机。中国公民著作权意识的觉醒呼唤着著作权法的诞生。著作权法作为规范作者和其他著作权人行为和权利之法，其保护的对象正是人们在文学艺术和科学领域中所作出的创造性智力成果。但是，这种智力成果的内涵是什么，“从著作权制度创设至今，在国际上的各学术界和实务界中均视为一个最根本的难题”，在我国也曾引起了广泛的争论。值此我国著作权法颁布之际，从理论上探讨这一问题，将有助于正确把握法律制度的实质，以指导审判工作实践。在这里，笔者不揣浅陋，谈谈著作权客体的有关问题，以求教于各位读者。

一、著作权客体的基本特征

创造性的智力成果，根据其所表达的主题思想、解决的问题和自身的基本构成的不同，可以分为多种类型：对至今没有认识的、可以证明是正确的物质世界的现象、性质和法则的认识称为“发现”；利用自然规律解决技术领域中特定问题的方案表现为“发明创造”；区别商品的不同来源、具有识别作用的标志则谓为“商标”；而表现人类思想或情感的智力成果则叫作“作品”。在整个知识产权领域中，只有作品才能成为著作权的客体。作品作为人类文化的一

---

* 原载《中南政法学院学报》，1990（4）。

种形式，从它产生之日起，在法律上就具有了不同于其他智力成果的特征。

1. *在诸智力成果中，以作品受法律保护的要求最低*

在知识产权法律制度中，法律对各类成果的创造性要求是不尽相同的。科学发现作为描述和论证自然法则的新知识和新观念，其创造性在于发现未知、认识奥秘，即“前所未有性”。发明的创造性则是指与已有的技术相比，该发明具有突出的实质性特点和显著进步。换言之，发明必须达到“非显而易见性”的程度才能取得专利权。商标的创造性表现为必须具有显著特征、便于识别的特点，即在同一种或类似商品上的商标应该具有“易于区别性”。而著作权法对其客体的创造性作了最低限度的要求，即作品的创造性仅以独立构思和不抄袭他人的作品为限。凡是表达了作者的思想或情感的作品，不问其是否与他人作品题材类似、内容相同，只要具有“独创性”特点就可以受到著作权法的保护。

2. *在诸智力成果中，以法律对作品的保护方法最为简便*

法律对各类智力成果的保护，根据其性质不同而采取不同的保护方法。发明创造要取得专利法的保护，必须经过申请，报主管机关审查批准，并由该机关发给专利证书加以确认后才能取得专利权；商标专用权的产生，在绝大多数国家都要求依照法定程序申请注册，并经严格审查后才能享有。而著作权的取得则不同，除个别国家外，世界各国一般都采取了创作主义的保护原则，即作品一经作者创作出来，就可以自动受到法律保护，而不必经过严格审查的注册。这种保护方法适应了当今世界作品大量涌现的社会需要，避免了烦琐复杂的审批程序，有利于推动人类文化事业的繁荣和发展。

3. *在诸智力成果中，以作者对作品所享有的权利最为充分*

智力成果是人们在科学、技术和文化等精神领域中所创造出来的知识形态产品，其创作者对智力成果所享有的权利应为人身权和财产权的统一。在各类知识产权范畴中，商标权不直接涉及人身权的内容，专利权的价值取向也偏重于财产性质；而著作权则不同，其人身权与财产权都是著作权构成的重要支柱。在人身权中，以保护作者人身权利为宗旨，规定了作者身份权、发表权、署名权、作品完整权、修改权等；在财产权中，基于使用作品而规定了多项财产权利，包括复制权、发行权、展览权、表演权、播放权、电影权和演绎权等。可见，著作权的权利构成最为丰富，也可以说，著作权法通过对作品的保护而赋予作者的权利最为充分。

作品与其他智力成果的上述区别，决定了它自身具有的本质特征。一般来说，举凡文学、艺术和科学作品都是作者通过对客观现实的描述和借以表现的思想或情感的综合体现。具体地讲，作品的内容包括两个方面：一是作者对客观现象所作出的主观评价，二是作者对客观现象所作的描述。但是二者不是处于游离的状态，而是密不可分地融合在一起。如果说作品的内容是作品存在的基础；那么，作品的表现形式则是作品内容的组织构造或外在的物质显现。作品的表现形式，是著作人将无形、抽象的内容用语言、色彩、符号等表达媒体客观地表现于外部的一种物质手段。根据马克思主义的哲学原理，形式和内容是对立统一的关系，是同一事物的两个侧面。一部作品，当其内容存在于作者头脑中还未产生具体的表现形式的时候，著作权法是无法保护的；而当它借以某种形式显现出来，使他人得以感知时，作者的创造性劳动才有可能遭受他人侵犯，作者才需借助著作权法进行保护。

将作品的构成进行内容与形式的区分，在著作权法中有着极为特殊的意义。

第一，有利于实现著作权法的立法意图。现代意义的著作权法的产生既是为了保障作者及其他著作权人的合法权益，也是为了促进人类文化的进步，这两个作用在著作权法中表现得特别充分。因此，为了实现这两个作用只能对作品的某一构成部分进行保护。

第二，有利于界定作者权利行使的范围。著作权法规定作者权利之丰富，为其他智力成果的创造者所不能比拟。但是这些权利的行使绝不能表现在整个作品之上，因为作品中所反映的思想、观念是不允许垄断的。

第三，有利于著作权主管机关和司法机关正确处理著作权纠纷。除法律规定的某些情况外，凡未经著作权所有者的授权而擅自使用他人作品的行为都被视为侵权。作品的内容与形式，是判断是否侵权的一个最基本标准，也是著作权法对作品进行保护的一个基本立足点。

二、著作权客体的构成要素

就一般意义而言，作品是内容与表现形式的有机统一体。但是，著作权的客体绝不是整个作品的本身。其保护对象或是形式，或是内容，抑或是两者的结合？在这个问题上学者们有不同的看法。归纳起来大致有以下三种观点。

一是认为著作权保护的仅仅是作品的表现形式，即“特定概念或观念的表达，而非保护所表达的概念或观念本身”。美国1976年新著作权法对此作了明确规定：“著作人的作品的著作权保护不及于该作品中任何观念、步骤、过程、制度、操作方法、概念原理或表现，而不论其在该作品中被描述、解释、图解或具体表现形式如何。”该理论对各国著作权立法和司法实践影响至深。

二是认为著作权不仅保护作品的表现形式，而且还保护作品的内容。该学说的理由是：一部作品的形式只是一种物体的自然形式，如果著作权仅限于保护这种形式，则任意改编他人作品的行为也就成为合理。更有人认为著作权中的演绎权就是为保护作品的内容而设。

三是认为应将作品的内容与表现形式所表达的思想进行区别，著作权法保护作品的内容与形式，但不保护作品所体现的思想本身。这一观点可以说是第二种学说的衍生。

目前后两种学说在我国法学界越来越流行，对司法实践也带来了不可忽视的影响。近年来，许多著作权纠纷都直接或间接地涉及作品的形式与内容问题，如话剧剧本《天下第一楼》、电影剧本《彭大将军》等案件。因此，对著作权保护对象的理解不同，必然导致同类案件出现不同的法律后果的情况。所以说，这一问题是著作权客体理论的首要问题。

上述三种学说的分野在于是否对作品的内容进行保护。我们认为有必要首先对作品的内容构成作一具体分析。

根据文艺创作的一般理论，作品往往必须借助于构成作品内容的诸要素表现出来。作品的内容包括下列要素。

1. 题材

题材是作品中所描绘的能够表现主题思想的具体社会现象，如社会题材、军事题材、爱情题材等。题材存在于社会之中，它是作者借以表达自己主观思想的客观条件。为了促进人类文化的不断丰富和发展，法律不允许对题材进行独占垄断。凡是自然世界或人类社会本身提供给人们的各种事物现象，人们都可以用各种不同的创作手法予以表现。因此，对这一要素，著作权法是不宜保护的。

2. 主题

主题是作品所描述的社会生活或客观现象所显示出来的贯穿全篇的中心思想，也就是作品所显示的总的思想意义。任何作品都不可能没有主题，因为作者进行创作和研究不可能是无目的的，他们总是要把自己在现实生活中所感受和理解的东西，通过对自己研究对象的描述而传达给人们，并用来揭示某个问题、表达某种见解和表示某种态度。在科学作品中，作品的主题主要是用抽象的方式通过理性思维表现出来；而文学和艺术作品则是通过形象画面自然地流露出来。主题贯穿于作品的始终，是作品的灵魂。但就主题本身来讲，作为作品所显示的总的思想含义，同样不能被人所垄断，同一主题可以为多人采取各种形式进行表现。

3. 概念和事实

概念（或称观念）在这里统指作品所要传授给全社会的作者的想法和对事物的评价。事实则是作者所要告诉读者某一事物的发展过程和规律。也就是说，二者都是作者所要传播出来的知识。从实际功能的角度讲，作者是不会反对读者利用这些知识的。如一篇文章告诉人们如何烹调，作者不会阻止读者实际操作文章中所传授的方法。因而就著作权法的本质而言，对于作品内容的这一构成要素，它无法实施保护。

4. 情节

情节是展示事物、人物性格，表现人物相互关系的一系列生活事件的发展过程，它包括开端、发展、变化、高潮和结局等组成部分。就文学和艺术作品来讲，情节是作品内容的重要组成部分，而科学作品（包括某些证论性文学作品）主要是反映一个逻辑推理的抽象过程，一般并不具备情节这一要素。对于具有情节要素的文艺作品来说，单纯的情节，包括事实情节（即事物的发展过程本身如此）和拟制情节（即作者创作出的矛盾冲突过程）都不可能受到著作权法的保护。因为情节的作用在于展示人物性格的表现主题，并包含有具体事件的矛盾冲突，如果法律对此给予保护，势必会涉及法律对于作者通过作品反映生活的干预，已经超出著作权法的领域。事实上，世上已存的浩繁文学作品，情节雷同的并非绝无仅有，在司法实践中也很难去具体判断某一情节“归谁所有”。因此，我们认为，对于单纯的情节，著作权法不会也不应该给予保护。但是，如果情节被赋予了特定的环境、特定的题材和特定的人物，这一情节的发展序列就应该受到著作权法的保护。但保护的对象不是情节的本身，而是作为组织和安排情节的表现方式结构，我们将在下面着重探讨。

通过上述对作品内容构成要素的逐一分析，我们可以得出下列结论：任何作品的内容无论反映哪一种现象和事实，都是作者思想观念的集中反映。赋予作者对其思想的垄断权，必然会禁锢人类文化的发展，阻滞作品的广泛传播。因此，那种认为著作权法应保护作品内容的观点是不恰当的。

排除了著作权法对作品内容进行保护后，现在的问题是，仅仅保护作品的表现形式，是否足以抵御他人对作品所造成的侵害。我们认为，与作品内容相对应的作品表现形式，也是作者创造性智力成果的有机组成部分，并且是作品完成的一种最终形态。就著作权法理论来说，作品表现形式应包括如下要素。

1. 符号

符号作为作品表现形式的第一要素，在不同类型的作品中有着各自的表现特征。它在文字作品中表现为语言，在美术作品中表现为色彩和线条，在音乐作品中表现为旋律。以文字作品为例，语言是塑造形象和典型、阐述观点、反映现实的一种工具，自然应该受到著作权法的保护。但是，绝非所有的语言都可以受到保护，法律所保护的语言应具有三个条件：第一，必须反映一定的内容，即必须描述作者的思想、概念或观念；第二，必须能够用物质方法显现出来，例如用文字记录等；第三，必须具有独创性，而不是个别的、孤立的或抄袭剽窃他人的。

2. 结构

结构是指对作品总体的组织和安排。作者对表达自己所要表达的主题，往往必须考虑如何组织材料、如何安排人物、处理情节以及篇章的呼应等等。这种总体上的安排正是作者创造性脑力劳动最为充分和最为关键的外在体现。就作品而言，其作用就是将作品的各个内容要素和各个部分组成一个有机整体，使作者的思想理论得以完整地阐述。在一部具体的作品中，作者正是利用结构这一要素，将语言、色彩、线条、旋律和节奏等符号通过各种不同的形式和体裁充分地展示作品的内容，并禁止他人擅自对作品进行改写、翻译和改编。因此笔者认为，在著作权法中，作品的演绎权就是为了保护作品的结构而设立的。

3. 体裁

体裁是指作品的类别，也是作品的表现形式之一。各种体裁在反映现实生活以及表现作品内容的发展过程中，逐渐形成了多样化的特点。以文学作品为例，体裁大体上可以分为诗歌、小说、戏剧、散文、电影文学和说唱文学等等。体裁是人类长期艺术实践的产物，是随着社会生活的发展而不断丰富、发展的。著作权法对体裁的保护相对较弱，只有当体裁与作品表现形式的其他要素相结合共同表现作品内容时，才能成为保护对象，单纯的体裁本身并不能受到保护。

综上所述，符号、结构和体裁等要素共同构成了作品的表现形式。三者并不是处于分散游离状态，而是密不可分地联系在一起，使作品的内容得以充分、完整地表现。著作权法以此作为保护对象，有助于达到既保护作者的合法权益，又有利于作品广泛传播和交流的双重目的。

三、著作权客体受保护的法定条件

作为著作权法保护对象的作品，必须具有一定的条件。作品的法定保护条件，是著作权客体的又一重要理论问题。在我国，有的学者认为一部作品要取得著作权必须符合两个条件，即独创性和固定性。有的学者则认为，作品的保护条件“一为特定内容，二为客观表达”。我们认为，上述两种观点都具有一定的片面性：前者虽然适合于一般作品的特点，但就目前出现的作品形式而言，却显得并不周延。一方面，它可能将一些作品排斥在著作权法的保护范围之外；另一方面，又可能将一些不受著作权法保护的作品包含在内，容易产生歧义。而后者则将著作权法意义中的作品与一般意义的作品混淆起来，致使著作权法中的作品范围大到了漫无边际的地步，似不足取。所谓法定条件，应是客体物受到法律保护的根据。

从法律上说，一部作品要取得著作权必须具备下列条件。

1. 作品必须反映一定的思想或情感

反映一定的思想和情感，是指作品必须反映一定的内容，即作者通过创作作品而将自己的创作意图呈现出来的状态。因此，某些单纯的摘录、素材的收集记录等则不能认为是著作权意义上的作品。因为这些收集摘录仅仅是事实的堆砌，而未具体、完整地反映作者所要表达的思想情感。强调这一条件，并不以表现作品的符号为标准。以我国最短的一首诗“婚姻，网”为例，虽然仅三个字，但同样已经完整地反映出了作者的思想情感，因此应享有著作权。与此相反，要想对一幅现代作品作出判断并非轻而易举。例如，美国先锋派画家曾将浴室中的小便池直接送进展厅，定名为《泉》进行公开展出。从著作权理论上讲，这一物品只是既存的机械制品，不是作者创造性劳动的智力成果，因此不能说是著作权法意义上的作品。

2. 作品必须具有独创性

作品的独创性，是法律保护作品表现形式的客观依据，也是作品获得著作权的最主要条件之一。根据世界知识产权组织所作出的权威性解释，作品的独创性是指“作品是作者自己的创作，完全不是或基本上不是从另一作品抄袭来的”。由此可见，作品的独创性是法律保护的前提，也是认定抄袭侵权行为的根据。

为了鼓励作者创作更加广泛、丰富的作品，以促进科学文化事业的发展，著作权法对作品的独创性要求是比较低的，只要是作者自己独立的创作，即应视为具备独创性。至于作品的用途、价值和社会评价则并不重要。一件作品即使内容受到批评，其风格受到指责，不失为著作权法意义上的作品。反之，抄袭、剽窃他人作品而进行的所谓创作，不仅不能受到保护，而且还应承担相应的法律责任。

3. 作品必须具有固定性

作品的固定性是指作品能以某种物质形式固定下来，从而为其他人所利用。作品是否应附着于一定的载体上，是由国家根据自己的实际情况加以规定的。以法国为代表的大陆法系国家奉行保护“创作自由”这一天赋人权的原则，大抵规定作者只要是基于创作这一事实，其作品即可取得著作权，并不强调作品的物质固定性。而英美法系国家则以维护作品的财产权利为其最高宗旨，强调作品非经固定不得取得著作权。例如，美国《著作权法》第10条规定：“作品须以现在已知或以后发展的方法固定于其中的物体，通过该物体可直接地或借助于机器或装置感知、复制或用其他方式传播该作品。”

在我国，有些学者认为，表现形式是否需要物质固定形态并不产生实质性差别；强调固定性，势必将一些作品排斥在著作权法保护之外。笔者认为，著作权的客体，绝不等同于文学、艺术和科学领域中的所有作品。法律给予保护的作品，只能是容易取得保护的部分。强调作品的固定性，具有下列不可忽视的意义：第一，作品的固定性是作者及其他著作权人所享有的某些人身权利和财产权利赖以产生的基础。诸如署名权、发表权、作品收回权乃至整个财产权利，均以作品的物质表现形态的固定为前提。如果作品不具有物质固定性，这些权利也就形同虚设而变得毫无意义。换句话说，作品没有以某种物质形态加以固定，作者的著作权往往不易确定，而且容易发生权益争议。第二，作品的物质固定性也是作品进行传播的基础。著作权法以保护作者合法权益、鼓励创作、推动文化的繁荣和发展为宗旨，强调作品物质固定性的实质在于通过各种形式使公众感知作者创作的作品。事实上，大多数作品都是自然地附着于载体上的，如图书、磁带、唱片等。因此，强调这一条件不会显得太苛刻，至于某些口头作品，如演说、讲话等，则可以视为这一基本条件的例外。

4. 作品必须具有可复制性

作品一经创作出来，即成为人类文化的一个组成部分，必须为他人所自由利用。基于传播的角度考虑，它要求作品可以通过印刷、绘画、电影、图形和摄影等各种手段予以复制，因此，著作权法所称的作品应具有可复制性这一条件。作品的可复制性与作品的物质固定性紧密相连，但二者是不同的两个条件：作品的物质固定性强调的是作品必须具有一定的物质形态，即必须附着于一定的载体上面；作品的可复制性则强调作品所具有的物质形态可以为他人利用，它们是不可互相代替的。一部作品可能具有某种固定的物质表现形态，但在一定条件下，复制则可能遇到某种困难，如全息摄影作品，经过加入保护装置的计算机软件等。不过，这并不能排斥将可复制性作为著作权作品的必备条件。

四、著作权客体的排除领域

如前所述，凡是符合法定条件的作品，一般都可以受到著作权法的保护。但是，立法者基于国家文化政策的需要，一般都明确规定对某些作品不予保护。这些作品实际上构成了著作权客体的排除领域。

综合各国立法，不受著作权法保护的作品大体上有以下几种类型。

1. 未列入著作权法保护领域的作品

作品是著作权客体的概称。它包括文学作品、音乐作品、戏剧作品、舞蹈作品、美术作品、摄影作品、电影作品、文集作品、演绎作品等多种类型。著作权客体范围的大小取决于社会经济发展水平和各国文化政策的需要，不同历史时期、不同的国家关于作品的保护范围的规定是不尽相同的。例如，1842年英国著作权法增加了音乐作品；1865年美国著作权法增加了摄影作品；1985年法国著作权法增加了节目与杂技、广告作品、计算机程序等，这即是说，在该法律修订之前，此类作品虽具备著作权客体的一般条件，但却仍然不受法律保护。

2. 具有公务或公益性质的作品

国家政权机关及有关部门公布的法律、条例、规章、决议、通知、命令、判决等法律文件及政府官方文件，以及报纸、杂志、电视、广播等新闻媒介公开发布的时事新闻和消息等，虽具备著作权客体的一般特征，但各国法律大抵不予保护，以有利于上述作品得以广泛传播和不受任何阻碍地利用。

3. 不具备著作权客体条件的作品

这类作品主要包括三类：一是没有创造性或属于常识性的作品，如简单的标语、名单、日历、度量衡表等；二是符号简单排列或内容单纯列举的作品，如常见的图案、排字装饰、字母等；三是用来记录知识而本身不表达知识的作品，如账簿、银行票据、成绩单、地址本、报告表等。

借鉴国外立法经验，结合我国国情，我国著作权法将上述作品列为著作权客体的排除领域。对于上述问题，理论界持异议者不多。但是，下面两个问题存在争议：一是作品的有益性问题。有人提出，著作权法应明文规定内容反动、淫秽的作品不得列入著作权客体的范围。也有人认为，作品的有益性不应成为著作权客体的条件。我国是社会主义国家，文学、艺术和科学事业必须坚持为人民服务、为社会主义服务的方向，著作权法的立法宗旨是，既保护作者的合法权益，同时又鼓励有益于社会主义文明建设的作品的创作和传播。为此，著作权法将依法禁止出版、传播的作品列为著作权客体的排除领域，并规定作者行使著作权必须合法的义务。这一规定符合我国国情，也与著作权的本旨一致。至于禁止何种作品出版和传播，由于著作权法的职能所限，未作具体规定。但关于作品有益性的判断问题，我国可以参照其他一些国家的做法，对此类作品交由法院或著作权主管机关依法作出拒绝保护的判决和裁定。二是作品的文学性、艺术性和科学性问题。有人认为，著作权法保护的是文学、艺术和科学作品，超出该范围的智力成果不能成为著作权法的保护对象。这种看法显然是大大地扩展了著作权客体的排除领域，未免有失偏颇。如何认定作品的文学性、艺术性和科学性是一件非常困难的事情。一部作品是否具有上述特点，并不能依靠法院的审理活动来决定。目前许多国家对于私人之间的通信、日记等进行保护，其立法着眼于作品是否具有独创性，而不强调作品的文学性、艺术性和科学性。在我国的著作权实务中，将节目预告表、火车时刻表等列入著作权保护范围，并不是保护预告表、时刻表的内容，而是保护这些作品的独创性编排形式。我们认为：著作权法之所以规定其保护范围是文学、艺术和科学作品，并非强调作品本身所反映的风格和特征，而是为了与机械制品区别开来。单纯的机械制成品，如桌子、椅子、机器和零件本身并未表达人类的思想情感，因而不受著作权法的保护。

总之，关于著作权客体保护范围和排除领域的问题必须着眼于作品的表现形态和作品的法定条件，只有准确地把握该智力成果的内涵，才能作出科学的解释和正确的结论。

关于“著作权保护思想的表现形式”理论的辨析*

著作权保护思想的表现形式，而不保护思想本身，是著作权保护的基本原理。我国著作权法颁布以后，关于这一理论如何运用的问题已经引起人们的关注。为了准确和客观地把握这一理论，避免产生认识上的混乱，以指导著作权审判实践，本文拟就这一理论的若干问题进行探讨。

一、作品“思想”和“形式”两分法导入著作权理论的历史轨迹

迄今为止，我国著作权理论界对这一理论的正确性尚未有人提出怀疑，然而对这一理论的理解却是五花八门。为了对这一理论的内涵作出正确的解释，我们有必要回顾一下这一理论产生的历史轨迹。

众所周知，世界上第一部关于著作权的立法是英国于 1709 年颁布的《安娜法令》。在这部法令中，它所保护的对象仅限于当时迫切需要保护的智力成果——书籍。诚如法令中所指出的：“为防止这种业务行为（指擅自翻印），并为鼓励学者努力著述有价值的书籍，特制定本法案。”显然，支撑这部法律的基本理论是所谓的精神所有权论。它将作品与作品有形化之“书籍”合二为一，共同成为有形财产所有权的对象。囿于当时的历史环境和立法水平，还不

* 原载《著作权》，1991（3）。

可能提出区分两者的先进理论。

到了 18 世纪下半期，德国著作权专家 Cella 在 1784 年的一篇论文中开始注意到了作品与构成其内容的社会事实或事件的区别。他认为，后者并不能成为所有权的客体。换句话说，即不能由作者排除第三人对作品的内容进行自由利用。虽然 Cella 未能详细论证这一观点，但显然将作品进行某种区分的观点已经被正式提出。到了 18 世纪末，另一位德国专家 Fiche 首次将哲学上的一般概念——“形式”和“素材”导入了作品之中，Fiche 认为，作品与把它有形化的书籍应该加以区分。同时作品本身又可以分成“思想内容”和“思想的表达形式”两个部分。他明确指出，作品的“形式”应归作者而具有所有权，而作品的“内容”则在作品公开发表以后脱离作者之手而成为公众的共有物。这一观点带来了著作权理论上的一次飞跃。

作品“二分法”虽然在理论上日显成熟，但运用到司法实践中去经历了一个较长的过程。直到 1858 年，美国 Erle 法官才在审理案件时宣称：权利主张并不能及于思想（idea）。随后，美国法院即正式建立了概念、思想与表现形式二分法的理论。这即是世界著作权学界盛行的一条基本原理：著作权保护思想的表现形式，而不保护所表达的思想本身。

著作权保护作品的理论在近百年的时间内由单一的书籍最终落于作品的表现形式并不是偶然的，而是生产力不断深化发展的必然反映。正如联合国教科文组织在《版权基本知识》一书的前言中所揭示的：“就 18 世纪法律脱胎而成的著作权的原始结构而言，著作权在理论上是不可侵犯的和绝对的，是不可割裂的和专有的。但是伴随着科学和工业发展而来的经济、政治和社会结构的演化表明，有几种权利是可以并存的，这就是作者对其作品所享有的属于金钱和精神性质的权利，以及公众进行研究、从事学术活动和掌握知识的权利。”这种保护对象的逐渐演化并不是人们的随意畅想。这一理论的提出，至少直接证明了著作权法的一个基本作用：一方面，它保障作者及其他著作权人对其创造性表现自己思想所享有的著作权；另一方面，它也强调了对著作权人的保护不能影响他人对作品的利用和传播。二者之间的微妙平衡，使得著作权法担负起了一种天平砝码的作用。反过来讲，著作权法这一作用本身又是我们理解这一理论的着眼点。

二、思想、表现形式等要素的深层分析

对作品中所反映的思想，著作权法不予保护，人们对此并无异议。然而由此基本理论所产生的一个副命题即对作品的内容是否保护则引起了广泛的争议。有的人认为，著作权不仅保护作品的表现形式而且保护作品的内容。该学说的理由是：一部作品的形式只是一种物体的自然形式，如果著作权仅限于保护这种形式，则任意改编他人作品的行为也将得到保护。因此，他们认为著作权中的演绎权就是为保护作品的内容而设的。这一观点目前已经直接影响到了审判实践，有必要加以澄清。

根据文艺创作的一般理论，作品是内容和表现形式的有机统一体。作品正是通过内容和形式的诸构成要素表现出来的。因此，我认为有必要首先对作品的内容构成作一具体分析。一般认为，作品的内容包括下列要素。

(一) 题材

题材是作品中所描绘的能够表现主题思想的具体社会现象，如社会题材、军事题材、爱情题材等等。题材存在于社会之中，它是作者借以表达自己主观思想的客观条件。为了促进人类文化的不断丰富和发展，法律不允许对题材进行独占垄断。凡是自然界或人类社会本身提供给人们的各种事物现象，人们都可以用各种不同的创作手法予以表现。

(二) 主题

主题是作品所描述的社会生活或客观现象所显示出来的贯穿全篇的中心思想，也就是作品所显示的总的思想意义。任何作品都不可能没有主题，因为作者进行创作和研究不可能是无目的的。他们总是要把自己在现实生活中所感受和理解的东西，通过对自己研究对象的描述而传达给人们，并用来揭示某个问题、表达某种见解和表示某种态度。在科学作品中，作品的主题主要是用抽象的方式通过理性思维表现出来，而文学和艺术作品则是通过形象画面自然地流露出来。主题贯穿于作品的始终，是作品的灵魂。但就主题本身来讲，作为作品所显示的总的思想含义，同样不能被人所垄断。同一主题可以为多人采取各种形式进行表现。

（三）概念和事实

概念（或称观念）在这里统指作品所要传授给全社会的作者的想法和对事物的评价。事实则是作者所要告诉读者某一事物的发展过程和规律。也就是说，二者都是作者所要传播的知识。从实际功能的角度讲，作者不会反对读者利用这些知识。如一篇作品告诉人们如何烹调，作者不会阻止读者实际操作文章中所传授的方法。因而，就著作权法的本质而言，对作品内容的这一构成要素，它无法实施保护。

（四）情节

情节是展示事物与人物性格、表现人物相互关系的一系列生活事件的发展过程。它包括开端、发展、交代、高潮和结局等组成部分。就文艺作品来讲，情节是作品内容的重要组成部分；而科学作品（包括某些证论性文学作品）主要反映一个逻辑推理的抽象过程，一般并不具备情节这一要素。对于具有情节这一要素的文艺作品来说，单纯的情节，包括事实情节（即事物的发展过程本身如此）和拟制情节（即作者创作出的矛盾冲突过程）都不可能受到著作权法的保护。因为情节的作用在于展示人物性格、表现主题，并包含有具体事件的矛盾冲突。如果法律对此给予保护，势必会涉及法律对于作者通过作品反映生活的干预。这显然已超出著作权法的领域。事实上，世上既存的文学作品，情节雷同的并非绝无仅有。因此我们认为对于单纯情节，著作权法不会也不应该给予保护。但是，如果情节被赋予了特定环境特定的题材和特定的人物，这一情节的发展序列就应该受到著作权法的保护。但保护的对象不是情节的本身，而是作为组织和安排情节的表现方式——结构。笔者将在下面着重探讨。

通过上述对作品内容构成要素的逐一分析，我们可以得出下列结论：作品的思想和内容均是作者观念的反映，两者实际上是同一概念，是表现形式的对应。赋予作者对其思想内容的垄断权必然会禁锢人类文化的发展，阻滞作品的广泛传播。因此，那种认为著作权法应保护作品内容的观点是不恰当的。

与作品内容相对应的作品表现形式，也是作者创造性智力成果的有机组成部分，并且是作品完成的一种最终形态。作品的表现形式由下列要素构成：

（五）符号

符号作为作品表现形式的第一要素，在不同类型的作品中有着各自的表现特征。它在文字作品中表现为语言，在美术作品中表现为线条和色彩，在音乐作品中表现为旋律。

（六）结构

结构是指对作品总体的组织和安排。作者为表达自己所要表达的主题，往往必须考虑如何组织材料，如何安排人物、处理情节以及篇章的呼应等。这种总体上的安排正是作者创造性脑力劳动最为充分和最为关键的外在体现。

除上述两个基本要素外，形式要素还包括体裁、韵律等。这些要素并不是处于分散游离状态，而是密不可分地联系在一起，使作品的内容得以充分、完整地表现。

三、保护表现形式足以抵御他人对著作权的侵害

通过上述对作品内容的分析，可以看出作品内容的任何构成要素均不符合著作权法保护的条件。那么，仅仅保护作品的思想表现形式是否足以抵御他人对作品的侵害？下面我们就目前颇有争议的问题进行分析回答。

（一）关于情节问题

情节是否受到保护的焦点在于情节虽然是作品的内容之一，但它又是反映作品主题的工具。一些论述著作权的著作在论及形式和内容（思想）的关系时往往避开对情节问题的探讨，“作者们总是用那些具有某种‘功能’描述性的作品支持自己的观点”①，致使不少人认为情节安排既然是作者的创造性劳动，那么它就应该受到保护。我们认为，情节作为作品的内容构成要素之一，它不应该受到保护，但是情节如果被赋予了特定的环境、特定的题材和特定的人物，那么这一情节的发展序列就可能受到保护。因为反映情节序列是通过结构表现出来的。结构在组织和安排情节方面的作用就在于它将作品的各个情节要素组成一个有机整体，从而使作品的内容得以完整地阐述。因此，与其说著作权保护情节，不如说它仍然是保护反映情节的表现形式之一——结构。

① 唐广良：《论版权中的精神权利》，载《版权参考资料》，1990（6）。

（二）关于演绎权的功能问题

主张“保护作品内容说”的学者均认为，演绎权的设立就是为了保护作品的内容。他们对下列问题感到迷惑不解：如果著作权仅仅保护作品的表现形式，那么他人完全改变作品的表现形式，如将小说改编成电影、一部作品翻译成另一种文字等岂不变成合法？对此，我们稍加分析就可以看出这一设问本身就存在着一个重大缺陷，即演绎时是否完全改变了原作品的表现形式？如前所述，表现形式包括符号和体裁等。即使是符号、体裁改变得面目全非，但结构却是始终不会改变的，否则演绎者就不是在演绎作品而是在创造新的作品了。当然这里所说的结构不变并不完全是指纵式结构，有些改编者将原作品在前后、人物处理等方面作了某些局部调整，但总体结构并未改变，因此仍然是演绎作品，如果这种演绎未经著作权人同意，则构成侵权。以电影《末代皇帝》为例，该影片将原传记文学《我的前半生》按时间顺序安排的结构作了完全的改变，但在某些局部结构上，如进宫、成亲、建立满洲国、战犯改造等方面则完全依照了原作品。因此，电影《末代皇帝》仍然是《我的前半生》的演绎作品。

（三）关于抄袭的认定问题

抄袭，是指将他人的作品或其中的一部分原样或做某种程度改变之后冒充自己的作品发表的行为。在抄袭的认定中，完全照搬原作的情况一般较好认定。对于某些内容上基本相同，而仅在形式上加以变化的作品的认定则较为困难。但是我们仍然可以从结构上去进行判断，这种抄袭虽然改头换面，但在作品的整体上如果与原作品一样，则可以认定为抄袭。当然这只是认定的条件之一，还必须结合其他条件一起，才能作出符合实际的判断。

综上所述，著作权保护作品的思想表现形式而不保护思想本身，并不能理解为可以保护作品的内容。任何附加于这一基本原理之外的保护，都不能达到既保护作者的合法权益，又有利于作品广泛传播和交流的双重目的。

社会主义商品关系与民法平等原则*

平等原则是民法的基本原则。它集中体现了商品经济规律的属性，是民法自身特色的典型表现。在历史上，不同类型的民事法律制度，其阶级性质有别，但大抵都把平等原则作为立法的指导思想和调整商品关系的基本方针。

一、商品经济的基本特点及民法调整要求

“民法准则只是以法的形式表现了社会的经济生活条件”①。这种经济生活条件的内容，具体表现为商品经济的一般要求。我们知道，民法的产生和发展，同一定社会的商品关系有密切的联系。民法从一开始就是建立在商品生产和价值规律作用的基础之上的，其任务在于为商品关系赖以正常进行的经济条件提供法律上的保障。这就决定了民法在调整这种社会关系时，必须遵循客观经济规律的要求，并把这种客观规律上升为主观法则。

商品生产是不同的所有者基于各自的经济利益，以交换为目的而进行的生产。商品交换是按照商品中包含的价值量即社会必要劳动时间来实现的。这是商品经济的鲜明特征。民法所反映的商品经济的一切要求，具有以下特点。

1. 交换主体的独立性。商品关系产生的决定性因素，在于生产者是生产资料和劳动产品的独立的所有者。交换的前提是双方必须处于平等地位，都承

---

* 原载《中南政法学院学报》，1986（4）。

① 《马克思恩格斯选集》，3版，第4卷，259页，北京，人民出版社，2012。

认对方是其商品的单独全权主人，只有这样才能实行等量劳动之间的交换。如同马克思所指出的，在商品流通中，参加交换的个人就已经默认彼此是平等的个人，是他们用来交换的财物的所有者。① 在私有制的条件下，交换主体以独立的私有者的身份出现，自由地进行商品交换活动，由此达到了私有制和商品交换基础上的平等。由于这一特性的存在，产生了这样的法律要求：交换双方在法律上必须具有自己的人格，都是独立的民事主体，能够在平等的基础上进行民事流转。这种法律要求就是权利能力平等原则赖以产生的基础。

2. 交换行为的自由性。在商品生产者社会中，发达的社会分工把无数个商品生产者联结起来，而不同的所有制关系早使得无数个商品所有者在市场上相互对立。因此，参加财产流转的双方只能各自、独立地表示意思，而不能由一方把意志强加于另一方。商品交换是“自愿的交易”，“任何一方都不使用暴力”②，换言之，只有当双方的意思表示一致，财产流转才能发生，也就是马克思《资本论》中所说的那样：“为了使这些物作为商品彼此发生关系，商品监护人必须作为有自己的意志体现在这些物中的人彼此发生关系，因此，一方只有符合另一方的意志，就是说每一方只有通过双方共同一致的意志行为，才能让渡自己的商品，占有别人的商品。”③ 民法为了保证交换行为的正常进行，把这种交换规则概括为意思表示自愿的法律原则，以此作为权利主体相互关系平等的前提和核心。

3. 交换价值的等量性。商品交换的规律是等价交换。按照这一规律，商品的交换同生产商品所消耗的社会必要劳动量是相适应的。恩格斯指出，“在这里，不仅花在这些产品上的劳动时间对互相交换的产品量的数量规定来说是唯一合适的尺度；在这里，也根本不可能有别的尺度”④。如果商品生产者“在交换中得不到等价物，就不会把他们所耗费的劳动时间白白送给别人”⑤。由此可见，商品中包含的价值量，即社会必要劳动量，是衡量交换价值的唯一

① 参见《马克思恩格斯全集》，1版，第46卷上，196页，北京，人民出版社，1979。
② 《马克思恩格斯全集》，1版，第46卷上，196页，北京，人民出版社，1979。
③ 《资本论》，2版，第1卷，103页，北京，人民出版社，2004。
④ 《马克思恩格斯全集》，1版，第25卷，1016页，北京，人民出版社，1974。
⑤ 《马克思恩格斯全集》，1版，第25卷，1018页，北京，人民出版社，1974。

标准。由于价值规律作用，当事人在财产流转关系中，必然要遵循等量交换的客观要求，因此交换应该是有偿的、互利的。当其财产利益受到损害时，必须得到同等价值的补偿。这样，商品关系的价值规律，有必要通过法律的形式而确认为民法的价值法则，即经济利益等价的原则。

4. 交换标的的关联性。商品关系是通过物与物的交换来实现劳动交换的社会经济关系。交换过程既是使用价值让渡，又是价值的实现。这就是说：商品生产者一方面让渡自己的商品，把使用价值移转给他人（出让所有权）；同时又在市场上换得同量的其他物品，使价值得以实现（取得价金或其他等价物）。马克思曾经这样描述商品交换的过程："两个所有者都不得不放弃自己的私有财产，不过，是在确认私有权的同时放弃的，或者是在私有权关系的范围内放弃的。"[①] 对于某一商品来讲，一方丧失权利，而另一方则取得权利；对于相应的另一商品来讲，一方取得权利，而另一方则丧失权利。这一特性在民事法律关系中则表现为主体双方权利义务的对等性，即当事人双方享有权利必须同时承担义务，一方的权利同时就是另一方的义务。基于确认这一交换规则的需要，构成了权利义务对等的法律原则。

上述四种特性贯穿于商品交换的全过程，涉及商品交换的主体和客体、行为和价值等各个方面，是商品经济规律的表现。这种客观规律决定了主观法则即民法平等原则的内容范围。因此，我们可以认为，权利能力平等、意思表示自愿、经济利益等价、权利义务对等构成了民法平等原则的完整内容。它们作为民法基本原则和方法，归根结底是为一定社会商品生产和商品交换服务的。

二、民法的历史发展与平等原则的确立

平等不是抽象的观念，它是历史的现象和产物，有着深刻的阶级内容。平等作为古老的民法原则，最初是同奴隶制的民主政治联系在一起的。公元前5世纪，古代政治家伯里克里斯在《雅典阵亡将士国葬典礼的演说》中，热情地赞颂了雅典城邦的民主政体："在公民私权方面，法律面前，人人平等。"把平

① 《马克思恩格斯全集》，1版，第42卷，26～27页，北京，人民出版社，1979。

等运用于具体的法律原则，以调整不同身份的人们之间的民事关系，始于罗马法。在罗马法体系中，市民法和万民法曾经长期分立并存。只有罗马市民才能适用市民法，并享有市民法规定的种种权利；而对于罗马臣民来说，尽管是自由人，却只能由万民法调整，不享有市民法上的权利。直到帝国时期，罗马皇帝逐步授予各行省臣民以市民权，才开始实现自由民内部的私人平等。罗马法所确认的这种平等，是建立在私有制简单商品生产基础上的平等。商品关系的本质属性所要求的独立人格权、财产自主权、订约自由权，在罗马私法中得到充分的实现。正是“在这种平等的基础上罗马法发展起来了”①。

在资本主义社会，高度发展的商品经济要求资产阶级民法进一步确立平等原则，随着资本主义的发展，大规模的贸易要求商品所有者拥有以平等权利进行交换的自由；劳动力市场要求一无所有的“自由”工人能够“平等”地与占有生产资料的工厂主订立契约。因此，资产阶级在取得政权以后，都在自己的私法领域中规定了平等原则。世界上第一部资产阶级民法典《法国民法典》明确宣布“一切法国人均享有民事权利”（第 8 条），并规定“民事权利的行使，不以按照宪法与选举法所取得的政治权利为条件”（第 7 条）。类似的条文在其他资本主义国家的民法中都有所反映。资产阶级民法的平等原则，是以自然法学说和人权思想作为其理论基础的。资产阶级把人权归结为平等、自由、安全和财产，并把这称之为自然的和不可剥夺的权利。在他们看来，民事权利不过是人权的引申和具体化。平等这项人权的实质意义在于承认资产阶级个人具有独立、平等的地位。资产阶级法律彻底否认封建主、行会师傅、城市商人、自由农民这些属于不同阶层、享有不同权利的等级划分，而把这些民事主体统称为公民。自由这项人权，表明资产阶级个人具有意思自治的能力。资产阶级法律保障他们自由经营、自由竞争、自由积聚财富的权利，排除封建社会中国家、教会和封建主对民事活动的专横干预。安全和财产这两项人权，意味着资产阶级个人拥有任意使用和处理自己财产的权利。资产阶级法律确认私有财产不再是封建王权赋予的结果，而是天赋人权的自然延伸。正是在这种人权思想的指导下，以权利能力平等和个人意思自治为基本内容的平等原则同私有财产

① ［德］恩格斯：《反杜林论》，107 页，北京，人民出版社，1999。

神圣原则构成了资产阶级民法的最基本原则。

苏联十月社会主义革命以后，历史上第一次出现了社会主义类型的民法。1922 年的苏俄民法典，是在实行新经济政策时期制定的。它明确承认公民权利能力平等（第 4 条），企业财产独立（第 19 条），没有真意的法律行为无效（第 32 条），合同双方互相担负义务（第 139 条）。这些包含了民法平等原则的基本内容，充分反映社会主义商品经济规律和列宁按商业原则管理经济的思想。列宁逝世后很长一个时期内，在苏联占领导地位的经济理论不承认社会主义社会存在着商品经济，不承认价值规律在社会经济领域中的调节作用。因此，这一时期，苏联学者未能明确提出民法调整商品关系和运用平等原则调整商品关系的课题。20 世纪 60 年代初期，苏联对社会主义制度下的商品经济的认识有所变化。1961 年 12 月通过的《苏联和各加盟共和国民事立法纲要》（简称《纲要》）指出，“苏维埃民事立法，调整在共产主义建设中由于利用商品货币形式而引起的财产关系。”苏联法学家在解释《纲要》时认为，“民法所调整的社会关系具有两个特征，一是以商品货币形式为前提条件，二是这些关系的参加者一律平等，平等是民事法律调整的显著特征。”勃拉杜西更为明确地说，“商品生产意味着等价性，价值的平等性……在这个意义上的基于商品生产而产生的财产关系参加者的平等性。”① 显然，苏联法学家已经开始认识到民法调整对象与商品关系、民法平等原则与商品经济规律的某种联系。

历史的考察说明，商品生产社会经历了简单商品生产、资本主义商品生产和社会主义商品生产三个不同时期，而平等原则作为调整商品关系的基本方针，在不同历史类型的民法中都得到反映和确认。

三、社会主义商品经济调整中的民法平等原则

在一定社会中，只要有商品关系的存在，就会有调整该社会商品关系的民法，而平等原则也必然会作为民事立法的基本原则发生作用。我国是社会主义国家，实行的是有计划的商品经济，同样概莫能外。但是，我国的平等原则不

---

① 转引自中国人民大学法律系民法教研室编《外国民法论文选》，中国人民大学校内用书，1978。

再属于传统的私法领域，而具有中国社会主义的性质和特征。

我国民法的平等原则所赖以产生的基础已经发生了变化，我国民法的调整对象是具有自主、平等、等价有偿这一属性的商品关系，这就决定了平等原则是社会主义民法的一项基本原则。但是，在我国，平等原则不再是私有制商品经济条件下价值规律自发作用的支配，而是社会主义经济规律群综合作用的结果。因为我国的商品经济是建立在公有制基础上的商品经济，它所体现的生产关系是社会主义劳动者之间互助合作和平等互利的关系；同时，我国的商品经济是有计划的商品经济，它不是处于无政府状态，而是有计划、按比例地协调发展。我们认为，平等原则固然是商品经济的基本规律即价值规律的必然反映，而且是社会主义社会特有的经济规律即按劳分配规律的必然要求，同时还要受到社会主义基本经济规律和计划规律的制约。在社会主义条件下，平等不仅表现在商品交换活动的过程中，在生产资料的占有上也实现了平等（公有制），劳动人民在按自己的劳动取得报酬上同样实现了平等（按劳分配），社会主义的财产流转关系就是在这种新的基础上扩大和巩固的。此外，由于公有制的建立，社会主义经济组织间根本利益的一致，使得社会主义联合的商品生产者的各种经济活动都要从属于社会主义基本经济规律和计划规律的调节作用。这种特性是平等原则存在的基础和前提。

平等原则已经成为我国民法基本原则的重要组成部分。民法诸原则是我国民法社会主义特点的集中体现，它们是一个建立在公有制基础上，反映广大人民共同意志和利益的有机整体。这意味着，平等原则与公共财产神圣不可侵犯的原则、服从计划指导的原则、保护公民合法权益的原则，不是孤立地、互不相涉地发挥作用，而是相互联结、相互制约，共同服务于社会主义的经济基础。我们的平等原则规定权利主体的独立地位，但这种独立性并不是以个人为中心而脱离社会主义的轨道，而是以社会主义制度作为民事法律关系的基础；我们的平等原则强调双方意思表示必须一致，但这种协议并不等于自由放任，更不等于说“协议就是法律”，而要接受国家计划的指导；我们的平等原则保障当事人的经济利益，但决不允许自私自利，不得为了个人私利而损害社会主义的公有财产、损害他人的合法权益。

我国民法的平等原则不再是以“私法自治”学说作为其理论基础。我国民法是公法，它同其他法律部门一样，是公有制经济的上层建筑。这使得社会主义民法的平等原则具有不同于以往平等原则的特点：第一，权利主体相对独立性与根本一致性的统一。在我国，民事法律关系的当事人（包括法人与公民）都处于独立地位，相互关系平等，但是这种独立性，已不具有私有制商品关系中那种阶级对立的内容。独立主体之间体现了社会主义公有制基础上根本利益的一致性和进行经济联系的协调性。第二，个人意志与社会整体意志的统一，这一特点反映了社会与个人、整体与局部、集中与民主的辩证关系，是社会主义民主原则在法律上的表现。国家保护当事人的合法意愿，并不排斥统一意志下个人意志的相对自由。在社会主义条件下，这种个人意志与社会整体意志能够达到最大限度的统一。如果双方当事人的意志违背了社会的统一意志和整体利益，即使是出于自愿，法律上也要加以禁止。第三，民事权利与民事义务的统一。我国民法所确认的平等原则，是法律上人人平等的宪法原则的具体体现。这种平等不仅是指平等权利，而且也包括平等义务。这"是对资产阶级民主的平等权利的一个特别重要的补充，而且使平等权利失去道地资产阶级的含义"①。在社会主义的民事法律关系中，当事人的权利义务是一致的，任何人不能只享有权利，不尽义务，也不能只尽义务，不享有权利。民事权利与民事义务的统一，反映了国家利益、集体利益和个人利益三者的一致性。

四、我国民法平等原则的功能与制度表现

《中共中央关于经济体制改革的决定》提出，要建立起具有中国特色的、充满生机和活力的社会主义经济体制。以增强企业的活力为中心环节，自觉运用价值规律，大力发展社会主义商品经济。随着经济体制改革的逐步深入，我们必须进一步加强和完善民事立法，以适应法律调整经济关系的需要。在这种情况下，重新认识民法的平等原则，探讨其在经济体制改革中进行法律调整的作用有着重要意义。

党的十一届三中全会以来，我国实行对内搞活经济、对外开放的方针，并

① 《马克思恩格斯全集》，1版，第22卷，271页，北京，人民出版社，1965。

在经济体制方面有步骤地进行了一系列改革。农村在稳定和完善生产责任制的基础上，出现了多种经营方式和多种形式的经济联合，农村经济正在由自给半自给的经济向着较大规模的商品经济转化。城市工商业改革从扩大企业自主权开始，逐步进入改革经济管理体制和商品流通体制，大大地拓宽了市场调节的范围，城市经济开始从行政区域、行政层次、行政原则组织主要采取行政命令方式调节的经济模式，向有计划的商品经济转化。笔者认为，经济体制改革中发展的商品关系，正是确立我国民法平等原则的客观依据，我们必须发挥平等原则在调整商品关系中的作用，以民法特有的平等自主、自愿协商、等价有偿的手段和方式，促进社会主义商品经济在我国迅速发展。

平等原则作为调整商品关系的基本方针和指导思想，并不是毫无实际意义的抽象和概括，而应有其特定的内容和具体的表现形式。考虑到我国现实经济生活的需要，平等原则不仅应作为民事立法的指导性原则，而且应在各个民事制度中有所反映。

第一，在主体制度和法人制度中，确认民事主体地位完全独立。商品生产者和经营者在法律上应具有独立的人格，而不是行政机构的附属物。现在，全民所有制企业扩大了自主权，成为相对独立的经济实体；城镇个体户、农村专业户、重点户大批涌现，成为社会生产的基本单位；此外，还有城乡各种形式的经济联合体，经济特区的各种类型的经济组织，它们在市场上都是独立的商品生产者和经营者，能以自己的名义参加商品交换和财产流转，这就扩大了原有的民事主体的范围。因此，我国民法的主体制度和法人制度必须以平等原则为指导，赋予他们独立的主体资格，承认他们在民事法律关系中的平等地位，采取民法的方法而不是行政的方法去调整平等主体之间的横向经济联系。

第二，在所有权制度和其他物权制度中，确认民事主体财产充分自主，商品生产者和经营者财产自主，是进行商品生产和交换的必然要求，财产自主与地位独立是紧密相连的。根据民法平等原则的精神，我国民法的所有权制度和其他物权制度，必须保障各个民事主体对其财产自主经营和独立支配的权利。当前，在全民所有制经济内部，要把国家所有权与企业经营权适当分开，明确规定企业经营权的范围，使企业能够有独立支配的财产和自身的经济利益。在农村集体所有制经济内部，则要进一步扩大农民的经营自主权，保护他们对其财产占有、使用和处分的权利。

第三，在法律行为制度和合同制度中，确认民事主体意志活动的相对自由。商品生产者和经营者意思自治和协商一致，是商品交换正常进行的一般条件。随着现行计划体制的改革和市场调节范围的扩大，人们之间关于产供运销的经济交往日益增多，诸如买卖、购销、承揽、加工、信贷、租赁、劳务等成为商品生产和交换的常见法律形式。对于这些经济活动的调整，不宜采用行政干预和高度集中管理的方式，而必须依从民法的平等原则。因此，我国民法的法律行为制度和合同制度应该发挥民事主体在法律上的主动性和积极性，强调他们在设定民事权利义务时意志自由的比重，鼓励和允许他们自由参加各类合法的民事流转，并保护其依自身的行为取得合法利益，以促进社会主义商品经济的发展。

研究社会主义商品经济与民法平等原则的关系，不仅具有理论上的意义，而且更具有实践上的意义。随着经济体制改革的深入发展和民事立法的逐步完善，解决这一课题将是十分迫切和必要的。本文不揣浅陋，愿作引玉之砖，以期引起深入的探讨。

试论全民所有制内部所有权与经营权的分离*

《中共中央关于经济体制改革的决定》指出，经济体制改革的中心环节是要增强企业的活力，使企业真正成为相对独立的经济实体，成为自主经营、自负盈亏的社会主义商品生产者和经营者，成为具有一定权利和义务的法人。增强企业的活力，首先在于确定国家与国营企业的正确关系，扩大企业经营自主权。就经营权来讲，它同平等权、竞争权、盈利权、自由贸易权一样，本来都是商品生产者所具有的基本权利。但是，随着经济体制改革的深入，这种经营权逐渐得到法律上的确认，从而在法学理论上带来一系列新的课题，譬如：国家怎样实现自己的财产权利？企业经营权具有什么法律性质？国家所有权与企业经营权的关系如何？等等。下面我们不揣浅陋，谈谈所有权与经营权分离的问题，以期就教于各位读者。

一、私有制条件下所有权和经营权分离的理论探索和西方国家财产经营权立法的历史考察

任何法律关系，归根到底决定于一定的经济关系。生产资料所有制的种种的法律权利，无非是生产资料这一经济关系在法律上的表现和反映。马克思指出："法权关系，是一种反映着经济关系的意志关系。这种法权关系或意志关

---

* 本文系作者本科毕业论文。后根据 1984 年《中共中央关于经济体制改革的决定》修改，并刊载于中国民法学科奠基人、已故法学家佟柔教授主编：《经济体制改革中的若干民法问题》，北京，北京师范学院出版社，1985。

系的内容是由这种经济关系本身决定的。”[①] 所有权与所有制的关系正是如此。生产资料所有制是人们在物质资料生产中结成的复杂的关系，它包括丰富的内容，归纳起来就是生产资料归谁所有、归谁占有、归谁使用、归谁支配的问题，在阶级社会里，为了维护统治阶级的利益，关于生产资料所有制的经济关系被人们用法律的形式固定下来，从而出现了生产资料的所有权以及占有权、使用权和处分权等各项权能。

从民法理论上讲，所有权的内容即是所有人对于客体的占有、使用和处分的权利。但是，这些权利的一部分或大部分暂时脱离所有人的情况是经常发生的。非所有人以自己的名义经营他人财产的权利，即经营权，一般也包括占有、使用和处分的权能。这种经营权作为从属于所有权而又独立存在的财产权利，在经典作家的著作中曾有过多次的论述。

恩格斯在分析氏族社会向阶级社会变革过程中，曾经叙述过私有制的发展与土地财产权的分离。他写道：“各个人对于原来由氏族或部落给予他们的小块土地的占有权，现在变得如此牢固，以致这些小块土地作为世袭财产而属于他们了。他们最近首先力求实现的，正是要摆脱氏族公社索取这些小块土地的权利”[②]，这个权利就是“氏族和部落的最高所有权”[③]。这说明，氏族的最高所有权和个人的经营权，构成了当时土地财产关系的完整内容。氏族成员在属于自己占有的小块土地上可以享有使用和收益的权利，而氏族公社仍保留最终的支配权，以防止氏族所有的土地变为个人的世袭财产。

马克思在分析领主封建制下的土地关系时说，“……直接生产者不是所有者，而只是占有者，并且他的全部剩余劳动实际上依照法律都属于土地所有者”[④]。这告诉我们，封建主以土地所有权的资格附以奴役性的条件，将土地交给农民使用，“农民在自己的份地上经营‘自己的’经济”[⑤]，因而有义务替地主劳动，用自己的工具和牲畜为地主耕地，或者以实物或货币向地主交纳地

---

① 《马克思恩格斯全集》，1版，第23卷，102页，北京，人民出版社，1972。

② 《马克思恩格斯选集》，3版，第4卷，183页，北京，人民出版社，2012。

③ 《马克思恩格斯选集》，3版，第4卷，183页，北京，人民出版社，2012。

④ 《资本论》，2版，第3卷，896页，北京，人民出版社，2004。

⑤ 《列宁全集》，2版增订版，第3卷，161页，北京，人民出版社，2013。

租。可见，在封建领主所有制的条件下，土地所有权与土地经营权分别由封建主和农民行使。所有者正是依靠这种所有权，并借助超经济的人身强制，来对经营者进行残酷剥削。

马克思在分析资本的周转过程时，曾把“单纯的资本所有权”，“作为所有权的资本”，同资本的经营权区别开来。

在资本主义社会里，私有制基础上的商品经济迅速发展，资本的所有权与经营权出现了多元化的趋势：一方面，适应现代化大生产的需要，创立了大量的股份公司，产生了利用股票作为直接联合的社会资本的法律形式；另一方面，生产集中、垄断出现，资本主义独资经营的生产方式日益被社会化的联合生产方式所取代。这就必然要求打破传统所有权的观念，所有权关系已经被分裂为：股票所有权人——他们是单靠剪息票来剥削劳动的寄生虫，企业经营人——他们是公司的董事或经理，对企业享有独立的经营权。可见，在资本的周转过程中，资本的所有权与资本的经营权暂时地分离了，资本的所有者未必就是资本的实际经营者；或者说，资本的经营者未必就是资本的所有者。所有权要求得到的是利息，而经营权要求得到利润。无论是利息还是利润，都是资本榨取剩余价值的一种“收益”。

诚然，“在马克思的理论研究中，对法权（它始终只是某一特定社会的经济条件的反映）的考察是完全次要的”①，而主要是把它作为一种经济关系来研究的。但是，这种经济关系必然反映在统治阶级的立法中。在罗马法中，所谓“家长授予特有产”制度就已经出现财产权分离的法律规范。罗马古代，家长作为一家之主，享有无上的权利，是家庭财产唯一所有人。家子如同奴隶，其取得的财产皆属家长所有。到共和时期，奴隶制经济有了进一步发展，家长无私畜的古老原则不断受到冲击，终于产生了特有产制度，即家长给予家子一定数量的特有产，家子享有“管理用益权”，而所有权仍属家长。在中国唐律中，口分田制度的法律内容表现为土地国家所有权和土地个人经营权的分离。均田制规定，凡丁男18岁以上授予口分田，终生使用，但所有权归国家，占用人死后，由国家收回另行分配。作为资产阶级革命胜利成果的《拿破仑法

---

① 《马克思恩格斯全集》，1版，第21卷，557页，北京，人民出版社，1965。

典》，也十分注意调整财产权各方主体之间的关系。法典规定“用益权为对他人所有物，如同自己所有物，如同自己所有：享受其使用和收益之权……”这种用益权制度赋予用益权人类似所有人所享有的各种权能，即对他人所有物可以使用和收益，而所有人对物本体保留最终收回或处分的权利。就双方说来，各自均为独立的物权享有人。法国民法典所规定的所有权人与用益权人的权利义务，也正是财产权分离的法律表现。与大陆法系国家不同，英美法系是采取财产信托制度来调整所有权与经营权相分离的社会关系的。英国衡平法上的信托以管理财产为内容，类似于大陆法系中的物权制度。所以，信托关系实质上是一种基于信任而产生，以达到某种经济目的而移转信托设立人的财产，由受托人加以管理或处分的财产关系。按照约定，委托人应将信托财产交给受托人经营管理，而受托人以自己的名义进行财产的使用和处分，并同第三者发生民事法律关系。可见，信托的法律后果表现了所有权与经营权的分离。

对于所有权与经营权相分离的法律关系，在传统的民法学说里是用物权理论来说明的：一物之上同时设定两个物权主体——所有权主体和经营权主体，经营权主体享有对该财产的占有、使用、处分的权利，但并非由此而取得所有权；所有权主体暂时离开了对该财产占有、使用以至处分的权利，但并非由此丧失了所有权。在这种双重物权的法律结构里，所有权是凌驾于经营权之上的。所有人虽然不以财产支配者的面目出现，但原来的所有权形式的外壳并没有打破，所有人对其所有物的权利依然受到法律保护。这种所有权，马克思称之为“单纯所有权”，恩格斯称之为“最高所有权”。同时，法律确认经营人处于独立自主的地位，能以自己的名义占有、使用他人的财产，从事生产经营活动，并有权收取由此产生的一切收益。这种经营权在不同的国家的立法中有着不同的称谓，有的叫作“管理用益权”，有的叫作“用益权”，有的则叫作“信托权”。

同一财产上并存着双重权利主体，在奴隶制和封建制法制里，是奴隶主和地主剥削劳动者的法律手段，它把土地私有制条件下生产经营形式用双重物权法律结构固定下来，导致了劳动者与生产资料的分离，深刻地反映了剥削者与被剥削者的根本利益的对立。到了资本主义社会，资产阶级法制沿袭了这种物权理论和法律制度，来维护生产资料私有制和雇佣劳动制度。随着现代化大生产的发展和先进管理技术的应用，整个社会财产不可能都由财产所有人亲自经营，直接占有、使用和处分。特别是资本家由于个人的知识才能和管理水平等方面带来的困难和局限，不可能亲自经营现代化的企业。因此越来越需要将所有权与经营权分离开来，把财产交由一定的社会组织和有管理技能的专门人才经营管理。可以说，所有权与经营权相分离，已经成为资本主义法律关系中的普遍现象。双重物权结构适应了资本主义商品经济的客观需要，逐渐成为一种独立的民事制度。

二、经典作家关于社会主义社会租让制、租佃制的设想和中国对全民所有制财产实行国家所有权与企业经营权分离的实践

在社会主义全民所有制中，国家和企业成为全民财产的双重权利主体。企业对物的占有、使用和支配，不仅仅作为国家所有权的重要内容而存在，而且企业在实现这些权利的过程中，又取得与所有权人相区别的经营人的独立地位。对此，经典作家在他们的著述中都曾给予高度的重视。

马克思和恩格斯曾经提出过把国有的工厂和土地有偿地交给国家领导下的合作社独立经营的设想。恩格斯说："由劳动人民实际占有一切劳动工具，无论如何都不排除承租和出租的保存。"① "至于在向完全的共产主义经济过渡时，我们必须大规模地采用合作生产作为中间环节，这一点马克思和我从来没有怀疑过。但事情必须这样来处理，使社会（即首先是国家）保持对生产资料的所有权，这样合作社的特殊利益就不可能压过全社会的整个利益。"② 按照马恩的设想，在全民所有制内部，一方面要保持国家对生产资料的所有权，并凭借这种所有权向合作社（即企业）收取生产资料的租金、占有费、利润、税收等；另一方面，又要允许企业直接占有、使用和支配生产资料，能够独立经营，取得自身的财产利益。列宁在谈到农业中的租佃、租让关系时说：原则上不允许租佃具有巨大意义。"谁耕种，就归谁占有。国家是所有者，国营农场

① 《马克思恩格斯全集》，1版，第18卷，315页，北京，人民出版社，1964。
② 《马克思恩格斯全集》，1版，第36卷，416页，北京，人民出版社，1974。

的租赁者则耕种。这实际上不是租赁者，也不是原来意义上的租赁。这不如说是管理权的转移。”[①] 土地财产权的分离，是苏联十月革命后实行土地国有化的结果。国家以所有者的身份，将一部分土地交给农民无偿使用，另一部分则用来组织大型国营农场。国营农场是采取现代经营方式、生产农产品的农业企业，其土地和基本生产工具都归国家所有。国家作为土地的专有人，行使对国有土地的管理，并由国营农场生产经营，直接占有和使用。经典作家关于租让制和租佃制的设想，是以当时的社会实践为依据的。随着社会化大生产的发展，我们当然不必拘泥于这种具体形式，但是其中所包含的财产权分离的思想，对于我们考察国家与企业的财产关系却有着深刻的指导意义。

全民所有制的财产权利结构，应是国家所有权和企业经营权的有机统一，这是我国三十多年来关于国家财产管理的正反两方面经验的总结，也是当前抓好以城市为重点的整个经济管理体制改革的重要环节。20 世纪 50 年代初期，随着国民经济的恢复和发展，在国营经济中实行集中统一的管理体制基本上符合我国的实际情况。1956 年 4 月，毛泽东同志在《论十大关系》中总结了我国社会主义建设的经验，提出了探索适合我国国情的社会主要建设道路的任务，在“左”的思想影响下，经济管理体制仍然沿袭过去僵硬的模式。在国家财产管理体制下，把全民所有同国家机构直接经营企业混为一谈，中央权力过于集中，管得太多，统得太死，企业缺乏应有的活力。1978 年 12 月，党的十一届三中全会提出对经济管理体制和经营管理方法着手认真的改革，强调：应该有领导地、大胆地下放，让地方和工业企业在国家统一计划的指导下有更多的企业经营管理权。1979 年 7 月，国务院发布《关于国营工业企业经营管理自主权的若干规定》，明确表示国家将逐步扩大企业的财产管理权，使企业较之过去有更多的灵活性和较大的支配权。1982 年 12 月通过的新宪法进一步规定，“国营企业在服从国家的统一领导和全面完成国家计划的前提下，在法律规定的范围内，有经营管理的自主权。”这就以根本大法的形式明确了企业经营权的法律性质。国营企业经营权的确立，意味着在我国全民所有制内部出现了双重权利主体结构，即所有权与经营权的分离。

---

① 《列宁全集》，2 版增订版，第 51 卷，497 页，北京，人民出版社，2017。

不同社会形态的法律制度，其本质是各不相同的。社会主义全民所有制内部所有权与经营权的分离，不是历史的简单重复，它与以往的财产权分离的状况有着重大的区别。

第一，私有财产的所有权与经营权的分离，是建立在生产资料私有制基础之上的，它以劳动者和生产资料相分离为特征。在双重物权主体的外壳中，反映了剥削者与被剥削者根本利益的对立，表现了剥削阶级内部不同阶层人们的利害冲突。在社会主义制度下，所有权与经营权的分离是建立在公有制基础之上的，国家与企业的财产关系是在新的所有制基础上的各个主体之间经济联系的法律表现。在全民所有制内部确定国家与企业之间的财产关系，归根结底是为了协调和统一社会主义劳动者的整体利益和局部利益、长远利益和眼前利益。

第二，私有财产的所有权与经营权的分离，是以传统的物权理论作为学理基础的。在资产阶级学者来看，非所有人享有的经营权是一种他物权，其权利毫不触动私有财产神圣的原则，也不影响私有财产绝对专一的特性。社会主义国家所有权和经营权的分离是对传统物权理论的重大突破和发展。我国的企业经营权，不是以往“管理用益权”、“用益权”和“信托权”的简单沿用，它是以马克思主义关于所有权与经营权相分离的学说为指导，结合中国社会主义的具体实践所创造的一种财产权利形式。这种企业经营权具有双重的性质：一是具有独立性，即在不改变所有权的条件下，自主地支配所属的财产，独立地参加民事流转和生产流通活动，此种经营权与所有权一样，具有独立的物权性质；二是具有从属性，即企业经营权是从国家所有权中派生出来的，而且不改变生产资料全民所有制的性质，不影响国家对生产资料行使所有权。

第三，私有财产的所有权与经营权的分离，是当事人双方通过订立物权合同来实现的。它们之间的财产关系，或是依照现存的法律规范来调整，或是遵从双方的意思表示而设定。而在社会主义条件下，国家与企业双方的财产关系的法律调整具有特殊性，法律规范是由所有者本身来颁布的。因为国家是全民财产的所有者，同时又是人民政权的承担者。国家可以直接制定法律规范以确定各个企业的权利范围及行使程序、方式等。企业经营权是国家通过行政行为，而不是民事法律行为所确定的。在这里企业经营权不仅具有物权的一般特点，而且也表现为按照其经营财产的用途所应承担的义务。同时，企业的经营权具有合法财产权利的性质，依法受到国家强制力的保护。

三、全民所有制内部所有权与经营权分离的存在条件和国家所有权形式下国家、企业、劳动者个人三者之间的关系

社会主义全民所有制，还不是完全的全民所有制，它有着一定的局限性，生产资料不是“由社会公开地和直接地占有”[①]，由社会共同使用，而是属于代表人民的国家所有，并由以劳动者的联合为基础的企业来经营。

国家所有，在本质上应是全民所有。据日本学者西村可明的调查：苏联的斯大林宪法规定，该国的所有制形式是国家所有（即全民财产）。此外，阿尔巴利亚（1946 年）、保加利亚（1972 年）、捷克斯洛伐克（1960 年）、匈牙利（1972 年）、罗马尼亚（1965 年）、朝鲜（1972 年）等国的宪法，都是将国家所有与全民所有等同对待。在这里，产生了一个十分有趣的问题：当国家作为所有制（经济关系）的主体出现时，与全民这一概念是等同的，即所有制的主体是国家也是全民；而当国家作为所有权（法律关系）的主体出现时，都是唯一的，即所有权的主体只是国家而不是全民。问题十分清楚，在全民所有制中，作为行使所有权的主体，不能是抽象的，而必须是具体的，所以需要一个具体中心来代表整个社会。在现阶段，这样的机关只有国家。再者，所有制决定着所有权的内容和性质，但在一定的情况下，所有制并非完全与所有权一致，正如马克思所说的那样：“虽然一定所有制关系所特有的**法**的观念是从这种关系中产生出来的，但另一方面同这种关系又不完全符合，而且也不可能完全符合。”[②] 国家代表全民而成为所有权的主体，是全民所有制内部所有权与经营权分离状况存在的基础。同时，还必须看到：社会主义所有制的本质特点绝不仅仅意味着公有制，更不仅仅是国有制。实际上，社会主义应该创造一种条件，它能够使劳动者和生产资料最有效地结合起来，从而使生产力不受束缚

---

① 《马克思恩格斯全集》，1 版，第 8 卷，304 页，北京，人民出版社，1971。

② 《马克思恩格斯全集》，1 版，第 30 卷，608 页，北京，人民出版社，1974。

地发展，从社会主义所有制本质特点出发，要求在全民所有制的法律制度中确定所有权与经营权相分离的财产关系，尽可能地使劳动者直接与生产资料相结合，消除国家代替劳动者占有生产资料带来的某些弊病。

此外，全民所有制内部所有权与经营权的分离，也是社会主义商品生产的性质所决定的。社会主义条件下存在着全民所有制和集体所有制两种公有制形式。就全民所有制的国营企业来讲，在现阶段，由于劳动仍然主要是谋生的手段，劳动能力是劳动者的“天然特权”，因此在劳动者之间仍然存在着根本利益一致前提下的物质利益的差别。这种利益上的差别，必须由等量劳动相向交换的原则来调节，这就决定了每个国有企业，存在着不同于别的国营企业的相对独立的经济利益。国营企业之间，不能不以相对独立的商品生产者来相互对待，他们之间的关系，只能是采取以等价交换为基本特征的商品货币关系。因此，把社会主义经济看成是一种商品经济，是一个独立的经济实体，进而在法律上就要求确立企业对管理国家财产享有经营权。所以说，所有权与经营权分离，是社会主义商品经济生活的客观必然。

《中共中央关于经济体制改革的决定》指出，围绕经济体制改革中增强企业活力这一中心环节，主要应该抓好两个方面的关系，即确立国家和国营企业之间的正确关系，保证劳动者在企业中的主人翁地位。因此，探讨企业的财产经营权问题，势必涉及国家与企业、企业与职工之间的权利义务。既然，在社会主义条件下，属于全体人民的财产，分别是由国家行使所有权及企业行使经营权，那么，从分析国家、企业、劳动者（人民）三者之间的关系入手，来考察全民所有制内部财产权的分离，显然是非常必要的。在全民所有制经济中，生产资料已经成为整个社会的公有财产。所谓全民所有，就是一国范围内全体社会成员所有，既不是个人所有，也不是部分人集体所有。这种全民所有制，现在还采取了国家所有的形式，即由国家作为全体人民的代表，直接行使这些生产资料的所有权。尽管所有权由国家来行使，但归根结底来说，生产资料属于全民所有的财产。国家作为全民的代表，必须反映人民的意志和利益，保障人民当家做主的权利。因此，所有权的行使不能违背上述原则。国家代表劳动者行使所有权，也必须依靠劳动者实现所有权。

属于全民所有的生产资料，不可能由国家直接支配和使用，而必须交给各个企业分别管理，即由以生产者的联合为基础的企业来占有和使用。企业作为社会生产的基本单位，按照专业化分工协作的原则，组织起一群生产劳动者（包括体力劳动者和脑力劳动者），使用着一定数量的生产资料。但是，企业经营的效果、权利的实现，在很大程度上取决于企业劳动者的积极性。因此，一方面，劳动者通过企业之间同生产资料相结合；另一方面，企业又必须依靠劳动者，发挥他们的积极性、主动性和创造性，才能保证企业财产权利的最终实现。

从以上可以看出：就生产资料的所有关系来说，它是统一属于全民的财产，劳动群众是社会财富的主人，但由于国家是整个社会的正式代表，他们对生产资料的所有权是由国家来行使的；就生产资料经营关系来说，它分属于各个不同的企业来管理。劳动群众作为生产者，首先是和企业发生关系，他们对生产资料的占有、使用权是由企业来行使的。

总之，从一定的意义讲，劳动群众具有这样的双重地位：他作为全体人民的一员，是生产资料的所有者；同时作为企业劳动者的一员，又是部分生产资料的占有和使用者。国家、企业、职工之间的关系，实质上是劳动者整体、局部和个人对生产资料的财产关系。劳动群众通过国家行使所有权（后者在法律上具有财产所有人的身份），并通过企业实现占有、使用权（后者在法律上具有财产经营人的身份），是全民所有内部财产权分离的本质特征。

四、经营管理体制改革后国家所有权与企业经营权的各自范围和双重财产权利结构中所有权与经营权的有机统一

在全民所有制内部，存在着双重财产权，这不仅为理论所说明，而且已经被经济生活的客观现状所证实。因此，通过修改宪法，制定民法、经济法等法律规范，颁布确定全民财产使用和处分程序的规范性文件，以明确国家和企业各自的财产权利，是当前经济体制改革和经济立法的一项重要任务。

笔者认为，国家为了实现和保障整个社会的经济利益，必须要求对国家财产的经营者进行必要的干预和监督，以行使所有者的权利。这些权利是：

（1）制定国民经济发展战略、资源分配等宏观决策，通过计划和经济的、行政的、法律的手段，指导、管理、控制和调节各个企业的经济活动；（2）享有对企业经营的收益权，其中包括由于生产资料数量多、质量高所带来的盈利，通过税收的形式从企业集中必须集中由国家统一使用的纯收入，转归全社会支配；（3）企业的创建和关、停、并、转、迁。国家在享有这些权利的同时，还必须履行其作为主权者和所有者的职能及义务，承认企业的法律地位，保障企业的独立财产权利。

企业作为社会经济的独立生产单位，在国家所有权的范围内，具有企业法人的资格，拥有独立支配的财产。企业经营权应由国家关于企业经营管理法律制度的规范加以明确，其内容表现为责、权、利三者的统一。所谓责，即经营责任，是经营者对国家所承担的义务，主要有：按照国家计划和市场的需求组织生产，讲求效率，灵活经营，以适应复杂多变的社会需求；维护企业固定资产的经营用途，未经国家许可不得处分固定资产；采取正当方法和途径实现经济效益，对自己的盈亏负责，并保证企业财产总值不断增长。在这些责任中，自负盈亏是企业承担经营责任的核心。所谓权，即经营权限，是经营者实现上述责任义务所具有的职权。主要有：选择灵活多样的经营方式，安排自己的产、供、销活动，拥有和支配自留资金，依照规定自行任免、聘用和选举本企业的工作人员，自行决定用工办法和工资奖励方式，在国家允许的范围内确定本企业的产品的价格，等等。这些权限概括起来就是：生产计划权、产品购销权、资金使用权、劳动工资管理权、干部任免和机构设置权。所谓利，即经济利益，是经营者对国家财产进行生产经营所取得的利益。国家与企业关于收益的分配方式，采取税制代替利润提成制，即企业依法交足国家的税收后，其余生产经营所产生的一切收益可归企业自己支配。企业多得多收的都是自己所有，企业的经济利益与企业经营的好坏直接相联系。

在全民所有制内部实行双重权利主体的结构形式，使得国家与企业在其相互关系中，得以各自行使自己应当享有的权利，承担自己应尽的义务。这种所有权和经营权的分离，是适当的分离，是有机的统一，其理由如下。

1. 企业经营权同国家所有权是适当的分离，而不是相互排斥的。首先，企业的财产实质上属于国家这一所有者，没有国家所有权，企业的这些权利就失去存在的基础；其次，国家的财产又必须交给各个企业这些实际的经营者来管理，没有企业的经营管理，国家所有权就无法实现。从根本上说，国家所有权和企业经营权都是劳动者当家做主的权利，它们产生于相同的所有制形式，并为共同的经济目标服务。

2. 国家和企业的双重财产权，反映了总体劳动者与局部劳动者利益的一致性。全民所有制经济的劳动产品，一部分由国家占有，统一分配于全体社会成员或用于公共事业；一部分由企业占有，以工资、奖金、福利费用等形式分配给本单位的全体职工。社会主义企业经营的好坏，不但与企业内部劳动者的利益息息相关，也与整个社会劳动者的利益密切相连。企业和国家的双重财产权，既反映了各个权利主体的特殊性，又使这几方面利益达到了统一。

3. 全民所有制内部，实行双重权利结构，是民主集中制原则在社会主义经济活动中的法律反映。毛泽东同志曾经指出，全民所有制企业具有“在统一领导下的独立性”①。所谓统一领导，表明企业具有全民所有制的性质，它要服从和维护整个社会的利益。因此，国家所有权是不能动摇的。所谓独立性，则表明企业具有相对独立的生产者资格，它有着自身的物质利益。因此企业的经营权也是不能否认的。这种双重财产权，保障了国家经济的统一性和企业的相对独立性。

五、公有制国家企业财产权比较研究和加强我国全民所有制企业的立法建议

《中共中央关于经济体制改革的决定》指出：经济体制的改革和国民经济的发展，使越来越多的经济关系和经济活动准则需要用法律形式固定下来。正是这样，企业经营权作为一种崭新的法律制度在经济体制改革的过程中将日益健全和完善。这种企业经营权是客观经济规律的法律表现，适合社会主义中国的国情，而且对传统的物权理论是一个重大的发展和突破。

---

① 《毛泽东著作选读》下册，727页，北京，人民出版社，1986。

我国的企业经营权具有中国自身的特色，不完全同于苏联的企业经营管理权。苏联的经营管理权，又称业务管理权，是 1948 年维尼吉克托夫在《社会主义国家所有权》一书中率先提出来的。1950 年斯大林在《社会主义经济问题》中加以援用。1961 年的《苏联民事立法纲要》和 1964 年的《苏俄民法典》相继用正式条文在法律形式上固定下来。苏联的经营管理权的物质基础是高度集中的经济管理体制。在这种体制下，企业的生产由国家规定，企业的物资由国家调配，企业的产品由国家调拨，企业的收入由国家收缴。经营管理权制度反映了高度集中的经济管理体制中“政企合一”的本质，其主要特点是：（1）经营管理权的设定，基于国家与企业之间的一种委托或代理关系。一切国营企业都只是受国家委托，按照国家意图，对国家财产进行管理。（2）企业对国家是一种行政从属关系。尽管经营管理权被解释为是一种民法上的财产权，但是企业占有、使用、处分财产实际上的一种“业务性职能”，它更多是具有行政性质的“权力”，而不是具有独立物权性质的“权利”。（3）企业实际上处于无权地位，其经营管理权缺乏财产权利作为依据，它无法按照自己的法人意志来支配企业财产。这种经营管理权没有企业自身的财产利益，不过是对国家的责任和义务。

我国的企业经营权同南斯拉夫的企业劳动者管理制度也有所不同。在公有制国家中，南斯拉夫率先突破苏联的模式，以国家所有制为社会所有制，将中央集权管理体制改为分散化的体制。所谓社会所有制，就是生产资料既不属于国家，也不属于私人，而是属于整个社会所有，其所有权的主体是企业中的全体劳动者。南斯拉夫经济管理体制的法律特点是：（1）在社会所有制内部，企业中的全体劳动者同时行使着所有权和经营权，国家不以权利主体的资格出现，也不承担什么责任和义务；（2）企业具有完全的独立地位和法人资格，可以在法定范围内自由地生产和经营。南斯拉夫的企业劳动者管理制度，使企业具有相当的活力。但是，南斯拉夫社会所有制的财产结构，缺乏在全国范围内的统一性和权威性。作为国家权力机关的联邦议会和共和国议会，虽然也可以对经济活动发生影响，但不能以所有者的身份强有力地指导和干预企业的经营活动，对企业占有和支配社会财产缺乏必要的监督和控制，因而不利于国民经济的宏观调节。

我国的企业经营权是建立在公有制基础上的财产法律制度，具有鲜明的社会主义特征，当然不同于资本主义国有企业的那种经营权。从世界范围看，集权型的社会主义经济正在大力扩大企业的独立性，不同程度地赋予企业各种财产权利，而以私人经营为特征的资本主义经济则日益受到国家的干预。资产阶级国家以法律的形式加强了对大公司企业内部事务的干预，如美国的《反托拉斯法》、西欧、日本的《正当竞争法》《反限制措施法》，使本来不具有经济职能的资产阶级国家也进入了社会经济活动的领域。同时，资产阶级国家还要实行企业国有化或直接承办企业，西方的“公共经济”活动日益扩展，几乎包括“公共事业”的所有部门。英法的“国有化”企业、美国的“控股公司”、意大利的“国家参与制”，使资产阶级国家直接成为企业主和亿万富翁的“合伙人”。不容置疑的是，资本主义国有化企业是以资本主义私有制为前提的，是垄断资产阶级意志和利益的体现。在国家垄断资本的条件下，尽管也存在着所有权与经营权的分离，但决然离不开私有权这个轴心。

在社会主义条件下，关于生产资料所有制形式及其法律权利结构，由于一个国家各个时期的具体历史状况和经济发展程度的不同，因而各有千秋，不拘一格。从我国的国情出发，经济体制改革的中心环节是要增强企业的活力，在保障国家所有权的基础上进一步确认企业的财产经营权。我们认为，应该加强经济立法，以法律形式反映经济体制改革中出现的经济关系和经济活动准则，特别是要确认国营企业的法律地位和法律权利。

第一，建立和不断完善所有权制度，切实保障国家财产的社会主义公有制性质，明确国家与国营企业的财产关系，规定国家所有权和企业经营权各自的范围。

第二，建立和不断完善法人制度，确认国营企业的法人资格，使他们能够在国家计划的指导下，在平等互利、等价有偿和专业化协作的基础上，根据各自的业务范围，独立地参加包括市场活动在内的一切经济活动。

第三，建立和不断完善计划法律制度，确定国家计划的编制原则、方法、结构体系和编制程序以及计划工作中的法律责任，加强国家对企业经营活动的宏观控制，指导和调节生产、交换、分配、消费各个环节之间的经济关系。

第四，建立和不断完善财政税收法律制度和金融信贷法律制度，通过税制立法，以不同的税率确定国家与企业对生产经营收益的一定比例；通过银行立法，以不同利率、不同贷款方式控制盲目建设，限制长线产品生产；通过物价立法，以优质优价为尺度，督促企业改善经营管理，提高经济效益。

第五，建立和不断完善企业管理法律制度和分配法律制度，以法律形式确立厂长（经理）负责制的管理体制，保障劳动者在企业的主人翁地位，实行按劳分配。建立以承包为主的多种形式的经济责任制，做到责、权、利相结合，国家、集体、个人利益相统一，职工劳动所得同劳动成果相联系。

试论社会主义商品经济运行机制中的法律调控体系*

一些学者早就注意到了法律调控体系在社会主义商品经济运行机制中的重要作用。梁慧星、王利明1986年3月在中国政法大学出版社出版的《经济法的理论问题》一书中，就曾提出过建立以民法、经济法（书中称为经济行政法）为核心的国民经济综合法律调整体制的设想。然而，由于当时人们对商品经济运行模式的认识还不尽全面，特别是对计划经济与市场调节如何结合的认识还不清晰，故这一设想并未引起人们的足够重视，对这一问题的深入研究也就未能很好地进行。随着经济体制改革的深入，人们对计划经济与市场调节相结合的问题有了新的而且更深入的看法，这些就为探讨我国国民经济的法律调控体系提供了重要的认识基础。在此，笔者不揣浅陋，试就这一问题略抒己见，并以此求教于诸位读者。

一、法律调控体系的选择

多数学者对建立以民法、经济法为核心的综合法律调控体系已不持异议，但是，由于对计划经济与市场调节有机结合的具体模式存在着不同看法，因而理论界关于民法、经济法在法律调控体系中的地位、结合方式的认识具有明显

* 原载《中南政法学院学报》，1991（4）。

差异，从而产生了选择何种法律调控体系的问题。

(1)“主从结合”法律调控体系。该体系的经济理论基础是计划与市场的主从结合论，即我国现阶段实行的是以计划经济为主、市场调节为辅的经济模式。反映在法律调控体系上便是以经济法调控为主、民法调控为辅，民法围绕着经济法发挥作用。这种观点拘泥于谁主、谁辅的思维模式，降低了民法在调整国民经济中的地位和作用，必然会使人们产生“大经济法、小民法”的认识，将民法变成经济法的“附从”。

(2)“板块结合”法律调控体系。该体系的经济理论基础是计划与市场的板块结合论，即将国民经济分为两大块，一块由计划调节，另一块由市场调节。反映在法律调控体系上便是民法调整市场交换关系，经济法调整计划管理关系，二者相互平行。这种观点主张板块分割，势必造成民法、经济法在调整统一的国民经济关系中各自为政、相互游离，不利于二者的优势互补和有机配合。

(3)“双向”法律调控体系。该体系的经济理论基础是计划与市场的双向交融结合论，即认为计划调节与市场调节在纵向上是相互渗透与影响的，在横向上是相互交融与重合的，计划调节与市场调节融为一体，共同调节社会经济活动，并且贯穿于社会经济过程始终。这一特点反映在法律调控体系上便是民法、经济法在调整纵向经济关系时的协调与配合，在调整横向经济关系时的交叉与互补，即对国民经济的民法调整和经济法调整是相互补充、相互配合的，它们共同形成一个具有综合调控功能的统一体。

笔者认为，在上述可供选择的法律调控体系中，“双向”法律调控体系较好地反映了社会主义有计划商品经济的内在统一性，应是我们的最佳选择。这种统一性表现在以下几个方面。

(1) 对宏观、中观、微观经济活动调控的统一。在宏观方面，既有规制生产力布局、经济增长率、产业结构、投资规模、货币发行量的经济法调控，也有建立流通领域法律秩序，培育统一稳定的市场的民法调控；在中观方面，既涉及经济法对区域经济协作活动的调整，也涉及民法对跨地区、跨部门横向经济联合活动的调整；在微观方面，民法直接规范市场主体行为，成为商品交换关系的法律形式，而经济法则运用财政、税收、物价等管理、监督手段，对市场起着积极的干预作用。

(2) 在时间、空间上调控的统一。计划与市场的调节范围都是覆盖全社会的，计划经济和市场调节相结合的程度、方式和范围，要经常根据实际情况进行调整和改进。从法律调控体系来说，民法调整和经济法调整在不同的时间和空间上虽各有侧重，但两者时空变化却是统一的。例如，在社会主义商品经济运行机制失衡时，就必须注重发挥经济法干预经济、组织经济的作用，以加强商品流通、流向、结构的宏观调控，约束市场行为的任意性和盲目性；而以主体自立、财产自主、合同自由为特征的民法则要根据宏观调控的要求，清除非法进入市场的不合格主体，整顿市场秩序。这种时间上的侧重，反映了民法、经济法的有机调控统一于一定时间经济关系的特性。就空间范围来说，也存在着类似情形。例如，在经济特区、开发区，国家赋予其相当充分的自主权，计划调节相对弱化，经济法作用就不如民法那样突出；在农业、工业等领域推行各种承包责任制，就会使得一些按照传统由经济法调整的关系改为由民法调整。但就总体而言，上述经济关系都离不开国家运用法律形式所进行的管理、监督和干预。

(3) 直接调控与间接调控的统一。由于法律调整对象的不同，民法、经济法在不同的领域的调整手段也有明显差异。就市场而言，经济法运用经济管理、经济监督、经济制裁相联结的手段，宏观指导和间接调控市场；而民法则运用民事权利、民事义务和民事责任相联结的手段，具体规范和直接调整市场交换关系。就计划而言，经济法规范在表现国家的产业政策、资源开发政策、财政税收政策、金融政策等方面是直接的、强制性的，它所直接调整的商品关系必须服从国家计划的指导。

二、“双向”法律调控体系的构成

“双向”法律调控体系的构成包括原则、功能、法律规范三个方面的内容。

1. 原则

作为对社会主义商品经济关系实行全方位、多层次、多手段统一调控的“双向”法律调控体系，其建立是一项庞大而又复杂的系统工程，因此必须遵循一定的原则：

（1）社会主义原则。这是由“双向”法律调控体系的对象即社会主义商品经济的根本属性所决定的。它要求法律调控体系必须维护社会主义公有制经济的主体地位，改善和加强国家的计划管理和宏观调控，促进计划经济与市场调节相结合运行机制的形成和完善。

（2）效率原则。这是商品经济流转高效、迅速的内在规律所要求的。如果法律调控体系总是反应迟钝，滞后于社会主义商品经济运行机制的速度，呈低效率状态，那么这种整体、统一的调控将因不能与之同步而落空，经济运行机制中将会出现很多法律调控的“盲点”，法律调控体系的保障作用也就无从实现。

（3）互补原则。在“双向”法律调控体系中，民法、经济法各有其侧重点和优势，它们只有相互结合，实行优势互补，才能够形成“合力”，消除法律调控的空白地带，增强调控力度，促使经济运行机制的优化。

（4）衡平原则。综合法律调控的目的在于保证整个经济运行机制的良性循环，使国民经济在经济区域、经济结构等方面有其合理的布局，使国民经济各总量关系维持和谐统一。

2. 功能

“双向”法律调控体系除了一般意义上的保障性功能外，还有下列功能：

（1）整体性功能。一言以蔽之，就是反映计划经济与市场调节有机结合的内在要求。这一功能表明，“双向”法律调控体系对社会主义商品经济的调控不局限于某一方面、某一层次、某一时空范围和某种手段，而是从社会主义商品经济的内在统一性、整体性出发，进行多层次、多角度、全方位的统一调控。这样就可避免那种片面强调宏观或微观调控、直接或间接调控所带来的“头痛医头，脚痛医脚”的状态。

（2）预警功能。这一功能反映为“双向”法律调控体系通过反馈的经济参数，设立经济生活的警戒线，当经济参数（价格、工资、货币发行量、通货膨胀率等）超过警戒线，达到临界点时，就可预见到整个经济运行机制临近或进入了危险期。此时，“双向”法律调控体系便会自动启动，作出相应的法律对策，如冻结物价、紧缩银根、控制社会集团购买力等。这一功能的意义，在于它不是等到整个经济运行机制已陷入混乱才对之被动调控，而是在经济运行机制的某一部分临近或进入危险期时即主动调控，从而最大限度地避免整个经济运行机制失衡。

（3）纠偏、补救功能。在预警功能由于意外事件失灵的情况下，“微调”已不能阻止整个运行机制陷入混乱。为了恢复经济运行秩序，使之不致自我毁灭，必须采取超强度的调控手段，构成最后防线进行纠偏、补救。例如，采取法律手段，实行国家对整个国民经济的直接管制，限制交易自由，实行配给制。

3. 法律规范

“双向”法律调控体系是一个有序化的整体，它利用若干部门法手段对有计划商品经济关系这一特定领域进行综合调整，因此，就其法律规范构成而言，所涉及的范围极广，这里主要从民法规范和经济法规范的角度来进行剖析。

（1）横向的民法规范。主要有：企业法和公司法，其功用是通过规定企业或公司的种类、设立、组织、权利、义务等，明确其独立的法人地位，规范企业或公司与国家、市场以及其他主体的关系；合同法，其功用是运用关于合同的订立、履行、变更、解除及违约责任等规范，指导市场交易活动，为商品交换提供法律形式；侵权行为法，其功用是运用侵权行为的种类、侵权责任的构成、侵权损害赔偿的原则和方法等规范，制裁非法的侵权行为，保护受害人的合法利益，维护市场的正常秩序；市场法，其功用是运用关于市场的地位、职责、权利、义务等规范，促进统一市场的建立和发展，发挥市场在监督交易行为、调解交易纠纷、协调交易主体关系等方面的作用；公平竞争法，通过规定合法竞争的性质、原则、范围和内容以及不正当竞争行为的种类及制裁措施，规范市场竞争行为，维护市场竞争的法律环境。

（2）纵向的经济法律规范。主要有：政府经济行为基本法，其功用是确立政府作为国民经济宏观调控者的法律地位，运用程序性规范和责任性规范促使政府经济行为民主化、科学化；国民经济持续稳定与增长法，其功用是通过对国民经济增长与稳定目标的确立，来规范政府及各相关机构在发生危及持续稳定与增长的情况时所应采取的行为和方针，防止国民经济的波动与失衡；计划法，其功用是运用关于计划编制、执行、调整及计划工作的责任规定，加强对社会生产的宏观控制，使商品流通符合整个经济的生产力布局、产业结构的要求，防止市场的盲目性和自发性；财税法，其功用是运用财政和税收等规范，加强对资金的筹措和分配，以及对税收开征和减免的控制，以确保社会总需求和总供给的平衡，抑制通货膨胀；投资法，其功用是运用关于财政投资和信贷投资的管理、投资计划的编制、资金的来源及运用等规范，保证资金在产业、产品结构中的合理分布，通过利益导向控制，扶持对社会发展有意义的生产项目，平衡市场运行机制；金融法，其功用是通过确立中央银行及其他金融机构的国民经济宏观调控者的地位，规定其组织机构、管理体制、职责权限等，以确保货币流通和信用活动的稳定、畅通，防止通货膨胀和连锁债务纠纷。

应当指出的是，有关横向民法规范与纵向经济法规范的划分并非十分严格。在计划经济与市场调节有机结合的运行机制下，民法、经济法在“双向”法律调控机制中相互配合、相互影响，出现了“磁化”现象，在一些领域已是“你中有我，我中有你”了。

三、“双向”法律调控体系的运行

以民法、经济法为导向的“双向”法律调控体系是通过内部的动态运行来实现对社会主义有计划商品经济的综合调控的，这种调控主要表现为对经济运行机制中国家、市场、企业三大要素的规范。

1. 运行规则

“双向”法律调控体系在运转时，自身也应遵循一定规则。

（1）追踪控制。它要求民法、经济法有机结合，对国家、企业围绕着市场的各种行为实施追踪控制，在其进入市场前、进入市场中、退出市场时全方位“扫描”，“一追到底”，不能有任何疏漏。对市场本身范围的变化，同样如此。

（2）双向控制。它要求民法、经济法充分发挥各自优势，从纵、横两个方向对三大要素实施统一调控。

（3）定位控制。作为追踪控制与双向控制的结果，它要求各要素必须达到位置明确、轨迹清晰、稳定有序，使整个经济运行机制定而不死、活而不乱，持续协调。

2. 运行模型

遵循运行规则，结合法律调控体系自身的性质，我们特设立一坐标系作为运行模型（见下图），以求描述运行状态之便利。

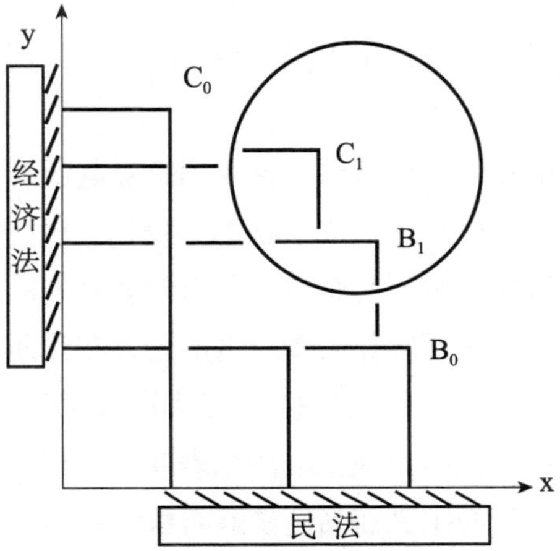

“双向”法律调控体系运行模型示意图

说明：(1) Y 轴表示经济法，这与经济法调整纵向经济关系的性质一致，X 轴表示民法，这与民法调整横向经济关系的性质一致。纵、横坐标轴构成坐标系，表现了“双向”法律调控的特点。

(2) 坐标系中的圆表示市场。

(3) C_0表示未进入市场的国家，C_1表示进入市场的国家。

(4) B_0表示未进入市场的企业，B_1表示进入市场的企业。

(5) 纵向虚线表示经济法发出的调控指令，横向虚线表示民法发出的调控指令，两条虚线相交成点表示民法、经济法双向调控定位控制。

3. 运行状态

(1) 国家。在社会主义商品经济运行机制中，国家具有双重身份：一是对整个国民经济进行组织的管理者的身份；二是基于国家所有制的国家财产所有者身份。前者身份主要是通过其代表政府的经济行为来实现的，后者身份主要是通过对国有资产的占有、使用、收益、处分来实现的。围绕国家的这两种身份的实现，法律调控体系的运行主要涉及两方面的内容。

第一，规范政府经济行为。政府经济行为是政府为实现宏观经济目标，履行经济职能，在对国民经济进行决策、管理和监督中所实施的对社会经济生活有着重要影响的各种行为的总称。它主要包括计划行为、财政行为、金融行为、投资行为、外贸行为、价格行为等。注重对政府经济行为法律调控，使政府各种经济行为在目标、程序、责任上得以规范化，防止政府经济行为多变、短期、无序、分散、滞后，有助于保证社会主义商品经济的持续、稳定、协调发展。

第二，规范国家的民事主体身份。保障国家对其所有的财产享有占有、使用、收益、处分的权利，任何个人或组织不得侵犯；规范承包、租赁等“两权分离”的形式，明确国家所有权与企业经营权两者之间的关系。经过这种双向调控，作为民事主体的国家便同作为管理者的国家在性质上分离了，表现在运行模型示意图上，便是由游离于市场的 C_0 变为进入市场的 C_1。这些正是国家在社会主义商品经济运行机制中地位的法律表现。

(2) 市场。市场是社会主义商品经济运行机制的核心和各种要素活动的场所，对它的调控是“双向”法律调控体系运行的重点。调控的目的是要达到市场体系完备，主体明确，组织有序，规则统一，状态平衡。

第一，对市场主体的调控。能够进入市场的主体必须是自主经营、自负盈亏的商品生产者和交换者，必须具有独立性、平等性、营利性的特征。目前我国能进入市场的主体主要有国营企业、集体企业、私营企业、“三资”企业、企业集团、个体工商户、农村承包经营户、个人合伙与法人联营等。应当指出的是，现在的市场主体类型增多，而法律调控体系却与社会主义商品经济运行机制相互脱节，仍或多或少烙上了单一计划经济运行机制的痕迹。例如，继续沿用以所有制（公或私）来划分市场主体的老办法，而未能采取以财产责任形式来划分主体的新措施，以至于当现实生活中出现了新的主体现象时，却找不到它在法律上的归宿。又如，将并无实质区别的合伙分为个人合伙与组织合伙，人为地制造有悖于市场主体平等性的差异。还有一些不合格的主体，诸如凭借行政权力介入流通领域的行政性公司，一些严重亏损、资不抵债的企业仍在市场上游荡，而法律对之却显得力不从心。这些都要求我们迅速克服原有调控手段的弊端，使法律规范体系与社会主义商品经济运行机制衔接起来，同步进行。

第二，对市场客体的调控。在经济体制改革以前，能够进入市场的客体十分有限，除了消费品外，其他物品一般不能进入，即使是消费品也还有许多是凭票证计划供应的。随着改革的深入，进入市场的客体日益增多，迫切要求法律调控体系作出反应。一方面，依据民法规范，使过去单一计划经济运行机制下被拒于市场之外的客体，如技术、信息、土地使用权、房屋、劳务、股票、债券、国库券、咨询、演出、科研等，在市场中能有一席之地。另一方面，依据经济法规范加强对市场客体的调控，即对一些重要客体如烟草、化肥、农药、农膜等实施专营，直接限价。经过这种纵横调控，市场客体的范围得以明确，资金、技术、信息、房地产、劳务等各类市场的建立便有了稳定的法律基础。

第三，对市场规则的调控。我们应根据社会主义商品经济运行机制的内在要求，建立公平的、统一的、完善的市场竞争规则。在横向调控方面，要采取法律手段反对不正当竞争。不正当竞争是指市场主体违背诚信原则，采取虚假、欺诈等损人利己手段，牟取不正当经济利益，以至损害国家和他人利益，扰乱社会经济秩序的行为。目前我国反对不正当竞争的规定，主要散见于商标法、专利法等法律、法规中，为了增强法律的调控力度，有必要制定统一的反对不正当竞争法。在纵向调控方面，要采取法律手段反垄断。本来，我国商品经济尚不发达，垄断问题并不突出。但是，从完善社会主义商品经济运行机制的长远目标来看，对此不能漠然视之，特别是目前强调发展横向经济联合、组建企业集团更应注意这点。与其亡羊补牢，不如事前预防，似可借鉴国外立法经验，在适当时候制定反垄断法。

（3）企业。企业是国民经济的细胞，是整个社会主义商品经济运行机制的“生长点”，它的活力大小、稳定与否，将直接关系到整个经济运行机制的正常运转。目前，法律调控体系的首要任务就在于增强企业、特别是国营大中型企业的活力，调节它与国家、市场之间的关系。首先，要通过民法调整，使企业的独立法人地位落到实处。即通过企业法、公司法等明确企业与国家的财产关系，使企业有效地行使经营权而不为国家所随意干预，国家正确地行使所有权而又不致抑制了企业的活力。同时还要通过破产法来淘汰劣质企业，激发企业的竞争主体意识，促进企业生存、发展能力的提高。其次，要通过经济法调整、完善企业行为的约束机制。这主要是通过预算法以解决企业预算软约束问题，通过税法、投资法、金融法来引导企业行为的方向，通过完善企业内部的经济责任制，使企业内部经营活动规范化。这种双向法律调控，就是要使企业成为真正自主经营、自负盈亏、充满活力、行为规范的社会主义商品生产者和经营者。

试论市场竞争机制的法律环境*

市场竞争环境，是指从总体上和宏观上来考察的市场竞争的外部条件。它是一个庞大的系统，由政治环境、经济环境、技术环境、法律环境等子系统构成。在诸环境子系统中，法律环境是一种保护性环境，它对于维护市场竞争的合理秩序，协调市场竞争的运行机制有着重要的意义。本文试从民法、经济法的角度，探讨市场竞争法律环境的若干基本理论问题，以期就教于各位读者。

一、健全市场竞争机制的法律要求

竞争是经济活动的一种常态，是商品生产的客观规律。在社会主义条件下，有计划的商品经济构成了一个错综复杂的竞争网络，使竞争渗透到经济活动的各个方面。而作为上层建筑的法律，不过是一定社会经济基础的反映，其任务之一就在于为这种经济关系的运行机制提供法律保障。因此，法律在调整市场竞争关系时，必须遵循客观经济规律的要求，并把这种客观规律上升为主观法则。

法律所反映的竞争关系的一般要求具有以下特点。

1. 竞争主体的自主性

市场竞争反映和体现了商品生产者、经营者之间为了各自利益而进行争夺

---

* 原载《中南政法学院学报》，1989（4）。

的一种经济关系。参加市场竞争的主体，都是自主经营、自负盈亏的独立经济实体，即有权从收益（利润）最大化原则出发，根据市场需求信息自主作出经营决策，并对由此而来的经营风险独立承担责任。在我国，国有经济在市场上占主导地位。此外，合作经济、私营经济、个体经济、外资经济，以及包含上述经济成分的各种股份经济、经济联合体等，也占有相当比重。与西方国家不同，我国社会主义市场竞争体系，表现为以全民所有制企业为主导的多元主体格局。市场竞争关系的上述特点，必然要求在法律上有所反映：实行“两权分离”和“政企分开”，赋予全民所有制企业以经营权，促使其凭借自己的经营水平去参加竞争，以维系其在市场上的主导地位；承认各类企业都具有独立的人格，使其成为具有一定权利义务的法人；人不分“公私”，地不分南北，保证企业在平等的基础上进行竞争。

2. 竞争市场的统一性和开放性

供求、价格和竞争是市场的三大构成要素，其中竞争是市场的基本特征。进行合理的竞争，要求有健全的市场体系，即有一个统一和开放的市场。作为目标模式而言，社会主义的市场体系，不仅包括消费品和生产资料等商品市场，而且应当包括资金、劳务、技术、信息和房地产等生产要素市场。这种统一的市场是全方位开放的，不允许条块分割、地域封锁。只有这样，才能造成合理竞争的机会，使得商品按照经济利益原则和社会需要的方向进行流通。基于此，必须注意以法律的措施保障市场体系的组织建设，为新型的商品流通组织、外贸组织、金融组织和技术、信息服务网络的形成和发育提供必要的法律条件，防止市场的封闭和分割。同时，要通过法律的手段对市场体系实行规范化管理，包括企业登记管理、市场管理、合同管理、商标管理、税收管理、物价管理和产品质量管理等。

3. 竞争交易的等价性

在诸市场规律中，竞争规律是受到价值规律这一核心规律的制约和影响的。一般来说，有商品交换，必然就存在市场竞争。在这种交换中，商品价值关系着参与交换各方的切身利益，而商品的价值正是在竞争性交换中确定和实现的。因此，竞争的实质是商品如何以价值为基础进行交换。由于价值规律作用的结果，竞争交易必须遵循等价交换的原则。在市场上，任何单位和个人都没有任何特权，人们只是作为商品的生产者、购买者相互对待，作为市场竞争的对手或伙伴相互对待。无论何方，既不能把自己的意志强加于人，也不能通过政治特权和非经济力量来侵占别人的劳动。基于商品经济内在规律的要求，法律必须在市场竞争中确认等价有偿和公平交易的原则，禁止企业集团或企业群体搞价格卡特尔和瓜分市场，并采取法律手段对市场价格实行有效的管理和监督。

4. 竞争结果的双重效应性

在商品经济条件下，市场竞争的功能和作用一般会产生双重震荡效应。从“正效应”来说，市场竞争作为一种强制的经济力量，能激励商品生产者、经营者的进取精神，促进企业经营管理的改善，推动经济的发展。从“负效应”来说，市场竞争由于盲目性这一经济惯性力的存在，往往会在一定的程度上阻碍甚至破坏经济的发展。不过，就正负效应相比而言，利大于弊。这在社会主义社会表现得特别明显。我国的市场竞争，受到社会主义基本经济规律的制约和调节，竞争的商品、价格、方式、方法等都要受到国家法律政策的指导。国家可以通过计划纵向传输给企业以信息，从而减少和避免市场竞争的盲目性和自发性，防止生产的无政府状态。考虑到市场竞争效应的上述特点，我国有必要加强计划立法，健全计划法律制度，注重计划对市场竞争的指导和调控作用。同时，有关竞争规则的法律制度要配套协调，鼓励和保护企业的正当竞争行为，发挥市场竞争的“正效应”，限制和禁止企业的不正当竞争行为，预防市场竞争的“负效应”。

二、市场竞争法律原则的基本构成

在商品经济的条件下，进入市场的各经济主体，必须按照合理的统一的规则进行竞争。反映客观经济规律的法律原则，是竞争活动保持有序状态的必要条件。在我国，竞争的法律原则不再是私有制商品经济条件下价值规律自发作用的支配物，而是社会主义经济规律群综合作用的结果。市场竞争诸原则，是我国法律社会主义特点的鲜明体现，是社会主义经济统一体共同遵守的行为准则，是国家调控社会主义市场的指导方针。

1. 保护竞争的原则

社会主义市场体系是竞争性处于支配地位的市场体系。保护竞争、促进竞争、强化竞争，保证竞争沿着正确的轨道健康发展，是我国民事立法和经济立法的一项重要原则。这一原则主要表现在以下两个方面。

第一，限制垄断行为以保护竞争。垄断是竞争的对立物，在法律上是指某个企业或某个企业集团在市场上没有真正的竞争者。对于商品经济的发展来说，垄断一般是一种消极力量。为了保持市场的竞争性质，作为宏观调控主体的国家，就必须采取保护竞争、限制垄断的法律措施。例如：禁止画地为界，条块分割，搞行政性垄断和地方贸易保护主义；打破地区、部门、行业界限，推行招标制，发展专业化生产，推动企业间的竞争；禁止欺行霸市，囤货居奇，实行贸易垄断和价格垄断。

第二，确认优胜劣汰以激励竞争。优胜劣汰是市场竞争的必然规律。优胜劣汰的过程，既是实现生产资料和劳动力的最优结合、资源的最优配置的过程，也是提高整个社会经济效益的过程。从法律上说，“优胜”往往产生产权转让、企业兼并和联营的后果，而“劣汰”则意味着部分企业因经营不善、资不抵债而导致破产。企业法人的变更制度、联营制度、破产制度等，正是以法律的形式来确认优胜劣汰的竞争结果。

2. 公平竞争的原则

商品是“天生的平等派”（马克思语），它不能容忍任何特权的存在。在市场中，竞争即是以社会必要劳动时间为尺度、以提高劳动生产率和改善经营为手段的竞争，因而是公平的竞争。公平竞争原则的基本含义如下。

第一，地位平等。这是公平竞争赖以实现的前提。作为市场竞争的参加者互不隶属，各自独立，地位一律平等，他们之间是一种横向、平行、对等的关系。在统一、开放的市场中，不允许任何组织和个人依仗某种超经济力量进行竞争。前段时期，非经济组织大量参与市场交易活动，特别是一些行政公司、行政机关，热衷于经商，以行政权力作为“资本”进行竞争。这些是有悖于公平竞争的市场规则的，必须予以根本的改变。

第二，机会均等。这是保障主体竞争条件平等的法律要求。没有机会均等，所谓公平竞争就无法实现。竞争机会均等，即是市场主体能够机会均等地占有归社会所有的生产经营条件，能够机会均等地按照统一的市场价格出售自己的商品，能够机会均等地参与劳动者之间的所有竞争性活动，能够平等地承担税负以及其他方面的负担。换言之，在这个市场中，不允许行政特权的任意干涉，不允许拉关系、“开后门”的干扰。竞争的成败完全取决于企业的经营能力和管理水平，即依靠对市场信息的及时反馈和正确判断，依靠生产的效率、产品的质量和消费心理的适应去与对手进行竞争。

第三，交易公平。这是公平竞争原则在利益上的表现。市场竞争，有买者与买者之间的竞争（如企业在原料、设备的选购过程中所形成的竞争），卖者与卖者之间的竞争（如企业为争取有利的销售地位所形成的竞争），买者与卖者之间的竞争（如工商企业为贱买贵卖、谋取货币利益的竞争）。不管是何种形式的竞争交易，它都必须是自愿的、非强制性的、公平的交易，即双方互惠、货真价实的买卖。因此，那种压价的强制征购和派购，利用权力或不当手段的倒买倒卖、强买强卖，以及哄抬物价、低价倾销、缺斤短两、掺杂使假的行为，是违背交易公平规则的。在这种情况下，市场的竞争是一种价值规律扭曲的竞争，不可能是公平的竞争。

3. 正当竞争的原则

竞争须遵循一定之规，如同车辆行驶要遵守交通规则、运动员竞技要遵守体育规则一样。质言之，符合规则的竞争，是为正当竞争；不符合规则的竞争，则为不正当竞争。根据国家法律、政策和社会公德的要求，正当竞争须符合下列条件。

第一，市场竞争须是合法的竞争。行为合法是法律对市场竞争活动的基本要求。不遵守法律，竞争行为将失去共同的准则，竞争运行机制将会陷入混乱，商品经济秩序将会失去国家控制。竞争必须合法，不仅要求遵守法律、法规，而且还要求遵守国家政策、服从计划指导。凡是违背上述规则的竞争行为，都是无效的、非法的行为，为法律所禁止。

第二，市场竞争须是文明的竞争。经营文明是市场竞争中道德规范法律化的体现。在国际公约和许多国家的法律中，竞争都是与“诚实”“善良风俗”等联系在一起的。例如，《保护工业产权巴黎公约》规定：“凡在工商业活动中违反诚实经营的竞争行为即构成不正当竞争。”《联邦德国反对不正当竞争法》规定：“在营业中为竞争目的采取违反善良风俗的行为为不正当竞争。”由此可见，市场竞争应是符合社会公德的文明竞争。例如，生产过程中按照质量标准文明生产，运输过程中按照运输章程文明装卸，商业活动中礼貌待客、童叟无欺、文明经营等。凡采取虚假、欺诈、损人利己的手段进行竞争者，都视为不正当竞争。

第三，市场竞争须是规范化竞争。这里讲的规范，主要是指为人们普遍接受的市场交易习惯。在交易习惯不与法律规定相抵触的情况下，当事人应予以尊重。市场交易规范主要是：交易公开化，即公开成交，明码标价，不容许黑市交易；交易货币化，即商品交换须以货币为媒介，防止不等价交换和无偿剥夺；交易活动规则化，包括推销、拍卖规则，批发、零售规则，中介、代理规则等。在市场竞争中，凡故意破坏交易惯例和规则、损害他人正当利益的行为，法律不予承认和保护。

三、市场竞争法律网络的系统构造

在社会主义有计划商品经济的条件下，要真正地开展市场竞争，发挥竞争机制在促进商品经济发展中的"催化效应"，必须构造一个良好的市场竞争的法律环境。

所谓法律环境，是指影响和制约市场竞争的法律条件的总和。它主要是由通过法律形式建立起来的市场竞争原则、制度与规定等多种环境元素构成的。由此可见，构造市场竞争法律环境的首要前提，在于一个完备的法律体系的建立，即有一个调整竞争关系的法律网络。

参照国外立法的有益经验，结合我国国情，笔者认为，建立法律网络的基本思路是：以反垄断法和制止不正当竞争法为龙头，以相关民事法规和经济法规作为配套，分别行使直接调节和间接调节的功能，从而建立起调整市场竞争关系的法律规范体系。

在这个法律体系中，反垄断法和制止不正当竞争法居于中心地位。反垄断法旨在反对垄断、反对限制竞争自由。该法禁止某一企业在市场份额上独占相当比例或在其他方面独占有利条件的情况发生，从而限制行业垄断，使企业形成充分的竞争。制止不正当竞争法旨在规范竞争行为，依法禁止和取缔不正当竞争。该法规定合法竞争的性质、原则、范围和内容以及不正当竞争行为的种类及其制裁措施。在国外立法中，有的国家采取分别立法，例如日本就分别制定有《不正当竞争防止法》(1934 年)和《关于禁止私人垄断和确保公平交易的法律》(1947 年);有的国家则合并立法,例如南斯拉夫制定的《防止不正当竞争和垄断协议法》(1947 年)。总之,在市场经济国家中,该类法律居于十分重要的地位,以至于被称之为经济宪法。

在调整竞争关系的法律网络中,与反垄断法和防止不正当竞争法配套的有两类法规:一类是民事法规,包括合同法、产品责任法、商标商号法、专利法、票据法、行纪法、破产法等。该类法规作为调整商品关系的法律形式,主要是从民法领域中的不同方位、不同角度规范市场主体的竞争行为,用民事权利、民事义务和民事责任相联结的手段,保护合法竞争,约束和制裁不正当竞争。另一类是经济法规,包括计划法、税法、物价法、广告管理法、市场管理法、计量法、会计法、审计法等。该类法规作为调整管理关系的法律形式,主要是从经济法领域中的不同方位、不同角度调控市场主体的竞争行为,用经济管理、经济监督、经济制裁相联结的手段,维护市场竞争的秩序,保证市场竞争机制的正常进行。

上述两类法规从各自独特的领域出发,以各自独特的手段,配合反垄断法和制止不正当竞争法共同调整市场竞争关系,从而构成一个有效的法律调整网络(见下图):

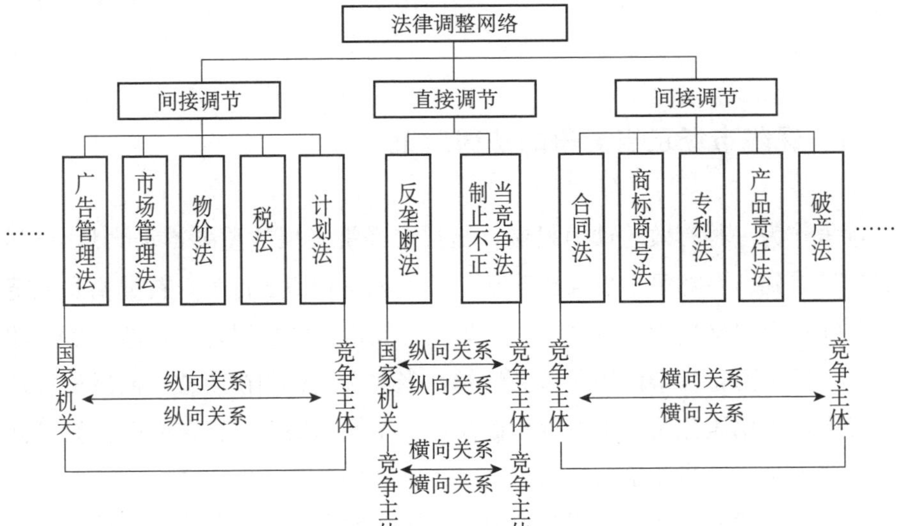

法律调整网络

上述法律网络具有以下三个特点。

（1）系统性。有关市场竞争的法律规范体系，是一个有序化的整体，它利用若干部门法手段对这一特定经济领域进行综合调整。法律在市场中的综合调整表现为法律要素对各种竞争关系的调整中的相互作用。例如，在买方与卖方的竞争中，有关合同的签订和履行、产品的质量和责任等，由民事法规调整；有关产品的价格类别、计量标准、广告宣传等，则由经济法规调整。它们以各自调整的手段界定了竞争行为的性质。

（2）关联性。在法律网络中，各个构成要素之间存在着普遍联系，它们互相制约、互相影响。在调整某类竞争关系或某一竞争关系的某些方面时，须适用某个法规，并辅之以其他若干法规。这些法规或是市场调节的法律形式，或是国家调控的法律形式，共同构成了相互联系、协调的系统。例如，在经营类不正当竞争活动中，有关产品责任问题，民法可以通过合同规范、产品责任规范进行管理，经济法可以通过市场管理规范、产品质量管理规范进行管理。

（3）层次性。法律网络不是一个“大而全”的“纵横统一”的混合体，而应是一个层次分明、主次分明的法律规范体系。这个立体或系统的层次性表现为：以宪法为指导，以民法为基础，以反垄断法、制止不正当竞争法为中心，以其他相关民事、经济法规为补充，共同作用于市场竞争关系的各个方面、各个阶段之中。

四、保障市场正当竞争的法律对策

竞争作为一种有效的动力机制，是社会经济发展的重要推动力量。但是，我们应该看到：在竞争中也会出现某些消极现象和违法行为，扰乱商品经济秩序，破坏社会主义精神文明建设。例如欺行霸市，囤货居奇；随意收费，胡乱涨价；短斤少两，掺杂使假；炒买炒卖，买空卖空；剽窃商誉，假冒商标；签订假合同，采用假包装，生产伪劣商品；盗用技术秘密，行贿受贿，偷税漏税等。这些即是不正当竞争的行为。

保障正当竞争、制止不正当竞争，除了有健全的法律制度外，还必须采取法律手段对市场竞争予以有效的指导、管理和监督，就我国目前的市场状况而言，有以下几个问题需要解决。

1. 加强政策调控和信息咨询指导

为了防止竞争的自发倾向和不正当竞争的消极影响，必须通过国家计划和政策调控，以保证市场经济运行的稳定和宏观生产结构的均衡发展。这种调节行为不是对市场主体的直接管制，也不是对竞争行为的直接规范，而是通过计划指导和政策指导来完成的。比如货币政策、财政政策、税收政策、资源开发利用政策、贸易政策、产业政策等，都可以赋予其法律形式，以指导、调控市场竞争的运行机制。例如，当市场竞争价格不足以鼓励某些需要鼓励的产业的发展时，可以颁布法规，采用优惠政策予以扶持。

同时，国家及有关部门也可以设置专门咨询机构，搜集并发布有关竞争活动的各种信息，向企业提供各种咨询指导。其中包括：发布或提供新技术发展趋势的信息，指示企业为增加竞争力而采用新技术、开发新产品的方向；发布或提供市场供求状况的信息，指示企业调整竞争方向；发布或提供社会需求结构变动的信息，指示企业在竞争中调整产品结构，等等。

2. 发挥经济监督部门的职能作用

我国目前的经济监督职能由工商、物价、质量、计量等多种环节构成。这些环节在执行市场竞争规则、维护竞争秩序方面具有重要作用。

工商行政管理。即是对商品经济活动实行综合性监督管理，由国家工商行政管理部门承担。该部门依照国家的法律、法规和政策的要求，代表国家对商品经济活动和企业竞争行为实行外部监督，保证社会经济运行和竞争活动的正常秩序。其管理内容主要是工商企业登记管理、经济合同管理、市场管理、商标管理、广告管理、个体经济和私营经济管理，以及维护消费者利益等。

物价监督。对企业竞争活动的物价监督，主要由国家物价管理部门承担。其目的在于约束企业在竞争活动中遵守国家有关物价的法律和规定，制止因价格而产生的暴利行为。物价监督的主要内容是：根据价格法规对企业享有的定价权限加以监督，对不同商品的价格形成方式加以监督，以及制止违反国家规定的涨价行为等。

质量监督。即督促企业在竞争活动中执行质量管理法规和产品质量标准。质量监督的重点是关系到人民生命安全和健康的产品，关系到国计民生的重要产品，获得优质称号的产品，以及同人民群众物质文化生活关系密切的产品。质量监督主要通过产品标准化管理、生产许可证管理、商品检验管理及商标管理来实现。

计量监督。即对企业生产经营中的计量器具及其使用进行监督，包括所使用的度、量、衡等计量器具是否符合国家法律规定和标准，使用是否正当，有无缺斤少两、克扣消费者的行为等。

上述监督和管理要制度化、法律化，即主要采取法律手段来行使上述职能，以达到保护正当竞争、制止不正当竞争的目的。

3. 建立中间商和中介商的交易组织

建立中间商和中介商的交易组织，以诚实、公平、合理的原则指导市场经济活动，杜绝地下交易，减少中间的倒手层次，是市场竞争有序化的一个重要方面。由于目前法律尚未承认中间商的合法地位，对中介商活动没有明确的规定，致使工贸、农贸、商贸过程中“倒爷”滋生，地下交易加剧，中间环节增多，商业信息不断扭曲，价格在商品的多次倒卖中越抬越高。有鉴于此，国家有必要制定交易所管理法，承认经纪活动和居间活动的合法地位，规范中间商和中介商的法律行为，明确其权利、义务和责任。这有助于实现交易公开化和信息公开化，减少流通环节和流通费用。

4. 设立仲裁竞争纠纷的行业组织和专门机构

仲裁是调处竞争纠纷，保护当事人合法权益的一项重要措施。笔者设想：我国的竞争纠纷仲裁可分为行业仲裁和专门机构仲裁。

行业仲裁即按行业系统设立仲裁组织，以处理涉及本行业的竞争纠纷。在商品经济比较发达的国家，竞争活动中出现的各种纠纷，首先是由具有民间仲裁性质的行业仲裁组织来进行调解的。行业仲裁组织比较熟悉本行业的竞争活动，并处于中间地位，因而易于获得各方竞争主体的信任，其调解结果往往易被纠纷双方自愿接受。鉴于竞争纠纷案件的复杂性和繁重性，以及我国仲裁机关和司法机关对案件的承受能力，似可考虑尽快填补行业仲裁的空白，促进行业仲裁组织的建立。

专门机构仲裁，即由国家设立专门的仲裁机构，负责审查和处理跨行业、跨地区的重大竞争纠纷。我们似可参考美国设立联邦交易委员会、日本设立公正交易委员会的做法，在国家工商行政管理机关中设立交易评审委员会，专门负责仲裁有关竞争纠纷的案件。由于一些地方政府直接参与市场竞争活动，加之司法执行中的地方保护主义盛行，因此设立专门仲裁机构，赋予其必要的权威性，这对于严格执行市场竞争法规、维护市场竞争秩序是完全必要的。

5. 注重对不正当竞争行为的法律制裁

制裁不正当竞争行为，保护受害人的合法权益，是司法机关的重要职责。从法律制裁的类别来说，可分为刑事制裁、民事制裁和行政制裁。在这里，仅论及民事制裁的有关问题。

在不正当竞争活动中，受害人的合法权益受到损害时，可向人民法院提起诉讼，请求给予保护。人民法院在受理该类案件、给予不正当竞争行为人以民事处罚时，应注意以下几个问题：第一，不正当竞争行为是一种特殊的民事侵权行为，不应拘泥于一般侵权行为中主观过错、违法行为、损害事实、因果关系四大要件。其行为的认定应以是否违反诚实经营为限，即无论是何种竞争行为，只要是违反诚实经营原则即可宣布为不正当竞争。第二，对不正当竞争的行为人可适用财产性的民事制裁，如收缴进行非法活动的财物和非法所得、罚款等，也可适用非财产性的民事制裁，包括训诫、责令具结悔过、拘留等。民事制裁的对象可以是实施不正当竞争行为的企业，也可以是实施这一非法行为的直接责任人（如企业法人代表及其他人员）。第三，对不正当竞争行为给予民事制裁，并不等于减轻或免除侵权人的民事赔偿责任。赔偿受害人财产损失的计算方法，可根据公平原则，以受害人的实际损失为参数，以不正当竞争的非法获利为标准综合加以考虑。第四，不正当竞争活动中的受害人的合法权益，受到法律的严格保护。但依照公共利益原则，任何人不得滥用权利或无端对他人提起诉讼，由此而使他人陷入诉讼而无法正常生产或销售产品的，起诉人亦应承担法律责任。

企业经营权法律模式的评价与选择*

一、不同社会制度下经营权状态的历史考察

经营权法律关系是商品经济发展的产物。经营权从所有权中分离出来并成为一种相对独立的财产权利，是商品经济从简单到发达、财产所有者从自主经营到脱离经营不断演变的结果。在简单商品经济的条件下，所有者直接参与生产经营过程，实际使用和直接支配着自己的财产，所有者与经营者两位一体，其财产权利结构具有单一化和绝对化的特点。随着商品经济的不断发展，财产经营方式出现了多元化的趋势，独资经营的小生产方式日益被社会化的联合生产方式所取代。社会生产活动的企业化使得财产的真正所有者日益脱离生产经营过程，而作为经营者的企业却取得了相对独立的人格。这样，所有者与经营者不再是两位一体，而是两者并立，即在同一财产上出现双重权利主体。

在资本主义商品经济的土壤中，企业经营权率先为新兴的资本主义生产方式提供了新的管理模式。由于现代化企业的出现，资本主义的所有权关系最终发生分裂：一方面是股票所有者——他们是单靠剪息票为生的股东，另一方面是企业经营者——他们是执行管理职能的企业经理。资本的所有权与资本的经营权暂时地分离了，资本的所有者未必就是资本的实际经营者，或者说，资本

* 原载《法律学习与研究》，1988（5）。

的经营者未必就是资本的所有者。正如马克思所指出的那样："资本主义生产本身已经使那种完全同资本所有权分离的指挥劳动比比皆是。"[①] 如果说资本主义的私人企业由于自身的需要，使得社会生产的管理职能同资本家完全发生分离；那么，在资本主义"国有"企业中，作为财产所有者的资产阶级国家也在一定程度上摆脱了直接经营管理的职能。资产阶级国家及其"国有"企业除采取一定程度的计划调节（如财政补助、价格、税收等）和广泛的订货合同制（即以合同形式调节企业的生产经营）外，主要是通过授予企业经营权的方式，以发挥企业的主观能动性，达到对企业进行间接控制和管理的目的。目前，西方国家在国有企业的经营模式上主要采取股份制，通过参与制进行分层控制，将企业租赁给私人垄断组织经营等方式。

十月革命胜利后，苏联建立了世界上第一个社会主义国家，即在经济上以有计划的产品经济代替商品经济，从而形成了对企业进行高度集中管理的模式。国家既是所有权主体，又是经营权主体。第二次世界大战后，在东欧建立的社会主义国家也纷纷效法这种管理模式。但近三十年来，人们已经逐渐认识到这种高度集中管理模式的弊端，从而掀起了阵阵改革的浪潮，力图在公有制内部探索新的财产经营方式。究其经营权模式而言，苏联、东欧国家主要采取以下三种。

（一）中央集权型模式

这种模式或称苏联型企业模式。它是在苏联国有化时期形成的。在这种模式中，国家凭借所有权主体的资格对企业实行了全面的、直接的控制。它在苏联国家工业化和战争期间曾经发挥了一定的作用，但是这种模式在现代化的社会大生产中存在着许多弊端：财产所有权和经营权高度集中，直接控制在国家手中。国家机构不仅直接行使对企业的所有权，而且也直接行使企业的经营权，如企业发展方向的确定、企业领导人的任免，并在计划、物资、价格等方面实行指令性控制，完全限制了企业可能采取的自主经营活动，影响了企业活力的发挥。这种模式逐渐为各社会主义国家（包括苏联）所摒弃。

---

① 《马克思恩格斯全集》，1版，第25卷，435页，北京，人民出版社，1974。

（二）国家和企业分权模式

这是东欧一些国家（主要是匈牙利）在经济体制改革后出现的一种模式。其主要特征是：生产资料的所有权与经营权只在一定程度上分离，即“相对分离”，而不是完全分离。国家仍保留着某些经营权，如拥有对企业的定价权、企业法人代表的任免权等。这种伴随着社会主义经济理论的重大变更而出现的一种经营管理模式，赋予企业以相对独立的商品生产者和经营者的崭新形象。

（三）企业自治模式

前南斯拉夫是最早同传统苏联模式分道扬镳的国家，他们根据本国的实际情况，创造了企业自治模式。其特征是：实现了所有权与经营权的完全分离，一切生产资料均归社会所有，企业通过对生产资料的占有和使用，对生产资料享有经营权；企业享有完全独立地决定自己人财物、产供销的一切权利，国家对企业只是进行宏观控制而不能进行微观的干预。

通过上述考察，我们不难看出：企业经营权为现代化的生产方式提供了有效的管理模式。尽管存在着社会制度的差异，但实行所有权与经营权的分离，赋予企业以独立的财产权利，却是世界各国民事（或经济）立法的共同趋势。

二、多种经营权模式形成的理论探源

在社会主义条件下，由于每个国家各个时期的具体历史情况和经济发展程度的不同，两权分离的状况以及企业经营权的模式各有千秋。笔者认为，从我国的国情出发，两权分离的中心环节是要增强企业的活力，在保障国家所有权的基础上进一步确认企业的独立财产权，在考虑企业自身特点的前提下选择合适的经营权模式。

全民所有制的财产权利结构，应是国家所有权和企业经营权的有机统一。这是因为，国家与企业的双重财产权反映了总体劳动者与局部劳动者利益的一致性，两者产生于相同的所有制形式，并为共同的经济目标服务。但是，国家所有权与企业经营权的统一性，并不意味着在各个企业中两权分离的程度都是相同的，经营权的模式都是单一的。究其原因来说，主要有以下几点。

1. 商品经济发展水平和整个经济体制改革进程的渐进性，决定了经营权的模式不可能是单一的。两权分离的程度是不以人们的主观意志为转移的，企业采取的经营权模式必须考虑国情，考虑企业的实际状况。在现阶段，我国的商品经济尚不发达，企业自我改造、自我完善的能力还很差。同时，我国的经济结构、经营方式等关系未能完全理顺，经济体制改革还有待于进一步深化。当前所出现的各种经营权模式是探索两权分离法律形式的结果，还处于不断发展和完善的阶段。在这种情况下，应允许各个地区、各个企业进行各种经营权模式的试点，以探求适合企业自身特点的最佳经营方案。

2. 在社会主义条件下，不同类型的全民所有制企业由于在国民经济中的地位和作用不同，因而所采用的经营权模式也有所不同。笔者认为，企业经营权模式的选择，实际上是所有权与经营权分离的程度不同所引起的。就我国目前的情况来看，所有权与经营权的分离大体上有三种情况：一是完全分离。即在国家对全民所有制企业享有最终支配权的前提下，企业享有最充分的经营权。企业对于国家授予经营的全民财产享有占有、使用、收益和处分的权利。企业除了对国家负有纳税义务外，可以选择符合自己实际的经营方式，在人财物、产供销方面享有最充分的自主权，因而受国家指令性计划控制较少。这种分离主要适用于在国民经济中不占主导地位的全民所有制小型企业。二是部分分离。即企业同时接受国家指令性计划和指导性计划的双重约束，国家对企业经营活动的某些方面进行监督和限制。这主要适用于在国民经济中占有一定地位的企业。三是相对分离。主要指所有权和部分经营权属于国家，国家对企业还存在着一定程度的行政干预，产品价格由国家规定，企业领导干部往往由主管机关任命，企业必须严格执行国家指令性计划。这些企业一般在国民经济中占有非常重要的地位，其产品对国民经济的发展、人民生活水平以及社会安定有举足轻重的作用。由此可以看出，两权分离的程度不同，必然导致经营权模式的差异。

3. 企业自身经营性质和经营方式的不同，也决定了企业要采用适合自己特点的经营权模式。虽然企业经营权的行使，都是其占有、使用、收益和处分四项基本权能的具体适用，但由于企业有工业企业和商业企业之分，现代的、先进的生产方式和落后的手工方式之分，单一的、固定的一种模式势必会产生“一刀切”的后果。因此，选择灵活多样的经营模式，往往会成为搞活企业的一个关键环节。

随着经济体制改革的深入发展，各个地区、各个企业根据自己的特点创造出多种类型的经营方式，如承包经营制、租赁经营制、资产经营责任制、股份制等等。这些经营责任制的涌现，大大丰富了全民所有制中两权分离的内容，为各种企业选择最佳的经营权模式提供了条件。当前的经营权模式具体有以下几种。

1. 承包经营权。承包经营责任制是在坚持社会主义公有制和所有权与经营权适当分离的前提下，企业承包上交国家利润和技术改造的任务，实行自主经营、自负盈亏的企业经营管理制度。基于这种责任制产生的承包经营权具有以下特点：一是承包经营者的确定，一般是由上级主管部门选拔任命，经营者和主管部门仍保持原来的上下级隶属关系；二是承包经营者的生产经营、劳动人事管理、职工奖惩等权力都是在上级行政部门的控制下行使的，是不完全自主的；三是承包经营者的风险责任相对较小，仍然存在着一定程度上的只负盈不负亏，尚未完全解决好眼前利益和长期利益、企业利益和国家利益的关系问题。因此，从国家所有权的角度讲，有利于国家对企业的重大经营活动实行监督和控制，保证国民经济稳步向前发展。而从经营权的角度来说，经营权受国家所有权的制约较多，特别是国家作为所有权主体和行政权主体双重身份出现时，能否确保承包经营权的实现，尚值得我们探讨。所以说，承包经营权是一种与所有权分离程度较低的经营权模式。就我国目前的实际情况看，它较适合于全民所有制大型骨干企业和一部分重要的中型企业。

2. 租赁经营权。租赁经营权是近年出现的一种新型的经营权方式。它脱胎于传统的财产租赁而在我国的经济体制改革中又加以完善。其主要特点是：两权分离程度较高，企业与行政主管部门的行政隶属关系淡化，生产权、决策权、用人权、分配权都掌握在承租者手中；租赁双方在租赁法律关系中地位平等；承租者必须经过公开招标，择优录取，同时还要以自己的财产作抵押，从而强化了经营者的责任感。在租赁经营责任制中，国家赋予企业在法律范围内最大限度的经营权，因此它适合于小型全民所有制企业和部分微利、亏损的中型企业。

3. 资产经营权。它是以资产评估、利益分享和经营责任为核心内容的一种经营权模式。其突出特点是：通过社会公开招标，为企业经营者提供竞争环境；同时，根据资产增值和实现利润的多少确定分配，以克服企业可能发生的短期行为。资产评估后，在经营责任期内企业享有较充分的经营权，这与租赁制相同。但是，企业投资所形成的新增资产金额计入企业中的固有资金，使得企业经营权受到国家所有权的制约要多一些。此外，资产经营责任期满后，每一次新的资产评估都是所有权与经营权的一种结合，也是所有权对经营权的一种限制。因此，它适合在中型企业推广。

4. 股份制经营权。这是目前争论较多的一种经营权模式。笔者认为，采取股份制经营权模式，一方面在于改革现有的投资体制，集中社会上的闲散资金；另一方面，利用股份制的经营方式，有助于改变企业与行政主管部门的行政隶属关系，使企业从附属于行政部门的地位中解放出来。国家（所有者）凭借手中掌握的股权取得相应的经济利益，但不直接从事企业的生产经营和管理。经营者在遵从所有者重大经营决策（通过股东大会）的条件下，可以独立自主地充分行使经营权。全民所有制企业实行股份制的关键是采取国家控股、企业和个人参股，许多人对此多有微词，认为国家控股仍然未解决两权分离问题，国家仍然可以作为主要股东去干涉企业的经营权。其实，这种担心是不必要的。国家控股可以根据其自己的意志去决定企业的重大方针，而无须对企业日常生产进行干预。反之，如果不采取国家控股的方式，则很难保护全民所有制企业财产权的性质。

优化原则告诉我们：人们从事任何社会实践活动，为了达到最理想的目标，都要从多种可能中选择最佳的系统方案，使系统处于最佳状态，并取得最佳效果。上述几种企业经营权模式各有特色，是几年来经济体制改革的积极成果。对于某个企业而言，究竟采取什么样的经营权模式，并没有绝对的标准。这应从企业各自的具体条件出发，实事求是地选择确定。但无论选择何种模式，都必须坚持系统多级优化的原则，也就是说，企业要选择符合自身特点的经营权模式。几年来的实践证明，小型全民所有制企业试行租赁制效果较好，大中型企业推行承包经营责任制和资产经营责任制也取得明显的收效，一些地区还选择了部分企业作为股份制的试点。可以预料，随着经济体制改革的不断深化，还有可能出现新的经营权方式。总之，要从实际情况出发，因地制宜，因业制宜，选择各方都能接受，对所有者、经营者和职工都能增进利益的经营方式。

三、在深化改革中建立经营权体系

法律是建立在经济基础之上的上层建筑。正如马克思所指出的："无论是政治的立法或市民的立法，都只是表明和记载经济关系的要求而已。"[①] 从统一不可分的绝对所有权到多元结构的相对所有权，从所有者直接进行经营到所有者脱离经营，无一不是商品经济和社会生产方式内在要求的反映。在社会主义条件下，随着经济体制改革深入发展，改革的目的已经十分明确，即在坚持社会主义公有制的前提下，采取各种经营权模式去增加企业的活力，而不能在改变所有制上去花大力气。因此，建立一种新型的与国家所有权紧密相连的经营权模式体系，是我们面临的重要任务。通过几年来的实践，各地已经创造了各种经营权模式，对国家所有权与企业经营权适当分离进行了有益的探索。因此笔者认为，单一的、固定的一种经营权模式显然落后于改革的实际，建立一种适合中国国情的社会主义的企业经营权体系的时机已经成熟。这个体系具有以下几个特点。

1. 经营权模式系统是一个动态的、活跃的体系。孕育在这种经营责任制之中的承包经营权、租赁经营权、资产经营权、股份制经营权等，尽管存在着两权分离程度上的差异，但都有着统一的社会作用，共同的法律属性，因而形成一个独立的权利模式系统。在这种权利模式系统中，所有权与经营权之间分离程度存在大小差异，因而各种经营权亦随之出现差异。各种经营权由于法律赋予它们的内容是不完全相同的，因此得以构成一种体系。这种经营权体系赋予企业以活力，使其得以商品生产者的身份参加商品交换和财产流转。它派生于所有权，但已不具有所有权那种静态的特点。同时，企业经营权体系正处在一个变化的运动过程之中，它不可能拘泥于一种或几种模式，而会在经济体制改革中不断发展和完善。因此，它是一个活跃的、运动的体系。

---

① 《马克思恩格斯全集》，1版，第4卷，121～122页，北京，人民出版社，1958。

2. 经营权模式体系必须法律化、规范化。两权分离无论采取何种模式，都必须以法律或合同的形式加以明确规定，使所有者与经营者之间的财产关系建立在有法可依的基础上。由于国家兼有全民财产所有者和人民政权承担者的双重身份，财产支配权和行政管理权交织在一起，是企业经营权受到制约的根本原因。因此，应淡化国家对企业的行政调节手段，而代之以法律或合同的形式确立所有者与经营者双方的权利义务，使之由过去的单纯行政隶属关系变成双重并立的权利主体。这样，既有利于保护企业的合法权益，避免对企业经营权进行不必要的行政干预；同时，又可以明确经营者对国家所承担的义务，强化企业的经营责任感。

3. 经营权模式体系具有权利和义务相统一的特点。经营权体系的设立，是以两权分离为前提的，经营权必须受到所有权的制约（尽管受制约的程度各有不同)，这样就使得各种经营权模式都具有权利和义务相统一的特点：一方面，经营权主体有权占有、使用、收益和处分所有者的财产，并进行自主生产；另一方面，经营者都必须接受所有者的监督，并交纳部分收益。在经营权的体系中，任何一种经营权模式都是权利和义务充分体现的结果。

4. 经营权模式体系是民事财产权利和经济行政权利的结合。我们认为，仅仅单纯地从民事财产权利的角度或只从行政经济权利的角度去探索所有权与经营权的分离，是永远只会在概念上兜圈子的。经营权体系是民事财产权利和经济行政权利的结合。经营权的主体在对所有者的财产进行占有、使用、收益和处分的基础上，充分享有经济行政上的权利即经营管理权。换句话说，经营者享有干部任免和机构设置权、劳动工资管理权、生产计划权、产品购销权、资金使用权。多种权利的结合构成了经营权的基本内容。各种有关经济责任制的法规也都体现了这一点。

论特殊侵权行为的民事责任*

在现代社会中，损害事故的发生是难以避免的。这些损失，在有些情况下，可能是由受害人自己承受，或者由社会救济加以补偿。但是，损害如果是由不法侵权行为造成时，其责任应归之于行为人或者与行为人有关的第三人。侵权法的目的就在于确认行为人侵权损害的责任，使受害人得以弥补财产上的损失，制裁和约束侵权行为。

自罗马法以来的侵权法制度奉行过错责任原则。在现代各国侵权法中，过错责任原则是一般侵权行为的基本归责原则。在各国民事立法和司法实践中，除一般侵权行为之外，还有某些特殊侵权行为。所谓特殊侵权行为，是指欠缺一般侵权行为构成要件的特别损害，诸如工业灾害、环境污染、产品瑕疵、交通事故、工作事故、医疗事故、意外事件等。特殊侵权行为的民事责任，大致有以下几种类型。

一、推定过错责任

在侵权法中，行为人致人损害时，如果不能证明自己主观上没有过错，就应推定为有过错并承担赔偿责任，这即是推定过错责任。推定过错责任是过错责任的特殊表现。在一般过错责任中，举证应由受害人承担，诉讼证明的义务

---

* 原载《法学评论》，1987（6）。

与主张赔偿的权利是一致的，举证的成立往往意味着赔偿请求权的实现，而在推定过错责任中，举证是由行为人来承担的。由于损害事实的发生，法律推定行为人主观有过错并指示其提出无过错反驳理由，若无反驳理由，或者反驳理由不成立，就确认行为人有过错并应承担民事责任。可见，行为人反驳证明的义务与承担赔偿的责任是相联系的，反驳证明的成立往往意味着赔偿责任的免除。法律所创制的推定过错责任原则，并不是过错责任原则的简单沿用，这种规则将诉讼中的举证义务从受害人移转于行为人，着眼于行为人提出有无过错事实的证明责任。因此，这种民事责任较一般过错责任严格。在判明事故因果关系和认定有无过错十分困难的特殊侵权行为中，采用推定过错责任原则有助于迅速而全面地获取证据，弄清案件事实，明确当事人的责任。

关于推定过错责任的规定，最早见于1804年的《法国民法典》。该法典第1384条规定父母对未成年子女所致的损害、主人对雇佣人在执行受雇职务所致的损害、学校教师和工艺师对学生和学徒所致的损害，均应承担赔偿责任。但是父母、教师能证明自己不能防止损害发生，主观上并无过错时可免除责任。法国民法的这一规定，以后为许多资产阶级国家所仿效。

社会主义国家的民法也广泛采用了推定过错责任原则。它们在适用范围上可分为两类：一是将推定过错责任原则适用于一般侵权行为。例如，1964年的《苏俄民法典》第403条规定："对公民的人身或财产造成损害以及对组织造成的损害，都由造成损害的人全部赔偿。如果造成损害的人能够证明不是由于他的过错所致，则免除他的责任。"苏联法学家认为，推定违法行为人的过错性是苏维埃民法上所公认的制度。二是将推定过错责任原则适用于特殊的侵权行为。例如，1961年的《捷克斯洛伐克民法典》第427、428条规定，经营运输工具的组织和使用交通工具的公民，对于因这种经营和使用的特殊性质所造成的损害，应当承担责任。但是，如果能够证明他即使尽了可以要求他作出的努力也不能防止损害，他就可以不负责任。我国《民法通则》明确规定，在特殊侵权行为中适用推定过错责任。其具体情形有。

1. 建筑物所有人的责任。土地上的建筑物或其他工作物，因设置或保管有欠缺致人损害时，由该物所有人负赔偿责任。对于这种损害的民事责任，各国规定不一。罗马法规定由其所有人较一般过错责任负稍重的责任，已发生损害的，受害人可提起“公安之诉”，即使未发生损害，其他人也都有权起诉。1896年的德国民法规定由自主占有人承担推定过错责任，而瑞士债务法一般主张采用无过错责任。我国《民法通则》第126条规定：“建筑物或者其他设施以及建筑物上的搁置物、悬挂物发生倒塌、脱落、坠落造成他人损害的，它的所有人或者管理人应当承担民事责任，但能够证明自己没有过错的除外。”这说明，建筑物所有人承担的是推定过错责任。这一民事责任的适用有如下特点：第一，损害须与建筑物或其他设施以及建筑物的附着物有关。这些物件的范围很广，包括房屋、围墙、烟囱、水塔、电视塔、电线杆、涵洞、天花板、楼梯等。第二，建筑物等设施的设置或保管不善造成损害发生。正是这种设置或保管不善，使建筑物等设施失去通常应有的安全性能和条件。第三，建筑物所有人未能有效证明对损害已尽相当的注意，即没有提出无过错证明。

2. 施工人的责任。在公共场所、道旁或通道上挖坑、修缮、安装地下设施等，没有设置明显标志和采取安全措施造成他人损害的，施工人应承担民事责任。在资产阶级国家民法中，对上述特殊损害，大都没有单独规定，只是在建筑物及工作物所有人责任的条款中有所涉及，并且这种责任的性质依各国法的规定也不尽相同。我国《民法通则》第125条对施工人的责任作了特别规定，这在世界各国民事立法中是不多见的。施工人在施工活动中承担推定过错责任，必须具备以下几个条件：第一，损害须发生在公共场所、公共道路上挖坑、修缮、安装地下设施等施工活动中。第二，施工中未设置明显标志和采取安全措施，如在施工现场未安放交通指示标志，危险地区未悬挂“危险”或“禁止通行”的显著标志，夜间未设红灯示警，在场地狭小、行人来往频繁的地点未设临时交通指挥，工地内的沟、坑没有填平或者设围栏、垫板。这些均构成工作物设置欠缺。第三，施工人未尽足够的“注意”义务，并不能提出主观上无过错的事实证明。

二、无过错责任

对于某些特殊损害，行为人不仅要对有过错造成的损害负责，而且也要对无过错造成的损害负责。这种从特殊法律事实中产生的责任就是无过错责任。

无过错责任不同于过错责任。所谓过错与无过错，表现了行为人致人损害中的不同心理状态，这种心理状态对于行为人来说是主观的，对社会来说则是客观的。根据传统的民法观点，这种主观状况要用客观标准来衡量，即根据一系列的客观事实来确定行为人在客观上有无过错。在过错责任中，过错是民事责任的必备要件，无过错即无责任，而在无过错责任中只要存在损害事实，行为人的行为与损害事实之间有因果关系，就足以确定行为人的责任，而不问行为人主观过错如何。此外，在过错责任中，举证一般由受害人承担。在有的情况下，受害人难以提出过错证明的，法律准予适用推定过错原则。而在无过错责任中，受害人则没有举证的义务。大陆法系国家一般采取举证责任倒置的办法，即行为人如不能证明损害系出于不可抗力，或是受害人的过错或第三人的过错，则应负赔偿责任。英美法系国家多采取"事实本身证明"的原则，即从损害事实本身认定行为人有过错。这些举证方法是服务于无过错责任原则的。

无过错责任作为处理特殊侵权行为的原则，是由德、奥等国率先提出来的，现已为世界各国普遍采用，但对其称谓不一：在大陆法系国家多称为"原因责任"，在英美法系国家通称为"严格责任"，在苏联称为"危险责任"，在南斯拉夫称为"客观责任"，我国法学界一向称之为无过错责任。侵权法所确认的无过错责任原则，对于保护现代生活条件下人民群众的生命财产安全，及时补偿受害人的损失，增强各个社会组织和成员的责任感有着积极的作用。经过百余年的演变，无过错责任已经从个别原则发展成为一般的原则，它在现今资本主义国家的运用不断扩大，从工业灾害、环境污染到商品瑕疵，以至劳工事故赔偿等都适用于无过错责任。而在社会主义国家，对于不幸事故的补偿有社会保险、社会救济、公费医疗、合作医疗以及民事赔偿等多种渠道，因此无过错责任的适用比较严格。根据我国《民法通则》的规定，下列特殊侵权行为应适用无过错责任。

1. 产品瑕疵责任。产品责任原则是从非责任原则发展过来的。英美两国最初奉行的是"非责任原则"，即没有合同就没有责任。在现代生活中，一件产品要经过生产、组装、包装，运输、批发、销售，消费等复杂环节，一旦发生产品责任事故，在受害人和责任者之间很难找到合同关系。因此，英美等国在 20 世纪初不再信守"非责任原则"，首先从合同法转向侵权法以确定产品责任。联邦德国、法国、荷兰等大陆法系国家对产品责任案件最初沿用准合同的有关规范，到20世纪中叶也开始采用侵权法规则。侵权法的产品责任，曾采取过疏忽原则、违反担保原则，但目前大多数国家实行的是严格责任原则。所谓严格责任，是指制造或销售产品而致人损害的，无论是否有过错，无论是否尽到“合理注意”的义务，一律连带承担民事责任，但他能证明受害人所受损害与该产品无关，或受害人滥用产品而导致损害发生，或受害人明知危险而故意使之发生的除外。严格责任实际上是“无过错责任”，它把侵权行为归责的立足点，从主观过错移转到客观致害原因，从而更接近损害事实，比过错责任原则大大前进了一步。这种规则使得消费者的损害赔偿请求权有了可靠的保证，同时也有助于促进产品质量的改进。有基于此，我国《民法通则》第122条规定，产品制造者、销售者因质量不合格而致人损害的，应负无过错责任。我国的产品瑕疵责任有如下特点：第一，产品瑕疵责任是由法律直接规定的责任，是一种特殊侵权责任，当事人无权协商；第二，产品制造者、销售者对产品瑕疵造成的损害负连带责任。如果产品瑕疵属于产品运输者、仓储者的责任，由产品制造者、销售者追偿；第三，受害者即是因产品瑕疵而遭受人身或财产损害的消费者。

2. 危险业务责任。危险业务责任是一种典型的无过错责任，它适用于危险性工业所造成的特殊损害。1838年普鲁士《铁路企业法》首先创制了这一规则，确认对铁路运输过程中发生的一切损害铁路公司不得以无过错为免除赔偿责任的理由。这个法律以后几度修订，不仅适用于铁路运输和电车运输，而且广泛适用于矿井、采矿等各种存在风险的工业部门。19世纪末至20世纪初，资产阶级各国通过特别立法和法院判例，纷纷在火车、汽车、航空、航海、电气、瓦斯、核能利用、科学试验等危险性工业中采用无过错责任，以调整工业灾害中企业主与雇佣工人及其他受害人的关系。由列宁亲自主持制定的1922年《苏俄民法典》明文规定了危险业务责任。该法典单独列出条款，把危险性工业称为高度危险业务，确认来源于高度危险业务的损害负无过错责任。我国《民法通则》第123条明确规定了从事对周围环境有高度危险作业的民事责任。该条规定的民事责任有以下特点：第一，高度危险作业，包括高空、高压、易燃、易爆、剧毒、放射性、高速运输工具七种情形。在法律无特别规定的情况下，其他事故损害不适用这一规定；第二，高度危险作业在现有技术水平的条件下，虽然以极为慎重态度经营管理，仍然可能对他人造成损害，行为人即使无过错也要承担赔偿责任；第三，高度危险作业造成的特殊损害是受害人难以警惕和无法预防的，因此受害人有权请求赔偿。但是由受害人故意造成的损害，则构成免责事由，行为人不负责赔偿。

3. 环境损害责任。对于环境损害赔偿，世界大多数国家，如美国、苏联、日本、英国、法国等，都采用无过错责任，即一切污染和破坏环境的单位和个人，只要对其他单位或个人客观上造成了财产损失，不问主观上有无过错，都应当承担赔偿损失的责任。现代各国对环境损害实行无过错责任。主要基于两点理由：第一，现代化工业企业排放的废气、废水、废渣等污染物，是环境污染的根源。由于现有科学技术水平的限制，即使企业无过错，也不能完全消除公害造成的污染和危害，而按照公平正义的原则，谁获得利益谁就要承担风险。第二，环境污染案件涉及复杂的科学技术问题，受害人无力承担举证责任，难以提出确认致害者有无故意过失的证据。我国《民法通则》考虑到环境污染和破坏造成的严重后果以及致害者与受害者双方的经济条件，为了保护环境和受害人的利益，也采取了无过错责任原则。该法第124条规定："违反国家保护环境防止污染的规定，污染环境造成他人损害的，应当依法承担民事责任。"致害者的民事责任不得以其主观上无过错而免除。但根据《海洋环境保护法》《水污染防治法》等法规的规定，环境损害的发生系由战争行为、不可抗拒的自然灾害、第三人的故意和过失等造成的，致害者的行为与环境损害之间不存在因果关系，可以免于承担赔偿责任。

4. 饲养动物致人损害的责任。饲养的动物造成他人人身或财产损害时，动物的所有人或者管理人应当承担赔偿责任。这种民事责任，在立法例上有三种情形：一是选择责任。罗马法规定，家畜所有人或是赔偿损害，或是无偿移转家畜所有权于被害人，任其选择。二是推定过错责任。1922年的《苏俄民法典》、1951年的《捷克斯洛伐克民法典》第350条都规定，饲养的动物所造成的损害，由动物的饲养人和监管人负责赔偿，但他对动物的照管或者监督已保持必要关心的除外。如无反驳理由或者反驳理由不成立，即推定有过错。三是无过错责任。1896年的德国民法、1975年的民主德国民法都规定"动物的所有人对动物的任何损害负责”。我国《民法通则》第127条规定：“饲养的动物造成他人损害的，动物饲养人或者管理人应当承担民事责任。”这即是一种无过错责任。该损害虽然不是由饲养人或管理人直接造成，而是由没有意志能力的动物所致，但是基于动物致人损害的事实和动物饲养人、管理人对动物的占有关系，责任者即使对损害无过错也应承担赔偿责任。不过我国《民法通则》所规定的这种无过错责任并不是绝对的，如果损害系由受害人的过错造成的，动物饲养人或者管理人不承担民事责任；由于第三人的过错造成的，应由第三人承担民事责任。

5. 无行为能力人、限制行为能力人致人损害的责任。无行为能力人、限制行为能力人不法侵害他人权利的，由其监护人负责。在罗马法中，家长为一家之长，家子致人损害的，由家长负绝对责任，但家长亦可将致害人交付受害人处理以免其责，家长的这一责任是基于家长权的效力产生的。近代民事立法，以家长为监督义务人，子女致人损害乃是家长监督义务的违反，由此家长应承担赔偿责任。关于这种民事责任的根据，主要有两种学说，一是他人行为说，亦称结果责任说。这种理论认为监护人的赔偿责任，并非是就本人的侵权行为，而是对他人的违法行为代负其责。因此只要无行为能力人、限制行为能力人致损害发生，其监护人即应承担责任。1922年的《苏俄民法典》采此说，规定：“无行为能力人对于其所致的损害不负责任，负有监督义务之人应代为负责。”二是本人行为说，亦称过错责任说。这种理论认为，被监护人造成不法侵害，监护人因故意或者过失而违反监督义务的，依一般原则应负赔偿责任。但监护人能说明其并未疏于监督或者虽尽相当注意仍不免发生损害的，可以免于负责，这实际上是一种推定过错责任。1804年的《法国民法典》采此规定：“父，或父死后，母对于其共同生活的未成年子女所致的损害应负赔偿的责任。但父母证明其不能防止发生损害的行为者免除之。”我国《民法通则》第133条规定，无民事行为能力人、限制民事行为能力人致人损害的，由监护人承担民事责任。但同时又规定减轻情节：“监护人尽了监护责任的，可以适当减轻他的民事责任。”我国民法的这一规定是很有特色的，它既不是《苏俄民法典》那样绝对的结果责任，不问监护人是否尽注意义务和监护责任，对损害负全部责任；也不是《法国民法典》那样有过错才有责任，只要监护人提出无过错证明，就可以免除赔偿责任。

三、公平责任

在侵权行为中，行为人既无主观上的过错，损害又并非出自特殊的法律事实，为了使受害人得到适当的补偿，法院可斟酌行为人与受害人双方的财产状况以及其他情况，责成行为人赔偿全部或部分损失，以维护公平，这即是公平责任原则。公平责任是特殊侵权行为中不同于推定过错责任和无过错责任的一个归责原则。首先，它不是从行为人的心理状态出发划分过错和无过错，以确认不同性质的赔偿责任，而是依据一定社会的公平观念和人们共同生活的规则要求，来确定人们对损害所应承担的民事责任。其次，它要求受害人负举证义务，证明自己确实受到损害，且损害与责任者有关，而不是像推定过错责任、无过错责任中由行为人负责举证。再次，它允许法院依照公平正义的原则斟酌裁判，考虑当事人双方的财产状况及其他情节，责令行为人适当赔偿损失，而不是按照等价的原则，由行为人负全部赔偿责任。

公平责任原则的出现，较推定过错原则和无过错责任原则为晚，但已逐渐为许多国家所确认。1896 年的《德国民法典》第 829 条规定："依据情况特别是依据当事人间的关系，依公平原则要求作某种赔偿时，在赔偿不妨害加害人保持与自己地位相当的生计，并履行法律上扶养义务所需资金限度内，加害人仍负赔偿义务。"瑞典、瑞士、奥地利等国的民事立法中都有类似的规定。社会主义国家的民法也广泛采用了公平责任的原则。1922 年的《苏俄民法典》第 406 条规定："依照本法典 403 条至 405 条的规定情形，加害人不应负赔偿责任时，法院得酌量加害人之财产状况，令其赔偿。"该条所指的"酌量"，就是建立在"公平正义"的原则基础上的。1978 年的南斯拉夫债法第 169 条规定，法院可以"根据公平的要求，特别是考虑造成损害者及受害人双方的财产状况，判决造成损害者赔偿全部或部分损失。"

我国《民法通则》根据本国的审判实践经验，参考外国立法文献，对公平责任原则作了原则性规定。该法第 132 条规定，"当事人对造成损害都没有过错的，可以根据实际情况，由当事人分担民事责任。"这即是说，凡是侵权行为中存在着过错责任和无过错责任都无法解释的特殊法律事实，准予适用公平责任原则。具体说来有以下几种情形。

1. 意外事故。意外事故，是指行为人在客观上虽然造成损害结果，但不是出于故意或者过失，而是由于不能抗拒或者不能预见的原因引起的事故。不能抗拒的原因，是指行为人遇到某种自身能力、环境和条件不能排斥和阻止危害结果发生的力量；不能预见的原因，是指行为人没有预见，而且根据当时的情况以及行为人的能力也不能预见的原因。根据我国刑法的规定，意外事故缺乏主观要件，不能认为是犯罪。但根据《民法通则》的规定，却不能完全免除其民事责任，行为人应对受害人的损失给予适当补偿，否则有失公平。

2. 紧急避险不当。紧急避险，是指为了使公共利益、本人或者他人的人身和其他权利免受正在发生的危险，迫不得已而采取的损害其他较小的公共利益或者他人合法权益的行为。该行为的实质是以牺牲较小利益来保全较大利益。紧急避险是一种合法行为，我国刑法规定，紧急避险不负刑事责任。但是因紧急避险所造成的损害，则应根据不同情况，由有关当事人承担相应的民事责任。如果险情由第三人的过错引起，应由引起险情的第三人承担民事责任，这即是适用过错责任原则；如果危险是由自然原因引起的，或紧急避险采取措施不当或者超过必要的限度，应由紧急避险人承担适当的民事责任，这即是适用公平责任原则。

3. 防卫过当。正当防卫，是指为了保护社会公共利益、自己或者他人的人身权利，财产权利或其他合法权益，对正在进行的非法侵害进行必要防卫反击的合法行为。正当防卫是一种积极的保护性措施，属于合法行为。根据我国刑法的规定，正当防卫造成损害的，不负刑事责任。同样，根据我国《民法通则》规定，因正当防卫造成损害的，也不承担民事责任。但是，正当防卫超过必要的限度，造成了被反击人不应有的损害，则构成防卫过当。对防卫过当部分造成的损害，行为人应承担适当的民事责任，依公平责任原则给予补偿。

综上所述，在特殊侵权行为中，同时存在着推定过错责任、无过错责任、公平责任三种不同的归责原则。一般说来，在特殊侵权案件中，无过错责任是主要的，推定过错责任是少量的，公平责任是个别的。它们同时存在，互为补充，共同构成了特殊侵权行为的民事责任体系。

试论人格利益和无形财产利益的权利构造*

——以法人人格权为研究对象

一、人格与人格权的逻辑联系：有“法人格”之法人有无人格权？

传统人格权的概念、定义及制度设计，是以自然人为基点而展开的。在中国民法典编纂活动中以及当下人格权法酝酿之时，法人是否享有人格权，法人享有哪些人格利益，法人人格权采取何种立法模式，均是存有争议的问题。

对于法人人格权问题的探讨，须从“法人格”着手，即将作为主体资格的人格与作为精神利益的人格区别开来，以法人为研究对象，考察人格承载的主体与人格支配的客体两者之间的关系。

人格在法律上主要有两种含义：一是作为民事主体享有权利和承受义务的资格。谢怀栻先生在其著述中谈及近代民法的基本特点时所言的“人格平等原则”，指的就是人的法律地位或权利能力平等。① 这里的人，显然是市民社会中的自然人。二是指应受法律保护的精神利益，即人格权所保护的对象。权利的本质是享受特定利益的法律上之力。王泽鉴先生认为，人格权的内容，不能

---

* 原载《法商研究》，2012（1）。

① 参见谢怀栻：《外国民商法精要》，6～10页，北京，法律出版社，2002。

以金钱加以计算，不具财产的性质，“即以体现人的尊严价值的精神利益”[①]。这里讲的精神利益，当然亦是自然人所享有的利益。自《德国民法典》以来，社会生活中出现了与自然人主体截然不同的法人主体。这不仅需要在立法上对传统单一的民法主体体系予以突破，而且需要新的人格理论对新的民事主体予以诠释。

在民法理论中，凡具有人格者即可成为民事意义上的人，凡成为民法上的人即可享有和行使权利。这种人格观念起源于罗马法。在罗马法中，只有同时具备自由人、罗马市民和家长三种身份的人，才具备完全的人格，才享有自由权、市民权和家族权；如果上述身份发生变化，相应权利的享有和行使亦会随之变动。罗马人创制了人格观念，构成了后世法人制度包括法人人格权制度的思想来源。依罗马法理论，凡具有独立之人格，便可以成为法律意义上的“人”，既包括具有自然属性的人，也包括法律拟制的人。自罗马共和末期，法律开始承认诸如政治的、经济的、宗教的、军事的等各种社会组织的主体资格，并将其概称为 universitas（团体）。罗马法学家认为，团体的权利义务为其所独有，与属于团体的各个人无关。[②] 可以说，团体和组织团体的分子都具有独立的人格；而作为法律关系的不同主体，也可以享有和行使各自的权利。这种抽象人格的理论，扩大了民事主体范围，将权利直接赋予“法律拟制之人”。

在近代民法中，《德国民法典》创设了权利能力的法律概念，并以此为基点构建了法人格与民事主体的逻辑关系。权利能力一词秉承了罗马法上的人格概念，两者有着密切联系，皆为构成民事主体之前提条件。日本学者北川善太郎认为，在民法上，“法的人格者等于权利能力者”，关于人或法人的规定，“表现了最抽象化层次的抽象的法人格”[③]。民事能力（含权利能力）和人格是

---

① 王泽鉴：《人格权保护的课题与展望——人格权的性质及构造：精神利益及财产利益的保护》，载《人大法律评论》编辑委员会组编：《人大法律评论》，2009 年卷，53 页，北京，法律出版社，2009。

② 参见［意］彼德罗·彭梵得：《罗马法教科书》，黄风译，50～53 页，北京，中国政法大学出版社，1992；周枏：《罗马法原理》，268～269 页，北京，商务印书馆，2002。

③ ［日］北川善太郎：《日本民法体系》，李毅多等译，56 页，北京，科学出版社，1995。

从不同的角度来界定民事主体的。人格概念的意义在于揭示民事主体的内在统一性和其实质，界定主体与客体的关系。“民事能力概念的意义在于揭示民事主体的差异性，具体刻画民事主体存在与活动的状态与特征。”[①] 从法律技术逻辑层面看，《德国民法典》以权利能力核心概念为中心，进行主体人格的制度设计。在财产权领域，这种构架中的逻辑关系就是“经济人—权利能力—法律人”。近代社会科学文献对社会结构采取了政治国家与市民社会二分法，这与法律结构中采取的公法与私法二分法是一致的。所谓市民，即是理性追求自己利益的经济人。在德国思想家黑格尔看来，市民社会应该由非政治性的社会成员构成，所谓市民社会就是一个由经济人组成的社会。[②] 通过权利能力这一人格依据，法律将理性追求自己利益的经济人与有意思能力、责任能力的法律人直接连接起来。财产法将其调整对象的基点置身于自然人，而法人不过是自然人的集合。在财产权范畴，法人虽然因其权利能力不同而有别，但在民事活动中的法律地位一律平等。除《德国民法施行法》第 86 条之规定对公益法人取得财产的数额有所限制外，法人得享有一切财产权的权利。[③] 在人格权领域，主体人格构架的逻辑关系则是“生物人—权利能力—法律人”。在近代西方哲学中，人格不过是哲学思想上对于人的本质的总结。以此为基础，内在化的伦理价值观念成为近代民法关于人的伦理性认识的核心，并由此构成近代民法人格构造的基础。随着社会生活中人的伦理价值的扩张，民法通过建立统一的、独立的“人格体”制度，将生命、健康、自由和尊严这些内在的伦理价值规定为外在的、实在法设置的“权利”（各种人格权）[④]。在自然人人格场合，“法律人”的成立是以伦理价值为依据，将伦理价值从人的范畴中抽去之后，即通过权利能力将“生物人”自然本性与“法律人”的法律属性直接连接的。而在法人人格场合，由于权利能力扮演“团体人格”的角色，从而形成“团体—权利能力—法律人”的逻辑联系，从而使得法人与同为“法律人”的自然人一样在某些方面享有人格利益成为可能。

---

① 谭启平：《“民法人”的探索》，18 页，北京，法律出版社，2009。

② 参见［德］黑格尔：《法哲学原理》，范扬、张企泰译，201 页，北京，商务印书馆，2010。

③ 参见魏振瀛主编：《民法》，652 页，北京，北京大学出版社，2008。

④ 马俊驹：《论作为私法上权利的人格权》，载《法学》，2005（12）。

关于人格与人格权的逻辑联系，我们在此以法人为对象，就作为资格的人格与作为利益的人格，提出以下两点基本认识：第一，人格即是主体资格，是法人人格权“肯定说”的理论前提。从法律语义上说，人格之意可以解析为：“人”即民事主体之谓，“格”即法律资格之谓。法人是具有“法律人格”的团体。法律赋予民事主体以权利能力，构成法人享有人格权的制度基础。在民法中，各类民事主体统一到“人”这一法人格之中，它包括自然人和法人。抽象概念的自然人，没有国籍、民族、性别、财产状况、文化程度、政治地位的差异；概括意义的法人，也没有生产企业、商业企业、金融企业、大企业、小企业的区分。正如梁慧星教授所言，人格的抽象和概括，“就把社会生活中千差万别的民事主体，简单化了、高度地划一了”①。可以认为，法人拥有民事主体之地位，这种人格成为其享有某些人格利益的前提。英国学者萨柏恩指出：“一个社团是一个法人，意思就是它的人格——权利和义务的主体——是经法律承认的。”② 概言之，人格即资格，人格即主体。第二，人格为精神利益，其立法本意在于保护自然人的人格尊严、人格自由、人格平等和人格安全。在人格平等原则的指导下，自然人的人格权表现为专属性、平等性和一致性等特征。一般认为，法人与自然人具有相同的主体人格，但其权利能力与后者不同，往往受到特殊限制，包括法人目的的限制、法律上的限制以及法人性质的限制。这就决定了法人不可能享有以自然人生理或心理特性的存在为基础的人格利益，或是因法人类型的差异而享有不同的人格利益。无论如何，法人应当享有诸如名称、名誉、信用等某些人格利益，这也是其作为民事主体所必须享有的权利。“人格利益是主体的最高利益……对人格利益的保护旨在维护主体作为人的存在，并且为主体从事财产活动提供前提条件，人格利益也是个人作为社会成员的存在所必不可少的。”③ 从这一理论出发，法人人格权可以作出如下理解：首先，它是维护法人的主体资格所必备的权利，具有某种独立性的特点。法人人格权与其作为主体的资格及能力有着密切的联系。“法人是社会

---

① 梁慧星：《从近代民法到现代民法——二十世纪民法回顾》，载《中外法学》，1997（2）。

② ［英］萨柏恩：《近代国家观念》，王检译，33页，北京，商务印书馆，1957。

③ 王利明、杨立新主编：《人格权与新闻侵权》，17页，北京，中国方正出版社，1995。

的一种客观存在，法律赋予其人格是基于社会对这一客观存在的需要，是对这一客观存在的社会价值和社会作用的认可，是法人人格来源的本质所在。”[①]法人人格权存在的目的，在于维护法人主体的独立性，是为法人成其为民事主体所必备之权利。其次，法人人格权是法人一经成立即可享有的权利，具有相对专属性的特点。有学者认为，在商事活动中，企业法人的人格权发生变化，其专属性极强的人格利益被淡化，而非专属性的经济利益占据主导地位；在此情况下，可引入“限制性让与”概念，即允许企业人格权在一定情况下转让。[②] 笔者认为，人格权的专属性是其区别于财产权的基本属性，法人人格权概莫能外。至于企业法人人格权转让的情形，其客体已不是传统的人格利益，而是商事人格利益或无形财产利益。

在近代民法发展的过程中，由于民法典编纂活动较早，对民法法典化产生重大影响的《法国民法典》和《德国民法典》都未对人格权予以重视。不过，《法国民法典》出台前后的两部法典，即1774年《普鲁士邦法》和1811年《奥地利一般民法典》都积极考虑到保护人格利益方面的问题。[③] 需要指出的是，这两部法典尚未涉及法人人格权的保护。在欧洲的主要国家，民法理论承认法人在一定范围内享有人格权，而且这种理论也得到判例的支持。[④]《日本民法典》效仿欧洲主要国家立法例，对人格权未作任何规定，更遑论法人人格权问题。但是，日本也曾出现过因对法人的名誉进行侵害而诉求赔偿的案例，并且法院支持了这一赔偿请求。[⑤] 总的说来，从罗马法以来的人格理论到欧洲大陆国家的司法判例，均承认法人可以享有某些人格权。这些理论和实践为我国构建人格权制度提供了有益的思想资料。

---

① 程合红：《商事人格权刍议》，载《中国法学》，2000（5）。

② 参见程合红：《商事人格权刍议》，载《中国法学》，2000（5）。

③ 参见［日］加藤雅信：《日本人格权论的展开与最近的立法提案》，杨东译，载《华东政法大学学报》，2011（1）。

④ 参见薛军：《法人人格权的基本理论问题探析》，载《法律科学》，2004（1）。

⑤ 参见［日］加藤雅信：《日本人格权论的展开与最近的立法提案》，杨东译，载《华东政法大学学报》，2011（1）。

二、人格权的商品化倾向：法人的人格利益应归属何处？

财产权与人格权是民事权利的基本分类，这种分类是以民事权利的客体即法律所保护的特定利益作为标准的。在大陆法系严格的概念体系下，特定利益被概括地进行了财产利益与人格利益的“两分”，并分别归类到财产权与人格权的范畴。其实财产利益与人格利益之间的界限，并非是绝对的。正是两者不同利益的交叉或融合带来财产权与人格权“两分”的困难，这即是学者所谈到的“人格财产”和“人格权商品化”问题。

所谓人格财产，是指与人格密切相关、无法用任何替代物来代替的财产，或称为“具有人格利益的财产”。易继明教授提出四类人格财产：一是具有人格象征意义的财产；二是寄托特定人情感的财产；三是源于特定人身体的财产；四是源于特定人智慧的知识产权。[①] 其中，前两类财产为外在之物的内化，即财产象征人格或寄托情感；后两类财产为内在自我的外化，即财产源于人的身体或智慧。上述人格财产分析，揭示了财产利益与人格利益的相互关系，着力分析了特定财产中所存在的人格利益。归根到底来说，人格财产依然是一种财产，其意义在于探讨财产损害赔偿中人格利益受损问题，为相关立法和司法实践提供依据。[②] 由于文章选题所限，人格财产不是本文研究重点。

所谓人格权商品化，是指以精神性利益为内容的人格权在市场经济社会中所表现出的财产特征。王利明教授在一篇文章中主张通过立法规范人格权商品化现象，并在其论述中列举了如下情形：“（1）允许权利人对具有财产价值的人格权进行商业化利用，并获取报酬；（2）在商品化人格权受到损害后，允许通过侵权损害赔偿对其中的财产利益加以保护……（3）在保护一些人格利益时，要考虑行为人是否对权利人人格利益进行商业化利用……（4）明确规定，

---

① 参见易继明、周琼：《论具有人格利益的财产》，载《法学研究》，2008（1）。

② 参见《日本民法典》第710、711条及《奥地利民法典》第1331条的规定表明，对财产上的人格利益的侵害，适用侵权赔偿责任，即对人格财产采取了肯定的立法立场。

如果非经许可，利用死者人格利益谋取商业利益的行为，一般应认定为侵权行为。"[①] 上述人格权商品化理论分析了人格权中的财产因素以及被侵权使用后的财产后果，对人格权保护的立法选择和司法裁量有重要参考价值。但是，就结论而言，该文仅是在传统人格权的基础上描述某些财产现象，并不具有财产权衍生的研究意义。笔者认为，由于现代商品经济的发展和社会财富形态的变化，在传统人格权中分离和产生了一种相对独立的特殊财产利益，并逐渐形成有别于人格权的权利形态，这在法人人格权制度发展中表现得特别明显。本文即以此作为重点进行分析。

关于人格权与财产权的相互关系，德国哲学家黑格尔有两个重要判断：一是"人格权"本质上就是"物权"，其本意是指基于人格（或说是人格权保护的生命、自由、尊严等）才能产生对物（泛指对于人的自由来说一切外在的东西）的权利；二是"物权是人格本身的权利"，其意思表明财产是维系人格所必需的，是一种实现人的自由的手段。[②] 在这里，黑格尔强调了财产权利对于人格权的依存关系和实现意义。由此可见，人格与财产之间有着千丝万缕的联系，并非泾渭分明。在私权制度的发展过程中，人格权与财产权的区分已从绝对趋向相对，并出现交叉和融合。由于商品经济的发展，某些人格利益演变成商业人格利益，即在现代法律框架上，基于商业上的名誉产生了商誉权，对姓名、肖像、形体的商业利用产生了形象权。这些权利是与一般人格权有别的特殊财产权。在国外学者的著述中，该类权利多视为独立的财产权或无体财产权。[③]

法人的人格利益可以概括地分为两类：一是作为任何一个普通的法人都具有的人格利益，这是一种不具有直接财产内容的人格利益；二是作为企业法人和从事商业活动的机关、企业、单位法人才享有的人格利益，这是一种相对独

---

① 《日本民法典》第710、711条及《奥地利民法典》第1331条的规定表明，对财产上的人格利益的侵害，适用侵权赔偿责任，即对人格财产采取了肯定的立法立场。

② 参见［德］黑格尔：《法哲学原理》，范扬、张企泰译，48～49页，北京，商务印书馆，2010。

③ 参见［英］劳森、拉登：《财产法》，施天涛、梅慎实、孔祥俊译，110～113页，北京，中国大百科全书出版社，1998；［日］小岛庸和：《无形财产权》，7～11页，东京，创成社，1998。

立的特殊的人格利益，是普通的人格权概念难以彻底揭示和充分保护的。[①] 根据传统理论，人格权客体概为无形之利益，主要是精神利益。随着现代商品经济的发展和人们权利观念的进化，人格利益中的财产因素在社会活动中得以凸显，并逐渐取得了独立存在的权利形态。企业法人人格利益的财产化既保留了无形利益的基本品性，同时又具有区别于有形财产的一般特点：第一，无形财产利益是与主体人格有着密切联系的利益，具有专属性特点。第二，无形财产利益是基于主体经营能力而在社会评价中产生的利益。这种财产价值产生于经营领域，来源于社会因受主体信誉、形象的影响而给予的评价和信赖，即具有资信性的特点。第三，无形财产利益是企业资信中难以确定且不具稳定性的利益。这种财产价值虽然能提供未来经济利益，但其利益预期具有不确定性，其收益额及收益期会基于各种原因产生波动，即具有变动性的特点。

关于无形财产利益，或者说非物质性财产，早就为近现代学者所关注。英国近代思想家、法学家洛克在《政府论》一书中曾用多种不同含义表达"财产"概念。[②] 20 世纪初，美国学者施瓦茨曾列举了"具有重大价值的新型财产……这些财产包括商业信誉、商标、商业秘密、著作权、经营利益、特许权以及公平的便利权"[③]。另一美国学者弗里德曼认为，20 世纪已经出现了"新财产"概念，"应当将就业机会、养老金、政府特许作为新财产对待"[④]。

上述即是自罗马法以来私法领域所发生的制度创新和法律变革，是为财产的非物质化革命。[⑤] 财产"非物质化"的结果就是，极大地拓宽了财产法的适用范围，其权利建构涉及多个方面，主要是但不限于知识产权。可以认为，企业人格利益的财产化正向两个方向发展：一是知识类财产，如商号归属于传统

---

① 参见程合红：《商事人格权刍议》，载《中国法学》，2000 (5)。

② 参见梅雪芹：《关于约翰·洛克"财产"概念的一点看法》，载《世界历史》，1994 (6)。

③ 转引自［美］肯尼斯·万德威尔德：《19 世纪的新财产：现代财产概念的发展》，王战强译，载《社会经济体制比较研究》，1995 (1)。

④ 转引自马俊驹、梅夏英：《无形财产的理论与立法问题》，载《中国法学》，2001 (2)。

⑤ 参见吴汉东：《论财产权体系——兼论民法典中的"财产权总则"》，载《中国法学》，2005 (2)。

知识产权领域；二是资信类财产，如商誉、形象、信用等归类于无体财产权。[①]

三、人格权种类的确立：权利边界如何划定？

民事权利的类型化是以权利客体为标准来进行的。申言之，物权的客体是“物”，债权的客体是“给付”，对这些财产权的类型化分类和体系化归纳，是建立在客体统一性基础之上的。人格权、知识产权乃至无体财产权的客体，虽然都是无形之利益，但也存在主要区别：人格权客体是为无形之人格利益，知识产权客体是为无形之知识财产，其他无体财产权客体则是无形之资信财产。正是客体的非物质性，才使得人格权、知识产权乃至无体财产权与所有权有着严格的区分，同时也使得前者所指无形利益“亦此亦彼”，因此产生划分权利边界的需要。

关于人格权的分类，2002 年《中华人民共和国民法（草案）》（以下简称《民法草案》）第四编“人格权”明确规定“自然人、法人具有人格权”，并列举了六项权利：（1）生命健康权；（2）姓名权、名称权；（3）肖像权；（4）名誉权、荣誉权；（5）信用权；（6）隐私权。日本学者认为这种自然人的人格权与法人的人格权并列的方式始终让人感觉不安，且具体人格权不可能仅指上述六类。[②] 我国有学者认为：“在建构人格权内部体系时无须过度考虑法人的人格权问题，因为人格权制度就其本质而言是保护自然人的人格尊严、人格自由、人格平等和人格安全的法律制度，是基本人权经由宪法上的基本权利与自由而具体化的民事权利。”[③] 上述情况表明，法人可以享有人格权，但限于特定类型的人格权。具而言之，法人不得享有以生理或心理特征存在为基础的人格权，不可能享有与其性质、特性相冲突的人格权。在立法中，可以考虑对法

---

① 参见［日］加藤雅信：《日本人格权论的展开与最近的立法提案》，杨东译，载《华东政法大学学报》，2011（1）。

② 参见［日］加藤雅信：《日本人格权论的展开与最近的立法提案》，杨东译，载《华东政法大学学报》，2011（1）。

③ 张新宝：《人格权法的内部体系》，载《法学论坛》，2003（6）。

人享有名称、名誉、信用等人格权以概括性条款作出规定，而不必采取与自然人格权并列、平行规定的方法。法人的无形利益归属于人格权还是知识产权或资信权，可留给学说研究和判例解决。笔者认为，如下几类权利必须作出界定。

1. 名称权与商号权

在《中华人民共和国民法通则》（以下简称《民法通则》）中，名称权是法人、个体工商户和个人合伙的一项重要人身权。名称有别于以血缘或家庭因素为基础的自然人姓名，是非自然人主体特定化的区别标志，是法人等主体在社会活动中的用以确定和表示自身并区别于他人的符号和标记。名称是法人的重要人格利益。根据《民法通则》第37条的规定，法人必须有自己的名称。法人只有具有名称，才能以自己的名义参加民事法律关系，享有权利并承担义务；才能使自身主体与其他主体相区别，无名称则无独立人格。名称权在本质上归属于人格权，具有绝对性、专属性、必备性的基本特征。法人享有名称权并将其视为人格权，为多数学者的共同见解。①

名称作为法人之无形利益，在一般情况下从为人格利益而成为人格权的标的；而在有的情况下，这种无形利益因具有经济内容和财产属性则可归类于财产权的标的。在商业活动中，企业法人的名称不仅标明其参加民事法律关系的主体身份，也标明了该主体在市场活动中所处的地位，体现了对交易活动（如交易机会、交易数量、交易效果等）所具有的无形而有力的影响，同时也体现了在商品经营过程中的价值，使其本身也成为一种可以计价的财产。在权利构造中，由此而产生的即是作为知识产权的商号权。

商号是商品生产经营者的身份标识，是经营主体特定化的专用标识。基于商号所产生的专有权利称为商号权。商号权不同于名称权。早年有学者曾将其视为财产权的一种，因为商号权具备财产权的一般特征，是一项可以获得收益的财产。② 当代学者多将其纳入知识产权范畴。商号在本质上应是一种无形财

---

① 参见王利明主编：《人格权新论》，401页，长春，吉林人民出版社，1994；杨立新：《人身权法论》，630页，北京，中国检察出版社，1996。

② 参见龙显铭：《私法上人格权的保护》，89页，上海，中华书局，1948。

产：商号是商事主体法律人格的化身，企业法人经营能力和资信表现的载体，是能给经营者带来一定利益的资产。在立法上，商号权保护主要有以下三种类型：一是单行法保护，如1916年《英国厂商名称登记法》、1921年《荷兰企业名称法》；二是商法典保护，如德国、日本、法国等采取民商分离模式的国家；三是民法典保护，如意大利等采用民商合一模式的国家。除此以外，一些欧美国家还采用商标法、反不正当竞争法等来保护商号权。在国际上，最早保护商号权的国际公约是1883年《保护工业产权巴黎公约》。至20世纪下半叶，世界知识产权组织制定的《发展中国家商标、商号和不正当竞争行为示范法》就商号的工业产权保护草拟了示范性条款。需要指出的是，1994年世界贸易组织《知识产权协定》规定的7项知识产权不包括商号权，其理由是该协议强调与贸易有关的知识产权，且商号权转让在一些国家受到诸多限制。

2. *名誉权与商誉权*

根据《民法通则》的规定，名誉权的主体既包括自然人，也包括法人和其他民事主体。名誉权的客体是名誉。这种名誉利益是民事主体就自身属性和价值所获得的社会评价。对于自然人而言，名誉是指主体基于自身的品德、才能及其他素质而产生的社会评价；对法人来说，名誉是指主体就其经营能力、履约能力、经济效益等状况所获得的社会评价。① 一般认为，名誉权与财产利益有关：自然人名誉受损，会导致其就业、晋级时遭到不利影响；法人名誉受损，有可能使其信誉减低、经营受阻、利润减少。但是，作为人格权，名誉权是一种精神权利，既不具有直接的财产价值，也不能产生直接的经济利益。

商誉是企业法人的商业信誉和声誉，由传统的人格利益嬗变而来，但又不同于人格权意义上的名誉。从社会评价来说，商誉是企业在长期生产经营过程中，以其优质的产品或服务而在消费者心目中所得到的广泛肯定。国外法学著述及司法界对商誉的表述也多为褒义性的。② 十分明显，上述观点与我国法学界的通说有所不同。笔者认为，法律上的商誉应指民事主体因其生产经营活动

---

① 参见魏振瀛主编：《民法》，81、652页，北京，北京大学出版社，2008。

② 参见［英］戴维·M. 沃克主编：《牛津法律大辞典》，邓正来等译，381页，北京，光明日报出版社，1989。

中具有的经济能力而在社会上所获得的积极评价。具而言之，经济能力是企业生产经营的综合能力，即商誉的主观要件；社会评价是褒义的肯定性评价，即商誉的客观要件。

关于商誉权保护立法例，各国有所不同。在英美法系国家，商誉权保护制度主要是通过判例建立起来的。在美国，侵犯商誉权的行为涉及不正当竞争，法院将“商誉”看作一种“财产权”加以保护。[①] 大陆法系国家则主要是沿用侵权法或反不正当竞争法来保护商誉的。

在商誉权的国际保护领域，目前相关国际公约主要从制止不正当竞争的角度对商誉权进行规定，并将其纳入知识产权法律体系之中。从国际公约的立法精神来看，归属于知识产权范畴的反不正当竞争权主要是一种禁止权，即是排除他人不正当损害竞争对手的行为（侵害商誉）的一种权利。作为不正当竞争行为的侵权对象即商誉权，应是具有财产权性质的民事权利。

3. 信用权与商业信用权

信用与信用权是一个经济学界争相研究而法学界关注不够的范畴。在我国，不少学者将信用混同于商誉，或是将信用置于商誉概念之中。[②] 在国际法学界，信用是指民事主体所具有的偿付债务的能力而在社会上获得的信赖和评价。笔者认为，信用不是一种人格利益，而应归类于无形财产的范畴。

关于信用权的保护，目前立法例有两种不同的方式：一是间接保护方式，即在广义的商誉权名义下提供信用利益保护，但其权利主体多限于商事主体；二是直接保护方式，即通过侵权责任法对侵害信用利益的行为进行规制，确认行为人的侵权责任。《民法草案》曾在人格权项下规定了信用权，其归类方法值得商榷。在信用活动中，根据信用主体的不同，可以分为国家信用、商业信用、银行信用、个人信用等。其中，企业法人或说是商事主体的资信利益，应从一般人格利益中分离出来，同时将其与有所关联的商誉利益相区别，即赋予无体财产权形式，给予特别的法律保护。

---

① 参见曾陈明汝：《专利商标法选论》，178页，台北，自版，1977。

② 参见张俊浩主编：《民法学原理》，158页，北京，中国政法大学出版社，1991；王利明主编：《民法·侵权行为法》，299页，北京，中国人民大学出版社，1993；杨立新：《人身权法论》，638页，北京，中国检察出版社，1996。

罗马法的传播与法律科学的繁荣*

法学是研究法律这一特定社会现象及其发展规律的科学。现代法学是一个体系庞大、门类众多、结构严密的学科，诸多分支学科的繁荣和发展与罗马法的研究和传播有着紧密的联系。从一定意义上来说，近代大学的兴起源于中世纪罗马法的复兴。世界历史上第一所大学——波伦那大学就是从研究法律，主要是研究罗马法开始的。从 12 世纪开始，欧洲各国的法学家对罗马法竞相钻研，形成众多的学术流派，如意大利学派（亦称注释法学派，其代表人物为伊纳留斯）、法国学派（亦称沿革法学派，其代表人物为古雅士）、荷兰学派（亦称自然法学派，其代表人物为格老秀斯）、德国学派（亦称历史法学派，其代表人物为萨维尼）。自 19 世纪以来，罗马法实际上已成为各国学者共同研究之对象，罗马法亦成为现代诸国（主要是大陆法系国家）法律院校必修之课程。这些不仅在学术上提高了罗马法的历史地位，而且推动了法律诸分支学科的发展。

1. 罗马法与外国法律制度史

罗马法始自公元前 5 世纪的《十二表法》，延至公元 6 世纪的《国法大全》，历时一千余载，文献浩如烟海，其法制建设的成就在古代社会无与伦比。奴隶制社会是人类文明的开创时期，以埃及、巴比伦为代表的古代东方国家和以希腊、罗马为中心的古典奴隶制国家都创造了自己的法律财富，出现了《摩

---

* 原载《法商研究》，1994（6）。本文系作者参加 1994 年 10 月在北京召开的“罗马法·中国法及中国民法法典化”国际研讨会所提交的论文提要。

奴法典》《摩西法典》《汉谟拉比法典》等著名古代法典。但在诸多法系中，唯有罗马法得到众多立法者和法学家的精心培育，逐步摆脱了民族风俗习惯和宗教道德观念的束缚，比较客观地反映了简单商品经济关系的规律。它不仅成为古代法制的高峰，而且与近代大陆法系有着源和流的关系。所以，罗马法的内容、特点及发展规律无疑应是外国法律制度史的重要研究范围。

2. 罗马法与西方法律思想史

罗马法的发展基本上不是按立法程序制定的，也不是君主个人独裁意志的结果，而主要是凭借裁判官的审判实践和法学家的理论活动，在改造和继承旧有的法律规范的基础上而逐渐发展起来的。罗马法学家编写法学著作，解答法律问题，许多就直接成为罗马法的一个重要组成部分。一般认为，罗马人的法律思想学说，在《十二表法》颁布后开始形成，以后日趋活跃。从帝政初期的萨比鲁士和普罗库路士的两大学派，到后来的盖尤士、巴比尼安、乌尔比安、保路士、莫德斯蒂五大法学家，都在理论上阐述了公法与私法的观点，自然法、万民法与市民法的关系，特别是对以商品生产为中心的私法关系作了详细的论述。他们的学说和著作集中地反映在《国法大全》之中，对后世法律思想的演变和发展产生了不同程度的影响。可见，罗马法学家的思想理论观点是研究西方法律思想史的重要材料。

3. 罗马法与西方民商法学

西方民商法的产生有三个来源：罗马法、教会法和中世纪商法。一般认为，罗马法对大陆法系国家的私法（包括狭义的民法与商法）起到了典范作用，无论是体系的编排、原则的制定、基本制度的形成，乃至一些主要术语、概念在很大程度上都起源于罗马法，其中影响最为显著的是 1804 年的法国民法典和 1896 年的德国民法典。以英国为代表的普通法系国家则以自己的日耳曼习惯法为基础，吸取罗马法的某些原理而创制了一个独特的法律传统。学者大抵认为，普通法系国家在遗嘱继承、婚姻和海事等方面接受了罗马法的影响。此外出于近代经济发展的需要，还容纳了罗马法的一些原则，如侵权赔偿、抵押回赎权、契约关系中错误效果等。作为西方民商法基本因素的教会法，是以罗马基督教神学为思想基础，吸收若干罗马法规则而形成的。由于其调整教会事务和世俗事务的需要，宗教法院在管辖家庭、婚姻、继承以及土地、海事等方面的案件中，不得不采用罗马法的原理和规范。至于中世纪商法源于各地的贸易习惯，由各地商事法院判决积累而成，亦受罗马法影响很大。在中世纪的西欧，罗马法虽未被直接采用，但它仍然存在于人们的记忆之中，作为一种习惯规则而普遍存在，因而成为西欧商法的一个重要来源。由此可见，对罗马法的学习，是研究西方民商法的基础。

4. *罗马法与国际法学*

在罗马法体系中，万民法是在各族人民扩大交往、发展贸易的基础上发展起来的，它调整的是外国人与外国人之间以及罗马人与外国人之间的关系。万民法为了适应罗马作为一个海上贸易强国的需要，抛弃了市民法的民族狭隘性，承认同罗马发生贸易往来的其他民族的权利，给予异邦人、外国人以罗马国家的法律保护。所以，它具有某种国际法律规范的性质，万民法一词也就成为以后的国际法语源。此外，古典国际法的许多规则也与罗马法相关。例如，罗马法学家关于所有权绝对性、排他性和永续性特点的概括，直接为国际法上关于国家领土的理论所接受，所谓领土主权的神圣不可侵犯（即绝对性和永续性）和领土的管辖权（即排他性），即是对罗马法原理的借鉴。而国际法关于领土的取得分为添附、先占的原始取得和时效、征服、割让的继受取得，则导源于罗马法关于私有财产所有权的取得方式。因此，从历史发展的角度研究国际法学，也不能不涉及罗马法。

5. *罗马法与民法学*

现代民法学是12世纪以来欧洲各国罗马法学的继续和发展。这是因为，各国民法无论是名词术语，还是诸多制度和原则，许多都是起源于罗马法。可以说，没有罗马法，就没有今天的民法。罗马法学家创制的法律术语，概念准确，用语简练，诸如物权法中的物、物权、所有、占有的概念，债权法中要式行为、故意、过失的概念，继承法中遗嘱、遗赠的概念，婚姻法中婚生子女、非婚生子女的概念等，直到今天仍在适用。从民法部门的各项制度来说，都有其自己发展的历史，其中许多也来源于罗马法，如人格制度、住所制度、时效制度、无因管理制度、不当得利制度、遗嘱继承制度、特留份制度等，至今仍是各国民法典中的基本民事制度。此外，罗马法学家遵循社会经济生活和家庭生活的客观规律和共同准则，从理论上概括了民法及相关制度的基本原则，如民法总则中的平等原则、诚信原则，物权法中的无主物先占有者所有的原则、后者权利不得大于前者的原则，契约法中的意思自由原则，侵权法中的过失责任原则、损害赔偿原则，继承法中保护胎儿继承权原则、子女继承份额平等原则、清偿被继承人债务以遗产为限的原则，以及亲属法中婚生子女的推定原则，婚姻法中片面离婚的过失主义原则等，无一不具有科学的成分和进步的因素，为后世立法所采用。因此，学习罗马法，对研究民法科学和发展民法理论有着重要的意义。

第三编　法治与法学理论研究

国家治理能力现代化与法治化问题研究*

由传统国家走向现代国家，是人类政治文明发展的必然选择。与现代国家的发源地欧美等国的政治发展逻辑不同，中国本土的国家治理现代化道路存在着中国问题的特殊性：一是“超大型崛起”作为有世界影响的发展中大国，超大型的人口规模、产业规模、经济规模以及社会规模的中国崛起是史无前例的。“超大型崛起”本身不仅蕴藏着巨大的发展力量，更会产生“超大型治理”所带来的巨大问题和困难。现实中国国家治理现代化，必然是对以往大国崛起模式的超越，而不可能是简单的复制和模仿。二是“非均衡化发展”。在制度文明转型的过程中，诸如国家工业化、市场化以及社会组织的自主性等现代化要素的有效整合是现代国家生成的基本条件。而中国作为一个后发国家，存在着经济与社会发展不平衡的突出问题，其城乡差距、中西部差距、行业差距、贫富差距等，容易导致社会的裂变和分化，因而在国家治理现代化的进程和路径方面出现“非均衡化”现象并产生矛盾。三是“跨越式转型”。国家治理的现代化，是一个现代制度体系的成长与成熟的长期过程。中国承载着许多非现代化的历史负担，缺乏治理体系理性化的积累和治理方式民主化、法治化的传统。实现国家治理的现代化转型，就是一场历史跨越的社会变革。因此，现代国家制度建设的中国问题研究，首先要探索制度文明发展规律，坚定政治发展目标和信念，即推进国家治理现代化、法治化的目的，首先在于完善和发展中

* 原载《法学评论》，2015 (5)。

国特色社会主义制度；其次要厘清国家治理现代化与法治化的关系，构建现代国家治理的法律制度基础，即现代国家的成长必须依靠国家的制度化、法治化；最后要讨论国家治理能力的现代化构成与法治化要求，即在中国本土环境下寻求各主体执政能力、行政能力和参政能力、自治能力的协同均衡，以改造、提升国家治理能力。

一、国家治理方式的政治维度与向度

国家治理问题是当代世界最重要、最核心的问题之一。国家治理能力的低下和弱化已然成为许多严重社会问题（从贫困、艾滋病病毒到恐怖主义）的根源，所谓“国家失败”或“政府失灵”，不仅是一些发达国家不断重演的政治乱象，更是拉美国家和亚非发展中国家普遍存在的政治困境。[①] 自 20 世纪 90 年代以来，世界上许多国家开始尝试重新配置公共权力，实现治理权能的分化和转移，以此提高国家管理的弹性和韧性。这股潮流被学术界总结为由“统治”向“治理”的转变，在“国家构建”（state-building）的理论范畴中，国家治理是对旧式“统治”风格的一种根本性重构[②]，是一项具有系统性特征的现代化制度建设工程。基于此，围绕着国家权力所展开的制度安排、体制机制设置以及达致的目标，产生了一个政治维度上的视角研究和向度上的趋势分析问题。[③]

现代国家的制度文明建设首先涉及的是国家治理的两个维度，即治理体系和治理能力问题。所谓国家治理体系是一种制度体系，包含了国家治理活动的一整套制度安排、组织形态和治理体制、机制所构成的制度系统。国家治理体系在本体上就是国家制度体系。制度体系作为现代化国家治理的基础性要素，包括以宪法体制为核心的基础制度，涵盖经济、政治、社会、文化、生态文明

---

① 参见魏治勋：《“善治”视野中的国家治理能力及其现代化》，载《法学论坛》，2014（3）。

② 参见李放：《现代国家制度建设：中国国家治理能力现代化的战略选择》，载《新疆师范大学学报（哲学社会科学版）》，2014（4）。

③ 在政治学理论中，政治维度是从政治的特征、形式、体制以及经济、法律、道德等社会现象关系不同层次、视角的阐述；而政治向度则是对上述社会现象关系的发展趋势的观察。

等各个领域的基本制度，以及涉及体制机制的具体制度和非正式约束（如习俗、行规等）的行为规则。其中，政府治理、市场治理和社会治理是现代国家治理体系中三个最重要的组成部分。因此，作为国家治理体系的制度体系，分别包括国家的行政体制、经济体制和社会体制。① 所谓国家治理能力，可理解为一种国家行为能力或国家制度能力，是国家治理活动中所具有的制度供给和创新、制度管理和实施等各方面能力的整体表现。美国著名学者福山将国家治理能力解析为“制定和实施政策及制定法律的能力，高效管理的能力，控制渎职、腐败和行贿的能力，保持政府高度透明和诚信的能力以及最重要的执法能力”②。我国政治学专家俞可平则将国家治理能力概称为“一个国家的制度执行能力”③。治理能力是国家健康、有序、高效地进行治理活动的重要保障，是治理主体通过制度创建和执行，进而实现治理目标的主观条件，涉及改革发展稳定、内政外交国防、治党治国治军等各个方面。国家治理的两个维度即治理体系与治理能力是一个相辅相成的有机整体：两者共同作用于国家治理活动，服务于国家治理目标。其中，治理体系是治理能力的依据和基础。制度、体制等创设的合理性、科学性，程序、机制等设计的可执行性、可操作性对后者具有指导和规范作用；而治理能力是治理体系得以落实、保障的条件。治理能力并非简单表现为旧式统治的国家强制力，它通过治理主体的多元化、治理方式的民主化、治理手段的文明化以及治理技术的现代化，去实现治理体系的制度理性目标。

制度文明建设意义上的国家治理有两个向度，即实现国家治理体系、治理能力的现代化和法治化。所谓现代化，常被用来描述现代发生的社会和文化变迁的现象。从历史上讲，它主要是指人类社会从工业革命以来所经历的一场涉及社会生活诸领域的深刻的变革过程，这一过程以某些既定特征的出现作为完

① 参见俞可平：《推进国家治理体系和治理能力现代化》，载《前线》，2014（1）。

② ［美］弗朗西斯·福山：《国家构建：21世纪的国家治理与世界秩序》，黄胜强等译，9页，北京，中国社会科学出版社，2007。

③ 俞可平：《衡量国家治理体系现代化的基本标准》，载《北京日报》，2013-12-09；［美］弗朗西斯·福山：《国家构建：21世纪的国家治理与世界秩序》，黄胜强等译，9页，北京，中国社会科学出版社，2007。

结的标志，表明社会实现了从传统走向现代的转变。从社会文化变迁和制度变革的角度出发，国家治理的现代化特征主要表现为以下四个方面：（1）民主之治。人本主义是现代国家治理的最高价值。所谓人本主义即是21世纪的人文主义，是以人权保障为最高理念，体现以人为本位、以权力为本位的价值观念。[①] 与传统国家治理着力追求统治秩序不同，现代国家治理的核心理念应该是坚持以人为本，维护人的主体地位，保护人的正当利益，以促进人的全面发展。对于现代政治体制而言，人民群众不再是公共治理的客体，而应成为治理主体并实现治理主体的“自我统治”，这即是说主权在民是国家治理之根本，民主政治是国家治理之基础。概言之，体现人本主义的民主之治是国家治理现代化的基础要件。（2）科学之治。“善治”可以被看作国家治理科学化的衡量标准和目标取向。从语义上说，“善治”就是良好的治理。达致“善治”目标的国家治理，是一种达成和服务于某种良好目标模式的现代国家建构过程和方式。“善治”的本质特征，就在于它是政府与公民对公共生活的合作管理，是政治国家与公民社会的一种新型关系。实现国家“善治”就是使公共利益最大化的社会管理过程，其基本内容是重构传统政治体制下的公共权力，即治理结构的权力配置必须科学合理、协调高效。具言之，致力于建立适合本国历史、国情、民意、自然条件、地理环境和经济状况的政治法治体制，使之既体现传统政治理想状态，也蕴含现代民主政治的大多数要素，同时达致“效率、稳定、公正、严谨”的科学治理状态。简言之，科学之治意义上的“善治”是国家治理现代化的目标指向。（3）文明之治。文明是标识人类的进步程度的状态。[②] 现代化本身就具有丰富的文明内涵和属性。文明、民主、法治及其一体化关系，不仅成为时代发展潮流，而且体现了国家治理体系的制度特征和治理能力的时代精神。“现代国家治理手段的选择不仅要考虑其有效性，而且要考虑其正当性和文明性。”[③] 与传统国家治理手段所采用的人治、礼治或权势术之治不同，现代国家的文明治理强调制度规范的外在强制和道德规范的内在约

---

① 参见屈茂辉：《中国民法典的基本理念》，载《求索》，2002（5）。

② 参见文正邦：《论法治文明》，载《现代法学》，1998（2）。

③ 姜明安：《改革、法治与国家治理现代化》，载《中共中央党校学报》，2014（4）。

束相结合。在精神文明建设中，塑造人的精神信仰，培育人的公民素质，可以为现代政治制度发展提供内源动力。质言之，以“礼法合治”为核心的文明之治是国家治理现代化的重要方面。（4）规范之治。现代国家的治理，要求制度与规范，强调程序与秩序。规范之治以法治化为基本准绳，法治与国家治理、法治建设与国家治理现代化表现了某种内在的联系。现代国家的重要特征是法治国家，现代国家的基本治理方式是规范化意义上的法治。张文显教授在总结“法治是治国基本方略，法治是执政基本方式，运用法治思维和法治方式治国理政”的中国法治经验的基础上，将国家治理的法治化概括为治理体系“法制化”和治理能力“法治化”两个基本面向。[①] 进言之，以法治为基本方式的规范之治是国家治理现代化的必由之路。

国家治理的另一向度是法治化。国家治理的现代化，在某种意义上即是国家法治的现代化。这是因为，国家治理与法律运用有着同样的治理方式，法治化不仅是国家治理现代化的核心内容，也是国家治理民主化、科学化、文明化的重要保障。法治的核心和基石作用表现为以下几个方面：（1）民主政治与法治。人民民主与社会主义法治不可分离，民治与法治相结合的政治法治体制是最坚固、最长久、最先进的国家治理体制，是人类社会政治开明、法治文明的制度典范。没有民主之治的法治会演变成传统统治风格的专制。从人民民主的政治逻辑来看，法治的实质就是体现人民的利益和意志，从而得到人民认可的“规范之治”；反言之，民主必须受制于法治，民主“只有在以‘法的统治’作为先导的价值系统的社会组织获得理性统治状态”[②]。没有法治规制的民主将是混乱无序的民主。法治为民主之治设置轨道。（2）科学管理与法治。科学之治意义上的“善治”就是良好的治理。以“善治”为目标的国家治理，是一种达成和服务于某种良好目标模式的现代国家建构过程和方式。“善治”需要“良法”，政治学强调“善治需要优良的制度作保障”[③]，法学则主张“法治是良法之治”。无论是“优良的制度”还是“良法”都是公共理性的产物，具有

① 参见张文显：《法治与国家治理现代化》，载《中国法学》，2014（4）。

② ［日］佐藤庆幸：《官僚制社会学》，朴玉等译，61页，北京，生活·读书·新知三联书店，2009。

③ 燕继荣：《现代国家治理与制度建设》，载《中国行政管理》，2014（5）。

科学规范的内涵和属性。科学之治实为良法善治，表现为一种配合适当、协调有序的法治理想动态。法治为科学之治提供保障。（3）文明教化与法治。文明教化的基础是人类精神的自律，或者说，道德是人们的法律意识、法治观念和在法律范围内活动的基础。[①] 在当前道德评价失范、价值取向紊乱、精神生活不甚理想的状态下，文明教化有必要引入法治的硬约束机制，即通过法治的手段，提高社会组织和社会实践的文明程度和道德水准。在精神文明建设中，法治的动能表现为："规范—强化"作用，即通过立法手段选择和推动一定道德规范的普及；"监督—保障"作用，即通过法律机制保护文明道德行为；"教育—推动"作用，即运用社会正义、权利本位、契约自由的现代法精神去培育社会主义的义利观，形成健康有序的社会生活规范。法治是文明教化的权力支柱。

总之，国家治理的两个向度，即现代化与法治化是相互关联的：现代化的核心和基础是法治化，而法治化是一个理性化、文明化的发展过程，其本身也有一个现代化的问题。正如学者所言，在国家治理中，现代化必然意味着法治化，而法治化本身又需要现代化。[②]

二、国家治理能力现代化的制度基础

党的十八届三中全会文件《中共中央关于全面深化改革若干重大问题的决定》，设定全面深化改革的总目标为"完善和发展中国特色社会主义制度，推进国家治理体系和治理能力现代化"，旨在通过经济、政治、文化、社会、生态文明和党的建设等六大方面的体制机制改革、法律制度安排，"形成系统完备、科学规范、运行有效的制度体系"，逐步实现国家治理体系和治理能力的现代化。与此相联系，党的十八届四中全会文件《中共中央关于全面推进依法治国若干重大问题的决定》提出，全面推进依法治国的总目标为"建设中国特色社会主义法治体系，建设社会主义法治国家"，旨在通过"法律规范体系、

---

① 参见吴汉东：《法律的道德化与道德的法律化》，载《法商研究》，1998（2）。

② 参见胡建淼：《国家治理的现代化与法治化》，载《行政管理改革》，2014（9）。

法治实施体系、法治监督体系、法治保障体系、党内法规体系”等五大体系的建设，实现科学立法、严格执法、公正司法、全民守法，促进国家治理体系和治理能力的法治化。就制度文明建设而言，上述两个重大决定为姊妹篇。我们可以认为，全面深化改革的途径在于制度建设，制度建设的重心在于法治体系建设，通过上述制度改革和法治建设，最终达到“完善和发展中国特色社会主义制度”的总目标。

世界现代化发展的历史进程表明，实现国家治理现代化，关键在于推进现代化国家制度建设。其中重要的任务是加强法治建设，为国家治理能力现代化匹配制度条件。国家制度是一个完整的法律规范体系，国家制度建设是一项统筹的法治系统工程。就一般意义而言，制度结构及其法律表现形式可以分为以下三类。

一是以宪法体制为核心的基础制度。基础制度具有长久性、权威性的法治效力。宪法是国家的政治原则宣言和法律制度核心，它规定全面的重大的国家事务和社会事务，是政党、政府、社会组织和全体人民的根本行为准则。宪法还表征了执政者执政的合法性。因此，一个国家的长治久安、主要政党的长期执政，必须依靠宪法基础制度。可以认为，宪法之治在国家治理现代化中具有核心地位，是法治体系建设的首要任务。就中国而言，党领导下管理国家的基础制度体系，是国之根本；而国家治理能力的现代化是以完善和发展中国特色社会主义制度为最终目的。国家基础制度与国家治理方式的关系，即是政治学所论及的“政道”与“治道”的关系。[①]“政道”相对于政权而言，是一种政治形态和政治体制；“治道”相对于治权而言，涉及治国方略和手段。我们应把握好国家基础制度与治理方式一体化的关系，推动“政道”与“治道”协同变革的改革总目标，但不能脱离国家基础制度单独地强调治理现代化，更不能偏离国家基础制度的方向去推行治理方式变革。

二是以行政体制、经济体制和社会体制为主体的基本制度。基本制度具有稳定性、全面性的法治特点。现代国家的基本制度安排，主要包括：（1）法治

---

① 参见虞崇胜：《制度建设是国家治理现代化的题中应有之义》，载《福建论坛（人文社会科学版）》，2014（2）。

化的行政体制。行政体制是国家治理体制的重要环节，政府是国家治理的主要组织者和实施者。美国思想家潘恩说："我们不是天使，所以我们需要政府，但政府也不是天使，对待政府的权力需要时时警惕。"[①] 应该看到，政府在社会公共生活中是必要的，没有了政府这一制度安排，人类社会可能面临政治秩序崩溃、市场机制失灵、公共事业衰败。但与此同时，要依法规范行政行为，着力解决行政不作为或滥作为的问题。以法治化为目标的行政体制改革，旨在建立法治政府，使政府的各项权力都在法治的轨道上运行，集阳光政府、有限政府、诚信政府、责任政府于一身。(2) 市场化的经济体制。经济运行体制与市场运作环境的治理，是现代国家治理的当然内容。市场经济本质上是法治经济，建立健全市场经济法律制度，首先应发挥市场配置资源的决定性作用，其基本规则是"保护产权、维护契约、统一市场、平等交换、公平竞争"；同时应规范政府的经济治理行为，其基本规则是"适当调控、有限参与、有效监管"[②]。(3) 民主化的社会运行体制。一个民主自治的社会领域是法治国家的根基，现代社会治理的一个显著特征就是公民参与。建立健全公民参与国家事务和社会事务管理活动的法律制度，是推进国家治理现代化的重要前提。在法律制度的框架下，公民有序的政治参与和广泛的社会事务管理，是法治国家人民主体地位的具体表现。它不仅意味着主体化的公民对国家治理权力的行使，而且还可以起到制约和监督行政权力的重要作用，这是厘清和构建现代治理体系中国家与社会、政治权力与公民权利关系的重要途径。

三是以规章、行规、习俗为表现形式的具体制度。这些非正式约束的规则，具有适应性、应对性的法治补充功能。诸如市民公约、行业规章、团体章程等社会规范在社会治理中具有积极作用：一方面，社会规范是社会治理的重要工具。法治并不是狭义法律之治，它需要多层次、多领域的依法治理。上述社会规范具有贴近基层、贴近群众、贴近生活等特点，是一种社会治理的自治规范，更容易为人们所接受，为人们所自觉遵守。另一方面，社会规范是法律

---

① 转引自刘海涛等：《宪政的现实主义与理想主义》，载《南昌大学学报（人文社会科学版）》，2003 (6)。

② 顾功耘：《经济法治的战略思维》，载《法制与社会发展》，2014 (5)。

规范的必要补充。发挥社会自治规范在国家法治中的作用，是我国坚持依法治国和以德治国相结合的应有之义。法律不可能面面俱到，社会生活中的很多具体问题，比如行业内部关系、家庭关系、邻里关系等，都需要社会自治规范的补充调整。总而言之，我们必须在法治运行的框架下发挥社会规范的基本功能，在尊重法治思维和以法治方式解决社会问题的前提下补充适用上述自治规范。

传统国家向现代化国家转型，必须建构“自我实施式均衡的三个支柱，即制度、行为和信念”①。就国家治理说来，制度是“游戏规则”，它提供了人们相互影响和作用的法则、规范、程序的框架；行为是受意识支配而表现出来的制度行为，包括了制度供给、调适、创新、实施等活动；而信念则是按照所确信的观点、原则和理论去行动的个性倾向，它引导并影响制度行为及其后果。在上述治理构成中，法律制度是作用与形塑国家治理能力的基础性要素，它在本原目的上就是为国家治理行为及信念意识提供内容规范和法律保障。换言之，治理能力的现代化需要在法律制度的规范下有序推进。法律制度对治理能力包括行为及信念的影响主要表现在以下几个方面：

首先，凝聚法治价值共信。在社会多元化的条件下，寻求社会共识可以汇聚改革力量，形成法治建设合力。所谓社会共识，是指社会成员对社会事务大体一致或接近的看法。寻求社会共识，即强调所有社会成员的共同价值追求。② 法治国家应有其共信的核心价值理念，这种核心价值理念是对“关键重要性”的确信，意味着这一信念影响着人们“在不同情况下决定什么是好的或有价值的，或者什么应当做”③ 的行为选择。凝聚法治价值共信，是一个法治信仰问题。法治信仰是一切法律中最重要的一种，“这种法律不是铭刻在大理石上，也不是铭刻在铜表上，而是铭刻在公民的内心，它形成了国家的真正宪

---

① 叶本乾：《路径—制度—能力：现代国家构建维度和建构有限国家研究》，载《党政研究》，2014（2）。

② 参见周光辉：《推进国家治理现代化需要寻求和凝聚社会共识》，载《法制与社会发展》，2014（5）。

③ ［加］查尔斯·泰勒：《自我的根源：现代认同的形成》，韩震等译，37页，南京，译林出版社，2001。

法”[①]。在法治国家建设中，需要在全社会建立共同的法律认知取向、法律评价取向、法律权威取向，以普遍的法律信仰即共信的法治核心价值理念构建现代化法治的文化基石。在当下中国，法治共信或者说法律认知，最重要的就是“宪法共识”。“宪法共识是最根本的国家共识”[②]，基于宪法至上的理念、宪治为先的原则等所形成的法治理念是根本性的法治共信，可以说是现代法治国家范围内的民族共识、公民共识和社会共识。以“宪法共识”为核心的法治价值共信，是国家治理能力包括治理形式、治理技术最重要的思想基础。

其次，养成法治思维定式。在现代法治国家，作为公共事务的管理者，必须在法治思维方面有所养成。思维方式是人们的理性认识方式。在哲学认识论上，思维方式作为人脑的“固有属性”或“存在方式”的思维运动，是主体把握客体、通向客体的途径和方法。而就法治思维而言，就是将法治的诸种要求运用于观察、认识、分析、解决问题的思维方式，是一种以法律规范为基准所形成的模式化、程式化的“心理结构”。法治思维与法律信仰同属于精神方面的法治文化要素。相对于法治信仰这一普适性要求而言，法治思维更多是对特定治理主体的意识能力要求，即是将法治观念上升为治理活动的思维习惯和定式。对于国家工作人员而言，法治思维就是“规则思维”“权利义务思维”“程序性思维”“权衡思维”“建设性思维”[③]。法治思维是一种治国理政的思维方式，不同于传统国家治理下的“统治思维”“人治思维”“专制思维”“群众运动思维”等。法治思维在不同问题和领域的运用，表现为不同层次：关于认识判断层次，是普通社会成员在不同程度应该具备的；关于逻辑思维推理层次，是法律职业人员必须具备的；关于综合决策和制度建构层次则是治理活动的领导者所要具备的。[④] 总之，法治思维方式的养成，主要是对特定治理主体的治理能力要求。

再次，形塑法治行为方式。在人们的社会实践活动中，思维方式与行为方式是一个内在和外在的关系。行为方式是受思想支配而表现出来的外部活动，

---

① ［法］卢梭：《社会契约论》，何兆武译，46页，北京，商务印书馆，2003。
② 秦前红：《中国共产党未来长期执政之基》，载《人民论坛》，2013（15）。
③ 汪永清：《法治思维及其养成》，载《求是》，2014（12）。
④ 参见张立伟：《什么是法治思维和法治方式》，载《学习时报》，2014-03-31。

进言之，法治方式就是运用法治思维处理和解决问题的行为方式。善用法治方式治国理政，就是要坚定法治信仰、弘扬法治精神、秉持法治思维，将法律制度贯穿于经济治理、政治治理、社会治理、文化治理、生态治理等国家治理实践之中，逐步形成法治国家要求的“办事依法、遇事找法、解决问题用法、化解矛盾靠法”的行为模式。善用法治方式的核心问题就是制度运用问题，集中地表现为运用法律创设的规范、机制和程序解决问题、处理纠纷；在法律规定的权限范围内管事、办事和干事。总之，法治方式是现代国家治理的重要行为方式。

最后，指引法治评估的要素构成。运用法治评估办法描述、衡量和评估法治的运行状况，是现代国家推行治理法治化的有益做法。从我国治理体系和治理能力的改革目标出发，我们可以将法治评估设计为“治理体系指标、治理能力指标、治理效果指标”三大构成。法治评估实现了法治绩效的“有尺可量”，它将庞大烦琐的法律制度规定和运作机制，变成了可以量化并能测定、具有可操作性的指标，其法治测度代表了各种法律规范的“制度约束”[①]；同时，法治评估表现了治理主体的“法治自觉”，它将其欲求达到法治理想的社会效果与法治工程构建之后实际运行的现实条件结合起来，以“建构主义的思维通过国家公权力的力量来设计和推进法治”[②]。可以认为，由制度创新和实施所指引的法治评估，是对现代国家治理行为及其效果评价的重要途径。

三、国家治理能力的主体构造及其法治要求

国家治理能力的塑造和提升，涉及治理主体系统构造、治理主体能力要求和治理能力建设目标等三大问题。

现代治理的本质特性在于治理主体的多元化。[③] 传统国家的“统治”范式，严格将法律秩序建构在国家与社会二元分离的基础之上，国家是秩序建构

---

① 钱弘道等：《法治评估及其中国应用》，载《中国社会科学》，2012（4）。

② 姚建宗：《法治指数设计的思想维度》，载《光明日报》，2013-04-09，第11版。

③ 参见李放：《现代国家制度建设：中国国家治理能力现代化的战略选择》，载《新疆师范大学学报（哲学社会科学版）》，2014（4）。

或者“统治”的唯一主体并对作为客体的社会及构成社会成员的个人和法人予以规范化调整。这是一种单向度的统治方式。从“国家统治”走向“国家治理”，意味着从国家的“一元之治”向国家与社会的“多元共治”变革。正是在这个意义上，有学者将国家治理概括为“在一个既定范围内维持秩序运转的所有公共部门、私人部门的正式和非正式的制度安排、组织形态和治理机制，以及它们之间的互动过程”①。重构公共治理系统，形成多元治理主体之间的网络治理模式，表现了国家治理的现代化特性。推进中国国家治理现代化，意味着公共权力向市场和社会的开放，是对执政党和政府为唯一管控主体模式的改变，同时蕴意着政府治理、市场治理和社会治理等公共秩序的重构以及多元治理主体体系的形成。在中国，就是要实现“党委领导、政府负责、社会协调、公众参与”的国家治理机制，形成四者之间良性互动、有机合作基础上网络治理结构。具体而言，我国的国家治理主体包括以下几个方面：一是以全心全意为人民服务为宗旨，致力于民族复兴和国家崛起的政治目标，善于运用法治思维和法治方式治国理政的执政党；二是廉洁高效，兼具可问责性和回应性的法治型、服务型的现代政府；三是具有“协同治理”功能、依法自治能力，以市场主体、社会主体身份存在的社会组织和具有民主品格、法治精神、参政能力、自治能力，并以人民主体地位为依归的现代公民。总之，先进的执政党组织，有效的法治政府，成熟的社会组织和主体化的现代公民，构成了现代国家治理的主体范畴。其中，执政党是国家治理主体的核心力量，中国共产党是中国的执政党，基于中国基本国情和“党建国家”的政治逻辑，中国共产党一直是整合国家治理资源、确保有效治理的轴心力量和领导力量，其政治地位、政治能量和政治现实决定了党在国家治理中的统帅作用和决定性影响。政府是国家治理主体的主干力量。政府作为国家机器运行的主体，在国家治理机构中规模最大、公职人员最多、职权最为广泛、公民与其联系最为普遍和直接。可以认为，政府的民主法治意识、管理水平和行政能力直接决定国家治理的状况。社会组织和公民大众是国家治理主体的基础力量。在国家治理系统中，公民社会是一个介于个人与国家之间、具有相对自治能力的社会生活领域，其核

① 张慧君、景维民：《国家治理模式构建及应注意的若干问题》，载《社会科学》，2009（10）。

心组成要素包括社会组织和公民大众。上述主体对公共治理的广泛参与、对社会领域的高度自治，构成了国家现代化治理最深厚的基础和最持久的动力。总之，诸主体共同生成于国家治理体系之中，各自并协调地发挥着治理作用。

治理主体能力即制度能力的核心是法治实践能力。现代国家的治理过程是政府—市场—社会的互动协调过程，具言之，即是政治行为主体（如政党和政府等）、经济行为主体（如企业、公司等）、社会行为主体（如公民、民间组织、社会团体等），"在各自目标偏好的引导下采取不同的行为策略，进而互动博弈的过程"①。诸如执政党、政府机构、社会组织、公民等行为主体，需要按照现代治理的制度规则，平衡相互间的利益关系，规范各自的行为方式。在制度经济学看来，主要是采取制度化的方式来解决治理结构和治理方式问题，即形成一种有效的约束和激励机制，规范或缓解各种机会主义行为，克服个体理性与集体理性的悖论。而就法治理论来说，制度化方式的核心是法治。法治是现代国家治理制度理性化的集中体现。"制度理性化是民族国家成长的动力与关键，是现代国家确立的基本步骤。"② 法治的制度理性表现为一种顺应社会进步与发展的制度文明，主张社会公正与防止偏私的制度正义，约束公共权力与界定行为方式的制度规则，在国家治理活动中具有权威统制和有效规制的作用。由此可以认为，实现国家治理的制度理性，关键在于塑造治理主体的制度能力，说到底就是提升治理主体的法治实践能力。

关于国家治理能力的构成，学者们有着不同的认识：或是将其概分为制度建构能力、科学发展能力和深化改革能力；或是解析为合法化能力、规范能力、一体化能力、危机响应和管控能力；或是细分为制度形成能力、制度实施能力、制度调适能力、制度学习能力和制度创新能力。③ 上述理论描述了国家治理能力的内容构成，且多是从国家职能角度来说明制度能力要素。从中国现

① 张慧君、景维民：《国家治理模式构建及应注意的若干问题》，载《社会科学》，2009（10）。

② 唐皇凤：《中国国家治理体系现代化的路径选择》，载《福建论坛（人文社会科学版）》，2014（2）。

③ 参见张贤明：《推进国家治理能力现代化》，载《人民日报》，2014-01-05；戴花征：《中国国家治理体系与治理能力建设初探》，载《中国行政管理》，2014（1）；魏治勋：《"善治"视野中的国家治理能力及其现代化》，载《法学论坛》，2014（3）。

实出发，推进国家治理能力建设，应对不同主体范畴做不同的现代化构成和法治化要求。下面试分述之。

1. 党的执政能力建设

在国家和社会的转型发展过程中，执政党需要一种凝结国民、改造社会，从而实现制度建设现代化的政治组织手段或者说国家治理技术。这种领导方式和执政方式与以往的管控方式不同，它具有现代化内容和法治化要求，这即是习近平总书记所强调的："必须适应国家现代化总进程，提高党科学执政、民主执政、依法执政水平。"[①] 党的"执政"和"治国理政"活动，都属于"国家治理"的范畴。[②] 法治是党领导人民治理国家的基本方略，依法执政意味着中国共产党执政方式的历史性变革，它是对"要人治不要法治"传统统治方式的彻底扬弃，也是对"在宪法法律范围内活动"一般要求的重大超越，实现党既要严格守法，又领导立法、保证执法和司法的有机统一。以完善和发展中国特色社会主义制度为目标，当下执政党面临着自身先进性建设和执政能力建设两大任务，这即是依规治党和依法执政的问题。依规治党，体现了依法执政理念下党务管理和治理的目标状态，即治党管党的法治化要求；依法执政，表现了法治国家建设背景下党的领导方式、执政方式的基本样态，即治国理政的法治化要求。加强党的执政能力建设，其核心是处理好党的能力建设与法治建设的关系，在此必须秉持以下法治精神和法治原则：（1）权由法定。在我国政治环境和政权架构中，根据宪法授权，中国共产党享有执政党的领导地位。执政党的领导权可以概括地分为政治权力和执政权力。党的领导主要是政治、思想和组织领导，通过制定大政方针，提出立法建议，推荐主要干部，进行思想宣传，发挥党组织和党员的作用，坚持依法执政，实现党对国家和社会的领导。党的部分政治权力，例如政治思想和意识形态的领导，主要依靠宣传、说服、示范等政治组织方式来实施，而其他政治权力和执政权力的行使概括为"治国

---

① 习近平：《完善和发展中国特色社会主义制度，推进国家治理体系和治理能力现代化》，载《人民日报》，2014-02-18。

② 参见习近平：《完善和发展中国特色社会主义制度，推进国家治理体系和治理能力现代化》，载《人民日报》，2014-02-18。

理政”活动，属于“国家治理”的范畴[①]，该类权力具有公共权力即国家权力的基本属性。“权由法定”的原则，不仅表现了中国共产党执政的合宪意义，而且彰显了对于这一领导权一体遵行的法律强制力。但是，“权由法定”的原则针对公共权力具有权源正当、法外无权的本质含义，即法无授权即禁止，于法无据不可为。因此，“中国共产党不仅必须在宪法和法律的范围内活动”，而且还必须遵守“在没有宪法和法律明文规定的前提下，无权行使公共权力的宪法原则”[②]。（2）权依法行。执政党治国理政包括政治权力和执政权力的领导权，要依照宪法和法律的规定行使、运行和实施。“权依法行”的原则有两个基本含义：第一，以法限权，即党的机构和人员作为执政党代表进入和掌控国家权力机关，其以国家名义行使公共权力，应受到宪法和法律的制约和监督；第二，依法用权，即党的机构和人员的领导方式、执政方式应符合现代法治要求，即按照法治思维和法治方式来治国理政。（3）权责一致。任何组织和个人在公共权力的行使中如果违反法律的规定，应当承担相应的责任。实行“权责一致”的原则，即对党的机构和人员的执政活动建立责任追究制度。只有建立现代法治的责任追究制度，才称得上是严格意义上的依法执政。党的机构和人员因违反党的法规而受到党纪处分，自不待言；但是，党的机构或主要负责人在现实中存在“法律责任的豁免权”现象，有悖法治原则。通常认为，党的机构只决定大政方针，不直接行使管理权和执行权，从而形成“党委拍板，政府担责”的问题。根据现代法治原则，党的机构和主要负责人作出与宪法法律相抵触的政策决策。应视同抽象行政行为承担法律责任。[③] 这即是说执政党的外部执政或领导行为应纳入法律调整范围之内，并适用责任追究制度。

2. *政府行政能力建设*

在传统国家治理模式中，政府本是一个高踞市场和社会之上的公共治理主体。国家治理现代化意味着一系列社会公共机构、市场组织和公民大众开始承担治理职责，政府不再是国家的唯一管理主体，而是与市场、公民社会一起成

---

① 参见莫纪宏：《国家治理体系和治理能力现代化和法治化》，载《法学杂志》，2014（4）。

② 周叶中，李炳辉：《“依法执政”考辨》，载《法学杂志》，2013（7）。

③ 参见黄文艺：《论依法执政基本内涵的更新》，载《法制与社会发展》，2014（5）。

为国家治理网络的组成部分。在这里，政府能力建设涉及的主要问题是如何对待和行使公共权力、如何与市场和公民社会协调互动的问题。美国著名政治学者塞缪尔·亨廷顿曾指出："各国之间最重要的政治分野，不在于它们政府的形式，而在于它们政府的有效程度"[①]。这里所说的"政府有效程度"，我们可以理解为政府能力，即从政府职能的角度，将政府能力或者政府行政能力解读为行政主体依法行使国家权力、有效完成管理社会公共事务的能力。从现代国家治理的角度来看，政府能力建设意味着作为国家主要治理主体的政府对其治理体制的重构和治理能力的再造。在当下中国政治体制改革的语境下，"政府治理"或曰"政府再造"被认为是国家治理的核心问题和中心任务。所谓"政府再造"就是现代意义上的政府改革，即在国家与社会、政府与市场、政府与公众、政府与企业等诸多关系层面对政府治理理念、组织结构、运行方式的变革性调整。[②]"政府再造"的目标即是实现政府治理的现代化和法治化，其根本任务在于"深入推进依法行政，加快建立法治政府"。建立法治政府或者说实现政府转型，即是将深化行政体制改革作为提高政府行政能力的根本途径。当前重点要实现从全能政府向有限政府转变，从权力政府向责任政府转变，从管控政府向民本政府转变，从任意政府向守法政府转变。[③]法治政府科学行政、民主行政、依法行政、严格执法的能力，构成了政府行政能力建设的完整内容及目标取向。现代法治政府的运行，要求公开透明、科学高效、廉洁规范。从其内部而言，表现为坚持民主科学决策、全面推进政务公开、严格规范行政行为；从其外部而言，表现为强化和完善行政执法监督制约机制，包括权力机关制约（如人大监督、司法监督等）和社会力量制约（如人民监督、社会组织监督、新闻监督等）。在国家治理活动中，对于市场和社会而言，政府是一只"看得见的手"。如何克服政治家的有限理性，避免官僚机构效率低下，防范腐败分子的寻租自利，是现代国家治理活动中必须解决的重点问题。总

---

① ［美］S. 亨廷顿：《变化社会中的政治秩序》，王冠华等译，1页，北京，生活·读书·新知三联书店，1989。

② 参见魏治勋：《"善治"视野中的国家治理能力及其现代化》，载《法学论坛》，2014（3）。

③ 参见马凯将法治政府概括为合法政府、有限政府、规范政府、守法政府和责任政府。参见马凯：《加快建设中国特色社会主义法治政府》，载《求是》，2012（1）。

之，约束政府的“掠夺之手”，彰显政府的“扶持之手”，摆脱“政府失灵”和服务市场与社会[①]是政府行政能力建设的关键所在。

3. 公民和社会组织的“共治”“自治”能力建设

公民社会是现代国家形成的基础。传统国家向现代国家的转型，表现为一个建立在精英基础之上的社会转型为一个建立在公民大众基础之上的社会。现代国家治理关系和治理机制的重构，其本质是治理方式的民主化重构，公民和社会组织不再是简单的公共治理客体，而应成为治理主体即“共治”和“自治”的主体。这在现代国家治理活动中是必要的。“一个丰富的、多样化的群体与组织网络，不仅有助于人们检视政府的活动，还能提供一个使容忍、参与以及公民道德等个人价值得到滋养的环境。”[②] 公民与社会组织参与国家治理活动表现在两个方面：一是“协同治理”。在现代社会中，公共政策的制定和执行越来越依赖于国家与社会领域中多元主体之间的双向互动。政府对公共权力的开放，并通过外部参与渠道的制度安排，使得“社会成员成为各种公共物品与服务供给系统的必要组成部分”，“政府能力得以不断维持并扩充”[③]，即实现现代治理的核心特质——“多元共治”。二是“自我统治”。一个平等、自由和协商的社会领域是国家治理的根基所在。公民和社会组织对国家治理活动的参与是国家治理有效性的重要措施，而公民与社会组织自行进行社会治理活动则是国家治理民主化过程的基本表征。社会主体的自我协商、自我约束、自我管理，并将社会治理融入国家治理体系之中，即实行现代治理的制度创新——“社会自治”。上述治理方式以宪法法律为规范前提，以法治秩序为目标取向，包括参与、协商、合作、服务、契约、劝告、疏导、自律等，与执法、司法等相结合，共同筑建起新的国家治理的方法系统。

法治社会是建设法治国家的基础性条件。社会成员包括公民和社会组织，

---

① 参见叶本乾：《路径—制度—能力：现代国家构建维度和建构有限国家研究》，载《党政研究》，2014（2）。

② ［美］道格拉斯·C. 诺斯等：《暴力与社会秩序——诠释有文字记载的人类历史的一个概念性框架》，杭行译，13页，上海，格致出版社，2013。

③ ［美］罗伯特·阿格拉诺夫、迈克尔·麦圭尔：《协作性公共管理：地方政府新战略》，李玲玲等译，4～5页，北京，北京大学出版社，2007。

无论是“协同治理”还是“自我统治”，只有在以“法的统治”作为主导的价值系统中才能获得“理性统治形态”①。在国家治理模式中，法律和其他规则为公民社会的有序运行提供了基本的制度环境。正如有的学者所言，没有政治与法律这一坚固外壳的保护，公民社会也会成为利益集团俘获政府的工具，也会成为“恶性社会资本”滋生的“温床”②。当下中国，推进依法治理和依法自治必须围绕制度建设和制度能力建设来进行：一是以法律的形式重构现代治理体系和治理关系，明确公民和社会组织“协同治理”在国家治理中的地位和作用，通过宪法法律的有效实施来保障公民和社会组织参与国家治理的权力得以实现；二是发挥社会规范在社会治理中的积极作用，建立制度化、规范化、科学化的社会自治体系，鼓励公民和社会组织依法自治，以自治助益法治；三是提高社会成员的政治参与能力和自我管理能力。对任何一个现代政治体制而言，公民和社会组织构成了政治文明发展的内源动力。因此，塑造具有自治能力的现代社会、培育具有民主品格和法治精神的现代公民及社会组织，亦是国家治理的现代化构成和法治化目标。

① ［日］佐藤庆幸：《官僚制社会学》，朴玉等译，61页，北京，生活·读书·新知三联书店，2009。

② 张慧君、景维民：《国家治理模式构建及应注意的若干问题》，载《社会科学》，2009（10）。

国家治理现代化的三个维度：共治、善治与法治*

由传统国家走向现代国家，是人类政治文明发展的必然选择。与现代国家的发源地欧美等国的政治发展逻辑不同，中国本土的国家治理现代化道路存在着“中国问题”的特殊性。一是“超大型崛起”。作为有世界影响的发展中大国，具有超大型人口规模、产业规模、经济规模以及社会规模的中国的崛起是史无前例的。“超大型崛起”本身不仅蕴藏着巨大的发展力量，更会产生“超大型治理”所带来的巨大问题和困难。实现中国国家治理现代化，必然是对以往大国崛起模式的超越，而不可能是简单的复制和模仿。二是“非均衡化发展”。在现代国家建设的过程中，中国存在着经济与社会发展不平衡的突出问题，其城乡差距、中西部差距、行业差距、贫富差距等容易导致社会的裂变和分化。西方国家的现代化要素，如国家工业化、市场化以及社会组织的自主性得以有效的整合，而包括中国在内的传统国家，在现代化和全球化的冲击下处于矛盾并发时期，因而在国家治理现代化的进程和路径方面出现“非均衡化”现象并产生矛盾。三是“跨越式转型”。国家治理的现代化是一个现代制度体系的成长与成熟的过程。中国承载着许多非现代化的历史负担，缺乏治理体系理性化的积累和治理方式民主化、法治化的传统。而当下中国改革又步入攻坚

---

* 原载《法制与社会发展》，2014（5）。

期和深水区，面临着一些重大的转型危机和治理风险。可以认为，实现国家治理体系和治理能力的现代化，就是一场跨越历史的社会变革。

推动国家治理现代化是党的十八届三中全会提出的制度建设新目标和新任务。“完善和发展中国特色社会主义制度，推进国家治理体系和治理能力现代化”，这意味着我国全面深化改革的总目标要落实在现代国家治理的制度层面。在“国家构建”的理论范畴中，国家治理是对旧式“统治”风格的一种根本性重构①，是一项具有系统性特征的现代化建设工程。构建一个成熟的现代治理体系，其核心是理顺国家与社会、政府与市场、中央与地方、政治权力与公民权利这四大关系。围绕上述四大关系，国家治理方式的现代化构造必须把握以下三个问题。

一、多元共治

现代治理的核心特质在于治理主体的多元化。② 从“国家统治”走向“国家治理”，意味着从国家的“一元之治”向国家与社会的“多元共治”的变革。实现中国国家治理现代化，急需构建一种以多元主体共同参与、平等协商为基础的公共治理模式，具言之，即实现“党委领导、政府负责、社会协同、公众参与”的国家治理机制，形成四者之间以良性互动、有机合作为基础的网络治理结构。“多元共治”的核心问题在于重构公共治理系统，实现治理权能的分化和转移，即由“政府”“企业”“社会组织”和“公民”对“公共事务”的共同治理。在这里，治理机制和治理关系发生了根本转化，社会组织和公民不再单纯是公共治理的客体，而应成为治理主体，进而实现治理主体的“自我统治”，即治理方式的民主化重构。对任何一个现代政治体系而言，公民和社会构成政治发展的内源动力，因此，塑造具有自治能力的现代社会、培育具有民主品格的现代公民是国家治理现代化的基础性要件。从这一意义上说，现代国家必然是民主国家，“多元共治”可谓是“民主之治”。

---

① 参见［法］让-皮埃-戈丹：《何谓治理》，钟震宇译，引言3页，北京，社会科学文献出版社，2010。

② 参见李放：《现代国家制度建设：中国国家治理能力现代化的战略选择》，载《新疆师范大学学报（哲学社会科学版）》，2014（4）。

二、和谐善治

“善治”可以被看作治理的衡量标准和目标取向。从语义学上说，“善治”就是良好的治理。达致“善治”目标的国家治理，是一种达成和服务于某种良好目标模式的现代国家建构过程和方式。追求“善治”被视为世界各国政府的共同目标，不同政治制度下的政府都希望有更高的行政效率、更低的行政成本、更好的公共服务、更多的公民支持。善治的本质特征就在于它是政府与公民对公共生活的合作管理，是政治国家与公民社会的一种新颖关系，是两者的最佳状态。善治就是使公共利益最大化的社会管理过程。西方发达国家和重要的国际组织纷纷制定出自己与“善治”密切相关的政府治理评估标准和指标体系。不仅如此，其中一些国家和国际组织还试图以它们的标准测评其他国家的治理状况。我国学者俞可平教授在其《全球治理引论》一文中总结了“善治”的十个基本要素，即合法性、法治、透明性、责任性、回应性、有效性、参与、稳定、廉洁、公正。① 上述十个善治的维度相互关联、互为表里，可以进一步概括为民主和法治两个要件。张文显教授则将“和谐”与“善治”联系在一起，以此作为21世纪法治文明的表征。他认为，人类社会治理模式有过两次革命：第一次，从人治到法治；第二次，从依法而治到法的善治。在当代中国，“和谐”是最高的善，现代国家的治理即是以“和谐为善”的治理。②“和谐”是法的终极价值，表现了一种配合适当、协调有序的理想动态，而在治理语境下的“和谐”是一种科学、有效的目标系统。实现国家“和谐善治”，其基本内容是重构传统政治统治体制下的公共权力，其主要目标是打造民主、法治、高效的现代行政体系。按照俞可平教授的说法，善治包含了传统的政治理想状态，也蕴意着现代民主政治的大多数要素，更体现了国家现代化治理所需要的“效率、稳定、公正、严谨”等。可以认为，善治是国家治理现代化的目标模式，“和谐善治”实为“科学之治”。

---

① 参见俞可平：《全球治理引论》，载《马克思主义与现实》，2002（1）。

② 参见张文显：《社会主义法治理念导言》，载《法学家》，2006（5）。

三、文明法治

法治是国家治理现代化的必然选择。[①] 现代国家的重要特征是法治。国家治理的“民主之治”与“科学之治”，最终将落脚在“法律之治”。这是因为，多元主体并存的民主社会必然存在冲突和歧见，这就需要规则和法律进行规范、处理；而以“和谐为善”的现代治理模式，也需要法律制度的科学安排以及有效执行。法治与国家治理、法治中国与国家治理现代化表现了某种内在的联系，两者都是全面深化改革的重要任务。在国家治理现代化进程中，治理主体需要增强规则意识、法律意识，秉持法治思维和法治方式，通过国家的一系列制度安排和树立法治权威，保障“多元共治”和“和谐善治”的运行和实施，其目标就是致力于依法治国、依法执政、依法行政的共同推进，实现法治国家、法治政府、法治社会的一体建设。从某种意义上讲，国家治理的现代化实质上是国家法治的现代化。这是因为，国家治理与法治运用有着同样的治理方式。国家治理是“制度之治”，其中主要是“法律之治”。制度作为现代化国家治理的基础性要素，包括以宪法体制为核心的基础制度，涵盖经济、政治、社会、文化、生态等各个领域的基本制度，以及涉及体制、机制的具体制度和非正式约束（如习俗、行规等）的行为规则。在这里，制度的现代化或者法律的现代化是一个理性化、文明化的过程。政治学强调“善治需要优良的制度作保障”。法学则主张“法治是良法之治”。从人民民主的逻辑规则来看，法治实质就是体现全体公民的利益和意志，从而得到人民认可的规则之治。无论是“优良的制度”，还是“良法”，都是公共理性的产物，具有丰富的文明内涵和属性。在这个意义上，现代化国家治理是法律之治，即“文明法治”。

---

① 参见杜宴林、赵晓强：《国家治理现代化与法治中国建设》，载《吉林师范大学学报（人文社会科学版）》，2014 (3)。

试论依规治党和依法执政的法治蕴意*

中国共产党是中国的执政党。基于中国基本国情和“党建国家”的政治逻辑，中国共产党一直是整合国家治理资源、确保有效治理的轴心力量和领导力量，其政治地位、政治能量和政治现实决定了依规治党和依法执政在依法治国中的重要作用和决定性影响。从法治中国的目标出发，中国共产党面临自身先进性建设和执政能力建设的两大任务，这即是依规治党和依法执政的问题，分别涉及治党管党的法治化和治国理政的法治化。当下，执政党治理能力建设的主要问题是处理好党规与国法的关系、治党与法治的关系、法治政党与法治国家的关系。

一、党规与国法

在以政治文明奠基的现代国家中，一个政治组织的法治化、制度化水平是影响该组织生命力、凝聚力、战斗力的基本要素，法治是现代政党建设的核心原则。在法治规范体系中，党规和国法是政党法治化的制度基础，换言之，制度建设在党的各项建设（包括思想建设、文化建设、组织建设等）中具有根本性、稳定性、长期性和全局性的效用。对于执政党而言，制度规范建设既涉及党内规范制定，又包括领导人民立法。党规或说是“党内法规”，是中国共产

---

* 原载《楚天法学》，2015（2）。

党制定的用以规范党组织的工作、活动和党员行为的党内各类规章制度的总称，是全党意志通过党的“立法”机关得以形成的规范形式，在党内具有“法”的位阶且具有政治组织的强制力。加强以党章为核心的党内法规制度体系建设，不仅是党的自身建设的重要组成部分，而且在当下新时期，“成为依法治国和依法执政的重要组成部分”[①]。质言之，我们应从党的制度建设和国家法治建设两个方面来认识党内法规体系建设的重大意义。

明确党内法规的科学内涵和基本属性是构建党内法规体系、依规治党管党的逻辑起点。根据《中国共产党党内法规制定条例》的规定，党内法规体系应是一个完整规范性的制度体系，就其制度结构及规范表现形式而言可以分为三类：一是以党章为核心的根本制度。党章是最根本的党内法规，是制定其他党内法规的基础和依据[②]，具有基础性、权威性的“法”的效力。二是以“准则”“条例”为主干的基本制度。前述以党章为核心的根本制度是对全党政治生活、组织生活和全体党员行为作出的基本规定，此处所讲以“准则”“条例”为主干的基本制度则是对党的某一领域重要关系或某一方面重要工作作出的全面规定。[③] 基本制度包括政治制度、组织制度、监督制度等，在党内法规体系中具有主体性、全面性的“法”的特征。三是以规则、规定、办法、细则等为表现形式的具体制度，通常为党的某一方面重要工作或事项所作出的具体规定[④]，具有执行性、自主性的规范指引功能。

党内法规之所以归类于“法”，可以从法律规范的外观性和现代法范畴的广义性方面进行考察：(1) 党内法规不同于一般的党的制度，其制定主体是享有党内立法权的党的机关，即党的中央组织以及中央纪律检查委员会、各部门和各省、自治区、直辖市党委；其制度内容包括了“规范”“权威”“效力”以及与此相联系的“权利”“义务”“责任”的法律特征，体现了依规治党的基本

① 周叶中：《关于中国共产党党内法规建设的思考》，载《法学论坛》，2011 (4)。

② 参见《中国共产党党内法规制定条例》第 2 条规定。

③ 参见《中国共产党党内法规制定条例》第 4 条规定。

④ 参见《中国共产党党内法规制定条例》第 4 条规定。

理念，具有“制度管事”“制度管权”和“制度管人”的法治意义。[1]（2）党内法规属于与国家法相对应的“社会法”范畴。在现代法范畴中，法不仅包括国家法（即国家立法机关制定的法律规范），而且包括社会法和国际法。与国家法相对而言的社会法，是指“由社会公权力主体，如政党、社会团体、行业组织、社会自治组织等制定的调整其内部关系和相应社会公权力运作所涉及的外部关系，规范社会公权力组织内部机构、内部成员行为以及相应社会公权力运作所及外部组织、外部人员行为的规制系统”[2]。概言之，现代法范畴中的社会法，有别于作为国家法律体系组成部分，包含社会保险法、社会福利法、劳动法等在内的“社会法”。党内法规虽不是严格意义上的国家之法，但却具有社会之法的基本特性：系由共同体即执政党按照一定程序而制定；反映共同体成员或者全党的意志和利益；规范共同体成员即所有党员的行为；调整共同体内部和外部关系即党内外的各种关系；规范具有政治组织而不是国家组织的约束力。（3）党内法规在本体上构成国家制度体系的组成部分。中国特色社会主义国家治理体系，包括以中国共产党党章为统领的党内法规制度体系、以宪法为统领的法律制度体系。[3] 党的“执政”和“治国理政”活动，都属于国家治理的范畴，例如党对军队的绝对领导，党管干部，党对国家经济、社会重大事务的决策等等。党的执政权和领导权的行使，首先是根据宪法和法律来进行，同时也会按照党内法规而开展。这里的所依之“法”，不仅是国家所立之法律，也包括党内所定之规范。

对于党的组织及其成员而言，既要践行党内法规，更要遵守国家法律。一般而言，党规和国法都是中国社会的重要行为规范，但两者属于不同的社会规范体系：党规表现的是“执政党意志”的自律，大抵是凭借党的组织及其成员的自觉性来发挥作用，但党规又具有政治组织的强制力，即在党的组织及其成员违反党规的情况下，会依党内法规给予相应处理；国法表现的是“国家意

---

① 参见潘泽林：《中国共产党党内法规及其体系构建问题研究》，载《南昌大学学报（人文社会科学版）》，2007（1）。

② 姜明安：《论中国共产党党内法规的性质与作用》，载《北京大学学报（哲学社会科学版）》，2013（3）。

③ 参见张文显：《法治化是国家治理现代化的必由之路》，载《法制与社会发展》，2014（5）。

志”的他律。法律集中体现了人民的共同愿望和执政党的政治主张并以国家意志的形式表现出来，其权利、义务、责任的规范构成具有一体遵行的效力，并且是以国家机器的强制力来保证施行的。党规和国法具有相同的生存状态，服务于相同的治理目标，即党规和国法的有效实施在于保证执政党依法执政，促进法治国家建设。两种社会规范在本质上应该是统一的，但是遇有党规与国法发生冲突时应如何处理？笔者认为，解决上述规范冲突应秉持“宪法至上”“法律优先”的原则。《中国共产党党内法规制定条例》明确指出，党内法规应当遵守党必须在宪法和法律范围内活动的规定，不得与国家法律相抵触。可以认为，处理党规与国法关系的基本原则是：党规服从于国法，国法优位于党规。

二、治党与法治

在国家和社会的转型发展过程中，执政党需要一种凝结国民、改造社会、实现民族复兴和国家崛起这一政治目标的政治组织手段和国家治理技术。这种领导方式和执政方式与以往的管控方式不同，它具有现代化内容和法治化要求，这即是习近平总书记所强调的“必须适应国家现代化总进程，提高党科学执政、民主执政、依法执政水平”[①]。法治是党领导人民治理国家的基本方略，依法执政意味着中国共产党执政方式的历史性变革，它是对“要人治不要法治”传统法治方式的彻底扬弃，也是对“在宪法法律范围活动”一般要求的重大飞跃，实现党既要严格守法，又领导立法、保证执法和司法的有机统一。

从中国共产党依法执政的基本方略出发，既要求党依照宪法和法律治国理政，也要求党依照党内法规管党治党。所谓依规治党，就是在中国共产党的领导下，依照党章和党内法规管理党的事务，开展党的各项活动，进行党的建设。第一，从法治建设任务来看，“治国必先治党”。这是因为，坚持党的领导是中国特色社会主义法治的根本要求，而依规治党是全面推进依法治国的重要

① 习近平：《完善和发展中国特色社会主义制度推进国家治理体系和治理能力现代化》，载《人民日报》，2014-02-18。

保障。从这一根本要求出发，必须不断深化党的各项制度改革，不断提高党领导人民治理国家的能力和水平。法治中国建设，需要党的坚强领导，需要将我们的党建设成法治政党。第二，从党的建设目标来看，“治党务必从严”。依规治党是提高党的执政能力、保证党的先进性和纯洁性的重要保障。① 中国共产党作为执政党，其管党治党的能力是加强执政能力建设的重要内容，也是提高治国理政能力的基本前提。换言之，党只有以更严的标准、更严的纪律来要求和约束党的组织及其成员，才能担负起法治国家执政党的重要职责。

执政党依规治党、从严治党，其当前的首要任务是把权力关进制度笼子里，以严的标准要求执政党成员，以严的措施管住党员干部。可以说，治党主旨与法治要义是一致的。法治监督的重点是监督公权力的依法行使。一国之公共权力，无论是立法权、行政权还是司法权都具有共同的特点，那就是如果缺乏制约就必然导致腐败。英国历史学家阿克顿勋爵曾经言道：“权力意味着腐败，绝对的权利就是绝对的腐败。”② 防止公权力走向腐败，其治理之道就是使权利在制度监督之下生存，按照法律规定行使，在阳光下运行。就当下中国而言，法治建设的重要任务就是规范公权力，约束公权力；而依规治党的紧迫问题就是治官限权、反腐倡廉，实现反腐败斗争的常态化、制度化和法治化。治党与法治就其监督对象而言有相同点，但在治理方式和规范效力方面却有不同之处。可以认为，在行为规范的约束力方面，党内法规严于国家法律；党员守规才能守法，违法必先违规。处理好治党与法治的关系，必须注意以下几个问题。

1. 从权力监督的法治要义出发，对党员干部的要求应严于普通党员。运用党内法规从严治党，保证党员干部带头遵纪守法，对全面推进依法治国具有示范引领作用。就全社会而言，执政党组织成员应带头履行法律义务，在遵守国家法律方面比普通公民做得更好一些；就执政党组织内部而言，党内法规对党员干部有着更高的组织纪律要求和法治能力要求，党员干部比普通党员在守法、执法方面应该做得更好一些。可以认为，法治监督的重点是监督公共权力

---

① 参见陈绪国：《坚决落实依规治党从严治党要求》，载《中国纪检监察报》，2014-12-23。

② ［英］阿克顿：《自由与权力》，侯建等译，342页，南京，译林出版社，2001。

的依法行使，党纪监督的重点是党员干部对领导权、执政权的依法行使，两者统一于依法治国的基本方略之中。执政党组织中的领导干部多为国家公权力的行使者，严格管理党员领导干部就是限制权力滥用、约束权力行使，这是法治国家对执政党的应然要求。

2. 从党员干部管理法治化要求出发，对其私人权利的限制应在法律规定的范围之内。党内法规对党员干部的工作、学习、生活、交友、娱乐、休闲等有着严格的规定，同时，党员群众和社会公众对党员干部（国家官员）的个人信息有权知情、了解并依法进行监督。在这里，即涉及党员群众、社会公众的政治权利（或者说社会权利）与党员干部（国家官员）的私人权利之间的冲突。在这一问题上，必须遵循公法优先和公共利益的原则。[①] 根据知情权、了解权，党员群众和社会公众有权了解党员干部（国家官员）的出生、经历、财产、家庭、道德修养等各种情况，后者作为公众人物不得以上述信息为私人秘密进行抗辩。换言之，公众人物是公共利益的代表者和公共事务的领导者，其个人情况如何直接对公共利益、公共事务产生影响。在这种情况下，党员干部（国家官员）的私人秘密权利必须受到一定程度的限制，以满足公众知情权、了解权行使的要求。需要说明的是，对公众人物私人秘密权利的必要限制并不意味着彻底剥夺，他们的部分私人秘密权利仍应受到保护，例如“住宅不受非法侵入或侵扰”，“私生活不受监听”，“通信秘密与自由”，“与社会政治和公共利益完全无关的私人事务仍受法律保护”[②]。

3. 从完善依规治党的法治目标出发，党的内部治理工作既要遵守实体性规范，也要遵守程序性规范。从严治党应在法治化的轨道上进行，这不仅意味着治理活动本身的制度化，而且要求严格的程序化。程序性规范在党内监督、党员处分、党员干部罢免等方面的党内法规中具有重要地位。执政党的内部治理活动应形成程序性思维，遵守程序性规范，在处理相关问题时按照党内法规所规定的程序进行，防止选择性执法和运动式反腐，同时赋予相对人以抗辩和申诉的救济，从而达致既维护党的纪律又保障党员权利的目的。

---

① 参见王利明等：《人格权法》，151页，北京，法律出版社，1997。

② 张新宝等：《中国侵权行为法》，386页，北京，中国社会科学出版社，1995。

三、法治政党与法治国家

在现代国家治理体系中，法治政党、法治政府、法治社会三位一体构成了法治国家建设的主要内容。在我国的公共权力架构中，执政党的权利是一种至关重要的权利，执政党既要严格守法，又要领导立法，保证执法和司法的有机统一，对立法权、行政权和司法权等公共权力的产生、行使具有直接而重要的作用。因此，法治政党或者说政党法治化是现代法治国家建设的重要方面。政党法治化是现代政治文明的基本形态，也是国家治理现代化的实现机制。“它包含着民主与法制、权利与义务等斗争的制度意蕴，融合法律至上、权力制约、依法执政等诸多价值目标，涵盖政党内部活动和外部活动等全部政党生活，是贯穿政党自身事务管理和领导——执政的整个政党行为的全过程。”① 作为转型国家法治建设的主要组成部分，中国共产党以政党法治化为重点目标，提出了加强自身法治建设的重大命题。法治建设涉及两个基本面向，一方面是政党内部政治生活的法治化，即通过与法律相一致的党内规范来管党治党，以民主政治的基本精神和现代法治的基本理念来推进执政党自身建设；另一方面是政党外部政治活动的法治化，即遵循法治国家对所有政党规范性、制度性的要求，将政党政治活动纳入法律轨道。对于执政党而言，其核心要素就是“把政党的权力纳入法律框架，通过法律规范政党的政治活动”②。

政党伴随政治国家而生，其政党政治与政党法治问题，实质上是现代国家的制度建设问题。可以认为，政党权力是国家权力的一种实践形态，政党法治是国家法治的一个基本构成。从国家治理现代化和法治化的要求出发，政党存在于国家之中。因此，执政党活动必须做到“在法治之下、而不是法治之外、更不是法治之上”③。这就告诉我们，国家法治精神和法治原则目标适用于政

① 王韵兴、张垚：《政党法治：一种新型的政党文明形态》，载《文史哲》，2015（1）。

② 鞠成伟：《论法治政党与中国共产党依宪执政体制机制的完善》，载《当代世界与社会主义》，2014（5）。

③ 引自习近平总书记在省部级主要领导干部学习贯彻十八届四中全会精神全面推进依法治国专题研讨班开班仪式上的重要讲话，载《法制日报》，2015-02-03。

党。它不仅适用于政党外部关系的调整，也适用于政党内部关系的整合。

在全面推进依法治国的背景下，执政党面临着法治政党建设与法治国家建设的伟大任务，实现治国理政的法治化，在此必须秉持以下法治精神和法治原则。

1. 权由法定。在我国政治环境和政权架构中，根据宪法授权，中国共产党享有执政党的领导地位。执政党的领导权可以概括地分为政治权力和执政权力。党的领导主要是政治、思想和组织领导，通过制定大政方针，提出立法建议，推荐主要干部，进行思想宣传，发挥党组织和党员的作用，坚持依法执政，实现党对国家和社会的领导。党的部分政治权力，例如政治思想和意识形态的领导，主要依靠宣传、说服、示范等政治组织方式来实施，而其他政治权力和执政权力的行使概括为“治国理政”活动，属于“国家治理”的范畴[①]，该类权力具有公共权力即国家权力的基本属性。“权由法定”的原则，不仅表现了中国共产党执政的合宪意义，而且彰显了对于这一领导权一体遵行的法律强制力。但是，“权由法定”的原则针对公共权力具有权源正当、法外无权的本质含义，即法无授权即禁止，于法无据不可为。因此，“中国共产党不仅必须在宪法和法律的范围内活动”，而且还必须遵守“在有宪法和法律明文规定的前提下，无权行使公共权力的宪法原则”[②]。

2. 权依法行。执政党的领导权包括政治权力和执政权力，要依照宪法和法律的规定行使、运行和实施。根据权力类分的原则，有学者将诸如修宪建议权、国策制定权、政要提名权、执政监督权等归类于具有宪法效力的领导权。而党的理论宣传工作和思想政治工作，并非宪法和法律意义上的领导权，不宜通过法律强制的方法去推行。[③] 换言之，法律强制的是行为而不是思想，我们不能将人民对国家权力的服从义务泛化为对党政治权力的服从。对于具有治国理政意义的领导权力行使，“权依法行”的原则有两个基本含义：一是以法限权，即党的机构和人员作为执政党代表进入和掌控国家权力机关，其以国家名

---

① 参见莫纪宏：《国家治理体系和治理能力现代化和法治化》，载《法学杂志》，2014 (4)。

② 周叶中，李炳辉：《“依法执政”考辨》，载《法学杂志》，2013 (7)。

③ 参见陈云良：《中国共产党领导权简论》，载《中国社会科学》，中国人民大学《首届法学前沿论坛》论文集，2015。

义行使公共权力，应受到宪法和法律的制约和监督；二是依法用权，即党的机构和人员的领导方式、执政方式应符合现代法治要求，其重点是树立有限政府、守法政府理念，控制行政权力滥用；确立多元共治、民主参与原则，保证公民和社会组织进入公共权力治理机构。总而言之，权依法行原则的要义即是按照法治思维和法治方式来治国理政。

3. 权责一致。任何组织和个人在公共权力的行使中如果违反法律的规定，应当承担相应的责任。实行“权责一致”的原则，即对党的机构和人员的执政活动建立责任追究制度。只有建立现代法治的责任追究制度，才称得上是严格意义上的依法执政。党的机构和人员因违反党的法规而受到党纪处分，自不待言；但是，党的机构或主要负责人在现实中存在“法律责任的豁免权”现象，却有悖法治原则。通常认为，党的机构只决定大政方针，不直接行使管理权和执行权，从而形成“党委拍板，政府担责”的问题。根据现代法治原则，党的机构和主要负责人作出与宪法法律相抵触的政策决策。应视同抽象行政行为承担法律责任。[①] 这即是说，执政党的外部执政或领导行为应纳入法律调整范围之内，并适用责任追究制度。

---

① 参见黄文艺：《论依法执政基本内涵的更新》，载《法制与社会发展》，2014 (5)。

卓越法律人才培养若干个问题探讨*

培养法律人才是大学法学教育的根本任务和中心工作。如何适应中国社会发展特别是法治国家建设的需要、培养优秀法律人才是法学教育面临的课题。教育部的"卓越法律人才培养教育计划"既是对这一课题积极的现实应对，又具有引领和指导法学教育发展方向的战略意义。中南财经政法大学作为法学教育的重要基地，始终将人才培养质量的提高视为学校生存和发展的生命线。学校根据社会对法律人才的需求，通过凝练办学理念、明确培养目标、提高培养规格、优化课程结构、创新培养模式、加强实践教学、改善教学方法、完善质量监控体系等措施，初步形成了我校法律人才培养的特色——应用型、复合型法律人才。为更好地实施"卓越法律人才培养教育计划"，卓有成效地培养卓越法律人才，我们认为下列问题有进一步思考和探索的必要。

一、关于卓越法律人才的界定和标准的问题

所谓卓越法律人才，就字面意义而言，应该指的是优秀的法律人才。何谓法律人才？这样一个看似简单的问题，其实在国内并没有统一明确的认识。我们倾向于认为，法律人才是指具有法律素养、法律知识、法律技能并从事法律职业的专门人才。就此而言，法律人才的界定应包含专业和职业两方面的要

---

* 本文系作者与刘茂林教授合作完成。原载《法学教育研究》，2012（1）。

素。法律人才的专业要素由于对应着相应的法律学科和法律专业，在法学教育界，认识大体上是比较明确的。例如，接受过正规法学院校法学专业教育的人，应该是具有符合界定法律人才所需的专业要素的。

然而，对于法律人才的职业要素，人们的认识则存在很多分歧，有些分歧甚至导致对法律人才作出十分宽泛的理解，以致淡化或排除了界定法律人才本应具有的职业要素。淡化、排除法律人才应有的职业要素，或否认职业要素对于法律人才的意义，是极其有害的。法律职业、行业是社会分工的产物，否认职业要素将会使法律人才找不准社会定位，也会使法学教育丧失连接社会需求的纽带。从这种意义上讲，职业要素对法律人才较之专业要素更为重要。所幸的是，我们对典型的法律职业还是有共识的，如律师职业、法官职业、检察官职业。但是，如果将法律职业仅限于上述领域，肯定不能满足社会对法律人才的需求。就我国的实际情况而言，从事“政法工作”可能更好地表达了法律人才的职业属性。然而“政法工作”的职业面向又很广泛，且与非政法工作的界线不明晰，从而造成对法律人才职业要素把握的困难。按照通常的理解，“政法工作”应包括：(1) 党的政法工作，如各级党委的政法工作委员会；(2) 国家政法机关的工作，如公检法司等政法机关的工作；(3) 国家其他机关的政法工作，如国家权力机关的法律工作，政府法制部门的工作等。这些工作领域应该属于法律职业，其从业人员应该也是法律人才。同时，还必须看到，随着社会发展和法治进程的加快，新的法律事务不断涌现，法律职业的范围呈扩大趋势，新兴法律职业的从业人员也应该是法律人才，如企事业单位、非政府组织的专门法务人员。因此，法律人才的职业要素应从典型法律职业、“政法工作”和新型法律职业中抽象和归纳，大体有三个方面的内涵，即职业素养、职业道德和职业技能。

作为优秀法律人才，卓越法律人才应从专业要素和职业要素两个维度明确与法律人才的关系。为此，有必要制订法律人才的国家标准或行业标准，并在此基础上确定卓越法律人才的一般标准，进而根据从业要求制订不同种类的卓越法律人才的特殊标准。这是一项意义重大、十分迫切并非常艰巨的工作，我们建议成立专门机构尽快启动这项工作。作为一种探索，在我校新制定的2009 年法学专业全程培养方案中，有关法律人才的专业因素和职业因素在培养目标和课程设置等方面已有所反映。

二、关于法学教育的定位问题

法学教育的定位是一个长期困扰法学教育界的问题，也是制订实施“卓越法律人才培养教育计划”必须面对的问题。法学教育定位的核心是法学教育在培养法律人才，特别是卓越法律人才中的地位和作用的问题。我们认为，无论是法律人才，还是卓越法律人才的培养，至少有两个必要且密切相关的环节，即培育与养成。法律人才的培育，即通过系统的专业教育和职业训练使其具有法律职业的专业要素和职业要素，为从事法律职业打下坚实的基础，为法律人才的养成创造条件。这个环节或过程主要在法学院校完成。法律人才的养成虽然主要体现在法律职业生涯中，但是法学教育也应担负相应的职能。我国当下的法学教育在法律人才的培育环节比较注重专业因素，对职业因素关注不够是普遍的问题。在法律人才的养成环节，法学教育还没有找到用武之地。可以说，我们的法学教育还只停留在法律人才的培育阶段，虽然丰富了学徒式法律人才培养的培育内涵和内容，使专业教育更具系统性，却丢失了学徒式法律人才培养的职业训练和职业养成功能。

为此，我们认为有必要根据社会对法律人才的需要，进一步创新法学教育的理念，准确定位法学教育：(1) 明确法律人才的培养过程，就是法学教育的过程，法学教育应作用于法律人才培育与养成的全过程。(2) 基于法律人才养成的需要，法学继续教育仍有继续存在的必要，即使有类似日本司法研习所这样的机构，法学院校也应通过法学继续教育促成法律人才的养成，就像工商管理人才通 MBA、EMBA 提升职业水平和能力一样，只不过不再具有学历教育的意义。我校曾于 20 世纪 90 年代通过福特基金会的资助与最高人民法院合作举办了为期五年的法官培训，取得了很好的效果。(3) 明确法学教育是以法学专业教育为基础，以法律职业为取向的教育形态，或者直接将法学教育定位于法律职业教育，以强化法律人才的职业素养和职业技能的教育和训练。在我校 2009 年版的本科培养方案中，虽未明确提及法律教育是职业教育，但我们已认识到法学教育的职业取向和职业背景，通过学位论文、学年论文、试验课程、课内实训、专业实习构建了完整的实践教学体系，实践教学的学时占教学总学时的35%，这对学生职业能力的培养具有重要作用。

法学教育的定位，还涉及不同层次、不同阶段的法学教育在法律人才培养中的地位、作用及相互关系的问题。在本科生阶段，法律教育应侧重法律专业与职业的素质教育或通识教育。在硕士研究生阶段，应侧重于法律思维和法律职业技能的教育。在博士研究生阶段，应侧重于法律理论素养的教育，进行学术训练，使学生具有解决宏观性、重要性、复杂性法律问题的水平和能力。因此，根据不同阶段、不同层次的法学教育在法律人才培养中的定位，确定不同阶段的培养教育目标，建立整全的法学教育培养体系，是我国法学教育应该特别重视的问题，必须认真对待！

法学教育的定位，还应包括在上述法学教育定位的基础上，各法学院校根据办学条件、办学规模、办学能力找准自身在法学教育中定位的问题。例如，如果真的能将法律人才界分为卓越法律人才和一般法律人才的话，那么并非所有的法律院校都具有培养卓越法律人才的条件和能力。因此，法学院校应根据自身条件，确定本院校的法学教育在国家法学教育体系中的应有位置。

三、关于卓越法律人才的特色问题

教育部《关于实施卓越法律人才教育培养计划的若干意见（框架草案征求意见稿）》提出，卓越法律人才应实行分类培养，并将卓越法律人才分为“应用型、复合型、卓越法律人才”“国际化卓越法律人才”和“中西部卓越法律人才”三类。我们认为，这是从现阶段社会对法律人才的现实需求出发，以法律人才的职业特点和职业背景为标准对卓越法律人才的分类，从不同的侧面凸现了卓越法律人才的特色。我校长期致力于应用型、复合型法律人才的培养，早在20世纪90年代就提出了法律人才培养的目标是懂法律、懂经济、懂管理、懂外语的应用型法律人才的观点，并付诸实施。大学体制改革后，我校形成了以经、法、管三大学科为主干，多学科交叉融合的学科特色和学科优势，学校坚持将学科优势和学科特色转化为专业优势和专业特色，以形成法律人才培养的优势和特色的办学思路。为此学校适时提出了“应用型、融通性、开放式”的本科人才培养目标，将“应用型”“复合型”纳入了法律人才培养目标之中。所谓“应用型”，主要体现在根据法律职业需要，对学生“实践、运用和操作”能力和技能进行培养和训练，使学生在毕业后能迅速适应法律职业的工作。所谓“融通性”，主要体现在“融会、贯通和创新”能力培养上，即通过不同学科之间、教学与科研之间、理论与实践之间、学校与社会之间的融通，促进学生形成以融会贯通、触类旁通为核心的发散型知识结构，使学生具有解决疑难、复杂法律问题的知识结构和思维能力。所谓“开放式”，主要体现在对学生的“适应、创造和发展”能力培养上，即通过合作办学包括国际合作办学、校内外合作办学、学校与实际部门合作办学，采取“请进来、送出去”的方式等途径，使学生形成开放性的知识结构及国际化的视野，增强学生的创新精神和发展潜力，以适应快速发展的法律职业的需要。

经过十年的实践和探索，我们认为将我校法学教育的人才培养目标确定为“应用型、复合型卓越法律人才”具有可行性。第一，我校法学教育积累了“应用型、复合型卓越法律人才”培养的丰富经验，且“应用型、复合型卓越法律人才”培养契合我校的办学特色和风格。第二，我校多学科交叉，以经、法、管为主干学科和优势学科的学科特色为“应用型、复合型法律人才”的培养提供了很好的学科条件。第三，我校有56个本科专业，其中经、法、管相关专业有七个国家级特色专业，都是应用型专业，为“应用型、复合型法律人才”的培养提供了强有力的专业支撑。第四，我校法学学科和专业具有培养“应用型、复合型卓越法律人才”的条件和能力。第五，我校建立了适应培养“应用型、复合型卓越法律人才”的课程体系。我校法律专业课程体系由通识课程、学科基础课程、专业课程和实践实验课程组成。在通识课程中，作为必修课开设有经济学通论、管理学通论、高等数学等较有特色的课程，另开设有100门通识选修课，供学生按兴趣选修。在法学学科基础课和专业课中，有6门国家级精品课程。除传统意义的实践教学外，我校法学专业十分重视法学实验课程建设，已出版一套（6本）法学实验教学教材；开设了一门独立的必修实验课程，三门选修实验课程；历时三年研发了一套有自主知识产权的法学实验教学系统；以国家级法学实验示范中心为平台，建有四个多功能法学实验室。

四、关于创新卓越法律人才培养模式的问题

教育部《关于实施卓越法律人才教育培养计划的若干意见（框架草案征求意见稿）》提出了创新卓越法律人才联合培养的机制和创新卓越法律人才分类培养模式的问题。其实这里的所谓机制、模式，都属于人才培养模式的范畴。鉴于传统的法律人才培养模式的局限性，许多法学院校以社会对法律人才的现实需求为取向，对法律人才培养模式进行了积极探索，主要内容包括：(1) 举办法学试验班，探索和创新教学方式，强化基础阶段的教学。如中国政法大学的法学试验班。(2) 尝试以法学精英人才为培养目标，实行以法律职业为导向的六年融贯制分阶段（4＋2）培养模式，延长学制。如山东大学的法学试验班。(3) 实行 3＋3 本硕连读，利用第四年的时间，进行本科与研究生阶段的有效连接。这些探索对于创新卓越法律人才培养模式具有很好的借鉴意义。

我们认为，创新培养模式第一必须明确培养目标，准确界定卓越法律人才的品质和规格。第二，在既定的培养期限内合理界分通识教育、专业教育和职业教育阶段，将实现培养目标所必需的教学、训练内容和任务进行切割，分配到不同的阶段。第三，教学方式、方法和手段在培养模式中具有重要作用，在培养目标和阶段性任务的前提下，运用有效的方式、方法、手段进行有针对性的个性化培养。第四，实行导师制，在课堂教学外对学生进行全程指导。第五，激发学生自主学习的积极性。第六，建立学生遴选和淘汰机制，保证培养对象具备成为卓越法律人才的品质和学习能力。

创新人才培养模式是我校“十二五”期间的重要工作。根据我校“十二五”规划的规定，学校将成立“文澜学院”作为本科创新拔尖人才培养的特区和组织载体，借助优势学科创新平台构建“文澜人才培养模式”，培养具有我校特色的本科创新拔尖人才——“文澜人才”。“文澜人才培养模式”的主要内容有以下几个方面：(1) 建立适合培养文澜人才需要的招生机制或生源选拔机制。(2) 实行本硕连读，采取“ 2＋2＋2”的培养方式分阶段培养。即在第一个 2 年，学生不分专业，进行通识教育，目的是使“文澜人才”具备社会精英或英才的品质和素养；在第二个 2 年，由学生自主选择专业，进行专业课程学

习和基础职业训练，目的是使“文澜人才”具备坚实的专业理论素养和初步的职业技能；第三个 2 年进入研究生学习阶段，并进行分流培养。由学生根据兴趣和能力，分别选择专业学位研究生和科学学位研究生的学习：前者是应用型、复合型人才的取向；后者是研究型、理论型人才的取向。(3) 实行以导师制为主、课堂教学为辅的培养方式教学。(4) 采取学校与职业部门联合培养，职业部门的专家可以通过承担课堂教学、担任导师组成员的方式来指导实践和实习的方式，参与联合培养。(5) 通过国际合作办学培养“文澜人才”的国际视野和处理国际事务的能力。(6) 建立淘汰机制，通过延长学制、退学等制度，保证“文澜人才”培养的质量、品质和规格。我们认为，一般而言，“文澜人才培养模式”应该适用于卓越法律人才的培养。如果是这样，那么“文澜人才培养模式”可以被视为对卓越法律人才培养模式进行创新的一种尝试。

最后，应该指出，卓越法律人才培养需要探索的问题还有许多，如卓越法律人才培养与司法考试的关系等，不过我们认为上述四个方面的问题较为重要和紧迫一些。

法学教育发展的历史轨迹与中国道路 *

法学教育是以法学专业教育为基础，以法律职业为取向的教育形态。在西语中，“法学”一词最初寓意为“法律的传授和解释”。但是，传授法律知识的教育活动能够成为大学教育，并进入近代意义的高等教育体系，则始于中世纪意大利的波伦那大学。在 12 世纪的欧洲大陆，随着海上贸易的繁荣、民族交往的扩大以及城市国家的兴起，以罗马法复兴为标志的专门教育开始出现。据学者考证，拉丁文“大学”即 universititas 的原意为“法律大学”。波伦那大学以人为本，首先创设了法学（研究人的行为规范），然后又增设了神学（研究人的灵魂）、医学（研究人的身体），初创了近代高等教育体系。《法律与革命》一书的作者美国的伯尔曼为此引用了梅特兰的说法，将这一时期称为“一个法律的世纪”。在这个“法律的世纪”里，曾经衰落的罗马法，从人们残存的记忆重新成为普遍遵循的规则，从而引发了从 12 世纪到 16 世纪欧洲国家“采用罗马法的高潮”（恩格斯语）。与此同时，在法学家、法律家的共同努力下，法律首次被作为一种独特性和系统化的知识体系，即作为一门科学来研究和讲授，从而取得正式的学科地位。在大学教育体系中的法学教育活动，罗马法所具有的概念主义得到充分的发挥，诸如法律的概念、规则、制度和原理，构成了法律科学的主干内容。

法学教育从一开始就奠定了两大基本属性：一是法学教育的教育性。法学

* 原载《中国大学教学》，2016（1）。

教育既是近代高等教育兴起的先驱，亦是高等教育体系的组成部分。它是“人类社会传播法律知识、训练法律人才的活动，从其活动的方式、过程和目标来看，皆具有教育的属性”。二是法学教育的法律性。近代意义上的法学教育是伴随着法律知识的专业化和法律职业的专门化产生的。与古代社会私相授受法律的教育模式不同，在一个专门的法学教育机构（通常为大学的法学院）里，法律人才的培养过程，即是法律知识体系（包括法律学科所特有的概念系统、理论系统、推理系统和语言表达方式等）得以形成的过程，即对法律人才准入法律职业共同体的资格进行系统的专业教育和职业训练。

法学教育的教育性和法律性，决定了法学教育的方向、目标和使命。现代法学教育集培养法律人才、开展法学研究和向社会提供法律服务于一体。一国法律教育之得失，事关国家法治建设之前途。在一定意义上讲，法学教育已成为衡量一个国家社会文明程度和现代化治理水平的重要标志。在当下中国的法治建设中，法学教育具有一种基础性、全面性、先导性的战略地位。遵循法学教育历史发展规律，借鉴国外法学教育经验，立足本土法学教育实际，我国未来法学教育似应处理好以下四个关系。

一是法学教育的大众化与精英化。法学教育应实施大众化基础上的精英化，避免低质化。中国高等教育已进入大众化阶段。根据联合国教科文组织的统计标准，高等教育毛入学率即高等教育在学人数与适龄人口之比（18－22岁为适龄人口），是衡量一国教育发展水平的重要指标。毛入学率15%以下为精英化阶段，15%以上至50%为大众化阶段，50%以上则为普及化阶段。我国高等教育的毛入学率在1978年仅为1.55%，自1999年高校扩大招生规模以来有较快增幅，至2002年达到15%，2015年已达37.5%。我国现有法学教育规模宏大，举办法学专业的高校有650所左右，在校生总人数达70万。尽管法学教育已达到大众化的办学规模，但仍应秉持精英化的教育水准。教育部、中央政法委员会提出了“实施卓越法律人才教育培养计划”，其总体目标为：经过10年左右的努力，形成科学先进、具有中国特色的法学教育理念，形成开放多样、符合中国国情的法律人才培养体制，培养造就一批信念执着、品德优良、知识丰富、本领过硬的高素质法律人才。可以认为，法律院校特别是设有卓越法律人才教育基地的单位，应以培养高水平法律人才为己任。法科学生应该是未来的国家栋梁、社会中坚、民众表率。

二是法学教育的规范化与特色化。法学教育应鼓励规范化基础上的特色化，防止同质化。规范化意味着法律教育应有统一的培养目标和办学规模，不能降低标准。法律职业共同体成员所必备的法律理想、法律知识、法律技能和法律思维的培养与训练，即是法学教育的规范化要求。21 世纪初，教育部高校法学教学指导委员会、中国法学教育研究会共同制定了《法学专业设置标准》《法学专业本科教学合格评价方案》《法学专业教育优秀评价方案》等文件，设定了法学本科教育的应有规范标准。在教育部高等教育司的领导下，全国法学教育开展了专业目录调整，将过去若干个并存的法律专业（如经济法、行政法、国际经济法等）整合为法学一个专业；在法学专业项下可设不同的专业方向；与此同时，法学教学指导委员会还进行了专业课程体系改革，设置了法学本科专业必须开设的 16 门核心课程。从中国法学教育的实际出发，上述法学教育的改革方案和措施，以基本规格的办学要求为主，但同时也考虑到不同院校法学专业的差异性，体现了特色化的政策导向。诸多文件鼓励不同层次、不同类型、不同风格的法学院校可以进一步实施法学特色教育和拓展教育计划，以发挥不同院校的各自区位、师资、学科、资源等优势和特长，促进法学教育的差异化发展和特色化法律人才的成长。

三是法学教育的专业化与融通化。法学教育应试行专业化基础上的融通化，切忌简单化。专业化要求是法学教育的题中应有之义，它寓意着法学学科的专门属性和人才培养的职业取向。法学教育的专业化，以培养法律专门人才为目标，必须“厚基础”，包括法律理想与素质教育、法律专业知识与技能教育、法律职业理念与伦理教育；在立足法学专业教育的基础上，还应注意法律人才培养的“宽口径”，即知识、技能教育的多样性和交叉性，即进行融通化教育。美国联邦法院前大法官弗兰克·福特曾经讲道，“法律人应该具有哲学家、历史学家和先知的素质”。复合型的知识结构，其实是法律职业的内在要求。长期以来，我们对多学科的融通教育重视不够，学生学科背景单一，难以适应法律职业要求。因此，法律人才应当具备多学科的知识背景，他们除了掌握法学基本知识、技能外，还应了解文、史、哲、经、管、理、工等学科的知识元素和前沿动态，成为懂法律、会管理、通科技的复合型人才。

四是法学教育的本土化与国际化。法学教育应是根植本土化基础上的国际化，摈却狭隘化。法学教育的本土化与国际化是一种内在统一的关系，两者可以相互促进，是同一过程的两个方面。从根本上讲，国际化的出发点和归宿都应是本土化。一般而言，教育的本土化是人们在全球化背景下维护本民族文化家园的诉求，是对本土的文化立场和价值取向的追求；而教育的国际化是全球化过程中的基本表象，也是国家现代化发展的既定特征。具言之，这是一种包含多种多样具体活动的发展趋势，其目的在于提供一种真正融入全球意识环境的教育体验。就法学教育来说，其国际化的发展路径包括三个方面的内容：(1) 讲授课程中的国际化内容，即法学教育内容的国际化；(2) 有关学者、学生的国际流动，即法学教育活动的国际化；(3) 培训、研究等教育机构的国际合作，即法学教育合作的国际化。在法学教育的“两化”过程中，本土化是根，国际化是叶。在国际教育发展的历史上，有例可鉴：1890 年成立的美国芝加哥大学在近百年赴欧（主要是德国）留学潮中，在吸取外来先进文化的同时，最终在本土形成了一个具有自主独立精神的学术共同体——举世闻名的芝加哥学派，它囊括了社会学派、制度经济学派、历史学派等学术精英，即经历了一个从本土化到国际化、又从国际化到本土化的发展过程。

法律的道德化与道德的法律化*

——关于法制建设和道德建设协调发展的哲学思考

党的十四届六中全会作出了《中共中央关于加强社会主义精神文明建设若干重要问题的决议》，中国共产党第十五次全国代表大会又提出“依法治国，建设社会主义法治国家”的重要方针。这是将我国社会主义事业全面推向21世纪的重要战略决策。因此，深入研究和探讨法制建设与道德建设的相互关系，促进依法治国与精神文明建设的互动发展，具有重要的理论与实践意义。

任何时代和社会的文明，都需要相应的行为规范作为社会关系的调整器。总体而言，文明要求社会对自身内部错综复杂的关系进行自觉的协调，以不断完善自身的组织和管理，达到各种社会关系的有序与和谐。人类历史发展至今所创造出来的行为规范主要是法律与道德，因此，只有一手抓法制建设，一手抓道德建设，才能形成完整的社会规范系统和调控手段系统，从而保证依法治国与精神文明建设的顺利进行。

一、法律与道德的一般关系

历史唯物主义认为，法律与道德同属于上层建筑，其性质与作用方向是由经济基础决定的，但法律与道德也对经济基础有着巨大的反作用，同时两者之

* 原载《法商研究》，1998（2）。

间又相互依存、相互交叉、相互影响。据此，法律与道德的一般关系主要可作如下表述。

1. 生成形态并列。法律与道德都是社会的重要行为规范，都对人们的行为进行评价，对社会关系进行调整。但是，两者属于不同的社会规范体系。马克思指出："道德的基础是人类精神的自律。"① 这一论断不仅深刻地概括了道德的本质特征，而且指明了道德与法律的根本区别。从性质上看，道德体现的是"人类精神的自律"，它包括人们关于善与恶、美与丑、公正与偏私、诚实与虚伪、正义与非正义等观念形态，也包括与这些观念相对应的伦理行为规范。道德的规范作用来自社会舆论、内心信念和传统习惯等精神力量，实际上是通过社会成员的自觉性来发挥作用的。而法律表现的是"国家意志"的他律，具体而言，它是由国家机关根据占社会领导地位或主导地位的阶级意志而采用规范形式制定的，同时又是依靠国家强制力即法庭、警察、监狱等来保证施行的。所谓法制即是上述法律规范体系及有关的立法、执法、守法、法律监督等一系列环节的制度。以上说明，在社会规范系统中，法律与道德是两个并列存在的对立面的统一。就其生成形态来说，法律主要是一种制度形态的上层建筑，道德主要是一种意识形态的上层建筑，它们在基本内涵、表现形式、调控方法等方面既相互区别，又相互联系。

2. 调控范围交叉。法律与道德的关系不仅表现为对立面的排斥，而且存在着对立面的碰撞与转化。正如恩格斯所说的那样："政治、法、哲学、宗教、文学、艺术等等的发展是以经济发展为基础的。但是，它们又都互相作用并对经济基础发生作用。"② 法律与道德的交叉与渗透有两个重要表现：一是法律意识与道德观念具有同一属性而相互联系，二是法律规范与道德规范的调控范围有所重叠而相互包容。一般来说，凡是法律所禁止和制裁的行为，也是道德所禁止和谴责的行为；凡是法律所要求和鼓励的行为，也是道德所培养和倡导的行为。反言之，许多道德观念也体现在法律之中，许多道德问题也是可以诉求法律解决的问题。不过，从规范作用的范围来看，法律与道德对人们的行为

---

① 《马克思恩格斯全集》，1版，第1卷，119页，北京，人民出版社，1995。

② 《马克思恩格斯选集》，3版，第4卷，649页，北京，人民出版社，2012。

有着不同层次的要求。前者一般只能规定最起码的行为要求，而后者可以解决人们精神生活和社会行为中更高层次的问题。例如，道德可以要求人们“毫不利己，专门利人”，而法律只能规定人们不许损人利己或损公肥私。

3. 社会功能互补。在社会规范体系中，法律与道德是两种不同属性的行为规范，尽管两者在调整社会关系方面手段不一，但其功能相互补充。道德的作用主要表现为对人们行为的规范和诱导，其实现方式主要依靠舆论督促、内心修养和习惯驱使，因而道德在社会职业和家庭生活中影响广泛而深远。但道德也有局限性，它对严重危害他人或社会利益的行为只能谴责而不能制裁。而法律则不然，它明文规定什么可以为、什么不可以为，以国家强制力为后盾，既有引导、推动作用，更有惩戒、防范作用。但法律并非万能，其设定的“中人”（即一般人）标准不同于道德倡导的“圣人”标准，因此对虽“缺德”而不犯法的行为往往无能为力。在现代社会中，只有法律的他律约束作用与道德的自律教化作用相互补充和密切配合，才能达到建设社会文明的良好效果。

二、社会规范调控体系中的法律与道德

社会规范调控体系或系统，是指在一定的国家、地区、领域内存在的，由一定的社会经济关系所决定的社会规范而构成的相互联系、相互制约的统一体。系统整体性理论告诉我们，处于某一系统的单一要素并非孤立地存在于系统之中，而是与其他要素相互联系、相互作用。系统整体的良性运行和发展离不开各个要素的协调运行和发展。在社会规范体系中，法律与道德作为两种重要的调整手段，从不同方面、以不同方式、通过不同机制对社会生活的不同领域发挥不同的影响和作用。为了治国安邦，实现国家的长治久安，我们必须坚持两手抓：既抓法制建设，坚持依法治国；又抓道德建设，坚持精神文明。在这一系列的问题上，我们要运用唯物辩证法的观点及系统论的方法，反对片面夸大或缩小任何一方作用的论调，反对将两者割裂对立或混为一谈的观点，对法制建设、道德建设以及两者的协调发展作出科学的思考。现将有关问题分述如下。

1. 法制建设与“法律万能论”。历史和经验表明，法令行则国治国兴，法

令弛则国乱国衰。保持国家稳定和社会安宁，最根本、最靠得住的措施是实行法治。这是因为：法律最具稳定性、连续性，不会因领导人的变动而变动，不会因领导人注意力的变化而变化；法律最具统一性和唯一性，规范明确，具有普遍的约束力；法律最具权威性，集中体现了人民的愿望、党的主张、国家的意志。依法治国的这些特性是其他方式不可替代的。因此，在实现国家职能、管理国家事务与社会事务、维护社会秩序方面，法制的主导作用是不容怀疑的。但必须注意的是，强调依法治国，并非将其与道德建设对立起来，采取非此即彼的形而上学态度。法制建设需要接纳道德的要求，寻求道德的支持，依靠道德的辅佐。我们强调法律至上，但并非主张法律万能，忽视道德建设。应该看到，在一些西方国家，由于整个社会调控体系对法律过分强调，导致道德等其他社会控制力量的削弱，出现了过度依赖法律的“社会法律化”现象和道德冷漠的“吉诺维斯‘综合征’”，从而造成西方国家一边是高度的法律化，另一边却是道德沦丧的结局。对此，我们应引以为戒。

2. 道德建设与“泛道德主义”。如同法制在治国方式中的地位一样，道德对于精神文明建设有着同等的重要意义。精神文明的核心是思想道德，这就是说，全民族思想道德水平的提高是精神文明建设的最终目标，同时，社会主义思想道德集中体现了社会主义精神文明的性质和方向。道德建设在精神文明中的地位和作用是其他范畴无法取代的。从“国治”的意义上看，法治是治国的根本方式，但德治也是治国的一个条件。所谓为政不得不用道德，不以德即乱，道德教化是治国安邦的基础。就道德与法律的关系来说，法律离开道德就可能变成恶法，法治离开道德就可能失去必要的社会条件。但是，在强调道德上述作用的同时，还必须正确把握法治实践中的道德定位。在立法中，应充分考虑道德因素和道德标准，以适当方式使某些道德规范法律化。法律对道德规范的确认和转化固然十分重要，但我们切不可将其泛化，滑向立法伦理主义，将一切道德规范法律化，从而导致法律对良心、思想的恐怖统治；在司法判决中，由于立法已对道德予以充分考虑、筛选和吸纳，就应当避免道德标准对司法判决的介入，不能用道德标准代替法律标准或是兼采双重标准。司法活动中的泛道德主义将对严格依法办事、正确处理法律纠纷带来负面影响。

3. “德治”“法治”之争与法律、道德协调发展。作为治国方略的法律与道德，究竟是“以德去刑”，抑或是“不务德而务法”，或者是“法德轮换”以至“法德合流”，在中国历史上曾经引起长期的争鸣。春秋战国时期，儒家偏重“德治”，强调“德主刑辅”。孔子认为“导之以政，齐之以刑，民免而无耻；导之以德，齐之以礼，有耻且格”（《论语·为政》）。他希望通过“德治”“礼教”去掉“刑杀”，达到“无讼”的境地。法家倚重“法治”，主张“以法为本”。韩非子认为，“威势之可以禁暴，而德厚之不足以止乱”（《韩非子·显学》）。他认为，只有实行严刑峻法才能止奸，才能防止违法犯罪。儒家重视“德治”，法家重视“法治”，各有其合理的积极因素，可供我们借鉴；但儒家的轻法思想和法家的轻德思想，则是应该批判舍弃的。我们应该走出传统，不能拘泥于历史上的“德治”“法治”之争，而应赋予法律与道德以新的时代意义，坚持法制建设与道德建设的协调发展。强调两者协调发展，在现阶段并不是意味着法律与道德等量齐观，同步发展。其理由是：第一，解决由计划经济向市场经济转轨时期凸显出来的社会问题和腐败问题，主要凭借两种手段，一个是思想道德教育，一个是法律。但法律具有主导作用，正如邓小平同志所说的那样，“还是要靠法制，搞法制靠得住些”。第二，法制变革与道德观念更新，在由计划经济向市场经济转轨时期，表现为两种不同速率的发展过程。前者可以由国家运用政权力量和社会资源，根据规划加快速度予以推进；而后者虽可设定目标但教化过程是渐进的，使新的道德思想成为社会的普遍观念和人们的共同认识，有待于更长时期的努力。他律与自律的质的规定性决定了法制建设与道德建设不可能齐头并进而保持同步。在这种情况下，两者的协调发展应是指法律与道德的相互补充、相互促进与相互推动，从一定意义上说，即是法律的道德化与道德的法律化。

三、依法治国的道德基础

系统理论表明，各个孤立要素性能和功能的总和并不能反映系统的整体性能，换言之，系统的整体性质和功能只存在于各个要素的相互联系、相互作用之中。根据这一要求，组成社会规范系统的要素即法律与道德，不仅应考虑自身的发展与完善，而且要着眼于相互间的关联与配合。法律道德化在哲学意义上即表达了社会规范的最佳结构及各个要素之间的协调配合状态。依法治国是依照既定法制治理国家与社会，使国家成为法治国家，使社会成为法治社会。建设社会主义法治国家需要与之相匹配的精神文明状态，从观念形态和行为规范来说，道德是人们的法律意识、法治观念和在法律范围内活动的基础。一句话，道德是法制建设的精神支柱。这即是法律道德化的实质意义所在。

1. 立法活动的道德指引。依法治国所依据的法必须是反映人民意愿和社会发展客观规律的法，是合乎理性、正义、公平观念的法。要制定这样的法，从参加人员、制定过程到内容都必须以正确的思想道德观念为指导，并将某一部分道德规范变成法律规范。具体说来，道德在立法活动中的作用表现在两个方面：第一，道德是立法内容的重要渊源。在立法过程中，必须充分考虑道德因素和道德标准，以适当形式将道德的根本原则、主导内容法律化。现实的法律与道德在调控范围上多有交叉，就是因为立法认同或吸收了许多道德规范。可以认为，法中有德，法律作为国家制定的行为规则，不能不反映社会普遍遵守的价值取向，并将一些道德原则具体化，从而使得法律具有相应的道德意蕴。第二，道德是制定法律的指导思想，任何法律规范都包括立法者关于善与恶、是与非的价值判断，反映立法者允许什么、限制什么、禁止什么的价值取向。立法决不能违背正义观念、公共利益和其他基本道德原则，否则即是恶法、坏法。这种法律不仅难以实施，而且会使立法者失信于民，使法律权威受到破坏。可见，不道德的法律已失去其存在的本来价值。

2. 执法主体的道德能力保证。执法活动是依法治国的关键环节。法律的正确贯彻和公平的实现，不但要求法律规范实现“合法性”与“合道德性”的统一，而且在很大程度上取决于执法主体的道德能力，即执法者道德水平的高低与执法质量的好坏有着直接的关系。一般认为，执法主体具体适用法律规范的行为，代表了正义、公平、秩序的道德观。执法者在其执法活动中道德水平低下，其后果较执法者法律水平不高要严重得多，它直接影响执法机关的形象和法律的权威。因此，执法主体需要具备良好的法律职业道德，只有具有可行的道德能力保证，才能在履行法律职务过程中忠于职守、唯法是从、刚直不阿、廉洁公正，才能不惧以权压法、以言代法，避免徇私枉法、贪赃枉法。我们必须看到，这种道德能力的获得和提高并不是法律职业本身所赋予的，而是依靠执法主体对职业道德要求发自内心的体验和认识，形成强烈的正义感、责任心和气节来维系的。

3. 守法心态的道德制约。依法治国的直接目的是法的实现。法的实现是法律规范在人们行为中的具体落实。法律所具有的一体遵行的效力表现为权利被行使、义务被履行、禁令被遵守、责任被承担。法律要实现这种调整社会关系、维护社会秩序的价值目标，必须依赖于社会成员对法律的自觉信仰与普遍遵从。一般而言，社会成员道德水准越高，守法意识就越强，法律的效益就越见明显。守法是一种道德义务，大多数社会成员并不仅仅是因为法律的强制力而守法，在许多情况下是由于他们的道德习惯而守法。健康的守法心态是社会道德要求在人们心理上的反映和积淀，其实质内容主要是对法律遵守的义务感和对违反法律的羞耻心。质言之，法律可以利用其威慑力量迫使人们就范或对违法行为进行惩罚，但无法保证每一个人在任何时候都是守法者，只有道德上的知耻才是守法最深厚、最持久的力量。法律“治标不治本，治端不治始”，需要通过道德弥补其不足。可见，守法的自律心态是法律他律性目标实现的基础。

四、道德教化的法律保障

从系统论的观点出发，社会规范系统要求法律与道德诸要素形成相互联系、相互作用的合理结构，其中包括它们相互间一定的比例、一定的秩序、一定的结合方式等。道德法律化即是通过这种结构的合理化以实现规范系统的功能优化。思想道德建设是社会主义精神文明建设的核心内容之一，决定着精神文明的性质和方向。它要解决的是整个民族的精神支柱和精神动力的问题。

在当前情况下，道德建设应做到教育与管理有机结合，强化道德行为的训练，规范人们的道德行为，实现这一目的的重要途径是适当引入硬约束机制，重建现代道德文明和伦理精神，这是在当前道德评价失范、价值取向紊乱、道德教育扭曲变形、道德生活不甚理想的状况下，强化道德风气、树立道德精神的疗救之途。所谓硬约束机制，即运用国家政权的力量和社会资源推动精神文明建设健康发展，通过法律的手段提高社会机构和社会成员行为的道德水准。

概言之，法律是道德建设的权力支柱。这也是道德法律化的真正含义。

1. 法律的规范—强化作用。通过立法手段可以选择和推动一定道德规范的普及，即以法律规范形式确认和吸收某些道德标准，使之成为法律标准，从而推进法律目标的实现。这是我国社会主义道德建设中的一个重要特点。例如，我国宪法规定了社会主义道德的基本要求，民商法确认交易活动中诚实信用的道德原则，尊师重教、尊老爱幼的传统美德在《教师法》《老年人权益保障法》、《未成年人保护法》中得以反映，若干职业道德准则、市民行为规范被赋予行规、民规的法律意义等，无一不是道德规范法律化的具体表现。作为法律化的道德，既包括实体性内容，即对社会倡导的主体道德行为、现阶段容许的道德行为和社会责罚的非道德行为作了分层次规定；也包括程序性内容，即对非规范行为设定了惩罚性措施及实施机关。这样，通过法律对其倡导或禁止某些行为的宣示，有助于产生社会共识，形成新的道德标准。

2. 法律的监督—保障作用。道德的生成和发展离不开良好的法律环境。法律既能扬善，又能惩恶，即通过监督保障机制保护文明道德行为，禁止直至惩罚不道德行为。首先，法律以国家意志的名义对人们的行为进行评价，它不仅反映赞成什么、反对什么的价值取向，而且为人们提供了识别是与非、好与坏的判断标准。更重要的是，法律激励人们履行义务、担负责任，是他们同严重违反社会主义道德行为和坏人坏事进行斗争的有力武器。其次，法律以国家强制力对违法犯罪行为进行制裁，使违法犯罪分子在认罪服法时进行思想改造，洗心革面，重新做人；使道德不稳定分子在法律强制时受到教育和震慑，悬崖勒马，弃旧图新。这对于净化社会风气、维护道德环境无疑是有力的保障。

3. 法律的识别—批判作用。法律对道德的作用不仅表现为对新道德的强化与保障，而且还表现为对旧道德的抵制与批判。中国是一个有深厚道德基础的国家，在以自然经济为基础、宗法关系为纽带的中国传统社会的历史演进中，逐渐形成一套庞大而严密的道德文化体系。在这种伦理精神中，不乏作为中国传统文明价值的合理内核，存在着体现东方人文性格的传统美德。但毋庸置疑，以往的伦理道德在现代社会中也具有消极的影响：宗法家庭伦理的倾斜导致对个人权利自由的压制，人伦道德精神的偏差导致人们民主、法制观念的淡漠，道德规范的固有弹性导致整个社会生活的效率低下。加强法制建设既是对道德文明固有缺憾的弥补，又是批判继承传统道德文化的重要手段。这即是说，法律能以国家意志的形式对传统道德的精华和糟粕作出明确的辨别，尤其对那些腐朽的、落后的、反动的成分予以剔除。法律所具有的内在批判能力和推动社会进步的机制，总是一头连着特定社会的历史传统，一头连着未来的理想王国。可以说，法律在道德建设中表现了继承批判传统与促进文明发展的统一。

4. 法律的教化—推动作用。法律是社会主义道德建设的推进器。从法的精神看，可以运用权利本位、契约自由、社会公平、效率居先的现代法精神去培育和教化人们，从而形成社会主义的义利观，形成健康有序的社会生活和经济生活规范，最终使人们将法律精神的意志、规则、知识、价值等融化于自己的思想品质、道德观念和日常行为之中，在他律的范围内把自己塑造为自律、自觉、自在、自为的人。从法的功用看，它通过自身的规范、协调、指引、教育、惩戒等社会功能，促进道德规范行为的养成、道德意识的觉醒，最终达到道德理想的实现。这个过程即是从他律走向自律的过程。

法律的上述作用具体表现为：法律具有严格的规范性，它鲜明地昭示真善美是法律所肯定的，假恶丑是法律所否定的，从而使社会成员明确行为标准，加强自律行为的引导；法律具有公开的惩罚性，它通过国家的强制力量制裁违反法律（也是严重违反道德）的行为，能对整个社会产生警示作用；法律具有巨大的权威性，它包含社会道德的起码要求，常常构成民族素质、信念的标尺和依托，同时它又具有一体遵行的效力，成为维系一个民族道德水准的最后保障。

新时代中国知识产权制度建设的思想纲领和行动指南*

——试论习近平关于知识产权的重要论述

中国知识产权的制度生成，既有基于知识产权促进本土创新发展的主观认识，也有接受国际经贸体制、融入经济全球化的客观需求。在知识产权一体化的今天，世界贸易组织及《知识产权协定》为各国知识产权保护提供了一体遵行的共同规则，但不同发展程度的国家都有自己对知识产权理解和诠释的自主话语权。中国知识产权制度建设，以社会主义法治观和发展观为思想基础，表现了中国本土的思想认识、经验体验和实践导向。自党的十八大以来，习近平对知识产权问题发表了一系列重要论述，深刻分析了知识产权制度的基本属性，鲜明表述了中国保护知识产权的基本立场，提出了新时代加强知识产权工作的基本方略，是先进的思想指导和科学的实践引领。本文以习近平重要论述为对象，试从思想基础、基本内容、实践意义三个方面展开研究，以探索其知识产权法治观与发展观的精神实质。

---

* 原载《法律科学（西北政法大学学报）》，2019（4）。

一、习近平关于知识产权论述的思想基础

在中国历代党和国家领导人中，习近平对知识产权问题的阐述最为集中、最为系统且最为深刻。这些重要论述虽是在不同时期、不同场合所言所文，但始终将知识产权置于重要位置，形成与知识产权有关的各种思想、观念、经验、认识。在过去的几年间，习近平提出并阐述了“知识产权制度属性”“知识产权营商环境”“知识产权法律政策体系”“知识产权综合管理体制”“知识产权司法体制改革”“知识产权保护”“自主知识产权创造”“知识产权文化”“知识产权全球治理”等问题，构成了习近平知识产权法治观和发展观的系统思想。这些思想创见和实践智识是发展中国家知识产权主张的“中国经验”，也是国际知识产权话语体系中的“中国声音”。

作为党和国家的最高领导人，习近平对知识产权问题有着深刻的认识，其一系列论述立足中国国情，回答中国问题，总结中国经验，是发展中大国和知识产权大国的重要思想资源。中国知识产权制度的成长起因于“舶来品”的法律移植，但当下则是一场制度创新的社会实践。与西方国家发展的模式、进程不同，知识产权在中国具有不同于以往大国崛起的历史情景、本土场景和国际背景，这就导致了“中国问题”的存在及解决问题的“中国路径”的特殊性。面对知识经济的时代挑战和复杂变化的国际局面，习近平对中国知识产权法治与发展问题在切实把握的基础上进行了深入分析，从科技创新、产业发展、体制机制改革、对外开放、全球治理等各个方面，阐述了知识产权制度建设的重大问题。其意义是理论上的，也是行动上的；其价值是彰显中国的，也是影响世界的。站在新的历史起点，肩负治国理政的伟大使命，习近平总是从社会发展和国家治理的战略高度来审视产权制度，涉及目标设计及实现路径、问题分析及应对措施。这些论述概以新时代社会主义法治观和发展观为思想基础。

法治观是习近平知识产权论述的核心范畴。中国特色社会主义法治思想涵盖了“科学立法、严格执法、公正司法、全民守法”的法治要求，蕴含着“尊重和保障人权”“公平正义”“诚实信用”“和谐善治”的法治理念，对中国知识产权法律发展和环境治理具有思想引领和行动指南的作用。党的十八大以

来，习近平主持制定了国家治理体系现代化、法制化的重大方略，其重要任务之一就是加强法治系统工程建设，包括法律规范体系、法治实施体系、法治监督体系、法治保障体系，主要涉及立法、行政和司法三大领域。知识产权在本质上是为一项法律制度，是国家法律体系的重要组成部分；知识产权事务管理和环境治理作为一种国家治理活动，具有现代法治的基本要求。在现代法治系统中，知识产权的确认、利用、限制和保护，首先是作为法律规范而进行制度设计的，其立法宗旨在于维护知识财产的正义秩序，实施知识传播的效益目标。习近平强调“加强知识产权保护”，“塑造营商环境”；“建立综合管理体制”，“推进司法管理体制改革”；“加快知识产权保护制度建设”，“提升知识产权意识”等，都是社会主义法治思想在知识产权方面的重要表述，为知识产权创造、运用、管理、保护、服务的事业发展奠定了重要的法治思想基石。

发展观是习近平知识产权论述的目标范畴。中国特色社会主义发展观是以创新为首要的发展观。党的十八届三中全会强调，实现“十三五”时期发展目标，破解发展难题，厚植发展优势，必须牢固树立并切实贯彻“创新、协调、绿色、开放、共享”的发展理念。[①] 习近平在党的十九大报告中指出，“贯彻新发展理念，建设现代化经济体系”[②]。中国知识产权制度的时代构建，必须坚持新发展的核心理念，强调人本主义的“创新发展”、公平正义的“协调发展”、人与自然和谐的“绿色发展”、面向世界的“开放发展”、利益平衡的“共享发展”，以此保持知识产权制度发展的正确方向。“创新是引领发展的第一动力”，而知识产权制度是创新发展的基本保障，具有实现“知识创新”的法价值目标。创新价值体现在知识产权立法活动和政策制定之中，知识产权制度以基于创新所产生的社会关系为主要调整对象，体现了尊重创新、保护智力成果、规制知识经济市场秩序的主旨。创新价值目标的实现，在法律制度设计中具体表现为：通过权利保护，以创立私人创新激励机制；通过权利限制，以构建社会创新发展机制；通过权利运用，以形成创新成果交易机制。[③] 习近平

① 参见《中共中央关于全面深化改革若干重大问题的决定》，载《人民日报》，2013-11-16，第1版。

② 《决胜全面建成小康社会　夺取新时代中国特色社会主义伟大胜利——习近平同志代表第十八届中央委员会向大会作的报告摘登》，载《人民日报》，2017-10-19，第1版。

③ 参见吴汉东：《知识产权法的制度创新本质与知识创新目标》，载《法学研究》，2014（3）。

准确把握创新发展与知识产权的关系，对知识产权保护问题言之重，对拥有知识产权的创新主体关怀心之切。诸如“加强新领域、新业态知识产权保护制度建设”，“探索知识产权归属和利益分享机制”，“依法惩治侵犯知识产权和科技成果的违法犯罪行为”，“释放各类创新主体创新活动”等论述，强调了新时代社会主义发展观的基本要求，指明了知识产权制度的创新价值目标。

习近平知识产权论述是以新时代社会主义法治观和发展观为基石而展开的，具有自洽的严密逻辑关系。在现代经济发展体系中，经济增长、知识创新与法治建设应是一个相互作用、相互促进的协调机制。经济增长对社会变革起着决定性作用，它带来社会物质财富的快速增长，也引起社会生活方式的巨大变化。在协调机制中，经济处于中轴地位，而知识和法律为之进行曲线偏向摆动。其中，知识创新是经济发展的动力机制，法治建设是经济增长的保障机制。习近平从法治建设与创新发展两个方面强调了知识产权制度的重要作用，可以认为，新时代社会主义法治观和发展观为加强知识产权工作奠定了重要的思想基础。

二、习近平关于知识产权论述的基本内容

从党的十八大到党的十九大，习近平在工作报告、会议讲话、主旨演讲、考察谈话等不同场合，对知识产权是什么，知识产权在经济与社会发展中的作用是什么，如何加强中国知识产权法治，如何发展中国知识产权事业等重大问题作出了精辟分析和深刻说明，由此形成习近平知识产权法治和发展思想的丰富内容。

1. 提升知识产权的产权意识

习近平在谈及知识产权问题时，多次强调“要调动拥有知识产权的自然人和法人的积极性和主动性，提升产权意识，自觉运用法律武器依法维权”①；

① 《习近平主持召开中央财经领导小组第十六次会议强调：营造稳定公平透明的营商环境　加快建设开放型经济新体制》，载《人民日报》，2017-07-18，第1版。

"加强知识产权保护。这是完善产权保护制度最重要的内容"①。这些论述明确提出了知识产权的财产制度属性，是在中国语境下对知识产权本质的智识体验和深刻理解。

在中国，诸如"知识财产"（法学）、"无形资产"（管理学）、"信息产权"（经济学）等②，从不同学科对知识产权蕴意进行了多维解读。习近平的重要论述从现代产权的新视角精辟地指出了知识产权的基本属性。知识产权是近代科学技术和商品经济发展的产物，在科技革命兴起并作用于社会生产的过程中，非物质性的知识产品与物质性的工业产品都具有同等的商业价值。知识、技术、信息的出现和运用提供了获取财产的新方式。作为法律制度创新的产物，知识产权制度和企业法人制度被誉为"现代产权制度建设的标志"③。

传统知识产权理论是以"私权"为主旨，强调私人、私权、私法三者的契合。习近平将知识产权概称为产权，较之"私权"的说法，内涵更深刻，内容更丰富。对知识资源进行权利配置，产权与私权具有知识财产私有的同等蕴意。但产权制度与企业制度、产业制度、市场制度有着密切的联系，它们作为现代化的制度特征，是社会从传统走向现代的法律表现。现代知识产权法以产权为中心进行制度框架设计：首先界定产权形式，实现知识财产的私人产权；同时构建产权交易制度，促进知识财产商品化流动；最后提供产权保障体系，以维护市场法律秩序。从习近平重要论述出发，我们可以认为，知识产权是现代产权制度的核心。

2. 塑造知识产权营商环境

习近平从营商市场环境的角度阐述了知识产权保护的重要意义，"产权保

① 习近平：《开放共创繁荣创新引领未来——在博鳌亚洲论坛2018年年会开幕式上的主旨演讲》，载《人民日报》，2018-04-11，第3版。

② 参见郑成思：《知识产权若干问题再析》，载《中国法学》，1996（6）；易继明：《知识产权的观念：类型化及法律适用》，载《法学研究》，2005（3）；吴汉东：《知识产权的多元属性及研究范式》，载《中国社会科学》，2011（5）。

③ 刘凤朝：《论技术创新与制度创新的互动——以知识产权制度的创立和发展为例》，载《科学技术与辩证法》，2000（2）。

护特别是知识产权保护是塑造良好营商环境的重要方面”①，“加强知识产权保护，营造公开透明、高效平等的市场环境”②。这些论述强调了知识产权运行的环境要素，表达了中国保护知识产权的政策立场，具有重要的思想价值和现实意义。

营商环境塑造的重要方面是知识产权运行环境治理。习近平认为，良好的营商环境要素包括“公开透明的法律政策环境、高效的行政环境、平等竞争的市场环境”③。上述营商环境要求即是知识产权运行的环境治理。在国家现代化治理体系中，有三个具有支柱作用的基本要素，即制度、行为和信念。④ 就知识产权环境治理而言，上述要素表现为提供法律和制度规范的法规政策环境，形塑行为样态和交易方式的市场环境，养成法治价值共信和创新价值共识的文化环境。概言之，加强知识产权保护，改善知识产权环境，是良好营商环境构成的一般社会条件。

以知识产权保护为要义的营商环境是对外开放政策的重要内容。习近平向世界庄严承诺：“中国政府将一如既往保护投资者合法权益，加强知识产权保护，为各国企业提供良好服务”⑤；“中国开放的大门不会关闭，只会越开越大”，中国政府将继续“加强知识产权保护，主动扩大进口，为国内外企业家投资创业营造更加宽松有序的环境”⑥。塑造保护知识产权的营商环境，就是塑造对外开放的法治环境。在世界贸易组织框架中，知识产权规则与贸易规则、投资规则共同构成了国际经贸体系的基本制度，知识产权保护是为国际经贸领域的法律秩序，也是中国对外开放的环境要素。

---

① 《习近平主持召开中央财经领导小组第十六次会议强调：营造稳定公平透明的营商环境　加快建设开放型经济新体制》，载《人民日报》，2017-07-18，第1版。

② 习近平：《发挥亚太引领作用　应对世界经济挑战——在亚太经合组织工商领导人峰会上的主旨演讲》，载《人民日报》，2015-11-19，第2版。

③ 《习近平在华盛顿州当地政府和美国友好团体联合欢迎宴会上的演讲》，载《人民日报》，2015-09-24，第1版。

④ 叶本乾：《路径—制度—能力：现代国家建构维度和建构有限国家研究》，载《党政研究》，2014（2）。

⑤ 《习近平致2013成都〈财富〉全球论坛的贺信》，载《人民日报》，2013-06-07，第3版。

⑥ 《习近平会见出席“全球首席执行官委员会”特别圆桌峰会外方代表并座谈》，载《人民日报》，2018-06-22，第1版。

3. 完善知识产权法律政策

习近平高度重视知识产权法律制度建设。知识产权制度是知识产权规范存在形式和基本构成的总和，包括相关法律规范、政策规章（即“可辨识的正式制度”）和文化观念（即“难以辨识的非正式制度”）。习近平强调在知识产权制度建设中，“抓紧修改完善相关法律法规”[①]，“制定专门政策”[②]，为加强知识产权立法工作和政策体系构成指明了方向。

在知识产权立法、修法方面，习近平提出了明确的工作要求：一是注重法律制度创新，“加快新兴领域和业态知识产权保护制度建设”[③]。知识产权法律需要保持与时俱进的先进性，对新技术、新方法、新业态作出制度回应。诸如大数据、基因发现、商业方法、人工智能生成物等，已成为知识产权法律现代化改造的重点和难点，对此或传统规则再造，或专门法规新创，无不是探索法律保护的新路径。二是注重知识产权运用，“尽快完成促进科技成果转化法的修订”[④]。科技成果转化的法律形式即是知识产权运用。修订专门法律，规范交易行为，促进科技成果运用和增值，是创新发展的法律要求。三是注重法律实施，“研究制定商业秘密保护法、职务发明条例”[⑤] 等。商业秘密保护、职务发明权益分配，分别在反不正当竞争法、专利法中有原则规定，但条款粗疏、不敷使用，因此有必要制定专门的条例。

在知识产权的政策制定、实施方面，习近平阐述了营造“公开透明的政策环境”的工作目标。公共政策是政府主体制定的关于公共事务管理的规范性文件。在知识产权政策体系中，主要包括战略纲要、发展规划的本体政策，涉及成果转化措施、产业发展目录、企业促进办法的关联政策，以及含有财政、金

---

① 《习近平主持召开中央财经领导小组第七次会议强调：加快实施创新驱动发展战略　加快推动经济发展方式转变》，载《人民日报》，2014－08－19，第1版。

② 习近平：《在网络安全和信息化工作座谈会上的讲话》，载《人民日报》，2016－04－26，第2版。

③ 《习近平主持召开中央财经领导小组第十六次会议强调：营造稳定公平透明的营商环境　加快建设开放型经济新体制》，载《人民日报》，2017－07－18，第1版。

④ 《习近平主持召开中央财经领导小组第七次会议强调：加快实施创新驱动发展战略　加快推动经济发展方式转变》，载《人民日报》，2014－08－19，第1版。

⑤ 同上。

融、税收、人才奖励的支持政策等。[①] 习近平特别关注创新人才的合法权益保护，明确指出“要探索网信领域科研成果、知识产权归属、利益分配机制，在人才入股、技术入股以及税收方面制定专门政策”[②]；要加强知识产权保护，积极实行以增加知识价值为导向的分配政策，包括“提高科研人员成果转化收益分享比例，探索对创新人才实行股权、期权、分红等激励措施”[③]。这些都是具有本土资源意义的重要政策思想和政策主张。

4. 建立知识产权综合管理体制

习近平是国家治理体系现代化改革的思想者和设计者。建立知识产权综合管理体制，是以国家治理体系现代化为目标，推进知识产权行政管理的主体框架及其运行模式、机能的变化和调整，实现从分散管理向综合管理转变、由简单管控向科学治理转变。2016 年 12 月 5 日，习近平在中央全面深化改革领导小组第三十次会议上发表重要讲话，系统阐述了上述思想理念，并主持审议通过了改革试点总体方案。

“紧扣创新发展需求”[④]。构建与创新驱动发展要求相匹配的知识产权管理体制，是制度文明选择。在知识经济时代，基于知识、技术、信息资源而产生的各类产权已经形成了一个有机的知识财产系统。应“发挥专利、商标、版权等知识产权的引领作用”[⑤]，为创新发展提供重要制度支撑和法律保障。

建立“公共服务体系”[⑥]。构建并强化与政府公共服务职能相一致的知识产权管理体制，是政府治理能力的再造。从“和谐善治”目标出发，政府期待

---

① 参见张鹏：《知识产权公共政策体系的理论框架、战略要素和建设方向研究》，载《知识产权》，2014 (12)。

② 习近平：《在网络安全和信息化工作座谈会上的讲话》，载《人民日报》，2016－04－26，第 2 版。

③ 习近平：《为建设世界科技强国而奋斗——在全国科技创新大会、两院院士大会、中国科协第九次全国代表大会上的讲话》，载《人民日报》，2016－06－01，第 2 版。

④ 《习近平主持召开中央全面深化改革领导小组第三十次会议强调：总结经验完善思路突出重点提高改革整体效能扩大改革受益面》，载《人民日报》，2016－12－06，第 1 版。

⑤ 同上。

⑥ 同上。

有更高的行政效率，更低的行政成本，更好的公共服务，更多的民众支持。[①]习近平特别强调“打通知识产权创造、运用、保护、管理、服务全链条”，“构建便民利民的知识产权公共服务体系”[②]。

探索“知识产权运行机制”[③]。在国际社会以及大多数国家中，相关国际组织和国家管理部门，都是将知识产权事务作为一个整体看待并建立起统一集中（即专利、商标和著作权“三合一”管理模式）或相对集中（即专利、商标“二合一”管理模式）的治理体系。建立具有中国特色、适应创新发展需求的多门类集中管理体制，是知识产权领域具有标志性意义的一项改革任务。习近平强调，推进知识产权综合管理体制改革，旨在“形成权界清晰、分工合理、责权一致、运转高效的体制机制”[④]，明确地表达了国家治理体系改革的战略构想。

5. 推进知识产权司法体制改革

习近平提出国家治理现代化、法治化的基本理念，并主持审议通过司法体制改革方案。2014 年 6 月 6 日，习近平在中央深化改革领导小组第三次会议上发表重要讲话：“完善司法人员分类管理、完善司法责任制、健全司法人员职业保障、推动省以下地方法院检察院人财物统一管理、设立知识产权法院，都是司法体制改革的基础性、制度性措施”[⑤]。这一重要论述为司法体制改革特别是知识产权司法体制改革指明了基本目标及实现路径。

知识产权法院的设立是中国司法体制改革的先声。司法现代化的基本面向就是司法专门化和一体化。专门管辖是司法现代化的可行方式，也是对特定司法体系进行现代化改造的重要措施；而一体化司法不仅意味着司法单位的独立设置，而且在诉讼管辖方面具有统一性。上述情形在知识产权司法体系中即表

---

① 参见吴汉东：《论知识产权一体化的国家治理体系——关于立法模式、管理体制与司法体系的研究》，载《知识产权》，2017（6）。

② 《习近平主持召开中央全面深化改革领导小组第三十次会议强调：总结经验完善思路突出重点提高改革整体效能扩大改革受益面》，载《人民日报》，2016-12-06，第1版。

③ 同上。

④ 同上。

⑤ 《习近平主持召开中央全面深化改革领导小组第三次会议强调：改革要聚焦聚神聚力抓好落实着力提高改革针对性和实效性》，载《人民日报》，2014-06-07，第1版。

现为专门法院的设置。经过全国人大常委会的立法授权和最高人民法院的具体筹划，北京、上海、广州先后成立知识产权法院。实行司法区域与行政区域适当分离的错位管辖制度是司法体制改革的重要目标，知识产权专门法院的设立是一种先行先试的重要突破。

知识产权法院的运行，依赖于司法保护制度的全面改革。司法体制改革不仅意味着赋予知识产权法院以专属管辖职能，建立专门审判制度，而且还要求贯彻落实习近平强调的各项改革措施，包括司法主体体制改革、司法运行制度改革、司法保障体系改革等。正如最高人民法院院长周强在向全国人大常委会第29次会议的报告中所指出的那样，知识产权法院“通过推进审判机构专门化、审判人员专职化和审判工作专业化，统一裁判标准，提高审判效率，对于提升全国法院知识产权审判水平发挥了引领示范作用”①。

6. 加强知识产权保护工作

知识产权保护是国际经贸领域的法律秩序，也是中国创新发展的制度基础。习近平在不同场合多次提及、反复强调知识产权保护问题。关于对外开放，习近平庄重表示：“中国政府将一如既往保护投资者合法权益，加强知识产权保护，为各国企业提供良好服务”②；关于国际竞争，习近平提出，“加强知识产权保护”，“也是提高中国经济竞争力最大的激励”③；关于知识市场，习近平特别强调“塑造良好营商环境”，“加大知识产权侵权违法行为惩治力度”，“调动拥有知识产权的自然人和法人的积极性和主动性”④。这些讲话从不同方面阐述了加强知识产权保护工作的重要意义。

知识产权保护是国际贸易纠纷中的热点话题，更是中国创新发展面对的焦点问题。习近平对法治环境治理有着敏锐的观察，提出了如何加强知识产权保护的一系列思路、原则和途径，极具现实指导意义。

---

① 周强：《最高人民法院关于知识产权法院工作情况的报告——2017年8月29日在第十二届全国人民代表大会常务委员会第二十九次会议上》，载《人民法院报》，2017-09-02，第2版。

② 《习近平致2013成都〈财富〉全球论坛的贺信》，载《人民日报》，2013-06-07，第3版。

③ 习近平：《开放共创繁荣创新引领未来——在博鳌亚洲论坛2018年年会开幕式上的主旨演讲》，载《人民日报》，2018-04-11，第3版。

④ 《习近平主持召开中央财经领导小组第十六次会议强调：营造稳定公平透明的营商环境 加快建设开放型经济新体制》，载《人民日报》，2017-07-18，第1版。

平等保护。习近平强调，“加强知识产权保护”，“外资企业有要求，中国企业更有要求”，中国政府“保护在华外资企业合法知识产权。同时，我们希望外国政府加强对中国知识产权的保护”①。根据国际公约的国民待遇原则，中国政府对中外企业和各类主体的创新成果一视同仁、平等保护，表明了中国保护知识产权的国际立场。

协调保护。习近平在强调知识产权国际保护的同时，也注重知识产权行政执法，表示“重新组建国家知识产权局，完善执法力量，加大执法力度”②。从现代国家治理理念出发，中国已然形成一种知识产权大保护格局，即以司法保护为主导，包括司法裁判、行政执法、专业仲裁、第三方调解、行业自治的知识产权治理体系和保护体制，表现了“多元共治”的现代国家治理理念。

严格保护。习近平强调：“要加大知识产权保护力度，提高侵权代价和违法成本，震慑违法侵权行为。”③ 通过提高立法标准和司法水平，加大对侵权行为的惩治力度，中国知识产权保护从不断加强转向全面从严，尽力履行世界贸易组织《知识产权协定》关于“加强救济、强化威慑”的国际义务。

7. 重视自主知识产权创造

面对创新发展的时代潮流和国际趋势，习近平从中国创新发展战略需要出发，准确把握知识产权“创新之法”和“产业之法”的制度功能，精辟分析了知识产权与科技革命、经济发展乃至国家安全的关系，彰显了具有战略眼光的新发展观和安全观。

培育创新型企业。习近平准确判断：“我们迎来了世界新一轮科技革命和产业变革同我国转变发展方式的历史性交汇期。”④ “要着眼国家战略需求”，“加强对中小企业创新支持，培育更多具有自主知识产权和核心竞争力的创新型企业。”⑤ 经济新常态的出现，其动因是科技革命，其表现是产业革命。知

---

① 习近平：《开放共创繁荣创新引领未来——在博鳌亚洲论坛2018年年会开幕式上的主旨演讲》，载《人民日报》，2018-04-11，第3版。

② 同上。

③ 习近平：《在网络安全和信息化工作座谈会上的讲话》，载《人民日报》，2016-04-26，第2版。

④ 习近平：《在中国科学院第十九次院士大会、中国工程院第十四次院士大会上的讲话》，载《人民日报》，2018-05-29，第2版。

⑤ 《习近平李克强栗战书汪洋王沪宁赵乐际韩正分别参加全国人大会议一些代表团审议》，载《人民日报》，2018-03-08，第1版。

识产权将企业的创新、研发、制造和营销等有效地连接起来，引领着现代知识经济的发展，这是中国知识产权制度所承载的时代使命。

掌握关键核心技术。习近平告诫我们，“核心技术是国之重器”①，“企业必须在核心技术上不断实现突破，掌握更多具有自主知识产权的关键技术”②。由此必须认识到，在经济全球化和知识产权一体化的背景之下，知识产权在国家经济社会发展中具有高度的战略内涵。高水平、高质量、高效益的自主知识产权是创新能力提升、创新成果产出、创新经济发展的重要表现，已成为衡量国家综合实力和核心竞争力的重要尺度。因此，应围绕国之重器的高新技术领域，加强知识产权创造和运用。

保障国家安全。习近平清醒地揭示：“关键核心技术是要不来、买不来、讨不来的。只有把关键核心技术掌握在自己手中，才能从根本上保障国家经济安全、国防安全和其他安全。”③ 这一论述说明，现代经济整体上依赖于某种形式的知识产权，或者说，与专利、版权、商标等相关联的知识产权密集型产业是现代国家创新发展的支柱。我们不能指望所有领域都能“引进吸收再创新”，而要寻求关键领域的原始创新、自主创新及自主知识产权，才能维护国家的经济安全、文化主权和科技发展主动权。

8. 倡导知识产权文化

习近平十分重视与知识产权相关的文化养成问题，在中共十九大报告以及有关会议上强调“倡导创新文化”④，“坚定创新信心”⑤，“提升产权意识”⑥，这些无一不是知识产权文化建设的基本内容。知识产权文化培育与养成，其基

---

① 《习近平在全国网络安全和信息化工作会议上强调：敏锐抓住信息化发展历史机遇　自主创新推进网络强国建设》，载《人民日报》，2018-04-22，第1版。

② 习近平：《在中国科学院第十九次院士大会、中国工程院第十四次院士大会上的讲话》，载《人民日报》，2018-05-29，第2版。

③ 同上。

④ 《决胜全面建成小康社会夺取新时代中国特色社会主义伟大胜利——习近平同志代表第十八届中央委员会向大会作的报告摘登》，载《人民日报》，2017-10-19，第1版。

⑤ 习近平：《在中国科学院第十九次院士大会、中国工程院第十四次院士大会上的讲话》，载《人民日报》，2018-05-29，第2版。

⑥ 《习近平主持召开中央财经领导小组第十六次会议强调：营造稳定公平透明的营商环境　加快建设开放型经济新体制》，载《人民日报》，2017-07-18，第1版。

本任务是构建知识产权法律的文化基础，实现知识产权文化的现代化改造。文化建设既是精神文明建设之本体，也是制度文明建设之构成。相对于知识产权立法进步和政策发展而言，中国知识产权文化建设尚处于薄弱环节。习近平深刻观察并分析了侵权行为背后的文化缺失问题，对加强知识产权文化建设作出重要指引。

知识产权文化是一种开放性的现代化文化，应是社会成员的共同信仰和目标追求，其基本构成包括创新文化和法治文化。习近平所倡导的“创新信心”，即是凝聚创新价值共识，“尊重知识、崇尚创新、诚信守法”，应作为知识产权主体和整个社会普遍形成的思想观念和行为认知。习近平所主张的“产权意识”，即是塑造法治价值共信。在知识产权语境下，法治共信具体表现为“保护知识产权，维护市场秩序”。基于这一法律认同，以养成全社会思维定式和行为方式。习近平的“创新观”和“产权观”阐明了知识产权文化再造的重要任务。

9. 强调知识产权立法宗旨

习近平对现代知识产权立法宗旨有着准确的把握，并作出科学的阐述。知识产权立法宗旨，在于保护创造者的合法权益，促进知识产品的广泛传播。这种二元法律价值目标，是以权利保障的激励机制为基础，以利益平衡的调节机制为手段来实现的。知识产权与思想、技术、信息、知识的表达和传播有着密切的关系。在保障创造者权益的同时，必须考虑知识产权广泛传播和推动社会文明进步的公益目标。加强权利保护与注重利益平衡的思想，可以同时见之于习近平的重要论述中。习近平从创新发展的正确导向出发，明确指出知识产权制度构建的政策立场：“设立知识产权制度的目的是保护和激励创新，而不是制造甚至扩大科技鸿沟。”[①] 在全球化进程中，诸如“技术鸿沟”“数字鸿沟”，反映了不同国家、地区、族群之间对信息技术发展及应用程度的不同以及创新能力差别造成的“知识分隔”“信息落差”和“贫富分化”现象。[②] 从根本上

① 习近平：《同舟共济创造美好未来——在亚太经合组织工商领导人峰会上的主旨演讲》，载《人民日报》，2018-11-18，第2版。

② 参见胡延平：《跨越数字鸿沟——面对第二次现代化的危机与挑战》，12～17页，北京，社会科学文献出版社，2002。

说，“技术鸿沟”“数字鸿沟”等反映的是一种差距和不平等。在以知识、财富划分社会阶层的现代社会，这些“信息落差”所造成的差距正在成为继城乡差距、工农差距、脑体差距之后的第四大差距，而在以知识等级划分的经济版图的当今世界，国家之间的“技术鸿沟”“数字鸿沟”的背后是国家之间的冲突和竞争。

习近平站在构建人类命运共同体的高度，“坚持发展导向，增进人民福祉”，主张探讨“建立面向新科技革命和产业变革的政策制度体系，营造国际合作环境，让科技创新成果为更多国家和人民所及、所享、所用”①。知识产权是保障创新发展的基本制度，但知识产权所保护的科技创新成果不应该被封锁起来，不应该成为只为少数人谋取利益的工具。习近平的重要论述，不仅是中国知识产权立法的思想指引，也是知识产权国际制度变革的中国主张。

10. *建构全球知识产权治理体系*

全球治理与国际法治思想是习近平治国理政思想的重要组成部分。② 其中，“构建人类命运共同体”③，“建立平等相待、互商互谅的伙伴关系”④，“推动国际秩序和全球治理体系朝着更公正合理方向发展”⑤ 等重要思想，不仅是中国对外交往和参与全球治理的先进理念指导，也是中国参与知识产权治理体系建构和应对知识产权国际制度变革的正确方向引领。21 世纪是后 TRIPs 时代，世界贸易组织缔约方对于知识产权利益的协调和分享，表现了新的政策立场、提出新的权利主张，使得知识产权法律一体化格局出现多样化、碎片化、单边化的现象。在国际发展态势不稳定、不确定的当下，习近平全球治理法治思想具有特别的理论价值和现实意义。

---

① 习近平：《同舟共济创造美好未来——在亚太经合组织工商领导人峰会上的主旨演讲》，载《人民日报》，2018-11-18，第 2 版。

② 参见黄进：《习近平全球治理与国际法治思想研究》，载《中国法学》，2017 (5)。

③ 习近平：《共同构建人类命运共同体——在联合国日内瓦总部的演讲》，载《人民日报》，2017-01-20，第 2 版。

④ 习近平：《携手构建合作共赢新伙伴，同心打造人类命运共同体——在第七十届联合国大会一般性辩论时的讲话》，载《人民日报》，2015-09-29，第 2 版。

⑤ 习近平：《在庆祝中国共产党成立 95 周年大会上的讲话》，载《人民日报》，2016-07-02，第 2 版。

知识产权全球治理体系的制度目标。构建人类命运共同体，是中国全面参与全球治理包括知识产权国际保护体系建构的重要指导思想。习近平告诉世界，加强全球治理的目标，即是构建“各国利益交融、兴衰相伴、安危与共”，“你中有我，我中有你”的命运共同体。① 因此，知识产权国际保护体系应朝着更公正合理的方向发展，而不应成为南北国家分离的争斗场，更不是个别国家进行制度强加、规则主导的霸主台。习近平明确指出，“走保护主义、单边主义的老路，不仅解决不了问题，还会加剧世界经济的不确定性”②。在后TRIPs时代，缔约方之间的知识产权纠纷，或是诉诸世界贸易组织多边争端解决机制，或是依照区域、双边自由贸易协定解决。而单边主义的做法是将其国内法凌驾于国际贸易规则之上，以对抗、报复代替磋商、仲裁，其实质是“逆全球化”的贸易保护主义作为。

知识产权全球治理体系的实现路径。全球知识产权治理体系应由全球共商、共建、共享。以世界贸易组织为主导的国际贸易体系和以《知识产权协定》为中心的国际保护制度，尽管存在不尽完美、不尽合理的制度弊端，但在推进经济全球化和维系知识产权国际秩序方面发挥了积极作用。各缔约方的任务是致力改革、完善而不是规避、抛弃。当下，我们应“维护以世界贸易组织为核心的多边贸易体制，引导经济全球化朝着更加开放、包容、普惠、平衡、共赢的方向发展，在开放中扩大共同利益，在合作中实现机遇共享”③。多边贸易体制与知识产权国际保护体系不可分割，没有多边贸易体制，国际知识产权制度就失去赖以存在的理由；而没有知识产权国际保护，多边贸易体系就没有法治化的运作基础。因此，我们应该合作共建国际经贸体系和知识产权国际保护体制，以规则为基础加强全球治理。

总而言之，中国作为世界上颇具影响力的发展中大国和知识产权大国，是

① 参见《同心打造人类命运共同体》，载《人民日报》，2016-11-17，第2版。

② 习近平：《同舟共济创造美好未来——在亚太经合组织工商领导人峰会上的主旨演讲》，载《人民日报》，2018-11-18，第2版。

③ 同上。

“现行国际体系的参与者、建设者、贡献者”①。这是中国作为“负责任大国”参与全球知识产权治理的角色选择和国际担当。

三、习近平关于知识产权论述的实践意义

习近平知识产权论述具有丰富的创新内涵和明确的实践导向，是新时代知识产权法制建设和事业发展的行动指南。当下，中国知识产权界的重要任务就是对上述思想观点进行学习、领会和贯彻，使之成为谋划知识产权强国战略的思想武器。

党的十九大作出了中国特色社会主义进入新时代的重大判断，为我国发展明确了新的历史方位。站在新的历史起点上，要准确把握党和国家事业发展的新目标，认真谋划好知识产权事业的未来发展。② 从知识产权大国走向知识产权强国，新时代中国知识产权制度建设，即要从自身发展需要出发，加强知识产权的规范建构、环境治理和文化养成；围绕完善产权制度、支撑创新发展、促进对外开放、保障国家安全等工作重点，制定和实施知识产权强国战略。遵循习近平新时代知识产权论述，我们应把握好新一轮知识产权战略实施的目标、方位和重点。

战略目标。我们正在建设的知识产权强国应该具有两个方面的基本品质，它既是创新型国家，也是法治化国家。习近平提出的新发展理念，是统领当代中国发展全局的指导思想。新发展理念以创新发展为首要，知识产权强国战略是国家为推动创新发展而作出的全局谋划和顶层设计。在国家创新体系中，知识产权作为一种产权化的制度创新，构成创新发展过程的内驱动力；同时，知识产权作为一种产权化的知识创新，成为智力创新成果的外在表现；习近平新时代法治思想则为践行知识产权法治提供了重要方针。强国战略中的知识产权

---

① 习近平：《坚持构建中美新型大国关系正确方向促进亚太地区和世界和平稳定发展》，载《人民日报》，2015-09-23，第1版。

② 参见申长雨：《一项兴国利民的国家战略》，载国务院知识产权战略实施工作部级联席会议办公室组织编写《一项兴国利民的国家战略——〈国家知识产权战略纲要〉颁布实施十周年纪念文集》，北京，知识产权出版社，2018。

保护是全面依法治国战略的重要组成部分。知识产权强国建设的法治任务包括构建“系统完备、科学规范”的知识产权法律体系，塑造“健康有序、公平开放”的知识产权市场环境，营造“尊重知识、崇尚创新”的知识产权文化氛围。总体说来，知识产权强国战略作为创新驱动发展战略和全面依法治国战略的重要构成，应是以社会主义现代化强国建设为目标的发展战略。

战略方位。知识产权是现代各国特别是创新型国家的战略选择。从空间方位而言，知识产权战略既是国内发展战略，也是国际外交战略。就本土强国建设而言，中国崛起有其特殊性，它不仅蕴含巨大的发展力量，也会产生非常多的治理难题，这就决定中国知识产权的法制建设和事业发展必然是对以往大国崛起模式的跨越，而不可能是简单的模仿和复制。知识产权强国应有相应的治理能力和发展实力：对于前者，即是营商环境的法治化塑造和政策规范的科学化约束；对于后者，即是表现为科技、文化、经济的综合实力和竞争力。就全球治理体系建构而言，中国从国际规则的接受者转变为有影响力的建设者和贡献者。“负责任大国”的外交政策，正在由“韬光养晦、有所作为”转向“奋发有为、积极有为”。在知识产权国际事务方面，我们应秉持合作，避免对抗的原则，与欧美发达国家“求同存异”；以“真实亲诚”① 的理念，与新兴共同体“合作共赢”，对欠发达国家“普惠包容”。在知识产权国际保护方面，争取发展中国家在规则制定中的代表权、发言权，提出更多中国方案、贡献中国智慧；促进南北对话和南南合作，妥善解决知识产权国际争端。

战略重点。习近平在党的十九大报告中指出，要“强化知识产权创造、保护、运用”。这是影响我国创新发展的三大关键节点，也是未来知识产权强国建设的主要攻坚难点。第一，知识产权的有益创造是创新发展的基本内涵。我国经济发展道路正从传统的资源、资本驱动走向创新驱动。在创新导向阶段，产权化的创新成为经济增长的主要驱动力。2011 年，世界知识产权组织发布了《2011 年世界知识产权报告——不断变化的创新面貌》，强调“拥有知识产

① 习近平：《永远做可靠朋友和真诚伙伴——习近平在坦桑尼亚尼雷尔国际会议中心的演讲》，载《人民日报》，2013-03-26，第 2 版。

权已成为创新企业的战略核心”[①]。可以认为，知识产权本身就是一种产权化的创新，构成经济发展的原动力，创新驱动在某种意义上就是知识产权创造。强化知识产权创造，就是贯彻落实中央关于“稳中求进”和“高质量发展”[②]的要求，努力培育更多优秀的知识产权产品，包括核心专利、版权精品、知名品牌，“实现知识产权创造由多向优、由大到强的转变”[③]。第二，知识产权的有力保护是创新发展的基本保障。在国际上，高新技术产业和文化创意产业被称为知识产权密集型产业，关键在于这些产业的存在和发展是以权利的存在为基础、权利的保护为支撑。简言之，没有知识产权，这些产业将难以维系。强化知识产权保护，必须完善知识产权保护法律体系，加强知识产权执法，健全遏制侵权的长效机制，营造有利于创新发展的营商环境，“实现知识产权保护从不断加强到全面从严转变”[④]。第三，知识产权的有效运用是创新发展的基本路径。实现创新发展的重要方面在于通过知识产权运用，即产业化、商品化、资本化的运作，将知识产权所保护的智力成果转化为现实的生产力。就一国知识产权实力优势而言，有三个可以衡量而又相互关联的评价指标：一是数量、规模；二是质量、水平；三是转化、效益。强化知识产权运用，必须注重提高知识产权产品的附加值、市场占有率、产业化水平以及对经济发展的贡献度。概言之，应立足于提升创新型国家所具备的科技竞争力、文化软实力和品牌影响力，“实现知识产权运用从单一效益向综合效益转变”[⑤]。

习近平新时代知识产权法制观和发展观是其治国理政思想的重要组成部分。习近平围绕实施创新驱动发展战略和建构全球治理体系，从国内、国际两

---

① WIPO：World Intellectual Property Report 2011-The Changing Face of Innovation，web：http：//www.wipo.int/pressroom/en/articles/2011/article_0027.html，最后访问时间：2018年7月28日。

② 《决胜全面建成小康社会夺取新时代中国特色社会主义伟大胜利——习近平同志代表第十八届中央委员会向大会作的报告摘登》，载《人民日报》，2017-10-19，第1版。

③ 申长雨：《一项兴国利民的国家战略》，载国务院知识产权战略实施工作部级联席会议办公室组织编写：《一项兴国利民的国家战略——〈国家知识产权战略纲要〉颁布实施十周年纪念文集》，北京，知识产权出版社，2018。

④ 同上。

⑤ 同上。

个大局阐述了知识产权问题，提出了一系列的新理念、新论断、新举措，为中国知识产权法律发展、政策运作、战略实施提供了思想纲领和行动指南。当下知识产权法律界、管理界、实务界和学术界学习、领会并贯彻这些重要论述，具有重要的思想价值和现实意义。

试论知识产权制度建设的法治观和发展观*

导言

知识产权制度是知识产权规范存在形式和基本构成的总和。一般认为，制度的基本含义是作为社会成员共同遵守的办事规程和行为准则。从其类别来说，包括可辨识的正式制度，如法律规范、政策规章；也包括难以辨识的非正式制度，如道德、习俗、观念文化。由此可以认为，与知识产权相关的法律和政策是知识产权制度的主要构成。制度具有调整社会关系与服务社会需要的功能。舒尔茨在述及制度所具有的服务功能时说道，人的经济价值的提高产生对制度新的需求，一些政治和法律就是用来满足这些需求的。[①] 对于发展中国家而言，知识产权是一种"舶来品"，这一制度能否实现预期的法律效益和政策目标，不仅要考量制度选择所涉及的规范理念、规范内容以及规范形式的先进性、合理性和科学性，更要顾及制度存在的经济技术状况、社会环境、文化条件等与相关规范的一致性、协调性以及相适应性。

从近代到现代，中国知识产权制度的百年史，是一个从"逼我所用"到

---

* 原载《知识产权》，2019（6）。

① 参见［美］舒尔茨：《制度与人的经济价值的不断提高》，载［美］科斯等：《财产权利与制度变迁》，175页，上海，格致出版社，2014。

“为我所用”的法律变迁史，也是一个从“被动调整”到“主动创制”的政策发展史。其制度生成表现了从“知识产权弱国”到“知识产权大国”的演化和转型过程。新中国的知识产权制度建设以法律本土化为基础、现代化发展为目标。从新中国成立到“文化大革命”时期的30年，我国知识产权制度的建设处于探索阶段，虽然宪法和一些规范性文件含有知识产权保护的规定，但并无专门的知识产权法律。由于计划经济体制的主导和法律虚无主义的影响，知识产权制度在社会生活中的作用甚微。改革开放以后的40年，中国知识产权制度建设开启新的历史进程，先后颁布《商标法》（1982年）、《专利法》（1984年）、《著作权法》（1990年）、《反不正当竞争法》（1993年）等法律法规，由此建立了知识产权法律的基本框架。进入新时代以来，制定并实施《国家知识产权战略纲要》（2008年），并在这一战略的“总政策目标”指引之下，形成了以知识产权为导向的公共政策体系。通过法律实施和政策推进，中国知识产权事业取得长足的进步。关于法制建设成就，时任世界知识产权组织总干事鲍格胥博士曾经高度评价：“在知识产权历史上，中国完成所有这一切的速度是独一无二的。”① 关于政策发展经验，现任世界知识产权组织总干事高锐博士给予充分肯定：“中国将知识产权上升为国家战略，其经验值得其他国家特别是发展中国家学习。”②

当下中国正处于全面建设社会主义现代化强国的新时代。党的十九大作出了中国特色社会主义进入新时代的重大判断，为我国发展明确了新的历史方位。站在新的历史起点，我们要准确把握党和国家事业发展的新目标，认真谋划好知识产权事业的未来发展。③ 从知识产权大国走向知识产权强国，新时代中国知识产权制度建设，即要从自身发展需要出发，加强知识产权的规范建构、环境治理和文化养成；围绕完善产权制度、支撑创新发展、促进对外开

① 国家知识产权局，《中国知识产权保护状况》（白皮书），5页，1994。

② 《世界知识产权组织总干事：中国国家知识产权战略值得推广》，见 http://news.xinhuanet.com/，2011年11月9日。

③ 参见申长雨：《一项兴国利民的国家战略》，载国务院知识产权战略实施工作部级联席会议办公室组织编写：《一项兴国利民的国家战略——〈国家知识产权战略纲要〉颁布实施十周年纪念文集》，6页，北京，知识产权出版社，2018。

放、保障国家安全等工作重点，制定和实施知识产权强国战略。从现在起到2035年，是在全面建成小康社会的基础上，基本实现社会主义现代化的重要阶段。中国知识产权制度建设应以社会主义法治观和发展观为思想基础，在吸收世界制度文明成果和借鉴外国先进法治观念的同时，注重本土知识产权的思想自立、制度创新和实践导向，走出一条知识产权制度建设的“中国道路”。本文以新时代为背景，试从法治思想基本命题、发展观念的核心要义、制度构成的法律体系和政策体系等方面开展研究，以探讨中国知识产权制度建设法治观和发展观的精神实质和规范表现。

一、知识产权制度建设的中国问题导向与思想引领

在法律制度的历史上，知识产权是罗马法以来“财产非物质化革命”① 的制度创新产物，也是欧美国家近四百年来不断发展成长的“制度文明典范”②。不同历史时期的不同发展类型国家对知识产权制度的创制和接纳，有着不同的国际环境、时代情景和社会场景，但总体说来，发展中国家包括中国立法活动的主要经验是制度引进，这即是所谓的法律移植。对外国法制或国际规则的制度引进，需要立法者作出理性选择，但更需要进行本土改造，唯此才能使外来制度为整个社会“吸收”和“内化”③。

中国知识产权制度建设，存在着中国问题的特殊性，即在移植法律本土化基础上解决制度现代化和国际化的问题：一是本土化与现代化的关系，即在现代化目标指引下的知识产权制度本土化问题。“现代化”是一个世界文明发展的历史进程，通常被用来描述现代国家发生的社会和文化变迁的现象。这一过程以知识化、工业化为社会发展动力，以法治化、市场化为社会环境构成，从

---

① ［美］肯尼斯·万德威尔德：《十九世纪的新财产：现代财产概念的发展》，载《经济社会体制比较》，1995（1）。

② 刘春田主编：《知识产权法》，19页，北京，高等教育出版社，2000。

③ 刘星：《重新理解法律移植》，载《中国社会科学》，2004（5）。

而形成既定特征作为目标实现的标志，表明社会完成从传统走向现代的转型。[①] 知识产权是现代国家的法律制度，这一法律的基本功能是为创新活动进行产权界定并提供激励机制，为创意产业进行产权配置并提供交易机制，为创造性成果进行产权保护并提供市场规范机制。在制度文明转型中，诸如工业化发展水平、市场要素构成以及创新主体发育程度等是现代知识产权制度生成并有效运转的基本条件。而中国作为一个后发国家，存在经济与社会发展的不充分、不平衡、不协调的诸多问题，其城乡差距、中西部差距、行业差距、贫富差距等容易导致知识产权制度与现行社会的背离与脱节，因而可能在知识产权治理现代化的进程和路径方面出现“非均衡性”现象并产生矛盾。二是本土化与国际化的关系，即全球化趋势下的知识产权制度本土化问题。经济全球化意味着世界市场的开放与连接、国际经济的分工与合作，这是对第二次世界大战前殖民体系下经济体制的根本改变，其目标是消除贸易壁垒、规范国际市场规则、推动世界贸易自由化的进程。经济全球化的制度机制主要来自“关贸总协定”及后续的世界贸易组织。[②] 知识产权保护是现今国际经贸体制的重要组成部分，在世界贸易组织的框架下成为缔约方必须遵守“贸易规则”，这就是说，任一缔约方在国际贸易体制内享有无差别的最惠国待遇，但同时需要承诺对知识产权提供充分、有效的保护。中国是一个有世界影响力的发展中大国，超大型的人口规模、经济规模以及相应的知识产权事业规模[③]所形成的中国崛起是史无前例的。超大型国家本身蕴藏着巨大的发展力量以及相应的国际影响，同时，超大型国家也会产生现代化治理的诸多困难，这即是“超大型治理”的中国问题。对此，我们无法简单依赖西方国家的思想工具作出诠释，也不可能借

---

① 关于现代化问题，参见罗荣渠：《现代化新论》，第一章，第 1.2 节，北京，商务印书馆，2004。

② 参见张汉林、刘光溪：《经济全球化　世贸组织与中国》，第 5、6 章，北京，北京大学出版社，1999。

③ 据 2018 年统计，中国发展专利申请已占全球申请总量的 44%，连续 7 年居世界首位，来源于世界知识产权产权组织《世界知识产权指标》（WIPI）年度报告；注册商标申请量、有效注册商标量、累计注册商标量连续 16 年稳居世界第一，来源于国家工商行政管理总局商标局《中国商标品牌战略年度发展报告（2017）》；版权产业对经济发展的贡献率达到 7.35%，超过世界平均水平，来源于中国新闻出版研究院发布的“2017 年中国版权产业的经济贡献”调研结果。

用以往大国崛起经历进行复制。应该看到，知识产权全球版图正在重构，新兴经济体成为国际知识产权制度发展的重要力量。中国作为发展中国家的国际地位没有改变，但改革开放以来，中国从国际规则的遵循者、追随者逐步转变为参与者、建设者。如何参与知识产权全球治理，维护知识产权国际法律秩序，推动知识产权国际保护制度朝着更加公正、合理的方向发展，这是“超大型崛起”的发展中大国面临的国际问题。

在本土语境和国际话语中探讨中国知识产权制度建设，不仅涉及本土问题导向，而且需要找到解决问题的中国思想方案。知识产权是国家现代化发展的一种制度标志。正如学者所言：“所有知识产权法律都是其所处社会和经济政治环境的产物。”① 自知识产权制度问世以来，欧美国家是这一制度最早的推行者，也是最大的受益者。知识产权制度本是西方地缘环境中产生的法制文明，在“欧洲中心主义”的解读下，被喻为现代化过程的必需品，使其成为社会历史进步的一个“标准样板”②。毋庸置疑，在经济全球化时代，世界贸易组织塑造了多边贸易体制的法律秩序，《知识产权协定》为各缔约方提供了知识产权保护的统一规则。但是，不同发展程度的国家都有着自己对知识产权制度安排的思想认识和目标指引。换言之，在遵从国际公约“最低保护标准”原则指引下，各国可以在知识产权制度建设方面自主进行思想表达，即在现代化、国际化的大趋势下，呈现出多元性的不同发展势态。中国知识产权制度建设，一方面要消解制度经验积累的不足、法治精神构造不力的历史背负，才能实现现代法治的时代性跨越；另一方面又要在一体化的基础上构建适合本土国情的法律体系和政策体系，以此实现知识产权强国的战略性目标。改革开放以来，中国对知识产权的接受并未停步于制度引进，而注重制度的学习和吸收，逐步将其融入国家创新体系之中。概言之，知识产权已然成为知识创新活动，知识产业发展和知识市场秩序的基本法律制度。中国知识产权建设的理论与实

---

① Alison Firth, The Prehistory and Development of Intellectual Property System, Sweet & Maxwell, 1997, p. 3.

② 刘星教授认为，某些权力框架模式在现代性观念的掩护下，视作“前进性”的发展目标，成了一种具有特定利益驱动的制度推广，从而忽视了他者在不同历史条件下的权利配置要求。参见刘星：《现代性观念与现代法治——一个诊断分析》，载《法制与社会发展》，2002（3）。

践，对于发展中国家在国际社会构建多元现代化模式是有着示范意义的。立足当下并面向未来，我们应从国家治理和社会发展的战略高度审视知识产权的法律价值和规范功能，这些涉及制度目标设计及其实现路径、制度规范体系及其实施措施。可以说，新时代社会主义法治观和发展观为中国知识产权制度建设提供了重要的理论基石和思想引领。

法治观是知识产权制度建设理论的核心范畴。知识产权在本质上是一项法律制度，是为现代国家制度文明的法律构成。以法律的名义确认知识财产的私人产权，促进无形商品的产权交易，并提供相应的法律秩序保障，即知识产权的产生、利用、限制和保护，首先是作为法律规范而进行制度设计的。关于知识产权本质属性和基本功能，不同学科对其蕴意有不同解读，诸如“知识财产”（法学）、“无形资产”（管理学）、“信息产权”（经济学）、“政策工具”（政策科学）、“贸易规则”（国际贸易学）等，反映了对知识产权认知的多维性。但是，知识产权不能改变其“独立的规范性价值”[①]。质言之，知识产权作为私法领域的法律制度，这是其基本属性的要义和主旨，承认知识产权法治观所具有的思想基础地位具有重要意义。法治是知识产权建设的首要任务，法治是知识产权事业发展的重要保障，法治是知识产权治理活动的基本方式。法治力量的彰显，在于实现知识产权的法律正义价值，防止知识产权成为行政权力意志和利益集团的工具。[②] 法治观是习近平知识产权论述的核心范畴。习近平新时代社会主义法治思想涵盖了“科学立法、严格执法、公正司法、全民守法”的法治要求，蕴含着“尊重和保障人权”“公平正义”“诚实信用”“和谐善治”的法治观念，对中国知识产权法律发展和法律治理具有思想纲领和行动指南的作用。习近平强调“加强知识产权保护”，“塑造营商环境”，“建立综合管理体制”，“推进司法管理体制改革”，“加快知识产权保护制度建设”，“提升知识产权意识”等，都是社会主义法治观在知识产权方面的重要论述，为知识产权创

---

① 董涛：《“中国特色知识产权理论体系”研究论纲》，载《知识产权》，2013（5）。

② 博登海默认为，在文明社会里，法律旨在防止压制性的权力（无论是私人权力还是政府权力）的扩张。参见［美］E. 博登海默：《法律学——法律哲学与法律方法》，邓正来译，363页，北京，中国政法大学出版社，1999。

造、运用、管理、保护、服务的事业发展奠定了重要的法治思想基石。[①]

发展观是知识产权制度建设理论的目标范畴。知识产权是为“创新之法”和“产业之法”，在一国的法律体系中独具保护智力创造成果、促进创意产业发展、规制知识经济市场秩序的制度功能。现代经济发展的实质在于创新，熊彼特认为经济发展的基本观念是创新，因而将创新作为“经济发展理论的核心”[②]。知识产品的商品化、产业化并由此形成的知识经济市场，是知识产权制度建立和运作的原动力。这是因为，知识生产活动立足于科技、文化、经济一体化的目标，是一种新知识的创造和利用的市场化活动，它离不开相应制度的法律规范和约束。概言之，基于知识经济发展的内生动力，必然会产生知识产权的制度需求。制度创新是知识产权法律得以生存和发展的本质属性所在，而知识创新亦成为知识产权法律的立法宗旨和价值目标。在人类社会的创新活动中，知识产权表现了其制度创新本质和知识创新使命。当下中国的新发展理念，有着“创新、协调、绿色、开放、共享”等丰富内涵，涉及经济、科技、文化、环境等社会发展多个方面，是对我国改革开放以来发展思想和实践以及国际先进经验和理论的重大突破。为破解发展难题，增强发展动力，厚植发展优势，习近平提出“坚持以人民为中心的发展思想”，强调“贯彻创新发展理念，建设现代化经济体系”[③]，中国知识产权制度的时代构建，必须坚持新发展的核心理念，强调人本主义的“创新发展”、公平正义的“协调发展”、人与自然和谐的“绿色发展”、面向世界的“开放发展”、利益平衡的“共享发展”，以此保持知识产权制度发展的正确方向。创新是引领发展的第一动力。习近平准确把握创新发展与知识产权的关系，诸如“加强新领域、新业态知识产权保护制度建设”；“探索知识产权归属和利益分享机制”；“依法惩治侵犯知识产权和科技成果的违法犯罪行为”；“释放各类创新主体创新活动”等论述，强调了

---

① 参见吴汉东：《新时代中国知识产权制度建设的思想纲领和行动指南——试论习近平关于知识产权的重要论述》，载《法律科学》，2019（4）。

② ［美］约瑟夫·熊彼特：《经济发展理论》，363页，北京，中国社会出版社，1999。

③ 《决胜全面建成小康社会夺取新时代中国特色社会主义伟大胜利——习近平同志代表第十八届中央委员会向大会做的报告摘登》，载《人民日报》，2017-10-19，第1版。

新时代社会主义发展观的基本要求，指明了知识产权制度的创新价值目标。[①]

在中国知识产权制度建设中，新时代社会主义法治观和发展观具有自洽的逻辑关系。就现代经济发展体系而言，经济增长、知识创新与法治建设应是一个相互作用、相互促进的协调机制。经济增长对社会变革起着决定性作用，它带来社会物质财富的快速增长，也引起社会生活方式的巨大变化。因此现代各国特别是发展中国家，必须重视生产力发展，将经济增长作为现代文明的推进器。在科技、经济和法律的协调机制中，经济处于中轴地位，而科技与法律为之进行曲线偏向摆动。其中，科技创新是经济发展的动力机制，知识经济是以知识创新为动力，以知识为基础的经济；而法治建设是经济增长的保障机制。知识产权法以制度创新促进知识创新，是一种“利用市场机制的巧妙体系”[②]。习近平从法治建设和创新发展两个方面强调了知识产权制度的重要作用，可以认为，新时代社会主义法治观和发展观为中国知识产权制度建设奠定了重要的思想基础。

二、中国知识产权法治思想的基本命题

知识产权法治思想是一整套包括法治指导方针、法治本质特征、法治价值构成、法治基本原则以及法治推进方式等内容在内的法治理论体系。它以法律规范为对象，回答和解决知识产权立法、行政执法、司法和守法等基本问题，表达了知识产权法律构建的科学性、正当性和合理性，以及法律实施的有效性、协调性和妥当性等基本认识。

知识产权法治思想的构建，已在发达国家知识产权法律的建立、变革与发展过程中得以完成。西方国家知识产权法治文明的经验在于，以私法精神作为私法制度形成的思想基础，并在私法制度运作中贯彻私权神圣的精神主张，从而达到私法精神、私法制度、私法保护的契合。在知识产权法律发祥地的近代

---

① 参见吴汉东：《新时代中国知识产权制度建设的思想纲领和行动指南——试论习近平关于知识产权的重要论述》，载《法律科学》，2019（4）。

② ［日］中山信弘：《多媒体与著作权》，张玉瑞译，3页，北京，专利文献出版社，1997。

英国，正是政治上的开明专制主义、经济上的重商主义、思想上的私有财产神圣的权利观念等各种思潮和社会变革的相继兴起，得以在《自由大宪章》的基础上颁布了《垄断法规》（专利法）和《安娜法令》（著作权法）。知识产权制度和企业法人制度的出现，得以成为“现代产权制度建立的标志”和现代制度文明建设的典范。[①] 我们可以认为，将知识资源私权化，是西方知识产权法治思想的要义和主旨。中国知识产权法律变迁，经历了从法律移植到法律生成的历史过程。新中国建立以来，特别是改革开放40年间，中国从基本国情和发展需要出发，塑造法律价值目标，建构法律运行机制，能动地进行法律制度转化和法律精神再造。在这一发展进程中，属于“本土资源”并彰显“中国特色”的知识产权法治观在思想引领和实践导向两个方面发挥了重要作用。如何加强知识产权法治，新时代中国特色社会主义法治思想提出以下基本命题：

1. 知识产权法治的指导思想

习近平总书记明确指出：“我们必须坚持把依法治国作为党领导人民治理国家的基本方略、把法治作为治国理政的基本方式，不断把法治中国建设推向前进。”[②] 可以认为，全面依法治国是新时代坚持和发展中国特色社会主义的基本方略，理所当然是知识产权强国建设、知识产权法治建设的战略指导思想。

全面依法治国是社会主义事业总体布局的重要构成。习近平在党的十九大报告中提出中国特色社会主义事业发展“五位一体”总体布局。其中，“法治建设属于政治建设的重要组成部分，并渗透于、贯穿在经济建设、政治建设、文化建设、社会建设、生态文明建设之中”[③]。知识产权法治建设是一种制度文明建设。诸如物质文明、精神文明、生态文明的现代化建设，促进和推动着制度文明建设的发展，从而形成知识产权法治建设的强大动力；同时，法治建设又为现代化文明建设提供法律服务和保障，作为制度文明的知识产权法律为

① 参见刘凤朝：《论技术创新与制度创新的互动——以知识产权制度的创立和发展为例》，载《科学技术与辩证法》，2000（2）。

② 习近平《在庆祝全国人民代表大会成立60周年大会上的讲话》，2014年9月5日。

③ 张文显：《新思想引领法治新征程——习近平新时代中国特色社会主义思想对依法治国和法治建设的指导意义》，载《法学研究》，2017（6）。

创新发展、协调发展、绿色发展、开放发展、共享发展营造了“于法有据”的法治环境。面向中国特色社会主义现代化建设的新时代，知识产权是摆脱资源耗费型与技术依赖型发展方式的战略布局，是实现创新驱动发展的战略安排，是保障我国经济安全、文化主权和科技发展主动权的战略举措。

全面依法治国是社会主义法治一体建设的战略引领。习近平在新一届中共中央政治局第四次集体学习时指出，“坚持法治国家、法治政府、法治社会一体建设”。在全面落实依法治国基本方略，建设社会主义法治国家的过程中，既要坚持全面推进法治国家建设，又要同步推进法治政府和法治社会建设。中国特色社会主义法治一体建设，体现了法治国家从总体目标到法治政府，再从法治政府到法治社会的层层递进落实关系。[①] 在全面依法治国战略的指引下，法治国家、法治政府、法治社会一体建设的命题，对新时代知识产权法治提出以下要求：一是制度体系层面。知识产权制度体系是包含一整套制度安排、组织形态和治理体制、机制的制度体系，其制度形式主要是法律，但也包括政策和社会自治规则。二是制度能力层面。知识产权制度能力是制度供给、制度管理、制度践行等方面能力的整体表现，涉及国家机关、工作人员以及社会群体或成员的法治信念认同和行为方式。三是制度秩序层面。知识产权制度秩序是一种以法律为基础、公共治理和社会自治共生的秩序形态，包括法治环境、政策环境、市场环境、文化环境等。总体而言，新时代知识产权法治就是要实现上述社会主义法治一体建设的基本要求。

2. 知识产权法治的基本目标

建设中国特色社会主义法治体系，建设社会主义法治国家，是全面推进依法治国的总体目标。根据党的十九大提出的战略安排，我国法治化进程与全面建设现代化国家的总体进程是一致的。从 2020 年到 21 世纪中叶，我国的法治建设可以分为两个阶段：第一个阶段，从 2020 年到 2035 年，在基本实现社会主义现代化的同时，基本完成法治国家建设；第二个阶段，从 2035 年到 21 世纪中叶，把我国全面建设成为一个现代化法治国家。[②]

---

① 参见中国法学会编写：《法治中国建设问答》，24 页，北京，法律出版社，2015。

② 参见胡明：《用中国特色社会主义法治理论引领法治体系建设》，载《中国法学》，2018（3）。

新时代中国知识产权法治应以全面推进依法治国和全面建设现代化强国为战略指引，围绕本土发展战略大局，根据战略布局中的自身方位，在知识产权强国建设过程中发挥法治的基础性、支撑性和保障性的制度功用。这即是知识产权法治目标的基本命题。我们可以从以下两个方面解读。

一是法治功能目标。全面依法治国和现代化强国建设的总体目标在中国知识产权的语境下具象为知识产权强国。知识产权强国以知识产权制度支撑并保障创新发展，具有强大的知识产权治理能力和知识产权发展实力的先进国家。从现代化和法治化的意义来说，知识产权强国应该具有两个方面的基本品质，它既是创新型国家，也是法治化国家。从知识产权强国建设需要出发，知识产权法治功能的目标任务包括构建“系统完备、规范科学”的知识产权法律体系，形成“严格执法、公正司法”的知识产权法律运行机制，塑造“健康有序、公平开放”的知识产权市场环境，造就“尊重知识、崇尚创新”的知识产权文化氛围。可以认为，知识产权法治功能目标的实现，即是知识产权强国建设目标的实现，并以此作为法治中国和现代化强国建成的基本表征。

二是法律价值目标。法律价值目标与法治功能目标有相似之处，这是因为法律价值的实现离不开法律的社会实践活动，包括基于国家立法、执法、司法以及社会公众的守法等而形成的治理体系。但是，“法的价值体系，可以蕴含在法律制度之中”①。这意味着人们可以在一种法律价值观的指导下进行立法活动，或是对法律规定性文件进行价值的概括和总结，既包括对法律体系的现实认知和评价，也包括对法律体系的未来愿望和选择。明确法律价值取向对于知识产权法治建设具有重要意义，它以法律理想的目标追求为知识产权法律体系奠定了科学的发展方向。一般认为，知识产权法律价值主要是正义、效率和创新，概为立法者理性主义的法律目标追求。其中，正义是伦理理性，法律正义体现了知识产权法律的正当性基础；效率是经济理性，知识产权法律承载配置知识产权资源、促进知识财富增长的效率价值使命；而创新是科学理性，知识产权法律具有制度创新本质和促进知识创新功能。② 法律价值目标表现于法

① 卓泽渊：《法的价值论》，125页，北京，法律出版社，2006。

② 参见吴汉东：《知识产权法价值的中国语境解读》，载《中国法学》，2013（4）。

律规范文件之中，又通过法律实践活动使“文本中的法律”变为“行动中的法律”，这些都是法律价值目标的实现。

3. 知识产权法治的运行方式

法治运行是指法律按照一定的意图和特有方式的运动状态，即从创制到实施再到实现的运动过程。[①] 具言之，知识产权法治运行，即以法律制定为起点，以法律实施为主要节点，以法律目标实现为终点。其运行机制是一系列过程、环节和方面的总合，涉及知识产权法律建构的科学性、正当性和合理性，以及知识产权法律实施的有效性、协调性和妥当性。有据于此，知识产权法治运行方式及其效果形成以下命题。

一是“良法善治”。在国家治理语境中，“善治”是为科学之治，是国家治理科学化的衡量标准和目标取向。“善治”需以“良法”为基础，政治学强调“善治需要优良的制度保障”[②]，法学则主张“法治是良法之治”[③]。无论是“优良的制度”还是“良法”，都是公共理性的产物，具有科学规范的内涵和属性。制定“良法”是贯彻依法治国方略的首要的基础性环节，在法治体系建设中表现为“科学立法”。知识产权法律是国家现代化发展的一种制度标志，必须保持法律本身的时代先进性和促进社会发展的进步性。从科学立法的要求出发，知识产权法律是为反映社会规律、适应创新需要，符合人民愿望的法律。为达致“善治”需要先立“良法”，唯此才能实现现代法治的理想状态。

二是“和谐法治”。在现代国家治理活动中，和谐是为“文明之治”，是法治文明的一种实现状态。和谐、文明、法治及其一体化，不仅体现国家治理体系的制度特征，更是新时代知识产权法律的运行方式和发展向度。所谓“和谐法治”，表现了人的和谐、社会的和谐、自然的和谐，以及人与社会、自然的和平共存与进步的法治文明。知识产权法治文明的“和谐”状态是：在主体利益关系方面，注重权利保护，协调当事人之间、个人与社会之间的利益关系；在治理体系方面，既关注知识产权法律的自身制度功能，同时也发挥传统知识

---

① 参见张文显：《法理学》，2版，213页，北京，高等教育出版社，2003。

② 燕继东：《现代国家治理与制度建设》，载《中国行政管理》，2014（5）。

③ 亚里士多德言道：法治不仅指人们对法律的普遍遵守，而且要求被普遍遵守的法律应是良法。

保护、知识共享、科技奖励等制度补充作用；在运行机制方面，妥善处理社会经济发展与环境生态和谐共存的关系，将和谐作为知识产权法律运行全过程的基本理念。

三是“多元共治”。知识产权的全球治理和国际治理，应是政治多极化和经济全球化基础上的“多元共治”。从构建“人类命运共同体”的基本理念出发，中国致力于“建立平等相待、互商互谅的伙伴关系，营造公道正义、共建共享的安全格局，谋求开放创新、包容互惠的发展前景，促进和而不同、兼收并蓄的文明交流”[①]。具言之，在知识产权国际事务方面，反对单方面的制度强加、规则主导。中国遵循全球合作、避免对抗的原则，与欧美国家“求同存异”，与新兴共同体“合作共赢”，对欠发达国家“普惠包容”，发挥“国际体系参与者、建设者、贡献者”的重要作用。

三、中国知识产权发展理念的核心要义

知识产权发展理念，是关于知识产权事业发展的战略指引、政策方针、规划布局、实现路径和效益评价的一整套智识经验体系。它以发展和运行模式的规律性、协调性、有效性为思想工具，表达了有关知识产权创造、运用、管理、保护、服务等全部过程、环节和方面的基本认知。

知识产权发展理念的形成，与一国经济和社会发展状况有着密切的关联。欧美发达国家是知识产权制度最早的推行者，也是最大的受益者，在知识产权制度实施和事业推进中积累了丰富的经验知识：他们根据不同发展阶段的不同发展要求，对知识产权作出选择性的制度安排（“实用主义态度”）；从国内、国际两个方面推进知识产权政策，既是本国产业发展的创新政策，也是世界贸易的竞争政策（“公共政策立场”）；确定以知识产权服务国家利益的战略目标，为本国现代化发展提供制度产品（“发展战略选择”）。[②] 对于发展中国家而言，

① 习近平：《携手构建合作共赢新伙伴，同心打造人类命运共同体》，载《人民日报》，2015-09-29，第2版。

② 参见吴汉东：《知识产权制度运作：他国经验分析与中国路径探索》，载《中国版权》，2007(2)。

知识产权制度引进的同时也是知识产权保护标准一体化的开始，质言之，发展中国家不具备欧美国家知识产权制度成长的必要过渡期和准备期，因而缺乏知识产权运作的制度理性沉淀和政策经验积累。中国知识产权事业70年的发展，经历了政策调整—法律引进—制度吸收的曲折过程。正是由于四十年改革开放，知识产权得以置于国家创新体系之中，成为创新活动和创意产业发展的制度保障。上述情形使得中国知识产权制度建设具有自己的思想智识和实践经验。进入新时代以来，"创新、协调、绿色、开放、共享"的新发展理念成为我国经济社会发展必须长期坚持的重要理念，对知识产权事业建设具有战略性、纲领性和引领性的作用，其核心要义表现为以下几个方面。

1. 知识产权事业发展的总体思路

习近平指出，"发展是党执政兴国的第一要务，是解决中国所有问题的关键"①。新发展理念是改革开放以来中国发展观的重大飞跃，对解决中国发展问题提出了新的总体思路。"创新、协调、绿色、开放、共享"五大发展理念，概以发展为基本要义，但表现了各自的内涵要求："创新""开放"本质上是以促进经济社会发展为目标，提供新的发展动力，开辟发展的国际环境；而"绿色""协调"则是面对发展带来的负面影响而提出的矫正手段；"共享"则体现了发展的最终价值依归。②

在以往国际主流思想体系中，发展是以经济效益为主要目标的发展，知识产权被认为是促进经济增长的制度工具，其贡献率的评价标准表现为促进贸易、投资自由和提高技术转让效益。③ 新发展理念告诉我们，发展是以经济为龙头、联动社会各方面因素协调发展的过程，它包括经济发展、社会发展与制度发展等多个层面。④ 因此，知识产权的制度功用，在解决知识财富增长的

---

① 习近平：《在庆祝中国共产党成立95周年大会上的讲话》，载《人民日报》，2016-07-04，第2版。

② 参见周佑勇：《逻辑与进路：新发展理念如何引领法治中国建设》，载《法制与社会发展》，2018（3）。

③ See Daniel J. Gervais，Intellectual Property，Trade & Development：the State of Play，74 Fordham L. Rev. 505（2005），pp. 528-534.

④ 参见杨生平：《五大发展理念：中国特色社会主义的新发展观》，载《中国特色社会主义研究》，2017（2）。

“经济问题”的同时，还应当考虑“人的问题”、资源环境的“社会问题”。从新发展理念出发，我们应厘清和明确知识产权事业发展的基本思路：一是“以人民为中心”的发展思想。坚持“以人民为中心”的发展思想就是把增强人民福祉、促进人的全面发展作为发展的出发点和落脚点。[①] 这一政治命题在法价值意义上即是“人本主义”。人本主义的要义是以人为本位，维护人的主体地位，实现每一个人和一切人的全面发展。知识产权制度的人本主义，旨在保护创造者权利的基础上，让全社会分享知识产权事业带来的经济和社会效益，是为“个人的发展、社会的发展、国家的发展以及全球人类社会的共同发展”[②]。二是以“创新度”“协调度”“和谐度”“开放度”为发展评价标准。发展动力的“创新”水平、发展方式的“协调”尺度、发展质量的“绿色”标准、发展环境的“开放”程度，应作为知识产权事业发展状态及其成效评价的标准。

新发展理念与中国知识产权制度建设有着逻辑联络，其实现进路或是转换为法律价值内容，将正义、效率、创新、平等、和谐等法价值，在法律构建和实施中进行精神转化；或是转换为政策构想和政策原则，在知识产权战略规划以及创造、运用、保护和管理的政策文件中进行规范构成。

2. 知识产权政策的科学维度和法治基础

习近平指出，“必须适应国家现代化总进程”，“在国家治理体系和治理能力现代化上形成总体效应，取得总体效果”[③]。在政治学理论中，国家治理能力被理解为国家治理活动中所具有的制度供给和创新、制度管理和实施等方面的制度执行能力。政府制定知识产权公共政策的能力，是为一种国家治理能力，属于新发展理念中制度发展的范畴。制度发展是协调发展过程的基础，对经济发展和社会发展起着促进和保障作用。建立以知识产权为导向的公共政策体系，以制度创新推动知识创新，是发达国家和新兴经济体的普遍做法。中国注意借鉴创新型国家的政策发展经验，同时强调发挥自身制度优势和政策力量，为知识产权事业提供必要的政策环境。从提高国家治理能力和推进制度发

① 参见中共中央宣传部编：《习近平总书记系列重要讲话读本（2016 年版）》，127 页，北京，学习出版社，2016。

② 吴峰：《知识产权・人权・发展》，载《上海理工大学学报（社会科学版）》，2005（3）。

③ 习近平：《习近平谈治国理政》，104～105 页，北京，外文出版社，2014。

展的要求出发，新时代知识产权政策应把握以下两个基本问题。

一是知识产权政策的科学维度。即政策体系的规则配置及其运作必须科学合理、协调高效。知识产权政策可以划分为总政策、基本政策和具体政策，它们之间存在着衍生与被衍生、统摄与被统摄的关系，不同效力的各种公共政策构成一个统一的政策体系。[①] 在我国，国家知识产权战略规划作为总政策或元政策，是一定历史时期关于知识产权问题的整体性谋划和全局性安排，对其他各项政策起着指导和规范作用。总政策下的各项政策应遵循协同效应理论的基本原则，保持相互之间的协调与配合。“政策体系的完善不仅单纯依靠数量的增长、规范内容的细化，更应注重建立合理的运作机制”[②]，即使各种政策功能耦合达成配合和联动的关系，提高实施计划、践行方案的有效性，适时评估、调整政策措施，以实现预期的政策目标。

二是知识产权政策的法治基础。法治是政策规范化的基本形态和基石范畴。公共政策的制定和推行，要求制度与规范，强调程序与秩序，是国家治理能力包括政策能力法治化的基本面向。知识产权在本质上是一项法律制度，是知识财产之上所设定的私人产权，是国家法律体系中的有机组成部分。知识产权在本质上是作为法律规范而进行制度设计的，其立法宗旨在于维护知识财产的正义秩序，实施知识传播的效益目标。承认法治在知识产权制度建设中的基础地位，强调法治对于知识产权政策的规制作用，在于维护法律的权威，防止行政权力的任意。

3. 知识产权运行要素的绩效要求

习近平从中国创新发展的战略需要出发，准确把握知识产权“创新之法”和“产业之法”的制度功能，精辟分析知识产权与科技革命、经济发展乃至国家安全的关系，彰显了知识产权制度建设的新发展理念。

知识产权运行既是一个立法、执法、司法、守法的法治动态过程，同时也是一个创造、运行、管理、保护和服务的政策运行过程，后者在经济社会发展机制中表现为各运行要素、运行环节的作用和影响，进而产生运行绩效的动态

① 参见彭茂祥：《我国知识产权公共政策体系的构建》，载《知识产权》，2006（5）。

② 周莹、刘华：《知识产权公共政策的协同运行模式研究》，载《科学研究》，2010（3）。

化活性系统。新发展理念对我国经济的发展动力、发展方式和发展质量作出新的战略考量，由此形成关于知识产权运行的新的战略要求，包括每一环节、要素的合理有效运行状态；各个环节、要素的协调、整合系统；诸环节、要素的外部运行资源和环境条件的配备；整个环节、要素良好运行所达致的经济和社会绩效等。

知识产权运行要素是影响创新发展目标的关键节点。习近平在党的十九大报告中指出："强化知识产权创造、保护、运用"。从新发展理念出发，"强化"知识产权运行要素必须做到以下几点：一是高质量知识产权创造。知识产权的高质量创造是创新发展的基本内涵。创造是一切知识产权活动的源头，创造力是体现知识产权实力的首要因素。2011 年，世界知识产权组织发布《2011 年世界知识产权报告——不断变化的创新面貌》，强调"拥有知识产权已成为创新企业的战略核心"①。可以认为，知识产权本身就是一种产权化的创新，构成经济发展的原动力。在某种意义上讲，创新驱动就是知识产权驱动。中国"建设现代化经济体系"和实现"高质量发展"②，需要相应的高质量知识产权产品，包括核心技术专利、版权精品、知名品牌，"实现知识产权创造由多向优、由大到强的转变"③。二是高水平知识产权保护。知识产权的高水平保护是创新发展的制度保障。知识产权保护是国际经贸领域的法律秩序，也是本土创新发展的制度基础。中国企业和产业"走出去""走上去"，都离不开知识产权。可以说，保护知识产权就是保护创新发展，就是保护改革开放。高水平知识产权保护，即是履行世界贸易组织《知识产权协定》关于"加强救济、强化威慑"的国际规则，完善知识产权保护制度，增强知识产权司法效能，提高知识产权行政执法能力，建立遏制侵权的长效机制，营造有利于创新发展的法治

---

① WIPO：World Intellectual Property Report 2011-The Changing Face of Innovation，web：http：//www.wipo.int/pressroom/en/articles/2011/article_0027.html，最后访问时间：2018 年 7 月 28 日。

② 习近平：《决胜全面建成小康社会夺取新时代中国特色社会主义伟大胜利——习近平同志代表第十八届中央委员会向大会作的报告摘登》，载《人民日报》，2017-10-19，第 1 版。

③ 申长雨：《一项兴国利民的国家战略》，载国务院知识产权战略实施工作部级联席会议办公室组织编写：《一项兴国利民的国家战略——〈国家知识产权战略纲要〉颁布实施十周年纪念文集》，北京，知识产权出版社，2018。

环境，“实现知识产权保护从不断加强到全面从严的转变”[①]。三是高效益运用知识产权。知识产权的高效益运用是创新发展的重要路径。知识产权本身只是一种独占性的法律授权，只有与市场经济相结合并进行转化和运用才能产生经济和社会发展的效益，知识产权运用的基本方式有应用于生产经营活动的“产业化”、进行产权交易活动的“商品化”、作为投资运营活动的“资本化”。无论如何，应着眼于提升创新型国家所具备的科学技术竞争力、文化产品软实力和品牌经济影响力，“实现知识产权运用从单一效益向综合效益的转变”[②]。

四、知识产权法治观和发展观的制度实现

社会主义法治观和发展观是关于中国法治发展问题的理性思维和实践经验总结，对新时代知识产权制度建设具有思想引领作用。在方法论上，思想引领的实现路径，或是通过立法程序表现为法律，或是通过政府创制活动制定为政策，从而完成从思想理念到制度构成的转换。下面分述之：

法律是知识产权制度中最为重要和主要的表现形式。知识产权法律文本对法治观、发展观的接受可以表现为纲领性条款（立法指导思想）和规范性条款（具体制度构成）的方式。中国知识产权法律规范的体系构建应注意以下几个问题。

1. 知识产权立法宗旨表达。法律宗旨一般表现为相关法律文本的总则条款。知识产权法律的宗旨在于保护创造者的合法权益，促进知识产品的广泛传播。这种二元价值目标是以权利保护的激励机制为基础，以利益平衡的调节机制为手段来实现的。知识产权法以基于创新所产生的社会关系为主要调整对象，通过独占专利的授予，体现了保护私权、激励个人创新的主旨；同时注意利益关系的协调，明确知识传播、促进社会创新的目标。知识产权相关法律文本在立法宗旨中都有法治观和发展观的思想表达。例如，著作权法规定，保护

---

① 习近平：《决胜全面建成小康社会夺取新时代中国特色社会主义伟大胜利——习近平同志代表第十八届中央委员会向大会作的报告摘登》，载《人民日报》，2017-10-19，第1版。

② 习近平：《决胜全面建成小康社会夺取新时代中国特色社会主义伟大胜利——习近平同志代表第十八届中央委员会向大会作的报告摘登》，载《人民日报》，2017-10-19，第1版。

著作权以及与著作权有关的权益，鼓励作品的创作和传播，促进社会主义文化和科学事业的发展和繁荣。专利法规定，保护专利权人的合法权益，鼓励发明创造，推动发明创造的应用，提高创新能力，促进科学技术进步和经济社会发展。总体而言，立法活动是在一定法价值观指导下的国家创制行为。知识产权立法宗旨表现了对文化、科技创新以及经济社会发展的价值选择、价值评价和价值活动目的。

2. 知识产权法典化安排。法典编纂是实现法律现代化的重要途径。这是因为，“法典历来是固化和记录一定的统治秩序、社会秩序和社会改革成果的更有效形式”[①]。对于当下的中国而言，知识产权法典化是回应知识经济发展、完成民事权利体系、承接《民法通则》立法传统的制度需求。在知识产权领域，法典化运动大抵有两个含义：一是实现知识产权法与民法典的连接，即在民法典框架中对知识产权进行制度安排，是一个知识产权法“入典”问题；二是实现知识产权法律体系化，即在民法典之外再设专门法典，是一个知识产权法“成典”问题。无论是“入典”还是“成典”，都是知识产权法律创新与制度建设的重要构成。2017年《民法总则》采取客体列举式方式规制知识产权，诸多优点已为学者专家所肯定。但《民法总则》“知识产权条款”也留下相当缺憾，即这些规定仅是宣示性的，难以达到统领各单行法的目的，在司法裁判活动中也不敷使用。知识产权法典化不能就此止步，未来立法有两种选择：一是在民法典中独立设置“知识产权编”。即将知识产权与物权、合同、继承等民事权利置于同等的位阶，实现民法典及知识产权法的现代化、时代化的制度转型。二是专门制定“知识产权法典”。与各单行法相比较而言，体系化的知识产权法典具有更高的价值体现和更多的功能优势，可以更好地发挥知识产权法的整体效应。[②]

3. 知识产权法律现代化改造。法律现代化是指制度本身的时代先进性和促进社会发展的进步性。知识产权法律现代化改造表现了其制度创新的本质和

① 周旺生：《法典在制度文明中的位置》，载封丽霞主编：《法律编纂论》，13页，北京，清华大学出版社，2002。

② 参见吴汉东：《论知识产权一体化的国家治理体系——关于立法模式、管理体制与司法体系的研究》，载《知识产权》，2017（6）。

促进知识创新的功能。信息技术和基因技术作为21世纪最具影响力的时代技术，使得知识产权法律在规范内容上有许多变革和创新。当下中国知识产权的立法和修法有以下重点和难点任务：一是注重产权保护制度建设。习近平强调："加快新兴领域和业态知识产权保护制度建设。"① 对于大数据、互联网、电子商务、基因物质发现、商业方法、人工智能生成物等有必要探索法律保护的新路径、新规则，或是改造传统法律对新的技术方案给予保护，或是创设特别保护制度，以容纳新的信息产品。二是完善产权交易制度。习近平要求"尽快完成促进科技成果转化法的修订"②。科技成果转化的法律形式，即是法律运行机制中的知识产权运用。修订专门法律、规范交易秩序、完善以知识产权为核心的创新成果转化运用机制是创新发展的法律要求。三是制定专门条例，保证法律实施效果。习近平特别提出"研究制定商业秘密保护法、职务发明条例等"③。现行反不正当竞争法、专利法对商业秘密保护、职务发明权益分配有原则规定，但条款粗疏，有必要制定专门条例，以保证相关法律的有效实施。

4. 知识产权替代性制度选择。现代法制建设和社会发展需要一个科学、完备的知识产权制度系统，它主要是知识产权法律，但也包括其他一些替代性制度。后者或是弥补知识产权法律的制度缺陷，或是在知识产权法律之外发挥制度补充功能。替代性制度主要有：一是传统知识和遗传资源保护制度。传统知识是特定人群为应对特定社会生态环境而发展起来的知识类型，表现出鲜明的文化多样性特征；遗传资源则是传统部族独有的具有稀缺性的物质资源，记载着生物多样性"遗传密码信息"。现行知识产权法律的保护对象限于新的知识形态而不能涵盖知识创造的源泉。因此，应在知识产权法律之外创造出一种保护"本源性""传统型"知识财产的专门制度，这即是与知识产权有关的文

---

① 《习近平主持召开中央财经领导小组第十六次会议强调：营造稳定公平透明的营商环境加快建设开放型经济新体制》，载《人民日报》，2017-07-18，第1版。

② 《习近平主持召开中央财经领导小组第七次会议强调：加快实施创新驱动发展战略加快推进经济发展方式转变》，载《人民日报》，2014-08-19，第1版。

③ 《习近平主持召开中央财经领导小组第十六次会议强调：营造稳定公平透明的营商环境加快建设开放型经济新体制》，载《人民日报》，2017-07-18，第1版。

化多样性、生物多样性保护问题。[①] 二是公共领域制度。公共领域是典型的"知识共有物"，即知识产品的非专有领域，或者说知识产权客体的排除领域。国内法框架下的公共领域包括保护期届满的知识产品，不具备保护条件的知识产品，人类社会共有的知识产品；国际公约体系下的公共领域则涉及可以自由复制的表达形式，自由使用的科学技术，自由使用的标志符号，自由应用的设计以及思想等。[②] 三是知识创新奖励制度。对于知识创新的激励和保护，专利法是主要但并非唯一的专门制度。相关替代性制度，还可采取"专利奖赏制度"，即国家向专利权人支付金钱补偿，其发明专利归社会享有。[③] 也可适用"发明奖励制度"，即由国家给发明人以精神和物质上的奖励，其成果进入公有领域，此为非市场机制的奖励制度。

公共政策是现代知识产权制度的基本构成，包括政策规划、政策执行、政策评价等制度规章。在一国知识产权制度体系中，公共政策与法律相互联系、相互作用，共同服务于经济和社会发展的总目标。公共政策基于其类型的不同，或是对法律建构和实施提出目标要求（总政策），或是作为法律规范的制度补充（基本政策），或是在法律之外发挥协调支撑作用（关联政策、支持政策）。中国知识产权政策表现了自己的思想主张和实践经验，具有服务创新发展目标和配置法治规范的重要功能。未来知识产权政策发展应做好以下几项工作。

1. 谋划国家知识产权发展战略，知识产权战略是为公共政策体系中的"总政策"，或者说是政策战略化的载体，它是主体通过规划、执行、评估等战略举措，为谋求战略目标实现而采取的全局性、整体性的谋略和行动安排。由此可见，知识产权战略是一个具有活性的动态系统，包括战略规划、战略执行、战略评估；同时它也是一个服务于特定战略目标，发挥知识产权制度正效应的公共政策体系。这种战略应是一国处理知识产权事务的基本出发点，是关

---

① 参见吴汉东：《文化多样性的主权、人权与私权问题分析》，《法学研究》，2007（6）；《关于遗传资源客体属性与权利形态的民法学思考》，载《月旦民商法杂志》，2006（12）。

② 参见张艳梅：《国际知识产权条约体系下的国际公共领域研究》，载《当代法学》，2011（4）。

③ 参见刘友华：《专利制度的未来模式：替代、革新抑或全球化》，载《华南师范大学学报（社会科学版）》，2011（4）。

于知识产权问题的整体性谋略和全局性安排。知识产权战略实施具有明确的价值目标取向，换言之，在知识产权法律推行、知识产权政策运用过程中，知识产权战略处于一种统率和引领地位，并以一定的价值理念和功能目标为引领。在制度规范体系中，发展战略对一个国家的社会运用起着根本性和决定性的指导作用，在特定的历史时期，始终具有较强的总括性和稳定性。①

到目前为止，我国已基本实现《国家知识产权战略纲要》（2008 年）的预期目标，成为有世界影响力的知识产权大国。当下我国知识产权事业已处于新的历史方位，正由知识产权大国向知识产权强国迈进。按照国家“两步走”战略部署，为加强知识产权与国家总体目标的战略协同，我国正在制定面向 2035 年的《知识产权强国战略纲要》。知识产权强国建设是为贯彻新时代社会主义法治观和发展观而作出的战略部署和顶层制度设计，是国家深入实施知识产权战略的阶段转折和目标提升。② 面对新时代、新形势、新要求，国家知识产权战略发展方向及其战略重点将要作出相应变革和调整，即在知识产权发展实力和治理能力方面达致“制度建设完善”“创造能力领先”“产业发展先进”“环境治理优良”③，成为创造型和法治化的现代化国家。

2. 制定知识产权事业发展规划和年度推进计划。制定国民经济和社会发展的“五年规划”，是中国通过中期规划安排和政策资源配置以实现经济和社会发展目标的实践经验和制度优势。改革开放以来，“五年规划”的基本定位，为宏观经济活动提供了框架性指导，为政府履行公共服务职责提供了依据。可以认为，“五年规划”既是国家现代化治理的基本手段，也是评价国家治理成效的重要依据。自 2016 年以来，中国首次将知识产权发展规划纳入国家“五年发展规划”之中，知识产权发展成为国家的重点专项规划。今后的知识产权事业发展规划应以国民经济和社会发展“五年规划”和面向 2035 年的《知识产权强国战略纲要》为依据，明确阶段性的中期规划目标、重点任务和主要措

① 参见吴鸣：《公共政策的经济学分析》，5 页，长沙，湖南人民出版社，2004。

② 关于知识产权强国的阶段划分，参见韩秀成：《知识产权强国战略制定工作思路研究》，载申长雨主编：《迈向知识产权强国之路》，第二辑，6～7 页，北京，知识产权出版社，2017。

③ 张志成、吴汉东：《在线访谈：新形势下加快知识产权强国建设》，见中国政府网，2015 年 12 月 31 日。

施。年度推进计划则应根据当年发展形势和发展需要而制定，往往将重点事项作为计划内容，是落实和分解五年规划目标的具体政策文件，也是调整和细化近期工作的行动方案。中国、日本、韩国等国都有制定知识产权年度推进计划的成功经验。

3. 完善以知识产权为导向的公共政策体系。建立以知识产权为导向、多种政策协调的制度体系，是许多国家特别是发达国家提升自主创新能力、增强国家竞争优势的普遍做法。在中国，与知识产权相关的公共政策包括：通过知识产权运用，促进产业结构调整与优化，发展战略性新兴产业的“产业政策”；通过知识产权扶持，培育地方特色经济，促进区域经济协调发展的“区域政策”；激励文化创新活动，推动文化事业繁荣和版权产业发展的“文化政策”；提升自主创新能力，发展科学技术，形成知识产权核心竞争力的“科技政策”；转变贸易发展方式，完善对外贸易领域知识产权管理体制、预警应急机制、海外维权机制的“贸易政策”；推进知识产权素质教育，培养知识产权专门人才的“教育政策”。此外，诸如财政、金融、投资、政府采购、能源、环境保护等政策，也会涉及知识产权问题。总而言之，我们应注意借鉴创新型国家的政策发展经验，有效发挥自身制度的优势和政策力量，为知识产权战略目标的实现提供必要的政策环境。

改革开放四十年的中国知识产权法*

中国知识产权法发轫于清末的变法新政，但由于历史条件的制约，其真正的发展是以改革开放为开端的。从 20 世纪 80～90 年代知识产权法律框架的基本建立，到 21 世纪以来知识产权法律体系的初步形成，中国知识产权法与改革开放并肩前行。改革开放四十年，是中国经济社会飞速发展的四十年，亦是中国知识产权法制建设不断推进的四十年。这四十年来，中国知识产权法日臻完善，为科学技术的进步和经济社会的发展提供了有力的法律保障与制度支撑。以改革开放以来的立法成果与运行经验为基础，未来中国知识产权法将获得更大的发展，朝着法典化、现代化与国际化的方向进发。

一、我国知识产权法发展历程之回顾

知识产权法作为一项“舶来品”，自清末进入我国以来，已逾百年，经历了从“逼我所用”到“为我所用”的立法变迁。[①] 时至近代，知识产权法已在我国出现，但囿于当时半封建半殖民地社会形态的制约，各项知识产权法律规范只是“徒有其表”，并未获得有效实施。直到新中国成立，尤其是改革开放以来，知识产权法律制度才真正在我国得以确立，并逐步成为科技创新的法律保障和经济发展的制度支撑。我国知识产权法的百年发展史大体可以分为三个

---

* 本文系作者与刘鑫博士合作完成。原载《山东大学学报（哲学社会科学版）》，2018（3）。

① 相关论述，参见吴汉东：《中国知识产权法制建设的评价与反思》，载《中国法学》，2009（1）。

阶段：一是我国知识产权法律规范的初步创设阶段；二是我国知识产权法律框架的逐步形成阶段；三是我国知识产权法律体系的日趋完善阶段。下文将分述之。

（一）我国知识产权法律规范的初步创设

我国知识产权法律规范的初步创设阶段，始于19世纪末帝国主义列强重压之下的清末新政，止于20世纪中叶新中国成立前夕。在这一阶段中，各项知识产权法律规范先后在我国产生并获得一定的发展，但无论是清朝末年的知识产权立法活动，还是民国时期的知识产权法律完善，都是对知识产权法律规范的“被动性接受”，脱离实际地将西方国家的知识产权法律生搬硬套，更多地保护了帝国主义的利益，并未起到知识产权法应有的作用与效果。①

1. 清朝末年知识产权法的立法状况

清朝末年是我国知识产权法产生的时期。在“戊戌变法”等一系列以向西方学习为宗旨的清政府新政实施过程中，《振兴工艺给奖章程》《商标注册试办章程》《大清著作权律》相继于1898年、1904年、1910年颁布，实现了我国知识产权法“从无到有”的历史性突破。但是，在这一时期，各项知识产权法律在我国的诞生并非我国经济社会发展的客观需要，而是帝国主义列强施加压力的结果。例如1904年《商标注册试办章程》的制定在很大程度上是为了回应1902年签订的《中英续议通商行船条约》中的商标保护条款，而不是本土工商业发展之必需。②

2. 民国时期知识产权法的发展状况

民国时期，我国知识产权法获得初步发展，并逐步形成了我国近代知识产权法的基本架构。根据国家结构形式的不同，这一时期又可以细分为北洋政府时期和南京国民政府时期两个阶段，在每一个阶段中知识产权法律规范的发展也呈现出了不同的特点。

在北洋政府时期，知识产权立法工作仍然受到了帝国主义列强的干预与影

① 相关论述，参见南振兴：《中国历史技术演变与知识产品制度变迁的绩效》，载《河北经贸大学学报》2007（1）；李永胜：《清末中外修约谈判中的知识产权保护问题》，载《大连大学学报》，2012（4）。

② 参见左旭初：《中国商标法律史（近现代部分）》，30页，北京，知识产权出版社，2005。

响，各项知识产权法律规范大都是基于外部压力而仓促出台。相关法律规范在借鉴清末的立法成果的同时，也作出了一定的改进与提高。具言之，1912 年颁布的《奖励工艺品暂行章程》、1915 年颁布的《著作权法》以及 1923 年颁布的《商标法》，无一例外都是以清末的相关知识产权法律规范为基础而制定的，并根据社会经济发展的情况进行了调整与完善。例如 1912 年《奖励工艺品暂行章程》在继承清末《振兴工艺给奖章程》的基础上，取消了其中存在的各种封建专政垄断权，并对成绩卓著的商办企业实行奖励政策[①]；1923 年《商标法》也在继承清末《商标注册试办章程》的基础上，将商标注册程序规定得更加具体，并建立起相对完善的商标无效补正、注册商标评定等一系列的程序与规则。[②]

在南京国民政府时期，知识产权立法工作逐步进入正轨，通过一系列的法律修订，使旧中国的各项知识产权法律规范走向成熟。为促进工业经济的发展，南京国民政府于 1928 年颁布《奖励工业品暂行条例》，并于 1932 年和 1939 年作出了两次修订，构建起现代“专利法”的雏形，为 1944 年《专利法》的出台奠定了基础[③]；保护文学艺术创作的《著作权法》也于 1928 年制定，并分别于 1944 年和 1949 年作出了部分修订，使各项规则、程序更加完善；南京国民政府成立初期，一度继续援用北洋政府 1923 年的《商标法》，于 1930 年才制定并颁布了新的《商标法》，在民间工商业者的要求下，该法分别 1935 年和 1940 年作出了两次修订。[④]《专利法》《著作权法》《商标法》三项基本知识产权法律规范的制定与完善，构建起了我国近代知识产权法的基本框架，但是由于社会动荡不安，经济发展缓慢，各项知识产权法律规范并未得到充分实施，制度运行效果也不尽如人意。

---

① 参见赵娟霞：《近代中国的知识产权制度安排》，载《江西财经大学学报》，2010 (1)。

② 参见侯强：《近代中国商标法的肇始及其演进》，载《青岛科技大学学报（社会科学版）》2007 (2)。

③ 相关论述，参见徐海燕：《中国近现代专利制度研究（1859—1949）》，143～180 页，北京，知识产权出版社，2010。

④ 相关论述参见曲三强主编：《现代知识产权法律法规汇编》，北京，北京大学出版社，2013，“第四编商标法，第一节中国商标法的沿革”。

（二）我国知识产权法律框架的逐步形成

我国知识产权法律框架的逐步形成阶段，自 1949 年新中国成立为起点，并以 20 世纪 90 年代知识产权法律框架的建立为标志。在这一阶段中，我国知识产权法经历了从新中国成立初期的缓慢发展，到改革开放以来各项法规的日臻完善的制度变迁。作为我国经济社会发展的重要转折点的改革开放，在我国知识产权法的这一发展历程中具有举足轻重的作用。改革开放不仅改变了新中国成立初期知识产权法不良的运行状况，也使我国走上从本土国情出发，对知识产权法律规范进行“调整性适用”的道路，为知识产权法的体系化建构奠定了基础。

1. 新中国成立至改革开放前夕的缓慢发展

新中国成立初期，我国由于受长期战争的影响，各行各业百废待兴，社会转型稳步进行，但是法制建设却相对滞后，与知识产权相关的法律规范仅有寥寥几部。20 世纪 60—70 年代，社会主义路线探索的偏差，更是使我国原本发展缓慢的知识产权法出现停滞。1950 年颁行的《书稿报酬暂行办法草案》是为数不多的涉及著作权保护的法律文件，该办法通过“定期报酬”和“定量报酬”两种方式来保障书刊作者的稿酬获取权。① 而其他著作财产权与著作人身权，则并没有法律规范予以保护。1950 年颁布的《保障发明权与专利权暂行条例》是新中国第一部涉及专利制度的法律规范，该暂行条例采用苏联模式，设立专利和奖励双轨制的发明创造保护机制。② 1963 年，随着《发明奖励条例》的出台，意味着发明创造的专利保护不再存在，仅剩发明奖励一种保护模式。1950 年颁布的《商标注册暂行条例》是新中国第一部保护商标权的法律规范，该条例规定了保护商标专用权的原则，实行了全国商标统一注册制度；1963 年颁布的《商标管理条例》则把商标工作重点从保护商标专用权转移到监督商品质量上来，废止商标审定程序，回避了商标权利及其法律保护。③

---

① 参见陈伟军：《著书不为稻粱谋——“十七年”稿酬制度的流变与作家的生存方式》，载《社会科学战线》，2006（1）。

② 参见冯晓青、刘成军：《我国保护发明创造立法和政策文献分析》，载《南都学坛》，2013（1）。

③ 参见刘佩智：《中国商标法制的建立和完善》，载《中国工商管理研究》，1999（10）。

2. 改革开放至加入世贸组织前夕的蓬勃发展

改革开放后，我国进入了知识产权立法的“快车道”，《商标法》（1982年）、《专利法》（1984年）、《著作权法》（1990年）、《反不正当竞争法》（1993年）等知识产权法律法规相继出台，逐步建立起相对完善的知识产权法的基本框架。

20世纪80—90年代，我国改革开放的基本国策初步启动，正处于从计划经济向市场经济的过渡阶段，在立足本土需求并参考国际条约和外国法律相关规定的基础上，各项知识产权法律规范先后颁布。为适应经济社会的发展需要，1982年我国率先制定并颁布了《商标法》，该法将保护注册商标专用权放在首位，注重商标管理以监督产品质量，对商标申请、审查和注册的相关程序作出明确规定。① 随后，我国于1984年颁布了《专利法》，构建起既符合我国需要也合乎国际惯例的专利制度，为我国以专利制度为基础开展国际经济交流创造了条件。② 我国的著作权立法工作也于这一时期开始，但由于最初草案争议较大，《著作权法》经过11年的广泛征求意见才最终于1990年颁布，该法对作者和著作权的归属、著作权的客体、著作权的内容、著作权的保护和限制等都作出了较为详尽的规定。③

随着我国改革的不断深化、开放的不断扩大，我国于1992年初步建立起了社会主义市场经济体制，这也促使我国的《专利法》和《商标法》分别于1992年和1993年作出了第一次修订，其中《专利法》增加了专利产品的进口保护，扩大了专利保护范围，对化学物质、药品、食品、饮料和调味品给予专

---

① 相关论述，参见邓正来、袁成弟：《新商标法初探》，载《法学杂志》1983（4）；耿文英：《我国社会主义新时期的商标法》，载《国际贸易》，1983（2）；沈关生：《试论我国商标法制的特点》，载《法学杂志》，1983（2）。

② 相关论述，参见黄勤南：《论专利制度和专利法》，载《法学研究》，1984（3）；汤宗舜：《论中国专利法的六个主要原则》，载《中国法学》，1984（2）；郑成思：《试论我国专利法的特点》，载《学习与思考》，1984（6）；吴汉东：《中国专利法的发展道路：现代化、国际化与战略化——在中国专利法颁布30周年座谈会上的发言》，载《知识产权》，2014（3）。

③ 相关论述，参见顾昂然：《新中国第一部著作权法概述》，载《中国法学》，1990（1）；魏启学：《中国颁布著作权法》，载《工业产权》，1990（4）；刘春田：《关于我国著作权立法的若干思考》，载《中国法学》，1989（4）。

利权保护，增设了本国优先权以及一系列程序性规范[①]；而《商标法》的变化则主要体现在扩大了商标保护范围，将服务商标纳入其中，排除了地名商标的注册，简化和完善了商标注册和撤销程序，加重了对假冒注册商标犯罪行为的处罚四个方面。[②] 为保障社会主义市场经济健康发展，我国《反不正当竞争法》也于1993年出台。该法在总则中设置了市场竞争的“一般条款”[③]，并在分则中对虚假宣传、侵犯商业秘密、商誉诋毁等11种不正当竞争行为进行了专门规制。[④] 至此，我国已完整勾勒出了知识产权法的基本框架。

（三）我国知识产权法律体系的日趋完善

我国知识产权法律体系的日趋完善阶段，是从2001年我国正式成为世界贸易组织成员开始的。在这一阶段中，我国知识产权法的国际化程度不断提升，实现本土法律与国际规则的互相契合，并通过各项法律规范的“主动性安排”，构建起了相对完善的知识产权法律体系。

20世纪末，为融入世界经贸体系，我国各项知识产权法律规范纷纷作出修订。截至2001年我国正式成为世界贸易组织成员方，已有《专利法》（2000年修订）、《著作权法》（2001年修订）、《商标法》（2001年修订）等知识产权法律法规作出修改。具言之，《专利法》在2001年修订后，增加了有关许诺销售、诉前临时措施、侵权赔偿额计的规定，重新界定职务发明范畴、明确职务发明奖酬，简化了专利审批和维权的程序，使我国专利制度与《知识产权协定》相一致[⑤]；《著作权法》在2001年修订后，不仅扩大了著作权保护的客体，将杂技艺术作品、建筑作品和具有独创性的数据库纳入著作权保护范围，增设出租权、放映权、信息网络传播权三项著作财产权，还缩小了合理使用的

---

① 相关论述，参见吴伯明：《关于中华人民共和国专利法的修改》，载《专利法研究（1992）》，北京，专利文献出版社，1992；文希凯：《中国专利制度在改革开放中完善》，载《国际贸易》1992（6）。

② 相关论述，参见王美娟：《我国商标法的修改和完善》，载《政治与法律》，1994（1）；杨柏华：《论我国商标法的修改和完善》，载《知识产权》，1994（4）。

③ 《中华人民共和国反不正当竞争法（1993）》第2条。

④ 参见《中华人民共和国反不正当竞争法（1993）》第5-15条。

⑤ 相关论述，参见张耀明：《专利法修改过程中的几个问题》，载《科技与法律》，2000（4）；文希凯：《中国专利法的第二次修改介绍》，载《知识产权》，2000（5）；王莲峰：《WTO中的知识产权协议与中国专利法的修改》，载《郑州大学学报（哲学社会科学版）》，2001（6）。

范围，增加了教科书法定许可的规定，明确了版权集体管理机构的法律地位，并增加了法定赔偿等侵权救济规定①；《商标法》在 2001 年修订后，则扩大了申请商标的主体范围、增加了商标保护的客体范围，强化了对驰名商标的保护，增设了恶意抢注的相关规定，加大了侵权处罚力度，基本上也实现了与《知识产权协定》的统一与契合。② 此外，《植物新品种保护条例》《集成电路布图设计保护条例》《地理标志产品保护规定》等其他知识产权法律法规也分别于 1997 年、2001 年、2005 年出台。至此，我国初期构建了知识产权法律体系。

进入 21 世纪，随着我国知识产权法律国际化水平进一步加强，尤其是 2008 年《国家知识产权战略纲要》实施以来，知识产权更是被上升到国家战略的高度。为推进创新驱动发展，我国《专利法》、《著作权法》、《商标法》和《反不正当竞争法》分别于 2008 年、2010 年、2013 年、2017 年再次作出修订，为创新型国家的建设提供了法律保障。修订后的《专利法》提高了对侵犯专利权行为的处罚力度，加大了意思自治的适用范围，增加了对遗传资源利用的专门规定，增设了专利强制许可制度③；修订后的《商标法》通过将"声音"纳入保护客体范畴，明确了"一标多类"申请方式，完善了商标注册异议制度，加强了对驰名商标与未注册商标的保护，引入了惩罚性赔偿制度，提高了侵权法定赔偿额等方式，使商标法律制度更加完善④；《反不正当竞争法》也在原有法律的基础上作出诸多修订，例如对"一般条款"进行完善、新增专

---

① 相关论述，参见沈仁干：《谈我国著作权法的修改》，载《知识产权》，2001 (6)；刘波林：《关于按 TRIPs 协定的要求改进我国著作权制度的建议》，载《知识产权》，2001 (3)；冯晓青、杨利华：《我国〈著作权法〉与国际知识产权公约的接轨》，载《南京社会科学》，2002 (7)。

② 相关论述，参见李顺德：《差距在缩小——TRIPs 与我国商标法修改》，载《国际贸易》，2001 (4)；赵惜兵：《完善商标法律制度　适应我国入世需要——〈商标法〉修改内容简介》，载《科技与法律》，2001 (4)；高卢麟：《中国的商标制度和商标法修改》，载《知识产权》，2002 (2)。

③ 相关论述，参见郭禾：《创新是社会进步的根本动力——〈专利法〉第三次修订评述》，载《电子知识产权》，2009 (3)；陶鑫良：《〈专利法〉第三次修改后的强制许可规范》，载《电子知识产权》，2009 (3)。

④ 相关论述，参见吴汉东、王超政：《中国发展大局中的商标法修改》，载《中国工商管理》，2013 (2)；金武卫：《〈商标法〉第三次修改回顾与总结》，载《知识产权》，2013 (10)；刘劭君：《进步中的中国〈商标法〉》，载《知识产权》，2013 (12)。

门的“网络反不正当竞争”规定等。[①] 虽仍有缺憾，但修订后，《反不正当竞争法》无疑更加完善，更加符合实际需求；为回应创新发展之需要，2010 年修订后的《著作权法》增设了著作权出质登记的规定，但是，此次《著作权法》修订的主要原因则在于 2009 年 WTO 专家组裁定我国《著作权法》第 4 条不符合《伯尔尼公约》和《知识产权协定》[②]，修订后的《著作权法》第 4 条改变原有“依法禁止出版、传播的作品，不受著作权法保护”的做法，规定违禁作品享有一定的著作权，但其著作权的行使应受到严格限制。[③] 目前，我国《专利法》的第四次修订，以及《著作权法》的第三次修订正在进行中，相关修法草案已向社会公开征求意见。未来我国知识产权法律体系势必会更加完善、更加成熟，为建设知识产权强国提供制度支撑。

二、我国知识产权法运行经验之总结

纵观我国知识产权法的发展历程，不难发现，我国现代意义的知识产权法实质上是从改革开放后逐步发展起来的。改革开放四十年来，我国知识产权法实现了从类型化到体系化的历史性变革，《著作权法》《专利法》《商标法》等各项知识产权法律规范都日臻完善，呈现出一片繁荣景象。在当前以创新为主要驱动力的知识经济时代，为进一步发挥知识产权法对经济社会的积极作用，有必要对改革开放以来我国知识产权法的运行经验进行梳理与总结，以明确我国知识产权法的制度定位，了解我国知识产权法的发展规律，以及我国知识产权法中利益冲突的协调方式，从而为我国知识产权法的未来提供参考与借鉴。

---

① 相关论述，参见郑友德、王活涛：《新修订反不正当竞争法的顶层设计与实施中的疑难问题探讨》，载《知识产权》，2018 (1)；柴耀田：《论中国〈反不正当竞争法〉的结构性问题——兼评 2018 年新修订〈反不正当竞争法〉》，载《电子知识产权》，2018 (1)。

② 参见苏如飞：《WTO 裁决与我国〈著作权法〉的修改》，载《中南林业科技大学学报（社会科学版）》，2010 (1)。

③ 《中华人民共和国著作权法》(2010) 第 4 条：“著作权人行使著作权，不得违反宪法和法律，不得损害公共利益。国家对作品的出版、传播依法进行监督管理。”相关论述，参见丛立先：《违禁作品著作权问题辨析——兼评我国〈著作权法〉第 4 条的修改》，载《法学》，2011 (2)。

（一）我国知识产权法的基本制度定位

经过改革开放以来的制度构建与规则完善，知识产权法已成为我国社会主义法制体系中的重要内容，并在长期的法律实践中形成了明确的制度定位，即知识产权法是民事法律规范的组成部分，是与市场竞争密切相关的法律制度，也是国家创新战略实施的法律保障。①

1. 知识产权法是民事法律规范的重要组成部分

知识产权法发轫于罗马法上的“无体物理论”，是“知识的财产化革命”的重要产物。基于知识产权客体的类型与性质，学者们普遍认为知识产权是一项民事权利。诚然，知识产权有别物权、债权等传统民事权利，具有客体非物质性的本质属性，但是，无论是动产、不动产等有形财产之上的物权，还是文艺作品、发明创造、商业标识等知识产品之上的知识产权，归根结底都是财产权利，具有民事权利的一般特征。②《知识产权协定》明确强调，“知识产权为私权”。我国在 1984 年颁布的《民法通则》已在第五章“民事权利”中以专节（第三节）对知识产权进行了明确规定，并将其与财产所有权（第一节）、债权（第二节）、人身权（第四节）等其他民事权利平行。2017 年，我国出台了统领未来民法典的《民法总则》，该法第 123 条规定“民事主体依法享有知识产权”，明确宣示了知识产权的民事权利属性。因而，一般认为，调整知识产权法律关系的知识产权法是一项民事法律规范。诚然，在知识产权法律规范中，存在一些涉及刑法与行政法的内容，但是并不能动摇知识产权法是民事法律规范的基本性质，因为无论是知识产权的取得、许可、转让，还是知识产权的侵权救济，各种知识产权法律关系的调整都适用民事法律的基本原理与原则。

2. 知识产权法是与市场竞争密切相关的法律制度

知识产权法肇始于近代资本主义商品经济的发展，是与市场竞争密切相关的一项法律制度。正如日本学者富田彻男所说，“实现智力成果的市场化是知

① 相关论述，参见王先林：《从个体权利、竞争工具到国家战略——关于知识产权的三维视角》，《上海交通大学学报（哲学社会科学版）》，2008（4）。

② 相关论述，参见谢怀栻：《论民事权利体系》，载《法学研究》，1996（2）；吴汉东：《财产的非物质化革命与革命的非物质财产法》，载《中国社会科学》，2003（4）；刘春田：《知识财产权解析》，载《中国社会科学》，2003（4）。

识产权制度的一大目标”[①]。知识产权是特定主体对知识财产所享有的一种专有权，这也就意味着权利人对于知识财产的权利是具有独占性的。在某种程度上可以认为，知识产权法是一项保护权利人对其知识财产享有合法垄断权的法律制度。在市场竞争中，知识产品基于知识产权法的保护也拥有合法市场垄断权，进而获得竞争优势。随着知识产权经济时代的到来，知识产权逐渐成为市场竞争成败的决定性因素，知识产权法对于市场竞争的推进作用也愈发明显。然而，在实践中，知识产权人为获取更大市场力量，往往会扩大知识产权的垄断效力，构成对知识产权的滥用行为，形成对市场竞争的阻碍，需要受到反不正当竞争的规制，甚至是反垄断法的制裁。因此，在市场竞争环境下，知识产权法积极效用的发挥，需要反不正当竞争法对其进行附加保护，为其附加“兜底保护”，保证知识产权法律制度与市场竞争机制的良性互动。[②] 进入 21 世纪以来，网络技术的发展带来了网络知识产权问题，同时也涌现出了网络不正当竞争行为，知识产权法与网络市场竞争之间的协调运行，则成为新的研究课题。[③]

3. 知识产权法是国家相关战略实施的基本法律保障

知识产权法作为激励创新、保护创新的重要法律制度，是我国知识产权战略有效实施的基础与保障。2008 年，《国家知识产权战略纲要》的公布实施，标志着知识产权在我国开始从一项法律制度上升为国家发展战略。这不仅是知识产权法政策工具属性的重要彰显，同时也是我国为推动经济和社会发展协调、配合科教兴国战略、人才强国战略和可持续发展战略而作出的重大战略决策和重要政策安排。过去十年间，我国知识产权战略持续推进，战略规划日趋完善，战略实施效果良好，在知识产权的创造、运用、保护、管理、服务等层面取得了一系列优秀的成果。知识产权法作为战略实施的基础与保障，在我国

---

① ［日］富田彻男：《市场竞争中的知识产权》，廖正衡等译，3 页，北京，商务印书馆，2000。

② 相关论述，参见郑成思：《反不正当竞争——知识产权的附加保护》，载《知识产权》，2003 (5)；杨明：《试论反不正当竞争法对知识产权的兜底保护》，载《法商研究》，2003 (3)。

③ 相关论述，参见吴汉东：《论反不正当竞争中的知识产权问题》，载《现代法学》，2013 (1)；张钦坤：《互联网不正当竞争案件发展实证分析——中国互联网不正当竞争案件发展实证分析》，载《电子知识产权》，2014 (10)；石必胜：《网络不正当竞争认定中的公共利益考量》，载《电子知识产权》，2015 (3)；方晓霞：《网络不正当竞争行为的类型化分析》，载《知识产权》，2011 (8)。

知识产权战略运行过程中发挥了重要作用，不仅为知识产权战略规划的制定提供了法律根基，同时也为创新战略、运用战略、保护战略、管理战略、服务战略等各项知识产权战略的有效实施提供了法律保障。随着2015年《关于新形势下加快知识产权强国建设的若干意见》的发布，我国知识产权战略运行进入了新的阶段，法律制度对知识产权强国建设的推动与保障也更为重要。因此，需要更加充分地发挥知识产权法的政策工具作用，进一步推进国家知识产权战略实施，实现我国从“知识产权大国”向“知识产权强国”的转变。①

（二）我国知识产权法的发展运行规律

任何事物的发展都有其自身的规律，知识产权法也不例外。改革开放四十年来，我国知识产权法发展运行的规律大致可以概括为三个方面，即知识产权法随科学技术的进步而演变；知识产权法随经济社会的发展而改变；知识产权法随公共政策的调整而转变。

1. 知识产权法随科学技术的进步而演变

知识产权法基于科技革命而生，由于科技革命而变，其制度史本身就是一个法律制度创新与科技创新相互作用、相互促进的过程。从17世纪产生至今，经过了从工业革命到信息革命全部四次科技革命，知识产权法的每一次重大发展变革都与科学技术的发展密切相关。② 因此，可以说，知识产权法三四百年的发展史是随着科技革命的推进而实现法律完善的制度变迁史。20世纪80—90年代，我国知识产权法律制度初步建立，恰逢全球范围内掀起了以网络技术、基因技术等为代表的新一次科技革命，层出不穷的科技成果引发了诸多社会变革，也使我国知识产权制度无时无刻不面临着新技术发展带来的挑战，并及时给出法律回应。以网络技术为例，其从最初的Web1.0发展到如今的Web4.0，信息传播的交互性、即时性、整合性不断增强，但各个主体之间的利益格局也发生巨大改变，网络著作权问题、网络不正当竞争问题等网络技术所引发的知识产权法律问题日益凸显。为此，我国积极作出法律应对，出台了

① 相关论述，参见申长雨主编：《迈向知识产权强国之路——知识产权强国建设基本问题研究》，第一辑，北京，知识产权出版社，2016；申长雨主编：《迈向知识产强国之路——知识产权强国建设实施问题研究》，第2辑，北京，知识产权出版社，2017。

② 参见吴汉东：《科技、经济、法律协调机制中的知识产权法》，载《法学研究》，2001（6）。

《信息网络传播权保护条例》等一系列规制网络著作权的法律、法规及司法解释，并在2017年修订的《反不正当竞争法》中新增了专门的“网络反不正当竞争”规定。[①]

2. 知识产权法随经济社会的发展而改变

知识产权法的产生与发展都受到其经济背景因素的强烈制约。如果经济背景改变，知识产权法的制度设计也必然会发生变化。[②] 从各个发达国家知识产权法的发展历程来看，不难发现在不同经济社会发展阶段，知识产权法的制度设计存在较大差异。一般说来，知识产权法律制度随商品经济的发展而产生，在制度创建之初，基于某些产业和行业发展水平较低的缘故，他们往往会在这些领域采取知识产权的弱保护，甚至还会对本国人和外国人采取差别待遇，以保证自身经济社会的快速发展。但是，随着本国经济实力的增强，他们改弱保护为强保护，以高标准的知识产权法律规范，保障经济社会的持续发展。我国知识产权法起步较晚，在改革开放后才真正建立起来，失去了随经济社会发展水平缓慢提升知识产权保护标准的历史契机，在国际社会的压力下不得不采取超出当时经济社会发展需要的超水平保护模式。然而，这并不意味着我国知识产权法的发展背离了经济社会的发展规律。在改革开放之初，我国知识产权法采取了高于经济发展水平的保护标准，但是为保护本土弱势产业，在具体的制度设计上对很多领域有所保留，例如从我国1984年《专利法》颁布到1992年修订的8年之间，化学物质、药品、食品、饮料和调味品一直是不授予专利的。[③] 随着我国社会主义市场经济体制的建立，经济社会发展迅速，知识产权的保护水准不断提升，知识产权法也成为经济转型升级、社会创新发展的法律保障与制度支撑。

---

① 相关论述，参见郑友德、王活涛：《新修订反不正当竞争法的顶层设计与实施中的疑难问题探讨》，载《知识产权》，2018（1）；田小军、朱萸：《新修订〈反不正当竞争法〉“互联网专条”评述》，载《电子知识产权》，2018（1）。

② 参见［日］富田彻男：《市场竞争中的知识产权》，廖正衡等译，14页，北京，商务印书馆，2000。

③ 相关论述，参见吴伯明：《关于中华人民共和国专利法的修改》，载《专利法研究（1992）》，北京，专利文献出版社，1992；文希凯：《中国专利制度在改革开放中完善》，载《国际贸易》，1992（6）。

3. 知识产权法随公共政策的调整而转变

知识产权法作为激励技术创新和促进经济增长的重要法律规范，其在公共政策体系中也是一项知识产权政策，它是在国家层面上制定、实施和推进的，即政府以国家的名义，通过制度配置和政策安排对知识资源的创造、归属、利用以及管理等进行指导和规制，以维护知识产权的争议秩序，实现知识产权传播的效益目标。① 根据知识产权对价理论，知识产权法实际上是法律和政策的集合体，只有“保护不保护”是法律问题，“保护多少、保护什么、不保护什么”则是一个国家的公共政策。② 因此，可以认为，知识产权法律规范的具体设计实质上是由国家的公共政策所决定的，知识产权制度运行过程中表现出的价值取向则是国家知识产权政策导向的重要彰显。改革开放以来，我国各项知识产权法从制定到历次修订的发展过程突出地表现了我国知识产权政策的调整与演变。具言之，20 世纪 80—90 年代，我国《商标法》《专利法》《著作权法》的先后出台，从政策层面上看，这些立法活动是我国推行改革开放基本国策、构建社会主义市场经济的现实需要；20 世纪末，我国《商标法》《专利法》《著作权法》的相继修订，《植物新品种保护条例》《集成电路布图设计保护条例》《地理标志产品保护规定》等新型知识产权法律规范的制定，在一定程度上是我国为加入世界贸易组织所做的政策安排。2008 年《国家知识产权战略纲要》实施以来，我国各项知识产权法律规范的新一轮的修订，则是对创新驱动发展战略、知识产权强国建设等政策的重要回应。

（三）我国知识产权法的冲突协调机制

知识产权法作为保护私人智力创造活动的法律制度，在实际运行中往往会与相关公共利益的保护发生冲突，因而，需要建立相应的协调机制来对其进行化解。我国知识产权法在实施过程中，也遇到了知识产权法与基本人权保护、公共健康保护、遗传资源保护、传统知识保护等诸多冲突的协调问题。我国在

---

① 参见吴汉东：《中国应建立以知识产权为导向的公共政策体系》，载《中国发展观察》，2007。

② 参见徐瑄：《知识产权的对价理论》，354 页，北京，法律出版社，2013。吴汉东教授同样认为，“是否保护知识产权，对哪些知识赋予知识产权，以何种水平保护知识产权，是一个国家根据现实发展状况和未来发展需要而做出的公共政策选择和安排。”吴汉东：《利弊之间：知识产权制度的政策学分析》，载《法商研究》，2006（5）。

利益平衡原则的指引下，使各项冲突都走向协调，保证了知识产权法的有序运行。

1. 知识产权法与基本人权保护之间的冲突与协调

知识产权法激励创新、保护创造者权益的制度目标，在本质上是基本人权中文学艺术创作自由与科学技术创造自由等内容相契合。知识产权法以赋予文学艺术创作者和科学技术创造者财产权利的方式保障了知识产权法人权价值的实现。但是，随着知识产权的保护水平不断提升、保护范围的不断扩大，现代知识产权法在一些时候片面强调对权利人的保护而忽视社会公共利益，进而引发知识产权与言论自由、表达自由、生命健康权、知识获取权、环境权、隐私权等基本人权保护之间的冲突。① 在我国知识产权法的实际运行中，知识产权法与基本人权保护之间的冲突也时有显现，为化解这一冲突，我国在长期的实践中探索出了一系列行之有效的协调机制，即以《世界人权宣言》《知识产权协定》等国际公约为依据，运用“法益优先保护”原则，根据价值位阶确定权利的保护顺序②，以知识产权限制与例外制度和知识产权反垄断规制为基础③，努力推进创作者、创造者的合法权益和社会公共利益之间的协调与均衡，实现知识产权法私权保障目标与人权保障目标的协调统一。

2. 知识产权法与公共健康保护之间的冲突与协调

知识产权法与公共健康保护之间的冲突，随《知识产权协定》中知识产权国际保护水平的大幅提高而日益凸显。在《知识产权协定》之前，没有国际条约规定必须对医药产品和方法授予专利，在不承担国际义务的条件下，发展中国家和最不发达国家多采用制造和进口通用药品的方式向其国民提供廉价药品。④《知识产权协定》医药产品提高专利保护的规定，极大地制约了发展中国家和最不发达国家人民必需药品的可及性，甚至引发公共健康危机。为此，

---

① 参见王渊、马治国：《现代知识产权与人权冲突的法律法理分析》，载《政治与法律》，2008 (8)。

② 相关论述，参见吴汉东：《知识产权的多元属性及研究范式》，载《中国社会科学》，2011 (5)；黄玉烨：《知识产权与其他人权的冲突与协调》，载《法商研究》，2008 (5)。

③ 参见高兰英：《知识产权的人权危机：冲突与协调》，载《知识产权》，2014 (11)。

④ 相关论述，参见周俊强：《与公共健康危机有关的知识产权国际保护》，载《中国法学》，2005 (1)；冯洁涵：《全球公共健康危机、知识产权国际保护与 WTO 多哈宣言》，载《法学评论》，2003 (2)。

在广大发展中国家和最不发达国家的积极争取下，世界贸易组织于 2001 年开启了多哈回合谈判，并在达成的《多哈宣言》中明确承认了国家采取措施维护公共健康是不可减损的权利。① 我国作为世界上最大的发展中国家，在药品研发方面远落后于美国等发达国家，《知识产权协定》所带来的公共健康问题在我国也表现得尤为突出。为化解知识产权法与公共健康保护之间的冲突，我国在 2008 年《专利法》修订时引入专利强制许可制度以保障必需药品的供给。② 与此同时，学者们也提出引入药品专利链接制度，使仿制药快速进入市场以降低药品价格，实现药品专利保护与公共健康保护之间的协调。③

3. 知识产权法与遗传资源保护之间的冲突与协调

知识产权法与遗传资源保护之间的冲突，是在遗传资源被纳入知识产权保护范围后产生的。遗传资源作为一种本源性资源构成，是指具有遗传功能的基因性资源，以及土著及地方性社区关于遗传资源多样性保护与持续利用、体现其长期传统生活方式的知识、创新和做法。④ 随着生物技术的发展，遗传资源作为基因技术研发的基础资源，其商业价值与日俱增，尤其是比较稀缺的遗传资源。但是，在实践中，由于生物技术大多掌控在发达国家手中，而遗传资源则大多存在于发展中国家，也就出现了发达国家要求对生物技术进行知识产权保护和发展中国家要求对其遗传资源给予必要保护的利益冲突。⑤ 为解决这一冲突，《生物多样性公约》确认了各国对于本国范围内的遗传资源拥有主权，并设置了遗传资源开发利用的事先知情同意原则。我国地大物博，拥有丰富的遗传资源，但生物技术却相对落后于欧美发达国家，因而，我国也存在着生物

---

① 参见魏森：《从“多哈宣言”看药品知识产权保护与公共健康利益间的平衡》，载《兰州学刊》，2004 (2)。

② 相关论述，参见陶鑫良：《〈专利法〉第三次修改后的强制许可规范》，载《电子知识产权》，2009 (3)；张韬略、张伟君：《公共健康危机下的专利强制许可——对我国〈专利法〉第 49 条的修改建议》，载《知识产权》，2008 (5)。

③ 相关论述，参见梁志文：《药品专利链接制度的移植与创制》，载《政治与法律》，2017 (8)；刘立春、朱雪忠：《美国和加拿大药品专利链接体系要素的选择及其对中国的启示》，载《中国科技论坛》，2014 (1)。

④ 参见钭晓东、郝峰：《科学发展观引领下的遗传资源知识产权法治保障战略论纲》，载《法学杂志》，2010 (11)。

⑤ 参见潘灿君：《生物遗传资源保护与知识产权冲突的协调》，载《知识产权》，2007 (3)。

技术知识产权保护与遗传资源保护之间的冲突。为保护遗传资源，我国在2008年《专利法》修订时增加了对遗传资源利用的专门规定。[①] 为达到对遗传资源进行充分保护的目的，真正实现知识产权法与遗传资源保护之间的协调，未来需要出台更为全面的法律协调机制。

4. 知识产权法与传统知识保护之间的冲突与协调

知识产权法与传统知识保护之间的冲突，则是由于知识产品对传统知识的应用而出现的。传统知识通常是指在长期的生产生活中由传统部族创造出来的知识、诀窍、技术和经验的总称。[②] 一般说来，当前我国应用较为广泛的传统知识主要包括民间文艺和传统医药两大类。在实践中，文学艺术作品的创作常常会以广泛流传的民间文学艺术为基础；中成药品的研发也往往会以相对成熟的传统医药知识为基础。因而，也就衍生出相关作品、发明创造的知识产权保护与民间文艺、传统医药等传统知识产权保护之间的冲突问题。为推进知识产权法与传统知识保护之间的协调，我国开启了对传统知识进行知识产权保护的理论探讨与实践探索。关于民间文学艺术的知识产权保护，主要有民间文学艺术的著作权保护模式[③]和特别权利保护模式[④]两种观点。立法者则倾向于采用著作权保护模式，目前，我国《民间文学艺术作品著作权保护条例》（草案）已经公布，正在向社会征求意见。关于传统医药的知识产权保护，学者们也提

① 参见孙昊亮：《论遗传资源获取与来源披露对专利授权的影响》，载《法律科学（西北政法大学学报）》，2009（4）；郭禾：《创新是社会进步的根本动力——〈专利法〉第三次修订评述》，载《电子知识产权》，2009（3）；

② See The Secretariat of WIPO, Revised Version of Traditional Knowledge Policy and Legal Options, Intergovernmental Committee on Intellectual Property and Genetic Resources, Traditional Knowledge and Folklore, Sixth Session (Geneva, March 15 to 19, 2004), paragraph 58.

③ 相关论述，参见管育鹰：《民间文学艺术作品的保护机制探讨》，载《法律科学（西北政法大学学报）》，2016（4）；王瑞龙：《民间文学艺术作品著作权保护的制度设计》，载《中南民族大学学报（人文社会科学版）》，2004（5）。

④ 相关论述，参见黄玉烨：《我国民间文学艺术的特别权利保护模式》，载《法学》，2009（8）；严永和：《我国民间文学艺术法律保护模式的选择》，载《知识产权》，2009（3）。

出了专利权保护[①]、地理标志保护[②]以及特别权利保护[③]等多种保护模式，为未来知识产权法与传统医药保护之间的协调提供了重要参考。

三、我国知识产权法未来愿景之展望

改革开放以来，我国知识产权法制建设突飞猛进，取得了举世瞩目的成就。在未来以创新为主要增长动力的发展模式下，知识产权法将在经济社会的发展中发挥更大积极效用。与此同时，为适应未来的发展需要，知识产权法也必须与时俱进，大力推进知识产权法的法典化、现代化、国际化进程，为我国实现创新驱动发展提供法律保障与制度支撑。

（一）我国知识产权法的法典化趋势

随着我国知识产权法律体系的日趋完善，知识产权法典化的呼声日盛。目前，我国关于知识产权法典化的发展路径，在学界存在着“入典”和“成典”两种不同的声音。其中，“入典”即是指将知识产权纳入民法典，在民法典中设置“知识产权编”，例如《俄罗斯联邦民法典》第 4 部分的规定[④]；“成典”则是指制定专门的知识产权法典，例如《法国知识产权法典》[⑤]《菲律宾知识产权法典》[⑥] 等。在以上两种不同的法典化模式中，知识产权法“入典”具有理论上的合理性；知识产权法“成典”也具有实践上的可行性。未来我国知识产权法典化的不同路径选择，则意味着我国知识产权法的不同体系构造与发展方向。

---

① 相关论述，参见周时更等：《我国传统医药知识产权专利申请与授权分析》，载《医学与社会》，2017 (4)；陈庆：《传统医药信息用途专利模式构建及侵权责任认定研究》，载《河北法学》，2015 (11)。

② 相关论述，参见王艳翚、宋晓亭：《道地药材地理标志保护模式研究》，载《时代法学》，2014 (3)。

③ 相关论述，参见黄玉烨：《浅谈中国传统医药知识产权保护策略》，载《科技与法律》，2005 (3)。

④ 具体参见张建文译：《俄罗斯知识产权法》，北京，知识产权出版社，2012。

⑤ 具体参见黄晖、朱志刚译：《法国知识产权法典（法律部分）》，北京，商务印书馆，2017。

⑥ 具体参见杨涛、杨斌译：《菲律宾知识产权法典》，北京，知识产权出版社，2014。

1. 知识产权法法典化之“入典”模式

知识产权民事权利的本质属性是知识产权“入典”的理论基础。作为我国民法典总纲的《民法总则》在第123条中也明确规定“民事主体依法享有知识产权”，这是民法典对知识产权民事权利属性的原则性认定。以此为基础，进一步推进知识产权在民法典中独立成编，对知识产权作出基本规定，为主流知识产权学者所倡导。[①] 具言之，我国在民法典中设置“知识产权编”的合理性主要体现在民法典的时代性要求和结构性要求两个层面。首先，设置“知识产权编”是民法典时代性的重要彰显。在当今信息社会，知识产权日益重要，将知识产权纳入民法典并独立成编，对知识产权作出明确规定，是信息社会中新时代需求的重要彰显。[②] 知识产权在民法典中独立成编也是知识产权经济时代民法典编纂的重要变革。其次，设置“知识产权编”是民法典结构性的关键补充。《民法总则》作为民法典的统领和总纲继承了《民法通则》的立法传统，在“民事权利”一章中设置了专门的知识产权条款（即第123条），同物权条款（即第114条）、债权条款（即第118条）、继承权条款（即第124条）等处于同一位阶，明确了知识产权法是民法不可分割的一部分，也为知识产权在民法典中独立成编奠定了逻辑基础。[③] 然而，关于民法典“知识产权编”的立法模式，学者们却观点各异：有的学者认为，应当将各项知识产权法律规范中抽象出来共同适用的“一般规定”纳入民法典，作为“知识产权编”[④]；有的学者则认为，应当将具有私法属性的知识产权总论和著作权法、专利法、商标法等各种类型化的知识产权法律、法规纳入民法典中，设立“知识产权编”，不

① 相关论述，参见吴汉东：《知识产权应在未来民法典中独立成编》，载《知识产权》，2016 (12)；张玉敏、王智斌：《论我国民法典设置知识产权编的理由及基本构想——以概括式立法为目标模式》，载《甘肃社会科学》，2005 (5)；易继明：《中国民法典制定背景下知识产权立法的选择》，载《陕西师范大学学报（哲学社会科学版）》，2017 (2)；李琛：《论中国民法典设立知识产权编的必要性》，载《苏州大学学报（法学版）》，2015 (4)；王迁：《将知识产权法纳入民法典的思考》，载《知识产权》，2015 (10)；朱谢群：《也论民法典与知识产权》，载《知识产权》，2015 (10)。

② 参见管育鹰：《知识产权与民法典的关系——以知识产权审判专业化趋势为视角》，载《法律适用》，2016 (12)。

③ 参见张玉敏、王智斌：《论我国民法典设置知识产权编的理由及基本构想——以概括式立法为目标模式》，载《甘肃社会科学》，2005 (5)。

④ 吴汉东：《民法法典化运动中的知识产权法》，载《中国法学》，2016 (4)。

适合纳入民法典的相关程序性规范则采用单行法律、法规的方式予以补充规定[①]；当然，也有一些学者反对知识产权在民法典中独立成编，他们认为知识产权法中的程序性内容会影响民法典的稳定性，民法典的范式也会制约知识产权法的独立性。[②]

2. 知识产权法法典化之"成典"模式

知识产权法单独"成典"，即是指将著作权法、专利法、商标法等各项知识产权单行法律、法规进行体系化的汇编，以形成专门的知识产权法典。制定"知识产权法典"的提议肇始于1967年缔结的《建立世界知识产权组织公约》，随后斯里兰卡、法国、菲律宾、越南四国分别于1979年、1992年、1997年、2005年制定《知识产权法典》，实现了知识产权法典化。[③] 在当下我国知识产权立法层级的差异化和行政管理多元化的情况下，将各项知识产权单行法律规范进行整合，采用统一体例汇编成知识产权法典，不失为一种有效的应对策略。具言之，我国制定"知识产权法典"的可行性主要体现在降低知识产权立法成本和实现各类知识产权统一管理两个方面。首先，制定"知识产权法典"可以极大地降低知识产权的立法成本。尽管法典形式的立法成本远远高于单行法，但这种立法成本几乎是一次性的。[④] 而且，作为当前知识经济时代下的核心法律规范，各项知识产权制度往往需要随着经济社会的发展进行修订，在统一知识产权法典的立法体例下修法的时间成本和物质成本，无疑会比各单行法律、法规的分别修改低很多。其次，制定"知识产权法典"可以为各类知识产权的统一管理创造条件。在当下我国各类知识产权法律规范立法层级存在差异、行政管理多头的条件下，将各类知识产权规范汇总形成统一的"知识产权法典"，实现不同类型的知识产权的立法体例和立法原则上的统一，保证各行

① 参见易继明：《历史视域中的私法统一与民法典的未来》，载《中国社会科学》，2014（5）。

② 相关论述，参见李扬：《论民法典编纂中知识产权不宜独立成编》，载《陕西师范大学学报（哲学社会科学版）》，2017（2）；赵万一：《知识产权法的立法目标及其制度实现——兼论知识产权法在民法典中的地位及其表达》，载《华东政法大学学报》，2016（6）；崔建远：《知识产权法之于民法典》，载《交大法学》，2016（1）。

③ 参见何华、肖志远：《〈民法总则〉知识产权条款评析及未来立法展望》，载《知识产权》，2017（5）。

④ 参见李雨峰：《知识产权法典化论证质评》，载《现代法学》，2005（6）。

政管理机构采用统一标准来实施法律，为知识产权综合管理，即各类知识产权行政管理机构的统一奠定基础，以法典化推进知识产权立法、执法、司法的一体化。

（二）我国知识产权法的现代化变革

随着新技术革命的不断深化，日新月异的科学技术在不断造福人类社会的同时，也引发了一系列深刻的社会变革。改革开放之初，我国知识产权法律规范初入正轨，恰逢全球范围内掀起以网络技术、基因技术等为代表的新一次科技革命，层出不穷的创新成果使我国知识产权法在过去四十年的发展过程中无时无刻不面临着新技术发展带来的挑战。未来科学技术必将日益精进，知识产权法也必将与时俱进，法律现代化进程无疑会被持续推进。以当前网络技术、基因技术、人工智能技术的运作特点来看，未来我国知识产权法的现代化发展主要表现为知识产权主体界定标准、客体利用方式和权利保护模式三个层面的法律变革。

1. 知识产权主体界定标准的现代化改变

在知识产权主体层面，新技术革命所引起的法律现代化变革主要体现为主体界定标准的改变。随着科学技术的发展，未来智力创造的主体将不再局限于传统意义上的自然人与法人，虚拟人、机器人，将来克隆人都可能进入作品创作、发明创造等智力活动之中，成为知识产权的权利主体。具言之，网络技术的飞速发展与普遍应用直接导致了“虚拟人”“虚拟组织”的出现，这无疑使知识产权主体的表现形式更加丰富、身份认定更加复杂。[①] 与此同时，随着网络信息共享程度的不断加深，网络环境下作品的生成方式也从传统的专业作者创作作品转变为网络用户生成内容，直接改变了著作权制度运行模式和著作权产业的运营模式。[②] 人工智能的发展则将改变甚至颠覆人类现存的生产工作和交往方式。机器人已变得更加优秀，能够下棋、解题、从事数学发现、学习新的概念、解释视觉场景、诊断疾病、推理条件等需要人的智能工作。[③] 当然，

---

① 参见王景川、胡开忠主编：《知识产权制度现代化问题研究》，36 页，北京，北京大学出版社，2010。

② 参见熊琦：《Web2.0 时代的著作权法：问题、争议与应对》，载《政法论坛》，2014（4）。

③ 参见於兴中：《当法律遇上人工智能》，载《法制日报》，2016-03-28。

文学艺术作品的创作、科学技术方案的创造也在人工智能的能力范围之内。由此衍生出了人工智能是否具有知识产权主体资格及其智力成果的知识产权归属的问题。[①] 此外，随着基因技术的发展，在未来极有可能会出现克隆人，一旦其参与到智力创造并取得智力成果，克隆人能否成为知识产权的主体，及克隆人所完成智力成果的知识产权的归属问题，又将成为知识产权法律运行中的新难题。

2. 知识产权客体利用方式的现代化突破

在知识产权客体层面，新技术革命所引起的法律现代化变革主要体现为客体利用方式的突破。在实践中，这一突破有两个方面的具体表现：一是在科技发展的影响下原有知识产权客体利用方式的改变。例如网络技术的发展开启了文字作品在线创作与音乐作品在线传播等新型著作权客体利用的方式，并带来了新型的著作权商业运营模式。[②] 二是在科技发展的推动下产生了新的知识产权客体及相应的新型客体利用方式。例如网络游戏产业的日益繁荣带来了游戏软件、游戏画面等新型客体的著作权保护与运营的问题。[③] 网络直播平台的蓬勃发展也引发了体育赛事直播与网络游戏直播作为著作权客体的法律保护问题。[④] 基因检测、基因治疗等基因技术的实际应用则衍生出将基因技术作为专利客体予以保护的实践探索，最具影响力的是美国 2011 年的 Myriad 案，美国在该案的裁判中通过将自然基因和合成基因区别对待的方式承认了 BRCA1/2

---

① 相关论述，参见吴汉东：《人工智能时代的制度安排与法律规制》，载《法律科学（西北政法大学学报）》，2017（5）；熊琦：《人工智能生成内容的著作权认定》，载《知识产权》，2017（3）；

② 相关论述，参见梅夏英、姜福晓：《数字网络环境中著作权实现的困境与出路——基于 P2P 技术背景下美国音乐产业的实证分析》，载《北方法学》，2014（2）；熊琦：《音乐著作权许可模式的转型路径选择》，载《法学家》，2014（1）；熊琦：《音乐著作权制度体系的生成与继受》，载《法学》，2013（12）。

③ 相关论述，参见崔国斌：《认真对待游戏著作权》，载《知识产权》，2016（2）；凌宗亮：《网络游戏的作品属性及其权利归属》，载《中国版权》，2016（5）。

④ 关于体育赛事直播著作权问题的相关论述，参见王迁：《论体育赛事现场直播画面的著作权保护——兼评"凤凰网赛事转播案"》，载《法律科学（西北政法大学学报）》，2016（1）；丛立先：《体育赛事直播节目的版权问题析论》，载《中国版权》，2015（4）。关于网络游戏直播著作权问题的相关论述，参见冯晓青：《网络游戏直播画面的作品属性及其相关著作权问题研究》，载《知识产权》，2017（1）；祝建军：《网络游戏直播的著作权问题研究》，载《知识产权》，2017（1）；李扬：《网络游戏直播中的著作权问题》，载《知识产权》，2017（1）。

基因的可专利性。[①] 此外，随着人工智能开始在新闻稿件创作等智力创造活动中应用，人工智能生成物能否成为著作权法所保护的作品的问题也引起了学者们的热议。[②] 知识产权法所保护的新客体以及原有客体的新型利用方式将会随着科学技术的进步而不断涌现，我国关于知识产权客体利用方式的现代化探索无疑会随之持续推进。

3. 知识产权权利保护模式的现代化发展

在知识产权保护层面，新技术革命所引起的法律现代化变革主要体现为权利保护模式的发展。网络技术的发展与普及将人类社会带入了一个信息飞速传播、海量存储的网络时代，随之而来的是网络著作权产业的蓬勃发展。基于网络传播与存储的特殊性，著作权保护范围不再局限于发表权、复制权等传统内容，出现了信息网络传播权和数据库权利等新兴权项。[③] 与此同时，在网络技术时代，知识产权侵权责任认定机制也发生了重要的变化。由于网络服务提供商在网络著作权产业运营中的重要作用，为有效维护著作权人的合法权益，在网络环境下出现了网络服务提供者的间接侵权责任[④]；为合理界定侵权责任，则产生了"服务器标准"等网络著作权侵权认定标准。[⑤] 基因技术的发展与应

---

① 相关论述，参见赵雷：《美国 2011 年专利法第一案 Myriad 案评——人类基因可专利性的再思考》，载《知识产权》，2012（6）；刘鑫：《试论人体基因的可专利性——Myriad 案之省思》，载《华中师范大学研究生学报》，2016（1）；肇旭：《Myriad 案与基因专利的未来》，载《河北法学》，2014（1）。

② 相关论述，参见易继明：《人工智能创作物是作品吗?》，载《法律科学》，2017（5）；王迁：《论人工智能生成的内容在著作权法中的定性》，载《法律科学》，2017（5）。

③ 关于信息网络传播权的相关论述，参见乔生：《信息网络传播权立法评价与完善》，载《中国法学》，2004（4）；焦和平：《三网融合下广播权与信息网络传播权的重构——兼析〈著作权（修改草案）〉前两稿的相关规定》，载《法律科学》，2013（1）。关于数据库权利的相关论述，参见李扬：《数据库特殊权利保护制度的缺陷及立法完善》，载《法商研究》，2003（4）；孔德周：《论数据库专门立法保护的必要性》，载《法学杂志》，2011（1）。

④ 相关论述，参见冯术杰：《论网络服务提供者间接侵权责任的过错形态》，载《中国法学》，2016（4）；吴汉东：《论网络服务提供者的著作权侵权责任》，载《中国法学》，2011（2）；曹阳：《知识产权间接侵权责任的主观要件分析——以网络服务提供者为主要对象》，载《知识产权》，2012（11）。

⑤ 相关论述，参见刘银良：《信息网络传播权的侵权判定——从"用户感知标准"到"提供标准"》，载《法学》，2017（10）；王迁：《论提供"深层链接"行为的法律定性及其规制》，载《法学》，2016（10）；崔国斌：《得形忘意的服务器标准》，载《知识产权》，2016（8）；刘家瑞：《为何历史选择了服务器标准——兼论聚合链接的归责原则》，载《知识产权》，2017（2）。

用极大地推动了生物制药产业的进步，但在对基因药品进行专利保护的过程中，由于基因不只是一个“物”，它带有生命潜能（life potential），而且更重要的是，它带有原本产生此基因的基因讯息（ genetic information）[①]，因此，有必要构建基因提供者的知情同意与惠益分享机制，即采集基因时应征得基因所有人的同意并给予经济补偿，取得研究成果后基因提供者有权分享利益。[②]此外，基于基因技术与生命健康的高度相关性，在给予基因药品等相关产品以知识产权保护时，应当对其保护范围进行严格限制，并在有需要时构建基因专利池[③]，逐步形成符合基因技术特点的知识产权保护模式。未来，随着科学技术的进一步发展，新的技术成果会越来越多，我国知识产权权利保护模式的现代化变革也会更加深入、全面。

（三）我国知识产权法的国际化走向

随着经济全球化发展趋势的日益加强，我国知识产权法的国际化水平不断提升。改革开放以来，我国经过长期的制度构建与规则完善，逐步实现了知识产权法的本土化。21世纪初，中国加入世界贸易组织之后，仅仅用了5年多的时间就已全面实现了知识产权法律制度与《知识产权协定》的契合，并成为各主要国际知识产权条约、公约的成员国，基本完成了知识产权法从本土化向国际化的转变。[④] 未来，我国知识产权法无疑将沿着国际化的发展走向继续前进，不断提升在国际知识产权规则制定中的话语权，发出知识产权国际化的“中国声音”，作出知识产权国际化的“中国决策”。

1. 知识产权法国际化的机遇与挑战

知识产权法的国际化，即是指知识产权法律规范的基本原则和主要规则在

---

① 参见颜厥安：《鼠肝与虫臂的管制——法理学与生命伦理探究》，25页，北京，北京大学出版社，2006。

② 相关论述，参见黄玉烨：《人类基因提供者利益分享的法律思考》，载《法商研究》，2002（6）；尚志红：《人类基因提供者利益分享实现的构想》，载《法学杂志》，2005（2）；郑丽娜：《人类基因提供者权利内容的确定》，载《河北理工大学学报（社会科学版）》，2009（4）。

③ 相关论述，参见周莳文、蒋风采等：《构建我国基因专利池的设想》，载《华南理工大学学报（社会科学版）》，2012（1）；刘鑫：《TPP背景下基因药品专利池之构建、管理与运行》，载《电子知识产权》，2015（11）；王震：《基因专利与专利池》，载《研究与发展管理》，2007（4）。

④ 参见万霞：《论知识产权法律制度的本土化与国际化——以中欧知识产权问题为视角》，载《外交评论》，2007（6）。

全球范围的普适性，以各国知识产权制度趋同化与一体化为基本特点，但这并不意味着在保护内容、保护标准、保护水平等方面的全球知识产权法律规范的统一化。一直以来，西方资本主义国家积极推行知识产权国际化保护战略，其本质在于利用知识产权的垄断本性来实现科技成果的利益化和经济发展的知识化。[①] 而对于我国而言，知识产权法的国际化则既是制度的挑战，也是发展的机遇。正如郑成思教授所言，“要看到全球化中知识产权保护强化对我们不利的一面，更要看到‘保护’在建设创新型国家中的重要作用”[②]。具言之，知识产权法国际化对我国的挑战主要体现为《知识产权协定》等国际公约的保护水平超出了我国当时的经济发展需要。片面地追求知识产权法的国际化，采取知识产权强保护模式，难免会制约本土产业经济的发展。尤其是在 20 世纪 90 年代初，由于我国需要加入《世界版权公约》，却并未及时修订《著作权法》，在著作权保护中出现了诸如“实用美术作品保护的规定适用于外国人而不延及本国人”等“超国民待遇”[③] 与“超国际标准”[④] 的现象，这无疑是对本国作者的一种歧视，极大地影响了他们的创作热情。但是，我们必须认识到，对我国来说，知识产权国际化带来的更多的是发展的机遇。20 世纪末，我国接受《知识产权协定》，对《著作权法》《专利法》《商标法》等各项知识产权法律规范作出修订，实现知识产权法与国际规则相接轨，为我国加入世界贸易组织、融入世界经贸体系创造了条件，为我国 21 世纪以来经济社会的飞速发展提供了法律保障与制度支撑。因此，可以说，我国推进知识产权法的国际化不是完全的让步，而是有偿的交换。加强知识产权保护也是实现经济持续发展和科学快速进步的内在要求。面对知识产权法国际化进程的机遇与挑战，针对发展阶段的不同，我国应当制定不同的战略措施：既要考虑现实利益，又要具有长远的眼光；既要遵循国际公约规定，保护外国的高新技术，也要推动国际合作，保护我国的传统知识。

---

① 参见曲三强：《知识产权保护的国际化趋势》，载《法治研究》，2010（4）。

② 郑成思：《国际知识产权保护和我国面临的挑战》，载《法制与社会发展》，2006（6）。

③ 所谓“超国民待遇”，即给予外国人的著作权保护水平高于本国人。

④ 所谓“超国际标准”，即现行知识产权保护的一些规定不适当地超出国际公约的相关要求。

2. 知识产权法国际化的光荣与梦想

知识产权法的国际化是当下知识经济发展的基本需求与重要保障。知识产权国际保护规则是由知识经济全球化的运行本质所决定的，知识经济全球化也必然意味着必须尊重和保护知识产权。随着我国经济社会的发展进步，知识产权法的国际化已不再是我国参与国际市场竞争的“入场券”，而是转变为中国产品、中国文化“走出去”的“保护伞”。易言之，当下我国知识产权法的国际化已经开始逐步向知识产权国际规则的“中国化”转变。在过去很长一段时间内，我国在知识产权的相关国际组织中并没有正式合法的代表资格，尽管我国的国际影响力与日俱增，但是在各类条约或协定的谈判和签订过程中也仅仅具有观察员的身份，无法直接参与到知识产权国际规则的制定活动之中。经过长期的努力，目前我国已经具有了知识产权合法代表资格，也具备了直接参与知识产权相关规则制定的渠道，即我国有能力在知识产权国际法推进过程中表达自己的利益需求。[①] 为顺应区域经济一体化新趋势，建构知识产权国际保护新体系，我国提出了“一带一路”倡议，旨在促使中国创造、中国品牌走出国门，走向国际经贸竞争的关键领域和市场前沿。进言之，我国实施“一带一路”倡议的目的是促进区域经济一体化的制度创建与和谐发展，因此，知识产权制度必须随之跟进，与之保障，进而致力于建构更加公平、合理的知识产权国际保护新秩序，实现知识产权区域一体化的制度创新。[②] 因此，可以说，未来我国知识产权法的国际化走向，即为立足本土国情，积极推进知识产权国际保护的新秩序，并以知识产权法的新型国际化发展参与全球竞争，提升综合国力，为中华民族伟大复兴“中国梦”的实现奠定基础。

四、结语

改革开放四十年来，我国《商标法》《专利法》《著作权法》等各项知识产

---

① 相关论述，参见潘皞宇：《论知识产权国际化的保护模式及我国的应对策略》，载《法学评论》，2015 (1)。

② 相关论述，参见吴汉东：《“一带一路”战略下知识产权保护的中国选择》，载《人民论坛》，2017 (3)。

权法律规范相继建立，并形成了比较健全的法律体系，在科技创新和经济发展的过程中发挥了巨大的保障作用。以此为基础，新形势下我国知识产权法律制度无疑会更加蓬勃发展，将以法典化的结构形式、现代化的规则设计、国际化的制度立场迎接挑战、应对变革，从而更好地服务于经济社会建设，推进我国从“知识产权大国”向“知识产权强国”的跨越，从“科技大国”向“科技强国”的转变，从“经济大国”向“经济强国”的过渡。

图书在版编目（CIP）数据

知识产权基础问题研究/吴汉东著．-- 北京：中国人民大学出版社，2019.12
（中国当代法学家文库．吴汉东知识产权研究系列）
ISBN 978-7-300-27809-4

Ⅰ．①知… Ⅱ．①吴… Ⅲ．①知识产权－中国－文集 Ⅳ．①D923.404-53

中国版本图书馆 CIP 数据核字（2019）第 290825 号

"十三五"国家重点出版物出版规划项目
中国当代法学家文库·吴汉东知识产权研究系列
知识产权基础问题研究
吴汉东　著
Zhishi Chanquan Jichu Wenti Yanjiu

出版发行	中国人民大学出版社		
社　　址	北京中关村大街 31 号	**邮政编码**	100080
电　　话	010－62511242（总编室）		010－62511770（质管部）
	010－82501766（邮购部）		010－62514148（门市部）
	010－62515195（发行公司）		010－62515275（盗版举报）
网　　址	http://www.crup.com.cn		
经　　销	新华书店		
印　　刷	北京联兴盛业印刷股份有限公司		
规　　格	170 mm×228 mm　16 开本	**版　　次**	2019 年 12 月第 1 版
印　　张	39.75 插页 4	**印　　次**	2021 年 4 月第 2 次印刷
字　　数	617 000	**定　　价**	268.00 元